金融市场从业人员
能力建设丛书

金融市场风险管理
理论与实务

RISK MANAGEMENT IN FINANCIAL MARKETS
Theory and Practice

中国银行间市场交易商协会
教材编写组 / 编

北京大学出版社
PEKING UNIVERSITY PRESS

图书在版编目（CIP）数据

金融市场风险管理：理论与实务 / 中国银行间市场交易商协会教材编写组编. —北京：北京大学出版社，2019.1
（金融市场从业人员能力建设丛书）
ISBN 978-7-301-30016-9

Ⅰ．①金… Ⅱ．①中… Ⅲ．①金融风险—风险管理—中国—岗位培训—教材 Ⅳ．①F832.1

中国版本图书馆CIP数据核字(2018)第244241号

书　　名	金融市场风险管理：理论与实务 JINRONG SHICHANG FENGXIAN GUANLI：LILUN YU SHIWU
著作责任者	中国银行间市场交易商协会教材编写组　编
责 任 编 辑	任雪鍪　周　莹
策 划 编 辑	张　燕
标 准 书 号	ISBN 978-7-301-30016-9
出 版 发 行	北京大学出版社
地　　址	北京市海淀区成府路205号　100871
网　　址	http://www.pup.cn
微信公众号	北京大学经管书苑（pupembook）
电 子 信 箱	em@pup.cn　QQ：552063295
新 浪 微 博	@北京大学出版社　@北京大学出版社经管图书
电　　话	邮购部010-62752015　发行部010-62750672　编辑部010-62752926
印 刷 者	北京市科星印刷有限责任公司
经 销 者	新华书店
	730毫米×1020毫米　16开本　26.25 印张　605 千字
	2022 年 1 月第 1 版　2022 年 1 月第 2 次印刷
定　　价	82.00元

未经许可，不得以任何方式复制或抄袭本书之部分或全部内容。
版权所有，侵权必究
举报电话：010-62752024　电子信箱：fd@pup.pku.edu.cn
图书如有印装质量问题，请与出版部联系，电话：010-62756370

丛书序言

"金融是现代经济的核心。"随着我国经济发展步入新时代，金融业发展也进入快车道，金融市场规模持续扩大，在解决不平衡不充分发展问题中发挥的作用更加突显。市场越是发展，创新速度越快，越需要一大批掌握现代金融知识、具有高度责任感并熟悉中国金融市场的高素质从业人员。"问渠那得清如许，为有源头活水来。"只有不断培养造就更多的高素质从业人员，才能给金融市场发展注入源源不竭的活力和动力。

何为高素质的金融从业者？当以"德才兼备"为先，以"德"为基础，以"才"为支撑，通过职业操守培训立德，通过能力建设培训增才，造就一支"德才兼备"的从业者队伍，形成"千帆竞技，人才辈出"的局面，为金融市场大发展提供有力支撑。多年来，我们致力于从业者的能力建设，不仅开展金融市场相关产品和知识培训，而且加强全方位、多领域、深层次的金融创新，得到了业界的积极响应和良好反馈。

针对金融市场人才评价体系和知识标准尚不完善的情况，我们组织专门力量，以从业人员所需专业知识和执业技能为出发点，编写了这套能力建设教材，一则作为我们能力建设培训和从业人员水平测试参考用书，二来为市场提供一套系统金融读本，供广大金融市场从业者提升从业能力之用。该丛书以从业者为中心搭建理论框架，全面覆盖整个金融市场，紧扣国内金融市场发展脉搏，充分反映市场最新发展，在保证教材质量和权威性的前提下，兼顾可读性和可操作性，从而为广大金融从业人员呈现一套全面准确、简明易懂、新颖实用的优秀教材。

在丛书的出版过程中，各会员单位和金融机构积极参与，给予了大力支持，在此表示衷心感谢！希望这套丛书能为培养现代化金融人才、全面提升金融市场从业人员能力建设水平作出贡献，也诚挚期待各位读者对丛书提出宝贵的意见建议，让我们携起手来共同打造一套金融市场能力建设的经典之作！让我们不忘初心，继续前进，为金融市场发展而拼搏奋斗、砥砺前行！

中国银行间市场交易商协会培训专家委员会
二〇一八年十月

《金融市场风险管理：理论与实务》
编写组

主　编

　　杨　农

编写组成员（按姓氏笔画排序）

　　王　勇　王潇靓　毛倩君　任　春　刘双红

　　关晶奇　孙颢文　李世伟　李　夏　杨恋令

　　吴一纯　邱志刚　宋贺实　张艺娜　张慧卉

　　陈　媛　於佳雪　唐　凯　黄俊明　龚克寒

　　康　彬　蒋云飞　谢大强　雷　蕾　裴　阳

　　谭　帅　翟　玮

目录 contents

第 1 章 金融风险的基本概念 1
1.1 金融风险的概念 1
1.2 金融风险的分类 7
1.3 风险管理理论的发展沿革 13
1.4 风险管理的价值 16

第 2 章 风险管理实践和主要方法 22
2.1 风险管理框架——风险管理有效性的重要判别标准 22
2.2 风险管理工作流程 26
2.3 风险管理组织架构 35
2.4 风险管理报告体系 42
2.5 风险准备金及资本提取 44
2.6 风险调整绩效指标 46

第 3 章 风险管理数量化方法基础 57
3.1 概率论基础 57
3.2 统计学分析基础 63
3.3 风险价值（VaR） 67
3.4 相关性和 Copula 71
3.5 波动率 73
3.6 时间序列分析和预测 75
3.7 蒙特卡洛模拟方法 78
3.8 模型风险 80

第 4 章 市场风险管理 84
4.1 市场风险概述 86

4.2　市场风险计量方法 ……………………………………………………… 88
　　4.3　市场风险管理方法 ……………………………………………………… 124

第 5 章　信用风险 …………………………………………………………………… 141
　　5.1　信用风险概述 …………………………………………………………… 142
　　5.2　信用风险分类与示例 …………………………………………………… 146
　　5.3　信用评级 ………………………………………………………………… 153
　　5.4　信用基本面分析和信用风险计量模型 ………………………………… 167
　　5.5　信用风险转移 …………………………………………………………… 190

第 6 章　流动性风险管理 …………………………………………………………… 209
　　6.1　流动性风险管理概述 …………………………………………………… 210
　　6.2　流动性风险管理的主要影响因素 ……………………………………… 215
　　6.3　负债类流动性风险管理 ………………………………………………… 220
　　6.4　资产类流动性风险管理 ………………………………………………… 236
　　6.5　流动性风险的监管要求 ………………………………………………… 242

第 7 章　操作风险管理 ……………………………………………………………… 256
　　7.1　操作风险的概念与分类 ………………………………………………… 258
　　7.2　操作风险管理的历史演变 ……………………………………………… 264
　　7.3　操作风险管理框架 ……………………………………………………… 266
　　7.4　操作风险管理的流程与工具 …………………………………………… 270

第 8 章　全面风险管理与金融市场风险管理的关系 ……………………………… 295
　　8.1　全面风险管理简述 ……………………………………………………… 295
　　8.2　金融市场风险管理与全面风险管理的关系 …………………………… 306
　　8.3　全面风险管理视角下的金融市场风险管理 …………………………… 311

第 9 章　中国的金融监管框架 ……………………………………………………… 319
　　9.1　国内金融监管体制的历史沿革 ………………………………………… 319
　　9.2　国内主要金融监管机构的分工与协调 ………………………………… 324
　　9.3　当前金融市场的监管重点 ……………………………………………… 332
　　9.4　第五次全国金融工作会议 ……………………………………………… 346
　　9.5　主要监管机构贯彻党的十九大精神主要内容 ………………………… 348

第10章 巴塞尔新资本协议体系 ……… 353

10.1 引言 ……… 353
10.2 《巴塞尔协议Ⅰ》 ……… 354
10.3 《巴塞尔协议Ⅱ》 ……… 364
10.4 《巴塞尔协议Ⅲ》 ……… 373
10.5 《巴塞尔协议Ⅳ》 ……… 382

思考练习题答案 ……… 392

第 1 章
金融风险的基本概念

邱志刚（中国人民大学汉青研究院）

本章知识与技能目标

通过本章学习，读者应能够：
◎ 熟练掌握风险与金融风险的概念；
◎ 掌握风险与金融风险的特征及相关概念；
◎ 理解各类金融风险并学习相关案例；
◎ 了解风险管理理论的发展沿革；
◎ 理解风险管理的价值，熟练掌握风险与收益的关系。

■ 1.1 金融风险的概念

对于风险管理从业人士来说，不论是在生活中还是在工作中，经常能听到和遇到"风险"。生活中，大到购房买车、小到柴米油盐，都会面临物价涨跌的风险。工作中，每一个操作、每一个选择都存在着一定的风险。但是，风险的概念具体是什么？在不同场景或不同学派中，风险的定义有何不同？风险是如何产生的，与什么因素相关？风险具体有哪些特征？本节将从风险出发，具体到金融风险，集中回答这几个问题。

1.1.1 风险的概念

在日常生活中，我们总是需要面对各种各样的选择。因为人生是有限的，我们从事的工作、进行的学习也为人生的长度所限制，所以为了能够在有限的人生中获取最大的收益，我们必须进行选择。而有选择就会有代价，也就会产生风险。大家所理解的风险通常是指人们所做的选择最后带来的结果与自身预期的结果之间的差距。

风险（risk）一词本身是中性的，是人类活动的内在特征，它来源于未来结果的不可知性。简单来说，风险是指对未来结果不确定性的暴露（exposure to uncertainty）。2006 年，我国国务院国有资产监督管理委员会印发了《中央企业全面风险管理指引》，将企业风险定义为"未来的不确定性对企业实现其经营目标的影响"。

对于风险的概念，可以分别从经济学、决策学、统计学、金融保险学、风险管理学等角度进行定义，但目前尚无一个被各学术界和实务界普遍接受的统一定义。由于对风险的研究角度或理解程度不同，不同的学者对于风险的解释有所不同，主要有以下几种被普遍接受的观点：

- 风险是事件未来可能结果的不确定性。1985 年，Williams 在 *Risk Management and Insurance* 一书中提出"风险是在给定的条件下和特定的时期内，未来结果的变动"。Mowray 在 *Insurance* 一书中将风险称为不确定性。1987 年，March 和 Shapira 在 *Managerial Perspectives on Risk and Risk Taking* 一书中认为风险是指事物未来可能结果的不确定性，可以通过收益分布的方差来测度。这一观点为古典决策理论的观点，被大众普遍接受。
- 风险是造成损失的不确定性。1895 年，Haynes 在 *Risk as an Economic Factor* 一书中提出"风险意味着损失的可能性"。1972 年，Rosenbloom 在 *A Case Study in Risk Management* 一书中认为风险是损失的不确定性。1984 年，Crane 在其出版的 *Insurance Principles and Practices* 一书中将风险定义为造成损失的不确定性。这一观点来自现代决策理论及传统保险理论，只重视产生损失的可能性而忽略了获得收益的机会，其所定义的其实是一种下侧风险（downside-risk），即实现的收益率低于期望收益率的风险，并可以通过半方差（semi-variance）来测度。
- 风险是指各种结果发生的可能性。2002 年，朱淑珍在《金融创新与金融风险》一书中提出"风险是指在一定条件下和一定时期内，由于各种结果发生的不确定性而导致行为主体遭受损失的大小，以及这种损失发生可能性的大小"。这一概念从数学和统计学的角度出发对风险加以定义，以损失发生的大小与损失发生的概率两个指标对风险进行衡量。

总而言之，我们可以从两个角度对风险进行解析：

第一，强调风险结果本身存在不确定性，即在给定的条件下和特定的时期内，事件未来结果的变动程度。结果的变动程度越大，则所存在的风险越大；反之，风险越小。

第二，强调风险最后结果带来的损失的可能性，即在给定的条件下和特定的时期内，由于各种结果最后发生而导致主体遭受损失的可能性。遭受损失的可能性越大，则所存在的风险越大；反之，风险越小。

金融风险是一种特殊的风险，是指金融市场的参与者在金融活动中对未来结果不确定性的暴露，即经济主体在金融活动中事件结果的不确定性。金融市场参与者包括各类金融机构（公司）、非金融机构（公司）、行政事业单位、个体投资者等。一般认为，金融风险是指金融主体在金融活动中，受各类因素影响而产生损失的可能性。这一概念主要强调了风险带来的损失，也就是说，我们所关注的金融风险主要是指事件结果最终造成损失的可能性的大小。

具体来说，金融风险指的是金融变量的变动所引起的资产组合未来收益的不确定性或易变性；或者是由于金融变量的变动所引起的资产组合未来收益偏离期望值的可能性和幅度，可用收益率的方差或标准差来测度。

与一般的风险相比，金融风险具有其独有的特征：

- 金融风险是资金借贷和资金经营的风险。金融风险产生于金融活动，是投资者借贷资金经营资产时，由于金融变量的变动而引起资产组合未来收益的不确定性。
- 金融风险具有收益与损失双重性。虽然一般来说，我们更关注金融风险损失，但是相对于其他风险来说，金融风险还存在风险收益的概念。也就是说，金融活动中事件结果有可能会带来一定的收益。事件结果的不确定性越大，带来的收益可能也越大，即"高风险，高收益"。
- 金融风险有可计量和不可计量之分。多数金融风险可通过方差、信息熵、VaR等方法进行测度，以便进行风险管理。具体量化方法，将在第三章进行详细说明。
- 金融风险是调节宏观经济的机制。金融风险是从金融活动中产生的，与金融活动相伴生。金融是现代经济的核心，随着经济运行的日益货币化、信用化和信息化，金融活动已渗透到现代经济生活的各个领域。而金融风险也成为更加常见、更加普遍的一种风险，对人们的生活产生着重大影响。

1.1.2 风险的来源与性质

风险来源于何处？这是我们都想问的一个问题。上文我们提到风险主要来源于选择，这是由人们的主观判断产生的。而从客观条件上来说，风险的最大来源是自然现象所造成的影响。极端天气的发生，如旱涝、台风、暴雪等，都会对各地的经济与金融活动产生较大的影响，例如，飓风来袭的威胁使得墨西哥原油工业油价上升，地震的发生使得发生地的经济受到重创，等等。而作为地球上生灵中的一员，我们同其他生物一样难以阻止或反抗自然现象的发生，所以需要做好风险防范措施，以减少损失。

> **【案例 1-1】**
>
> ## 自然灾害带来的信贷风险
>
> 2016年，我国南方部分地区遭遇特大洪涝灾害，造成房屋倒塌、良田被毁、农作物损坏等经济损失。在这次洪灾中，农民刘某承包的水库堤坝溃堤，放养的鱼苗被洪水冲走，投入的20多万元全部损失。刘某由此大伤元气，无力偿还农行10万元贷款，致使农行贷款形成风险，无法按期收回。
>
> 自然灾害对我们来说并不陌生，2008年以来的汶川地震、玉树地震、舟曲泥石流等灾害，给灾民造成的损失是全方位的：不但给人身安全和健康带来了不利影响，而且造成了财产上的巨大损失。在受灾的农民中，有一部分农民向农行借了贷款，这一部分农民的损失就自然而然转嫁给了农行。农行常因借款的农民受灾而遭受损失。
>
> 农行作为服务"三农"的主力军，在服务"三农"过程中，全力支农。而农村是自然灾害频发的地方，农民的抗风险能力差，在面对巨大的自然灾害时往往不知所措。农行在贷款发放前大多没有考虑到自然灾害这一重大风险因素，在遭受损失后才意识到这一风险点。借款的农民绝大部分也并没有赖农行债的想法。但他们受了灾，损失是明摆着的，已经没有经济能力，想还贷款更是无能为力。
>
> 资料来源：钱书忠. 农行应重视自然灾害带来的信贷风险［J/OL］. http://www.financeun.com/News/2016718/2013cfn/165911363800.shtml，2016-07-18/2018-02-15

除自然现象的不可抗力外，人类的各项行为也会产生风险。其中影响最为广泛的是国家政策的变动，如加息预期、量化宽松、计划生育等政策的发布都会使人们的经济生活产生一定的风险。1997年，由于多国政府对经济政策缺乏长远规划，将汇率人为地定在不合理的价位，造成本国经济的严重失衡，同时鼓励机构大量举借外债，并一次次介入银行体系，从根本上破坏了信用体系，最终使得亚洲金融危机爆发。

除此之外，经济周期变化可能会带来通货膨胀；战争会使得贵金属和医药等资源供不应求；技术的进步，如量化交易、程序化算法（模型风险）、电商、互联网金融、新能源电池等，使得生产生活的效率有所变化，等等。其中，金融市场参与者较为关注的一个风险来源是操作失误。相对于其他风险来源，操作失误导致的风险是最容易也是最应该被避免的。然而"金无足赤，人无完人"，作为操作者的人类容易受到情感和外界因素的影响，从而产生失误，最终使主体受到损失。

结合风险的定义与来源，我们可以发现风险具有以下性质：

- 客观性。风险是不以人的意志为转移的，它是独立于人的意识之外的客观存在。不论是自然灾害的发生，还是社会政策的发布、战争的产生、疾病的传播甚至人类的冲突和事故，都是由事物内部因素所决定的，是超越人们主观意识的客观规律所决定的。

- 普遍性。正如前文所说，风险是普遍存在的。地球上遍布着各种风险：存在于自然环境中的自然灾害和各种疾病等会带来风险；存在于人类社会中的政策、战争、技术等也会带来风险。每一个人从诞生开始，每一个单位从建立之初就需要面对各种各样的风险。风险已经渗透到个人生活、社会、自然的每一个角落，无处不在、无时不有。
- 偶然性。风险虽然是客观存在的，但是对于某一具体的风险来说，它的结果是偶然的，是随机出现的。在最终结果出现之前，人们难以预测风险何时发生，以及会产生什么样的结果。换句话说，风险发生的偶然性伴随着风险在时间上的突发性。
- 可变性。风险在一定条件下是可以变化的。风险的发生是诸多因素作用的结果，而这些因素是处于运动之中和变化之中的，因素的变化必然会使得风险产生变化，包括风险性质的变化、风险量的变化、风险的暂时消失及新风险的产生等。

金融风险除了具备以上一般风险性质，还具备以下特殊性质：

- 隐蔽性。由于金融机构具有一定的信用创造能力，因而可以在较长的时间内由信用特点来表面掩盖金融不确定损失的实质。而这些风险因素被不断地积聚，最终就会以突发、加速的形式表现出来，如果不能及时有效地控制和化解，将引发金融危机。
- 扩散性。其表现有二：一是现代金融业的发展使得各家金融机构联系密切、相互依存。金融机构作为融资中介，实质上是由一个多边信用共同建立起来的信用网络。任何一家金融机构的风险损失，都有可能酿成整个金融业的系统风险。二是由于金融日益成为现代经济的核心，因此金融风险不是某种孤立的系统内风险，其必然会扩散、辐射到经济运行的各个方面。
- 加速性。一旦金融机构出现经营困难，就会失去信用基础，甚至出现挤兑风潮，加速金融机构的倒闭。
- 可控性。尽管金融风险是客观存在的，但就某一金融机构而言，金融风险是可以控制的，我们只要能够把握风险存在和发生的一般规律，就有可能找到防范和应对风险的办法，控制风险的发生，弱化风险的发生程度，延缓风险发生的时间，或者是阻止风险的蔓延。

1.1.3 风险的相关概念

1.1.3.1 风险因素

上文提到风险的产生是诸多因素共同作用的结果，而其中起较大作用的，我们称之为风险因素。风险因素是指能增加风险事故发生的频率或严重程度的条件，是风险事故发生的潜在原因，也是造成损失的间接原因或内在原因。构成风险因素的条件越多，风险事故发生的可能性就越大，损失就会越严重。例如，对于食品来说，风险因素是指不合格的用料。根据是否可见，我们可以将风险因素分为有形风险因素和无形风险因素两类。

有形风险因素，即物质风险因素，是指导致风险事故发生的物质方面的因素，如工厂的机械品种、食品的包装、建筑的所在地等，都属于物质风险因素，能够直接影响事物的物理功能。

无形风险因素，是指能够影响事故发生可能性及损失严重程度的文化、习俗等非物质形态的因素。这类因素又可细分为道德风险因素、心理风险因素及行为风险因素。道德风险因素是指与人的品德相关的无形因素，如欺诈、不诚实或不良企图等行为。而心理风险因素是指与人的心理状态相关的无形因素，如侥幸、忽视等行为。行为风险因素则是指与人的行为相关的无形因素，如粗心大意、漠不关心等行为。无形风险因素主要来源于人的行为，所以又被称为人为风险因素。

1.1.3.2 风险事故

风险事故又称风险事件，是指可能成为现实并造成财产或生命损失的偶发事件，是造成损失的直接原因或外在原因。风险事故的发生是损失产生的必然过程，只有通过风险事故的发生，才能导致损失。对于同一事件来说，在一定条件下，若它是造成损失的直接原因，则该事件为风险事故；若在其他条件下，它只是造成损失的间接原因，则该事件仅为风险因素。例如，大火燃烧使得房梁掉落砸死屋内人员，此时大火为风险因素，房梁掉落为风险事故，若大火直接烧死屋内人员，此时，大火则为风险事故。

1.1.3.3 风险损失

风险损失是指非故意、非预期、非计划的经济价值的减少和灭失。与一般意义上的损失相比较，风险损失的限定条件更多。首先，风险损失必须要满足"非故意、非预期、非计划"三非条件，如折旧、支付利息等均不属于风险损失。其次，风险损失还必须满足"经济价值的减少或灭失"这一条件，如情绪低落、智力下降等也都不属于风险损失。

风险损失又可分为直接损失和间接损失两类。直接损失是指受害人现有财产的减少。例如，财物被毁损使受害人财富减少，致伤、致残后受害人医疗费用的支出，人格权受到侵害后支出的必要费用，等等，都是直接损失。间接损失就是可得利益的丧失，即应当得到的利益而没有得到，包括人身损害造成的间接损失和财物损害造成的间接损失。

1.1.3.4 风险成本

风险成本是指因为风险的存在和因风险事故发生人们所必须支出的费用和预期经济利益的减少，是由于风险而产生的不可避免的成本。风险成本一般可分为三类：风险损失的实际成本、风险损失的无形成本、预防或控制风险损失的成本。

风险损失的实际成本由风险事故造成的直接损失成本和间接损失成本共同构成。直接损失成本是指风险事故发生后，受害人因现有财产损毁所必须支付的实际经济损失。间接损失成本是指风险事故发生后，受害人因可得利润的丧失而必须支付的费用或经济利益的减少。

风险损失的无形成本是指风险对社会经济福利、社会生产率、社会资源分配及社会再生产等诸多方面的破坏后果。而预防或控制风险损失的成本是指为了预防或控制风险损失，必须采取各种措施所支付的费用，具体包括资本支出和折旧费、安全人员费（含薪金、津贴、服装费等）、训练计划费、施教费及增加的机会成本。

1.2 金融风险的分类

根据不同的分类依据，金融风险可分为不同的类别。

按风险所涉及的范围分类，金融风险可分为微观金融风险和宏观金融风险。微观金融风险是指金融市场的参与者在金融市场进行金融活动时产生损失的可能性，如投资者在投资过程中产生收益损失的可能性，金融机构在进行经营活动时产生资产或收益损失的可能性。当这种风险变成现实后，金融市场参与者将遭受损失，从而出现负债或倒闭等结果。宏观金融风险是由微观金融风险转化而来的，是整个金融体系所面临的风险，属于公共风险。当这种风险变成现实后，金融危机将会出现，危及一国甚至全球的金融市场的稳定。

按风险的性质分类，金融风险可分为系统性风险和非系统性风险。系统性风险是指金融机构从事金融活动或交易的整个系统（机构系统或市场系统）因外部因素的冲击或内部因素的牵连而发生剧烈波动、危机或瘫痪，单个金融机构不能幸免，从而遭受经济损失的可能性。这种风险与市场的整体运动相关联，不可通过分散化消除，又称"不可分散风险"。系统性风险发生后，所有证券资产的收益都会受到影响，造成收益的不稳定。而非系统性风险是指发生在个别公司的特有事件造成的风险，是由个别资产本身的各种因素造成的收益不稳定性，又被称为"特有风险"。如公司员工罢工、机密技术泄露、合作失败等事件，这类事件是随机发生的，具有偶然性，且影响范围通常只限于一个或几个公司，而不会对整个金融市场产生太大的影响。投资者可以通过进行多样化投资来分散非系统性风险。

按风险的来源分类，金融风险可分为市场风险、偶然事件风险、购买力风险、经营风险、破产风险、违约风险、流动性风险、操作风险、政策风险、信用风险等。其中，市场风险、购买力风险和政策风险都是系统性风险，而偶然事件风险、破产风险、经营风险、违约风险、流动性风险、操作风险及信用风险均属于非系统性风险。

1.2.1 市场风险

广义的市场风险是指金融参与者（金融机构等）在金融市场的交易头寸由于市场价格因素（如利率、汇率、股价及商品价格等）的波动导致其资产价值变化而产生收益或损失的风险。而狭义的市场风险仅指可能的损失，是人们普遍使用的定义。这些市场因素可能对金融参与者造成直接影响，也可能通过对竞争者、供应商或消费者的影响而给金融参与者带来间接影响。市场风险包括利率风险、汇率风险、股票价格风险和商品价格风险。

1.2.1.1 利率风险

利率风险是指市场利率变动的不确定性给金融参与者造成损失的可能性。1997 年 9 月，巴塞尔银行监管委员会发布了《利率风险管理原则》，将利率风险定义为"利率变化使商业银行的实际收益与预期收益或实际成本与预期成本发生背离，使其实际收益低于预期收益，或实际成本高于预期成本，从而使商业银行遭受损失的可能性"，并将利率风险分为重新定价风险、基差风险、收益率曲线风险和期权性风险四类。

- 重新定价风险，又称期限错配风险，是最主要的利率风险，源于银行资产、负债和表外业务到期日（就固定利率而言）和重新定价时间（就浮动利率而言）的不匹配。这种重新定价的不对称性使银行的收益或内在经济价值会随着利率的变动而发生变化。
- 基准风险，又称利率定价基础风险，也是一种重要的利率风险。在利息收入和利息支出所依据的基准利率变动不一致的情况下，虽然资产、负债和表外业务的重新定价特征相似，但是因其现金流和收益的利差发生了变化，也会对银行的收益或内在经济价值产生不利的影响。
- 收益率曲线风险，又称利率期限结构变化风险，指的是由于收益曲线斜率的变化导致期限不同的两种债券收益率之间的差幅发生变化而产生的风险。重新定价的不对称性也会使收益率曲线的斜率、形态发生变化，即收益率曲线的非平行移动，对银行的收益或内在经济价值产生不利的影响。
- 期权性风险。随着期权市场的完善、期权品种的丰富化，期权性风险越来越重要，成为人们愈加关注的一种利率风险。期权性风险来源于银行资产、负债和表外业务中所隐含的期权。若利率变动对存款人或借款人有利，存款人就可能选择重新安排存款（提前支取），借款人可能会选择重新安排贷款（提前还款），从而对银行产生不利的影响。

1.2.1.2 汇率风险

汇率风险，又称汇兑风险，是指经济实体以外币定值或衡量的资产与负债、收入与支出，以及未来的经营活动可望产生现金流的本币价值因货币汇率的变动而产生损失的可能性，包括交易风险、折算风险和经济风险。交易风险是指在运用外币进行计价收付的交易中，经济主体因外汇汇率的变动而蒙受损失的可能性。折算风险，又称会计风险，指经济主体对资产负债表的会计处理中，将功能货币转换成记账货币时，因汇率变动而导致账面损失的可能性。经济风险，又称经营风险，指意料之外的汇率变动通过影响企业的生产销售数量、价格、成本，引起企业未来一定期间收益或现金流量减少的一种潜在损失。

1.2.1.3 股票价格风险

股票价格风险，是指由于股票价格的不利变动给金融参与者带来损失的风险。影响因素包括政治、经济等宏观因素,以及技术、人为等微观因素,这些因素个别或综合作用于股票市场,致使股票市场的股票价格大幅波动,从而可能给投资者带来经济损失。

1.2.1.4 商品价格风险

商品价格风险是指金融参与者由于所持有的各类商品的价格发生不利变动而带来损失的风险。这里的商品包括可以在二级市场上交易的某些实物产品,如农产品、矿产品(包括石油)和贵金属等。

1.2.2 信用风险

传统观点上的信用风险指的是违约风险(default risk),即由于借款人或市场交易对手未能履行合约规定的义务出现违约(无法偿付或者无法按期偿付)而产生的风险。随着时代的进步,人们对于信用风险的定义有了更完整的认识。现代观点认为除违约风险外,信用风险还包括债务人因信用质量发生变化(credit rating volatility)而导致其发行的金融产品(债务工具)价值下降的风险。

信用风险主要是由两方面原因造成的:一方面,经济运行的周期性。当处于经济扩张期时,因为资产的盈利能力较强使得总体违约率较低,所以信用风险较低;而当经济紧缩时,由于盈利情况恶化,借款人或市场对手不能履行合同规定的义务按期偿付的可能性增加,所以信用风险较高。另一方面是对于公司经营有影响的特殊事件的发生。

在市场交易中,信息不对称和道德风险在信用风险中起重要作用。信息不对称(asymmetric information)指交易中的合同双方拥有的信息不同。道德风险是20世纪80年代西方经济学家提出的一个经济哲学范畴的概念,指"从事经济活动的人在最大限度地增进自身效用的同时做出不利于他人的行动",也就是说,合同的一方在不完全承担风险后果时所采取的使自身效用最大化的自私行为,也称为道德危机。当合同双方存在信息不对称问题时,容易产生道德风险,进而引起信用风险,使得合同一方的利益受到损害。现实生活中的金融市场难以实现强有效市场,金融交易存在一定的信息不对称现象和道德风险,使得几乎所有的金融交易都涉及信用风险问题。对于信用风险如何管理,我们将在第5章进行详细说明。

【案例1-2】

"超日债"成为中国首例违约的公司债

2014年3月,"超日债"成为中国首例违约的公司债,因为是"打破刚兑第一单",其被赋予了历史性的意义。但准确地讲,"超日债"只是第一个投资者没有被偿付的违约债券。

在过去的几年中,中国早已经有许多企业违约,或者接近违约。这些违约债券要么受到了政府援助,要么由担保方进行了偿付。

最值得注意的是，为了吸引投资者，一些中小型企业会选择由第三方进行担保。当它们违约时，投资者依然能从担保方获得偿付。

下面这张整理自中国诚信信用评级的表格列举了中国自2012年以来的违约案例清单。从图中我们不难看出，违约风险并非从2014年起才有。早在2012年，债券市场就一直受到潜在违约风险的威胁。

不过，随着"超日债"的违约，债券市场的游戏规则可能要变了。投资者未来可能无法继续指望违约债券在最后一分钟获得救助，而要接受实实在在的损失。

那些曾经违约或接近违约的中国公司债

	时间	公司	行业	债券类型	违约缘由	解决方法
2014年	3月	浙江华特斯聚合物科技	组织	PP	公司申请破产	担保方可能支付利息
	3月	徐州中森	板材	PP	无法支付利息	担保方支付
	3月	上海超日太阳能	太阳能	Corporate	无法支付利息	违约
	1月	常州永泰丰	农药	SME	公司破产	担保方支付3 689万元本息
	1月	上海同捷科技	自动设计	SME	支付困难	股东注入资本
2012年	12月	常州高力彩钢板	钢材涂层	SME	公司关门	到期前支付本息
	12月	哈尔滨惠佳贝食品	食品	SME	支付困难	担保方支付708万元本金
	10月	北京康特荣宝	LCD生产	SME	支付困难	担保方支付2 053万元本息
	9—10月	新疆中基实业	番茄加工	CP	信用降级	推测由省级国企偿付
	4—10月	江西赛维LDK太阳能	太阳能	CP	信用连续降级	推测由地方政府或银行偿付
	1月	北京地杰通信	无线电信	SME	支付困难	担保方支付4 414万元本息
2011年9月—2012年4月		山东海龙	纺织	CP	信用连续降级	推测由银行提供过桥贷款

注：SME指由中小型公司发行的债券；CP指由央行监管的商业债券、短期债券；Corporate指上市公司发行的债券；PP指非公开发行的债券。

资料来源：一张图看清中国近年来违约的企业债[J/OL]. https://wallstreetcn.com/articles/86203, 2014-04-27/2018-02-15.

1.2.3 流动性风险

流动性风险是指经济主体由于金融资产流动性的不确定性变动而遭受经济损失的可能性。2009年，银监会在印发的《商业银行流动性风险管理指引》（银监发〔2009〕87号）中认为"流动性风险指商业银行虽然有清偿能力，但无法及时获得充足资金或无法以合理成本及时获得充足资金以应对资产增长或支付到期债务的风险"。流动性差的市场是指交易可以迅速影响市场的价格，交易量很小，合约受需求和供给条件影响更大、价格更易波动的市场。

流动性风险又可再细分为流通量风险和资金量风险。流通量风险是指交易无法及时以合理的价格成交。这种风险通常是在市场处于某种极端情况时，或者因进行了某种特殊交易想处理合约但不能如愿以偿时产生的。例如，价格处于涨跌停板时，成交量少，投资者难以平仓；市场交易不活跃，无法及时平仓；通信等方面有问题，使投资者不能及时以所希望的价格成交。资金量风险是指投资者的资金无法满足要求，面临强制平仓的风险。市场操纵和"逼仓"行为等是这种风险的具体体现。

除此之外，流动性风险又可分为资产类流动性风险和负债类流动性风险，我们将在第 6 章对其作详细的讨论。

1.2.4 操作风险

操作风险是指由不完善或有问题的内部程序、人员、信息技术系统，以及外部事件造成公司直接或间接损失的风险，不包括声誉风险和战略风险。巴塞尔银行监管委员会将操作风险定义为"由于人员失误、外部事件或内部流程及控制系统发生的不利变动而可能遭受的损失"，并认为操作风险来源于"系统在可靠性和完整性方面的重大缺陷带来的潜在损失"（《巴塞尔协议 II》）。

根据《巴塞尔协议 II》，操作风险可以分为由人员、系统、流程和外部事件所引发的四类风险，并由此分为七种表现形式：内部欺诈，外部欺诈，聘用员工做法和工作场所安全性，客户、产品及业务做法，实物资产损坏，业务中断和系统失灵，交割和流程管理。

操作风险主要表现为对市场的异常现象反应不及时、交易系统有故障，通信不畅通，信息不能完整和及时地发布，以及越权交易、隐瞒头寸、隐瞒亏损、超限持仓、过度投机、误导客户、挪用保证金，等等。随着金融市场的发展，各金融机构越来越成熟，产品也越来越丰富，种类更多、结构更复杂。同时，互联网技术的发展使得金融交易越来越依赖计算机等 IT 技术，对"操作"的要求越来越高，操作风险越来越为业界所关注。此外，操作风险还可能带来市场风险、流动性风险和信用风险。

目前，在部分事件中，操作风险导致的损失已明显高于其他风险。因此对于操作风险的研究及管理技术、方法和组织框架的探索与构建正日益受到重视，并已取得了明显的进展，我们将在第 7 章对此进行更加深入的探讨。

1.2.5 政策风险

政策风险是指政府有关金融市场的政策发生重大变化或出台重要的举措、法规，引起金融市场的波动，从而给投资者带来的风险。在市场经济条件下，由于受价值规律和竞争机制的影响，各企业争夺市场资源，都希望获得更大的活动自由，因而可能会违背国家的有关政策，而国家政策又对企业的行为具有强制约束力。另外，国家在不同时期会根据宏观环境的变化而调整政策，这必然会影响企业的经济利益。因此，国家与企业之间由于政策的存在和调整，在经济利益上会产生矛盾，从而产生政策风险。[①]

政府分别从直接和间接两方面影响市场：直接的影响表现为，政府发布的政策可能直接引起金融市场的波动，如政策失误、法律法规体系不健全、市场监管体系不完善、政策变动频繁等，都会直接影响金融市场。间接的影响表现为，政府发布的政策可能通过中间因素间接地引起金融市场的不稳定，如政府制定的政策、法律法规等，使得市场价格、汇率、利率等因素发生变化，从而引起市场风险。

政策风险主要包括反向性政策风险和突变性政策风险。反向性政策风险是指市场在一定时期内，由于政策的导向与资产重组内在发展方向不一致而产生的风险。当资产重组运行状况与国家调整政策不相容时，就会加大这种风险。各级政府之间出现的政策差异也会导致政策风险。突变性政策风险是指由于管理层政策口径发生突然变化而给资产重组造成的风险，如国内外政治经济形势的突变会加大企业资产重组的政策风险。

【案例1-3】

"327"国债事件

中国国债期货交易始于1992年12月28日。"327"是国债期货合约的代号，对应1992年发行1995年6月到期兑付的3年期国库券，该券发行总量是240亿元人民币。

1994年10月以后，中国人民银行提高了3年期以上储蓄存款利率并恢复存款保值贴补，国库券利率也同样保值贴补，保值贴补率的不确定性为炒作国债期货提供了空间，国债期货市场日渐火爆，与当时低迷的股票市场形成鲜明对比。

1995年2月，"327"合约的价格一直在147.80元至148.30元之间徘徊。2月23日，财政部发布公告称，"327"国债将按148.50元兑付。2月23日，中经开公司率领多方借利好"掩杀"过来，一直攻到151.98元。随后万国证券的"同盟军"辽国发突然改做多头，"327"国债在1分钟内涨了2元，10分钟后涨了3.77元。

"327"国债每涨1元，万国证券就要赔十几亿元。下午4时22分，空方万国证券突然发难，先以50万口把价位从151.30元轰到150元，然后把价位打到148元，最后一个730万口的巨大卖单把价位打到147.40元。这笔730万口卖单面值1.46万亿元，接近中国1994年国民生产总值的1/3！

当天夜里11点，上交所正式宣布23日16时22分13秒之后的所有"327"品种的交易异常，是无效的，该部分交易不计入当日结算价、成交量和持仓量的范围，经过此调整当日国债成交额为5 400亿元，当日"327"品种的收盘价为违规前最后签订的一笔交易的价格151.30元。这意味着万国证券的损失高达60亿元人民币。

资料来源：互动百科，"国债'327'事件"词条简介。

[①] 维基百科，"政策风险"词条。

1.2.6 电子化交易风险

随着科技的发展，电子化交易越来越普遍化，而电子化交易的风险也随之而来。不同于在交易所交易大厅面对面进行的交易，电子化交易是指金融市场参与者通过从交易所、经纪公司直至客户端的全程电子化与网络化的交易与管理系统进行的交易，而这种依托于电子系统的交易所产生的风险被称为电子化交易风险。

电子化交易风险主要包括技术风险与法律风险：技术风险是指电子交易系统在设计、维护及运行上因技术问题而产生的风险。例如，系统的软件可能存在设计不周到、有未检测出的错误等问题；硬件可能会因为电子设备使用寿命导致性能下降而出现故障；系统运行可能受到网络延迟或网络崩溃的影响；通信线路受到运营商的服务质量限制；电子交易系统可能受到病毒的攻击等。法律风险的出现是由于电子化交易是在虚拟的网络平台上进行的，采用无纸交易的方法，在追究法律责任方面与传统的线下交易有所不同。而电子化交易还处于发展、完善阶段，相应的法律法规还未完善，法律体制尚不成熟，难以确保电子化交易的合法性。

1.3 风险管理理论的发展沿革

风险管理是指是个人、金融机构甚至政府等金融市场的参与者采取各项措施，将风险带来的消极结果将降至最低的决策过程。正如前文所提到的，在这个地球上，风险"无时不有，无处不在"。早在原始社会，人们就需要面对各类风险：没有粮食充饥而饿死的风险；有野兽来袭而受伤的风险；洪水侵袭、火山爆发而无地生存的风险，等等。有了风险，自然又有防范风险、减轻风险等想法的出现，这便是最早的"风险管理"意识：人们开荒种地，来躲避饿死的风险；人们制作武器，来减少受伤的风险；人们择良地而居，来避免被洪水淹没、被火山灼烧的风险。古语"居安思危""防患于未然"体现的正是人们的风险管理意识。

1705年，瑞士数学家伯努利（Bernoulli）发现了大数定律，成为第一位准确且科学地描述风险的科学家，而大数定律也为后来的保险计价奠定了基础。1720年，世界上第一家保险公司在伦敦成立，同时负责人在定价时使用了抽样的统计方法，这标志着风险管理在实际公司运营中走出了重要一步。学术界认为风险管理理论的形成与发展开始于20世纪30年代的美国，随后经历了三个阶段：理论探索与学科发展阶段、全球研究及应用阶段、各国政府全方位普遍重视阶段。

1.3.1 理论探索与学科发展阶段

风险管理的理论探索与学科发展阶段为20世纪30—70年代。1925年，被称为"现代经营管理之父"的法国管理学家亨利·法约尔（Henri Fayol）在他的代表作《工业管理与一般管理》中提到"企业经营有六种职能的基础和保证，它能控制企业及其活动所遭遇的风险,维护财产和人身安全,从而创造最大的长期利润"。这一概念的提出,将风险管理的思想引入企业经营中,但还未形成完整的理论体系。

风险管理思想最早萌芽于美国。1929—1933年,全球性经济危机爆发。美国约40%的银行及企业破产,这一严重的经济倒退促使人们开始研究如何能够进行有效的风险防范和风险处置,以避免或减少风险发生的可能性与风险带来的损失。美国的大中型企业为了渡过这一危机,多在企业内部设立了保险管理部门以应对风险的发生和损失的侵害。1931年,美国管理协会(AMA)就保险问题召开会议,明确了企业进行风险管理的重要性,并单独设立了保险部门以处理保险相关事宜。1932年,企业风险管理人员(又称风险经理)成立了纽约投保人协会(Insurance Buyer of New York),在协会中,各风险经理相互交换风险管理的相关信息,共同探讨和研究风险管理技术,后来逐步发展成了全美范围的风险研究所。纽约投保人协会的成立标志着风险管理的逐步兴起。

20世纪50年代,风险管理开始在美国以学科的形式发展起来,产生了风险管理的基本构思,并逐步形成了独立的理论体系。[1] 1950年,美国学者Russell B. Gallagher在 Harvard Business Review (《哈佛商业评论》) 上发表的论文"Risk Management: A New Phase Cost Control"中首次使用"风险管理"一词。1952年,Harry M. Markowitz在 Journal of Finance (《金融杂志》) 上发表题为"Portfolio Selection: Efective Diversification of Investment" (资产组合选择:投资的有效分散化) 的文章,提出"组合选择理论",提出了可以通过资产组合投资来降低非系统性风险的观点。1955年,美国宾夕法尼亚大学沃顿商学院的Schneider教授首次提出了"风险管理"的概念。1956年,Schneider教授提出的"风险管理"概念得到了美国管理协会和美国保险管理协会(ASIM)的承认和支持。1962年,美国管理协会出版了第一本关于风险管理的专著: The Rising of Risk Management。1963年,Mehr和Hedges发表了"Risk Management in Business Enterprise"一文。1964年,Williams和Heins出版了 Risk Management and Insurance 一书。这些文章的发表和著作的出版,引起欧美各国的普遍重视,推动了风险管理理论体系的发展,标志着风险管理理论的研究不断走向系统化、专业化,风险管理成为企业管理领域的一门独立学科。[2]

随着风险管理理论的逐步发展,风险管理相关的培训也陆续开展。1960年,乌普萨拉大学企业管理系首先开设了"公司风险管理"课程,向学生们讲授企业的风险管理知识。随后美国许多大学都开始讲授风险管理课程,将风险管理的教育和培训贯穿于经济管理课程中。美国保险协会和美国保险管理协会执行了风险管理准会员(ARM)的培训计划,以培训出合格的风险经理。而从20世纪70年代初期开始,风险管理服务开始广泛推行,风险管理理论也开始向人们普及。

1.3.2 全球研究及应用阶段

20世纪70—90年代是风险管理理论开始被各国引入,进行研究并广泛应用的阶段。

---

[1] 钟开斌.风险管理研究:历史与现状[J].中国应急管理,2007,11:20—25.
[2] 严复海,党星,颜文虎.风险管理发展历程和趋势综述[J].管理百科,2007,2:30—33.

1970 年，美国政府设立了环境保护署（EPA）并开始大力资助科学家们研究"如何在不确定的条件下进行风险分析和做出合理的决策"。1970 年后，风险管理理论体系的逐步成型，掀起了全球性风险管理热潮。1970 年，德国率先从美国引入了风险管理理论，并从风险管理政策的角度来进行研究，最终形成了自己独特的理论体系；1973 年，日内瓦协会也从美国引进了风险管理思想，并在欧洲迅速传播。随后，日本也开始进行风险管理研究，将该思想带到了亚洲。风险管理开始迅速在全球流行。

美国、英国、法国、德国、日本等国家先后建立起全国性和地区性的风险管理协会。1980 年，美国风险分析协会（SRA）成立。1983 年，美国科学院公布了风险评价的四段法：危险识别、暴露评估、剂量—反应评估、风险描述。同年，美国召开了风险与保险管理协会年会，会上世界各地的专家学者共同讨论并通过了"101 条风险管理准则"。1986 年，欧洲 11 个国家共同成立了欧洲风险研究会，英国成立了工商企业风险管理与保护协会（AIRMIIC），风险管理国际学术讨论会在新加坡召开，日本成立了风险研究会。这些事件标志着风险管理的发展进入了一个新的发展阶段，成为全球关注的热点。

随着风险管理全球性运动的展开，各协会和组织对风险管理有了更深入的了解和研究，不断推出各类规范和准则，以降低各类风险。1988 年，国际清算银行公布了第一个巴塞尔协议，对商业银行的经营提出了规范化要求，以减少和消除银行的相应风险。1993 年，首席风险官（chief risk officer，CRO）头衔诞生并第一次被使用。1995 年，澳大利亚标准委员会和新西兰标准委员会联合制定了世界上第一个国家风险管理标准——澳大利亚/新西兰风险管理标准（AS/NZS4360），明确定义了风险管理的标准程序。随后，一些发达国家纷纷效仿。1996 年，全球风险管理协会（GARP）成立。

1.3.3 各国政府全方位普遍重视阶段

进入 21 世纪后，风险管理开始受到各国政府的全方位普遍重视。2001 年 9 月 11 日，恐怖分子劫持了两架民航客机，分别撞向美国纽约世界贸易中心一号楼和世界贸易中心二号楼，使得美国世贸中心多座建筑物倒塌。与此同时，位于美国华盛顿的美国国防部五角大楼也因受到一架客机冲撞而坍塌。此次事件，遇难者多达 2 996 人，美国经济损失达 2 000 亿美元。"9·11 事件"的发生给各国政府敲响了警钟，各国开始投入大量的人力、物力和财力，成立国家性甚至国际性的风险管理机构，对风险管理理论及实际应用进行研究。

2001 年，英国成立了"战略小组"，对风险和不确定性进行研究。2001 年，韩国成立了综合性风险管理学会——韩国风险治理学会（KSRG）。2002 年，英国内阁办公室发布了"Risk: Improving Government's Capability to Handle Risk and Uncertainty"，提出了政府进行风险管理的范围和总体方法。2003 年，由有影响力的国家的政府官员、科学家和其他领域专业人士组成了国际风险治理理事会（IRGC），将风险管理从民间学术交流和企业自发推动的层次上升到政府行为层次，标志着政府将在关系国计民生的风险评价和风险管理中发挥更大作用。[①] 同时，该组织还重点强调了"风险治理"一词，将其提到最为显著的位置上。同年，经济合作与发展组织（OECD）发布了报告"Emerging Risks in the 21st Century: An Agenda for Action"，强调了风险具有持续变化的动态特征。

2004 年，联合国发布了报告"Reducing Disaster Risk: A Challenge for Development"和"Living with Risk: A Global Review of Disaster Reduction Initiatives"，提出各国应将风险管理战略全面纳入国家可持续发展战略。2005 年，国际风险管理理事会（IRGC）又发表了"White Paper on Risk Governance: Towards an Integrative Approach"，提出了风险管理的综合分析框架。2006 年我国国务院国有资产监督管理委员会发布了中国第一份全面风险管理指导性文件——《中央企业全面风险管理指引》，标志着中国走上了风险管理的中心舞台，开启了中国风险管理历史的新篇章。

2006 年 4 月，亚洲风险与危机管理协会专家组，通过五轮投票将风险管理定义为"企业风险管理是企业在实现未来战略目标的过程中，试图将各类不确定因素产生的结果控制在预期可接受范围内的方法和过程，以保障和促进组织的整体利益实现"。2009 年，国际标准化组织（ISO）正式发布了三个用于风险管理的标准：ISO 31000: 2009《风险管理——原则与指南》；ISO 指南 73: 2009《风险管理——术语》；ISO/IEC 31010: 2009《风险管理——风险评估技术》。ISO 三大标准的发布标志着人类在风险管理方面取得了重大进展。同年年底，我国也发布了国家标准 GB/T2453: 2009《风险管理原则与实施指南》，将世界各国管理风险的先进理论及方法融为一体，开创了我国独特的风险管理理论体系。

■ 1.4 风险管理的价值

在前三个小节中，我们对风险及风险管理进行了一定程度的阐述。但是对于为何要进行风险管理和风险管理的效果，还未进行详细的说明。一般来说，人们关注风险主要是因为风险与收益相关，风险的存在使得人们最终能获得的收益结果存在可能性。不同的金融市场参与者对风险有着不同的态度，不同的态度又将影响到他们面对风险时所采取的措施。不论采取哪种措施，风险管理都会给参与者带来一定程度的正面影响。本节将阐述风险与收益之间的关系，并描述参与者对待风险的态度，最后探讨风险管理的价值。

□ 1.4.1 风险与收益的关系

在经济学意义上，收益可以理解为财富的增加。1776 年，亚当·斯密在《国富论》中，将收益定义为"那部分不侵蚀资本的可予消费的数额"。20 世纪初，欧文·费雪在《资本与收益的性质》一书中，提出了三种不同形态的收益：

---

① 钟开斌. 风险管理研究：历史与现状 [J]. 中国应急管理，2007，11: 20—25.

- 精神收益——精神上获得的满足；
- 实际收益——物质财富的增加；
- 货币收益——资产的货币价值增加。

其中，精神收益来自人的主观情感，因而难以计量，而货币收益在不考虑币值变化的情况下较容易计量。所以，经济学家们更侧重于对实际收益的研究。

风险与收益是金融的核心，它们始终是相伴相生的。在金融活动中，风险和收益总是形影不离的，收益以风险为代价，风险用收益来补偿。为了获取收益，金融参与者在金融市场上进行金融活动，而在这一过程中，又不可避免地面临着风险。通常情况下，风险与收益之间存在着一个替换关系：收益与风险相对应。若风险较大，可能实现的收益较高；反之，若风险较小，可实现的收益率则较低。所以，承担风险是获取收益的前提，而收益是风险的成本和报酬。

事实上，这样的替换关系存在于风险和预期收益之间，而非风险和实际收益之间。[①]
上述风险与收益之间的关系可以用下面的公式来表述：

$$预期收益率 = 无风险收益率 + 风险补偿$$

风险补偿，又称为风险溢价（risk premium），是指由于投资者承担了风险而要求增加的报酬。无风险收益率（risk-free rate of return）是指把资金投资于某一没有任何风险的投资对象所能获得的收益率。我们把这种收益率作为一种基本收益，再考虑各种可能出现的风险，使投资者得到应有的补偿。这是一种理想的投资收益，在现实中，不存在这种收益率，所以可以用某一变动较小的收益率来代替，如短期国库券利率。预期收益率，又称期望收益率，是指在不确定的条件下，根据无风险利率与投资对象所存在的风险来预测其未来能够实现的收益率。

1.4.2 风险态度

作为拥有独立意识的生灵，人们在选择与判断时会受到自我情感的影响。金融市场的参与者在面对风险时会表现出不同的偏好与态度，根据对风险的偏好程度可分为风险厌恶、风险中性及风险偏好。

风险厌恶（risk aversion），是指在降低风险的成本与收益的权衡过程中，厌恶风险的人们在相同的成本下更倾向于做出低风险的选择。当面对具有相同的预期回报率的投资项目时，风险厌恶者更喜欢选择结果比较确定的项目，即风险较低的项目，而不喜欢对结果不太确定的项目进行投资。风险厌恶者的效用函数为严格凸函数：确定性财富带来的效用大于参与期望收益相同的一场赌博带来的期望效用。

风险中性（risk neutrality），是指在降低风险的成本与收益的权衡过程中，风险中性的人们在相同的成本下，认为低风险的选择与高风险的选择相同，而不倾向于任何一个。当面对具有相同的预期回报率的投资项目时，风险中性者对风险项目和无风险项目

---

① 约翰·赫尔. 风险管理与金融机构［M］. 北京：机械工业出版社，2010.

同样偏好。风险中性者的效用函数为线性函数：确定性财富带来的效用等于参与期望收益相同的一场赌博带来的期望效用。

风险偏好（risk loving）可以解释为，在降低风险的成本与收益的权衡过程中，风险偏好的人们在相同的成本下更倾向于做出高风险的选择。这是一种乐于追求风险、偏好收益波动性的态度。当面对具有相同的预期回报率的投资项目时，风险偏好者更喜欢选择结果波动较大的项目，即风险较高的项目，以追求更大的效益。风险偏好者的效用函数为严格凹函数：确定性财富带来的效用小于参与期望收益相同的一场赌博带来的期望效用。

在金融市场中，大多数的参与者都属于风险厌恶者，会采取一定的措施去应对风险，主要有四种措施。

- 规避风险（avoid risk）。一些金融参与者认为，风险是可以通过不参与有风险的金融活动来进行规避的。但这种方式适用面较窄。因为，风险是人类活动的内在特征，即使没有直接产生影响，风险也会通过其他渠道对其造成间接的影响。在现实中，市场上并不存在完全无风险的投资对象，所以完全规避风险并不是一个明智的选择。
- 忽略风险（ignore risk）。在实际交易中，部分参与者多会采取忽略风险的做法，主要原因有金融风险管理知识缺乏，风险管理技术不足，对于小风险不在乎、不重视，认为风险管理的成本超过了潜在收益等。这一选择在多数情况下也并不是一个理智的选择。
- 分散风险（diversify risk）。马科维茨提出"组合投资理论"，通过"把鸡蛋放在不同篮子里面"的方式进行分散化投资，以有效地降低非系统性风险。这里的分散化投资是指投资多种不同种类的且相关度较低的资产。这种方法的有效性较高，但对于小型机构与个人来说，实现度较低。同时分散化投资只能降低非系统性风险，而对系统性风险无能为力。
- 管理风险（manage risk）。管理风险是指根据风险管理理论，通过各种现有的金融理论和工具（如金融工程）来对金融风险加以管理，以降低风险的破坏程度。这一方法能够有效地将自己承受的风险降低，最大化自身的收益。目前，越来越多的金融参与者意识到了这一点，并积极采用该方法进行金融交易。

1.4.3 风险管理的意义

随着我国金融业的创新与发展，金融市场上不断涌现出新的业务与产品，创新性机构层出不穷，产品的种类越来越丰富，结构越来越复杂。同时，随着我国金融市场开放程度的进一步提高，金融风险不断累积、加剧。为了维持金融市场的稳定，防止金融危机的爆发，我们应了解风险管理的意义，并切实做好风险管理。

金融风险通过金融市场上的交易直接或间接地影响着各个微观经济主体，以及宏观经济整体。所以风险管理也通过减轻甚至消除金融风险带来的不利影响的方式，影响单个经济主体,包括居民个人、家庭、机构及政府等,进而影响宏观经济整体的稳定与发展。

1.4.3.1　风险管理对微观经济主体的意义

风险管理能够增强微观经济主体对风险的关注与了解程度。在进行风险管理的过程中,经济主体对风险将会有更加深入的认识,从而更容易防范风险,降低自身的损失。

风险管理可以帮助经济主体降低损失。通过有效的风险管理,经济个体能够以较低的成本来减少或避免金融风险造成的损失,降低其投资或经营的成本。例如,金融机构或企业经过严格的惩戒制度和完善的操作规程来管理操作风险,减少雇员操作失误或违规行为带来的赔款与损失。

风险管理可以稳定经济主体的现金流量,减少各种风险因素对其投资、经营活动的干扰,提高资金使用效率。通过风险管理,经济主体能够在各项风险出现时,有较为有效的应对策略,从而保持自身的收入与支出的稳定性。

风险管理有助于经济主体目标的实现。经济主体通过风险管理能够较好地把握市场机会,做出合适的决策,实现自己的投资或经营目标。

风险管理有助于各机构或企业实现可持续发展。风险管理能够提高各机构或企业的管理效率,有利于其稳健经营、实现可持续发展的目标。同时风险管理还有助于各机构或企业在经营过程中树立良好的企业形象,减少各类纠纷的产生,赢得客户的信任,进而吸引更多的客户,在市场中拥有更大的竞争能力。

1.4.3.2　风险管理对宏观经济整体的意义

风险管理有利于金融市场的稳定。风险管理有利于各经济主体在金融市场上的活动,规范其金融交易行为,进而有助于金融秩序的维护,保障金融市场安全运行。

风险管理有助于保持宏观经济稳定并健康发展。随着经济的发展,金融也不断发展、创新,对经济的运行影响重大。风险管理能够有效地降低或消除金融风险带来的损失,进而能够有效地保证社会经济的健康发展。

风险管理有助于增强国家的国际竞争力。风险管理能使国家的金融市场和宏观经济稳定且健康发展,给国家创造良好的投资环境,有助于吸引国外资本。

风险管理能够优化社会资源配置。完善的风险管理体系能够有效地提高社会生产率,优化社会资源配置。

本章小结

本章第 1 节介绍了学术界关于风险的各种定义,随后在风险的基础上介绍了金融风险的概念,并介绍了风险的来源、特征与相关的概念(风险因素、风险事故、风险损失、风险成本)。第 2 节分别从风险的涉及范围、性质及来源对金融风险进行了分类,并初步介绍了市场风险、信用风险、流动性风险、操作风险、政策风险及电子化交易风险。第 3 节介绍了风险管理理论的发展沿革,将风险管理理论分为三个阶段：理论探索与学科发展阶段、全球研究及应用阶段、各国政府全方位普遍重视阶段。第 4 节介绍了风险与收益的关系、风险态度，最后探讨了风险管理的意义。

本章重要术语

金融风险　风险因素　有形风险因素　无形风险因素　物理风险因素　心理风险因素　行为风险因素　风险事故　风险损失　风险成本　宏观金融风险　微观金融风险　系统性风险　非系统性风险　市场风险　信用风险　流动性风险　操作风险　政策风险　电子化交易风险　风险管理　经济收益　会计收益　风险溢价　无风险收益率　预期收益率　风险厌恶　风险中性　风险偏好

思考练习题

1. 金融风险具有哪些独有的特征？
2. 请简述金融风险的性质。
3. 请简述风险因素的定义与类别。
4. 当司机在雪中开车时，由于路面过滑，刹车失灵，最后发生车祸。其中，"雪"为风险因素还是风险事故？
5. 请简述风险与收益的关系。
6. 风险管理对宏观经济整体具有哪些意义？
7. 下面哪一项不属于市场风险？

　　（A）利率风险　　　　（B）信用风险
　　（C）商品价格风险　　（D）汇率风险

8. Schneider 教授提出的什么概念得到了美国管理协会和美国保险管理协会的承认和支持？

　　（A）风险分散　　　　（B）风险管理
　　（C）风险经理　　　　（D）风险干涉

9. 当面对具有相同的预期回报率的投资项目时，金融参与者对风险项目和无风险项目同样偏好，请问参与者对风险持什么态度？

　　（A）风险中性　　　　（B）风险偏好
　　（C）风险厌恶　　　　（D）以上皆不是

10. "把鸡蛋放在不同篮子里面"属于哪种应对风险的措施？

　　（A）规避风险　　　　（B）管理风险
　　（C）忽视风险　　　　（D）分散风险

参考文献

[1] Crane. *Insurance Principles and Practices* (2nd ed) [M]. Weinheim: John Wiley&Sons, 1984.

[2] Haynes. Risk as an Economic Factor [J]. *The Quarterly Journal of Economics*, 1895, 9 (4): 409—449.

[3] Mowbary, Blanchard, Williams. *Insurance* (4th ed) [M]. New York: McGraw-Hill Book Company, 1995.

[4] March, Shapira. Managerial Perspectives on Risk and Risk Taking [J]. *Management Science*, 1987, 33 (11): 1404—1418.

[5] Rosenbloom. *A Case Study in Risk Management* [M]. Upper Saddle River: Prentice Hall, 1972.

[6] Williams. *Risk Management and Insurance* [M]. New York: McGraw-Hill Book Company, 1985.

[7] 巴塞尔协议[R].巴塞尔银行监管委员会,1988.

[8] 巴塞尔新资本协议[R].巴塞尔银行监管委员会,2004.

[9] 亨利·法约尔.工业管理与一般管理[M].北京:机械工业出版社,2003.

[10] 利率风险管理原则[M].巴塞尔:巴塞尔银行监管委员会,1997.

[11] 欧文·费雪.资本与收益的性质[M].北京:商务印书馆,2017.

[12] 钱书忠.农行应重视自然灾害带来的信贷风险[J/OL].http://www.financeun.com/News/2016718/2013cfn/165911363800.shtml,2016-07-18/2018-02-15

[13] 《商业银行流动性风险管理指引》(银监发〔2009〕87号).

[14] 王振洁.建行平原支行女柜员与恋人挪用2 125万元买体彩[J/OL].http://www.ce.cn/xwzx/gnsz/gdxw/200703/26/t20070326_10825274.shtml,2007-03-26/2018-02-15

[15] 亚当·斯密.国富论[M].北京:人民日报出版社,2009.

[16] 严复海,党星,颜文虎.风险管理发展历程和趋势综述[J].管理百科,2007,2:30—33.

[17] 杨立新.侵权法论[M].北京:人民法院出版社,2004.

[18] 一张图看清中国近年来违约的企业债[J/OL].https://wallstreetcn.com/articles/86203,2014-04-27/2018-02-15

[19] 约翰·赫尔.风险管理与金融机构[M].北京:机械工业出版社,2010.

[20] 《中央企业全面风险管理指引》(国资发改革〔2006〕108号).

[21] 钟开斌.风险管理研究:历史与现状[J].中国应急管理,2007,11:20—25.

[22] 朱淑珍.金融创新与金融风险[M].上海:复旦大学出版社,2002.

第 2 章
风险管理实践和主要方法

关晶奇（中国邮政储蓄银行总行）
裴　阳（中国邮政储蓄银行北京分行）
李　夏（国网国际融资租赁有限公司）
康　彬（中国海洋石油集团有限公司）

> **本章知识与技能目标**
>
> 通过本章学习，读者应能够：
> ◎ 了解风险管理有效性的重要判别标准；
> ◎ 熟练掌握风险管理的基本工作步骤；
> ◎ 了解典型的风险管理组织架构，并能说明其中的差异；
> ◎ 了解风险管理通用的主要方法。

■ 2.1　风险管理框架——风险管理有效性的重要判别标准

风险管理从业人士经常面临着两难的困境：一种情况是，董事会及总经理认为业务没有风险，风险管理无足轻重，甚至因为时时、事事谈风险而生厌；另一种情况是，董事会虽然高度重视风险的影响，但是将风险管理仅仅看作相关风险管理专业部门的事情，一旦出现了风险损失事件，即认为是该部门风险管理不到位。站在客观的角度，风险管理究竟意义何在？风险损失事件的产生是来源于风险管理框架或体系本身的设计缺陷，是来源于某个"流氓"交易员的恶意操作，还是仅仅因为霉运（bad luck）？风险损失事件的发生是否意味着风险管理的失败？什么才是有效的风险管理框架？本节将以银行为例，集中回答这几个问题。

2.1.1　三种风险的提出

我们必须认识到的是，一些巨额损失的出现并不一定意味着风险管理本身的失效。毕竟人力资源有限，永远会有我们无法估测或管理的因素存在，我们可以将之简单地归因于霉运。假设某只基金收益率为 -11%，损失数额要以数亿美元乃至数十亿美元来计算，仅看这些表面数据，可能有些高层管理者就会震怒了。但实际上，仅凭此数据并不能武断地认为风险管理失效。如果此时市场上平均收益率为 -13%，那也许可以证明风险管理者已经尽其所能地完成了工作。而且如果经过仔细核查后发现确实如我们所预测的，风险管理者已经尽可能地控制了风险，那么我们可将这与市场平均收益率的 2% 差额视作风险管理所带来的收益（premium）。那么此时不但不应惩戒风险管理者，反而应对其进行褒奖。

并非所有的风险都能进行有效的管理。对于无法计量的风险，我们通常无法真正地进行管理，而对于无法认知的事情更是无法管理。因为人们对周遭世界的认知往往存在局限性，大致可以将那些会对我们的目标产生影响的风险分为三类：第一类，已知的已知（known knowns）风险；第二类，已知的未知（known unknowns）风险；第三类，未知的未知（unknown unknowns）风险。这是当今风险管理界公认的风险分类，但其转译为中文则显得略为晦涩。

第一类风险主要包含了那些我们已经能够辨识并且能评估、计量的风险，但是即便风险管理者已经尽可能对其进行了风险辨识、评估了重大风险，并对其中的重大风险进行了计量、风险预警等工作，仍可能因为投资组合的决策及霉运的共同作用而造成损失。然而，这样的风险损失事件发生的概率较低。在科学的风险管理框架中，风险管理者也会在风险承受限度之内，对此类风险发生的频率及可接受的损失金额进行限制。因此，这类风险并非严格意义上的不可能事件，它们的存在是业务持续发展的客观要求。

第二类风险主要包含了那些我们应该或已经意识到的风险建模的缺陷或不足，但对于如何评估及计量这种缺陷或不足尚无良策。举例来说，风险管理者可能在风险建模中遗漏了某项非常重要的风险因子，或是对风险因子的分布计量错误，没有选取足以反映经济周期状况的历史区间的数据，或是映射过程不准确，或是风险管理者选择了要求非常严格的前提假设（assumption）且对结果产生重大影响，但该假设与实际情况并不相符。以上因素都可能导致风险损失的出现。风险管理者因为其自身专业、背景、经验等差异，可能导致第二类风险的发生。而这一类风险的发生，确实应归因于风险管理者，而非简单的运气不佳。

第三类风险的应对最为困难，因为这种风险在很多情况下都是来源于外部事件或监管的变化，譬如突然对卖空交易进行限制的监管要求会直接造成对冲的无法实现。另一个很典型的第三类风险为交易对手风险,作为风险管理者,我们永远无法完全地对交易对手的信用风险进行全面了解,因为了解你的直接交易对手固然是最为重要的,但是直接交易对手的其他交易对手的信用状况仍然会间接对你产生影响。赫斯塔特银行(Herstatt Bank)事件便是这种风险的最为典型的例子之一,其后,人们甚至将该类风险直接定名为赫斯塔特风险。

【案例 2-1】

多米诺骨牌的倒塌——赫斯塔特银行事件

赫斯塔特银行是成立于德国科隆的一家私人银行,因其在 1974 年 6 月 26 日破产而震惊全球。

1974 年 6 月 26 日,赫斯塔特银行低估了浮动汇率下的外汇风险,忽视了外汇交易的市场风险防范,与多家银行进行了买入德国马克卖出美元的交易。因为时差,位于美国的银行比赫斯塔特银行提前了一个交易日交割了德国马克。当赫斯塔特接到德国政府的清算命令时,因无力向对方银行支付美元而宣告破产。而在清算当天,已经有众多银行与赫斯塔特银行开始了国际金融交易,即已在法兰克福向赫斯塔特银行支付了德国马克,期待着在纽约市场交割美元。但因为时差,赫斯塔特银行倒闭时正处在相互支付之间,故而其交易对手银行并没有接收到美元。

因为赫斯塔特银行倒闭所产生的跨辖区的影响,十国集团与卢森堡一同在国际清算银行之下成立了一个常设委员会,即巴塞尔银行监管委员会,其成员包括各国的中央银行及监管当局。而这种一方在外汇交易中已支付了其卖出的货币,而未能收取其购买的另一种货币的清算风险,有时也被称作赫斯塔特风险。

在本案例中,赫斯塔特银行遇到了巨额跨境结算的风险,因为一笔外汇交易中各个阶段不可撤销的结算可能是在不同的时间完成的。例如,向一家纽约银行在东京的日本代理行支付日元应在东京的营业时间内完成,而一家纽约银行向在纽约的一家日本银行的美国代理行相应地交付美元则是发生在纽约的营业时间内。由于这两个国家的支付体系不在相同时间开始运作,因此就存在这样一种风险:交易的一方正执行交易,但另一方却可能已经破产而无力交付用于补偿或冲销的货币。

外汇市场的交易不分昼夜,每个小时都在进行,它还不时地牵扯到不同国家的司法制度。这种跨境、跨时区的交易对双向支付(日均结算近 2.4 万亿美元)和货币汇兑(约 20 万笔到 30 万笔)提出了最严峻的挑战。

资料来源:陶士贵."赫斯塔特风险"与环球清算银行[J].国际市场,1996,7:30. 甄润赞. 银行间外汇市场的风险案例剖析及防范思考[J].南方金融,2006,7:35—37.

2.1.2 三种风险与风险管理有效性的关系

将风险进行以上三种分类,是因为需要对不同原因导致的风险损失进行检讨并对风险管理者进行追责。如果是第二类风险造成的损失,我们可以直接断定为风险管理的失效，并对风险管理者的相关工作进行检讨，通过加强对其培训等方式来提高风险管理的有效性。但是，对于由第一类风险及第三类风险所造成的损失事件，却并不是完备的风险管理工作所能够完全避免的。面临这样的风险时，并不能仅仅从风险的发生与否来判断风险管理框架是否有效。换言之，风险管理框架设计和执行的有效性并不能由第一类风险或第三类风险的发生与否来判断。然而，对于这两类风险的后续处理仍能分辨出风险管理框架的完备性，例如，新的风险损失事件是否会在最短的时间内触发风险应急流程及报告流程，并能及时向相应层次的风险管理人员及职能部门乃至管理层进行汇报；新的风险损失事件是否在处理结束后，提炼成新的风险事件进入相应层级的风险库，或是与已有风险事件进行映射，并将应对方案提炼后加入应急预案；对爆发的风险事件是否进行了评估，若确定为重大风险，则为之建立应对机制；整体的风险管理信息是否在各个层级之间做到了顺畅沟通并不断改进；风险损失事件库的数据是否在风险真实发生后及时进行了更新？如果这些问题都能有条不紊地通过机体的正常运转来实现的话，则可将该风险管理框架视为完备及有效的。

目前，国际上对于风险管理框架的最佳实践一直处于不断探索的阶段，例如，COSO 委员会（The Committee of Sponsoring Organizations of the Treadway Commission）提出的全面风险管理（enterprise risk management，ERM）框架、国际风险管理标准 ISO 31000 提出的风险管理框架、巴塞尔银行监管委员会推出的针对国际活跃银行的三代巴塞尔协议框架，等等。这些风险管理框架在不断地自我完善并相互融合、取长补短，引领着各个行业的风险管理水平不断提升。

自 1988 年《巴塞尔协议 I》出台后，因其第一次对国际活跃银行建立了一套完整的国际通用的、以加权方式衡量表内与表外风险的资本充足率标准，有效地扼制了与债务危机有关的国际风险，故而该体系的框架便成为国际银行界的通行标准，并深刻影响了金融的其他领域。该体系自推出后，得到了世界各国监管机构的普遍认同，并已构成国际社会普遍认可的银行监管国际标准。至此，虽然巴塞尔银行监管委员会不是严格意义上的银行监管国际组织，但事实上已成为银行监管国际标准的制定者。至今巴塞尔协议体系已经形成了三代，并且在不断完善中。详情可参阅本书第 10 章。

【案例 2-2】

已知风险的盲视——瑞银（UBS）2007 年次贷危机损失 190 亿美元

瑞银（UBS）在次贷危机中，仅 2007 年一年，便在次级及 ALT-A 级别按揭抵押贷款支持的结构性信用证券中损失了 190 亿美元。按照 UBS 的风险偏好来看，它们一直投资于衍生产品中那些最优先的层次以保证 UBS 处于绝对安全的状态。结果却是，它们在这些证券上累积了 900 亿美元的头寸，而与之相对应的是，它们的账面权益额却仅为 410 亿美元。UBS 参考近一阶段不断上涨的房价，以一个非常简单的模型计量风险，并将风险计量结果向董事会报告。但是，仅以近一阶段不断上涨的历史数据作为参考，实际上是对真实风险的有偏估计，注定会低估风险。另外不得不提的是，UBS 的风险管理者对于外部评级机构提供的评级过度依赖。基于以上两点，风险管理并没有对这些投资的下侧风险进行足够的预警，因此这些损失可以被视为风险管理的失效。风险管理者应该为造成这样巨大的损失而承担责任。

资料来源：Philippe, J. *Financial Risk Manager Handbook (6th ed)* [M]. New York: John Wiley & Sons, Inc., 2011.

2.2 风险管理工作流程

传统的风险管理工作主要包含以下几项内容：

- 辨识公司所面对的所有风险事件、确认公司的风险分类框架；
- 评估重大风险并对重大风险制定应对策略；
- 在授权范围内对风险进行监控预警、控制、缓释等管理工作；
- 与各个层级的决策制定者（包括交易员）沟通风险的状况。

而在系统的全面风险管理框架下，风险管理工作可以细分为三个维度：

- 风险管理目标的确定，如将风险造成的损失控制在一定额度之内或将风险发生次数控制在一定数量之内，不会遭到监管机构处罚，等等；
- 风险管理环境设置及步骤，如归纳董事会风险偏好和风险承受度，设置辨识、评估、监测、控制、缓释等风险管理工作步骤；
- 不同业务条线的风险管理工作，如职能部门、业务条线的风险管理工作与业务的融合。

而在具体的风险管理工作之外，还有三类工作对于风险管理者而言也是非常重要的，即构建金融机构的风险管理文化，促使风险信息在组织内部持续沟通，以及对风险的变化情况、风险管理框架运作的有效性进行监控。

在风险管理目标这一维度，巴塞尔协议体系为银行业提出了明确要求，且逐渐明确。《以巴塞尔协议Ⅲ》为例，其目标为：

- 增进金融体系的安全与稳健；
- 强调公平竞争；
- 采用更完备的方法来应对风险；
- 明确资本充足率的计算方法，能与银行业务活动保持适当的敏感度；
- 以国际性的大型银行为重点，但也适用其他各类银行。

2.2.1 风险管理环境设置

在风险管理环境设置这一维度中，主要包括董事会对银行最高层面的风险偏好（risk appetite）和风险承受度（risk tolerance）。

2.2.1.1 风险偏好

风险偏好是指为了实现目标，企业或个体投资者在承担风险的种类、大小等方面的基本态度，一般以定性语言来描述，分为风险规避、风险趋向和风险中性三种。

不同金融机构的风险偏好是存在差异的，如设立时间不久、规模较小的股份制商业银行、农商行、小额贷款公司等，其出于竞争压力及对于业务的饥渴，常被动或主动地承担大型国有商业银行（如中、农、工、建、交、邮储）所不愿承担的风险，追求规模的动机会显著超过追求利润和规避风险的动机，大都体现为风险倾向，更愿意在合规的警戒线附近开展业务、产品创新及"踩红线"，风险管理部及相关从业人员的地位相对不高；而业务稳定的大银行，一般表现为风险规避倾向，要求严格合规，其风险管理部、法律合规部和审计局的地位相对前者会更高，一般来说，这三个部门在大型银行中对各个职能部门的绩效考核常占据较大比重；风险中性一般存在于纯理论领域，是诸多金融模型的基本假设之一，但在实务中极为少见。而对于中国的诸多金融机构乃至企业机构而言，其风险偏好往往呈现出"偏好漂移"的特点，即随着业务及利润的发展，可能由风险趋向往风险规避的方向发展，反之也会存在。这说明了我国金融机构对于风险的认知还有待加强，其董事会对于风险的认识也需要进一步统一。巴塞尔协议体系默认采用该体系的银行是风险规避、审慎经营的，这一点在《巴塞尔协议Ⅲ》中的表现更加明显。

值得注意的是，董事会确定金融机构的风险偏好时，面临一个重要难题：金融机构在风险偏好声明中应该体现谁的利益？例如，一方面，对于希望公司承担的风险，债务持有者的态度会相对保守，他们担心会出现威胁公司清偿能力的下行风险，即使这些风险处于合理边界之内。另一方面，拥有大量投资组合的股东则可能更容易接受公司承担金额较大但发生概率较低的风险，只要风险对应的收益足够高。如何权衡则需要董事会的智慧。

【案例 2-3】

加拿大皇家银行的风险偏好

加拿大皇家银行 2011 年第三季度的风险偏好如下所述：
1. 保持 AA 级或更好的评级；
2. 保证资本金在监管水平之上；
3. 保持稳定的收益；
4. 确保稳健的流动性管理，在管理过程中要平衡满足压力市场的流动性需求及缓解流动性风险的费用；

5. 对压力事件的敞口较低；
6. 确保监管风险和合规环境在可以接受的范围之内；
7. 风险水平不高于同业平均水平。

资料来源：王勇，隋鹏达，关晶奇. 金融风险管理［M］. 北京：机械工业出版社，2014.

2.2.1.2 风险承受度

风险承受度，又称风险容忍度，是指在企业目标实现过程中对差异的可接受程度，是企业在风险偏好的基础上设定的对相关目标实现过程中所出现差异的可容忍限度。

风险承受度可以是定性的表述，也可以是定量的指标，如某些金融机构可能选用"高""中""低"来形容自身的风险承受度，而另一些金融机构则采用一些具体的金额来明确其风险承受度，例如，相对于总资产的一定百分比、相对于一级资本的一定百分比、相对于前一年度总收入的一定百分比，等等。风险承受度的确认方法主要有以下五种：定性分析主要有专家法和德尔菲法两种，定量分析则有均值方差法、安全垫法及基于风险资产组合和无风险资产组合的风险承受度测算法三种。我国银行实务中主要采用专家法。

2.2.2 风险管理步骤

2.2.2.1 明确需要达成的目标

公司不应在未明确风险和收益目标的情况下进行风险管理。如果没有董事会确定和接受的明确目标，风险管理就可能是一项随意对冲风险、不持续且成本高昂的活动。尽管巴塞尔协议体系已为银行提供了较为明确的目标要求，但每一家银行都有自己的具体目标，如财务目标、市场占有率目标、经营目标、战略目标等。因为风险是不确定性对目标的影响，所以银行总体目标的明确及目标的有效分解应成为风险管理工作的第一步。

2.2.2.2 全面识别风险事件

风险识别是指对影响银行各类目标实现的潜在事项或因素予以全面识别，鉴定风险的性质，进行系统分类并查找原因的过程。该工作包括感知风险和分析风险两个环节：感知风险是通过系统化的方法发现商业银行所面临的风险种类和性质；分析风险是深入理解各种风险内在的风险因素。

制作风险清单是商业银行识别风险最基本、最常用的方法。它是指采用类似于备忘录的形式，将商业银行所面临的风险逐一列举，并联系经营活动对这些风险进行深入理解和分析。此外，常用的风险识别方法还有专家调查列举法、资产财务状况分析法、情景分析法、价值链分析法等。

当前中国诸多大型银行已经按照巴塞尔协议体系的要求开始建立自身的风险库和风险损失事件库，并积累了一定的风险数据。相较而言，此项工作与操作风险、合规风险的联系更为紧密，但也要全面考虑对于银行运营安全性举足轻重的信用风险和流动性风险，这是未来制定风险应对措施、进行情景模拟和压力测试的重要依据。在建立风险库的基础上进行风险细项分类，建立银行自身的风险分类框架，此项工作可以着重参照巴塞尔协议体系的风险分类及定义。因为金融业务具有同质化特点，故而具有相近业务的金融机构，如银行，其风险库具有较高的相互借鉴价值，且外部的风险损失事件库也可作为金融机构自身数据不足的有力补充。

2.2.2.3 全面评估机构面临的风险

风险评估是指在通过风险识别确定风险性质的基础上，对影响目标实现的潜在事项出现的可能性和影响程度进行度量的过程。风险评估通常采用定性与定量结合的方法。定性方法主要适用于历史数据较少、预期损失难以通过数学模型计算得出的风险，如战略风险、声誉风险、操作风险，主要采用打分法来计算；定量方法主要适用于历史数据充足、预期损失可轻易得出且结果可靠的风险，如市场风险。而无论是定性还是定量，风险评估中都可以运用层次分析法（AHP）和功效系数法等方法来对评估时人员或风险的权重设置进行计算，将定性信息进行有效的量化处理。

风险管理工作需要占用管理资源且耗费成本，将银行所有的风险都消灭之后，业务也将无法正常运行了，这是因为金融业，尤其是银行业本身就是经营风险的行业，风险与业务是共生的。所以银行需要从风险发生可能性（probability）、风险影响程度（severity）两个维度进行打分（scoring），并参考改进难度、改进迫切程度，综合评估会对目标实现产生重大影响的风险。尽管巴塞尔协议体系已明确了银行需要面对的主要风险，但个体所面对的风险水平、风险排序都存在一定的差异。例如，由企业内部银行发展而来的集团财务公司作为非银行类金融机构，因为其信贷业务主要面对集团内部的成员单位，其信用风险发生的可能性显著低于其他市场化运作的商业银行；对于那些在银行交易账户中存在大量利率敏感性头寸的银行而言，其所面对的市场风险就会比那些主要资产存在于银行账户、业务以信贷为主、利率敏感性缺口极小的银行大很多。基于这样的评判，这些银行的风险管控重点及手段都存在差别。因为有这样的差别，所以其他银行的重大风险排序仅可作为参考，而不能直接取用。

在评估金融机构风险时，要注意对这些风险进行区分，区分为能保险的风险、能对冲的风险及不能保险和对冲的风险。这种分类非常重要，因为下一步是寻找可能有助于最小化公司风险敞口的策略和工具。

2.2.2.4 制定风险应对策略及改进措施

风险应对是指在风险评估的基础上，综合平衡成本与收益，针对不同风险特性确定相应的风险控制策略，采取措施并有效实施的过程。风险应对措施应当实现以下目标：

- 风险管理战略和策略符合经营目标的要求；

- 所采取的具体措施符合风险管理战略和策略的要求,并在成本/收益基础上保持有效性;
- 通过对风险诱因的分析,发现管理中存在的问题,进一步完善风险管理程序。

按照国际最佳实践,在日常风险管理操作中,具体的风险应对措施可以采取从基层业务单位到业务领域风险管理委员会,最终到达高级管理层的三级管理方式。

在董事会设定的银行整体风险偏好基础上,对于评估出的重大风险制定应对策略。风险应对策略主要包括风险承担、风险缓释、风险规避、风险转移四种。风险承担策略也称为风险自留策略,是指企业理性地主动承担风险,即一个企业以其内部的资源,如风险准备金、自有资本等,来弥补损失。风险缓释策略是指通过风险控制措施来降低风险的损失频率或影响程度,抑或直接降低风险敞口。风险规避策略是指通过计划的变更来消除风险或风险发生的条件,保护目标免受风险的影响。风险转移策略又称风险转嫁策略,是指企业将自身面临的风险转嫁给交易对手从而保证自身的利益的策略,主要手段包括保险、外包等。以上四种策略适用的风险事件及其备选方案如表2-1所示。

表2-1 四种策略适用的风险事件及其备选方案

风险应对策略	适用的风险事件	备选方案
风险承担	·发生概率极小且表现为不可保,如巨灾风险 ·发生频率高,单体损失程度小且风险事件间几乎相互独立 ·与监管合规要求有冲突,做法只分为合规、不合规两种,若业务中部分合规依旧会遭到监管处罚,而该违规业务带来的收益显著大于违规受罚的成本	·建立风险准备金 ·足额的资本计提 ·预期损失在财务上预先摊薄 ·建立专业自保公司 ·金融同业授信支持
风险缓释	·该风险敞口(敞口、头寸)可降低 ·该风险发生可能性可降低 ·该风险影响程度可降低	·合格的抵质押品 ·净额结算 ·保证 ·信用衍生工具 ·完备的制度体系,如内部控制
风险规避	·该风险的潜在收益显著低于预期损失(财务、业务、战略)且不可保,但通过停止某项业务或遵照规章制度可以避免	·通过放弃或拒绝合作、停止业务活动来回避风险
风险转移	·发生概率极小、损失程度高、可通过保险或外包等手段进行转移	·资产证券化 ·保险 ·业务外包 ·套期交易 ·互换交易

2.2.2.5 持续监测重大及重要风险

风险监测是指监测各种可量化的关键风险指标及不可量化的风险因素的变化和发展趋势，以及风险管理措施的实施质量与效果的过程。对于重大风险建立风险预警指标体系，根据德尔塔-正态法、历史数据拟合法、蒙特卡洛模拟等手段拟合数据分布，了解其内在特点，并为其设置预警区间。风险预警区间一般分为红区、黄区、绿区，当重大风险预警指标落入黄区后应立即启动前一步骤拟定的应对措施，防止其落入红区并争取使其回到绿区。

当前中国的金融机构，尤其是银行，都需要定期向监管机构提交非现场监管报表，而各个监管指引当中，对监管指标的硬性要求应被视为红线的最低水平。对于某些风险偏好表现为风险规避的银行而言，可能需要自主在监管机构要求之上的一定比例设置红线，划定其所不能容忍的区域。在红线确立后，可根据历史数据或同业平均水平及需要对标的最佳实践来选取黄区及绿区所分别对应的数值。

然而，中国的商业银行，尤其是城市商业银行，在这方面与国际活跃银行还有很大差距。以城市商业银行信贷业务为例，当前城市商业银行信贷风险监控体系侧重于授信后管理，针对授信业务发生后的风险管理已形成了一系列规章制度，且有明确的管理部门负责监测执行，基本比较完备。但在授信业务发生前的风险分析、预测和审查方面职责不够明确，并未形成系列的风险管理制度，更不要提对重大风险建立风险预警指标体系了。而授信前的风险分析和审查也主要侧重于政策风险、行业风险、市场风险等系统性风险，且力度不够，对授信主体的个体风险缺乏深入的了解和掌握，迫于经营压力，授信前的风险提示往往避重就轻，造成潜在风险前移，致使业务发生后即成"问题授信"，交由贷后管理部门化解。从整体上来讲，中国城市商业银行目前仍未建立统一的、全过程的信贷风险监控体系，无明确的管理部门负责全面风险管理，未来应在该阶段加强研究及建设。

2.2.2.6 完善风险管理报告体系

风险报告是指在风险监测的基础上，编制不同层级和种类的风险报告，遵循报告的发送范围、程序和频率，以满足不同风险层级和不同职能部门对于风险状况的多样化需求的过程。风险报告应报告商业银行所有风险的定性或定量评估结果，并随时关注所采取的风险应对措施的实施质量及效果。在《巴塞尔协议Ⅱ》中，对外有效披露是极为重要的，而这也是风险报告需要实现的目标之一。而发展至《巴塞尔协议Ⅲ》，加强对外披露的要求愈加严苛，给银行带来了很大的挑战。重大风险的管控状况需要在风险承受者和风险管理者之间进行有效沟通，银行应建立和完善风险报告制度，明确规定风险报告应遵循的保送范围、程序和频率等，编制不同层次和种类的风险报告，以满足不同风险层级和不同职能部门对于风险状况的多样性需求，便于内部决策及满足外部监管要求，如《巴塞尔协议Ⅲ》中关于对外披露的要求。风险管理工作还应关注即将发生或接到报告的重大突发事件，对各部门、各级机构应及时发送报告或警示函，在应急处置过程中，随时关注事态发展，及时向管理层、董事会报告后续情况。

2.2.2.7 定期检查评估风险管理体系

风险管理流程应实现闭环循环运行,尤其在引进或采取新的产品、业务、程序和系统时,应对其实施风险识别、评估、应对、监测、检查和考核等一系列风险管理活动(见图2-1)。风险管理部门并非对所有风险管理工作都要亲力亲为,可以组织其他职能部门、其他业务部门进行风险识别、评估、应对,保留独立的风险监测、检查、考核的职能,形成闭环、动态运转的风险管理全流程,确保风险管理体系有效运转。

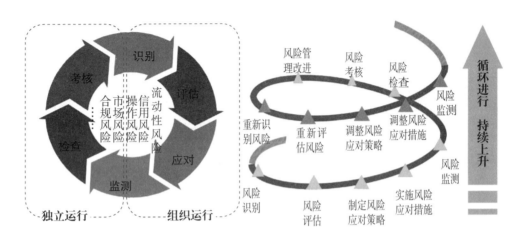

图 2-1　闭环、动态运转的风险管理全流程

公司应对风险管理全流程进行定期评估。评估的关键应该是总体目标的实现程度,而非具体交易盈利或亏损。只要对冲了某种风险,那么对冲交易的一方就不可避免地产生利润,而对方不可避免地产生亏损。公司永远不可能事先知道哪一方会在这种交易中获利,哪方的价值将增加,哪方的价值将减少,毕竟这就是为什么要对风险进行管理的最初原因。因此,如果目标是消除风险,而且风险确实被事实性消除了,即使对冲头寸产生了经济亏损或会计亏损(与初始未对冲头寸相比),风险经理也出色地完成了任务。反之,若在检查、评估过程中,发现风险经理未能按照风险政策履职,即便未造成经济损失或会计损失,甚至因为其缺乏约束,致使前台交易员在承担了超过风险政策以外的其他风险并获得收益时,该风险经理在考核时也会被予以相应处理。

在评估风险管理绩效时,董事会有权决定是否改变公司政策。只要董事会在做出目标和政策改变前,已经进行了全面分析,并且与公司的其他活动和目标一致,就应视为正常情况。但应注意的是,若董事会制定的公司目标和公司政策发生重大变化,应及时向利益相关人员及公众披露。

2.2.3 "三道防线"共同管理风险

2.2.3.1 "三道防线"的监管发展

1997年,中国人民银行发布了《加强金融机构内部控制的指导原则》(以下简称"《指导原则》"），要求金融机构建立完善的内部控制制度，设立顺序递进的三道监控防线：一线岗位监督、部门岗位制衡及监督部门监控。2002年，《指导原则》被废止。此后中国人民银行、银监会规范性文件未再对"三道防线"进行规定。

2001年以后，证监会、国资委和保监会先后发布规范性文件，从内部控制或风险管理角度对"三道防线"的设置提出了明确要求。具体而言，证监会的规定与《指导原则》的思路相同，都是从内部控制的角度设置防线；国资委和保监会则是从风险管理的角度提出"三道防线"设置的具体要求。需要指出的是，证监会、国资委和保监会的规定均不适用于商业银行，并且保监会和国资委的规定与商业银行的实践和组织管理模式的传统存在较大差异。2008年，财政部、银监会等五部委联合发布了《企业内部控制基本规范》（以下简称"《基本规范》"），虽未明确提出"三道防线"的要求，但为商业银行设置"三道防线"提供了新的思路和指南。

与此同时，"三道防线"的主要防控对象，也经历了从"防案件"到"防风险"再到"防偏差"的两次较大演变。20世纪90年代初期，我国金融系统案件频发，"三角债"、虚假票据泛滥，危害金融秩序，影响金融稳定。为控制案件高发态势，人民银行发布《指导原则》提出设立"三道防线"的要求，其主要目的就是防控案件。随着风险管理理论与实践的发展，防控对象逐渐从"防案件"发展为"防风险"。可以说商业银行"三道防线"的防控对象就是经营管理活动中偏离既定目标尤其是风险承受度的各种偏差，这种偏差包括狭义的风险，也包括舞弊行为和案件。这也是《基本规范》的本质要求。

商业银行的管理和控制需要紧紧围绕业务经营展开，只有从商业银行业务流程角度出发设置"三道防线"才能最有效地防控经营管理中存在的偏差和风险。风险绩效考核强调第一道防线的风险管理责任，通过资源投入与现代管理工具的建设不断加强第二道防线，通过从传统的财务审计向风险审计转变以强化第三道防线的独立监督职责。

2.2.3.2 "三道防线"共同管理风险

第一道防线是风险承担者，也是风险管理的直接责任者。

业务经营单元通过开展业务经营活动为银行创造收入的同时，也承担了这些业务活动所带来的风险，是直接的风险承担者。由于业务单元制订和执行商业计划，与市场和客户直接接触，最易于了解客户和目标市场不断变化的风险状况，因而最适合也最有能力采取行动来管理和缓释其业务所承担的风险。要使主体风险管理有效，业务领域管理人员必须负主要责任，负责管理各自领域的风险，其主要职责是管理风险。

例如，摩根大通银行为了强化第一道防线的风险管理职责，在每个业务条线内部还设立了风险管理委员会（负责设定业务的风险管控策略、政策和控制流程），并与风险管理职能部门和人员（在大多数情况下，设在每个业务条线的风险官属于第二道防线）紧密合作来管理业务单元所承担的风险。

第二道防线统一制定银行的风险管理政策、程序和限额，并监督执行。

在第一道防线的基础上，国际大型银行均强调全面风险管理的集中性，风险的集中管理有利于银行从整体层面对各类风险进行加总及管控，从而确保银行整体承担的风险总额得到有效控制，并能够合理、科学地配置经济资本、风险限额和风险管理资源。

目前，国际大型银行在组织体系上，一般都形成了由首席风险官垂直领导的风险管理条线。首席风险官向首席执行官和董事会负责并报告工作，负责银行整体的风险管理。

第三道防线对银行风险管理的有效程度进行独立验证。

第三道防线是银行内部审计部门，由银行董事会直接领导。银行聘请的审计师也会对银行的风险管理体系建设情况和风险承担情况进行独立评价，并向银行董事会和高管层提出相关建议。

作用于业务流程的"三道防线"彼此并非孤立设置、相互替代的关系，而是互为补充、相互强化的系统。偏差和风险无时不有、无处不在，只有充分发挥系统的合力，形成纠偏防弊的机制保障，才能真正实现商业银行"三道防线"设置的目标，将偏差和风险控制在可承受的范围之内。

【案例 2-4】

中国邮政储蓄银行建立"三道防线"联动机制的主要举措

近年来，中国邮政储蓄银行（以下简称"邮储银行"）已经形成了负债业务、中间业务、信贷业务、票据业务、外汇业务等多层次的业务体系及规模。商业银行业务风险的客观存在和金融行业严峻的内、外部安全防控形势使得邮储银行迫切需要构建以防线联动为主要框架的内控管理体系和运行机制。因此，其主要采取了如下措施：

1. 强化业务条线，实现内控管理职能前移

一是配齐各业务条线的内控管理人员，并明确其内控职责。各业务条线制定检查办法，明确职责分工，通过考核等形式履行职能。

二是在各基层网点实施风险经理派驻制。风险经理隶属于分行会计结算部，承担综合柜员、风险管理、日常规章制度执行情况检查等职责，对支行柜面操作进行实时监控，其在执行监督职能时不受派驻支行的干扰，直接对会计结算部负责。风险经理每月向会计结算部、风险合规部、审计部提交风险报告和检查报告，为分行风险内控工作提供实时的第一手资料。

2. 夯实风险合规工作基础，发挥第二道防线作用

邮储银行以分行风险管理委员会为风险决策平台，统领、协调全行风险管理工作，并由各部门、各支行、各营业网点指定责任心强、业务经验丰富的员工担任风险联络员，实时监控辖内业务风险动态，评估业务风险水平，形成健全的风险合规网络。此外，还通过"合规管理年""业务行为规范年"等活动，不断修订和完善内部规章制度，全面系统梳理各类业务的风险点并优化流程，提高员工合规经营的自觉性和风险防控意识。

3. 提高审计质量，强化第三道防线的监督职能

一是开展内部审计检查活动，继续加强风险和案件防控工作。持续开展网点常规审计、突击检查、专项审计和电子稽查、现场检查与非现场检查相结合的工作，提高风险识别能力，强化全员合规意识和规章制度执行力，规范业务操作行为。

二是创新审计方法，提高审计效率。形成以电子稽查系统、业务审计系统为主，各业务系统

> 为辅的非现场审计模式；通过深化审计系统与业务系统间的联动与结合，实现以非现场审计引导现场审计工作，有的放矢地分配审计资源，明确审计重点；加强对非现场审计的监测。
>
> 资料来源：史海涛.联动"三道防线"优化内控体系［J］.中国邮政，2011，9：48—49.

2.3 风险管理组织架构

2.3.1 风险管理组织架构的建设原则

风险管理组织架构应遵循风险分类管理、风险分层管理和风险集中管理的原则。

风险分类管理。在整体战略层面对风险进行分类管理，银行类金融机构的风险按照《银行业金融机构全面风险管理指引》分为信用风险、市场风险、流动性风险、操作风险、国别风险、银行账户利率风险、声誉风险、战略风险、信息科技风险和其他风险；人身保险公司的风险分类按照《人身保险公司全面风险管理实施指引》分为市场风险、信用风险、保险风险、业务风险、操作风险、战略风险、声誉风险和流动性风险。

风险分层管理。战略层面由董事会、风险管理和审计委员会、总经理、首席风险官（chief risk officer，CRO）组成，负责重大风险管理、风险管理制度性文件决策；执行层由风险管理部、各职能部门和业务部门组成，负责具体风险应对措施的制定、监控；操作层由风险管理相关岗位人员组成，负责风险管理制度和流程的执行、数据的提供。

风险集中管理。风险管理部门承担着风险集中管理的职责，负责公司全部风险信息的汇总、加工分析、报告等工作。

在现代风险管理理念完整形成之前，风险分类管理就已经在实践中取得了很大进展。虽然对风险进行分类有助于组织风险管理，但也促生了专业"竖井"（silos），不同的专业竖井之间根据人员、风险术语、风险指标、汇报管线、系统和数据等被分隔开来。这种专业竖井可能对于管理某一特定类型的风险（如市场风险或信用风险）或单一业务部门面临的风险非常有效。但是如果高管和风险经理无法跨越不同风险竖井进行有效沟通，就可能无法有效合作，进而无法达到管理整个金融机构最重要风险的目的。为了打破企业进行竖井式风险管理而忽视企业全面风险这一趋势，企业全面风险管理成了一种有益尝试，并在企业决策中比过去更明确地考虑风险。关于企业全面风险管理的详细介绍请见第8章。

2.3.2 三种典型的商业银行风险管理组织架构介绍

2.3.2.1 传统的商业银行风险管理组织架构

要想达到全面风险管理,就必须有效设置风险管理组织架构。图 2-2 显示了一种传统的商业银行组织架构。

由图 2-2 可以看出,在这种组织架构下,风险主要由业务条线来管理。在信贷部门中,风险管理者批准交易、设定并监管风险敞口限额,以及监控交易对手财务状况。债券及交易部主要负责进行合适的交易和对冲,在这个部门,风险管理者负责度量并监控头寸。业务线管理主要负责制定业务和产品战略,同时对经营进行控制。最后,外部和内部的审计功能对公司的业务进行独立的检查。

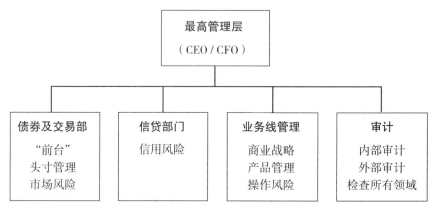

图 2-2 传统的商业银行组织架构

这种结构存在着诸多弊端。最大的问题就是将市场风险管理的结果向交易部门进行汇报,而这种利益冲突会直接导致很大的问题,巴林银行倒闭一案中,非常重要的制度性原因就是市场风险管理汇报的不独立性违反了风险管理独立原则。此外,不同的业务线之间风险管理的分散化可能会导致忽视不同类型风险之间相关性的问题,对潜在风险估计不足。例如,按照国际上已有的实践来看,在这种架构下,信用风险管理经理可能会更乐于使用资产证券化的手段,将自己负责的信用风险转化为操作风险,降低自身所担负的责任,使之进入应属于其他风险管理经理负责的领域,但缺乏沟通则可能使该工具成为风险管理的"盲区",增加银行总体层面风险。在某些情况下,信用风险和市场风险相互转化的情况也会被有意无意地忽略,这样一来,不同业务线之间的模型及数据相互矛盾也就不足为奇了。

2.3.2.2 经典的商业银行风险管理组织架构

从风险管理独立性原则的角度来看,科学的风险管理组织架构中,风险管理经理应对最高管理层,而非交易部门进行汇报。良好的风险管理模式应该全面覆盖信用风险、市场风险、操作风险、流动性风险及其他主要风险。这样的架构可以避免风险从一个容易度量的领域向其他领域转换，同时可以全盘考虑不同类别风险之间的相互作用。

机构的组织架构应该体现管理功能的分散化和风险管理的独立性这些管理思想。图 2-3 描述的就是这样一种结构，其最重要的方面就是风险管理部门独立于交易部门。

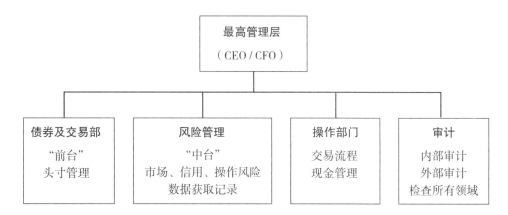

图 2-3　经典的风险管理组织架构

前台（front office）关注风险管理部门预先设定的头寸限额和 VaR 限额来构造头寸（VaR 的详细介绍请见第 3 章），或者进行一些局部的对冲交易。中台（middle office）具有一些扩展功能，其中包括风险度量及控制。后台（back office）关注的是交易流程和现金管理的协调。

2.3.2.3　首席风险官模式下的商业银行风险管理组织架构

首席风险官的主要职责是：

- 建立风险管理策略、方法及与整体风险管理策略相一致的程序；
- 检查和改进用于定价和度量风险的模型；
- 从全局的角度评估风险、控制风险敞口和风险因子的变动情况；
- 加强对交易员风险限额的管理；
- 与董事会、高级管理层沟通风险管理的结果；
- 担任董事会管理委员会的高级成员并定期出席董事会。

理想情况下，风险管理架构应在首席风险官之下集中运行（见图 2-4）。首席风险官下设市场风险、信用风险、操作风险等管理条线。市场风险管理主要负责管控交易账户中的市场风险；信用风险管理主要负责管控银行及交易账户中的信用风险；操作风险管理主要负责管控操作风险。2010 年资本市场风险咨询师（capital markets risk advisors）调查显示，近 90% 的金融机构调查样本中均存在首席风险官。由此可见，绝大多数先进机构已经选取了首席风险官模式来构建风险管理组织架构。有资料显示，董事会和管理委员会越来越依赖首席风险官整合公司治理职责与风险管理部门现有的市场风险、信用风险、操作风险与其他风险职责。

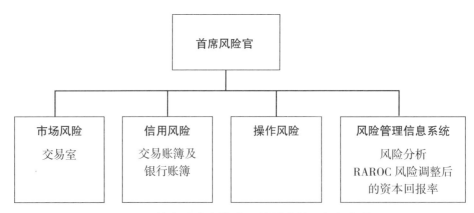

图 2-4 首席风险官模式下的风险管理组织架构

在 2008 年全球金融海啸后,许多首席风险官除了向高管团队和首席执行官汇报,还可以直接向董事会或风险委员会汇报。

实际上,无论是哪种类型的风险管理组织架构,都要满足"三道防线"的要求,即各职能部门和业务单位为第一道防线,风险管理委员会和风险管理部为第二道防线,审计委员会和内审部门为第三道防线(见图 2-5)。

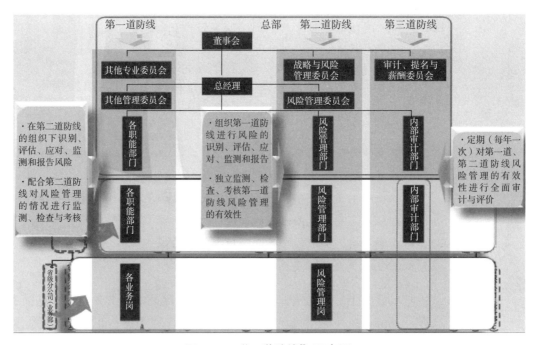

图 2-5 "三道防线"示意图

2.3.3 中国典型的商业银行风险管理组织架构

在中国,商业银行组织架构主要分为地区型、职能型和混合型三种。

2.3.3.1 地区型商业银行风险管理组织架构

地区型商业银行组织架构如图 2-6 所示。该架构主要具有以下特点：从纵向上看，该组织架构分为总行、分行、支行几个层次；从横向上看，除最基层的网点外，每层机构几乎都是对总行设置部门的复制；银行高级管理层管理的首要对象是总行各部门负责人及分行主管行长；自上而下看，总行将风险经营的目标逐层、逐级向下分解，在管理上也是如此渗透；自下而上看，由于每个分行都是一个独立经营的小银行，分行内各职能部门直接向所辖行长汇报，不同层级（总分支）的相同部门没有形成纵贯的沟通与汇报机制。原四大国有银行及大部分股份制银行的机构设置沿袭了政府机关和事业单位的组织结构，采用了该种组织架构。

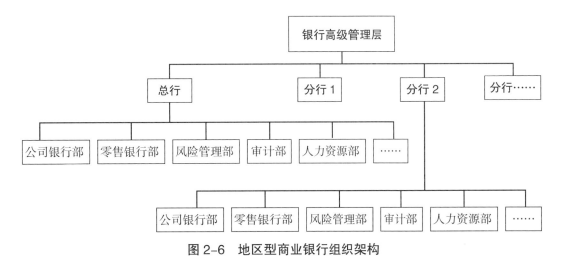

图 2-6　地区型商业银行组织架构

地区型组织架构的优势如下：该组织架构与当地法律、文化因素相适应，有利于满足不同的客户需求；便于利用各个地区的渠道和关系资源；充分分权，责任及权力分散；具有明确的利润问责机制。

地区型组织架构的劣势如下：管理层级多，易导致信息传递失真，不利于决策层决策；在确保产品/服务标准化方面存在问题；总行对业务的控制减弱；银行内部协调、沟通和交易成本加大，不利于为跨地区客户提供服务；部分地区的专家资源可能未被全行充分利用；地方政府的强烈干预可能导致分支行难以实现其风险管理目标。

2.3.3.2 职能型商业银行风险管理组织架构

职能型商业银行组织架构如图 2-7 所示，主要具有以下特点：按照业务最前端的客户或产品设置银行部门，形成如公司银行、零售银行、投资银行等业务型事业部，实现职能集中控制；各个银行业务实现跨地区的垂直经营，各业务型事业部内除市场部门外均配备其他支持职能，如风险管理、合规、法律事务、内部审计及后台操作等；风险管理、合规、法律事务、内部审计及后台操作等支持职能均独立并垂直地向上汇报，实现业务、风险、内控的分离和制约；在机构设置上，集团以下无论是业务条线还是职能条线都没有明显的行政层级，管理趋向扁平化；各个业务形式、网点建设、职能配备可能根据业务性质和经营目标的不同而有所不同；银行高级管理层管理的首要对象是业务型事业部第一负责人；大部分外资银行采用这种业务型事业部组织架构进行机构设置。

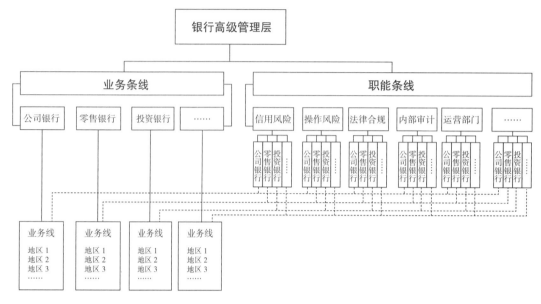

图 2-7　职能型商业银行组织架构

职能型组织架构的优势如下：管理层级少，有利于信息传递，缩短决策周期；强调专业运作；职能集中控制；统一的管理与决策；提高日常和重复性工作的运营效率；高度统一的产品质量标准；职能/业务随客户而动。

职能型组织架构的劣势如下：具有很强的组织界限，要求部门间具有较好的协调机制来帮助业务流程的完成；在大部分组织中，职能部门可能会因过于庞大而难以管理，或者给部门合作带来很大困难；部门协调不佳会导致组织失去活力。

2.3.3.3　混合型商业银行风险管理组织架构

混合型组织综合了地区型及职能型组织的特点，并兼顾了两者的优势。一方面，在主要的业务条线采取地区型设置，以符合当地法律、文化，利于实现本地化，为当地客户提供多样化服务；另一方面，将一些关键职能收归集团层面进行集中管理，如人力资源与行政管理、法律、合规、风险管理、内部审计、品牌与公共关系、信息系统等（见图 2-8）。对于某些具有强有力系统控制与明确程序流程的银行而言，还可采用分行战略业务单元经理直接向总行战略业务单元报告的模式。

当前，国内银行业的组织架构面临着诸多挑战。纵向来看，产业部门的条块分割不能满足客户对银行全方位一体化的金融服务需求；分行作为利润中心的"块块运作"缺乏为全国性集团客户服务的能力；分行对执行总行决策的内在驱动力不强，总行的战略意图难以得到有效落实。横向来看，部门之间职责交叉、责任不明确，免责文化导致经营风险增大；业务处理流程被分割，不够统一和完整，导致银行内部交易成本增加；各职能部门不能有效落实银行整体战略与中长期经营目标，业绩考核体系与银行战略实施脱节。

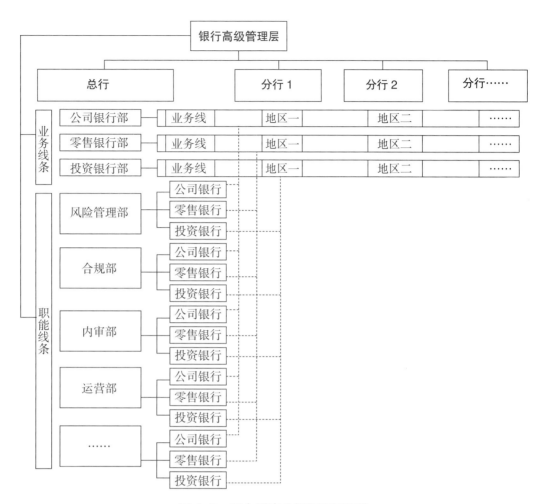

图 2-8　混合型商业银行组织架构

相较于大型国有商业银行，国内中小银行在风险管理组织架构中存在着共性问题。例如，风险战略管理职能不到位，与全面风险管理的差距较大；总行部门职责存在交叉、重叠、缺位，一些重要的管理职能比较分散，存在免责文化，服务意识不够；缺乏对政策的统一管理，往往政出多门且互相矛盾；与以客户为中心的组织架构还存在差距，分散经营风险大、效率不高、单位成本高；总行、分行、支行三级管理模式没有成型，一方面对总行政策执行力不够，另一方面支行信贷业务前台、中台、后台分离度不够，缺乏岗位硬约束。

未来，中国银行业应积极学习巴塞尔协议体系要求，结合国际活跃银行的先进实践，向行业内标杆银行学习，锻造符合现代金融风险管理要求的组织架构，全面落实"三道防线"，更好地服务客户与股东，在组织架构层面为实现风险与收益的平衡打下坚实基础。

【案例 2-5】

汇丰银行次贷危机后的组织架构模式变革

次贷危机之前，汇丰银行采取的是以地域为基础的组织管理模式，各地区机构的经营高度本地化。2011年以来，汇丰银行致力于打造全球一致的业务运行模式。汇丰银行对原有业务线进行重组，形成了零售金融与财富管理、工商金融、环球银行与金融市场、环球私人银行四大全球业务线。四大业务线负责制定全球统一的业务发展策略和运营模式，提出业务发展计划和目标，并对业务线员工人数进行统筹管理。而全球六大区域机构则主要负责各业务线发展策略在当地的具体实施。在新的矩阵式管理结构下，四大业务线的职责权限明显扩大。汇丰银行还对人力资源、法律、内部审计、风险管理、财务管理、市场营销、战略规划、通信、技术服务等中后台功能板块进行重组，使之能为全球经营活动提供统一的支持与服务。在上述业务组织架构基础上，汇丰银行还精简了管理架构，提出了所谓"8×8"的管理原则，即从集团最高领导层到一线最基层员工，总管理层级不超过8级，每位管理人员所管辖员工数不少于8人。

2.4 风险管理报告体系

2.4.1 风险管理报告体系构成

商业银行的风险管理报告可分为内部报告及外部报告两大类，内部报告的主要编制目的是满足内部战略决策需求，外部报告的主要编制目的是满足外部监管机构（银监会、证券交易所）的合规要求，以及向外部投资者进行信息披露的要求。

商业银行内部报告主要由以下类型组成：

- 《重大风险管理报告》；
- 《内部控制自评价报告》；
- 《日常业务审查报告》；
- 《风险监控报告》；
- 《风险预警通知》；
- 《风险管理报告》（月度、季度、中期、年度）。

商业银行内部报告可以根据银行自身情况及需求，对风险报告进行定制化处理。内部风险报告一般可按报告内容划分为综合风险报告和专项风险报告，也可以按照报告的时间和频率分为定期风险报告和不定期风险报告。不同层次和种类的具体风险报告的内容可依据董事会、管理层对风险的管控要求进行灵活调整，但必须按照规定的发送范围、程序和频率进行报告。

商业银行外部报告主要由以下类型组成：

- 银监会"1104"报表系列、半年度报告、案件报告；
- 中国人民银行营管部反洗钱报告、关键营业数据报告。

商业银行外部报告需严格遵照银监会要求，通过非现场检查信息技术平台上报"1104"报表。"1104"报表的名称来源于"1104"工程，这是银监会于 2003 年 11 月 4 日启动的银行业金融机构监管信息系统，涉及银行机构管理、高管管理、许可证管理、非现场监管、现场检查、风险预警、评级模块、报表管理等多项应用平台，主要为以风险为本的监管体系提供模型化、量化的数据基础，是银监会实现对被监管对象进行持续、全面、有效监管的信息化工具和手段。"1104"工程的数据体系分为以下部分：基础报表，共六大类 24 张；特色报表，按机构类别设计，共 25 张；监管指标，共四类 114 项；分析报表，共四类 120 多张。"1104"工程非现场报表体系通过对商业银行财务状况、信用风险、市场风险、流动性风险、风险抵御能力的全面监测，在合规性监管的基础上，达到对风险的辨识、评估和预警的监管目标。

2.4.2 风险管理报告的特征

对于内部报告而言，简洁度、准确性、全面性和及时性至关重要。在某种意义上，简洁度与准确性和及时性同等重要。如果风险管理者、高管层或董事会得到的信息过多，反而会导致重要信息缺失，那么想要进行有效监管也便不可能了。优秀的内部报告应该具有如下特征：

报告体系必须能够促进准确报告。提高准确性最好的方法就是保持报告体系简单。这是因为编制报告的流程如果过于复杂将会动摇其准确性。其他确保准确性的方法包括培训报告编制者及定期审计报告内容等。

报告内容对目标受众而言应保持平实。金融机构的管理信息系统应能够确保高管及董事得到有用的信息，而不会因信息过多而导致风险不能被及时发现。报告传送的信息必须能帮助受众完成管理或监督工作，同时信息不能过于繁冗，以至于难以将有用信息从易于理解的信息中分离出来。而且，重要信息应清晰突出，管理报告应该能将专业术语和数理形式转变为高管及董事能够理解的形式，因为金融工程和金融数学等专业性很强的知识确实较难令人理解。数据尤其是趋势性数据用图表表示更容易被理解。

报告频率应确保高管及董事能够及时获取判断金融机构风险敞口特性变化的足够信息。

报告反映的组织水平必须反映法人组织结构、监管制度及跨国行为导致的约束。例如，对于具有多家银行控股公司中的牵头行应被建议进行单独报告及并表报告。每家关联银行的风险管理者应该关注风险在不同机构间的流动及传染效应。

报告必须及时。首先，优秀的决策必须基于基础数据；其次，优秀决策需要最新信息的支持。

目前银监会还未明文规定要求商业银行定期上报全面风险管理报告；国资委于2006年起便要求中央企业遵照《中央企业全面风险管理指引》向国资委和董事会提交全面风险管理报告；保监会于2010年发布了《人身保险公司全面风险管理实施指引》，要求人身保险公司向保监会和董事会提交全面风险管理报告，并于2012年2月27日下发了《人身保险公司年度全面风险管理报告框架》及风险监测指标，对于全面风险管理报告提出了更为明确的要求。未来银监会应考虑借鉴国资委及保监会的成熟经验，在强化信用风险、市场风险等专项风险管理的基础上规范商业银行的全面风险管理报告，明确其报告模板及报告机制。

2.5 风险准备金及资本提取

2.5.1 风险准备金

商业银行作为金融系统的主体，在风险管理方面充当着非常重要的角色。它在积聚社会闲散资金的同时，通过主动集聚、承担风险并进行科学的资产负债管理，把风险进行转移和分散，以获取相应的风险报酬。因此，越来越多的经济金融界人士认同"商业银行的本质是经营风险"这种观点。而在经营风险的过程中，为了获取预期的收益，银行必然会选择承担符合管理层要求的一定量的风险，并将该部分风险造成的损失视为运营成本的一部分。

商业银行所面临的损失分为预期损失、非预期损失及极端损失三类。预期损失又称期望损失，是指一般业务发展占用风险资产的损失均值，可以通过计提损失准备金（专项准备、资产组合的一般准备）计入损益加以弥补。预期损失等于预期损失率与资产风险敞口的乘积。非预期损失是银行在一定置信区间内预期损失以上的损失，是对预期损失的偏差——标准差（σ）。换而言之，非预期损失就是在某一置信区间内，除预期损失外的具有波动性的资产价值的潜在损失。非预期损失随置信区间的改变而不同。极端损失是指在极端情况下，超过非预期损失的部分，极端损失不代表一定发生，但需要针对此类情况制订必要的应急预案。

风险准备金制度的建立是为了有效地应对可能出现的预期损失，以及完成金融机构及时实现资产清算功能的流动性需要。风险准备金分为资产项下的准备金和负债项下的准备金两种。

资产（贷款）项下的准备金，目的主要是冲抵预期损失，以计提呆账准备金的形式被计入经营成本，并在银行提供的产品价格（如贷款利率）中得到补偿，实际上已不构成风险。在各国银行的实践中，一般在资产项下计提三种呆账准备金：普通准备金、专项准备金和特别准备金。普通准备金是商业银行按照贷款余额的一定比例提取的贷款损失准备金。我国商业银行现行的按照贷款余额1%计提的贷款呆账准备金就相当于普通准备金。专项准备金按照贷款分类的结果，对各类别的贷款根据其内在损失程度，按照一定的风险权重分别计提。专项准备金应该根据借款人的还款能力、贷款本息的偿还情况、抵押品的市价、担保人的支持度等因素,针对每笔贷款分析其风险程度和回收可能性,进行合理计提。大多数国家要求商业银行同时计提普通准备金和专项准备金。我国现行的由中国人民银行于2002年发布的《贷款损失准备金计提指引》规定,专项准备金要根据贷款风险分类的结果,对不同类别的贷款按照建议的计提比例进行计提。特别准备金是针对贷款组合中的特定风险,按照一定比例提取的贷款损失准备金。特别准备金与普通准备金、专项准备金不同,不是商业银行经常计提的准备金。特别准备金只有遇到特殊情况才会计提,所以具有非常态的特点。普通准备金主要用于弥补贷款组合的不确定损失,这就使它具备了资本的性质,可以计入资本基础。但是,普通准备金的多少只与贷款的总量有关,而与贷款的实际质量无关,故而无法反映贷款的真实损失程度。从经济意义上来看,真正的呆账准备金应该是用来弥补损失的,这要求呆账准备金的数量与贷款的真实质量相一致,即贷款质量高,呆账准备金就少;反之,则要增加呆账准备金。专项准备金由于是按贷款的内在损失程度计提的,计提时已充分考虑了贷款遭受损失的可能性,反映了贷款在评估日的真实质量。因此,专项准备金不计入资本基础,其变动直接与贷款的质量相关,而与数量无关。银行建立的普通呆账准备金制度、专项准备金制度和特别准备金制度共同构成了银行的呆账准备金体系,保护了银行经营的安全性。

负债项下的存款准备金制度则是中央银行用于控制商业银行的信贷规模,进而对经济进行宏观调控的重要货币政策工具,与预期损失无关。所以此处只进行简单描述而不再展开论述。

存款准备金是指金融机构为保证客户提取存款和资金清算的需要而准备的存放在中央银行的存款。中央银行要求的存款准备金占其存款总额的比例就是存款准备金率。中央银行通过调整存款准备金率,可以影响金融机构的信贷扩张能力,从而间接调控货币供应量。举例来说,如果存款准备金率为12%,就意味着金融机构每吸收1000万元存款,要向央行缴存120万元的存款准备金,用于发放贷款的资金则为880万元;倘若将存款准备金率提高到15%,那么金融机构的可贷资金将减少到850万元。在存款准备金制度下,金融机构不能将其吸收的存款全部用于发放贷款,它必须保留一定的资金即存款准备金,以应对客户提款的需要,因此存款准备金制度有利于保证金融机构对客户的正常支付。

存款准备金分为法定准备金和超额准备金两部分。央行在国家法律授权中规定金融机构必须将自己吸收的存款按照一定比率交存央行,这个比率就是法定存款准备金率,按这个比率交存央行的存款为法定准备金存款。而金融机构在央行存款超过法定准备金存款的部分为超额准备金存款,超额准备金存款与金融机构自身保有的库存现金,构成超额准备金,也称备付金。超额准备金与存款总额的比例是超额准备金率,即备付率。金融机构缴存的法定准备金,一般情况下是不准动用的。而超额准备金则可由金融机构自主使用,其自身保有的存款也由金融机构自主安排。

2.5.2 监管资本

从根本上讲,银行是经营风险的企业,尽管银行可以通过计提准备金的形式在理论上对预期损失进行覆盖，但在实践当中，超出事先计算的预期损失，造成巨额损失的事例也不胜枚举。无数案例已经证明，仅仅依靠风险准备金是不足以保证银行的稳健运行的，必须通过银行自有资本来进行抵补。

然而，增加银行自有资本是与银行股东利益相悖的。这是因为在银行最传统的借贷业务中，在假设零风险的前提下，银行股东最理性的选择是不投入任何资本，单纯随着信贷规模的扩大来获得利差，以获得超额的股东收益。

举例来说，某家银行的存贷利差固定为3%，当存贷期限完全一致，金额完全相等，没有任何违约事件，且股东投入资本可以忽略不计时，假如信贷总额为1亿元，则归属于股东的收益为300万元。故而银行股东具有极强的动机以有限的自有资本撬动杠杆（leverage），以求自身价值的最大化。而这种特点本质上决定了金融机构，尤其是商业银行，有强烈的动机去监管化，运用杠杆来获取超额收益。在金融监管缺位的20世纪30年代，因为银行股东自有资本不足，在挤兑危机之下，到1933年年初，美国约有半数银行倒闭。这直接导致了后来各国监管机构对于银行自有资本的重视。

为了维护经济稳定和金融安全，监管当局对银行提出了相应的资本要求。符合监管当局要求和标准的银行资本被称为监管资本。最早的真正全球性的监管资本要求源于1988年巴塞尔银行监管委员会所公布的《巴塞尔协议Ⅰ》，要求接受其指引的银行应至少持有8%的监管资本。

《巴塞尔协议Ⅰ》颁布以来，发达国家基于风险的资本比例确实得到了显著提升，G10集团的大银行的资本充足率从1988年的年平均9.3%的水平上升到1996年的11.2%。

《巴塞尔协议Ⅰ》仅对信用风险提出了监管资本充足率的要求。2004年6月，巴塞尔委员会公布的《巴塞尔协议Ⅱ》增加了市场风险和操作风险对监管资本的要求，并要求各成员国自2006年开始实施。2010年11月，《巴塞尔协议Ⅲ》的推出对监管资本的构成及资本充足率进行了非常大的调整，要求各国到2019年1月1日为止，所有款项均要达到《巴塞尔协议Ⅲ》的新要求。中国作为《巴塞尔协议Ⅲ》的主要参与国，在符合其要求的前提下，自律要求更加严格。关于巴塞尔协议体系演变的详细内容，请见第10章。

2.6 风险调整绩效指标

2.6.1 经济资本

伴随着风险计量方法的快速发展，以获取高额收益或规避监管为目的的金融创新层出不穷，复杂多变的投资组合不断推陈出新，银行高层回报预期持续走高，以银行为主的金融机构迫切地需要发明一种风险计量工具，既能够完全反映整个机构、某个职能部门或业务条线所需要承担的风险大小，又能通过内部计量方法有效计量。在此背景下，经济资本从概念推出之日起便受到了以银行业为主的金融机构的追捧。经济资本的标准定义：在一定的置信区间下，用来承担由所有风险带来的非预期损失的资本。经济资本是衡量银行真正所需资本的一个风险尺度。

需要注意的是，经济资本是针对一定置信区间而言的，在该置信区间之下的非预期损失由经济资本来吸收，而超过该容忍水平的损失则称为极端损失或灾难性损失，这些损失不能够完全被经济资本吸收，若不对其进行保险或风险转移，当这种极端损失发生时，金融机构，尤其是银行将会面临破产倒闭。时至今日，经济资本的计量正被广泛纳入金融机构各管理层的决策制定过程。在盈利测算、定价及投资组合最优化等公司业务中，经济资本都已成为制定决策所需要考虑的关键性指标之一。同时，经济资本的计量规避了以往采用净现值法（NPV）时仅考虑项目的现值大小而罔视项目风险的弊端，在并购及衍生品交易等高层决策过程中起到了日益重要的作用。事实上，金融机构通过对经济资本的计量，能够使资本与风险相对应，促使管理层实现对资本的合理配置，从而更好地实现股东价值最大化。故而，当前在国际上活跃的广大银行在巴塞尔协议体系第三支柱对外披露的要求下，都非常乐于向股东披露关于经济资本框架的内容，且从定性和定量两方面进行披露，披露的内容包括且不限于对所选用经济资本模型的描述、风险设定的阈值、对特定风险的计量方法、按业务线划分的风险类型中经济资本的使用和分配及多样化测量等。

在实际工作中，风险来自各个业务单元，包括不同部门、分行和业务条线等。各业务单元因承担风险而必然会面临潜在损失，这种损失又分为预期损失和非预期损失，这些损失理论上都要求被抵御或消化。事实上由于预期损失已计入经营成本，并通过产品定价、计提风险准备金得到了补偿，因此对金融机构的影响程度是可控的，而非预期损失才是真正意义上的风险，需要通过经济资本加以抵御。

具体需要多少经济资本则取决于各业务单元的非预期损失。值得注意的是，银行总行根据经济资本头寸，按照一定方法分配给各个业务单元的资本并不是实际账面资本的拨付，而是仅仅在资源配置或评估考核时，在概念的意义下，予以计算和分配的金额。即相对于物理状态下的资本金，经济资本是一种经过计算分配到的资本金。它既不是风险本身，也不是真实的资本，而是对应着风险的一种虚拟资本，并随着银行承担风险大小的变化而变化。

经济资本在整个金融体系中具有非常重要的地位，其与企业风险组合、资本资源、价值创造是紧密相连的。经济资本决定着风险资本的结构，解决的是到底需要多少资本的问题；企业风险组合决定着风险回报的多寡，解决的是究竟多高的回报才处于合适区间的问题；资本资源决定着资本的结构，解决的是究竟需要何种资本来满足企业的需要的问题；价值创造依托于前面所述的三个方面，尤以资本资源为要，因为企业只有超越资本成本，才能创造出真正的价值。

迄今为止，尽管经济资本已经得到了金融机构的广泛重视，但在使用方法、范围及实施效果中依然存在着很多挑战，例如：

- 计算经济资本的模型众多，但各类模型的适用范围及局限性各异，如何选择最适宜金融机构自身的经济资本模型成为一大难题；
- 集中度风险、系统性风险的存在导致覆盖这些风险的经济资本模型的设计及验证变得非常困难；
- 对于分布缺乏稳定性或缺乏足够的数据来构建分布的风险而言，如何选用适宜的经济资本模型是一个难以绕过的话题；
- 通过单一的风险测度指标——经济资本，是否真的可以掌握银行内部所有的复杂风险，在理论界一直未取得共识；
- 经济资本作为虚拟资本的一种，单纯地计量而不做资金的事实配置将会导致风险发生时没有足够的资本覆盖，但若是按照计量结果足额提取经济资本又非常不经济，如何保证金融性资产的数量既能不影响金融机构的盈利要求，又能在一定程度内保障金融机构的安全是值得探索的问题；
- 按照经济资本配置的资金，如何保证在业务经营中，不会因为其他因素而被挪用等。

图 2-9 显示了风险、资本与价值创造之间的关系。

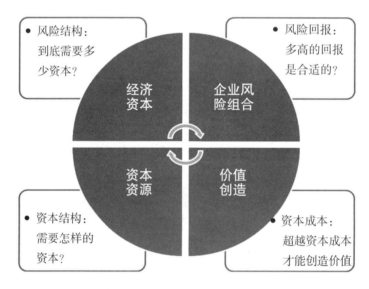

图 2-9　风险、资本与价值创造关系

尽管经济资本在实务中存在着这些挑战，但其依然是银行风险管理中的一个核心概念，它揭示了三个层面的含义：

第一，风险需要资本覆盖。经济资本等于特定置信度下的非预期损失，但两者意义并不相同。非预期损失反映的是风险大小，是一个风险概念；而经济资本反映的是要覆盖风险需要多少资本，是一个资本概念。风险与资本的对应关系揭示了风险需要资本覆盖这一基本原理。金融业基于风险来考虑资本的观点显著优于实业界的风险管理理论及实践，值得其认真学习。

第二，承担风险需要耗用资本。在经济资本概念提出前，银行等金融机构单纯认为风险会造成损失，而这种损失又具有不确定性，故而对于如何应对风险缺乏积极的手段和工具。在经济资本概念提出后，风险不再被认为是把握不定的，而是一种实实在在的资源占用。承担的风险需要与其耗用的资本相对应。在具体运营中，将开展某项业务所承担的风险与创造的利润相比较，其利害得失便可一目了然。

第三，经济资本要求取决于风险偏好。股东希望将银行建设成什么样的银行？是偏好于高风险高回报，还是偏好于稳健经营？这些问题在经济资本概念提出前，大都由银行家在股东大会上侃侃而谈，而很难通过工具与银行的具体运营联系起来。但现在，则可以通过风险承受度，即一定的置信区间来集中体现。与非预期损失一样，经济资本并不是一个绝对数，而是在一定条件下的数量。假如银行在1%的容忍度下的经济资本是10亿元，表示如果要让银行有99%的把握能够抵御风险且不会倒闭，那么就需要有10亿元的经济资本。假如真实承担的风险未发生变化，而只是将容忍度改为0.1%，那么经济资本就有可能增加到30亿元。一家银行选择自己愿意承担的风险的可能性是1%还是0.1%，则取决于其经营取向：想追求高回报就选择1%，但是对应的倒闭的可能性就较大；追求稳健经营则选择0.1%，这样倒闭的可能性也就较低。

在实践中，国际上很多银行都将自己所选取的容忍度与目标评级对应起来，如果一家银行希望自身的评级达到AA级，而AA级的违约率一般为0.03%，那么银行设定的容忍度则不能高于0.03%，否则则意味着银行对外的违约概率达不到AA级企业的要求。

总体而言，经济资本的相关研究在国际上依然属于前沿理论。迄今为止，银行业在这个领域已经取得了较为可观的成绩，而保险业也已在经济资本应用中有一定建树。反观证券、信托及财务公司等非银行类金融机构，它们对这个领域依然较少涉足，需要从业人士和学者进一步探索，将经济资本的研究和应用推向更为广阔的领域，为金融机构风险管理整体水平更上一层楼做出贡献。

2.6.2 以风险调整资本收益为主的风险调整绩效指标

人们很早以前就认识到，基于会计的传统绩效指标，如资产收益率（ROA）或账面股权收益率（ROE），无法反映出基础业务的风险。账面资产和账面股权是会计指标，无法很好地替代风险指标，此外，会计收入也没有进行某些关键的风险调整，例如预期损失。

风险调整绩效指标（risk adjusted performance measurement，RAPM）是一个统称，它是指根据创造收益率时产生的风险来调整收益率的方法。在RAPM中，风险调整资本收益（risk adjusted return on capital，RAROC）这种形式在银行的运用最广泛，也是当前管理领先银行的最流行、最核心的RAPM指标。其计算公式如下：

$$RAROC = 风险调整预期净收入 / 经济资本$$

RAROC通过从收益率中减去预期损失实现对分子的风险调整。RAROC还用经济资本代替会计资本，从而对分母进行风险调整。RAROC是由信孚银行（Banker Trust）于20世纪70年代提出来的，其最初的目的是度量银行信贷资产组合的风险，并于20世纪90年代被国际先进银行广泛使用。

$$RAROC = (收益 - 资金转移价格 - 费用 - 预期损失) / 经济成本$$

在实务中，对于投资类业务，经济资本经常用 VaR 代替，故也被称为在险资本收益率（return on capital at risk，ROCAR）。

经济增加值（economic value added，EVA），或扣除资本后的净收益（net income after capital charge，NIACC）是税后调整净收入减去资本要求，该资本要求等于对该项活动计提的经济资本金额与税后股权资本成本的乘积。当 NIACC 为正时，这项活动被认为增加了股东价值，或者 EVA 为正，反之亦然。当 RAROC 高于最低必要收益率时即具有正的 EVA。

夏普比率（Sharp ratio）通常被用于衡量每单位风险所能换得的平均报酬率。其计算公式如下：

$$夏普比率 = （预期收益率 - 无风险利率）/ 资产或组合的波动率$$

2.6.3 风险调整绩效指标应用实例

商业银行等金融机构在经营管理中始终要面对如何处理好风险与收益的问题，这决定了能否为股东带来收益最大化。目前国际先进商业银行普遍运用了全面风险管理技术，其核心就是用经风险调整后的资本收益率作为衡量标准，进行资本的最优配置，从而实现收益最大化。国外商业银行将 RAPM 指标应用于整个分析和决策过程，包括制定定价策略、分配经济资本、进行资产管理和绩效评价。

商业银行等金融机构可以通过 RAROC 指标将股东回报要求转化为对全机构、各业务部门和各业务条线的经营目标；用 EVA 进行绩效考核，以实现在可承受风险水平之下的收益最大化，并最终实现股东价值的最大化。

2.6.3.1 风险调整绩效指标在绩效评价应用中的优势

第一，该指标考虑了市场风险和信用风险等多项风险因素。RAPM 计算的是经风险调整后的资本回报率，能够将绩效与业务面临的市场风险和信用风险挂钩，本质上反映的是一种非预期损失。同时，RAPM 指标还将预期损失纳入计算框架，反映了商业银行对不同业务历史平均损失的估计。

第二，该指标考虑了商业银行经营所面临的各项成本因素。RAPM 指标包括内部资金转移定价（funds transfer pricing，FTP）、税收、营运成本等各项成本因素，商业银行可以根据自身经营管理需要，设置合理的成本率，并将成本传导至资产端，确保业务的收益覆盖成本，保证持续的盈利能力。

第三，该指标具有较大的包容性和延展性。《商业银行资本管理办法》规定了商业银行不同资产业务的经济资本要求。例如，对于银行账户，需要计量信用风险资本；对于交易账户，需要计量市场风险资本；对于衍生产品和表外业务，需要计量交易对手信用风险资本。因此，RAPM 不但可以评价债券交易业务的绩效，还可以被广泛地运用于信贷资产、债券投资、外汇及衍生品交易、大宗商品交易等各类商业银行资产业务。甚至债券交易中常用的杠杆交易，也可以纳入 RAPM 计算。

第四,该指标可以作为资源配置的决策工具。RAPM 不仅可以评价各类业务绩效,还可以评价不同部门、分行、产品及客户的绩效,对多种绩效评价对象进行横向比较,成为商业银行经营管理者配置资源的决策工具。

2.6.3.2 我国商业银行使用风险调整绩效指标面临的挑战

RAPM 的应用只有以一定的历史风险统计数据为基础,并存在较长时间的完整数据,才能较准确地计量贷款预期损失和非预期损失,从而计算出风险成本和经济资本。而我国大部分商业银行由于历史等原因,相关数据并不完整,在数据管理等方面与国际先进银行相比存在较大差距。2007 年 2 月,银监会发布了《中国银行业实施新资本协议指导意见》,要求国内大型银行 2010 年年底开始实施新资本协议。新资本协议高级方法以风险计量技术为核心,也要求有相关的数据作为基础。RAPM 的应用和新资本协议的实施都要求我国商业银行必须强化数据基础,建立质量高、覆盖范围广、管理规范的数据管理体系,从而可以更好地运用相关技术。

2.6.3.3 风险调整资本收益需要与经济增加值等收益指标相配合

评价一项业务的绩效,需要考察收益率和收益额两个方面。RAROC 仅反映了某类业务经风险调整后的资本回报率,还需要与 EVA 等衡量收益绝对水平的指标配合使用,否则可能有失偏颇。随着 RAPM 指标的运用和股东对知情权的要求,商业银行在年报中披露 RAROC、EVA 等指标将成为趋势。

【案例 2-6】

中国建设银行 EVA 绩效评估之"体验"

国外银行通过长期竞争积累了丰富的管理经验,形成了强大的综合竞争力,因此以国内商业银行目前的管理水平和竞争力是无法迎接来自国际市场激烈的竞争和挑战的。随着世界经济一体化程度的加深,以及我国金融行业的进一步开放,国内商业银行势必面临严峻挑战。

中国建设银行(以下简称"建行")于 2004 年 9 月 17 日成为一家股份制商业银行。面对日益开放的中国金融市场,建行认为盈利能力是其生存和发展的关键,而绩效管理又是其盈利能力的"抓手"。

绩效管理理念转变之前

在建行刚刚成为独立的综合性商业银行时,净利润是其对绩效进行考核的核心指标,因为净利润可以直观地反映在财务报表中,也可以反映出银行的营销能力、盈利能力和成本控制能力等。但是这种绩效考核方式致使其在前期只顾扩大业务规模,却不考虑成本和风险因素,最终导致资源配置不合理和资本性支出投入过量,同时不良资产比重加大。

绩效管理理念转变初期

为了提高竞争力,建行逐渐改变其经营目标,开始建立"银行价值最大化"这一现代经营理念,于 2002 年率先引入经济资本的概念，成为我国最先引入 EVA 指标的银行，根据 EVA 的评价结果考核各分行的业绩，并在此基础上分配绩效工资。

但在其引入 EVA 管理的初期，EVA 只是作为绩效评价指标存在的，并没有在整体计划管理中体现出它对财务管理系统和薪酬激励机制方面的要求。建行之所以采取这样的做法是为了让公司所有管理者与员工对其 EVA 管理体系有初步的了解和认识。

绩效管理理念转变后期

在应用 EVA 的过程中，建行把信贷风险、市场风险和操作风险引起的资本需求作为绩效评价和分配的出发点，然后分层次、有目的地推行，从而在 2005 年形成了以 EVA 为核心的绩效考评体系。同时对各分行提出了一个统一的资本基础期望回报，规定只有高于基础期望回报的部分才能构成其创造的 EVA。另外，建行建立了风险与回报约束机制和关注质量效用的集约型模式，实施机构扁平化管理，最终实现价值最大化的经营目标。

实证分析

为了更好地使用 EVA 解读建行的资本配置状况和经营绩效，姜轩在 2014 年对其 2008—2012 年的各项业务的 EVA 和 EVA 回报率进行了测算。

从 EVA 维度来看（见图 a）：公司银行业务的 EVA 值从 2008 年到 2012 年虽然呈现波浪形态，但总体来说呈现稳定上升的趋势；个人银行业务 EVA 值从 2008 年到 2012 年一直呈现稳健上涨的趋势，而且波动幅度不是太大，也是价值增加的稳定来源之一；资金业务的 EVA 值从 2009 年到 2012 年则一直大幅上涨；其他业务受 2008 年的全球金融危机和 2010 年的欧洲债务危机爆发影响，2008 年到 2011 年上半年 EVA 值都是负的，随着全球经济的复苏，到 2012 年年末，EVA 值转为正的。

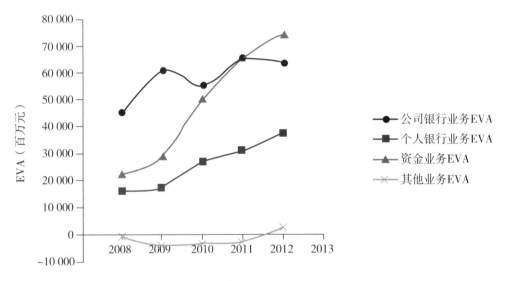

图 a　建行各项业务 EVA 动态变化图

从 EVA 回报率维度来看（见图 b）：公司银行业务虽然为其创造了大部分利润，但是该部分业务的 EVA 回报率呈现下降趋势；个人银行业务的 EVA 回报率也呈现下降趋势；相反，资金业务的 EVA 回报率远高于其他几大业务；其他业务的 EVA 回报率也一直处于上升态势。

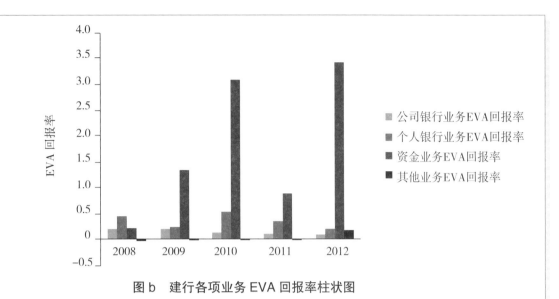

图 b　建行各项业务 EVA 回报率柱状图

基于以上两个维度的综合分析，姜轩得出如下结论：

（1）建行2008—2012年各项业务的EVA基本都大于0（其中，其他业务的EVA值在2012年大于0），即各项业务都能为银行创造价值。（2）从各项业务的EVA回报率来看，公司银行业务的EVA回报率、个人银行业务的EVA回报率及其他业务的EVA回报率明显低于资金业务的EVA回报率，其中公司银行业务的EVA回报率和其他业务的EVA回报率又低于个人银行业务的EVA回报率，各业务间EVA回报率相差较大，因此经济资本配置的效率较低。（3）公司银行业务和个人银行业务的EVA回报率呈现下降趋势，而资金业务和其他业务的EVA回报率呈现上升趋势。各项业务的EVA回报率总体来说没有趋于一致，反而有分散的趋势，经济资本配置效率总体呈下降的趋势。

资料来源：张艺榕. 中国建设银行进行EVA的价值管理应用研究［D］. 天津财经大学学位论文，2014. 姜轩. 中国建设银行经济资本配置分析［D］. 南京农业大学学位论文，2014.

本章小结

本章第1节从究竟如何判断风险管理者的工作是否有效的现实意义出发，介绍了已知的已知风险、已知的未知风险、未知的未知风险三个概念，并说明了在何种情况下风险管理有效，何种情况下失效。第2节的风险管理工作流程是本章的重点，从风险管理环境设置出发，详细说明了风险管理的具体步骤，即明确需要达成的目标、全面识别风险事件、全面评估机构面临风险、制定风险应对策略及改进措施、持续监测重大及重要风险、完善风险管理报告体系、定期检查评估风险管理体系，使之闭环有序运行，并对"三道防线"的相互作用进行了说明，论证了风险管理不仅仅是风险管理者的工作，还需要前、中、后台的密切配合。这一节的内容不仅对银行业金融机构适用，对于券商和保险公司同样适用，对于实体企业也有一定的参考意义。第3节介绍了几种主要的风险管理组织架构，并以我国商业银行的组织架构为例，介绍了几种通行的风险管理架构，并逐一进行利弊分析。第4节介绍了风险管理报告体系的构成及应有特征。第5节的主要内容是风险准备金和资本提取，这也是金融机构和实体企业的最大区别。第6节主要介绍了经济资本的概念及其作用，并以RAROC为例说明了RAPM的应用，介绍了我国商业银行应用RAPM的现状及组合使用方法。每节均有相应的配套案例，方便读者学习和理解。

本章重要术语

已知的已知风险　已知的未知风险　未知的未知风险　风险偏好　风险承受度　预期损失　非预期损失　准备金　监管资本　经济资本　"三道防线"　风险调整绩效指标

思考练习题

一、不定项选择

1. 风险管理框架的设计有效性及执行有效性并不能由（　）的发生与否来判断。
   A. 风险建模中遗漏了某项非常重要的风险因子
   B. 对风险因子的分布计量错误
   C. 外部事件或监管的变化
   D. 没有选取足够反映经济周期状况的历史区间的数据

2. 在风险管理环境设置这一维度，主要包括董事会对银行最高层面的（　）和（　）。
   A. 风险评估　　　　　风险偏好
   B. 风险偏好　　　　　风险承受度
   C. 风险承受度　　　　风险评估
   D. 风险偏好　　　　　风险评估

3. 巴塞尔协议体系默认采用该体系的银行的风险偏好是（　）的。
   A. 风险规避　　　　　B. 风险趋向
   C. 风险中性　　　　　D. 风险缓释

4. 风险承担策略下的风险应对备选方案包括（　）。
   A. 合格的抵质押品　　B. 建立风险准备金
   C. 净额结算　　　　　D. 业务外包

5. （　）可以通过计提损失准备金（专项准备、资产组合的一般准备）计入损益加以弥补。
   A. 非预期损失　　　　B. 零星损失
   C. 极端损失　　　　　D. 预期损失

6. 一般在金融企业用于绩效考核的是（　）。
   A. 实收资本　　　　　B. 监管资本
   C. 经济资本　　　　　D. 账面资本

7. 除具体的风险管理工作之外，还有三块工作对于风险管理者而言也是非常重要的，即（　）。
   A. 构建金融机构的风险管理文化
   B. 促使风险信息在组织内部持续沟通
   C. 对风险的变化情况、风险管理框架的运作有效性进行监控
   D. 定期监测关键员工的邮箱、微信及通话记录，了解是否有舞弊行为
   E. 对关键岗位的交易员进行廉洁从业教育

8. 以《巴塞尔协议Ⅲ》为例，其目标为（　）。
   A. 采用更完备的方法来应对风险
   B. 明确资本充足率的计算方法，能与银行业务活动保持适当的敏感度
   C. 增进金融体系的安全性与稳健性
   D. 强调公平竞争
   E. 以国际性的大型银行为重点，但也适用于其他各类银行

9. 风险承受度的定性分析确认方法有（　）。
   A. 均值方差法
   B. 专家法
   C. 安全垫法
   D. 德尔菲法

E. 基于风险资产组合和无风险资产组合的风险承受度测算法

10. 风险管理步骤包括（　　）。
A. 明确需要达成的目标　B. 全面识别风险事件
C. 全面评估机构面临风险　D. 制定风险应对策略
E. 制定改进措施

11. 风险应对的四类策略主要包括（　　）。
A. 风险承担　　　　　　B. 风险缓释
C. 风险规避　　　　　　D. 风险控制
E. 风险转移

12. 风险缓释策略下的风险应对备选方案包括（　　）。
A. 合格的抵质押品　　　B. 套期交易
C. 信用衍生工具　　　　D. 资产证券化
E. 完备的制度体系，如内部控制

13. 风险管理组织架构应该遵循的原则包括（　　）。
A. 风险混合管理　　　　B. 风险分类管理
C. 风险分层管理　　　　D. 风险分散管理
E. 风险集中管理

14. 下列关于风险管理报告的说法错误的是（　　）。
A. 商业银行的风险管理报告可分为内部报告及外部报告两大类
B. 内部报告须满足外部监管机构（银监会、证券交易所）的合规要求，以及对外部投资者进行信息披露的要求
C. 商业银行内部报告可以根据银行自身情况及需求，对风险报告进行定制化处理
D. 外部风险报告一般可按报告内容划分为综合风险报告和专项风险报告，也可以按照报告的时间和频率分为定期风险报告和不定期风险报告
E. 管理报告应该用金融工程和金融数学等专业性很强的形式呈现给高管和董事

15. 在各国银行的实践中，一般在资产项下计提的呆账准备金类别分为（　　）。
A. 专项准备金　　　　　B. 法定准备金
C. 超额准备金　　　　　D. 普通准备金
E. 特别准备金

二、判断

1. 风险偏好是指为了实现目标，企业或个体投资者在承担风险的种类、大小等方面的基本态度，一般以定性语言来描述，分为风险规避、风险趋向、风险中性三种。

2. 业务稳定的大银行出于竞争压力及对于业务的饥渴，常被动或主动地承担其他银行所不愿承担的风险，追求规模的动机会显著超过追求利润和规避风险的动机，大都体现为风险趋向。

3. 当前中国的金融机构，尤其是银行都需要定期向监管机构提交非现场监管报表，而各个监管指引当中对监管指标的硬性要求应被视为红线的最高水平。

4. 风险报告应报告商业银行所有风险的定性或定量评估结果，并随时关注所采取的风险应对措施的实施质量及效果。

5. 我国商业银行典型的风险管理组织架构包括地区型和职能型。

6. 商业银行所面临的损失分为预期损失和非预期损失两类。

7. 非预期损失是银行在一定置信区间下超过预期损失以上的损失，它是对预期损失的偏差——标准差（σ）。

8. 经济资本是针对一定置信区间而言的，在该置信区间之下的预期损失由经济资本来吸收。

9. 巴塞尔银行监管委员会是正式的银行监管国际组织，同时也是银行监管国际标准的制定者，至今巴塞尔协议体系已经形成了三代，并且在不断完善中。

三、简答

1. 简述风险应对措施应当实现的目标。
2. 简述风险管理步骤。
3. 简述"三道防线"所包含的部门和各部门的主要职责。
4. 简述首席风险官模式下的商业银行风险管理组织架构中首席风险官的主要职责。
5. 简述风险分类管理、风险分层管理和风险集中管理包含的具体内容。
6. 试述 RAPM 指标在绩效评价中的优势。

参考文献

[1] Philippe, J. *Financial Risk Manager Handbook* (*6th ed*) [M]. New York: John Wiley & Sons, Inc., 2011.

[2] 阿普加. 风险智慧——学会管理未知项 [M]. 北京: 商务印书馆, 2009.

[3] 安东尼·桑德斯, 马西娅·米伦·科尼特. 金融机构管理(第六版)[M]. 北京: 人民邮电出版社, 2010.

[4] 保罗·霍普金. 风险管理 [M]. 北京: 中国铁道出版社, 2013.

[5] 贝西斯. 银行风险管理(第二版)[M]. 北京: 中国人民大学出版社, 2009.

[6] 本顿·E.冈普, 詹姆斯·W.克拉里. 商业银行业务——对风险的管理(第三版)[M]. 北京: 中国金融出版社, 2009.

[7] 彼得·S·罗斯. 商业银行管理(第五版)[M]. 北京: 机械工业出版社, 2006.

[8] 伯恩斯坦. 与天为敌: 风险探索传奇 [M]. 北京: 机械工业出版社, 2010.

[9] 格哈德·施罗克. 金融机构风险管理与价值创造 [M]. 北京: 中国人民大学出版社, 2006.

[10] 加里·加斯蒂尼, 马克·克里茨曼. 金融风险管理词典 [M]. 北京: 华夏出版社, 2007.

[11] 姜轩. 中国建设银行经济资本配置分析 [D]. 南京农业大学学位论文, 2014.

[12] 劳伦特·雅克. 滥用之灾: 该死的金融衍生品 [M]. 北京: 北京大学出版社, 2012.

[13] 李磊阳. 我国上市商业银行资本监管问题研究 [D]. 新疆财经大学学位论文, 2016.

[14] 马丁森. 风险管理案例集: 金融衍生产品应用的正反实例 [M]. 沈阳: 东北财经大学出版社, 2011.

[15] 米歇尔·科罗赫, 丹·加莱, 罗伯特·马克. 风险管理 [M]. 北京: 中国财政经济出版社, 2005.

[16] 米歇尔·科罗赫, 丹·加莱, 罗伯特·马克. 风险管理精要 [M]. 北京: 中国财政经济出版社, 2010.

[17] 莫纳, 阿勒萨尼. 公司风险管理: 基于组织的视角 [M]. 沈阳: 东北财经大学出版社, 2011.

[18] 奈特. 风险、不确定性和利润 [M]. 北京: 中国人民大学出版社, 2005.

[19] 瑞达. 风险管理与保险原理(第十版)[M]. 北京: 中国人民大学出版社, 2010.

[20] 史海涛. 联动"三道防线"优化内控体系 [J]. 中国邮政, 2011, 9: 48—49.

[21] 陶士贵. "赫斯塔特风险"与环球清算银行 [J]. 国际市场, 1996, 7: 30.

[22] 王勇, 隋鹏达, 关晶奇. 金融风险管理 [M]. 北京: 机械工业出版社, 2014.

[23] 维特. 风险管理与危机解决 [M]. 上海: 上海人民出版社, 2004.

[24] 西姆·西格尔. 基于价值的企业风险管理: 企业管理的下一步 [M]. 沈阳: 东北财经大学出版社, 2013.

[25] 亚德里安·斯蒂沃斯基, 卡尔·韦伯. 战略风险管理 [M]. 北京: 中信出版社, 2007.

[26] 约翰·赫尔. 风险管理与金融机构(第二版)[M]. 北京: 机械工业出版社, 2009.

[27] 詹姆斯·林. 企业全面风险管理: 从激励到控制 [M]. 北京: 中国金融出版社, 2006.

[28] 张艺檬. 中国建设银行进行EVA的价值管理应用研究 [D]. 天津财经大学学位论文, 2014.

[29] 甄润赞. 银行间外汇市场的风险案例剖析及防范思考 [J]. 南方金融, 2006, 7: 35—37.

第 3 章
风险管理数量化方法基础

邱志刚（中国人民大学汉青研究院）

本章知识与技能目标

通过本章学习，读者应能够：
◎ 掌握风险管理数量化所需的概率论基础知识，会刻画随机变量，掌握常见的随机变量分布；
◎ 掌握参数估计、假设检验的步骤和原理，会进行简单的回归分析；
◎ 掌握风险价值 VaR 的概念和计算方法，会根据损失的分布计算 VaR；
◎ 理解相关性和 Copula 函数的概念；
◎ 理解波动率的概念，能够计算、估计波动率；
◎ 了解基本的时间序列计量概念和方法；
◎ 了解蒙特卡洛模拟的操作原理；
◎ 了解风险管理中模型风险的来源和种类。

■ 3.1 概率论基础

金融风险的描述需要依托概率工具，而随机变量是概率论的基础。金融风险管理中的许多风险因子，如股价、汇率等，都可以视为随机变量，它们可以由分布函数、概率密度函数来刻画，它们的性质能够用期望、方差等特征来描述。

3.1.1 随机变量的刻画与描述

随机变量的取值具有随机性，在某个概率下才可能取到某些值。**分布函数**，或**累积分布函数**可以刻画随机变量。对于随机变量X，它的分布函数可以表示为$F(x)=P(X\leq x)$，意即X的取值小于或等于给定值x的概率。分布函数的取值范围显然在[0, 1]上，当x趋于负无穷时，分布函数取值为0，当x趋于正无穷时，取值为1。

【案例3-1】

离散型随机变量的分布函数和概率密度函数

掷骰子得到的点数是随机变量，它的取值只有1—6的整数值，属于离散型随机变量。对于这种取离散值的随机变量，分布函数的值由小于或等于x的概率相加得到，即$F(x)=\sum_{x_i\leq x}f(x_i)$，其中$f$表示单独取到某个值，或是掷得某个点数的概率。对于掷骰子的情况，显然有$f(1)=f(2)=\cdots=f(6)=\frac{1}{6}$，则易求$F(4)=\frac{2}{3}$，表示掷得点数不超过4的概率为$\frac{2}{3}$。其中的$f(x)$被称为**概率密度函数**，它描述随机变量取到某一局部值的可能性大小。在掷骰子中，对于i取值从1到6，均有$f(i)=\frac{1}{6}$。

对于连续随机变量，以上等式中的累加就相当于积分。可以表示成

$$F(x)=\int_{-\infty}^{x}f(u)\mathrm{d}u$$

其中，$F(x)$的含义不变，则$f(x)$代表的就不是单独的"概率"，而是X取到某个局部值可能性的相对大小。如果要求X取到某一个区间(a,b)的概率，只需计算$F(b)-F(a)$即可。或者表示成积分：$F(b)=F(a)=\int_{a}^{b}f(u)\mathrm{d}u$。图3-1描述了累积分布函数与概率密度函数的关系。

在刻画随机变量的基础上，可以对其数学特征进行描述。最常见的用于描述随机变量数学特征的指标是**期望**和**方差**。

期望即随机变量平均取值的大小，表示为$E(X)$。假设随机变量X取值x_1，$x_2,\cdots,x_n$的概率分别为p_1，$p_2,\cdots,p_n$，则期望$E(X)=\sum_{1\leq i\leq n}=p_ix_i$，这类似于求加权平均值，"权重"就是取到的概率。对于掷骰子的情形，$E(X)=\frac{1}{6}\times(1+2+3+4+5+6)=\frac{7}{2}$，也就是说平均掷出的点数为3.5。若$X$为连续型随机变量，则$E(X)$可以表示为$E(X)=$

$\int_{-\infty}^{+\infty} x f(x) \mathrm{d}x$,它的含义同离散取值的情况类似。

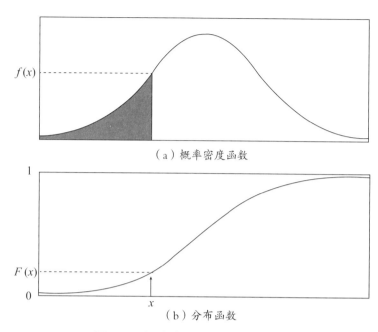

图3-1 概率密度函数和分布函数

资料来源:菲利普·乔瑞著,王博,刘伟琳,赵文荣译.金融风险管理师考试手册(第六版)[M].北京:中国人民大学出版社,2012:27.

方差 $D(X)$ 衡量了随机变量 X 取值的离散程度,或者说偏离期望的程度,它是随机变量与其期望值之差的平方的期望。对于 n 个取值 $x_1, x_2, \cdots, x_n$ 它可以表示为

$$D(X) = E[X - E(X)]^2 = \sum_{1 \leq i \leq n} = p_i [x_i - E(X)]^2$$

对于离散随机变量,方差的计算非常简便,假设某个随机变量 X 只取 -1、0、1 三个值,且概率均为 $\frac{1}{3}$,则有 $E(X) = 0$,所以 $D(X) = \frac{2}{3}$。对于连续型随机变量,公式改写为

$$D(X) = E[X - E(X)]^2 = \int_{-\infty}^{+\infty} [x - E(X)]^2 f(x) \mathrm{d}x$$

方差的平方根被称为**标准差 σ**,标准差的单位和 X 相同。在风险管理领域,随机变量的方差大意味着其波动剧烈,研究方差、波动率(通常用标准差进行估计)对于风险管理具有深刻意义。

期望和方差都属于**矩**的概念。矩统一刻画了随机变量的分布,一个随机变量的 n 阶矩可以表示成 $E[(X-c)^n]$ 或 $\int_{-\infty}^{+\infty} (x-c)^n f(x) \mathrm{d}x$。其中若 $c=0$,称为 n 阶原点矩,若 $c=E(X)$,则称为 n 阶中心矩。期望和方差分别是1阶原点矩和2阶中心矩。此外,

3阶矩度量了变量的**偏度**,也就是分布偏离对称的程度;4阶矩称为**峰度**,刻画了一个分布的"扁平"程度或者说尾部宽度。

以上是对于单个随机变量的情况。实际上,分布函数和概率密度函数还可以同时刻画多个随机变量。假设有两个随机变量,分布函数就改写为

$$F(x_1, x_2) = P(X_1 \leq x_1, X_2 \leq x_2)$$

这就是两个随机变量的**联合分布函数**,它表示随机变量 X_1 不超过 x_1,且 X_2 不超过 x_2 的概率,两个条件同时满足。还用掷骰子为例,若掷了两次,X_1、X_2 分别表示两次的结果,则可以求得 $F(3,4) = P(X_1 \leq 3, X_2 \leq 4) = \frac{1}{3}$。联合分布与**联合概率密度函数**的关系类似于单个随机变量的情况:

$$F(x_1, x_2) = \int_{-\infty}^{x_1} \int_{-\infty}^{x_2} f(u_1, u_2) \, du$$

在此基础上,还可以得到随机变量 X_1 的**边缘分布函数**和**边缘概率密度函数**。边缘分布,也称为边际分布,相当于只考虑某一个随机变量的分布。X_1 边缘概率密度函数的形式是 $f_{X_1}(x_1) = \int_{-\infty}^{+\infty} f_{X_1 X_2}(x_1, u) \, du$,可以看作对于每一个 x_1 的取值,将 X_2 的所有情况合并得到的。X_1、X_2 的联合概率密度除以 X_2 的边缘概率密度,就得到 $X_1 | X_2$ **条件概率密度**,可以类比在 X_2 发生的情况下,求 X_1 发生的概率。

当涉及两个或多个随机变量时,随机变量的刻画变得复杂,有必要考虑它们的相互关系。两者的相互影响可以用协方差来描述。随机变量 X_1、X_2 的**协方差**可以表示成 $\text{Cov}(X_1, X_2) = E[(X_1 - E(X_1))(X_2 - E(X_2))]$。两个随机变量的协方差越大,表明它们的变动越趋于一致,而当它们取同一个随机变量时,协方差公式就变为方差公式。

协方差虽然可以度量随机变量间的关联性,但在数值上仍然取决于随机变量的量纲。通过计算相关系数,可以消除量纲的影响。随机变量 X_1、X_2 的**相关系数**为 $\rho_{X_1, X_2} = \dfrac{\text{Cov}(X_1, X_2)}{\sigma_1 \sigma_2}$。它也被称为皮尔逊相关系数。相关系数 ρ 的取值范围在 $[-1, 1]$ 之内,ρ 为 1 意味着两个随机变量变动的方向完全相同,ρ 为 –1 则表明两者反向变动。通常认为相关系数接近 1 的随机变量是正相关的,接近 –1 则为负相关。相关系数也会影响风险的大小,如果两个资产的相关系数为负,那么当其中一方招致亏损时,另一方会盈利,从而对冲一部分风险。当相关系数为正时,资产的价格同向变化,损失和盈利都会被扩大。

需要注意的是,这里的相关指的是线性相关,也就是两个随机变量之间是否存在 $Y = aX + b$ 这样的一次函数关系,对于其他形态的关联性(如"V"形关系、平方关系)则无法体现。另一个容易混淆的概念是**相互独立**,它指的是两个随机变量间完全没有影响,其联合概率密度可以写成各自边缘概率密度函数的乘积。独立要求的条件比较苛刻,一般而言独立意味着不相关,但是不相关并不能推出独立。

对于两个或多个随机变量的组合,也可以考察其期望、方差等特征。两个随机变量和的期望等于期望的和,方差则复杂些,表示为

$$D(X_1+X_2) = D(X_1) + D(X_2) + 2\text{Cov}(X_1, X_2)$$

这个公式还可以推广到多个资产或随机变量。

【案例 3-2】

资产组合的期望收益和方差

对于资产组合而言，设 w_i 为投资到每个资产的权重，$\sum w_i = 1$，μ_i 为每种资产的期望收益，σ_i^2 为方差，则整个资产组合的期望收益是 $\sum w_i \mu_i$，方差为 $\sum w_i^2 \sigma_i^2 + 2\sum_{i<j} w_i w_j \sigma_{ij}$。

了解了每种资产的期望收益、投资权重及协方差，就可以推知整个组合的期望收益与方差。例如，一个由 A、B 两种资产构成的组合，期望收益分别为 $\mu_A=0.04$、$\mu_B=0.06$，方差分别为 0.001 6、0.01，相关系数 $\rho=0.5$，计划在两种资产上分别投资 75%、25%，则最终期望收益为 0.45，方差为 $w_1^2\sigma_1^2 + w_2^2\sigma_2^2 + 2w_1 w_2 \sigma_{12} = 0.002\ 3$。

3.1.2 常见的随机变量分布

常见的随机变量分布，按照离散与连续来分，前者包括二项分布、泊松分布等；后者包括均匀分布、指数分布、正态分布等。

二项分布是常见的一种离散随机变量分布。二项分布的变量可以视为 n 重伯努利实验的结果，相当于连续抛 n 次硬币，每次正、反面机会均等，最后硬币为正面或反面的次数。取消机会均等的限制，如果把"抛到正面"的概率记为 p，则二项分布"抛到 x 次正面"的概率，也就是其概率密度函数为

$$f(x) = C_n^x p^x (1-p)^{n-x}, \quad x=0,1,\cdots,n$$

其中 $C_n^x = \dfrac{n!}{x!(n-x)!}$ 为组合数，相当于从 n 个带编号的球中取 x 个的组合种类数，在抛硬币的例子里就是 n 次实验中是哪 x 次抛到正面。二项分布变量的期望为 np，方差为 $np-np^2$。如果随机变量 X 服从二项分布，通常记为 $X \sim B(n,p)$。

泊松分布同样描述事件发生的次数，其概率密度函数为

$$f(x) = \dfrac{e^{-\lambda}\lambda^x}{x!}, \quad x=0,1,\cdots,n$$

其中 λ 是参数。对于泊松分布而言，其期望、方差均为 λ，所以 λ 衡量了事件发生的平均次数。当二项分布的 n 很大、p 接近 0 时，就接近参数 $\lambda=np$ 的泊松分布。

【案例 3-3】

保险索赔概率的计算

假设投保人 1 年后索赔的概率为 0.005，需要求 1 年后 1 000 名投保人中不超过 1 人索赔的概率，用泊松分布近似得到概率为 $f(0)+f(1)=0.040\,4$，而通过二项分布计算得到的结果为 $0.995^{1\,000}+1\,000\times0.005\times0.995^{999}=0.040\,1$，两者是相当接近的。

对于连续的情形，**均匀分布**是最简单的分布函数，它表明随机变量在某个范围内以相等的概率取到某个值。对于值域在 $[a,b]$ 上的随机变量，其均匀分布的密度函数可以表示为：$f(x)=\dfrac{1}{b-a}$。这是一个与 x 无关的常数。均匀分布的期望、方差也易于求得，若 $X\sim U(a,b)$，则 $E(X)=\dfrac{b+a}{2}$，$D(X)=\dfrac{(b-a)^2}{12}$。

指数分布与泊松分布密切相关，泊松分布描述的是事件发生的数量，而此时事件发生的时间间隔就服从指数分布。指数分布的概率密度函数只在 $x>0$ 时取正值，在 $x\leqslant 0$ 时取 0，用公式表示为

$$f(x)=\begin{cases}\lambda e^{-\lambda x},&x>0\\0,&x\leqslant 0\end{cases}$$

经过积分运算可以得到指数分布的分布函数为 $F(x)=\begin{cases}1-e^{-\lambda x},&x>0\\0,&x\leqslant 0\end{cases}$。指数分布的数学期望为 $E(X)=\dfrac{1}{\lambda}$，与泊松分布互为相反数，可以理解为事件发生频率与周期的关系。其方差为 $D(X)=\dfrac{1}{\lambda^2}$。若随机变量 X 服从参数为 λ 的指数分布，则记为 $X\sim Ex(\lambda)$。

另一个极为常见的连续分布是**正态分布**，它在许多金融模型，如著名的 B-S 期权定价公式中都起到了核心作用，股价的日收益率也通常接近于正态分布。正态分布概率密度函数是对称的（见图 3-2），可以表示为

$$f(x)=\dfrac{1}{\sqrt{2\pi}\sigma}e^{-\dfrac{(x-\mu)^2}{2\sigma^2}}$$

正态分布的期望为 $E(X)=\mu$，方差为 $D(X)=\sigma^2$。若某个随机变量 X 服从正态分布，则通常记为 $X\sim N(\mu,\sigma^2)$。当 $\mu=0$ 且 $\sigma^2=1$ 时，称为标准正态分布。

正态分布具有许多有趣的特征，它关于期望是对称的，其图像大约 95% 的部分都包含在 $\mu\pm 2\sigma$ 的范围内。如果一些随机变量服从**联合正态分布**，它们的任意加减组合也服从正态分布。正态分布之所以重要，还因为**中心极限定理**的存在，它表明很多个独立同

分布随机变量的期望接近于正态分布：$\dfrac{\sum X_i}{n} \to N\left(\mu, \dfrac{\sigma^2}{n}\right)$。简单来说就是，许多随机变量的均值趋向于正态分布。这个结论对于任何分布都适用。

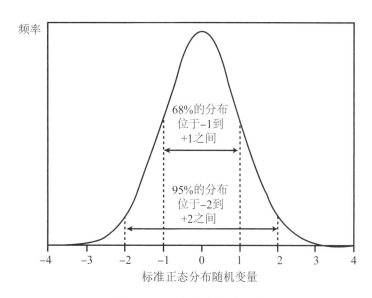

图 3-2　正态分布密度函数

资料来源：菲利普·乔瑞著，王博，刘伟琳，赵文荣译. 金融风险管理师考试手册（第六版）[M]. 北京：中国人民大学出版社，2012：41.

另一个与正态分布相关的分布是**对数正态分布**，对于随机变量 X 而言，如果 $\ln(x)$ 服从正态分布，就称 X 服从对数正态分布。通常认为股票收益率满足正态分布，那么股价就是对数正态。

在统计学中，t **分布**刻画了所估计参数与其标准差之比的分布，运用 t 分布可以对参数估计进行检验（相关内容在本章第 2 节中介绍）。统计学中另一个重要的分布是 χ^2（卡方）分布，它可以视为一系列独立标准正态变量的平方和。

3.2　统计学分析基础

概率论描述的是随机变量的分布情况，而统计学的目的是从实际数据中得到结论。运用统计学分析工具，可以从原始数据中估计出所关心的未知参数，或者检验原始数据是否满足某种假设，并进而进行回归分析。

3.2.1　参数估计

在度量风险因子（如股价、利率等的分布）时，常常需要对分布涉及的参数（如 μ 和 σ^2）进行估计。估计的意思就是它的实际值未知，但可以用已知的某些样本去计算它。

估计的变量通常在真实变量的符号上添加"^"标记。

使用样本来估计随机变量的期望，期望的估计值为 $\hat{\mu} = \frac{1}{n}\sum_{i=1}^{n} x_i$，这里的估计值 $\hat{\mu}$ 是样本 x_i 的函数，也是一个随机变量。

方差的估计值为 $\hat{\sigma}^2 = \frac{1}{n-1}\sum_{i=1}^{n}(x_i - \hat{\mu})^2$。由于要使用均值来估计方差，相当于给 n 个样本中施加了一个条件 $\hat{\mu} = \frac{1}{n}\sum_{i=1}^{n} x_i$，在公式中便只有 $n-1$ 个自由度了。自由度这个概念之后还会出现。

这些都是点估计的例子，也就是说估计的是参数的具体值。此外还有区间估计，就是对于一定的置信水平，求出参数会落在什么样的区间。

评价一个参数估计的好坏，可以从以下几个特征考虑。

无偏性。估计量的期望值等于真实的参数 $E(\hat{m}-m)$。无偏性表示估计的值是正确的，否则就说明这个估计出现了偏误。

有效性。在所有估计量中，它的标准差 $\sigma(\hat{m}-m)$ 最小。有效性表示这个估计量（它也是随机变量）集中于真实值的程度是最好的。

一致性。随着样本规模的增大，估计量逐渐接近真实的参数值。一个估计量可能有偏，例如，如果将方差估计中的 $n-1$ 改为 n，但此时它随着 n 的增大仍然会收敛于真实方差，结果仍然是一致的。

如果一个估计量在所有数据的线性组合中都既无偏又有效，就称为最优线性无偏估计（best linear unbiased estimate，BLUE）。

3.2.2 假设检验

估计的参数是样本的函数，它也是一个随机变量，同样具有分布特征、均值和方差，并取决于样本的特征。如果 x 总体分布是正态的，样本均值就服从正态分布：$\hat{\mu} \sim N\left(\mu, \frac{\sigma^2}{n}\right)$，否则根据中心极限定理，在大样本下接近于正态分布。

对于大样本，样本方差 $\hat{\sigma}^2 \sim N\left(\sigma^2, \frac{2\sigma^4}{n-1}\right)$，样本标准差也近似服从正态分布。

利用这些分布信息，可以进行假设检验。例如，若想检验估计某个系数 β 是否显著（不为0），这时"**原假设**"就是 $\beta=0$。所谓原假设，就是在检验中希望拒绝的假设，通常记为 H_0。如果有充分理由拒绝 $\beta=0$，就达到了检验的目的。与此相对的**备择假设**是原假设的反面，即 $\beta \neq 0$。统计学表明 $t = \frac{\hat{\beta}}{\sigma(\hat{\beta})}$ 满足 t 分布，可以查表得到其各个分位数数值。

在此基础上，判断拒绝原假设与否就在于，用 $\hat{\beta}$ 算得的 t 值是否是一个非常极端的值，

也就是 t 的绝对值很大，完全偏离 0。理论上如果 $\beta=0$，即符合原假设，由于原假设意味着 t 值理应集中在 0 附近，出现极端情况的概率是很小的。而实际上确实算得了极端值，就表明原假设可能有误，这就拒绝了原假设 $\beta=0$，表明系数可能是显著的。在实际中，通常设定某个分位数值（如 95%）作为置信水平，意思就是在原假设下，t 值有 95% 的可能性落在某个范围内（这个范围可以通过 t 分布对应分位数的值得到），如果实际得到的 t 值在此范围之外，假设检验的结果就表明有 95% 的置信水平认为拒绝原假设。

这就是对于单个系数显著性的 t **检验**。此外，还有针对多个参数显著性的 F **检验**。在本章第 2 节介绍的回归分析中，一次回归可能会得到一组参数 β_1、β_2、β_p，现在要检验它们的联合显著性，也就是原假设 H_0：$\beta_1=0$，$\beta_2=0$，$\cdots$，$\beta_p=0$，检验的 F 统计量为

$$F = \frac{\text{SSR}/p}{\text{SSE}/(T-p-1)}$$

其中 T 是总观测数，SSR 为回归平方和，SSE 为残差平方和。在得到 F 统计量后，由于在原假设成立的条件下 F 统计量服从参数为 p、$T-p-1$ 的卡方分布，对于某个显著性水平 α，如果计算得到的 $F > F_\alpha(p, T-p-1)$，则可以拒绝原假设，表明系数是联合显著的，这就是说肯定了解释变量与被解释变量之间确实存在回归关系。

t 检验和 F 检验的结果，在一般的统计软件回归结果中都会报告，结合某个置信水平下的临界值，就可以判断系数是否显著。

3.2.3 回归分析

回归分析是一种数学模型，可以解释和预测金融变量之间的关系。通过回归分析，风险因子和实际的资产联系在一起，可见回归分析对于风险管理非常重要。

最简单的回归分析是**一元线性回归**，有一个因变量 y 和自变量 x，研究因变量如何受到自变量影响，写作 $y_t = \alpha + \beta x_t + \varepsilon_t$。$y_t$ 和 x_t 是每组变量的取值，下标 t 既可以是横截面观测（比如同一时间考虑许多支股票的收益率和某个风险因子的回归），也可以是时间序列。α 称为截距或常数，β 为斜率，ε 为回归误差项。线性回归中的"线性"，指的是系数（如 β）在模型中出现的方式。

接下来便是要对参数 α 和 β 进行估计。在表示估计时，往往在变量上加"^"。一元线性回归的估计可以写作 $y_t = \hat{\alpha} + \hat{\beta} x_t + \hat{\varepsilon}_t$，此时 $\hat{\varepsilon}_t$ 表示回归的残差，也就是观测值与估计值的偏离程度，是误差的估计。如果假设误差与自变量 x 独立，误差的方差为常数，观测值的误差之间不相关，误差服从正态分布，便可以用**最小二乘法**（OLS）进行估计，此时它是 BLEU 的。一元线性回归的估计如图 3-3 所示。

OLS 给出的系数 β 的估计为

$$\hat{\beta} = \frac{\sum_t (x_t - \bar{x})(y_t - \bar{y})}{\sum_t (x_t - \bar{x})^2}$$

其中 $\bar{x}$、$\bar{y}$ 分别表示 x_t 和 y_t 的均值。α 的估计为：$\hat{\alpha}=\bar{y}-\hat{\beta}\bar{x}$。残差估计的均值为 0。

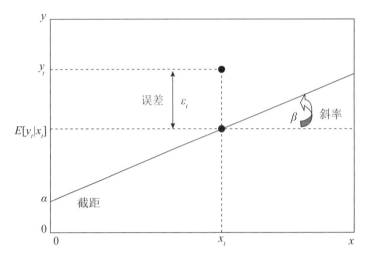

图 3-3　一元线性回归的估计

资料来源：菲利普·乔瑞著，王博，刘伟琳，赵文荣译. 金融风险管理师考试手册（第六版）[M]. 北京：中国人民大学出版社，2012：63.

求出各估计之后，回归拟合的质量可以通过计算回归的 R^2 的大小来判断，R^2 被称为拟合优度：

$$R^2 = 1 - \frac{\text{SSE}}{\text{SST}} = 1 - \frac{\sum_t \hat{\varepsilon}_t^2}{\sum_t (y_t - \bar{y})^2}$$

其中 SSE 是误差的平方和，SST 是 y 关于其均值偏差的平方和，即"总平方和"。R^2 的值总是在 [0,1] 的范围内。如果回归拟合得很好，误差几乎为 0，R^2 将接近于 1，反之 SSE 很大，将与 SST 几乎相同，这表明 x 对 y 的解释力很小，从而 R^2 将接近于 0。

在估计出参数后，还可以进行假设检验。通常为了考察 x 的影响是否显著，需要检验系数 β 是否与 0 显著不同。由于检验统计量 $t = \frac{\hat{\beta}}{\sigma(\hat{\beta})}$ 具有 t 分布，如果实际得到的检验统计量绝对值很大，这就有充分证据拒绝 "y 与 x 没有关系" 的假设。要拒绝这个假设，t 分布下双边显著性水平为 5% 时，也就是 95% 的置信水平下，观察 $t = \frac{\hat{\beta}}{\sigma(\hat{\beta})}$ 的绝对值是否大于 2 是简便易行的方法。

上面是一元线性回归的情形，还可以拓展为多元线性回归。含有 N 个自变量的多元线性回归写作 $y_t = \alpha + \beta_1 x_{t,1} + \beta_2 x_{t,2} + \cdots + \beta_N x_{t,N} + \varepsilon_t$，对于多元线性回归同样可以进行参数估计、拟合优度评价和假设检验，通过现代统计软件可以方便地进行多元线性回归。

以上回归中可能存在潜在缺陷。如果 OLS 的假设不可靠，得到的就不再是 BLEU 估计。如果回归的变量纳入过多，可能会导致 x 之间出现相关，也就是多重共线性，使 β 的估计出现偏误。如果残差在观测过程中出现不同的方差,就会出现异方差性问题,影响估计的效率。在用 OLS 进行回归分析时,需要检查假设是否满足,模型的设计是否合理。

此外,时间序列计量中也包含回归分析的内容,将在本章第 6 节中介绍。

3.3 风险价值(VaR)

3.3.1 VaR 的含义

风险价值(value at risk,VaR)表示的是在某段时间里,在一定的概率水平(如 99%)下,某一金融资产或证券组合的最大可能损失。它是常见的风险检测工具,在金融领域运用广泛,由 J.P. 摩根(J. P. Morgan)推出的用于计算 VaR 的"Risk Metrics 风险控制模型"更是被众多金融机构广泛采用。

VaR 所能提供的信息是,我们确信在未来 T 天内,有 $X\%$ 的把握,损失不会超过 V。损失既可以根据价格在未来的概率分布计算(如图 3-4 所示),也可以直接用收益率计算。

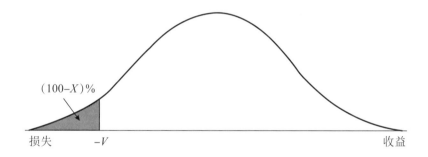

图 3-4 由交易组合在时间 T 的收益概率分布来计算 VaR

注:指数为收益的负值,置信区间为 $X\%$,VaR 的大小为 V。

资料来源:约翰·赫尔著,王勇译. 风险管理与金融机构(第二版)[M]. 北京:机械工业出版社,2010:116.

【案例 3-4】

根据正态分布计算交易组合的 VaR

假设一个交易组合在 1 年后收益服从正态分布,期望收益为 100 万元,标准差为 200 万元。根据正态分布的性质,在 99% 置信水平下的左侧分位数为 $100 - 2.33 \times 200$,即 -366 万元,所以对于这个交易组合,1 年后有 99% 的把握认为最大损失不超过 366 万元,即 VaR 为 366 万元。如果一家金融机构在 99% 的置信区间和 1 年的时段内的 VaR 为 5 亿元,那么在 1 年里,只有在 1% 的极端情况下,它的损失会超过 5 亿元。

为了充分利用 VaR 提供的信息，风险管理通常还要求使用边际 VaR、递增 VaR、成分 VaR 等。边际 VaR 表示整个交易组合或资产组合的 VaR 变化与其中单个成分变化的比。边际 VaR 越大的成分，其对组合总 VaR 的影响就越大。递增 VaR 指的是一个新资产的加入或某个现存资产的退出对组合总 VaR 的影响，也就是"做不做这个交易/加不加入这个资产对总 VaR 有什么影响"的问题。成分 VaR 是某个成分的份额乘以其边际 VaR，它通常和这个成分的递增 VaR 是相近的，所有成分 VaR 的总和等于组合总 VaR。成分 VaR 可以将组合的 VaR 分配到子组合或交易中。

3.3.2 VaR 的计算

计算单个交易或资产的 VaR 可以分为两步。首先，需要获得关于资产价值或收益率在未来的概率分布。在已知分布函数的情况下，接下来就可以根据一定的置信水平（如 99%），计算出最大损失金额。如果分布未知，则需要通过一定的方法求得或模拟其分布。这些方法包括历史模拟法、蒙特卡洛模拟法和方差—协方差法（或参数 VaR 法）。

历史模拟法将过去的价格或收益率分布情况应用于目前的投资，作为下一个时期投资可能面临的收益分布。

【案例 3-5】

用历史模拟法计算 VaR

假设某机构持有日元空头、美元多头的头寸，通过对前一个时期美日汇率的历史数据进行整理、排列，可以得到某个置信水平下的分位数。假设每次持有期为 1 天，所取置信水平为 95%，现有 10 年 2 520 个交易日的美日汇率历史数据，则可以将这 10 年的数据直接作为汇率的分布。对应的观测数为 2 520 × 5% = 126，即将损失从大到小进行排列，第 126 个数值就是所要求的 VaR。

蒙特卡洛模拟法假设资产组合价格的变化服从某个随机过程（如几何布朗运动），通过多次模拟"生成"价格序列，例如 10 000 次，统计生成的最终价格，即可生成一个价格的分布，接下来和历史模拟法类似地求出 VaR。关于蒙特卡洛模拟的相关内容将在本章第 7 节介绍。

参数 VaR 法假定资产价格或收益率服从某种已知的分布，如正态分布，接下来根据分布的参数如均值、方差等直接计算出 VaR。对于正态分布 $N(\mu, \sigma^2)$ 而言，在 99% 置信水平下的左侧分位数近似等于 $\mu - 2.33\sigma$。

当同一个资产或交易被放大 k 倍时，相应的风险价值 VaR 也会扩大 k 倍。在风险管理领域，当两个或多个不同的风险资产进行合并时，往往具有分散风险的作用，但是交易组合合并后的风险价值 VaR 的计算可能还会大于原先分散交易的 VaR 总和。此时 VaR

的计算仍然是基于交易组合的价格或收益率的分布情况的。

> **【案例 3-6】**
>
> **交易组合的 VaR**
>
> 考虑两笔期限为 1 年，票面价值 2 000 万元的贷款，违约率为 1.25%，违约时的损失在 [0, 2 000 万元] 上服从均匀分布，若不违约则可以获得利息收入 100 万元。那么对于单笔贷款而言，有 1.25% 的概率会发生违约，违约时有 80% 的概率损失大于 400 万元，也就是说，总体来看有 1.25% × 80% = 1% 的概率损失大于 400 万元，此时 99% 水平下的 VaR 就是 400 万元。同时考虑两笔贷款，每笔面值为 2 000 万元，假设它们不会同时违约，则有 2.5% 的概率会有一笔发生违约，违约时有 40% 的概率损失大于 1 200 万元，也就是说，有 2.5% × 40% = 1% 的概率损失大于 1 200 万元，考虑另一笔贷款 100 万元的盈利，得到贷款组合 99% 置信水平下的 VaR 为 1 100 万元，而单笔贷款的 VaR 为 400 万元，可见组合的 VaR（1 100 万元）有时会大于单个资产 VaR 的总和（400 万元 × 2 = 800 万元）。如果两笔贷款可以同时违约，VaR 也不会小于两笔贷款各自 VaR 之和。这个例子说明，风险的度量和风险价值的计算是不同的概念，风险分散往往也并不意味着 VaR 的降低。组合 VaR 的准确计算依据的仍是收益或价值的分布情况，而非单个资产 VaR 的加总。

计算 VaR 时的两个参数，即时间段 T 与置信水平 X，会影响 VaR 的计算结果。

时间段 T 的选择依不同的金融机构而异。对于银行而言，交易账户的头寸变动非常频繁，因此有必要按天来计算 VaR；但是对于养老基金而言，它们投资交易的行为不频繁，损失和收益的发生并不活跃，可以按月来计算 VaR。对于同一个资产或交易，可以假设不同时间段的 VaR 与时间的平方根成正比，即

$$\mathrm{VaR}_{T\text{-}day} = \sqrt{T} \times \mathrm{VaR}_{one\text{-}day}$$

其中 $\mathrm{VaR}_{T\text{-}day}$ 表示时间段 T 内 VaR，$\mathrm{VaR}_{one\text{-}day}$ 表示一日的 VaR。这个关系式在资产价值的变化服从正态分布而且每天相互独立、期望为 0 的情况下是取等号的，此时资产或交易组合在置信水平 X 下的 VaR 为 $\mathrm{VaR} = \sigma \times \Phi^{-1}(X)$，其中 $\Phi^{-1}(X)$ 表示在标准正态分布下分位数 X 对应的值，而 σ 为价值变化的标准差。对于正态分布的资产价格而言，其波动率与 $\sqrt{T}$ 成正比，于是便有这样的关系。当资产价值的变化不满足正态分布时，上面的假设也是近似正确的。

置信水平 X 越严格，对于同一个资产而言，其 VaR 就可能越大。如果资产价值的变化服从正态分布且期望为 0，那么对于两个不同的置信水平 X 和 X^* 来说，就可以通过下面的式子互算 VaR：

$$\mathrm{VaR}(X^*) = \mathrm{VaR}(X) \times \frac{\Phi^{-1}(X^*)}{\Phi^{-1}(X)}$$

例如，假设某个交易组合在1天内95%水平下的VaR为100万元，交易组合的价值变化满足正态分布且期望为0，现要计算1天内99%置信水平下的VaR，查表或通过Excel中的NORMSINV函数得到$\Phi^{-1}(0.99)=2.33$，$\Phi^{-1}(0.95)=1.65$，则99%置信水平下的VaR为$100\times\frac{2.33}{1.65}=141.21$万元。对于不同置信水平下VaR的转化，需要满足正态分布的假设。如果假设不满足，用上面的式子计算可能会有误差。

3.3.3 VaR与预期亏损

需要注意，VaR和"预期亏损"的概念存在显著区别。预期亏损回答的问题是"损失期望值有多大"，即某个时间段的损失超出第X个分位数的情况下，损失的期望值；而VaR度量了某种置信水平下的最大损失是多少，确切地说是资产价格在一定置信水平下某个分位数的值，但对于"更糟情况"下的损失则不予关注。假设某个资产组合在某段时间内有99.1%的可能性损失小于100万元，而有0.9%的可能性损失5000万元，但此时99%水平下的VaR仅为100万元，在那1%以内遭受巨额损失的风险没有被考虑在内。

使用预期亏损可以规避VaR带来的上述问题。预期亏损也被称为条件风险价值（conditional VaR）或尾部损失（tail loss）。它和VaR一样也是时间T与置信水平X的函数。在上面那个例子中，若T=10天，X=99%，则可以说，在今后10天，超过100万元（VaR对应的损失金额）的损失期望值为4 510万元，远远大于VaR。可见，更糟情况下的巨额损失通过预期亏损度量，得到了体现。

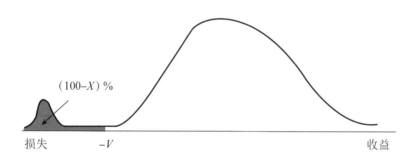

图3-5 一个交易组合在时间T的概率分布

注：置信区间为X%，该分布对应的VaR等同于图3-4所对应的VaR，但该图显示出现大额损失的可能性更大。

资料来源：约翰·赫尔著，王勇译. 风险管理与金融机构（第二版）[M]. 北京：机械工业出版社，2010：118.

VaR无法衡量公司在置信水平之外遭受巨额损失的风险，但是也有计算简便等优势，在多方推动下，VaR仍然被广泛用于风险度量。30国集团在1993年把VaR作为处理衍生工具的"最佳典范"方法进行推广，使得其在全球范围的影响力大大提升，而巴塞尔委员会1996年修正案允许银行使用VaR模型来计量市场风险，并以此确定市场风险的资本要求。时至今日，VaR不仅可以用于风险度量和检测，还是一种风险管理工具。在许多金融机构中，往往由董事会设定一个 VaR 上限限额，并由首席执行官或风控部门在实践中把握和调整。

3.4 相关性和 Copula

相关性的存在会影响公司的实际风险大小。如果公司有两笔规模相当的资产，其价值变化与某个市场变量（如利率）的变动方向完全相反而且幅度相当，那么实际上因利率变动而遭受的风险就大幅降低了，因为两个价格呈负相关的资产相互抵消了风险。如果公司对两个市场变量有不同的风险暴露，但是它们的变化也有很强的负相关性，公司的风险同样会被抵消，反之，如果相关性为正，则风险会叠加增大。这个分析表明，相关性的检测对于风险管理，特别是对正确估计风险敞口而言意义重大。

Copula 函数则是另一种意义上的相关性，这种相关性是建立在两个金融变量的分布规律上的，Copula 函数使得对于不同情形下"相关性"的计算更为直观和便利。

3.4.1 相关性的含义与监测

相关系数和协方差都可以度量随机变量之间的相关性。概率论基础部分已经介绍了两个随机变量 X、Y 的相关系数为 $\rho_{XY} = \dfrac{\mathrm{Cov}(X,Y)}{\sigma_X \sigma_Y}$。它们的协方差为 $\mathrm{Cov}(X,Y) = E[(X-E(X))(Y-E(Y))]$。显然，如果随机变量 X、Y 不相关，即 $E(XY) = E(X)E(Y)$，则 $\rho = 0$；反之，如果 X 和 Y 变化完全相同，上式的分子、分母均等于随机变量的方差，于是有 $\rho = 1$。

在概率论基础部分我们已经指出，相关系数度量的是一种线性相关，$\rho = 0$ 并不代表两个随机变量之间完全没有关联（独立）。如果两个随机变量之间存在类似于 $Y = aX^2 + b$ 的非线性关系，相关系数就可能为 0。

相关系数为正表示正相关，此时两个金融产品的价格变动方向是趋同的，如果对两个产品进行同向交易（同时做多或做空），就很有可能在行情不利时扩大损失。如果 $\rho = 1$，此时正相关性最强。对于正相关的资产，采取反向的交易可以对冲风险。同样地，如果相关系数显著为负，可以同时买进或卖空两个产品。

相关性的监测，可以直接对过去一段时间的收益率进行估计而得到，或采用指数加权移动平均（EWMA）模型（将在本章第 5 节中介绍）、广义自回归条件异方差（GARCH）模型（将在本章第 6 节中介绍）。根据约翰·赫尔（2010），假设金融资产 X、Y 在第 t 天结束时的价格为 X_t、Y_t，收益率为 x_t、y_t，则收益率的协方差为 $\mathrm{Cov}_t = E(x_t y_t) - E(x_t)E(y_t)$。

一般认为收益率的预期值为 0，则协方差可以简化为 $\mathrm{Cov}_t = E(x_t y_t)$，用前 k 天的收益率数据来估计协方差，每一天的权重都相等，则协方差的估计值为 $\mathrm{Cov}_t = \dfrac{1}{k} \sum_{i=1}^{k} x_{t-i} y_{t-i}$。

以上计算中每一天数据的权重都相等,但是按照常理,近期数据应该比较远的历史数据有更大的话语权。采用 EWMA 模型,可以实现数据 $x_{t-1}y_{t-1}$ 的权重随时间向过去推移而减小,其模型的形式为 $\text{Cov}_t = \lambda \text{Cov}_{t-1} + (1-\lambda) x_{t-1}y_{t-1}$。在估计出或设定了权重后,就可以递推得到协方差。

此外,GARCH 模型也可以用于更新协方差及预测将来的协方差水平。采用最简明的 GARCH(1,1) 模型来估计协方差,其形式为:$\text{Cov}_t = \alpha x_{t-1}y_{t-1} + \beta \text{Cov}_{t-1} + c$。其中,$c$ 代表长期平均来看协方差的值,长期平均协方差 $\text{Cov} = \dfrac{c}{1-\alpha-\beta}$,$\alpha$ 是最新协方差数据的权重,而 β 是其估计值的权重。

3.4.2 Copula 函数

除协方差、相关系数外,**Copula 函数**也可以用来描述随机变量间的相关性。相关系数是从统计特征出发,而 Copula 函数从分布函数的角度,能够将随机变量各自的边缘分布或边际分布结合起来,求得其联合分布。在某种意义上,两个变量联合分布所提供的信息多于相关系数本身。

在概率论基础部分已经对随机变量的边缘分布与联合分布进行了介绍,对于随机变量 X、Y 而言,X 的边缘分布可以理解为在对 Y 一无所知的情况下,X 的概率分布。通过 Copula 函数,可以根据 X、Y 各自的边际分布求其联合分布。

确切来说,Copula 函数是一种映射规则,它不是某一个函数,而是分为许多种形式。常见的高斯 Copula 函数通过将待处理的随机变量 V_1、V_2 "映射"为正态分布 U_1、U_2 进而推导其联合分布。这种映射过程是分位数之间的映射(见图 3-6),以 V_1 为例,V_1 分

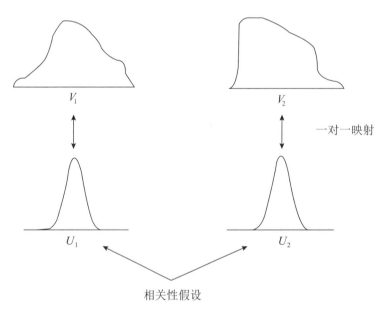

图 3-6 通过 Copula 函数来定义联合分布

资料来源:约翰·赫尔著,王勇译. 风险管理与金融机构(第二版)[M]. 北京:机械工业出版社,2010:154.

布上 $X\%$ 的分位数被映射到 U_1 分布上 $X\%$ 的分位数，X 可以取 5，10，…。假设 $V_1 = 0.1$ 时，分布函数取值（或概率密度函数 $x=0.1$ 左侧围成的面积）为 0.05，则对应标准正态分布 5% 的分位数，值为 -1.64。用这些分位数，可以将 V_1、V_2 映射到正态分布 U_1、U_2 上，再定义 U_1、U_2 的相关系数（称为 Copula 相关系数），从而可以求得联合正态分布。

Copula 函数并没有直接定义初始随机变量 V_1、V_2 之间的相关性，而是将它们映射到一对便于分析的分布 U_1、U_2 上。如果要求 V_1、V_2 的联合分布 $P(V_1 \leq v_1, V_2 \leq v_2)$，只要按上面的对应规则找到 v_1、v_2 在新分布下对应的值 u_1、u_2，就相当于转化为二元正态分布下的概率分布。结合 U_1、U_2 的相关系数，就可以得到概率分布。

此外，还有其他形式的 Copula 函数，例如在 t-Copula 函数中，用于映射的 U_1、U_2 服从 t 分布而非正态分布。此外，还可以将二元 Copula 函数拓展到多元 Copula 函数。

3.5 波动率

3.5.1 波动率的含义

某个资产的波动率 σ 衡量了在一段时间内资产价格的不确定性，用于反映金融资产的风险水平。它是收益率的标准差，这一收益率通常是连续复利收益率。设资产 S 在 T 时刻的价格为 S_T，则 $\ln\left(\dfrac{S_T}{S_0}\right)$ 就表示资产在这段时间内的连续复利收益率，$\sigma\sqrt{T}$ 等于它的标准差，如果 T 的单位是天数，这里的波动率 σ 就表示日波动率。类似地还有年波动率，等等。

对于较小的 T，$\sigma\sqrt{T}$ 与简单变化的标准差近似相等。例如，一支股票的年波动率为 30%，则对应每周，价格变化的标准差近似为 $30\% \times \sqrt{\dfrac{1}{52}} = 4.16\%$。波动率计算公式还表明，对于同一个资产，波动率和时间的平方根近似成正比，例如，股票价格 1 个月（4 周）的波动率大致是周波动率的 2 倍，年（252 个交易日）波动率约为日波动率的 $\sqrt{252} \approx 16$ 倍。

除了按照上面的时间段划分为日波动率、月波动率、年波动率等，还可以根据计算方法和所反映的信息，将波动率划分为真实波动率、历史波动率、预测波动率、隐含波动率。其中，真实波动率指的是股价或收益率波动率的实际值，就像回归等式中不带"^"的系数一样，它是无法直接得到的，需要通过各种方法对其进行估计，通常使用的"波动率"的值也是这些估计出来的值；历史波动率是指收益率在过去一段时间内所表现出来的波动率，是历史数据的反映，通过一定的统计手段，可以根据历史收益率估计出收益率的标准差，就可以将其作为历史波动率；预测波动率则是对真实波动率进行预测得到的，由于通常使用历史波动率预测未来的波动率，历史波动率是进行预测的基础。

隐含波动率则出自期权定价 B-S 公式。这个公式将期权的合理价格表示为交割价、标的金融资产现价、到期时间、无风险利率和波动率的函数。在 B-S 欧式期权定价公式中，股票价格的波动率就是期权定价的重要参数，波动率越大，则价格就越高。由于股票价格波动率不能直接测得，需要用历史期权价格反推出波动率，这时的波动率就叫做隐含波动率，只要将 B-S 公式 5 个参数中的前 4 个，以及期权的实际市场价格作为已知量代入期权定价模型，就可以反推出来。它被广泛用于交易之中。

3.5.2 波动率的监测与估计

隐含波动率被广泛用于期权交易，但是就风险管理而言，常常基于历史数据的波动率估计和监测流动率。

可以直接采用标准差进行波动率估计。假设在第 t 个观测时，资产的价格为 S_t，收益率为 $u_t = \ln\left(\dfrac{S_t}{S_{t-1}}\right)$，总共有 T 个观测，则 u_t 标准差的通常估计为

$$s = \sqrt{\frac{1}{T-1}\sum_{t=1}^{T}(u_t - \bar{u})^2}$$

对于较小的时间间隔 τ 而言，u_t 的标准差为 $\sigma\sqrt{\tau}$，因此 s 就是 $\sigma\sqrt{\tau}$ 的估计值，对这段时间内波动率的估计值为 $\hat{\sigma} = \dfrac{s}{\sqrt{\tau}}$。

在这种方法中，所有 T 个观测在计算时都具有相同的权重。除此之外，还可以为收益率历史数据设置不同的权重。为了估计最新的波动率水平，给最近的数据分配更大权重是较为合理的做法。由此可以推导出波动率估计的其他方法。

首先是 ARCH 模型（关于 ARCH 模型的介绍可以参考本章第 6 节）。ARCH 模型包括两个回归等式：第一个是正常的回归，从回归中可以得到估计出的扰动项；第二个是方差等式，对方差进行估计。假设变量的序列存在一种长期平均方差，表示为 V_L，ARCH 模型有 m 个滞后期，则 ARCH（m）模型的方差等式可以表示成 $\sigma_t^2 = \sum_{i=1}^{m}\alpha_i u_{t-i}^2 + \beta V_L$，模型的主导思想就是方差的估计值与长期平均方差 V_L 以及前 m 个观测值（u_{t-i}^2 来自正常回归中的扰动项）有关。在设定模型后，可以进行时间序列回归，通常的计量软件如 Eviews 等都可以进行时间序列回归来得到方差的估计值，从而得到波动率的估计。

其次，如果假设权重的设置随回望时间的加长呈现指数衰减，还可以得到另一种估计模型，即 EWMA 模型。这一模型也被 J. P. 摩根应用在其风险管理系统 Risk Metrics 中。它的简单形式为

$$\sigma_t^2 = \lambda\sigma_{t-1}^2 + (1-\lambda)u_{t-1}^2$$

其中，λ 是介于 0 和 1 的常数，u_{t-1}^2 是最近一次的变化率数据。数值 λ 决定了最新市场价格对每次估计波动率时的影响程度。

EWMA 的优势就在于它只需要较少的数据来估计波动率，在任意时刻，只需要记录当前市场变量（如收益率、价格）的观测值，以及当前估计的波动率。当得到最新的市场变量取值时，可以马上采用EWMA来计算σ_t^2，然后旧的观测值与估计值就可以舍去。

3.6 时间序列分析和预测

3.6.1 基本概念

时间序列可以理解为某个随机变量按时间先后顺序排列所得到的序列，比如一段时间内的股票价格、人民币对美元的汇率都是时间序列。时间序列分析与预测，对于金融风险的监测而言非常重要。

由于增加了一个时间维度，因此时间序列相较于横截面数据（取自同一个时期）而言多了一些需要注意的性质。

滞后与差分。滞后期可以理解为"前段时间"，刚过去的一段时间。如果把随机变量在 t 时刻的值记为 y_t，则 y_{t-1}、y_{t-2}…就是它滞后 1 期、2 期…的值。差分描述了变量当期值与其滞后期的关系，y_t 与 y_{t-1} 的差分常表示为 Δy_t，$\Delta y_t = y_t - y_{t-1}$。

白噪音。白噪音指的是一系列期望为 0、方差恒定不变、彼此相互独立的随机变量。用白噪音命名这样的随机过程非常形象，因为它不能提供任何信息，宛如噪音一般。在回归分析中，就通常假设扰动项为白噪音，不同时间上的扰动项相互独立。如果白噪音还满足正态分布，则称为高斯白噪音。白噪音同样是平稳的。

平稳。平稳分为严平稳和宽平稳，在时序分析中的平稳，往往指宽平稳，即协方差平稳，也就是变量的期望、方差及自协方差[自身的值不同时间上的协方差，记为 $\text{Cov}(y_t, y_{t-j}) = E(y_t - \mu)(y_{t-j} - \mu)$]保持不变。平稳的序列具有良好的性质，而非平稳的序列通常不能直接用于回归。

趋势。如果时间序列中存在趋势，序列就可能是不平稳的。常见的趋势包括确定性的时间趋势，即模型中含有与时间 t 相关的变量，使得金融变量的值随着 t 的改变而呈现增长或下降的趋势，一国经济总量往往就具有这样的时间趋势。此外，股票的价格往往具有随机趋势项，也就是其表达式中含有一个随机的扰动项，而且它的影响不会随着时间推移而消失。下一小节中介绍的 AR（1）模型里，如果系数 $\alpha = 1$，就符合这种情况。

自相关。自相关指的是误差项之间存在高度相关的情况。用于时间序列分析的经济金融变量通常都具有滞后性或惯性，前段时间冲击或变化带来的影响能持续一段时间，这就会带来自相关，因此自相关性衡量了变量当前值与历史值之间（线性）关联的强度。如果使用最小二乘法来估计有自相关的模型，不会导致模型偏误，但是会影响模型的有效性，用它来进行预测会产生问题。在 Eviews 等统计软件中，可以通过 Durbin-Watson 检验来检测自相关的存在。

3.6.2　AR、MA 与 ARMA

AR、MA 及 ARMA 都是常见的时间序列模型。AR 即自回归模型（autoregressive model），它将变量自身对滞后项进行回归分析，记作 AR（p）。其中 p 表示滞后的阶数，也就是有多少个滞后项参与了回归。最简单的 AR（1）可以写作 $y_t = \alpha y_{t-1} + c + \varepsilon_t$，其中 ε 是高斯白噪音。

这个模型中，自回归系数 α 决定了 AR（1）的性质。如果 $|\alpha| > 1$，y_t 将是一个发散的序列，随着 t 的推移逐渐扩大（或震荡）到无穷；如果 $\alpha = 1$，则称为随机游走，此时 y_t 是在 y_{t-1} 的基础上加上一个随机扰动项，通常认为股价就是这样一个随机游走的过程；如果 $|\alpha| < 1$，则 AR（1）是平稳的，具有一定的期望、方差及自协方差。

在 AR（1）平稳时，y_t 的期望为 $E(y)_t = \dfrac{c}{1-\alpha}$，它的求解可以通过将 AR（1）反复迭代得到：

$$\begin{aligned}
y_t &= \alpha y_{t-1} + c + \varepsilon_t \\
&= \alpha^2 y_{t-2} + c + \alpha c + \varepsilon_t + \alpha \varepsilon_{t-1} \\
&= \alpha^3 y_{t-3} + c(1 + \alpha + \alpha^2) + \varepsilon_t + \alpha \varepsilon_{t-1} + \alpha^2 \varepsilon_{t-2} \\
&= \cdots = \alpha^n y_{t-n} + c(1 + \alpha + \alpha^2 + \cdots + \alpha^{n-1}) + \varepsilon_t + \alpha \varepsilon_{t-1} + \cdots + \alpha^{n-1} \varepsilon_{t-n+1}
\end{aligned}$$

由于 $|\alpha| < 1$，上式中含有 y_{t-n} 的一项最终会趋于 0，而 ε_t 是白噪音项，其期望为 0，将中间若干项使用等比数列求和即可得到 $E(y_t) = \dfrac{c}{1-\alpha}$。平稳 AR（1）过程的方差为 $\dfrac{E(\varepsilon^2)}{1-\alpha^2}$。

如果将 AR（1）拓展到滞后 p 期，就会得到 AR（p），表示为

$$y_t = \alpha_1 y_{t-1} + \alpha_2 y_{t-2} + \cdots + \alpha_p y_{t-p} + c + \varepsilon_t$$

其中 y_{t-1}，$\cdots$，y_{t-p} 都是滞后项。AR（p）的性质同样由系数 α 决定，其平稳性的条件是特征根方程 $z^p - \alpha_1 z^{p-1} - \alpha_2 z^{p-2} - L - \alpha_p = 0$ 的根都落在单位圆内。类似于 AR（1），其期望为

$$E(y_t) = \dfrac{c}{1 - \alpha_1 - \alpha_2 - L - \alpha_p}$$

代表了 AR 过程长期平均来看的趋势。

如果将随机变量表示成一系列不相关随机变量的线性组合并进行回归，就是**移动平均模型**（moving average model），记作 MA（q），q 是这些随机变量滞后的阶数。MA 模型或 MA 的表达形式经常被用来分析随机扰动因素对代表特定含义的金融或经济变量的影响情况。最简单的 MA（1）可以写作 $y_t = \varepsilon_t + \beta \varepsilon_{t-1} + c$。

MA 模型的性质，也由系数 β 决定。由于移动平均项都是白噪音，因此 MA 过程的期望就是 c，MA（1）的方差为 $E(\varepsilon_t + \beta_1 \varepsilon_{t-1})^2 = (1 + \beta_1^2) E(\varepsilon^2)$。MA（$q$）写作

$y_t = \varepsilon_t + \beta_1\varepsilon_{t-1} + \beta_2\varepsilon_{t-2} + \cdots + \beta_q\varepsilon_{t-q} + c$。

AR 与 MA 过程可以互相转化，从上面 AR（1）的多次迭代中可以发现，当迭代次数趋于无穷时，自回归项趋于 0，留下一项长期均值及移动平均项 $\varepsilon_t + \alpha\varepsilon_{t-1} + \cdots$，相当于 MA（∞）。相应地，MA（1）过程也可以转化为 AR（∞），但是需要满足 $|\beta| < 1$。

这两种过程如果加以组合，就可以得到 ARMA，即**自回归移动平均模型**（autoregressive moving average model）。ARMA（p,q）中的 p、q 分别表示模型里的自回归及移动平均的阶数，例如，ARMA（1,1）可以写作 $y_t = \alpha y_{t-1} + \varepsilon_t + \beta\varepsilon_{t-1} + c$。系数 α 决定了模型是否平稳，而系数 β 决定了其是否可逆。

3.6.3 ARCH 与 GARCH

AR 模型常用于捕捉通胀率、GDP 增长率等时间序列变量，而对于高频率的日度股票市场变量，再使用这样的模型会导致异方差性问题，也就是说估计得到的扰动项的方差不是一个常数，用在波动率估计上是不合适的。而 ARCH、GARCH 被广泛用于金融时间序列分析，特别是波动率方面。

ARCH 模型（autoregressive conditional heteroskedasticity model），即自回归条件异方差模型。它强调的是把当前时期的方差表示为过去干扰项平方的线性组合。对于最简单的 ARCH（1）模型，它的形式为

$$\begin{cases} y_t = \beta X_t + u_t, & u_t \sim N(0, \sigma_t^2) \\ \sigma_t^2 = c + \alpha u_{t-1}^2 \end{cases}$$

其中，第一个回归还是通常意义上的时间序列回归，X_t 有可能是 y 自身的滞后项、常数或是其他随机变量的组合，等等。回归得到扰动项 u_t。而第二个回归（方差等式）认为，扰动项的方差由滞后一阶的扰动项决定。因为方差随时间变化，并且以过去的扰动项的信息为变化条件，所以称为"条件异方差"。

将 ARCH（1）拓展到 ARCH（p），可以表示为

$$\begin{cases} y_t = \beta X_t + u_t, & u_t \sim N(0, \sigma_t^2) \\ \sigma_t^2 = c + \alpha_1 u_{t-1}^2 + \alpha_2 u_{t-2}^2 + \cdots + \alpha_p u_{t-p}^2 \end{cases}$$

ARCH 模型中的系数 α 决定了方差等式的平稳条件。对于 ARCH（p），其平稳的条件是方程 $1 - \alpha_1 z - \alpha_2 z^2 - \cdots - \alpha_p z^p = 0$ 的根都落在单位圆外。系数 α 还可以用来估计长期方差（无条件方差），$\sigma^2 = \dfrac{c}{1 - \alpha_1 - \alpha_2 - \cdots - \alpha_p}$。在模型中，长期方差就是当时间趋于无穷时所预测的方差。

类比 AR 与 MA 的关系，还可以将 ARCH 拓展为 GARCH，即**广义自回归条件异方差模型**。相比于 ARCH（1），GARCH（1,1）在方差等式中加入了自回归项 σ_{t-1}^2，它的形式为

$$\begin{cases} y_t = \beta X_t + u_t \quad u_t \sim N(0, \sigma_t^2) \\ \sigma_t^2 = c + \alpha u_{t-1}^2 + \beta \sigma_{t-1}^2 \end{cases}$$

其中，自回归项 σ_{t-1}^2 通常被称为 GARCH 项，以便同 ARCH 项 u_{t-1}^2 进行区分。GARCH 还可以拓展到 GARCH(p,q)，其中 p 即 ARCH 项的滞后项数量，而 q 是 GARCH 的滞后阶。GARCH 模型的性质由系数 α、β 共同决定，对于 GARCH(p,q) 的方差等式 $\sigma_t^2 = c + \sum_{i=1}^{p} \alpha_i u_{t-i}^2 + \sum_{j=1}^{q} \beta_j \sigma_{t-j}^2$ 来说，其平稳性的条件是

$$1 - (\alpha_1 z + \alpha_2 z^2 + \cdots + \alpha_p z^p) - (\beta_1 z + \beta_2 z^2 + \cdots + \beta_q z^q) = 0$$

的根全部落在单位圆外。GARCH 的无条件方差相较于 ARCH 而言，只需把分母中的系数 α 累加和替换为 α 与 β 的累加：

$$\sigma^2 = \frac{c}{1 - \sum_{i=1}^{p} \alpha_i - \sum_{j=1}^{q} \beta_j}$$

使用 ARCH 和 GARCH，可以预测本期投资的方差。两者都认为，如果近期内波动性很大，那么对未来方差的预期也会增大。两者都可以利用这一信息，并滚动给出最新的波动率估计。由于波动性是金融风险计量的重要参考，ARCH 和 GARCH 模型对于风险建模具有显著意义。在 Eviews 等统计软件中，可以方便地运行 ARCH 和 GARCH 模型。

3.7 蒙特卡洛模拟方法

蒙特卡洛（Monte Carlo）模拟方法可以根据随机变量的分布规律，对随机变量进行模拟，是金融工程和风险管理的核心内容之一。

3.7.1 模拟的实现

蒙特卡洛模拟可以基本分为三个步骤：构造或描述随机变量的变化规律、实现多次模拟产生随机变量的分布、从中对随机变量进行估计。

在开始蒙特卡洛模拟前，需要首先构造或描述随机变量满足的随机过程，可以理解为它随时间变动的方式。一个经典的随机过程就是**几何布朗运动**，假设股票价格 S 满足几何布朗运动，用 $\frac{S_{t+1} - S_t}{S_t} = \frac{\Delta S_t}{S_t}$ 表示股票的收益率，则股票价格的几何布朗运动可以表示成

$$\frac{\Delta S_t}{S_t} = \mu \Delta t + \sigma \Delta z \text{ 或 } \Delta S_t = \mu S_t \Delta t + \sigma S_t \Delta z$$

其中，Δz 被称为维纳过程，可以理解为一维上的布朗运动。统计学规律表明，$\Delta z \sim N(0, \Delta t)$。所谓几何，就是说股价中的趋势成分 $\mu S \Delta t$，以及波动成分 $\sigma S \Delta z$ 与股价成比例。几何布朗运动下的股票价格，同时体现了确定性趋势及布朗运动的随机性。

在确定随机过程后，接下来需要根据它生成伪随机序列，可以看成模拟 S_t 随时间的变化。这个过程需要依靠计算机生成的随机数。对于上面的例子，首先生成一系列标准正态分布随机数 $N_0, N_1, N_2, \cdots$，这样做是为了模拟公式中 $\sigma \Delta z$ 一项，由于 $\Delta z \sim N(0, \Delta t)$，它可以被认为是 Δt 与标准正态分布变量的乘积。要生成标准正态分布随机数，可以先随机产生一个 0～1 之间的小数 a，然后用它作为"分位数"去找标准正态分布下对应的 x。

生成这些随机数后，可以从初始股票价格 S_0 开始，递推得到模拟的股票价格：$S_{t+1} = S_t + S_t \left(\mu \Delta t + \sigma N_t \sqrt{\Delta t} \right)$。对于其他类型的随机过程，也都有相应的递推方法。在到达最终时刻 T 时，可以得到一个股价 S_T，这便是股票价格的一次"实现"，也就是根据其所满足的随机过程，进行了一次股价模拟。模拟的过程，可以通过表 3-1 来理解：

表 3-1　模拟价格路径

频数 i	随机变量		价值增量 ΔS_i	价格 S_{t+i}
	均匀分布 u_i	正态分布 $\mu \Delta t + \sigma \Delta z$		
0				100.00
1	0.043 0	—0.034 3	—3.433	96.57
2	0.833 8	0.019 4	1.872	98.44
3	0.652 2	0.007 8	0.771	99.21
4	0.921 9	0.028 4	2.813	102.02
...				
99				124.95
100	0.556 3	0.002 8	0.354	125.31

资料来源：菲利普·乔瑞著，王博，刘伟琳，赵文荣译. 金融风险管理师考试手册（第六版）[M]. 北京：中国人民大学出版社，2012：78.

如果重复以上过程，每次都生成新的标准正态分布并进行递推，重复成千上万次，就可以得到股价的分布规律。

最后，通过多次重复试验得到的股价分布，可以统计其期望、方差等指标，这便是蒙特卡洛模拟的操作过程。通过蒙特卡洛模拟得到的资产价格或收益率，可以用来代替历史数据计算 VaR，或进行其他估计。如果模拟的条件完全符合市场实际，那么模拟的结果可靠性就比较强。

蒙特卡洛模拟方法的思想是，虽然无法精确求得随机变量的分布或取值（计算过于复杂难以求得或无法得到统一的解析表达式），但是可以通过模拟整个随机过程来达到近似、接近。如果模拟次数足够多，得到的统计结果就会趋近真实的数值，这就像重复抛掷硬币，统计正面与反面的次数，发现随着抛掷次数增加，统计出正面的次数越来越接近其真实概率 1/2 一样。

3.7.2 模拟的应用与评价

蒙特卡洛模拟方法在衍生产品定价方面有广泛的应用，特别是对于某些产品，它们的价格与其具体的变化路径有关，不存在统一的表达式，亦即"路径依赖"。对于路径依赖的产品，通过蒙特卡洛模拟方法进行大量模拟，可以得到产品价格未来的分布，据此可以进行定价。蒙特卡洛模拟方法还可以用于 VaR（相关内容在本章第 3 节中介绍），经过多次模拟后，在所生成的价格分布上找出相应的 95% 或 99% 置信点（分位数），此时算得的损失就是相应置信水平上的 VaR。

但是，蒙特卡洛模拟方法也要求很大的计算量。在每次模拟都和其他模拟独立的情况下，统计学表明，蒙特卡洛模拟方法估计的标准差与模拟次数的平方根成反比，实验 100 万次得到的结果，仅比实验 1 万次精确 10 倍，想要提高模拟的准确性，就需要花费更大的计算量。在原本有限的精确度下，若还要求其 99% 分位数 VaR，精确度还会再下降几个台阶，因为 1% "糟糕情形"的观测数更少（如果模拟 1 000 次，只有 10 次观测属于其中），很容易受到极端模拟的影响。不过随着计算机技术的发展，计算能力已经大幅提高，蒙特卡洛模拟方法的这一不足也能得到克服。

3.8 模型风险

建立金融模型的目的是描述产品的价格，从而进行定价与对冲。但在实际运用中，模型也可能带来风险和损失。参照约翰·赫尔的观点，模型风险主要有两种：第一，产品在交易时模型给出的定价不当，导致买进价格过高或卖出价格过低；第二，在对冲金融风险时，模型可能导致风险无法完全对冲，从而使公司遭受损失。

3.8.1 模型风险的产生

金融市场同自然界之间存在本质的区别，金融市场动态变化的性质容易使许多金融模型出现模型风险。

许多金融模型借鉴了物理模型，例如 B-S 期权定价公式参照了物理学的热传导，而伊藤引理中的布朗运动，最早也是物理学概念。但是，物理和金融模型存在许多本质区别，金融不是自然科学。物理模型描述的是物理规律，这些模型描述的规律具有很高的准确性。物理模型所使用的参数也很少发生变化，并且往往测定到很高的精确度，例如普朗克常数已经精确到小数点后八位。相比之下，金融模型中的某些原理，则可能随着金融市场中人们微观行为的变化而变得不适用，一次"股灾"就有可能造成投资者风险厌恶函数的变动，随着市场环境的变化，还不断会有新的理论提出。金融模型中，参数也并非如物理模型那样一成不变，收益率的波动率就是随时更新的。

金融模型是为描述市场现实而被设计出来的，市场的表现和物理现象不同，后者几乎一成不变，而前者是动态演变的。在特定时段里，的确存在最好的描述，但这种描述也只是特定情况下对市场行为的一种估计，如果模型不再能准确描述市场，则势必存在模型风险。

第二点是模型的设定不当。如果金融模型本身的设定存在问题，自然也会导致模型无法合理进行定价和对冲。

如果某些实际因素没有被模型考虑，例如，在回归方程中忽略了关键的自变量，就很可能导致回归的结果不可靠。在设计信用评级模型时，如果由于信息披露的原因导致关键的财务资料无从搜集，忽视它们就容易导致评级出现偏误。此外，如果对于机制或参数的考虑过于复杂，也容易导致模型风险。

第一种情况是所谓的过度拟合，可以理解成"矫枉过正"，即对于原本的机制而言，模型函数过于复杂了。参照约翰·赫尔的观点，如果在 B-S 公式中把波动率扩展为基础资产及时间的某种复杂函数，则可以做到让模型产生的价格完全匹配波动率，但是实际应用中则会发现，模型对于更新的数据表现并不理想。

第二种情况是参数过多，也就是在模型中引入更多需要估计的参数。参数的增加有助于提高模型稳定性，但是在市场状况发生改变时，过多的参数会使模型不够灵活，产生的结果不适用于新的情形。

3.8.2 模型风险的管理

目前模型风险在量化上还存在困难，但是通过一定措施仍然可以对其进行定性识别与管控。

风险管理者应密切关注市场，留意模型假设与市场实际行为、环境是否基本吻合。在模型做出预测后，及时跟踪模型预测与市场实际是否一致。如果市场行为或机制在未来可能会因为环境、政策变化等原因发生调整，则要能及时发现并对模型做出修正。

在模型设计方面，要让模型真正地能够反映金融现实。例如，评级系统的设计应该充分反映金融机构内在的信用风险，而不是照搬国外的模型或机械打分。针对金融模型可能带来的模型风险，采用几种不同的模型或对于参数做出多样的假设，有助于了解模型风险，并预防其对定价和对冲产生不良影响。

本章小结

本章第 1 节介绍了风险管理的概率论基础,主要包括随机变量的刻画及常见的随机变量分布;第 2 节统计学基础部分指导如何在概率论知识基础上进行参数估计、假设检验及简单的回归分析;第 3 节介绍 VaR 的概念,对 VaR 的计算方法进行了整理;第 4 节为相关性的度量,其中包括从分布角度进行相关性度量的 Copula 函数;第 5 节介绍波动率的相关概念,对波动率的监测和估计方法进行了说明;第 6 节为时间序列计量的相关知识,包括自相关、平稳等基本概念及 ARMA、GARCH 等常见模型;第 7 节以股票价格为例,介绍了蒙特卡洛模拟的原理和实现;第 8 节对模型风险的含义、产生和管理进行了总结。

本章重要术语

分布函数 概率密度函数 期望 方差 标准差 矩 联合分布函数 联合概率密度函数 边缘分布函数 边缘概率密度函数 条件概率密度 协方差 相关系数 相关性 独立 二项分布 泊松分布 均匀分布 指数分布 正态分布 联合正态分布 中心极限定理 对数正态分布 t 分布 卡方分布 最优线性无偏估计 原假设 备择假设 t 检验 F 检验 最小二乘法 一元线性回归 多元线性回归 残差 误差 拟合优度 风险价值 置信水平 Copula 函数 波动率 隐含波动率 EWMA 模型 滞后期 差分 白噪音 平稳 趋势 自相关 AR 模型 MA 模型 ARMA 模型 ARCH 模型 GARCH 模型 蒙特卡洛模拟 几何布朗运动 模型风险

思考练习题

1. 随机变量不相关和相互独立,这两者完全等同吗?请加以阐释。

2. VaR 和期望损失,这两者完全等同吗?请加以阐释。

3. 请描述如何使用蒙特卡洛模拟的方法计算 VaR。

4. 请描述波动率刻画了什么,以及如何计算波动率。

5. 判断下列说法的正误。

(1) 随机变量相互独立意味着不相关,但不相关不代表独立。

(2) 判断多元回归中单个系数 β_i 是否显著,可以分析 F 检验的结果,此时的原假设是"$\beta_i=0$"。

(3) 在一元和多元回归分析中使用 OLS 可以保证回归估计是 BLEU 的。

(4) 在波动率的计量分析中常使用 ARMA 模型。

6. 一个由 X、Y 两种资产构成的组合,期望收益分别为 $\mu_X=0.05$,$\mu_Y=0.08$,方差分别为 $\sigma^2_X=0.0009$、$\sigma^2_Y=0.0064$,相关系数 $\rho=-0.7$,如果在两种资产上分别投资一半,则最终组合的期望收益和方差分别是多少?

7. 假设某金融衍生品在 1 个月后的价格服从正态分布,期望价格为 5 000 万元,标准差为 300 万元,购买该产品时的价格为 4 800 万元,那么它 99% 置信水平下的 VaR 是多少?(对应正态分布左侧分位数为 2.33。)

8. 使用 GARCH(1,1) 模型估计方差 σ^2_t,通过时

间序列回归得到的模型方程为

$$\begin{cases} y_t = 0.0001 + 0.2 y_{t-1} + u_t & u_t \sim N(0, \sigma_t^2) \\ \sigma_t^2 = 0.00001 + 0.1 u_{t-1}^2 + 0.8 \sigma_{t-1}^2 \end{cases}$$

假设初始时刻 $t=0$ 时，y_t 与 u_t 均为 0，σ_t^2 等于长期平均方差，此外还观测到 $y_t = 0.0008$，请说明如何根据上面的信息对波动性进行估计，并计算 σ_1^2 与 σ_2^2。

参考文献

[1] 菲利普·乔瑞著，王博，刘伟琳，赵文荣译. 金融风险管理师考试手册（第六版）[M]. 北京：中国人民大学出版社，2012.

[2] 约翰·赫尔著，王勇译. 风险管理与金融机构（第二版）[M]. 北京：机械工业出版社，2010.

[3] 张成思. 金融计量学——时间序列分析视角（第二版）[M]. 北京：中国人民大学出版社，2016.

第 4 章
市场风险管理

谭　帅　唐　凯（广发证券）

本章知识与技能目标

通过本章学习，读者应能够：
◎ 了解市场风险的概念和分类；
◎ 理解 VaR 的定义、优点和局限性，了解边际 VaR、增量 VaR、成分 VaR 的概念及应用；
◎ 理解压力测试的定义、作用和步骤，了解压力测试情景设计的方法；
◎ 了解风险限额的概念、分类及设定方法；
◎ 理解止盈止损、风险对冲等风险缓释措施的意义与本质；
◎ 理解并掌握 VaR 的三种计算方法并能加以比较；
◎ 理解并掌握 VaR 有效性的检验方法；
◎ 了解 VaR 模型的最新发展，掌握预期损失和 VaR 的优劣比较；
◎ 掌握敏感性分析中的 DV01、久期、凸性和希腊字母；
◎ 掌握夏普比率、信息比率、跟踪误差等绩效评估指标的计算。

【引例】
中信泰富公司外汇期权交易巨亏的背后

2008年10月21日，中信泰富公司（以下简称"中信泰富"）因投资澳元外汇累计期权，面临一笔高达140亿港元的亏损。根据中信泰富公告，其通过"累计期权合约"的结构性产品持有一批货币头寸。累计期权合约（accumulators）是指在满足某些条件的前提下，投资者承诺会在某一特定时间段内以某一固定价格购买一定数量的某种证券或货币。其购买价常常低于现货市场价格。只要所购证券或货币不断升值，投资者就能赚取所享受的固定购买价和所购产品市场交易价之间的差价。但如果所购证券或货币的市价降至合约规定的固定购买价之下，投资者就必须以协议价每天买入双倍的该外汇，因此，外汇贬值越多，亏损越大。

中信泰富称，由于其在澳洲开展钢铁项目，公司未来25年内存在对澳元的巨大需求，因此其买入价值约90亿澳元（合63.3亿美元）的澳元看涨累计期权。根据合约，中信泰富需要以1澳元对0.87美元的固定价购买澳元。

然而，2008年7月，美元开始持续升值，10月美元对澳元的汇率升值幅度超过30%，10月20日中信泰富公告称因澳元贬值跌破锁定汇价，其杠杆式外汇合约公平价定值的亏损达到147亿港元，2008年年末亏损扩大到186亿港元。同时，中信泰富的母公司中信集团也因此受影响，全球最大的评级机构之一穆迪投资者服务公司将中信集团的长期外币高级无抵押债务评级从Baa1下调到Baa2，各大投行也纷纷大幅降低中信泰富的目标价。

就中信泰富交易的性质而言，尽管其称该笔交易是套期保值，然而公司预算显示，其澳洲项目的资本性支出加上未来的营运支出只有不到20亿澳元，远低于它在衍生产品中接受的94.4亿澳元总额，这明显有悖于套期保值的性质，而应被视为投机。

表面上看，这是中信泰富对于汇率的走势判断失误，但更为深层的原因是其对极端波动情形预期不足，缺少极端情形下市场风险管理的措施及机制。相比传统衍生工具，累计期权可以帮助投资者在正常波动行情下不断增加低价买入的仓位，但一旦发生极端情形，标的资产价格急转直下则可能击穿所有期权仓位的执行价格，期权的高杠杆性会引发巨额亏损。从风险管理角度分析：其一，中信泰富没有制定严格的限额控制，对衍生品工具头寸及限额也没有进行严格控制，在发生损失时没有及时采取止损等风险处置措施；其二，中信泰富的相关风险管理人员在交易之前没有对澳元贬值的风险进行评估，对期权的高杠杆性及其影响缺乏有效分析，并在后续的运作中偏离了风险对冲的初衷；其三，中信泰富缺乏对投资组合在极端情形下风险的有效度量，没有使用敏感性分析及压力测试等工具对极端情形下投资组合的风险情况进行深入分析。

中信泰富巨亏影响深远，其背后的经验教训更值得深思。对于金融机构而言，如何准确地计量市场风险，使用相应的市场风险管理方法降低公司风险敞口，并且在市场风险过大时，采取相应的措施是十分重要的。在本章，我们将注重市场风险管理，介绍市场风险概念分类、计量方法及相应的管理方法。

资料来源：有关中信泰富的公开材料。朱益民.中信泰富186亿元巨亏内幕：四大毒丸酿苦酒[N].21世纪经济报道，2008-12-11. 李正曦.推升中信泰富"澳元门"[J].商界（评论），2009，1. 李允峰.中信泰富事件升级三点启示[N].证券时报，2009-4-9.

4.1 市场风险概述

市场风险（market risk）源于市场价格的波动性，是指因股市价格、利率、汇率等的变动而导致未预料到的潜在损失的风险。市场风险有两种形式：**绝对风险**（absolute risk），用资金（或相关货币）衡量；**相对风险**（relative risk），用相对的基准指数衡量。然而，绝对风险集中关注总体收益率的波动性，而相对风险则根据追踪误差（tracking error）或与基准指数的差异来衡量风险。广义来讲，金融市场风险有四种不同的类型：利率风险（interest rate risk）、汇率风险（currency risk）、股票价格风险（equity risk）和商品价格风险（commodity risk）。

4.1.1 利率风险

利率风险是指市场利率变动的不确定性给商业银行造成损失的可能性。巴塞尔银行监管委员会在1997年发布的《利率风险管理原则》中将利率风险定义为利率变化使商业银行的实际收益与预期收益或实际成本与预期成本发生背离，使其实际收益低于预期收益或实际成本高于预期成本，从而使商业银行遭受损失的可能性。巴塞尔银行监管委员会将利率风险分为重新定价风险（repricing risk）、收益率曲线风险（yield curve risk）、基准风险（basis risk）和期权风险（optionality risk）四类。

重新定价风险是商业银行最主要和最常见的利率风险形式，它产生于银行资产、负债和表外项目头寸重新定价时间（对浮动利率而言）和到期日（对固定利率而言）的不匹配。通常把某一时间段内对利率敏感的资产和对利率敏感的负债之间的差额称为"重新定价缺口"。只要该缺口不为零，则利率变动时银行就将面临利率风险。

收益率曲线风险也称利率期限结构变化风险，是指由于商业银行的重新定价存在着不对称性，使得商业银行的收益率曲线的斜率、形态发生变化，即收益率曲线发生非平行移动，对商业银行的收益或内在经济价值产生不利影响。例如，若以5年期政府债券的空头资金为10年期政府债券的多头资金进行保值，当收益率曲线变陡的时候，虽然上述安排已经对收益率曲线的平行移动进行了保值，但该10年期债券多头资金的经济价值还是会下降。

基准风险也常被称为利率定价基础风险，是一种重要的利率风险。虽然资产和负债利率期限相匹配，但由于资产和负债应用的基准利率曲线不同，基准利率曲线变动不同步就可能引发利率风险。例如，一家银行可能用一年期存款作为一年期贷款的融资来源，贷款按照美国国库券利率每月重新定价一次，而存款则按照伦敦同业拆借市场利率每月重新定价一次。即该银行以一年期的存款为来源发放一年期的贷款，不存在重新定价风险，但因为存贷款用到的基准利率的变化可能不完全相关联，变化不同步则会导致该银行面临因与基准利率间的利差发生变化而带来的基准风险。

期权风险来源于银行资产、负债和表外业务中所隐含的期权。期权往往可以是单独的金融工具，如场内交易期权和场外期权合同，也可以隐含于其他的标准化金融工具之中，如债券或存款的提前兑付条款、贷款的提前偿还等。当利率变动对存款人或借款人有利时，存款人就可能选择重新安排存款，借款人也可能会重新安排借款，从而对银行的现金流产生不利的影响。

4.1.2 汇率风险

汇率风险是指经济实体以外币定值或衡量的资产与负债、收入与支出，以及未来的经营活动可望产生现金流的本币价值因货币汇率的变动而产生损失的可能性。根据汇率风险的作用对象和表现形式，一般把汇率风险分为交易风险（transaction risk）、折算风险（translation risk）和经济风险（economic risk）。

交易风险是指运用外币进行计价收付交易中，经济主体因外汇汇率变动而蒙受损失的可能性。银行的外汇交易风险主要来源于以下几个方面：一是在商品、劳务的进出口交易中，从合同的签订到货款结算之间，外汇汇率变化所产生的风险；二是在以外币计价的国际信贷中，债权债务未清偿之前存在的风险；三是外汇银行在外汇买卖中持有外汇敞口头寸，也会因汇率变动而面临风险。

折算风险又称为会计风险（accounting risk），是指经济主体对资产负债表进行会计处理的过程中，因汇率变动而使资产和负债的价值变化的风险。折算风险主要有三类表现方式：存量折算风险、固定资产折算风险和长期债务折算风险。

经济风险又称为经营风险（operating risk），指未预期的汇率波动造成企业未来一定期间的收益或现金流变化的一种潜在风险。此处收益是指税后利润，现金流是指收益加上折旧。经济风险一般包括真实资产风险、金融资产风险及营业收入风险三方面，其风险大小主要取决于汇率变动对生产成本、销售价格及产销数量的影响程度。

4.1.3 股票价格风险

股票价格风险指由于未来经济活动的不确定性，或各种事先无法预料的因素的影响，造成股价随机性的波动，使实际收益和与预期收益发生背离的可能性。

各种政治的、社会的和经济的事件都会对股票投资者的态度产生影响，投资者会根据他们自己对这些事件的看法做出判断和反应。股票价格风险常由某个具体事件引发，但投资者作为一个群体的情绪波动往往导致滚雪球效应。几种股票的价格上升可能带动整个股市上升，而股市的最初下跌可能使很多投资者动摇，在害怕蒙受更大损失的心理支配下，投资者大量抛售股票，使股市进一步下跌，最后发展到整个股市狂跌，使股票投资者蒙受重大损失。

股票价格风险一般可以分为系统性风险和非系统性风险。系统性风险又称不可分散风险，是指由于某种因素的影响和变化，导致股市上所有股票价格下跌，从而给股票持有人带来损失的可能性。系统性风险主要是由政治、经济及社会环境等宏观因素造成，投资人无法通过多样化的投资组合来化解的风险。非系统性风险一般是指对某一个股票或某一类股票发生影响的不确定因素，如上市公司的经营管理、财务状况、市场销售、重大投资等因素，它们的变化都会对公司的股价产生影响。此类风险主要影响某一种股票，与市场的其他股票没有直接联系。

4.1.4 商品价格风险

商品价格风险是指由于企业所持有的各类商品的价格发生不利变动，而给企业带来损失的风险。这里的商品常包括在二级市场上交易的某些实物商品，如农产品、矿产品（包括石油）和贵金属等。

商品价格风险可分为直接商品价格风险和间接商品价格风险。当企业的资产、负债中存在物质商品形态时，这些商品的市场价格的任何变动直接对企业的资产价值产生影响，由此产生的商品价格风险称为直接商品价格风险。虽然有相当部分企业并不直接生产和消费风险性商品，甚至并不拥有风险性商品资产和负债，但是商品价格的不确定性波动同样会给企业带来风险收益或损失。例如，石油价格的长期持续上涨可能会导致汽油车和柴油车的销量下降、电动汽车的销量上涨，这将给传统的汽车企业带来损失。这种对特定范围的企业形成间接影响的价格风险称为间接商品价格风险。

商品价格风险主要来源于以下几类风险：供给性风险、需求性风险、季节性价格风险及突发性价格风险。供给性风险是指由于可供应市场的商品数量变化而导致价格的波动；需求性风险是指市场需求的异常波动对价格变动产生的不确定性；季节性价格风险是指季节、气候变动对商品价格产生的影响；突发性价格风险是指自然灾害、流行疾病等突发事件对商品价格产生的影响。

4.2 市场风险计量方法

市场风险的计量方法已经从最简单的方法，如最初用于衡量利率风险的缺口分析，发展到更复杂的价格敏感性分析，如 DV01、久期、凸性方法和通过希腊字母衡量衍生产品风险，再到相对精细的 VaR 方法、预期损失、压力 VaR 方法等，以及后来发展出来的压力测试和情景分析等新的方法。

在本节中，我们将用较大篇幅分析 VaR 背后的原理和相关方法，讨论各种方法的优点和缺点。在金融危机之后，监管机构和银行业都做出了一系列努力以期改进已有的 VaR 方法，降低行业对 VaR 的依赖。因此本节还会介绍 VaR 模型的最新发展，包括总结了损失分布尾部风险的"预期损失"和压力环境下的"压力 VaR"。在本节最后我们会集中讨论两种市场风险管理中经常用到的计量方法——敏感性分析和压力测试，这两种方法都是 VaR 方法非常有效的补充。

4.2.1 市场风险管理的基石——VaR 模型

4.2.1.1 VaR 模型的发展

VaR 理论最早是由 J.P. 摩根公司针对以往市场风险衡量技术的不足而提出的。J.P. 摩根的总裁 Dennis Weatherstone 对他每天收到的一份长长的风险报告感到很不满意,就要求其下属每天下午在当天交易结束后的 4 点 15 分,给他一份一页的报告(著名的 4:15 报告),说明公司在未来 24 小时总体上的潜在损失是多大。为了满足这一要求,J.P. 摩根的风险管理人员开发了一种能够测量不同交易、不同业务部门市场风险,并将这些风险集成一个数的风险测量方法——VaR。该理论一经提出就以其对风险衡量的科学、实用、准确和综合的特点而受到包括监管部门在内的国际金融界的肯定与欢迎,迅速发展成为金融风险管理的一种标准,同时与压力测试、情景分析和回顾测试等一系列方法形成金融风险管理的 VaR 体系。它的出现与发展被金融业界称为金融风险管理的 VaR 革命。

VaR 产生以后获得了广泛的应用:

1993 年 7 月,G30 国成员发表了一个关于金融衍生工具的报告,首次建议用"风险价值系统"(value-at-risk system,VaRS)来评估金融风险。

1994 年,43% 的衍生产品交易商声明他们正在使用 VaR 测量其市场风险,37% 的交易商表示在 1995 年年底前将要使用 VaR。

1995 年,沃顿商学院的一项调查表明,被调查的美国非金融企业中,使用 VaR 评估其衍生交易风险的企业占比为 29%;*Institute Investor* 杂志 1995 年的调查指出,32% 的被调查企业使用了 VaR;纽约大学同期的调查指出,60% 的被调查养老基金使用了 VaR。

2004 年发布的新巴塞尔协议中,巴塞尔银行监管委员会把风险管理的对象扩大到市场风险、信用风险和操作风险的总和,并进一步主张用 VaR 模型对商业银行面临的风险进行综合管理。此外,巴塞尔银行监管委员会也鼓励商业银行在满足监管和审计要求的前提下,可以自己建立以 VaR 为基础的内部模型。

4.2.1.2 VaR 的基本定义

VaR 是在正常的市场条件和给定的置信水平(confidence interval, 通常为 99%)上,在给定的持有期间内,某一投资组合预期可能发生的最大损失;或者说,在正常的市场条件和给定的持有期间内,该投资组合发生 VaR 值损失的概率仅为给定的概率水平(即置信水平)。

如果给定置信水平 α,设 q_α 是资产组合在一段持有期内的可能损益的 $(1-\alpha)$ 分位数,资产组合在该置信水平下和该持有期内的 VaR 就表示为

$$\text{VaR} = -q_\alpha \qquad (4-1)$$

VaR 就是损益分布的 q_α 分位数的负值。因此,VaR 取决于两个任意选择的参数:一

个是置信水平 α，是指实现结果不比 VaR 更差的可能性，取值范围为 0 到 1；另一个是持有期，是指我们衡量资产组合损益的时间段，可以是一天、一周、一个月或者任何时间段。

图 4-1 描述了一些 VaR，给出了在选定持有期内损益的概率密度函数。横轴正值表示收益，负值表示损失，正值比负值更普遍。例如，如果 $\alpha = 0.95$，VaR 就是在 X 轴上对应 5%P/L 尾部观测值的值，这里相应的 X 值（或者说分位数）是 -1.645，所以 VaR 就是 1.645。

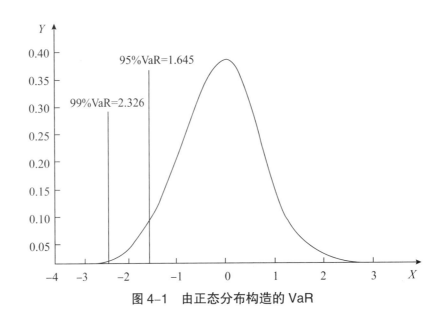

图 4-1　由正态分布构造的 VaR

4.2.1.3　VaR 模型的优点和局限性

与传统风险度量方法相比，VaR 有很多显著的优点：

- VaR 在不同头寸和风险因子之间提供了一个一致的风险度量。VaR 可应用于任何类型的资产组合，它使我们能够比较不同组合的风险。它能够衡量固定收益头寸的风险，并能够将其与一个股票头寸的风险作比较。在这个意义上，VaR 是对传统方法的一个显著提高（例如，久期和凸性方法只适用于固定收益产品，希腊字母敏感性风险度量方法只适用于衍生品）。
- VaR 能够考虑到不同风险因子之间的相互作用（或相互关联），将次级头寸风险集合到一个总的组合风险度量中。这是 VaR 的另一个优点，因为大部分传统的风险管理方法都不允许部分风险的"合理的"集合。
- VaR 全面考虑了所有风险因子，在这个意义上它是"整体性的"，而许多传统方法或者只考虑一次性的风险因子（如希腊字母方法），或者采用简单化的方法将多种风险因子集合成一个（例如，久期和凸性方法将即期利率曲线集合成一个收益率，以及 CAPM 方法将不同的股票收益率转换成了一个"市场"收益）。VaR"整体性"的另一个意义是，它通常在公司范围内关注一个整体资产组合的风险估计，而不是仅仅关注组合中的单个头寸。
- VaR 是概率性的，它给风险管理者提供了与特定损失值相关的有用的概率信息。相比之下，许多传统方法（例如，久期和凸性方法、希腊字母敏感性方法等）只给出了假设条件下的答案，而没有给出对可能性的判断。
- VaR 的衡量单位非常简单易懂，即"损失的价值"。而许多其他的方法都以不太清楚的形式表示（如现金流平均期等）。因此，VaR 的表达方式传达起来很方便。

以上就是 VaR 的主要优点，这也解释了为什么 VaR 会如此受欢迎。

但另一方面，VaR 作为一种风险度量方法同样有其局限性：

一个重要的缺点就是 VaR 只给出了在尾部事件没有发生的前提下，我们可能的最大损失（例如，它告诉我们在 99% 的时间里我们可能的最大损失）。如果一个尾部事件发生了，可以预期损失将超过 VaR，但是模型本身没有给出这个损失会有多大。VaR 没能将超过其自身大小的损失程度考虑在内，这意味着如果我们使用 VaR 度量风险，两个具有相同 VaR 的头寸看起来承担的风险相等，而实际上它们的风险可能有很大不同。这可能带来很多不良后果。比如，假设一个潜在投资有很高的收益，但同样有导致巨额损失的可能，如果这个巨额损失不影响 VaR（因为它超过了 VaR 的大小），一个基于 VaR 衡量的决策很可能建议投资者进行投资，无论高收益和可能的损失有多大。这种不顾可能的小概率损失、对高收益投资绝对接受的做法破坏了合理的风险收益分析，可能使投资者承受非常高的风险。

另外，VaR 不是一致性风险度量函数，因为它不满足次可加性。有学者指出风险度量应满足以下一致性条件。

- 单调性（monotonicity）：所有的不同情况下，均有 Return（a）< Return（b），则 Risk（a）> Risk（b）；
- 平移不变性（translation invariance）：Risk（$a+K$）= Risk（a）- K；
- 同质性（homogeneity）：Risk（aK）= K Risk（a）；
- 次可加性（subaddltiuty）：Risk（$a+b$）< Risk（a）+ Risk（b）。

以上风险度量的第一个性质比较显而易见，如果一个交易组合的回报总是比另一个交易组合要差，那么这个交易组合的风险一定会更高；第二个条件也非常合理，如果我们在某个交易组合中加入 K 数量的现金，该现金可以为损失提供缓冲，相应的准备金要求也应该可以减少 K 数量；第三个条件也很合理，如果我们将某交易组合放大两倍，相应的资本金要求也应该增大两倍；第四个条件是在说明风险分散可以降低风险，即我们将两个交易组合叠加在一起，新的交易组合的风险应该减少，或至少保持不变。VaR 满足以上讨论中的前三个条件，但 VaR 并不一定永远满足第四个条件。这表明，将投资组合相加，将导致 VaR 增大。在多种投资组合或实体的风险相加的情况下，这个问题就会凸显出来。

【案例 4-1】

分位数的计算

分位数可通过在 MS Excel 2010 中对模拟情景应用 PERCENTILE.EXC 函数来计算。而对于给定的已排序的数列 $v_1 \leq \cdots \leq v_k$，PERCENTILE.EXC 函数的计算逻辑为采用 NIST 方法计算 $\alpha \in [0,1]$ 分位数，具体如下。

定义 Rank 为

$$\beta = \alpha(K+1)$$

则对应的 α 分位数为

$$\hat{v}_\alpha = \begin{cases} v_1 & \lfloor \beta \rfloor = 0 \\ v_K & \lfloor \beta \rfloor \geq K \\ v_{\lfloor \beta \rfloor} + (\beta - \lfloor \beta \rfloor)(v_{\lfloor \beta \rfloor + 1} - v_{\lfloor \beta \rfloor}) & 0 < \lfloor \beta \rfloor < K \end{cases}$$

其中，$\lfloor \beta \rfloor$ 为 β 向下取整后的数。

假设某投资者持有一个 1 000 万美元的投资组合，组合价值在 2015 年 244 个交易日每天的日盈亏（千美元）序列如下表所示。

针对该日盈亏序列 $v_1 \leq \cdots \leq v_{244}$，用 NIST 方法计算 99%VaR 的过程为

$$\beta = 0.99(244+1) = 242.55$$
$$\hat{v}_{0.99} = v_{242} + 0.55(v_{243} - v_{242})$$

其中，v_{243} 为损失第二大的情景，对应表中第 126 个数 –241.946；v_{242} 为损失第三大的情景，对应表中第 99 个数 –240.981。因此，

$$\hat{v}_{0.99} = -240.981 + 0.55(-241.946 + 240.981) = -241.512$$

即该投资组合价值在 99% 置信水平下 1 天持有期的 VaR 为 241.512。

组合日盈亏情况

（单位：千美元）

交易日	日盈亏	交易日	日盈亏	交易日	日盈亏	交易日	日盈亏	交易日	日盈亏	交易日	日盈亏	交易日	日盈亏
1	-109.459	32	-22.914	63	33.528	94	150.355	125	255.816	156	122.668	187	2.649	218	-27.822
2	0.480	33	43.319	64	-83.069	95	-100.383	126	-241.946	157	167.920	188	38.709	219	22.115
3	-2.731	34	-88.663	65	-77.322	96	17.461	127	-214.432	158	299.856	189	-81.659	220	196.889
4	83.542	35	-6.546	66	-17.143	97	335.503	128	-106.587	159	224.139	190	-47.569	221	-9.432
5	12.518	36	-28.543	67	57.294	98	-6.825	129	98.472	160	17.191	191	-0.110	222	-25.379
6	32.985	37	92.149	68	-135.040	99	-240.981	130	142.789	161	-185.198	192	-43.787	223	-132.584
7	-0.460	38	-22.995	69	-83.341	100	-86.409	131	-30.718	162	-139.522	193	102.910	224	-27.450
8	11.601	39	34.311	70	73.617	101	18.248	132	-157.074	163	-24.338	194	-51.657	225	71.020
9	-103.162	40	17.775	71	-98.278	102	-37.969	133	-9.120	164	4.457	195	-47.018	226	-10.034
10	-31.163	41	-59.731	72	-122.212	103	-49.362	134	-5.404	165	-3.752	196	-18.065	227	64.021
11	268.919	42	17.098	73	-1.080	104	-124.640	135	8.842	166	113.341	197	-3.622	228	-12.943
12	-41.310	43	-4.042	74	38.095	105	36.167	136	-94.697	167	-84.594	198	67.313	229	12.837
13	-156.051	44	-68.845	75	-106.112	106	8.343	137	73.873	168	-65.925	199	-8.400	230	14.989
14	-18.769	45	-24.906	76	65.279	107	2.519	138	341.788	169	41.493	200	-0.770	231	-104.724
15	-4.122	46	-89.072	77	-32.581	108	-28.607	139	7.632	170	10.354	201	57.639	232	16.891
16	-36.443	47	-51.806	78	24.377	109	112.724	140	-121.138	171	65.404	202	10.454	233	8.939
17	32.908	47	-89.985	79	-38.000	110	153.985	141	113.272	172	126.334	203	-166.827	234	-74.119
18	49.264	49	6.315	80	187.043	111	-74.548	142	-1.290	173	-160.867	204	-78.250	235	-12.039
19	43.250	50	-53.192	81	43.303	112	204.001	143	-12.561	174	71.455	205	-88.423	236	-99.325
20	47.086	51	-80.296	82	82.474	113	284.586	144	-120.748	175	-14.301	206	-47.270	237	-10.775
21	79.481	52	-0.990	83	-89.177	114	-151.410	145	80.418	176	-57.476	207	7.103	238	10.336
22	-84.521	53	32.506	84	-134.027	115	-94.958	146	34.891	177	-30.923	208	-0.410	239	36.803
23	35.494	54	-9.602	85	-57.234	116	170.485	147	-75.821	178	75.128	209	38.138	240	-8.810
24	34.641	55	-21.759	86	28.891	117	355.362	148	-181.389	179	-22.044	210	48.761	241	108.962
25	54.086	56	-118.172	87	17.627	118	142.200	149	17.652	180	52.619	211	-17.933	242	-34.397
26	-33.669	57	36.812	88	82.567	119	-290.695	150	50.225	181	-10.818	212	5.736	243	-3.311
27	-61.573	58	-73.348	89	42.135	120	214.480	151	-59.766	182	63.266	213	42.565	244	34.024
28	-27.288	59	-0.880	90	-158.713	121	142.519	152	1.920	183	-24.191	214	-59.862		
29	-8.761	60	-46.013	91	-23.759	122	215.966	153	-4.332	184	-94.882	215	0.590		
30	-27.065	61	-90.454	92	-86.834	123	-114.236	154	244.479	185	-43.928	216	20.981		
31	-29.776	62	-35.910	93	-111.608	124	69.914	155	-61.210	186	-109.284	217	-0.550		

4.2.1.4 边际 VaR、成分 VaR 和增量 VaR

资产组合的 VaR 给出了特定条件下组合的风险状况，但在实际金融市场中，资产组合管理者除了必须掌握组合的 VaR，通常还需了解组合中的某一项（或一类）资产对组合整体 VaR 的影响。这种影响分为静态和动态情形，即

- 组合中某一项资产对组合 VaR 的边际贡献；
- 组合中某一项资产在组合 VaR 中所占的比例；
- 一项新资产的加入对现有组合 VaR 的影响。

这些风险信息的概念及计算方法对风险管理十分重要，有助于识别全部风险暴露中风险的主要来源，为改进整体风险状况、评估投资机会、分析资产调整对组合风险的影响及设置头寸限额提供了帮助。边际 VaR（marginal VaR）、成分 VaR（component VaR）和增量 VaR（incremental VaR）向资产管理者提供了上述风险信息。

1. 边际 VaR

假设资产组合价值为 P，组合中各资产的头寸为 $x=(x_1,x_2,\cdots,x_n)'$，资产 i 的头寸大小为 x_i，资产组合中各资产的收益率的波动率为 σ_i，资产组合损益的方差为

$$\sigma_p^2 = \sum_{i=1}^{n}\sum_{j=1}^{n} x_i x_j \rho_{ij} \sigma_i \sigma_j = x^T \Sigma x \quad (4-2)$$

组合收益率的方差：

$$\sigma^2 = \frac{\sigma_p^2}{P^2} \quad (4-3)$$

边际 VaR 是指资产组合中的资产 i 的头寸变化而导致的组合 VaR 的变化。

$$\text{Marginal VaR}_i = \frac{\partial \text{VaR}(x)}{\partial x_i} \quad (4-4)$$

假设资产组合的 n 维收益率向量 $(R_1,R_2,\cdots,R_n)^T$ 服从 n 维正态分布 $N(\mu,\Sigma)$，则得到资产组合 x 在置信度 c 下的相对 VaR 为

$$\text{VaR}(x) = N^{-1}(c)\sqrt{(x^T \Sigma x)} = \alpha \sigma_p = \alpha P \sigma \quad (4-5)$$

$$\text{Marginal VaR}_i = \frac{\partial \text{VaR}(x)}{\partial x_i} = N^{-1}(c)\left(\frac{\text{Cov}(R_i,R_p)}{\sigma}\right) = \frac{\beta_i \text{VaR}}{P} \quad (4-6)$$

其中，$\beta_i = \dfrac{\text{Cov}(R_i,R_p)}{\sigma_2}$。

2. 成分 VaR

资产组合的 VaR 通常有两种基本类型：一种是考虑资产分散化的组合的 VaR，另一

种是不考虑资产分散化的组合的 VaR。由于资产分散化的效应，组合中所有组成部分（简称"成分"）的未分散化 VaR 之和通常不等于组合的分散化的 VaR。成分的形式可以是金融工具、资产或某项交易。

成分未分散化的 VaR 显然不能反映资产组合的 VaR 中每一成分的贡献。能够反映资产组合 VaR 中每一成分贡献的成分 VaR 必须具备下述基本特征：

- 如果这些成分构成了组合的全部，则它们的成分 VaR 之和应该等于组合的分散化的 VaR；
- 如果把一种成分从组合中删除，则该成分的 VaR 可以反映出组合的变化；
- 如果某种资产的成分为负，则它可以对冲组合其余部分的风险。

假定资产组合包含 N 种成分，如果下式成立，称 Component VaR$_i$ 为资产组合中成分 i 的成分 VaR：

$$\text{VaR} = \sum_{i=1}^{N} \text{Component VaR}_i \tag{4-7}$$

3. 增量 VaR

某项资产的增量 VaR 是指，当组合中增加该资产时组合 VaR 的变化。资产 A 的增量 VaR 为

$$\text{Incremental VaR} = \text{VaR}（包括资产 A）- \text{VaR}（不包括资产 A） \tag{4-8}$$

当增量 VaR 为正时，表明新加入的资产增加了组合的风险；当增量 VaR 为负时，表明新加入的资产对冲了组合的风险；当增量 VaR 为零时，表明新加入的资产不影响组合的风险。

在实际金融交易中，交易员或资产管理者的交易活动受风险限额的约束，如规定组合的最大风险暴露必须小于某一特定风险限额。为此，交易员不得不在投资或交易选择时选择增量 VaR 最小的资产或交易。假定交易员或资产组合管理者面对多种备选资产或交易，在这种情况下，其选择方法是计算每一项交易的增量 VaR 并进行排序和选择。

4. 边际 VaR、成分 VaR 和增量 VaR 间的关系

先考察成分 VaR 与边际 VaR 的关系。根据边际 VaR 的定义，有

$$\text{Component VaR}_i = x_i \text{ Marginal VaR}_i \tag{4-9}$$

对于正态情况，有 Component VaR$_i = x_i \beta_i$ VaR$/P$

再考察增量 VaR 与边际 VaR 的关系。假定组合含有 $n-1$ 种金融工具，则可以认为由这 $n-1$ 种资产构成的组合等价于当第 n 种资产比例为 0 时的 n 种资产构成的组合。现在假定加入第 n 种资产，其权重为 x_n，则增量 VaR 可表示为

$$\text{Incremental VaR}(P) \approx \frac{\partial \text{VaR}(P)}{\partial x_n}\bigg|_{x_n=0} \times x_n = \text{Marginal VaR}_i \bigg|_{x_n=0} \times x_n \tag{4-10}$$

对于正态分布，有 Incremental VaR$(P) = x_i \times \beta_i |_{x_n=0} \times$ VaR$/P$。

【案例 4-2】
边际 VaR、成分 VaR 计算

考虑两个资产的组合,已知每个资产的日收益率序列。经计算,资产 A 的波动率 σ_A=0.136 43,资产 B 的波动率 σ_B=0.013 462,相关系数 ρ=0.929 8(如下表所示)。我们来计算两个资产的边际 VaR 和成分 VaR。

资产 A 和资产 B 的波动率与相关系数

	资产 A	资产 B
波动率(σ)	0.013 643	0.013 462
相关系数	0.929 788 8	

根据两个资产各自的波动率和它们的相关系数,我们可以计算它们的方差和协方差,列出协方差矩阵(如下表所示)。

资产 A 和资产 B 的协方差矩阵

协方差矩阵	0.000 186 131	0.000 170 767
	0.000 170 767	0.000 181 225

假设置信水平为 95%,那么对应的分位数就是 1.645;组合价值为 100 万元,资产 A 和资产 B 的权重均为 50%,那么资产 A 和资产 B 的价值均为 50 万元(如下表所示)。

95% 置信水平下对应的分位数与资产价值

置信水平	0.95	0.95
分位数	1.645	1.645
组合价值(万元)	100	100
权重	0.5	0.5
资产价值(万元)	50	50

根据 $\sigma_P = \sqrt{x_A^2 \sigma_A^2 + x_B^2 \sigma_B^2 + 2 x_A x_B \rho \sigma_A \sigma_B}$ 计算出组合的波动率为 0.013,可以求得 β_A=1.007,β_B=0.993,组合 VaR=2.190。

由 Beta 和组合 VaR 即可求得边际 VaR,由边际 VaR 和资产价值即可求得成分 VaR(如下表所示)。

资产 A 和资产 B 的边际 VaR 与成分 VaR

边际 VaR	0.022	0.022
成分 VaR(万元)	1.103	1.087

4.2.1.5 VaR 模型的计算方法及对比

1. 方差—协方差法

如果投资组合的价值仅仅是由一些服从多元正态分布的风险因子确定,那么 VaR 的衡量则相对简单。假设有 N 个风险因子。定义 $x_{i,t}$ 为投资组合所有持仓个券头寸映射到风险因子 i 的累计暴露,单位为对应货币。将 $x_{i,t}$ 除以投资组合现在的价值 V 后,得到各风险因子的权重 $W_{i,t}$。

投资组合的收益率为

$$R_{p,t+1} = \sum_{i=1}^{N} w_{i,t} R_{i,t+1} \tag{4-11}$$

其中,权重 $w_{i,t}$ 用时间 t 做下标,表示是现在的投资组合持仓,而不是 $t+1$ 时刻的持仓。因为投资组合收益率是一组正态分布变量的线性组合,所以它也服从正态分布。运用矩阵的公式,投资组合的方差可以表示为

$$\sigma^2(R_{p,t+1}) = w_t' \sum\nolimits_{t+1} w_t \tag{4-12}$$

其中,$\sum_{t+1}$ 表示整个 VaR 时期协方差矩阵的预测值。组合 VaR 则为

$$\text{VaR} = z_\alpha \sqrt{x_t' \sum\nolimits_{t+1} x_t} = z_\alpha V \sqrt{w_t' \sum\nolimits_{t+1} w_t} \tag{4-13}$$

其中,z_α 是对应正态分布的显著性水平为 α 的标准偏差值。

因为只涉及简单的矩阵乘法运算,所以方差—协方差法应用起来特别简单。而且因为该方法涉及的运算大多数是线性的,所以当投资组合的持仓个券数量较多时,该方法也只需要较短的运算时间。因此,该方法适用于需要频繁计算 VaR 的情况,如每日计算 VaR。

作为一种参数法,在使用方差—协方差法计算 VaR 的过程中,还可以衡量边际风险和增量风险(即计算边际 VaR 和增量 VaR),这对于管理组合风险是非常重要的。

方差—协方差法为风险管理问题提供了一个简单分析的解决方法,但是这种简单是建立在两个粗略的简单化的假设前提上的。首先,线性关系可能并不能准确合适地描述真实损失分布与风险因子变化之间的关系,例如期权和抵押债券。其次,无论是对于日数据还是周数据,甚至是月数据,正态分布的假设条件对风险因子变化分布而言都很不现实。实证金融学的一个程式化的事实说明,金融风险因子收益率的分布比正态分布有更高的峰值和厚尾。这说明风险因子正态分布的假设会低估损失分布的尾部,而 VaR 就是基于这种尾部分布的。

尽管如此,对于简单组合,方差—协方差法可能是能满足需要的。对于公司层级的投资组合,根据中心极限定理,非对称性可能会被消除。但是,对于更加复杂的投资组合,方差—协方差法通常是不适合的。

2. 历史模拟法

历史模拟法(historical simulation method)以历史可以在未来重复为假设前提,直接根据风险因子收益的历史数据来模拟风险因子收益的未来变化。在这种方法下,VaR

值直接取自投资组合收益的历史分布，组合收益的历史分布又来自组合中每一金融工具的盯市价值（mark to market value），而这种盯市价值是风险因子收益的函数。具体来说，历史模拟法分为三个步骤：为组合中的风险因子安排一个历史的市场变化序列；计算每一历史市场变化的资产组合的收益变化；推算出 VaR 值。因此，风险因子收益的历史数据是该 VaR 模型的主要数据来源。

历史模拟法假定收益分布为独立同分布，风险因子的未来波动与历史波动一样。它不需要假设资产回报服从统计分布形式。这一方法包括回溯过去的时间，并且将当前的权数运用到历史资产收益率的时间序列中，即

$$R_{p,k} = \sum_{i=1}^{N} w_{i,t} R_{i,k} \qquad k=1,\cdots,t \qquad (4-14)$$

注意，权重 w_i 应当保留其当前值，这里的收益不是指实际投资组合，而是指利用当前头寸重新构造虚拟投资组合的历史，这种方法有时被称为自举法（bootstrapping）。

通常，样本期间的选择反映了应用较长或较短样本规模的一种权衡，长期内会增加估计的精度，但可能掺入不相关的数据，从而错过基本过程中的重要变化。

历史模拟法的优势很明显：它执行起来较容易并且将风险衡量估计问题简化为一个一维问题；这种方法不需要对风险因子的多元分布进行统计估计，不需要对风险因子变化的独立性结构进行假设。根据实际价格，历史模拟法允许非线性和非正态分布。完全评价是通过最简单的方式——历史数据获得的。该方法不需要对定价模型或基础市场的随机结构进行特定的假设。

此外，更重要的是历史模拟法考虑了厚尾问题，而且由于历史模拟法不依赖于定价模型，因此不容易产生模型风险。这个方法是稳健和直观的，因此，被广泛用于 VaR 的计算中。

但是，历史模拟法成功与否很大程度上取决于我们是否具有搜集足够的与所有风险因子相关的同步数据的能力。每当风险因子历史有缺口时，或者有新的风险因子引入模型时，就会产生填补缺口和完成历史记录的问题。这些问题会降低样本数据的有效价值，也意味着对 VaR 的实证估计准确性很低。理论上我们希望样本数据量能够尽量大，因为历史模拟法是一个无条件的方法，我们需要在历史记录中存在很多极端情况，可以为损失分布的尾部估计提供大量信息。事实上这种方法被称作"边看后视镜边开车"。这个明显的缺点其实是所有纯统计过程所共有的，它可以通过向现存数据库中添加历史极端事件或构造相关极端情景来弥补。

历史模拟法是一个无条件的方法，这本身也被认为是其不足之处之一，因为条件方法通常被认为与逐日盯市的风险管理更相关。

历史模拟法也受到与移动窗口方差估计法同样的批评。这个方法对所有观测值，包括旧的数据点都取同样的权重。当一个旧的观测值从窗口中被去掉后，风险衡量值可能出现显著改变。

历史模拟法在处理结构复杂的大投资组合时十分麻烦。在实际应用中，操作者往往采用简化的方法，如将利率分类，这大大提高了计算的速度。但是如果采用太多的简化方法，如用资产的 Delta 来替代资产，就可能失去完全评价法的优势。

【案例 4-3】
应对历史数据的缺失——替代数据

在应用历史模拟法的过程中我们常常遇到历史数据缺失的情况，这时就可能需要用到替代数据。例如，新股发行（IPO）后由于上市时间较短，历史数据不足以用作分析，需要采用相关指数（如成分股对应的指数）或股票（如新发行的 H 股对应的 A 股）的数据进行替代。

不失一般性，假设我们需要采用时间段 $\{t_p,\cdots,t_f,\cdots,t_n\}$ 内风险因子 f 的历史数据进行组合估值和 VaR 计量。进一步假设风险因子 f 仅有对应 $\{t_f,\cdots,t_n\}$ 的历史数据，而作为替代数据的风险因子 p 历史数据能覆盖 $\{t_p,\cdots,t_f\}$。在此情况下，针对 $\{t_p,\cdots,t_{f-1}\}$，可以通过替代数据估计风险因子的水平：

$$f(t) = f(t_f) \frac{p(t)}{p(t_f)} \qquad t = t_p,\cdots,t_{f-1}$$

作为测试的例子，我们考虑乐视网（300104.SZ），该股票在 2015 年 12 月 7 日起至 2016 年 6 月 2 日停牌。在万得资讯金融终端（WIND）中该公司的二级行业为"软件与服务"，我们利用乐视网 2016 年 6 月 3 日及软件与服务指数（882119.WI）2015 年 12 月 7 日至 2016 年 6 月 3 日的每日收盘价，计算乐视网在 2015 年 12 月 7 日至 2016 年 6 月 2 日的替代数据，结果如下表所示。

计算乐视网的替代数据

日期	软件与服务指数	乐视网（元）	日期	软件与服务指数	乐视网（元）	日期	软件与服务指数	乐视网（元）
2015-12-07	9310.302	72.905	2016-02-03	6536.564	51.185	2016-04-08	7200.130	56.381
2015-12-08	9257.659	72.493	2016-02-04	6705.149	52.505	2016-04-11	7358.037	57.617
2015-12-09	9209.975	72.119	2016-02-05	6560.298	51.371	2016-04-12	7279.031	56.999
2015-12-10	9349.560	73.212	2016-02-15	6603.413	51.708	2016-04-13	7409.667	58.022
2015-12-11	9214.570	72.155	2016-02-16	7006.316	54.863	2016-04-14	7543.004	59.066
2015-12-14	9313.978	72.934	2016-02-17	7113.866	55.705	2016-04-15	7482.266	58.590
2015-12-15	9508.765	74.459	2016-02-18	7045.903	55.173	2016-04-18	7281.766	57.020
2015-12-16	9543.794	74.733	2016-02-19	7149.146	55.982	2016-04-19	7327.433	57.378
2015-12-17	9875.964	77.334	2016-02-22	7265.618	56.894	2016-04-20	6835.019	53.522
2015-12-18	9741.732	76.283	2016-02-23	7165.073	56.106	2016-04-21	6621.090	51.847
2015-12-21	9730.413	76.195	2016-02-24	7066.785	55.337	2016-04-22	6738.679	52.768
2015-12-22	9900.701	77.528	2016-02-25	6390.255	50.039	2016-04-25	6656.639	52.125
2015-12-23	9629.375	75.403	2016-02-26	6260.893	49.026	2016-04-26	6789.804	53.168
2015-12-24	9688.887	75.869	2016-02-29	5713.134	44.737	2016-04-27	6725.811	52.667
2015-12-25	9690.064	75.879	2016-03-01	5871.292	45.975	2016-04-28	6778.439	53.079
2015-12-28	9554.066	74.814	2016-03-02	6180.382	48.396	2016-04-29	6717.862	52.605

（续表）

日期	软件与服务指数	乐视网（元）	日期	软件与服务指数	乐视网（元）	日期	软件与服务指数	乐视网（元）
2015-12-29	9635.686	75.453	2016-03-03	6180.788	48.399	2016-05-03	7021.334	54.981
2015-12-30	9845.867	77.099	2016-03-04	5772.338	45.201	2016-05-04	6991.305	54.746
2015-12-31	9521.635	74.560	2016-03-07	5991.564	46.917	2016-05-05	7092.254	55.536
2016-01-04	8600.673	67.348	2016-03-08	6118.563	47.912	2016-05-06	6743.964	52.809
2016-01-05	8191.188	64.142	2016-03-09	5981.230	46.836	2016-05-09	6420.384	50.275
2016-01-06	8413.407	65.882	2016-03-10	5836.072	45.700	2016-05-10	6417.076	50.249
2016-01-07	7587.056	59.411	2016-03-11	5824.506	45.609	2016-05-11	6288.914	49.246
2016-01-08	7498.864	58.720	2016-03-14	6213.533	48.655	2016-05-12	6265.307	49.061
2016-01-11	6867.959	53.780	2016-03-12	6112.257	47.862	2016-05-13	6190.838	48.478
2016-01-12	6996.757	54.788	2016-03-16	6072.573	47.552	2016-05-16	6333.855	49.598
2016-01-13	6628.188	51.902	2016-03-17	6493.706	50.849	2016-05-17	6482.002	50.758
2016-01-14	7075.862	55.408	2016-03-18	6875.982	53.843	2016-05-18	6251.500	48.953
2016-01-15	6804.318	53.282	2016-03-21	7141.512	55.922	2016-05-19	6352.047	49.740
2016-01-18	7093.291	55.544	2016-03-22	7082.641	55.461	2016-05-20	6490.337	50.823
2016-01-19	7374.607	57.747	2016-03-23	7309.183	57.235	2016-05-23	6589.798	51.602
2016-01-20	7217.444	56.517	2016-03-24	7151.098	55.997	2016-05-24	6517.351	51.034
2016-01-21	6857.219	53.696	2016-03-25	7117.201	55.732	2016-05-25	6508.874	50.968
2016-01-22	6988.774	54.726	2016-03-28	7029.328	55.044	2016-05-26	6576.464	51.497
2016-01-25	6980.102	54.658	2016-03-29	6909.619	54.106	2016-05-27	6505.324	50.940
2016-01-26	6328.076	49.552	2016-03-30	7279.721	57.004	2016-05-30	6477.718	50.724
2016-01-27	6272.505	49.117	2016-03-31	7261.820	56.864	2016-05-30	6939.492	54.340
2016-01-28	5857.409	45.867	2016-04-01	7154.757	56.026	2016-06-01	6988.619	54.725
2016-01-29	6194.274	48.505	2016-04-05	7463.842	58.446	2016-06-02	7088.635	55.508
2016-02-01	6106.191	47.815	2016-04-06	7482.638	58.593	2016-06-03	7192.341	56.320
2016-02-02	6483.284	50.768	2016-04-07	7258.344	56.837			

3. 蒙特卡洛模拟法

蒙特卡洛模拟法（Monte Carlo simulation）是通过随机的方法产生一个市场变化序列，然后通过这一市场变化序列模拟资产组合风险因素的收益分布，最后求出组合的 VaR 值。蒙特卡洛模拟法与历史模拟法的主要区别在于前者采用随机的方法获取市场变化序列，而不是通过复制历史的方法，即将历史模拟法计算过程中的第一步改成通过随机的方法获得一个市场变化序列。市场变化序列既可以通过历史数据模拟产生，也可以通过假定参数的方法模拟产生。由于该方法的计算过程比较复杂，因此应用上没有前两种方法广泛。

蒙特卡洛模拟法是一种参数法，通过估计的参数分布生成风险因子的随机变动。简单来说，这个方法分两步进行：第一步，风险管理者设定金融变量的一个随机过程及其过程参数，其中，风险和相关系数等参数可以从历史数据或期权数据中得到；第二步，针对所有的风险因子，模拟虚拟价格走势。在每一个时间周期，投资组合应用类似于历史模拟法的完全估价法计算市场价值。然后，每一个"伪"收益实现值可用于编制收益分布，因此 VaR 数值也能被衡量出来。

蒙特卡洛模拟法是计算 VaR 最有效的方法。该方法可以灵活地考虑各种风险因子的期望收益或波动性的时变性、厚尾性和极端情景。而且，该方法可以考虑投资组合中金融工具的非线性价格暴露、Vega 风险和复杂的定价模型。

蒙特卡洛模拟法也能结合时间的变化，即考虑到投资组合的结构变化，包括期权的实际衰减，特定现金流的固定、浮动或合约的日结算，预期交易的效果，或套期保值策略。当时期变长时，这些影响尤其重要，如信贷风险的衡量。

该方法最大的缺陷是计算复杂。如果有 1 000 项资产的投资组合产生 1 000 种抽样路径，则总的估计数将达到 100 万。另外，如果目标日的资产估计本身还有一个模拟，当目标数据包括其一个模拟的资产估值时，则这个方法需要模拟套模拟。因此，这个方法将很快变得过于复杂以致难以实施。

在系统基础结构和智力开发方面，实施该方法的成本最为高昂。一方面，尽管现在硬件价格在迅速下跌，但从头开始发展蒙特卡洛模拟法仍然比较费力，或许应该从外面直接购买。另一方面，当一个机构已经具备利用模拟的方法对复杂结构加以模拟化系统时，由于所需的专业知识已到位，此时实施蒙特卡洛模拟法的成本很低。当然，对这些机构的复杂头寸进行必要的风险管理是必要的。

蒙特卡洛模拟法的另一个潜在弱点是模型风险。它不仅依赖于基础风险因素下的特定的随机过程，而且也依赖于诸如期权或抵押担保之类的证券定价模型。因此，它面临模型错误定义的风险。为了检查模型结果相对于模型变化是否稳健，应该对模拟结构补充一些敏感性分析。

最后，蒙特卡洛模拟的 VaR 计算受到抽样变异的影响，这是因为复制的数量有限。例如，如果风险因子服从多元正态分布，所有的收益都线性相关。方差—协方差法仅用一步就能得出正确的 VaR，而蒙特卡洛模拟法采用相同的协方差矩阵，却只能给出一个近似值，尽管近似程度会随复制数目的增加而逐渐精确。

总之，如果模型正确，那么这个方法很可能是衡量市场风险最全面的方法。在某种程度上，这个方法甚至可以处理信用风险和操作风险。

4. VaR 计算方法比较

本小节将从数据搜集状况、方法实现难度、计算速度等多个维度比较三种 VaR 计算方法，具体如表 4-1 所示。

表 4-1 三种 VaR 计算方法的比较

比较内容	方差—协方差法	历史模拟法	蒙特卡洛模拟法
数据搜集状况	容易	困难	容易
方法实现难度	容易	较容易	困难
计算速度	快	快	除非组合包含的工具相当少，否则较慢
分布假设	正态分布假设	无分布假设	随机模拟
估值方法	线性估值	非线性估值	非线性估值
处理厚尾、大幅波动等问题	正态分布假设，较难处理非线性问题	全值估计法，较好地处理非线性问题	全值估计法，较好地处理非线性问题
数据依赖性	对所选取的数据依赖性较小	历史数据依赖性最大，当所选取的考察期不具代表性时，无法反映市场风险	对历史数据依赖性较小，但产生的数据序列是伪随机数，可能导致结果错误

图 4-2 展示了沪深 300 指数 2015 年 1 月至 2016 年 8 月的日 VaR 值，通常而言，方差—协方差法和蒙特卡洛模拟法得到的 VaR 波动性较大，但与市场走势关系较为密切；历史模拟法得到的 VaR 相对稳定，但是在市场出现大幅波动后，会高估投资组合市场风险。

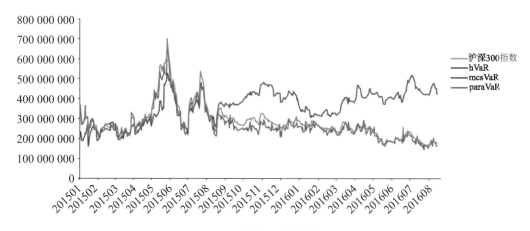

图 4-2　沪深 300 指数与三种算法 VaR 走势

注：hVaR 代表历史模拟法，mcsVaR 代表蒙特卡洛模拟法，paraVaR 代表方差—协方差法。

4.2.1.6　VaR 模型有效性检验——回顾测试

由于数据抽样、模型的假设条件、建模过程、动态性假定、随机和人为因素的影响，无论采取哪种方法计算 VaR 都不可避免地存在着各种误差。为了准确理解 VaR 估计结果的有效性并改进模型，必须对 VaR 模型进行有效性检验。本节将介绍 VaR 模型的回顾测试（back testing），以检测模型结果是否与真实情况保持一致。

回顾测试是一个系统性地比较 VaR 预测值与真实收益率的过程。这个过程可以检测模型的缺陷并指出需要改进的地方。回顾测试重要的另一个原因是，它是银行监管者允许银行使用它们内部的风险度量来决定它们交易组合的监管资本的数量的理由之一。因此覆盖了回顾测试框架的部分被巴塞尔银行监管委员会加入《巴塞尔协议I》的市场风险修正案。

1. 正态性检验

VaR 模型中，分析方法通常假定金融工具的收益率服从正态分布，因此检验实际收益率的正态性是评价 VaR 模型有效性的重要方法。正态性检验方法很多，这里只介绍统计上常用的偏度和峰度检验，这也是最简单的方法之一。

偏度用来描述分布曲线的不对称性，即观测值在均值上方还是下方有更高的频率。峰度则是用来描述分布曲线的厚尾性。随机变量 X 的偏度和峰度是 X 的标准化变量 $[X-E(X)/\sqrt{D(X)}]$ 的三阶矩和四阶矩：

$$v_1 = E\left[\left(\frac{X-E(X)}{\sqrt{D(X)}}\right)^3\right] = \frac{E[(X-E(X))^3]}{(D(X))^{\frac{3}{2}}} \tag{4-15}$$

$$v_2 = E\left[\left(\frac{X-E(X)}{\sqrt{D(X)}}\right)^4\right] = \frac{E[(X-E(X))^4]}{(D(X))^2} \tag{4-16}$$

当随机变量 X 服从正态分布时，$v_1=0$，$v_2=3$。

设 $X_1, X_2, \cdots, X_n$ 是来自总体 X 的样本，则 v_1、v_2 的矩估计量分别是

$$G_1 = B_3/B_2^{3/2} \tag{4-17}$$

$$G_2 = B_4/B_2^2 \tag{4-18}$$

其中，B_k（$k=2,3,4$）是样本的 k 阶中心矩，分别称 G_1、G_2 为样本偏度和样本峰度。

可以证明：若总体 X 为正态变量，则当 n 充分大时近似有

$$G_1 \sim N\left(0, \frac{6(n-2)}{(n+1)(n+3)}\right),\ G_2 \sim N\left(3-\frac{6}{n+1}, \frac{24n(n-2)(n-3)}{(n+1)^2(n+3)(n+5)}\right) \tag{4-19}$$

令 $\sigma_1 = \sqrt{\frac{6(n-2)}{(n+1)(n+3)}}$，$\sigma_2 = \sqrt{\frac{24n(n-2)(n-3)}{(n+1)^2(n+3)(n+5)}}$，$\mu_2 = 3-\frac{6}{n+1}$，将 G_1、G_2 标准化得

$$U_1 = G_1/\sigma_1 \tag{4-20}$$

$$U_2 = (G_2 - \mu_2)/\sigma_2 \tag{4-21}$$

则有 $U_1 \sim N(0,1)$，$U_2 \sim N(0,1)$。

当显著性水平为 α 时，拒绝域为 $|u_1| \geqslant z_{\alpha/4}$ 或 $|u_2| \geqslant z_{\alpha/4}$。

2. 准确性检验

VaR 模型的准确性检验是指 VaR 模型的测量结果对实际损失的覆盖程度。例如，假定给出了 95% 置信度下的 VaR，则 VaR 模型的准确性是指实际损益结果超过 VaR 的概率是否小于 5%。VaR 模型的准确性有多种表示形式，其检验方法也有很多，主要包括失败检验法、区间预测法、分布预测法、超额损失大小检验法、方差检验法、概率预测法及风险轨迹检验法等，这里只介绍失败检验法。

VaR 模型准确性最直接的检验方法就是考察实际损失超过 VaR 的概率。把实际损失超过 VaR 值的事件记为"失败"，把实际损失低于 VaR 的事件记为"成功"。如果假定每次事件具有时间独立性，则观察"失败"的二项式结果代表了一系列独立的伯努利试验，"失败"的期望概率为 $p^*=1-c$（c 为置信度）。例如，如果置信度为 95%，则每次试验的失败概率应为 5%。因此，VaR 检验模型的准确性相当于检验失败概率等于特定概率的零假设。Kupiec 检验方法就是基于这种思想，下面我们将详细地进行检验方法的介绍并举出一个例子，以便理解。

假定计算 VaR 的置信度为 c，实际考察天数为 T，失败天数为 N，则失效频率为 $p=N/T$。零假设为 $p=p^*$。这样对 VaR 模型准确性的评估就转化为检验失败频率是否显著不同于 p^*。

由二项式过程可得到 N 次失败在 T 个样本中发生的概率为

$$p^N(1-p)^{T-N} \qquad (4-22)$$

Kupiec 检验方法提出了对于零假设 $p=p^*$ 最合适的检验是似然比率检验。在零假设的条件下，统计量

$$LR=-2\ln\left[p^{*N}(1-p^*)^{T-N}\right]+2\ln\left[\left(\frac{N}{T}\right)^N\left(1-\frac{N}{T}\right)^{T-N}\right]\sim\chi^2(1) \qquad (4-23)$$

观测到的失败次数 N 只要落在 χ^2 检验的非拒绝域内，就不能拒绝原假设。

这种方法的有效性依赖于样本容量，如果 VaR 模型是正确的，则随着样本容量的增大，N/T 和 p^* 之差将减小；当 N/T 和 p^* 之差随着样本容量的增加而更加显著时，表明 VaR 模型可能存在缺陷。这也正是该方法的缺陷：当检验是在每日收益的基础上时，小样本的统计量检验很难发现模型或机构低估潜在损失的情况。因此这种检验需要对样本数据进行长期的比较。另外，对于较小的 p^* 值，由于其发生的概率很小，所以很难发现这种系统偏差。

【案例 4-4】

检验方法举例

假设存在一个交易组合，我们开发出一个计算一天的 99% 的 VaR 模型，在回顾测试中我们要找出来交易组合的每天损失有多少次超出了一天的 99%VaR，实际损失超出 VaR 的情形被称为例

外 (exception)。下图为该交易组合在 1 年 245 个交易日中的日盈亏情况及计算的每日 VaR 情况。从图中可以看出,在横坐标轴下方存在一些组合日亏损比当日 VaR 大的情形,这些情形就是"例外"。

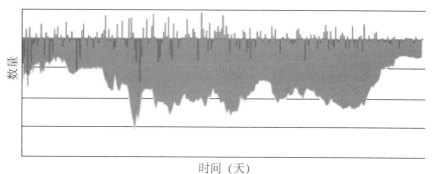

交易组合日盈亏及每日 VaR 情况

在这个例子中,245 个交易日内共有 4 天为例外情况,即 $N=245$,$T=4$,$p=0.01$,因此计算得到统计量 $LR=0.83$。在自由度为 1 的卡方分布中,自变量大于 3.84 的概率为 5%,而 $LR<3.84$,因此如果我们采用 5% 的置信度则不能拒绝模型,可以认为使用的 VaR 模型有效。

3. 回顾测试评估

最后,我们需要注意回顾测试只集中于"失败"发生的概率。这和 VaR 简单地作为分位数的理念相一致。然而,这个计数的方法完全忽略了损失的规模,这是基于 VaR 的风险度量的一般缺陷。传统的回顾测试方法的另一个缺陷是它忽略了损失的时间路径。理论上,"失败"的发生应当在时间期限内均匀分布。相反,如果"失败"在短时间内接连发生的时间路径则揭示了风险度量的缺陷。相应地,风险模型应当考虑风险的时间变化,例如可以考虑使用广义自回归条件异方差模型 (GARCH)。举个例子,即使一个回顾测试在过去一年只产生了 n 个"失败",n 小于置信水平下的临界值,但是这些"失败"如果都发生在上一个月的话,那就要引起关注,因为投资组合非常可能在接下来的日子中遭受重大损失。

4.2.1.7 VaR 模型的最新发展

1. 预期损失

当采用 VaR 来设定交易的风险额度时,可能会产生我们不想看到的结果。假定一家银行限定某交易员的交易组合在一定展望期的 99%VaR 的额度为 1 000 万美元。然而,交易员可以构造一个有 99.1% 的可能每天的损失小于 1 000 万美元,但有 0.9% 的可能损失为 5 000 万美元的交易组合。这一交易组合满足了银行所设定的额度,但显然,该交易组合存在银行不可接受的风险。

一种比 VaR 更能使交易员产生良好的管理动机的风险测度叫作预期损失(expected

shortfall, ES）。VaR 回答了"损失会糟糕成什么样子"的问题，而 ES 则可以告诉我们："当发生损失时，损失的期望值为多大？"目前实践中很多风险管理者都更偏好使用预期损失法。对于损失 L 和分布函数 F_L，在置信水平 $\alpha \in (0,1)$ 下 ES 的定义为

$$\mathrm{ES}_\alpha = \frac{1}{1-\alpha} \int_\alpha^1 q_u(F_L) \mathrm{d}u \qquad (4-24)$$

其中，$q_u(F_L) = F_L^{-1}(u)$，为 F_L 的分位数。

预期损失与 VaR 的关系可表示为

$$\mathrm{ES}_\alpha = \frac{1}{1-\alpha} \int_\alpha^1 \mathrm{VaR}_u(L) \mathrm{d}u \qquad (4-25)$$

图 4-3 中实线为 95% 置信水平下的 VaR 值，虚线为平均损失，点虚线为 95% 置信水平下的预期损失。

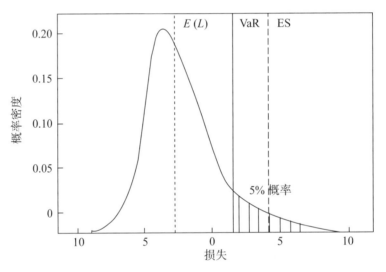

图 4-3 预期损失与 VaR

实践表明，收益率分布具有厚尾性，正态分布未必能完全描绘风险大小。与 VaR 不同，ES 计算在所有 $u \geq \alpha$ 的区间内风险价值的平均值，因此着重研究了损失分布的尾部分布。显然，ES 只取决于损失的分布，并有 $\mathrm{ES}_\alpha \geq \mathrm{VaR}_u$。

对于连续的损失分布，预期损失可表示为超过 VaR 的损失的期望值。即

$$\mathrm{ES}_\alpha = \frac{E(L; L \geq q_\alpha(L))}{1-\alpha} = E(L | L \geq \mathrm{VaR}_u) \qquad (4-26)$$

从风险分散的意义上来讲，预期损失要比 VaR 具有更好的特性，因为 ES 满足一致性条件。但是，预期损失的不利之处在于其复杂性，预期损失比 VaR 更复杂，因此这一风险度量比 VaR 更难以理解。此外，预期损失的准确性很难得到回顾测试。

2. 压力 VaR

在 2008—2009 年金融危机之后，市场参与者意识到巴塞尔协议框架下的市场风险资

本金计算方法要进行调整，于是巴塞尔银行监管委员会对市场风险资本金的计算进行了改进。《巴塞尔协议 2.5》就是对这些改进的汇总，其实施期限是 2011 年 12 月 31 日，其中就包括了压力 VaR(stressed VaR) 的计算。

1996 年提出的对《巴塞尔协议 I》的修正案首先引进了针对市场风险的资本金，其计算是基于 10 天展望期 99% 置信区间的 VaR，大部分银行采用历史模拟法来计算。历史模拟法假设市场变量在某个交易日后一天的变化可以从该变量过去 1—4 年的历史数据抽样得出。2003—2006 年市场变化的波动率较低，因此利用这一区间的数据所得出的市场风险 VaR 也比较低。此外，在危机过后的一段时间计算的 VaR 同样会保持在较低水平。

以上观察到的现象促使巴塞尔银行监管委员会引入了"压力 VaR"的概念。压力 VaR 是基于市场在受压条件下的 250 天计算的，而不是仅由过去 1—4 年的历史数据求得的。采用历史模拟法计算压力 VaR 时，市场变量在下一个交易日中的百分比变化量是从市场受压条件下的 250 个交易日的日变化量中抽样得出的。

《巴塞尔协议 2.5》要求银行计算两个 VaR 值。其中之一是一般的 VaR（即基于过去 1—4 年的市场变量），另一个就是压力 VaR（由受压区间内的 250 个交易日的数据得出）。计算出两个 VaR 之后，银行要对其进行汇总。计算资本金总量的公式为

$$\max(\text{VaR}_{t-1}, m_c \times \text{VaR}_{avg}) + \max(s\text{VaR}_{t-1}, m_s \times s\text{VaR}_{avg}) \quad (4\text{--}27)$$

其中，VaR_{t-1} 和 $s\text{VaR}_{t-1}$ 分别为前一天的 VaR 和压力 VaR（基于 10 天展望期和 99% 置信区间）；VaR_{avg} 和 $s\text{VaR}_{avg}$ 分别为过去 60 天的平均 VaR 和压力 VaR（同样是基于 10 天展望期和 99% 置信区间）。参数 m_c 和 m_s 由银行监管部门决定，其下限为 3。在《巴塞尔协议 2.5》之前，资本金要求为

$$\max(\text{VaR}_{t-1}, m_c \times \text{VaR}_{avg}) \quad (4\text{--}28)$$

由于压力 VaR 不会小于一般的 VaR 值，因此式（4-28）说明（假设 $m_c=m_s$）在《巴塞尔协议 2.5》框架下，资本金数量至少是以前的两倍。

起初，从业者普遍认为 2008 年的市场数据给压力 VaR 的计算提供了为期一年的很好的样本。后来大家才认识到，一年受压期的选择应该反映银行资产组合的风险状态。因此，现在银行在计算压力 VaR 时，选取的时间段必须是其资产组合表现非常差的一年，而不同银行选择的受压期很有可能是不同的。

3. 历史模拟法的推广——时间权重分配

在历史模拟法中采用历史数据时，并不是采用的历史数据量越多越好，由于时间过久，早期的部分历史数据与当前相关性较小，舍弃部分早期的历史数据反而会提高最后结果的可靠性。在最基本的历史模拟法中，过去每一天观察值所对应的权重为均等。更精确地讲，当我们采集了 n 天的日价格变化数据后，我们对于这 n 个观察值中的任意一个所设定的权重均为 $1/n$。而在采用的所有历史数据当中，由于近期收益率的信息对短期未来的影响更大，因此，在改进的历史模拟法中，将会赋予每个数据一个权重，越靠近当前时间的数据权重越大，对结果的影响也越大。赋予的权重计算方法如式（4-29）所示。

$$W_t = \frac{1-\lambda}{\lambda(1-\lambda^n)}\lambda^t = \frac{1-\lambda}{(1-\lambda^n)}\lambda^{t-1} \quad (4\text{-}29)$$

其中，公式中 n 为历史数据的个数，$\frac{1-\lambda}{\lambda(1-\lambda^n)}$ 是为了确保最后权重总和为 1，t 为按时间所排的序号，使 W_1，W_2…分别对应着 VaR_1，VaR_2…。将所有的观察值由最坏到最好进行排序，我们可以计算出 VaR。由最坏的情景开始，我们累积计算每一项权重的和，当权重总和达到某指定的分位数界限时，停止计算。例如，假定我们需要计算置信度为 95% 的 VaR，将观察数据排序后，我们由最坏的损失开始计算权重和，当权重和刚好超过 0.05 时，我们停止计算。这时所对应的损失恰恰是置信度为 95% 的 VaR。对于 λ 的取值，一般而言，当时间序列有较大的随机波动时，宜选择较小的 λ，以便能跟上近期的变化；当时间序列比较平稳时，则宜选择较大的 λ。

4.2.2 敏感性分析

敏感性分析所设定的测试情景为一个风险因子或者少量几个密切联系的风险因子出现了极端异常变化，衡量对该风险因子敏感的资产组合受到的冲击，以及金融机构对此冲击的承受能力。测试情景中所设定的单一风险因子一般是对金融机构的资产组合价值有重要影响的金融变量，如贷款利率、存款利率、主要汇率、银行同业拆借利率等。由于所设定的测试情景只包括一个风险因子或少量几个密切联系的风险因子，不考虑其他风险因子的变化，因此模型设定较为简单，对测试所需数据的要求较低，操作起来简单易行，应用范围广泛，测试成本相对低廉。下面讨论一些风险因子敏感性分析方法。

4.2.2.1 主要的利率风险衡量方法

1. DV01

假定一个固定收益证券关于利率的价格函数为 $P(y)$，这里 y 代表利率风险因子。尽管 y 通常指代收益率，这个因子也可以是即期利率或远期利率。令 ΔP 和 Δy 分别代表价格变动和利率变动，定义下面的价格敏感性衡量，即

$$\text{DV01} = \frac{\Delta P}{10\,000 \times \Delta y} \quad (4\text{-}30)$$

DV01 衡量的是利率变动一个基点（basis point, BP, 一个基点对应 0.01%）所造成的价格变动。由于在利率上升时，绝大部分的固定收益证券价格都会下跌，所以公式中习惯取负号。在大多数情况下，$\Delta P/\Delta y$ 是负值。图 4-4 描述了 2001 年 2 月 15 日一年期欧式看涨期权价格和收益率之间的关系。

$\Delta P/\Delta y$ 的值就是连接衡量变化的两个点的直线的斜率。在图 4-4 中，看涨期权的 $\Delta P/\Delta y$ 可在图上表示为连接两点（3.50%, 11.61）和（4.50%, 5.26）的直线的斜率。由式（4-30）可知，在 4% 的点的 DV01 与此斜率是成比例的。

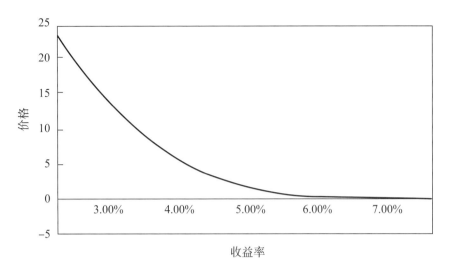

图 4-4 2001 年 2 月 15 日一年期欧式看涨期权价格和收益率的关系

在取极值的情况下，我们可以使用价格和收益率曲线在所需收益率点的切线斜率。在这种情况下，DV01 可由式（4-31）定义。

$$\text{DV01} = -\frac{1}{10\,000}\frac{dP(y)}{dy} \tag{4-31}$$

由于 DV01 可能随利率水平的变化而发生显著变化，所以我们只能在利率小幅变动的范围内使用 DV01。另外，一个投资组合的 DV01 是投资组合中各个证券 DV01 的总和。这在避险方面是一个十分有用的观念。

2. 久期

DV01 衡量的是利率变化一个基点所引起的证券的价格变化。关于利率敏感性的另一个衡量方法是久期（duration），它衡量利率变化一单位所引起的证券价值的百分比变化。数学上，令 D 代表久期，则

$$D = -\frac{1}{P}\frac{\Delta P}{\Delta y} \tag{4-32}$$

与 DV01 一样，我们可以用价格和收益率函数的偏导数来表示价格的变动，然后除以利率的变化，即

$$D = -\frac{1}{P}\frac{dP}{dy} \tag{4-33}$$

久期推导过程如下：顾名思义，债券的久期是指投资者收到所有现金流所要等待的平均时间。一个 n 年期零息国债的久期为 n 年，而一个 n 年带息（coupon-bearing）国债的久期小于 n 年，这是因为持有人在 n 年之前就已经收到一些现金付款。假定一个债券在 t_i 时刻给债券持有人提供的资金流为 c_i，$1 \leq i \leq n$。债券价格 P 与连续复利收益率 y 的关系式为

$$P = \sum_{i=1}^{n} c_i e^{-yt_i} \qquad (4-34)$$

这样，债券久期 D 可被写成

$$D = \frac{\sum_{i=1}^{n} t_i c_i e^{-yt_i}}{P} \text{ 或 } D = \sum_{i=1}^{n} t_i \left[\frac{c_i e^{-yt_i}}{P}\right] \qquad (4-35)$$

式（4-35）中，方括号中的项为 t_i 时刻债券支付的现金流现值与债券价格的比率，债券价格等于所有将来支付的现值总和，因此久期是付款时间 t_i 的加权平均，而对应于 t_i 时刻的权重等于 t_i 时刻的支付现值与债券总贴现值的比率，这里的所有权重相加等于1。注意，为了定义久期，所有的贴现均采用债券收益率 y。

当考虑收益率有微小变化时，以下公式近似成立：

$$\Delta P = \frac{\mathrm{d}p}{\mathrm{d}y} \Delta y \qquad (4-36)$$

根据式（4-34），则式（4-36）可以写成

$$\Delta P = -\Delta y \sum_{i=1}^{n} t_i c_i e^{-yt_i} \qquad (4-37)$$

（注意，P 与 y 之间呈反向关系：当收益率增加时，债券价格降低；而当收益率减小时，债券价格增加。）由式（4-37），我们可以得出下面关于久期的重要公式：

$$\Delta P = -PD\Delta y \qquad (4-38)$$

或写作

$$\frac{\Delta P}{P} = -D\Delta y \qquad (4-39)$$

式（4-39）是关于债券价格与收益率的一个近似关系式，这一公式非常易于使用，这也是麦考利（Macaulay）提出的久期概念被广泛采用的原因。

考虑某个面值为100美元、券息利率为10%的3年期债券。该债券连续复利的年收益率为14%，即 $y=0.14$，每6个月付息一次，息值为5美元。表4-2 显示了有关债券久期计算的步骤，以收益率代替贴现率，计算出的现值呈现在表中第3列（例如，第一次付息的现值为 $5e^{-0.14 \times 0.5} = 4.662$），第3列的数字之和等于债券价格89.354元，第3列中数字分别除以89.354，我们可以得到第4列久期的权重，第5列的数字之和等于久期，即2.642年。

表4-2 久期的计算

期限（年）	现金流（元）	现值（元）	权重	时间×权重（年）
0.5	5	4.662	0.052	0.026
1	5	4.347	0.049	0.049
1.5	5	4.053	0.045	0.068

（续表）

期限（年）	现金流（元）	现值（元）	权重	时间×权重（年）
2	5	3.779	0.042	0.085
2.5	5	3.523	0.039	0.099
3	105	68.99	0.772	2.316
总计	130	89.354	1	2.642

3. 凸性

由前面的讨论可以看出，利率敏感性随利率水平的变化而变化。为了更好地说明这一点，图4-5描绘了期权和标的股票的DV01随利率水平变动的变化情况。债券的DV01随利率上升而缓慢下降，而期权的DV01根据利率水平的不同，下降速率时而平缓时而波动。凸性（convexity）衡量的就是利率敏感性随利率变动的变化情况。

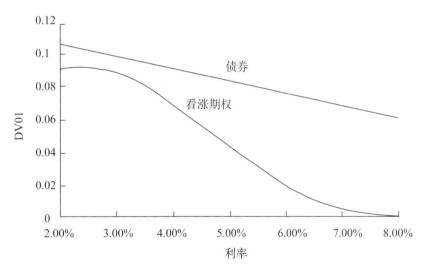

图4-5 2011年2月15日债券与看涨期权的DV01随利率变动的变化情况

数学上，凸性定义为

$$C = \frac{1}{P}\frac{d^2 P}{dy^2} \tag{4-40}$$

这里 $\frac{d^2 P}{dy^2}$ 是价格—利率函数的二阶偏导数。正如一阶偏导数描述价格随利率的变化，二阶偏导数描述一阶偏导数随利率的变化。与DV01和久期相同，如果存在一个明确的价格—利率函数，那么我们可以用式（4-40）计算凸性。否则，凸性只能通过数值来估算。

债券和期权都表现出正的凸性。数学上，正的凸性意味着二阶导数是正值，因此 $C>0$。图像上表现为价格—利率曲线是凸的（convex）。最后，正凸性的性质也可被认为DV01随利率的上升而下降。固定收益产品不一定都表现为正的凸性。负凸性的重要例子是可赎回债券（callable bond）和抵押债券（mortgage-backed securities）。理解凸性对投资和对冲都很有意义。在式（4-40）中考虑凸性可以得到更加准确的价格近似公式：

$$\frac{\Delta P}{P} = -D\Delta y + \frac{1}{2}C(\Delta y)^2 \qquad (4-41)$$

4.2.2.2 衍生产品的希腊字母敏感性衡量

希腊字母是通过 Black-Scholes 模型等统计模型推导得出的。每一个希腊字母都被用来度量交易中的某个特定风险。

1. Delta

期权的 Delta（Δ）定义为期权价格变动与其标的资产价格变动的比例，它是期权价格与标的资产价格变化曲线的斜率。假定某看涨期权 Delta 为 0.6，这意味着当股票价格变化一个很小的数量时，相应期权价值变化大约等于股票价值变化的 60%。图 4-6 展示了期权变化随标的资产变化的关系。当股票价格对应点 A 时，期权价格对应点 B，而 Δ 为图中所示直线的斜率。

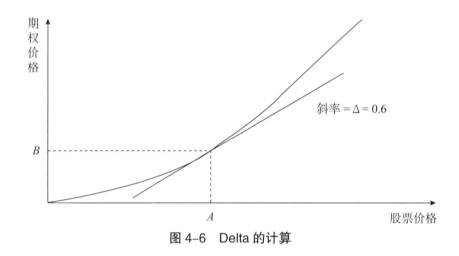

图 4-6 Delta 的计算

一般来讲

$$\Delta = \frac{\partial c}{\partial S} \qquad (4-42)$$

其中，c 是看涨期权的价格，S 是股票的价格。

Delta 为 0 的头寸被称为 Delta 中性（Delta neutral）。这一点非常重要，由于 Delta 会变动，投资者的 Delta 对冲状态（或 Delta 中性状态）只能维持在一段很短暂的时间里。对冲策略要不断地调整，这种调整过程被称为再平衡（rebalancing）。这里所描述的 Delta 对冲策略为动态对冲（dynamical-hedging）策略。这种对冲策略与静态对冲（static-hedging）策略形成了对比，静态对冲在最初设定后无须再调整。静态对冲有时也被称为"保完即忘"（hedge-and-forget）策略。Delta 对冲与 Black-Scholes 模型分析密切相关。

对于无股息股票期权上看涨期权的 Delta，我们可以证明

$$\Delta = N(d_1) \quad (4\text{-}43)$$

式中

$$d_1 = \frac{\ln(S_0/K) + (r+\sigma^2/2)^{\mathrm{T}}}{\sigma\sqrt{T}} \qquad d_2 = d_1 - \sigma\sqrt{T} \quad (4\text{-}44)$$

函数 $N(\cdot)$ 为标准正态分布变量的累积概率分布函数。

式（4-43）为欧式看涨期权长头寸的 Delta。欧式看涨期权短头寸的 Delta 为 $-N(d_1)$。对于无股息股票上看跌期权的 Delta 为

$$\Delta = N(d_1) - 1 \quad (4\text{-}45)$$

这时的 Delta 为负，这意味着看跌期权的长头寸应该由标的股票的长头寸来对冲；看跌期权的短头寸应该由标的股票的短头寸来对冲。图 4-7 显示了看涨与看跌期权的 Delta 与股票价格之间的变化关系。

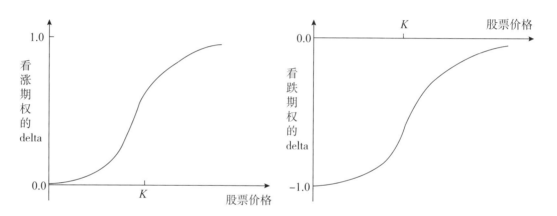

图 4-7　无股息股票看涨期权及看跌期权的 Delta 与股票价格之间的变化关系

2. Gamma

一个期权交易组合的 Gamma（Γ）是指交易组合的 Delta 的变化与标的资产价格变化的比率。这是交易组合关于标的资产价格的二次偏导数，即

$$\Gamma = \frac{\partial^2 \Pi}{\partial S^2} \quad (4\text{-}46)$$

当 Gamma 很小时，Delta 变化缓慢，这时为保证 Delta 中性所做的交易调整并不需要太频繁。但是当 Gamma 的绝对值很大时，交易组合的 Delta 对标的资产价格变动就变得很敏感，此时在任何一段时间内不对一个 Delta 中性的交易组合做调整都将非常危险。图 4-8 说明了这一点，当股票价格由 S 变成 S' 时，在 Delta 中性前提下，期权价格由 C 变成 C'，而事实上期权由 C 变成了 C''。C' 与 C'' 的不同就造成了对冲误差，而这一误差的大小取决于期权价格与标的资产价格曲线的曲率。Gamma 值正是用来度量这一曲率的。

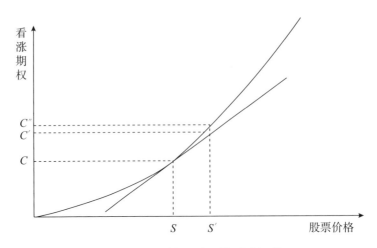

图 4-8　非线性所引入的对冲误差

假定 ΔS 为在很小时间区间 Δt 内股票价格的变化，$\Delta \Pi$ 为相应的交易组合价格变化。对于一个 Delta 中性的交易组合，当忽略高级项后，则

$$\Delta \Pi = \Theta \Delta t + \frac{1}{2}\Gamma \Delta S^2 \quad (4\text{-}47)$$

对于一个无股息的股票上的看涨期权与看跌期权，Gamma 由以下关系式给出：

$$\Gamma = \frac{N'(d_1)}{S_0 \sigma \sqrt{T}} \quad (4\text{-}48)$$

式中 d_1 由式（4-44）定义。长头寸的 Gamma 总是为正，它与 S_0 之间的变化形式如图 4-9 所示。

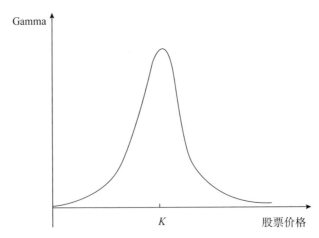

图 4-9　看涨期权的 Gamma 与标的资产价格的关系

3. Vega

一个交易组合的 Vega(V) 是指交易组合价值变化与标的资产波动率变化的比率：

$$V = \frac{\partial \Pi}{\partial \sigma} \quad (4\text{-}49)$$

如果一个交易组合Vega绝对值很大,此交易组合的价值会对波动率的变化非常敏感,当一个交易组合Vega绝对值较小时,资产波动率的变化对交易组合价值的影响也会很小。Vega图形和Gamma图形较为相似(见图4-10)。

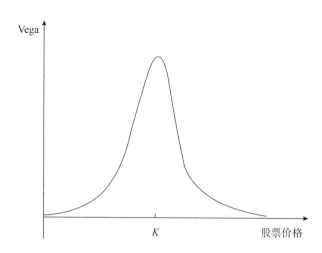

图4-10 看涨期权的Vega与标的资产价格的关系

4. Theta

期权组合的Theta(Θ)定义为在其他条件不变时,证券组合价值变化与时间变化的比率。Theta有时被称为证券组合的时间损耗(time decay)。对于一个无股息股票上的欧式看涨期权,计算Theta的公式可由Black-Scholes模型得出,即

$$\Theta = -\frac{S_0 N'(d_1)\sigma}{2\sqrt{T}} - rKe^{-rT}N(d_2) \quad (4-50)$$

对于一个股票上的欧式看跌期权,计算Theta的公式为

$$\Theta = -\frac{S_0 N'(d_1)\sigma}{2\sqrt{T}} + rKe^{-rT}N(d_2) \quad (4-51)$$

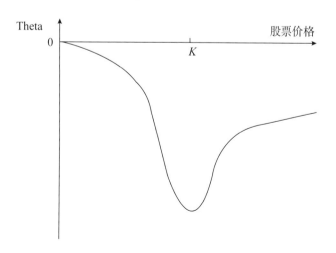

图4-11 看涨期权的Theta与标的资产关系的曲线

期权长头寸的Theta通常为负,这是因为在其他条件不变的情况下,随着期限的减小,期权价值会降低。图4-11显示了一个看涨期权的Theta与标的资产之间的关系,当股票价值很低时,Theta接近于零。

5. Rho

一个期权交易组合的Rho为交易组合价值变化与利率变化的比率$\partial \Pi / \partial r$。这一变量用于衡量当其他变量保持不变时,交易组合价值对于利率变化的敏感性。对于一个无股息股票的欧式看涨期权,Rho由以下公式得出:

$$\text{Rho} = -KTe^{-rT}N(d_2) \tag{4-52}$$

对于欧式看跌期权,则

$$\text{Rho} = -KTe^{-rT}N(-d_2) \tag{4-53}$$

4.2.3 压力测试

4.2.3.1 压力测试的定义、作用和步骤

近年来,越来越多的金融创新与试验,极大地丰富了资本市场。逐渐多元化的金融市场也带来了更为复杂的金融环境和金融风险。传统的风险管理识别与计量手段已经不能完全满足当前风险管理的实际需求,风险前瞻的管理方式逐渐得到了人们的重视。

压力测试出现的时间比较晚,最早由国际证券监管组织在1995年提出。各国的金融监管部门和国际金融组织都对压力测试的定义进行了界定,在综合分析和研究这些定义后,本书提出了自己的压力测试定义。压力测试是通过综合运用多种技术手段,先假定市场状况出现了潜在但可能的极端异常状况,然后重新评估遭受冲击的金融资产组合的价值,确定损失数值,以判断金融机构对潜在的极端异常状况的承受能力。

根据压力测试的定义,我们可以看到压力测试是基于情景的测试,是对未来可能的情景的假设。因此,压力测试是一种前瞻性的风险管理手段,是对传统风险计量方法的有效补充。

压力测试最重要的作用就是前瞻性地度量在未来可能出现的极端异常状况下资产组合可能出现的损失。"前瞻性"和"极端异常状况"是压力测试区别于其他方法的两大特点。压力测试对极端异常状况的分析纠正了以往风险度量模型所设定的极端异常状况的概率偏低的不足。压力测试的着眼点是未来可能会出现的极端异常状况,揭示在极端异常状况下(这种极端状况可能产生于金融机构内部,也有可能由外部冲击而造成),金融机构可能受到的负面影响,从定量的角度判断金融机构能否承受负面影响所造成的损失,提升金融机构对自身资产组合的风险特征的了解,使其能够对资产组合的风险变化进行跨时期管理,帮助金融机构提早做好应对极端异常状况的准备。

压力测试主要分为以下步骤,具体运用时可以灵活调整。

- 识别。识别的内容包括:可能会出现的潜在极端异常状况,极端异常状况下受到

重大冲击的资产组合，极端异常状况下发生重大变化的风险变量。
- 选择。选择具体测试方法，同时设定测试情景。
- 实施。实施测试，得出测试结果。
- 分析。分析测试结果，确定测试对象在极端异常状况下的损失及测试机构对损失的承受能力。
- 修正。分析测试过程中存在的问题和不足，对其加以修正，不能修正的部分要给出比较合理的解释或使用其他方法进行补充研究。

4.2.3.2 压力测试情景设计

压力测试是一种前瞻性风险的实践方法，专家可以通过使用经济推理或直觉，结合现实的信息很好地估计未来的潜在风险。正因如此，压力测试是一种可以很好地把人的主观经验与客观的风险模型结合起来的方法。因此，如果想要设计出合理的压力测试情景，就需要在主观与客观、艺术与科学之间找到微妙平衡。

压力测试在计量过程中的重点是情景的设定及相关性的传导。下面列出的两点就是我们在设计情景时需要着重考虑的。第一，以定量的方式描述压力测试情景，并确保情景的一致性和完整性。宏观经济模型可以有助于这一目标的实现。第二，将冲击由情景扩散到实际投资组合中所包含的风险因子上，传导的过程机制应该是稳健的。

1. 风险因子的选择

压力测试情景实际上是对一个事件的描述。为了能够使得压力测试被量化，我们首先需要做的就是将压力测试情景以数量的形式进行描述，即用一组风险因子的冲击来描述一个情景。在构建情景并对其进行量化描述时，需要注意两个概念：完整性和一致性。

- 完整性。压力测试的测试主体是投资组合，一个投资组合本身涉及的风险因子有很多。完整性要求我们选择的被冲击风险因子的集合要能为我们需要的情景提供清晰而准确的描述，即要确保被选的风险因子能够充分阐述一个完整的事件。我们不难看出，增加完整性的方法就是引入更多的风险因子。
- 一致性。一致性要求一组风险因素的冲击应该能够代表一个有意义的事件，即风险因子的冲击组合应该是合理的，不违反不同的冲击之间存在的统计学或经济学关系。被冲击的风险因子越多，情景越复杂，保证一致性就越难。

一个好的压力测试情景应该同时保证一致性和完整性。然而，完整性关心的是情景的唯一，一致性要求情景是有意义的，这两者之间是存在矛盾的。引入越多的风险因子冲击，对于一件事情描述得就会越完整。但是，错综复杂的风险因子冲击可能会引入各冲击间的矛盾，从而引发不一致性。因此，完整性与一致性是天然矛盾的，我们要进行权衡取舍。

我们可以借助宏观经济学指标或核心因子来描绘情景。一系列的宏观经济或核心因子冲击为整个经济提供了一幅广阔的图景，囊括了对金融市场的影响。如果我们能够以某种一致的方式将宏观经济或核心因子冲击与市场风险因素的冲击联系起来，我们最终会得到一个只需少量因子就可以描绘的情景。此外，如果我们能够将宏观经济或核心因子冲击与涵盖资产类别和地理区域的多种市场风险因素联系起来，我们也可以获得一个完整的情景。

通常来说，宏观经济或核心因子不宜选择过多，建议不要超过十个。表4-3中的一组风险因子是在设计中国情景时的常用参考。具体在使用时，要依据完整性与一致性的原则进行选择。

表4-3 风险因子的常用参考

宏观经济	中国实际GDP增长率 中国通货膨胀率
股票	深成指数 上证指数 沪深300指数
利率	7D Repo 3M Shibor 存贷款利率 国债收益率 国开债收益率
信用	信用利差 BBB级企业债收益率
汇率	SDR货币或美元指数
商品期货	黄金Au9999 白银Ag9999 豆粕期货 白糖期货
波动率	隐含波动率

2. 风险因子冲击

冲击风险因子选择完成后，就需要设计冲击幅度。冲击幅度的设计可以基于对历史上极端情景的重现，也可以依据数量模型（如宏观经济模型）得到；可以借助反向压力测试的分析结果，还可以按照专家判断直接给出。整体的原则是要尽量保证冲击的一致性。

3. 风险联动机制

（1）压力测试的传导

压力测试是指将整个金融机构或资产组合置于极端但可能发生的市场情况下，金融机构整体或资产组合所受的冲击程度。我们将这个描述转化为过程图，如图4-12所示。从左上角（资产组合在当前的实际市场环境下的状态）出发，通过一系列核心因子的冲击，我们可以定义一个新的市场环境,即压力情景。通过风险因子联动,将情景预测扩展至资产组合所包含的所有因子。经过模型重定价,我们可以得到假设情景下资产组合的价格水平。通过与当前市场环境下的资产组合价格水平比较,我们就可以得到在压力测试环境下,资产组合受到的冲击程度,即资产组合的损益。

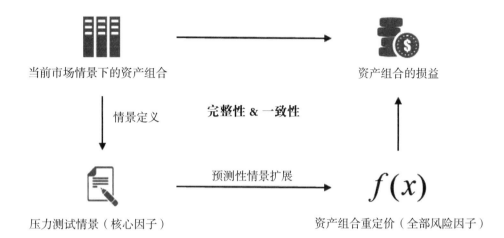

图 4-12　压力测试过程图

（2）预测性压力测试

风险联动的过程是通过预测性压力测试的方式进行扩展的。预测性压力测试是指通过风险因子间的相关性,将冲击由冲击因子传导扩散至整个资产组合的过程,即风险联动。

对于风险联动,一种比较经典的传导方式是使用多元回归的方式,即通过 OLS 将冲击幅度 (x_{applied}) 从核心因子 (x) 传导到其他因子 (y) 上,实现因子联动。$y_{\text{predicted}}$ 是其他因子联动冲击幅度。

$$y_{\text{predicted}} = \beta^T x_{\text{applied}} \tag{4-54}$$

式（4-54）中的 β 是通过方差—协方差矩阵得到的,如下式所示:

$$\beta^T = \text{Cov}(y, x)\, \text{Cov}^{-1}(x, x) \tag{4-55}$$

方差—协方差矩阵的一种业界经典计算方法是 EWMA 模型,即指数加权移动平均模型。以单一因子的波动率计算为示例,EWMA 模型的计算逻辑如下所示:

$$\sigma = \frac{1-\lambda}{1-\lambda^{m+1}} \sum_{k=0}^{m} \lambda^i \times r_{t-i}^2 = R^T \times R \tag{4-56}$$

$$R = \sqrt{\frac{1-\lambda}{1-\lambda^{m+1}}} \times \begin{pmatrix} r_t \\ \sqrt{\lambda}\, r_{t-1} \\ \vdots \\ \sqrt{\lambda^m}\, r_{t-m} \end{pmatrix} \tag{4-57}$$

其中，m 为样本区间，λ 为衰减因子，r_t 为风险因子收益率。相关性矩阵的计算为

$$\sum\nolimits_{i,j} = \sigma_i \sigma_j \rho_{i,j} = \frac{1-\lambda}{1-\lambda^{m+1}} \sum_{k=0}^{m} \lambda^k r_{t-k}^{(i)} r_{t-k}^{(j)} \tag{4-58}$$

(3) 风险参数设置

如前所示，EWMA 中关键的要素包括风险因子收益率、样本区间和衰减因子。

风险因子的收益率需要根据风险因子的种类进行分类计算。通常可以通过风险参数来设置日收益率、周收益率、月收益率等的数值。回报率周期越长，波动性越低、越稳定。但是收益率周期越长，样本数越少。可以通过时间重叠 (overlap) 的方式增加样本数，但收益率样本的自相关性也会因此增加。收益率的选择要根据分析展望期、波动率稳定性等因素综合考虑选择。

样本区间的选择需要在风险参数中进行。通常来说，当市场环境处于极端时期时，波动性越高，风险相关性体现得越明显。设计压力测试时，为了能够满足一致性，让风险相关性体现得更合理，在风险参数中需要设置合理的历史数据区间与情景相配合。

另外，衰减因子的选择也是很关键的。不同的衰减因子对于市场波动性的捕捉有效区间是不一样的。可以说，衰减因子越小，对于当前市场的波动性捕捉就越显著。对于压力测试来说，根据情景设计，需要选择不同的衰减因子。如在样本区间处选择了历史上某一特定的区间，为了能够让区间内的样本数据都能对波动性和相关性产生贡献，通常来说会将衰减因子设为 1。

4.2.3.3 中国市场压力测试情景介绍

1. 人民币贬值压力和 Shibor 升高（风险相关性联动）

从 2015 年下半年开始，人民币进入了快速贬值阶段。临近 2015 年年底，虽然在央行大力干预下，人民币对美元汇率回归平稳。然而，综合考虑各个因素（人民币汇改造成的定价权转移，美元进入温和加息周期，中美货币政策周期的显著差异使得外币融资成本全面上升，企业负债去美元化持续发展，国内经济金融前景变数与体制改革需求，以及人民币升值单一通道结束，居民进行外币资产配置时代的来临），人民币贬值压力尚未实际缓解。在人民币贬值预期始终存在的情况下，投机者可以通过外汇掉期做空人民币，这使得对人民币的短期流动性需求增加，人民币短期资金成本进一步加大。

由于无法排除人民币的贬值预期，以及短期流动性紧张和融资成本的升高，表 4-4 中的三个情景模拟了人民币贬值及 Shibor-7D 同时增加不同程度的情形下，其他相关各风险因子的变化情况。

表 4-4 模拟风险因子的变化

情景	基础风险因子	风险因子波动幅度
轻度冲击	USD/CNY	10%
	Shibor-7D	+100bps

(续表)

情景	基础风险因子	风险因子波动幅度
中度冲击	USD/CNY	15%
	Shibor-7D	+250bps
重度冲击	USD/CNY	20%
	Shibor-7D	+400bps

运用预测性压力测试，考虑风险因子的历史相关性，可以得到其他主要风险因子在不同情景下的取值，从而可以利用这些压力情景下的风险因子值对资产组合进行重新定价。

2. 监管情景——《中国金融稳定报告 2015》

2005 年 11 月，中国人民银行首次发布了《中国金融稳定报告》。报告中涉及中国经济和金融体制转型过程中面临的金融风险。之后每一年，中国人民银行都会定期发布《中国金融稳定报告》。

2010 年，随着《巴塞尔协议Ⅲ》的出台，各国开始积极梳理现有监管规则，推动新巴塞尔协议的顺利实施。2011 年，金融稳定理事会（FSB）发布了《金融机构有效处置机制的核心要素》，巴塞尔银行监管委员会出台了全球系统重要性银行（G-SIBs）的评估方法及额外资本要求等国际银行业监管标准，这些最新监管要求都进一步完善了监管政策框架。

为配合国际监管的最新指示，中国人民银行会同有关部门研究制定宏观审慎管理框架，丰富宏观审慎管理工具和手段，运用差别准备金动态调整机制，引导商业银行合理把握信贷投放节奏和总量；探索在最低资本充足率的基础上计提逆周期资本缓冲；指导商业银行有针对性地开展压力测试，提升系统性金融风险防范能力。特别的，2011 年年底，中国人民银行正式成立了金融稳定压力测试小组，并组织商业银行定期展开金融稳定压力测试，将压力测试结果纳入《中国金融稳定报告》。在证券公司监管方面，中国人民银行也借鉴国际监管的经验，组织开展全行业统一的压力测试，进一步推动证券公司将压力测试引入风险管理体系。

早期的《中国金融稳定报告》所涵盖的风险范围和测试方法都相对简单。2013 年，金融稳定报告第一次将流动性风险正式纳入；市场风险纳入了利率与汇率风险；将商业银行的账户分为银行账户与交易账户。

《中国金融稳定报告（2015）》首次扩大覆盖范围，从最初的 17 家银行扩大到 28 家银行。同时，中国人民银行、中国证券监督管理委员会共同指导中国证券业协会，开展了统一情景的综合压力测试，选取 10 家具有代表性的证券公司作为测试对象。表 4-5、表 4-6 和表 4-7 展示了《中国金融稳定报告（2015）》中银行和券商的市场风险相关情景。

表 4-5 银行情景

风险种类	测试类型	测试对象	压力情境
市场风险	利率风险压力测试	银行账户	利率平移风险 轻度冲击：存贷款利率上升 25 个基点 中度冲击：存贷款利率上升 75 个基点 重度冲击：存贷款利率上升 150 个基点 利率基础风险 轻度冲击：存款利率上升 25 个基点，贷款利率下降 25 个基点 中度冲击：存款利率上升 75 个基点，贷款利率下降 50 个基点 重度冲击：存款利率上升 150 个基点，贷款利率下降 100 个基点
市场风险	利率风险压力测试	交易账户	轻度冲击：各种人民币债券收益率曲线上升 100 个基点 中度冲击：各种人民币债券收益率曲线上升 250 个基点 重度冲击：各种人民币债券收益率曲线上升 350 个基点
	汇率风险压力测试	银行账户和交易账户	轻度冲击：人民币/美元汇率变化 ±10% 中度冲击：人民币/美元汇率变化 ±20% 重度冲击：人民币/美元汇率变化 ±30%

表 4-6 券商宏观情景

（单位：%）

压力情景	GDP 同比增速	房价下降幅度	M2 同比增速	CPI 同比增速	基准利率变化幅度
轻度冲击	6.50	10	根据专家意见综合设定		
中度冲击	5.50	20			
重度冲击	4.00	30			

表 4-7 券商压力冲击参数

（单位：%）

风险类型	风险因子	轻度冲击	中度冲击	重度冲击
市场风险	上证综合指数涨跌比例	−10.00	−19.00	−29.00
	基准利率和利率摘利率增加幅度	0.25	0.50	0.75
	信用利差上升幅度（AAA 级的信用债券）	0.30	0.65	1.10
	信用利差上升幅度（AAA 级以下，BBB 级（含）以上的信用债券）	0.55	0.90	1.55
	信用利差上升幅度（BBB 级以下的信用债券）	0.90	1.50	2.50

在之前的"人民币贬值压力和 Shibor 升高"情景中我们已经对银行情景进行了介绍。下面我们就券商情景进行讨论和介绍。

券商情景主要包含宏观情景和压力冲击参数两部分。宏观情景与银行业设计的宏观情景是一致的，是对证券行业经营产生直接影响的宏观背景。而压力冲击参数为直接影响证券公司经营状况的中观行业参数，其取值是基于专家在给定的宏观情景下，得到的相关参数估计。这里的参数估计结果也可以使用基于 MSCI 宏观经济模型分析得到的结果。

以券商的资产组合为测试对象，基于央行给出的压力冲击参数进行测试。投资组合的组成分布请参考图 4-13。该组合中，债券/固定收益类资产占比超过 60%，股票占比近 40%，此外，还有少量的期货、股指期货、期权等衍生品。

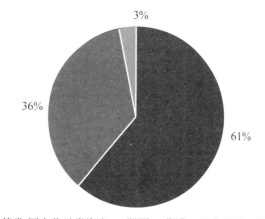

图 4-13 测试的投资组合组成

只对基准利率和利率债做冲击，得到的结果可以参考图 4-14 中的"基准利率和利率债利率增加"项。因为利率冲击不是很大，所以没有对资产组合整体造成很大的影响。相较于利率，股票价格对于资产组合的影响很大。如果同时冲击股票与利率，损失情况会比只冲击股票要大。"综合情景"项代表的是将所有压力参数同时作用到资产组合时的结果。综合情景在实现时，需要对不同评级的债券做不同的冲击。

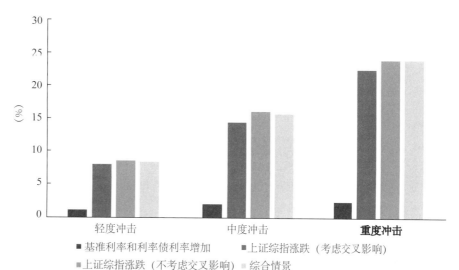

图 4-14 不同冲击对投资组合的影响

4.3 市场风险管理方法

4.3.1 风险限额的设定

风险管理的一项基本原则就是"不要把所有的鸡蛋都放在一个篮子里",而各类金融危机的发生更进一步说明,风险集中度管理上的失控,不仅容易导致公司遭受难以承受的损失,而且也使得风险十分容易在不同机构、不同地区之间"传染",造成系统性风险。因此分散风险、控制集中度风险显得尤为重要,风险限额管理体系正是通过限额之间相互联系和制约,发挥着制约、分散和预警作用。

一般而言,风险限额的设定取决于公司的风险偏好及公司的风险容忍度。在这里,风险偏好一般是指董事会和经营决策层在分析公司面对的各种风险因素后,产生的对风险和收益平衡关系的基本态度。风险容忍度主要是指公司根据风险偏好,针对不同业务特点,为重要业务设定的反映风险管理效果的量化限额指标,以明确对风险管理结果的最大容忍范围。风险限额 (risk limits) 是指对按照一定的计量方法所计量的风险设定的限额,是公司愿意承受并且能够承受的风险边界。例如,针对内部模型计量的风险价值 (VaR) 设定的限额,针对利率产品敏感性设定的久期、DV01 限额,等等。

为加强对商业银行的监管,巴塞尔银行监管委员会在 1996 年将市场风险正式纳入资本监管架构,在 2009 年 7 月发布了《新资本协议市场风险修订框架》和《交易账户新增风险资本计量指引》,对市场风险监管资本框架进行了修补和完善。2013 年最新发布的《巴塞尔协议 III》大幅提高了市场风险监管资本,并对市场风险监管资本的计量提出了新的要求。

接下来我们将重点聚焦于市场风险限额的相关内容,主要包括风险限额的设定标准、市场风险资本的计量、风险限额的设定与分配、风险限额的类型等。

4.3.1.1 风险限额的设定标准

设定一个合适的风险限额对于风险管理是十分重要的。一方面,风险限额设置过低将会限制公司业务部门发展的空间,从而降低公司的盈利收益水平;另一方面,过高的风险限额设置会导致公司过大的风险,对公司的成长造成不利影响。例如,存在一个投资组合,当该组合的累积损失超过 10 亿元时公司将面临破产清算,1% 的 VaR 值为 3 亿元。如果公司偏好风险,则其可设置一个宽松风险限额(如 10 亿元);如果公司厌恶风险,则将设置一个低风险限额(如 4 亿元)。在宽松风险限额下,一旦 VaR 指标出现误估,10 亿元的风险限额无法起到及时止损的作用,公司极有可能面临巨大的破产风险。而 4 亿元的风险限额尽管能够防止公司出现巨大亏损,却降低了配置给该组合的对外投资金额,限制了其盈利能力。

此外,风险限额的设定标准必须做到既符合交易业务的经营需要,又能够严格控制市场风险。因此，风险限额应对如绝对价格（或比率Δ）、波动性（v）、时间衰减（θ）、相关性、折现率等因素的变化所产生的风险进行控制。此外，还应该将风险限额的设定与压力事件出现的情况联系起来，在市场出现激烈波动的情况下确保公司的安全。

风险限额的设定还应当与公司大类资产配置方案、财务预算考核相一致，三者之间需相互协同校验，公司风险偏好传导下的风险容忍度及相关风险限额约束了公司大类资产配置边界，而关于具体业务大类的资产配置情况又反映了具体业务所需要的风险限额水平。财务预算除需考虑资产配置因素外，其对业务部门/条线收入预算及相关绩效考核指标的设定，将影响业务部门在业务开展过程中所选择承担的风险水平。绩效考核目标越高，为实现更高的收益目标，业务部门/条线将更倾向于选择风险水平更高的业务或资产，在此情形下又可能会突破相关风险限额。

4.3.1.2 市场风险经济资本的计量

经济资本作为公司风险总量管理的重要工具，衡量的是公司业务开展为弥补非预期损失所需要的资本水平。通过经济资本的计量及配置，公司可以有效实现风险资源的优化与配置，促进公司业务战略、资本结构和风险承受力的统一。市场风险经济资本的计量通常采用 VaR 方法，但因 VaR 方法以市场数据为基础，对于部分无市场数据的资产，则无法计量其市场风险。为克服 VaR 方法的局限性，公司通常会结合压力测试方法对市场风险经济资本进行计量，即市场风险经济资本为极端市场情景下的资产损益。

VaR 值是目前金融市场风险测量的主流方法，若用 VaR_c 表示在置信水平 c 下投资组合的 VaR 值，则对应的经济资本可表示为

$$\text{EC}_c = k \times (\text{VaR}_c - \text{EL}) \tag{4-59}$$

其中，EC_c 表示置信水平为 c 下的经济资本，k 为经济资本乘数，EL 表示的是投资组合的期望损失，根据有效市场假说（强式或半强式），EL 取值通常为零。实践操作中，参考《巴塞尔新资本协议》对市场风险监管资本的要求计量市场风险经济资本：前日 VaR 值与前 60 个交易日的平均风险价值的较大值与一个乘数因子的乘积，乘数因子由金融监管机构决定，且不能低于 3，则

$$\text{MRC}_t^{\text{IMA}} = \max\left(k \times \frac{1}{60}\sum_{i=1}^{60}\text{VaR}_{t-i}, \text{VaR}_{t-1}\right) + \text{SRC}_t \tag{4-60}$$

其中，VaR_{t-1} 为金融机构在 10 个交易日、99% 置信水平下的 VaR 值；SRC 代表特别风险的监管资本需求，用以调节特殊因素造成的资本计提，包括与证券发行有关的违约风险和事件风险。市场风险经济资本占用计量方法为

$$\text{EC}_{\text{MR}} = 3 \times \sqrt{10} \times \max\left(\frac{1}{60}\sum_{i=1}^{60}\text{VaR}_{t-i}, \text{VaR}_{t-1}\right) \tag{4-61}$$

4.3.1.3 风险限额的设定与分配

在总体风险资本限额下，可以选择两个维度来进一步分配总体限额。

一是按照风险集成管理架构的纵向，即资产类别或风险因子来进行分配，如利率、外汇、股权、商品或信用风险因子、市场风险因子等。花旗集团（Citigroup）采用了纵向分配，优先在不同的风险因子上分配 VaR 限额。

表 4-8 在不同的风险因子上分配 VaR 限额

（单位：百万美元）

	平均	2011 年 12 月 31 日
利率风险	246	250
汇率风险	61	51
股票价格风险	46	36
商品价格风险	22	16
整体交易 VaR（不包括衍生品 CVA）	213	235

资料来源：花旗集团 2011 年年报。

二是按照风险集成管理架构的横向，即子公司或业务部门来进行分配。瑞士联合银行集团（UBS）先采用横向分配，先在各部门分配 VaR 限额，然后再在承担市场风险最大的业务部门——投资银行部，采用纵向分配方式，按不同的风险因子分配 VaR 限额。

表 4-9 在不同的部门分配 VaR 限额

（单位：百万瑞士法郎）

	最小	最大	平均	2011 年 12 月 31 日
投资银行	30	219	75	34
财富管理——瑞士	0	0	0	0
财富管理——美洲	1	2	1	2
全球资产管理	0	0	0	0
企业客户	4	14	7	4
整体业务部门 VaR	31	222	76	36

资料来源：瑞士联合银行集团 2011 年年报。

从风险管理的角度来看，如果承担相同风险因子的业务分散在不同的业务部门，宜先采用纵向分配（风险因子）的方式，然后在其下再采用横向分配（子公司或业务部门）的方式；而当风险相对集中在某一部门或每个部门承担不同的风险时，则可采用优先横向再纵向的方式。

除了"自上而下"的分配限额，在具体限额分配时还应考虑公司各业务部门/条线的发展方向与属性、各业务部门/条线风险限额的历史使用情况等因素，结合各业务单元的需求与建议，评估各业务单元申报的风险限额的合理性，确定最终的风险限额总量与分配比例，交付各业务单元加以执行。

4.3.2 风险限额的类别

常用的风险限额包括交易限额、VaR 限额、止损限额、敏感度限额、情景限额、集中度限额等。

4.3.2.1 交易限额

交易限额（position limits），又称头寸限额，是指对总交易头寸或净交易头寸设定的限额，一般表达为货币绝对值单位或头寸的一定比例。总交易头寸限额对特定交易工具的多头头寸或空头头寸给予限制，净头寸限额对多头头寸和空头头寸相抵后的净额加以限制。头寸限额能够很好地控制资本集中问题，并且能够衡量 VaR 无法衡量的单个资产或单个事件的风险。但是因为它没有考虑久期、波动率、相关性等，头寸限额较难控制风险。例如，债券交易员可以通过持有更长的到期日组合增加风险，但通过头寸限额却难以考察债券交易员的风险暴露状况。此外，头寸限额也无法比较不同交易员或业务部门所处的真实的风险状况。

同样，头寸限额的数值与分配方法应该合理设置，如果对业务部门每项资产类别的头寸都进行严格限制，业务部门进行组合投资的选择空间将大大缩小，盈利组合的头寸也将被限制在一个较低的水平，公司盈利空间将大打折扣。但另一方面，头寸限额的设置需要反映出 VaR 限额无法衡量的单个资产或单个事件风险，在此本书列举四种头寸限额的典型类别：

- 基于不同发行人的头寸限额设置；
- 基于不同货币与地区的头寸限额设置；
- 基于特定组合策略的头寸限额设置，如高收益信用资产头寸或新兴市场股票；
- 基于头寸规模不断增大的资产或衍生品类别的头寸限额设置。

4.3.2.2 VaR 限额

VaR 限额（VaR limits）是对业务敞口的风险价值进行额度限制，指各级业务部门可承受的最大风险损失水平，表现为一定数额的预期损失。这是一种比较科学的限额设定方式，在使用中具有较高的灵活性，易于在各条业务线上进行加总和分拆计算。同时，也可以根据股指、利率、汇率和商品价格等风险要素设定 VaR 限额，对业务进行多角度风险控制。

但在应用 VaR 限额时需要注意，公司往往会根据自身的风险容忍度设置一个 VaR 限额总量，再根据总量和部门需求分配至各业务部门，这很可能导致公司无法充分利用不同业务间多空头的风险对冲关系，从而造成风险限额总量的浪费。举一个例子，想象一个拥有 5 条业务线的商业银行，根据它自身的风险偏好程度，确定银行总 VaR 限额为 10 亿元，每条业务线分配 2 亿元的 VaR 限额。如果这 5 条业务线之间业务相互独立、互无关联，这种分配方式是合理的。但是在现实中，往往会出现某条业务线的资产空头与另一条业务线的资产多头能够相互抵消的情况，而每条业务线的 VaR 上限却都被设定在 2 亿元，此时银行累加总和的 VaR 将永远低于所定的 10 亿元 VaR 限额，导致银行无法按照自身真实的风险偏好进行正确投资。为了解决这一问题，一些公司利用边际 VaR 在各业务线之间分配 VaR 限额，在不超过总体 VaR 限额前提下，利用各业务间的关联，提升各业务发展空间。

4.3.2.3 止损限额

止损限额（stop-loss limits）即允许的最大损失额。通常，当某项头寸的累计损失达到或接近止损限额时，就必须对该头寸进行对冲交易或将其变现。它是交易限额和 VaR 限额的重要补充，主要用于控制市场风险，多采取"盯市"方式，即一旦银行公司所持资产的市值跌破某一临界点，立即采取交割、斩仓等措施，以防止损失进一步扩大。

止损限额一般包括单券止损限额、单策略止损限额、组合止损限额。单券止损限额是指对单个证券、资产最大累积损失的限额；单策略止损限额是指对单个投资策略，如 Alpha 策略、对冲策略等最大累积损失的限额；组合止损限额是指对投资组合最大累积损失的限额。

VaR 限额存在一个弊端，即一个投资组合每天的损失控制在 VaR 限额内，但一个月的累积损失却可能超过预期。而止损限额与 VaR 限额的结合则能够很好地解决这个问题，一旦组合的累积损失达到头寸限额所设定的值，就进行对冲或者平仓，控制累积损失不超过预期。

4.3.2.4 敏感度限额

敏感度限额（sensitivity limits）适用于为单个市场风险因子设定风险限额，常用于交易前台的日常风险控制，反映了风险资产对市场因子的敏感性。我们在上文介绍敏感性分析方法时，介绍了利率风险的敏感性指标及衍生产品的希腊字母敏感性指标。对于固定收益证券而言，常用的敏感性指标为 DV01、久期及凸性，因此常用 DV01 限额、久期限额及凸性限额管理利率头寸风险。期权头寸限额一般针对希腊字母敏感性指标设定限额，常用的希腊字母包括 Delta、Gamma 等。虽然敏感度限额测度对于管理某些特殊风险交易组合的交易员而言非常重要，但是敏感度限额并不能反映公司所面临的整体风险，也无法比较不同风险或业务间真正的风险状况。

4.3.2.5 情景限额

情景限额（scenario limits）是指在一个特定情景下，对投资组合预计出现的最大损失进行限制，一旦投资组合预计损失值超过限额，就对投资组合做出相应的调整。

情景限额的设置与情景分析的步骤如下：

- 根据不同的情景设置不同的情景限额，对于极端情况设置一个较高的情景限额，即较大的风险容忍度。例如，在利率上涨 10% 的情景中，设置投资组合风险容忍度为 1 亿元；在利率上涨 100% 的情景中，设置投资组合风险容忍度为 5 亿元。
- 随时间观察投资组合对情景中设置的风险因子敏感度是否上升，组合的预期损失是否超过了所设定的情景限额,并依此做出是否调整投资组合头寸的决策。

4.3.2.6　集中度限额

集中度限额(concentration limits)是直接设定于单个敞口(如国家、行业、区域、客户等)的规模上限,其目的是保证投资组合的多样性,避免风险过度集中于某类敞口。当商业银行对同一业务领域(如市场环境、行业、区域、国家等)、同一客户(如借款人、存款人、交易对手、担保人、债券等融资产品发行体等)、同一产品(如融资来源、币种、期限、避险或缓险工具等)风险敞口过大时,潜在风险逐渐聚集,一旦爆发将给银行带来巨大的损失,甚至直接威胁到银行的信誉、银行的持续经营能力,甚至银行的生存能力。

集中度限额主要分为单券集中度限额、单品种集中度限额等。单券集中度限额主要是指对单个证券规模上限的设定,单品种集中度限额是指对一个投资组合内包含的产品种类及每类资产的规模限制,例如,保险公司投资不动产类资产的账面余额合计不高于公司上季度末资产的 30%,境外投资余额合计不高于本公司上季度末总资产的 15%。

4.3.3　投资策略回测

4.3.3.1　定义与意义

投资策略回测(strategy back testing)是根据历史数据或模拟数据来验证交易策略可行性和有效性的过程,是回顾测试的一种。它能够有效降低该交易策略付诸实践时的盲目性或风险,能够大致估计投资策略面对不利冲击时的表现,衡量掌握投资策略的风险状况,并依此对投资策略做出相应的调整。

"历史会重演"是技术分析大师约翰·墨菲提出的三个基本假定之一,也是回测技术的理论依据。尽管对于市场而言,没有两次完全一模一样的行情走势,但从概率的角度看,回测对于策略的评估能力,却毫无疑问具有不可替代的价值。

从风险管理的角度来说,投资策略回测也具有十分重要的意义。首先,回测可通过模拟不同情景下策略的表现情况,帮助投资者了解在市场极端不利的条件下,投资策略可能出现的盈亏状况,从而帮助投资者对该投资策略风险有一个理性的预期,并依此设置相应的止盈止损限额,在市场方向与预期相反或者市场遭受不利事件冲击时,及时进行止损,将损失额度控制在预期范围内。其次,回测可通过历史数据模拟,展现策略回测周期内,投资策略的组合收益的波动情况,并与投资者的风险偏好及市场具体现状相结合,调整相应投资策略。当市场表现低迷、存在较大潜在风险因子,或者投资者厌恶风险、追求平稳收益时,一般采用平稳的波动性较小投资策略,此时可通过回测验证投资策略的波动性与稳定性。再次,回测对于风险对冲策略有效性的判断也十分重要。风险对冲策略的目的是降低投资策略的波动性,平滑策略的净值波动。一方面,可通过分别回测原先的投资策略及加入风险对冲头寸的投资策略,并比较两者净值曲线波动情况,来判断风险对冲策略是否达到预期的结果。另一方面,还可利用回测,测试压力情况下加入风险对冲策略的投资组合的表现情况,展现极端情况下,风险对冲措施对组合风险的缓释效果。最后，回测还可帮助投资组合管理人设立风险限额。由于其可以模拟出不同路径下投资组合的损失分布情况，因此很容易结合投资组合管理人的风险偏好与风险容忍度，设置日风险限额，帮助组合管理人更好地管理组合风险。同时，回测还可模拟测算出不同情景下的风险限额，如模拟不同利率水平下投资组合的不同路径，从而管理人可依据回测结果确定不同利率情景下的不同日风险限额，更加灵活地管理组合风险。

4.3.3.2 方法

投资策略回测的完整步骤一般是通过大量历史数据揭示相应的市场规律，基于这些市场规律制定量化策略，对制定的量化策略进行回测验证，衡量该量化策略的风险与收益，依据回测结果对该策略进行改进等。

总的来说，投资策略回测可分为历史数据回测与蒙特卡洛回测。通常我们所说的策略回测都是根据策略回测周期的历史数据进行回测，以验证这个策略在历史交易中是否有效。历史数据回测的优势是，回测模拟的数据是真实的市场数据，能够验证在设定的回测周期内，投资策略在真实市场交易状况下的表现情况。尽管历史情况在未来不会重复发生，但其是对未来真实市场数据的一个很好替代。并且为了消除历史数据周期性对投资组合的影响，在进行回测时应当选取尽可能长的时间段，防止片面截取市场高涨阶段或市场低迷阶段数据，从而对投资组合的绩效与风险结果产生偏差。

但是，历史数据并不能完全准确地替代未来数据，因为历史净值曲线只是交易系统中可能产生的众多路径之一。历史数据回测存在一个弊端，即过度拟合问题。一般投资策略的设计决策同样来自市场的历史统计规律，策略设计者往往在选取策略参数时追求回测结果的优化，拟合出最优参数。可惜最优拟合参数只是训练样本中的随机噪音，从而导致该投资策略在进行历史数据回测过程中，过度拟合了市场数据。这也是许多历史回测结果完美的投资策略在随后的真实交易中却表现不佳、不能达到交易者预期的原因。

因此许多交易员开始寻求变化，增加样本外(out of sample)回测评估期，以此作为全历史数据测试的替代品。也就是说，交易员先测试50%—80%的数据，将其他历史数据暂时搁置，而优化过的交易系统在这个样本外期间的表现将被评估。

另一个解决历史数据回测弊端的方法是使用蒙特卡洛模拟，以观察到交易系统可能遵循的各种不同路径。该方法的基础是过去的交易结果会在未来出现，只是以某种不同的、未知的顺序出现。因此，通过以不同的顺序排列这些结果，就能生成完全不同的净值曲线。分析这些模拟结果，你可以得到出现过的最大回撤、可能的年化收益率及破产的风险。如果你对模拟结果有评价的标准和目标，你也能很容易地判断系统是否满足要求，而仅观察历史净值曲线是无法得到这些信息的。

蒙特卡洛模拟的另一个优势是能够模拟市场冲击情况下策略的表现情况，其可以通过加入多个风险因子的冲击，验证在不同风险因子与不同冲击程度情况下策略的稳定性与损失分布，考察在市场最不利情况下的策略最大损失值，从而设定相应的止损限额，或者根据交易员偏好需求调整相应策略。

4.3.4 投资绩效评估

那么如何评价投资策略回测的效果、度量我们所构造策略的收益及风险呢？答案是采用投资绩效评估指标。常用的投资绩效评估指标一般分为两大类：胜率与收益风险比。胜率指的是一个策略运行固定的周期，在所有的交易次数中，盈利的次数所占的百分比。胜率是对投资策略的盈利结果的大致估计。收益风险比一般只考虑收益和风险两个因素，基本思想是计算单位风险所带来的超额收益，即期望超额收益率与风险的比值，而不同指标之间的差别主要在于收益值和风险值度量方法的不同。我们将重点介绍收益风险比指标的类别与计算。

4.3.4.1 经典投资绩效指标

夏普比率（Sharpe ratio）是策略的年化收益率与无风险利率的差，除以策略的年化波动率。它是具有极高知名度的指标，其实用性被业界广泛认可，在众多指标中的地位就好比 Black–Scholes–Merton（BSM）模型在期权定价模型中的地位。

夏普比率的公式为

$$\text{Sharpe ratio} = \frac{R_A - R_f}{\sigma_A} \quad (4\text{-}62)$$

其中，R_A 为策略收益率；R_f 为无风险利率；σ_A 为策略波动率。

它的缺陷和它本身一样为人所熟知，对它的批评主要集中在以下几点：第一，无风险利率的选择对于夏普比率十分重要，一旦无风险利率改变，策略可能将变得无利可图；第二，夏普比率基于均值方差理论，实际上要求资产的投资回报率服从正态分布，然而实际情况往往并非如此；第三，由于波动率估计本身就存在误差，基于其计算的夏普比率也存在估计误差的问题。

信息比率（information ratio，IR）是从主动管理的角度描述风险调整后收益的。夏普比率中的分母是策略回报率的标准差，反映策略本身的绝对风险。而信息比率使用超额收益率的标准差，仅反映策略相对基准指数 (benchmark) 的超额风险。信息比率越高，该资产组合表现持续优于大盘的程度就越高。

信息比率的公式为

$$\text{IR}_{A-B} = \frac{R_A - R_B}{\text{TE}} \quad (4\text{-}63)$$

其中，R_B 为基准指数收益率。

当 B 是无风险资产时，信息比率就会变成夏普比率。所以夏普比率是信息比率的一个特例。现实中无风险资产本身也是有波动的，所以实际上夏普比率与信息比率仍存在差异。夏普比率更多用于比较指数的被动投资策略好坏，而信息比率衡量的是主动管理型基金偏离基准承担额外一单位的风险而获得的收益。

跟踪误差（tracking error，TE）一般用于指数基金管理绩效的比较，它是策略收益率与基准指数收益率时间序列之差的标准差。跟踪误差越小，基金经理的管理水平越高。

跟踪误差的公式为

$$\mathrm{TE} = \omega = \sqrt{\mathrm{VaR}(r_p - r_b)} = \sqrt{E[(r_p - r_b)^2] - [(Er_p - r_b)]^2} \quad (4-64)$$

其中，r_p 为策略收益率；r_b 为基准指数收益率。

4.3.4.2 基于最大回撤的投资绩效指标

在实际应用中，国内很多量化投资策略都偏好用最大回撤来衡量风险，并简单地用收益除以最大回撤值来计算风险调整收益。

最大回撤值 (max drawdown) 指的是某资产的净值曲线在某一时刻与前面最高净值之差（或负收益）的最大值，也就是从净值曲线上某一时刻出发，下跌的最大幅度。这一指标的重要性显而易见，只要经历一次较大的回撤，不管此前积累多少财富，策略都可能陷入失败。因为极端事件在实际中并不会经常发生，因此我们可以使用最大的五次回撤平均值，以避免受到奇异值的影响。

某 ETF 基金累计净值走势及最大回撤值如图 4-15 所示。

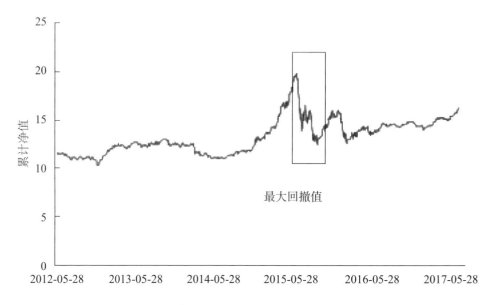

图 4-15　某 ETF 基金累计净值走势及最大回撤值

除最大回撤外，最长回撤期也是非常重要的。最长回撤期衡量的是当某项策略开始回撤时，再返回到前高或者创新高需要多长时间。

【案例 4-5】

投资策略回测实例：基于 LLT 趋势线择时的 ETF 投资策略回测

基于 LLT 趋势线择时的 ETF 投资策略：将指数或价格信号高频部分过滤掉，保留低频部分，再将低频部分变换回时域，构造趋势线，并得到交易日结束后切线斜率 k。当 $k>0$ 时看多市场，当 $k<0$ 时看空市场。回测结果如下表所示：

基于 LLT 趋势线择时的 ETF 投资策略（只做多）回测结果

	50ETF	100ETF	180ETF	300ETF
样本数	1932	1646	1633	165
交易次数	49	46	40	7
累计收益率	15.6883	14.6419	3.9938	0.1642
年化收益率	0.4269	0.5033	0.2716	0.2522
收益率标准差	0.2447	0.3234	0.1252	0.0681
盈利比率	0.6122	0.4783	0.675	0.5714
最大回撤率	−0.0373	−0.0877	−0.065	−0.0349
盈利次数	30	22	27	4
亏损次数	19	24	13	3
平均盈利率	0.1288	0.1962	0.0757	0.0504
平均亏损率	−0.007	−0.0116	−0.0132	−0.0117
单次最大盈利	1.5216	1.9644	0.6482	0.1749
单次最大亏损	−0.0285	−0.0659	−0.065	−0.0254
最大连续盈利次数	10	4	9	2
最大连续亏损次数	5	6	4	4

1. 回测结果的指标评判

从回测结果的指标评判来看，累计收益率、年化收益率、平均盈利率代表了策略的盈利能力，收益率越高，策略的盈利能力越强。

平均亏损率、平均盈利率分别代表策略的平均亏损水平与平均盈利水平，平均亏损率越高或平均盈利率越低，代表策略的平均亏损水平越高、盈利能力越弱。

盈利比率代表策略在一定样本次数下的盈利概率，盈利比率越大，策略的盈利能力越强。

交易次数：策略的交易次数越多，策略越稳定。

单次最大亏损即策略单次亏损的最大值，单次最大亏损越低，代表单次亏损幅度越低、策略越稳定。

最大连续亏损次数代表策略持续亏损的时间，最大连续亏损次数越少，代表策略连续亏损时间越短，策略越容易从亏损状态转向盈利状态。

最大回撤率代表从任一时点往后推，策略净值走到最低点时收益率下跌的最大幅度，与单次最大亏损不同之处在于其可能是连续几次下跌累加的最大跌幅。最大回撤率越低，策略越稳定。

2. 盈利水平

从盈利水平来看，该策略的盈利比率集中在 48%—68%，反映出利用 LLT 趋势线择时策略的择时正确率较高，策略的有效性得到验证。年化收益率多在 25% 以上，其中 100ETF 的收益率达到 50% 以上，收益率水平较为可观。

3. 风险管理指标

从风险管理指标来看，该策略的收益率标准差相差较大，在 7%—32% 之间，300ETF 的收益率标准差仅为 6.81%，净值曲线较为平稳，100ETF 的收益率标准差最大，收益相对上下波动的幅度较大。

在最大回撤率方面，该策略最大回撤率在 3%—9% 之间，策略最大下跌幅度不大，策略表现较为稳健。

在最大连续亏损次数方面，该策略最大连续亏损都不超过 6 次。对于 50ETF、100ETF、180ETF 而言，该表现是较为可观的，策略受冲击陷入低迷走势的持续时间不长。对于 300ETF 而言，其交易只有 7 次，而最大连续亏损却达到了 4 次，但由于 7 次的样本量太小，我们无法依此评判 300ETF 策略的稳健性。因此在付诸 300ETF 择时策略实盘操作时，一旦策略陷入亏损，需要考虑及时止损，防止陷入持续亏损状态，损失过大。

4. 与风险限额关联

通过策略回测结果中的最大回撤率、单次最大亏损，我们可以对策略的亏损状况有一个大致的预期与了解。相比直接通过投资者对市场的经验嗅觉建立预期，基于投资策略回测的预期是建立在历史数据支撑的基础上的，更具备真实性与可靠性。同时，基于最大回撤率与投资者的风险偏好，投资者能够设定相应的止损限额，在合适的止损点及时止损，防止跌幅过大，超出投资者预期。

在设定日 VaR 限额时，也可借鉴策略回测结果中平均亏损率。平均亏损率代表策略亏损时的平均损失值，当平均亏损率增加时，可能策略分布左侧的损失概率增加，此时需要调整日 VaR 限额，以反映损失分布的变化。

4.3.5 市场风险的缓释措施

【案例 4-6】

缺失市场风险缓释措施的后果

2003 年，中国航空油料集团有限公司（以下简称"中航油"）新加坡公司和三井住友银行等三家外国银行等进行场外期权交易，卖出看涨期权，执行价 36 美元，仓位是空头 200 万桶，于当年年底石油价为 20 多美元时卖出，获得 200 多万美元的期权费。

2004 年第一季度，中航油继续看跌油价，然而石油价格却一路上涨，2004 年 3 月 28 日，已出现 580 万美元账面亏损，为了掩盖账面亏损，而不是及时止损，中航油公司决定对合约进行展期，并放大交易仓位，以此期望油价能够回跌。然而账面亏损已扩大至 3 500 万美元，但是公司的管理层却觉得原油现货并未短缺，再等一段时间便能等到油价下跌，于是不仅没有止损，反而将期权合约展期至 2005 年及 2006 年，并在新价位上继续卖空，交易量再次增加。而此时纽约原油期货一举突破 43 美元，创 21 年历史新高。

2004年10月，中航油先后两次将行权价格提高到45美元/桶和48美元/桶，同时将头寸从200多万桶放大到最后的5 200万桶，翻了将近25倍。此时的原油期权交易已不是套期保值，因为中航油新加坡公司每年实际进口的原油数量仅为1 700多万桶，其持有头寸超过公司每年实际进口量的3倍，而公司账面亏损已达1.8亿美元，公司现金全部消耗殆尽。

然而油价还是令人绝望地一路上升，2004年12月1日，在亏损5.5亿美元后中航油新加坡公司宣布向法庭申请破产保护。

从中航油事件来看，中航油忽视了期权衍生品的杠杆作用，不仅未按照国家避险的初衷进行套期保值，反而不断扩大原油衍生品投机交易，造成了巨大的风险敞口，将公司暴露在巨大的市场风险下。而为了避免这种风险，一般期权的卖出方通常都会在现货市场或其他衍生品市场进行相关的对冲操作，规避标的资产价格波动的风险。但是显然此时中航油掌门陈久霖已经被冲动和贪婪的恶魔所掌控，并没有采取相关的风险缓释措施，最终造成了中航油破产这一"中国的巴林银行"事件。

可见缺失市场风险缓释措施的投资策略风险极大，一旦市场表现与预期出现较大反差，巨大的风险敞口将会给公司造成极大损失，甚至会导致公司破产。因此，如何降低风险敞口、对冲缓释市场风险是非常重要的。

4.3.5.1 止盈止损机制

市场风险是不可避免且无法预料的，但是正确应用止盈止损策略则有助于缓释风险，帮助投资者在持续的投资中实现持久的盈利。止盈与止损机制来自操盘计划实施前的制定，并在实际操盘开始后，根据当前的市场趋势变化进行相应调整。

止盈，顾名思义是指守住阶段性利润，实现阶段性盈利目标。止损，顾名思义是指停止进一步扩大损失，在投资者错误判断市场趋势或遭受市场不确定因素影响导致投资亏损时，及时果断实施的挽救行为。

一般有三种方式设置止盈点与止损点：

（1）设置比例，即当标的价格跌幅或者回调达到一定比例时出仓。例如，以10元的价格买进股票，而后其上涨到12元，设置股票回调10%位置时出仓。当股票从12元回调至10.8元时，则出仓，如果没有回调到位则一直持有。

（2）设置价位，即当标的价格跌破某一价位或者回调到某一价位时出仓。例如，股价跌破8元时止损出仓，或者股价上涨至12元、跌破11元时出仓。另外，如果股价没有跌到出仓价位而是继续上涨至13元，可设定跌破12元时出仓，通过价位逐级抬高标准，锁住利润。

（3）根据时间设置止盈止损点，即当标的价格到达某个时间点时，无论价格如何，及时出仓。例如，当一个上涨周期完成后及时出仓。

4.3.5.2 风险对冲策略

1. 定义与意义

风险对冲（hedging）是指通过投资或购买与标的资产收益波动负相关的某种资产或

衍生产品，来冲抵标的资产潜在的风险损失的一种风险管理策略，是市场风险缓释措施中十分重要的一种。

风险对冲策略能够帮助投资者脱离价格无限变化的风险，相当于为投资组合设定了一个保险。虽然绝大多数投资者在投资交易的初期往往会具备系统的投资理念及风险管理意识，但往往在交易后期受到市场行情的起伏及自身情绪波动的影响，错过止损时机，进而做出诸多非理性的后续决策。风险对冲策略将投资者承担的风险转移出去，同时投资者也可通过在止损位部分套保，从而在风险可控的基础上追求未来市场反弹所带来的盈利机会。一些公司的战略投资者、商业银行、大部分保险机构只求实现套期保值、不求盈利。例如，银行为防止利率下降带来的风险，往往进行多头套期保值。对于这部分投资者而言，风险对冲策略对于其实现风险转移是一个极为重要的工具。

本书将以期权风险对冲策略为例介绍相关的对冲策略，因为期权本身自带杠杆的特性，满足了投资者"以小博大"的需求，但同样也带来了更大的风险。特别是相对于期权卖方来说，损失值不像期权买方一样可以主动控制，其最大收益是全部的期权费，而若标的股票价格突破行权价，亏损则将数倍甚至数十倍于期权费。因此，期权卖方处在一个长期承担无限风险的处境，风险对冲策略显得尤为重要。

2. 希腊字母组合中性对冲策略

我们在上文关于市场风险计量方法的敏感性分析及压力测试部分，介绍了衍生产品希腊字母敏感性衡量的定义及计算公式，而希腊字母组合中性对冲策略就是通过构造组合，使得头寸的希腊字母值为0，即构造中性组合。一般而言，希腊字母组合中性对冲策略较多地被期权做市商运用于现货或期货与期权之间的中性对冲。

Delta、Gamma、Vega 是期权交易中最为重要的三个风险因子，期权价格的变动可通过 Delta、Gamma、Vega 及标的资产的价格变动 ΔS 表示，即

$$\Delta c \approx \Delta_c \Delta S + \frac{1}{2}\Gamma_c (\Delta S)^2 + \text{Vega}(\Delta \sigma) \qquad (4-65)$$

因此在实际应用中，一般主要考虑对冲处理 Delta、Gamma、Vega 这三个风险因子。

（1）Delta 中性对冲

回顾一下，Delta 是用来衡量标的价格与期权价格之间的关系的，Delta 中性对冲是市场上用得最多的一种对冲策略，即构造一个含有期权头寸的组合，使其不受标的股票或指数价格小幅变动的影响。换句话说，无论标的价格是涨还是跌，组合的市值始终保持不变。

按照期权持仓过程中，对标的资产是否调仓进行分类，Delta 中性对冲策略可分为静态 Delta 中性对冲策略及动态 Delta 中性对冲策略。静态 Delta 中性对冲策略是指对冲策略从建立到平仓过程中对标的资产头寸不进行调整，更适用于普通期权投资者。而动态 Delta 中性对冲策略是指当组合偏离 Delta 中性状态时通过动态买卖标的资产实现总持仓 Delta 保持为0，适用于流动性服务提供商及专业机构投资者。

按照对冲时涉及的品种来分，Delta 中性对冲可分为两腿持仓的 Delta 中性对冲策略以及多腿持仓的 Delta 中性对冲策略。两腿持仓的 Delta 中性对冲策略即一个组合涉及两个不同的头寸（认购期权与标的资产组合，或者认沽期权与标的资产组合）；多腿持仓

的 Delta 中性对冲策略即一个组合涉及三个或三个以上不同的头寸（多个认购期权、多个认沽期权和标的资产）。

（2）Gamma 中性对冲

有了 Delta 对冲，并非就能高枕无忧。回顾一下，Gamma 指的是标的资产价格的变化造成期权的 Delta 值的变化，也就是价格变化的二阶导。由于 Gamma 的存在，期权价值的变化并非线性，在变幻莫测的期权市场上，随时可能因为股价的后续变化，导致原本是 Delta 中性的组合偏离中性。

因此，许多投资者通过引入另一期权合约或期权组合来降低 Gamma 值，从而减少对 Delta 的对冲调整，进而在不断调整持仓组合的头寸时，减少对冲发生的误差。

（3）Vega 中性对冲

然而 Delta-Gamma 中性组合的价值仍会受到隐含波动率的影响，若要消除这种风险，可以运用 Vega 对冲，买入或卖出相应标的资产期权，使资产组合达到 Vega 中性。

（4）Delta-Gamma-Vega 中性组合

构造 Delta-Gamma-Vega 中性组合是有一定顺序的，一般先通过买卖相应标的资产期权，对冲调整组合的 Gamma 值和 Vega 值，再买卖相应份额的标的资产，实现组合的 Delta 中性。因为如果在对冲 Gamma 和 Vega 前先对冲 Delta，在进行 Gamma 和 Vega 对冲时将引入期权，从而再次引入新的 Delta，使得已经是 Delta 中性的组合偏离中性。而现货并不具备凸度的性质，先对冲 Gamma 和 Vega 再引入现货，不会改变组合 Gamma 和 Vega 的中性性质。

【案例 4-7】

Delta-Gamma-Vega 中性组合实例分析

王先生持有 20 张 50ETF 认购期权，Delta 为 0.3，Gamma 为 0.1，Vega 为 0.2。此时市场有认购期权 B、认沽期权 C 及上证 50ETF 可供交易，认购期权 B 的 Delta 为 0.4，Gamma 为 0.15，Vega 为 0.15；认沽期权 C 的 Delta 为 -0.6，Gamma 为 0.75，Vega 为 0.22。我们假设交易认购期权合约 B 的数量为 X、认沽期权合约 C 的数量为 Y、上证 50ETF 现货的数量为 Z。

首先，我们将对冲 Gamma、Vega，构造 Gamma-Vega 中性组合，得到如下方程组：

Gamma=0 时：$0.1 \times 20 \times 10\,000 + 0.15 \times X \times 10\,000 + 0.75 \times Y \times 10\,000 = 0$

Vega=0 时：$0.2 \times 20 \times 10\,000 + 0.15 \times X \times 10\,000 \times 0.22 \times Y \times 10\,000 = 0$

解得 $X=-40$，$Y=4$。

因此王先生需卖出 40 张认购期权合约 B、买入 4 张认沽期权合约 C。

接下来，我们引入上证 50ETF，构造组合 Delta 中性。

Delta=0 时：$0.3 \times 20 \times 10\,000 + 0.4 \times X \times 10\,000 - 0.6 \times Y \times 10\,000 + Z = 0$

将 $X=-40$，$Y=4$ 代入等式，解得 $Z=92\,000$。因此王先生还应买入 92 000 份上证 50ETF 现货。

至此，我们成功构造了 Delta-Gamma-Vega 中性组合。

（5）Delta 对冲策略实务

尽管我们都希望保持头寸的 Delta 中性，完美对冲风险，但是在现实生活中我们不可能做到连续地调整标的资产头寸，而只能以离散的规模进行交易。并且每进行一笔交易都会产生相应的成本（包括手续费和买卖差价），提高对冲频率可以降低风险，但反之，降低对冲频率可以降低成本。因此，确定 Delta 的对冲频率及对冲数量，以最小的成本移除尽可能多的风险，是风险对冲策略中非常重要的一部分。

一般来说，有两种对冲调整仓位的方法，分别是固定时间对冲法与 Delta 值变动带对冲法。固定时间对冲法指在固定的时间点进行对冲。例如，不管标的资产价位如何，选择在每个交易日的 14:10 进行调整，在该时间点，根据最新 Delta 数值，确定对冲期权风险所需的现货头寸进行调整，以保证组合的 Delta 总值为 0。Delta 值变动带对冲法需要确定一个 Delta 值变动带，比如 0.1，当 Delta 值变动幅度超过 0.1 时，投资者就进行对冲；当 Delta 值变动小于 0.1 时，投资者则无须进行对冲。

在实际交易过程中，具体 Delta 对冲策略的选取还应结合投资组合其他希腊字母暴露综合考虑。具体而言，当组合 Gamma 暴露为负时，如果股价上涨，此时 Delta 暴露降低，需要买入标的证券；若股价下跌，此时 Delta 暴露增加，需要卖出标的证券，即对冲交易会一直"高买低卖"，此时若对冲频率太高的话，无疑会增加对冲损失。因此，通常情况下当 Gamma 负暴露较大时，应结合标的走势及波动率走势，适当降低对冲频率；反之，若 Gamma 正暴露较大时，则可以适当增加对冲频率，以赚取更高的对冲收益。

本章小结

本章第 1 节从市场风险的现实意义出发介绍了市场风险的概念，并把市场风险分成利率风险、汇率风险、股票价格风险和商品价格风险四类。第 2 节市场风险计量方法是本章的重点。对于市场风险管理的基石——VaR 模型，我们从 VaR 的背景、定义出发到优点和局限性，再考虑单个资产对组合 VaR 的影响，介绍了边际 VaR、成分 VaR 和增量 VaR 三个概念，并辅以一个简单的计算的例子。关于计算 VaR 模型的最重要的三种方法：方差—协方差法、历史模拟法、蒙特卡洛模拟法，我们逐一进行了详细介绍，并简单地加以比较。为了准确理解 VaR 估计结果的有效性并改进模型，必须对 VaR 模型进行有效性检验，于是我们介绍 VaR 模型的回顾测试，以检测模型结果是否与真实情况保持一致，其中运用的检验方法是被广泛认可的 Kupiec 检验方法。VaR 模型在不断发展的过程中，出现了一种具有更好特性的度量方法——预期损失，以及在特定压力条件下的压力 VaR。对于利率风险，我们已有 DV01、久期和凸性等度量方法；对于衍生品风险我们则以 Delta、Gamma 等希腊字母来度量风险。压力测试是对传统市场风险计量方法的一种补充，它的关键在于情景设计。第 3 节介绍了风险限额的定义与类别，包括交易限额、止损限额、敏感度限额等。为了更好地管理风险，我们有必要进行投资策略回测，以估计投资策略面对不同冲击与路径时的表现，帮助投资者更好地预估风险并设立相关风险限额。回测一般通过投资策略绩效指标来评判结果，夏普比率是最具知名度的指标，最大回撤值是最常用于衡量风险的指标。特别地，我们列举分析了一个回测实例，以方便读者进一步理解策略回测的过程与意义。

最后，我们介绍了市场风险相关的缓释措施，并以期权风险对冲策略为例，介绍了如何构造希腊字母中性组合来缓释市场风险。

本章重要术语

市场风险 利率风险 汇率风险 股票价格风险 商品价格风险 重新定价风险 收益率曲线风险 基准风险 期权风险 交易风险 折算风险 经济风险 风险价值 边际VaR 成分VaR 增量VaR 方差—协方差法 历史模拟法 蒙特卡洛模拟法 回顾测试 预期损失 压力VaR 敏感性分析 DV01 久期 凸性 Delta Delta中性 Gamma Vega Theta Rho 压力测试 风险限额 交易限额 VaR限额 止损限额 敏感度限额 情景限额 集中度限额 投资策略回测 夏普比率 信息比率 跟踪误差 止盈 止损 风险对冲

思考练习题

一、不定项选择

1. 下列关于VaR的说法，正确的有（　　）。
A. 置信水平越高，VaR越高
B. 置信水平越高，VaR越低
C. 持有期越长，VaR越高
D. 持有期越长，VaR越低
E. VaR与置信水平无关，与持有期有关

2. 下列不属于最常用的VaR估算方法的是（　　）。
A. 方差—协方差法
B. 久期分析法
C. 蒙特卡洛模拟法
D. 历史模拟法

3. 下列哪类风险限额适用于为单个市场风险因子设定相关限额？
A. 止损限额
B. 敏感度限额
C. 情景限额
D. 集中度限额

4. 市场风险包括（　　）。
A. 利率风险
B. 汇率风险
C. 股票价格风险
D. 商品价格风险

二、简答与计算

1. 假设某交易组合由若干资产组成，请详细解释边际VaR、增量VaR及成分VaR之间的不同。

2. 假定我们采用1 000个历史数据来对VaR模型进行回顾测试，VaR所采用的置信水平为99%，在观察日中我们共发现了17个例外，选用95%的置信水平，我们是否应该拒绝模型？请使用Kupiec的失败频率检验法检验。

3. 假设某两项投资中的任意一项都有0.9%的可能触发2 000万美元的损失，而有99.1%的可能触发200万美元的损失，并且有正收益的概率均为0，这两项投资互相独立。（1）对应于99%的置信水平，任意一项投资的VaR是多少？（2）选定99%的置信水平，任意一项投资的预期损失是多少？（3）将两项投资叠加在一起所产生的投资组合对应于99%的置信水平的VaR是多少？（4）将两项投资叠加在一起所产生的投资组合在99%的置信水平下的预期损失是多少？（5）请说明为何此例的VaR不满足次可加性条件，但是预期损失满足该条件。

4. 已知一个债券的价格为96.354，久期为3.845，

那么当收益率增加15个基点（=0.15%）时，债券价格会发生什么变化？

5. 某基金2013年年度平均收益率为56%，假设当年无风险收益率为2%，沪深300指数年度收益率为30%，该基金年化波动率为35%，贝塔系数为1.2，请计算该基金的夏普比率。

6. 请根据下表计算出基金A的信息比率。

	基金A	大盘收益
平均每月收益率	0.01488	0.01415
平均超额收益率	0.00073	0
收益率标准差	0.00294	0.00239
跟踪误差	0.00344	0

7. 上证50ETF价格为2.50元，王先生以0.4元卖出20张50ETF认购期权，每张合约的Delta值为0.8，同时以0.2元卖出20张50ETF认沽期权，每张合约的Delta值为-0.6。请计算王先生需要如何买卖多少上证50ETF才能保证组合的Delta中性。

8. 假设某投资者购入10手Delta、Gamma和Vega值分别为0.8、0.3和0.2的认购期权A。该投资者考虑通过交易同一标的的认购期权B和认沽期权C来实现Delta-Gamma-Vega对冲。认购期权B的Delta、Gamma和Vega值分别为0.4、0.2和0.1，认沽期权C的Delta、Gamma和Vega值分别为-0.6、0.3和0.1。该投资者要如何操作才能构造出Delta-Gamma-Vega中性组合（每份期权合约对应100份标的现货）？

参考文献

[1] BCBS. Basel III: A Global Regulatory Framework for More Resilient Banks and Banking Systems[R]. 2011.

[2] CFA institute. 2017 CFA Level II Volume 6 Alternative Investments and Portfolio Management [R]. 2017.

[3] John, C. H. *Risk Management and Financial Institutions (4th ed)* [M]. New York: John Wiley & Sons, 2012.

[4] McNeil, A.J., Frey, R. and Embrechts, P. *Quantitative Risk Management: Concepts, Techniques and Tools*[M]. New Jersey: Princeton University Press, 2005.

[5] Philippe, J. *Financial Risk Manager Handbook: FRM Part I / Part II (6th ed)* [M]. New York: John Wiley & Sons, 2011.

[6] 安宁宁. 低延迟趋势线与交易性择时［R］. 广发证券金融工程专题报告，2013-7-26.

[7] 李允峰. 中信泰富事件升级三点启示［N］. 证券时报，2009-4-9.

[8] 李正曦. 推开中信泰富"澳元门"［J］. 商界（评论），2009，1.

[9] 王晓宝. Delta中性交易的对冲频率研究［N］. 期货日报，2015-5-11.

[10] 武剑. 论风险限额管理体系的构建和应用［J］. 浙江金融，2007，1：7—9.

[11] 奚炜，周臻. 期货期权在风险管理中的作用［N］. 期货日报，2004-8-12.

[12] 张恒. 证券公司风险限额管理体系研究［J］. 财会通讯，2014，16：116—119.

[13] 郑振龙，黄蕙舟. 波动率预测：GARCH模型与隐含波动率［J］. 数量经济技术经济研究，2010，1：140—150.

[14] 周凯，夏颖. VaR限额在我国商业银行市场风险管理中的应用［J］. 金融理论与实践，2013，8：43—49.

[15] 朱益民. 中信泰富186亿元巨亏内幕：四大毒丸酿苦酒［N］. 21世纪经济报道，2008-12-11.

第 5 章
信用风险

龚克寒　张艺娜　杨恋令（天风证券）
雷　蕾（平安银行）
李世伟（招商基金）

本章知识与技能目标

通过本章学习，读者应能够：
◎ 深入理解债券信用风险的定义、产生原因与主要分类；
◎ 掌握信用评级的基本思路与等级符号体系；
◎ 掌握信用基本面分析的基本原则与框架；
◎ 了解信用风险的主要计量模型；
◎ 了解信用风险转移的主要工具与市场发展现状。

近年来，随着我国信用债券市场规模的扩容，债券信用风险不断集聚，信用风险事件层出不穷，例如，由于机床行业景气度下滑，自身产品升级方案激进导致现金流出规模较大，大连机床在 2016 年有多只存续债券发生违约，其主体评级也由 2016 年年初的 AA 一直下调至 CC，给投资者造成了很大损失。随着债券市场"刚兑"逐渐被打破，信用风险事件越来越多，2016 年中国债券市场共发生了 73 次信用风险事件，较 2015 年增加了 108.57%，其中 72 次信用风险事件发展成为违约事件。与信用风险暴露同步加快的是，信用风险的识别和管理受到了越来越多的关注。

5.1 信用风险概述

广义上，信用风险（credit risk）是指因交易对手未能履行合同义务而造成经济损失的风险，其影响是通过对手违约时重置现金流的成本来度量的。我们可以将信用风险理解为由发行人或交易对手信用质量发生变化而引起的违约风险或市场价值下降的风险。

从传统上来说，信用风险被看作结算前风险（pre-settlement risk），它产生于合约义务的有效期内，是因为交易对手在交易过程中不能履行义务而造成损失的风险，包括贷款或债券违约风险、债券市场价格风险（价差风险），以及在衍生品交易中对手方无法履行支付义务的风险。与结算前风险相反的结算风险（settlement risk）来自现金流的兑换：结算风险在一个机构开始支付款项时产生，直到所有支付款项都已收到为止。本章主要讨论传统上的信用风险，即结算前风险。

债券违约的定义很狭窄，当债券的本息没有得到偿还时，债券违约便发生了。违约由信用评级机构标准普尔（Standard Poor's, S&P，以下简称"标普"）给出如下定义：无论评级与否，任何金融债务（正当的商业纠纷中的金融债务除外）第一次发生的支付违约；利息没有在到期日进行支付但在宽限期内进行了支付的，可以作为例外处理。一个债券的违约一般来说反映了债权人的财务困难，并且总伴随着其他责任的违约。然而，该定义应用于信用衍生产品时需要做更精确的界定，因为衍生产品的收益直接与信用事件（credit event）相关，我们将在本章第5节展开讨论信用衍生产品。国际互换与衍生品协会（International Swaps and Derivatives Association，ISDA）作为行业协会，规范了信用事件的定义：

- 破产（bankruptcy）涉及以下情形：债权人（非兼并）进行清算；不能偿付其债务；求偿权的转让；进入破产程序；任命破产的清算管理人；实际上由第三方查封了所有资产。
- 无力偿还债务（failure to pay），即无力向债权人偿付到期债务，这通常发生在合同规定的宽限期之后并超过了一定的金额。
- 债务/交叉违约（obligation/cross default），即发生在类似的其他债务上的违约（而不是无力支付款项）。
- 债务/交叉加速（obligation/cross acceleration），即发生在类似的其他债券上的违约（而不是无力支付款项）导致该债务立即到期。
- 拒付/延期偿付债务（repudiation/moratorium），即当事人拒绝支付，或对该债务的有效性提出异议。
- 债务重组（restructuring），即债务的弃权、延期或重新安排，使债务条件不如原来有利。

5.1.1 信用风险产生的原因

债券信用环境的发展和变化不仅仅取决于债券市场的发展,更与宏观经济的变化息息相关。企业作为经济活动的参与者,离不开所在的宏观经济环境,宏观经济在制度构成、组织行为方式等方面为企业提供生存、发展所需要的环境。此外,信用风险的变化还与债券发行人的财务纪律、信用文化等微观因素紧密联系,信用风险的发生和演变往往是多种因素综合作用的结果。如果从源头分析,我们可以将导致信用风险事件的因素归为宏观因素、政策因素及公司自身因素三类。

首先,宏观经济变动是信用风险事件发生的基本原因。作为宏观经济的参与者之一,每个公司都在宏观经济环境中经营,实现自身的利润最大化,在这个过程中,宏观经济的发展方向和产业结构、法律环境甚至是风土人情都直接或间接地决定了公司外部发展环境的优劣。从经济学角度看,当宏观经济处于上行周期时,大多数行业的景气度往往较高,较高的投资回报带动企业投资增长,规模扩大,债务不断累积。也即在宏观经济上升周期中,企业实现债务扩张。而当宏观经济处于下行周期时,很多行业尤其是周期性行业将受到较大的挑战,相关行业的盈利和获现能力下降,但累积的债务则为刚性支出,这使得企业的获现水平和债务压力并不匹配,信用风险增加。也即,在经济下行周期中,企业债务扩张困难,存量债务则较为刚性,信用风险增加。

其次,信用风险事件跟国家产业政策紧密相关,产业政策的调整往往会对行业发展产生较大的影响,进而传导至个体公司的信用水平。近年来,随着传统行业发展逐渐受到环境、资源等因素的约束,发展瓶颈越来越大,部分传统行业的发展面临的挑战也越来越大,国家先后出台了一系列政策,旨在促进国民经济产业结构调整。以较为典型的房地产行业为例,2016年以来,中国先后出台多项措施调控房地产市场,其中较为典型的措施是限制房地产公司的资金供给,限制房地产公司的融资渠道。在相关政策的影响下,中国房地产行业的融资普遍受到影响,这对房地产公司的信用水平产生了较大的影响,一些债务杠杆较高的房地产企业的信用水平明显弱化。

最后,信用风险事件的发生与公司自身的经营管理水平、公司治理水平、创新实力及财务纪律密切相关。公司自身的因素对其信用水平有着至关重要的影响,这是因为即使处在同一行业的公司,也可能因为公司自身的特点不同而表现出不同的风险特征,而这些差异可能最终决定了相关公司之间信用风险水平的差异。在市场经济背景下,公司之间的竞争短期内体现为价格、质量的竞争,长期看影响公司竞争力的因素为战略、技术、资本等因素。这些因素最终汇集为公司的核心竞争力。各公司在上述因素方面的差异最终会体现在其财务表现上,并体现为公司的信用水平。一些处于强周期性行业中的公司采取了较为激进的发展策略,债务规模不断增加,一旦行业调整,将直接导致公司运营压力增大,甚至导致公司现金流枯竭(葛鹤军,2014)。

5.1.2 信用风险度量的基本方法[①]

国际信贷风险度量模型大致可以分为两类：一是违约模式，主要用借款人是否违约来判断信用损失是否发生，代表模型为以莫顿原理为基础的违约模型：KMV公司的预期违约频率模型（expected default frequency，EDF），基本度量指标为违约概率；二是以信用评级为基础的盯市模式，代表模型为信贷矩阵模型（credit metrics）和麦肯锡模型（credit portfolio view），此类模型主要考虑信贷等级变化引起信贷价差（credit spread）变化（这里违约只是其中的一种状态），并根据信贷等级的变化来调整评估出的信贷风险暴露水平（Darrell Duffie，2009）。

5.1.2.1 违约概率指标

违约风险是企业债券面临的主要风险，违约风险越大，预期损失就越大。预期损失(expected losses，EL)指债券持有人预期在一定时期内持有债券可能会遭受的平均损失。在长期的理论研究与实务操作中，国际上经常选用的违约风险度量指标为违约概率和违约损失率：

- 违约概率(probability of default, PD)是一个离散变量，用于衡量债务人违约的可能性。
- 违约损失率(loss given default, LGD)指因违约造成的损失部分的比例。例如，如果某债券违约造成的回收率（fractional recovery rate）为30%，其违约损失率为1−30%=70%。
- 违约暴露(exposure at default，EAD)指对手方在违约时资产的经济价值或市值。

我们举一个简单的例子来说明如何计算预期损失（EL）。在违约模式（default mode）下，仅考虑损失是由违约引起的，不考虑由市场价格引起的价差风险，例如，银行资产负债表内的贷款。由 N 位不同债务人贷款的信用风险引起的预期损失 EL 可以表示为

$$\mathrm{EL} = \sum_{i=1}^{N} b_i \times \mathrm{EAD}_i \times \mathrm{LGD}_i \tag{5-1}$$

其中，b_i 为一个概率为 p_i 的伯努利分布的随机变量：违约发生概率为 p_i，当违约发生时，$b_i=1$，否则 $b_i=0$。因此 $E(b_i)=p_i$；EAD_i 为违约发生时的信用暴露；LGD_i 为违约发生时的损失率。假设上述随机变量是相互独立的，预期损失的期望值为

$$E(\mathrm{EL}) = \sum_{i=1}^{N} p_i \times E(\mathrm{EAD}_i) \times E(\mathrm{LGD}_i) \tag{5-2}$$

我们继续简化，假设所有的债务人拥有相同的违约概率分布和违约损失分布，信用风险暴露固定为100元，则预期损失为

[①] 葛鹤军.信用风险对债券信用利差的影响研究［D］.对外经济贸易大学学位论文，2014.

$$EL = \sum_{i=1}^{n} LGD_i \tag{5-3}$$

其中 n 为损失事件发生的次数，$0 < n < N$。由此，预期损失的期望值可以简化为 $E(EL) = N \times p \times E(LGD)$，即在其他条件相等的情况下，预期损失随违约概率 PD 线性变化。现在我们用标准差来度量 EL 的分散情况，根据方差求和法则可得

$$\begin{aligned} V(EL) &= E[V(EL/n)] + V[E(EL/n)] \\ &= E[n \times V(LGD)] + V[n \times E(LGD)] \\ &= E(n)V(LGD) + V(n)[E(LGD)]^2 \\ &= NpV(LGD) + Np(1-p)[E(LGD)]^2 \end{aligned} \tag{5-4}$$

当 $N = 1$ 时，可以得到

$$SD(EL) = \sqrt{pV(LDG) + p(1-p)[E(LGD)]^2} \tag{5-5}$$

由此可得，预期损失的波动率，即 SD(EL)，是受 LGD 的方差和违约概率的方差影响。而且 SD(EL) 与 p 之间的关系是非线性的，SD(EL) 比 E(EL) 随 p 增长的更快。由此我们可以得出，预期损失分散程度在高违约概率下比平均预期损失要大。由此可见，违约概率对于计算预期损失及衡量预期损失的波动率都很重要，关于违约概率的度量，我们将在第 4 节信用风险计量模型中详细讨论。[①]

5.1.2.2 信用评级指标

信用评级结果是债券信用风险的符号化表现，在国际债券市场，穆迪、标普、惠誉三大评级机构的评级结果具有广泛、深远的公信力和影响力，其关于债券信用评级结果的调整往往会对债券市场产生影响。

就中国债券市场而言，信用评级的作用也在不断提高。美国债券市场的发展历史较长，累积的违约概率、回收率数据较多，因此无论从违约概率的角度还是从违约损失率的角度均可以进行信用风险的研究。相比之下，中国债券市场的发展历史不长，违约概率和违约损失率的数据均有所欠缺，因此相对容易获得的信用评级信息成为中国企业债券市场投资者制定投资决策的主要依据。

对于信用风险的衡量主要通过信用等级及其变动来表示，国际有穆迪、标普、惠誉这三大评级机构，国内有中诚信国际信用评级有限责任公司（以下简称"中诚信"）、联合资信评估有限公司（以下简称"联合资信"）、大公国际资信评估有限责任公司（以下简称"大公资信"）、上海新世纪资信评估投资服务有限公司（以下简称"新世纪"）、东方金诚国际信用评估有限公司（以下简称"东方金诚"）等主要信用评级机构。信用评级机构用多个信用等级符号将债券从最高等级至最低等级进行划分，以反映债券的信用水平高低。除信用等级符号外，评级机构还会通过信用评级展望的变动来反映信用风险的变动。一般来说，信用评级机构对公司信用风险的分析主要立足于公司的微观因素

[①] 飞利浦·乔瑞. 金融风险管理师考试手册（第六版）[M]. 北京：中国人民大学出版社，2012.

分析，同时兼顾宏观经济环境、行业发展状况等因素。表 5-1 显示了三大国际评级机构穆迪、标普、惠誉的信用等级符号，以及中诚信与之相对应的信用评级符号。关于信用评级的详细内容，我们将在本章的第 3 节继续讨论。

表 5-1 评级公司长期信用等级符号

穆迪	标普	惠誉	中诚信	备注
Aaa	AAA	AAA	AAA	投资级
Aa1	AA+	AA+	AA+	
Aa2	AA	AA	AA	
Aa3	AA−	AA−	AA−	
A1	A+	A+	A+	
A2	A	A	A	
A3	A−	A−	A−	
Baa1	BBB+	BBB+	BBB+	
Baa2	BBB	BBB	BBB	
Baa3	BBB−	BBB−	BBB−	
Ba1	BB+	BB+	BB+	投机级
Ba2	BB	BB	BB	
Ba3	BB−	BB−	BB−	
B1	B+	B+	B+	
B2	B	B	B	
B3	B−	B−	B−	
Caa1	CCC+	CCC+	CCC+	
Caa2	CCC	CCC	CCC	
Caa3	CCC−	CCC−	CCC−	

资料来源：穆迪、标普、惠誉的官方网站。

5.2 信用风险分类与示例

信用风险是因为交易对手在交易过程中不能履行义务而造成损失的风险，包括贷款或债券的违约风险、债券市场价格风险（价差风险），以及在衍生品交易中对手方无法履行必须支付的风险（Darrell Duffie，2009）。

5.2.1 违约风险

债券发行者因各种原因不能按时兑付债券契约规定的利息和本金而发生违约,由此带给企业债券投资者的风险叫做违约风险。中央政府发行的国债,由于国家担保,在所有债券市场被公认为是金边债券,不存在违约风险。地方政府和公司发行的债券则存在违约的可能,这就需要债券市场的评级机构对发行债券进行合理评价定级,供投资者参考。一般地,若某种债券被认为违约风险较高,则会被要求较高的收益率作为回报,即信用价差,以弥补可能要承受的损失。信用价差(credit spread, CS)指的是发行期限相同、到期日相同的企业债和国债到期收益率(无风险利率)之间的差额,即为了补偿投资者所承担的违约风险,企业债券到期收益率高于无风险收益率的部分(Schmid, 2014)。本章将会在第 3 节详细介绍信用价差。

近年来中国债券市场打破刚兑,信用风险事件层出不穷,违约次数也逐年增加,并呈现出一定的所有制特点:由于民营企业较难获得政府、银行的支持,因此民营企业更易陷入资金困境,发生信用风险事件。2014—2015 年,信用风险事件主要发生在民营企业。2016 年以来,由于我国政府积极推进供给侧改革,大力淘汰落后产能、处置僵尸企业、优化资源配置,导致部分中央国有企业和地方国有企业也发生了信用风险事件。2016 年,民营企业发生了 34 次信用风险事件,地方国有企业发生了 18 次信用风险事件,较 2015 年增加了 200%,中央国有企业发生了 4 次信用风险事件。[①] 下面我们通过案例来讨论三种不同企业性质的信用违约事件。

【案例 5-1】

民营企业违约事件——大连机床集团

大连机床集团有限责任公司(以下简标"大连机床集团")为民营企业,第一大股东为大连高金科技发展有限公司,经营范围包括机床制造与销售,机床零部件、汽车零部件、机床安装维修等,在全国设有 27 个销售办事处,在国外设有 12 个销售办事处,产品出口 100 多个国家和地区。2016 年 11 月 21 日,15 机床 CP003 未能偿还本息,大连机床于 2016 年 11 月 22 日兑付 15 机床 CP003 全部本息。而 2016 年 12 月 29 日,15 机床 CP004 再度发生违约。截至 2017 年 12 月 20 日,大连机床集团共有 8 支债券涉及违约:14 机床 PPN001、15 机床 CP004、15 机床 PPN001、15 机床 MTN001、16 大机床 SCP001、16 大机床 SCP002、16 大机床 SCP003 和 16 大机床 MTN001。

大连机床集团违约前征兆:受国内宏观经济环境下行、公司产品结构调整、融资受阻等因素影响,公司资金链极度紧张,最终导致多支债券违约。

大连机床集团违约债券情况如下表所示:

---

① 数据来源:联合评级. 2016 年中国债券市场信用风险事件分析[R]. 2016.

大连机床集团违约债券情况 （单位：亿元）

发行人	代码	名称	发生日期	发行时主体评级	债券余额	公司属性	省份
大连机床集团有限责任公司	041564104.IB	15机床CP004	2016-12-29	AA	5.00	民营企业	辽宁省
	031490382.IB	14机床PPN001	2017-05-24	AA-	5.00	民营企业	辽宁省
	011698209.IB	16大机床SCP002	2017-02-13	AA	5.00	民营企业	辽宁省
大连机床集团有限责任公司	031564013.IB	15机床PPN001	2017-02-06	AA	5.00	民营企业	辽宁省
	011698689.IB	16大机床SCP003	2017-02-07	AA	5.00	民营企业	辽宁省
	101660002.IB	16大机床MTN001	2017-01-16	AA	4.00	民营企业	辽宁省
	041560105.IB	15机床CP003	2016-11-21	AA	2.00	民营企业	辽宁省
	011699439.IB	16大机床SCP001	2016-12-12	AA	5.00	民营企业	辽宁省
	101560041.IB	15机床MTN001	2017-07-31	AA	4.00	民营企业	辽宁省

资料来源：WIND。

【案例5-2】

国企违约事件——川煤集团

川煤集团为地方国有企业，由四川省国有资产监督管理委员会100%控股。截至2016年，川煤集团共涉入两起违约事件：2016年6月15日，15川煤炭CP001本息违约，后续在省委省政府支持下，公司在一个月内足额偿付15川煤炭CP001本息；2016年12月26日，13川煤炭PPN001再度本息违约。截至2017年12月20日，川煤集团共有5支债券涉及违约：14川煤炭PPN002、14川煤炭PPN001、12川煤炭MTN1、13川煤炭PPN001和15川煤炭CP001。

川煤集团违约前征兆：

评级下调：新世纪和联合资信下调主体评级至C。

业绩亏损：2016年10月26日，公司公布1—9月经营业绩亏损，资金趋紧。

川煤集团存量债券情况如下表所示：

川煤集团存量债券情况 （单位：亿元）

发行人	代码	名称	发生日期	发行时主体评级	债券余额	公司属性	省份
四川省煤炭产业集团有限责任公司	031390443.IB	13川煤炭PPN001	2016-12-26	AA+	10.00	地方国有企业	四川省
	041576001.IB	15川煤炭CP001	2016-06-15	AA+	10.00	地方国有企业	四川省
	1282153.IB	12川煤炭MTN1	2017-05-15	AA	5.00	地方国有企业	四川省
	031490367.IB	14川煤炭PPN001	2017-05-19	AA+	10.00	地方国有企业	四川省
	031490870.IB	14川煤炭PPN002	2017-09-28	AA+	5.00	地方国有企业	四川省

资料来源：WIND。

【案例 5-3】

外资企业违约事件——山水集团

山东山水水泥集团有限公司（山东山水）是在中国香港地区上市的山水水泥在内地的主要运营实体，主要从事水泥的生产与销售，主要产能分布在山东、辽宁等地。2015以来，围绕母公司中国山水水泥集团有限公司（山水水泥，0691.HK）及山水水泥的母公司中国山水投资有限公司（山水投资）的控制权争斗问题，公司经营和融资环境发生严重恶化，外部评级多次下调，中诚信于2015年9月15日将公司评级由AA+下调至AA并列入可能降级名单，同年11月3日大幅下调至A+，11月6日公司发布15山水SCP001兑付风险提示公告，中诚信将其评级下调至A-，9日下调至BB-，11月11日公司公告15山水SCP001预计发生违约后，中诚信又将其评级下调至CC。

截至2017年12月20日，山水集团共涉入4起违约事件：2016年1月21日，13山水MTN1本息违约；2016年2月14日，15山水SCP002本息违约，本金拖欠；2017年2月27日，14山水MTN001本息违约；2017年5月12日，14山水MTN002本息违约。

山水集团违约前征兆：

连续评级下调：中诚信调低主体评级至C。

母公司股权变动：母公司中国山水深陷控股权纷争。山水集团控制权及管理层存在极大的不确定性，导致公司的融资渠道受到限制。

公司内部问题：2015年8月4日公司小股东发出投诉信。

山水集团违约债券情况如下表示：

山水集团违约债券情况 （单位：亿元）

发行人	代码	名称	发生日期	发行时主体评级	债券余额	公司属性	省份
山东山水水泥集团有限公司	011599252.IB	15山水SCP002	2016-02-14	AA+	8.00	外商独资企业	山东省
	101458004.IB	14山水MTN001	2017-02-27	AA+	10.00	外商独资企业	山东省
	1382028.IB	13山水MTN1	2016-01-21	AA	18.00	外商独资企业	山东省
	101458016.IB	14山水MTN002	2017-05-12	AA+	12.00	外商独资企业	山东省

资料来源：WIND。

根据上述不同企业性质的案例分析，我们可以总结出债券发行主体发生违约风险的一些特征：

- 违约前期发行主体经常会出现一些征兆，例如，债券评级连续下调、公司业绩亏损、公司治理问题及延迟披露财报等情况。
- 同一个主体一支债券违约后，紧接六个月内到期的债务有极大概率相继违约，而这种现象又称为交叉违约（cross default）。
- 信用风险发生较多的行业特点：行业具有较强周期性，产品的需求弹性较大，易受到宏观经济波动影响，行业产能过剩、库存压力较大。
- 从企业性质来看，中央及地方国企违约风险有所上升，但风险事件的发生主体还是以民营企业为主。图5-1显示了我国债券市场不同企业性质的发行主体违约风险事件的次数。

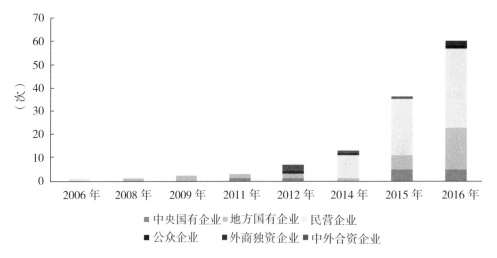

图 5-1　不同企业性质的发行主体违约风险事件的次数

资料来源：WIND，联合资信。

5.2.2　价差风险

价差风险（特指债券市场价格风险），在证券市场上特指由于债务人信用评级下降而导致价格下降的风险（Darrell Duffie，2009）。在二级市场上，企业债券的价格会随着债务人的信用状况和履约能力的变化而变化，这种由于发债企业信用等级下降、盈利能力降低而使债权人信用资产价值变化而蒙受损失的风险就是价差风险。价差风险的衡量主要通过信用评级及其变动来表示。信用评级是评级机构对债券发行人或其他债务人未来全额并按时向投资者偿付到期本息的能力、法律责任和意愿所进行的评价。在国际债券市场，穆迪、标普、惠誉三大评级机构分析公司的财务数据和业务运行数据，并结合行业趋势及宏观经济背景做出风险特征的判定。权威评级机构的结果具有广泛、深远的公信力和影响力，其关于债券信用评级结果的调整往往会对债券市场产生影响。

【案例 5-4】

宏桥集团出现负面事件，债券估值大跌

中国宏桥集团（以下简称"宏桥"）位于山东，是国内电解铝主要民营企业之一。公司主要产品包括液态铝合金、铝合金锭、铝合金铸轧产品及铝母线等。公司2011年于香港联交所上市，内地对应运营实体主要为山东宏桥新型材料有限公司，铝板块经营主体为全资子公司魏桥铝电。2017年3月，外资做空机构艾默生发布报告沽空宏桥，此后宏桥接连遭遇股票停牌、国际评级下调、审计师暂停审计等负面事件，股票跌幅约17%。沽空机构主要质疑之处为宏桥虚报其电力、氧化铝等成本，并存在大规模关联交易和利益输送问题。宏桥近几年资产负债率一直较高，沽空事件下外界对其偿债能力产生质疑。

2016年以来，公司经营规模不断扩大，带动融资需求急速提升，公司在公开市场发行多期债务融资工具，总有息债务规模大幅增加，占总负债的比重也持续增长，但债务结构仍以长期有息债务为主。截至2016年第三季度，该公司资产负债率已达65.7%，有息负债及长期负债均出现较快增长且债券占比较高。

自2017年3月宏桥出现负面事件以来，其发行的债券估值收益率大幅上行，估值净价大幅下跌。14宏桥01在2017年3月末估值收益率上行超过350BP，估值净价从112.211元（3月28日）一度跌到99.904元（4月7日）；而15鲁宏桥MTN001则在短短一周之内上行超过400BP，估值净价从100.525元（3月28日）跌到96.424元（4月5日）（如下图所示）。宏桥集团发行债券虽然暂未出现违约，但其负面消息导致信用等级下降，债券市场价格大幅下跌，债权人遭受损失。

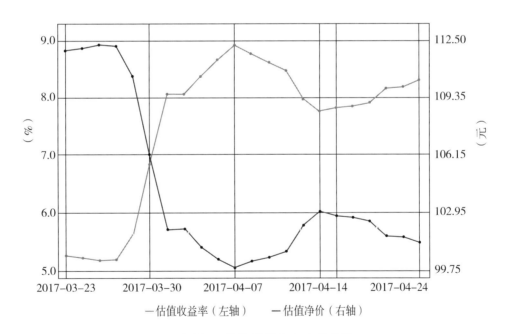

14宏桥01估值收益率与净价曲线

资料来源：Sumscope QB 网站。

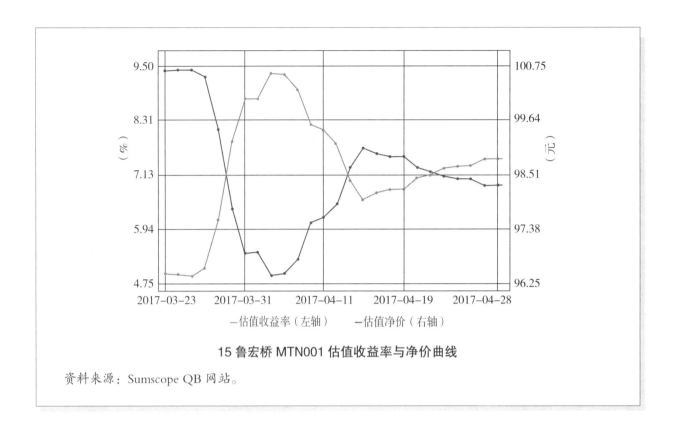

15 鲁宏桥 MTN001 估值收益率与净价曲线

资料来源：Sumscope QB 网站。

5.2.3 交易对手风险

信用风险的另一种表现形式是《巴塞尔协议Ⅱ》中提及的交易对手风险（counterparty risk），指交易对手不履约的风险。此类风险多存在于远期、期货、掉期交易之中，指因交易对手在合同约定日期无法履约所带来的风险。

交易对手风险既受基础资产风险因子波动的影响，又与净额结算和抵押品等制度安排直接相关，增加了市场对交易对手风险认知和风险敞口计量的难度。2008年金融危机之后，各国监管机构进一步加强了系统性风险管控，交易对手风险成为危机后外部监管机构和商业银行风险管理的重要内容。因为交易对手风险的存在，使得信用衍生产品并不能完全消除信用风险。但是同一般的信用风险相比，信用衍生产品本身的交易对手风险是较小的。这是因为信用衍生产品的交易对手或为一流的商业银行，或为信用等级是AAA级的投资银行。这两类机构本身必定资本充足且违约概率较小。

期权、掉期等金融衍生工具是无备资的（unfunded），交易各方只需要对各自支付的费用负责，而不需要投资标的资产。以信用违约互换（CDS）为例，表5-2描述了交易对手风险对CDS定价的影响。价差依赖于交易对手的违约风险以及与标的资产违约风险之间的相关性：例如若交易对手不会违约，那么基于BBB信用级别的CDS价差为194BP。

表 5-2　不同交易对手的 CDS 价差（参考债务评级为 BBB 的 5 年期债券）

相关系数	互换交易对手的信用级别			
	AAA	AA	A	BBB
0	194	194	194	194
0.2	191	190	189	186
0.4	187	185	181	175
0.6	182	178	171	159
0.8	177	171	157	134

资料来源：摘自 Hull, J., and White, A. Valuing credit default swaps II: Modeling default correlation [J]. *Journal of Derivatives*, 2001, 8: 12—21.

5.3　信用评级

5.3.1　信用评级的定义及其作用

5.3.1.1　信用评级的定义

信用评级是对信用风险的揭示。具体来说，信用评级是由第三方评级机构，根据独立、客观、公正的原则，通过搜集影响发债主体或债务工具信用基本面的信息，采用完整的分析框架和分析方法，对发债主体或债务工具在特定时期内偿还债务的意愿与能力进行评价，并用简单符号将这些意见表达出来。

在信用评级过程中，将涉及一些基本对象和概念。

第一，信用评级的对象。信用评级的对象一般可分为发债主体和债务工具两类，对应将形成主体信用评级和债项信用评级。主体信用评级是以企业或经济主体为对象的信用评级，主要包括工商企业、金融机构和政府（主权政府和地方政府）三大类。债项信用评级是在主体信用评级基础上，对其发行的各种债务工具进行评级。

第二，信用评级机构。信用评级机构是依法设立、从事信用评级业务的社会中介机构，具有独立性和专业性。其独立性是指信用评级业务不受发债主体和其他社会参与机构的影响，同时评级机构应建立"防火墙"制度和回避制度等内部管理制度，使分析师开展评级业务时不受对评级客观性有影响的因素的干扰。其专业性是指信用评级机构需要建立信用评级框架及信用评级流程和管理制度，以专门的符号向债券市场传递发债主体或债务工具信用风险大小的信息。

第三，信用评级结果。信用评级的结果是信用评级机构通过对经济主体、债务工具的信用风险分析，形成具有信用等级符号标识的信用评级报告。信用评级报告详细展示了信用评级机构对发债主体或债务工具未来偿还意愿和能力的预期。信用评级机构对搜集后的被评对象资料进行如实记载和系统整理分析，按既定的评级要求和程序给予信用等级，并撰写充分反映评级对象的真实信用情况和未来信用状况预期的报告。

5.3.1.2 信用评级的作用

第一，信用评级具有揭示信用风险的作用，也是定价的参照物。不同风险偏好的投资者可以依据信用评级机构提供的评级结果和市场机制，对债券利率进行确定。从这个意义上说，信用评级发挥了定价参考功能。第二，信用评级缓解了投资者与发行者之间的信息不对称，对于投资者来说有助于其实行有效的风险管理，对于发行者来说也有助于其降低交易成本和交易费用。第三，无论是在发达经济体还是新兴经济体的债券发行监管制度中，发债主体大多需要提交信用评级报告，因而信用评级成为债券发行的必要条件。

5.3.2 国内外信用评级行业的发展

5.3.2.1 国外信用评级行业的发展历史与主要机构

美国。世界上最早的信用评级机构产生于美国，1841年，路易斯·塔班（Louis Tappan）为了给商业合作伙伴提供交易对手资信情况，在纽约建立了第一个商业评级机构。但美国信用评级行业开始快速发展是在20世纪初，当时美国债券市场受大规模铁路融资需求推动开始进入快速发展阶段。由于投资者质疑金融机构在铁路债券的发行过程中利用信息优势获利，因此迫切需要独立第三方机构提供的参考信息。基于此，约翰·穆迪（John Moody）开始提供对于铁路公司财务状况和信用记录的评估结果。他在《美国铁路投资分析手册》（*Moody's Analysis of Railroad Investment*）中，首次发布了铁路债券的评级情况，以简单明了的"Aaa"到"C"的符号表示评级结果。此后，评级业务范围逐步扩大，到1924年，几乎市场上所有债务融资工具都有了评级，评级机构也逐渐增多，包括普尔出版公司（Poor's Publishing Company）、标准统计公司（Standard Statistics）[①]及惠誉出版公司（Fitch Publishing Company）等。

1974年，美国发生了严重的经济衰退。在这次危机中，部分被给予较高信用级别的公司也发生了违约事件，如"宾州中央铁路公司"。投资者开始逐渐意识到，并非所有评级机构出具的评级结论都能很好地揭示信用风险。基于此，1975年美国证监会通过"无异议函"（no action letter）的方式将穆迪、标普和惠誉公司确认为第一批"全国认可的统计评级机构"（nationally recognized statistical rating organizations，NRSROs），并用NRSROs的评级结果来确定证券经纪公司的净资本。随后，基金、银行、保险等监管机构也采用了类似规则，这使得NRSROs的评级结果开始与监管紧密相连，穆迪、标普和惠誉也由此开始走向评级行业的垄断地位。除此以外，评级机构为了帮助投资者更准确地区分同一级别债券风险水平的差异，开始对评级符号进一步细分，惠誉、标普在原有评级符号上增加了"+""-"号，穆迪则采用数字1、2、3区分。

---

① 1941年标准统计公司与普尔出版公司合并为标准普尔（S&P）。

尽管穆迪、标普、惠誉三大评级机构在揭示信用风险、提高债券发行效率与降低交易成本等方面发挥了不可替代的作用，但在"安然事件""世通破产"、次贷危机、欧洲主权债务危机等事件中，三大机构未能成功"预警"的表现使得市场重新思考信用评级行业及其作用。为了进一步完善信用评级行业发展，监管机构出台了多项法案加强行业规范管理，国际证监会组织（IOSCO）于2003年和2004年分别出台了《关于信用评级机构业务原则的声明》和《信用评级机构基本行为准则》；美国于2006年颁布了《信用评级改革法案》，正式将评级行业纳入监管范畴，又于2009年颁布了《多德－弗兰克法案》，提到了减少对信用评级过度依赖等改革思路。

欧洲与亚洲。欧洲本土的信用评级机构规模较小，主要原因是在20世纪60年代初欧洲债券市场发展初期，美国三大评级机构已利用其先发优势在欧洲主要国家实现了信用评级行业垄断地位，欧洲本土机构难以竞争，其最大的评级公司IB-CA也于1997年并入惠誉。2008年金融危机后，欧洲监管机构意识到评级话语权的重要性，监管思路也逐步由松散自律向集中监管变迁。2009年欧洲监管机构出台了《信用评级机构监管法规》，建立了统一的评级机构准入退出机制，制定并逐步完善评级执业规范，设计并不断探讨促进本土评级机构的发展政策。

亚洲地区的信用评级行业则起步较晚，仍处于发展初期，相较于其他亚洲国家，日韩的评级行业相对成熟。日本评级市场由R&I(Rating and Investment Information，Inc.)和JCR(Japan Credit Rating Agency, Ltd.)主导，二者均获得了NRSROs资格，但为了将业务发展重心聚焦于本土，目前R&I已主动退出NRSROs。韩国评级业务起步于20世纪80年代，国内市场上主要以KIS(韩国投资者服务公司)、NICE（国家信用评估公司）和KR（韩国评级）为主，其中KIS和KR分别是穆迪和惠誉的控股子公司。亚洲其他较为知名的评级机构包括CRISIL（印度信贷评级信息服务有限公司）、TRIS（泰国评级信息服务公司）、RAM（马来西亚评级公司）等，新加坡尚未成立本土的评级机构。

5.3.2.2 国内信用评级行业的发展历史与主要机构

我国信用评级行业起步于20世纪80年代后期。1984年，我国开始发行企业债券，1988年，在借鉴国外债券市场经验的基础上，中国人民银行和国家经济体制改革委员会提出要组建信用评级机构的设想要求。1988年，上海市远东资信评估有限公司成立，这是我国第一家独立于金融系统的外部资信评级机构。由于规范管理、风险控制等制度方面的不完善，各地兑付风险随着我国企业债券市场规模的不断上升而不断暴露。1993年，国务院发布了《关于坚决制止乱集资和加强债券发行管理的通知》，这一通知要求在国库券发行任务完成之前不得发行企业债券。1993年8月，《企业债券管理条例》发布，强化了债券发行的行政审批。审批制使得监管机构对发债主体的资质、发行额度、资金用途、发行利率进行了多环节、长周期的控制，导致我国债券市场发行规模急剧下降。另外，审批制下的债券发行采取行政化定价，发行人的信用风险难以体现，加上政府或银行的"兜底"机制，信用评级的风险揭示功能失去了意义。

审批制和"兜底"机制虽然使得信用风险难以体现，却也同时说明了客观有效的信用评级的重要性。1992年12月，国务院颁布的《关于进一步加强证券市场宏观管理的通知》中，首次明确"证券的发行必须经过严格财务审核、信用评级"。随后，信用评级机构数量迅速增长。中国诚信证券评估有限公司（中诚信曾用名）作为当时人民银行总行认可的唯一全国性评级机构，占据了中央企业债的评级市场；此外，上海新世纪投资服务公司（新世纪曾用名）、大公资信等一批评级机构也相继建立，同时也产生了不少地方评级机构。为了解决地区分割和资信评级机构过多的问题，1997年，人民银行发布了《关于中国诚信证券评估有限公司等机构从事企业债券信用评级业务资格的通知》，认可了九家从事全国范围内企业债券信用评级业务的机构。2003年，保监会和发改委先后明确了中诚信、大公资信、联合资信、上海远东、新世纪五家机构的评级资质，初步建立了我国评级行业的竞争格局。

2004年，国务院发布了《关于推进资本市场改革开放和稳定发展的若干意见》，进一步提出要积极稳妥发展债券市场，鼓励符合条件的企业通过发行公司债券来筹集资金，之后，我国信用债市场进入快速发展阶段（见图5-2）。一方面，债券品种更加丰富，短期融资券、中期票据、公司债、中小企业私募债等相继推出；另一方面，市场规模迅速扩大，信用债市场存量从2004年年末的1 488.43亿元增长至2016年年末的177 862.5亿元。信用评级行业也随之蓬勃发展。目前，中诚信、联合资信、大公资信、新世纪、鹏元资信等评级机构占据了我国债券信用评级市场的主要份额。2010年，交易商协会代表全体会员出资设立了中债资信评估有限公司，是我国首家采用投资人付费营运模式的评级公司，得到了付费投资人的普遍认可。

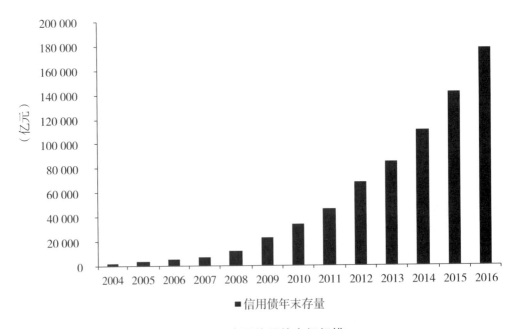

图5-2 我国信用债市场规模

资料来源：WIND。

5.3.3 信用评级的基本思路与等级符号体系

5.3.3.1 信用评级的基本方法

要素分析法。信用评级的方法大致可以分为要素分析法和模型分析法。要素分析法是评级机构对评级对象信用风险分析时采用的专家分析法之一，主要是通过影响信用的相关风险因素及其变化来确定信用状况，并不断调整自己的分析重点。具体来看包括"5C"要素分析法、"5P"要素分析法、"骆驼"评级体系等。

"5C"要素分析法是西方商业银行在长期的经营过程中，总结归纳出的对客户信用品质评估的方法，主要从品质（character）、能力（capacity）、资本（capital）、抵押（collateral）、条件（condition）几个角度来评估。后来在"5C"的基础上增加了连续性（continuity），构成了"6C"要素分析法。

"5P"要素分析法与其相似，包括个人因素（personal）、资金用途因素（purpose）、还款来源因素（payment）、债权保障因素（protection）和企业前景因素（perspective）。

"骆驼"评级体系是目前美国金融监管当局对商业银行及其他金融机构进行信用评价的一套规范化的综合等级评定制度，主要从五个方面进行考核，包括资本充足性（capital adequacy）、资产质量（asset quality）、管理水平（management）、盈利水平（earnings）和流动性（liquidity），组成在一起即为"CAMEL"。1991年后，美国对骆驼评级体系进行了修订，加入了市场风险敏感度（sensitivity of market risk），主要考察资产价格变化对金融机构的收益或资本产生的影响，使得"CAMEL"体系扩展为"CAMELS"体系，并成为世界上许多银行进行信用评级的基本框架。

要素分析法可以从整体上把握评级对象的信用质量，但对评估人员的综合业务能力及专业水平提出了较高要求。同时由于缺乏明确的标准，可能会造成主观性与随意性，所以催生了模型分析法。

模型分析法。随着数学、统计与计量学科的发展，模型分析法开始逐渐被引入信用评级领域，主要可分为多变量模型、KMV模型、信用矩阵模型、风险调整的资本收益模型等。由于本章还将对主要的信用风险计量模型进行详细讨论，故在此只做简单介绍。

多变量模型是以财务比率为解释变量，通过统计方法筛选出能提供较多信息的变量并建立起判别函数，主要包括线性概率模型（Z/Zeta）、Logit模型与Probit模型等。其中，线性概率模型主要指Z评分模型，该模型通过预测企业破产的可能性来预测其违约风险，并有针对上市公司、非上市公司、非制造企业的三个子模型。Zeta模型是在Z评分模型基础上增加了两个变量，使其适应范围更广，对不良借款人的辨认精确度也大大提高。

KMV模型由美国KMV公司在1993年创立，它利用期权定价理论对信用风险进行度量。KMV模型认为，债权债务关系可以进一步分解为两个合约：一是债务到期时，债务人必须依据合同偿还债权人本金与利息；二是债权人售给债务人一个"期权"合约，允许债务人在资产总额小于其负债时执行该期权，标的资产为债务人的资产。KMV模型具有较强的理论基础，预测能力较好，应用范围也较为广泛。

信用矩阵模型是建立于 VaR 的框架之上的。信用矩阵模型最初被用于评估银行的信贷风险，它基于银行掌握的债务人相关资料，根据市场信用风险价差来计算贷款在一定期限内的市场价值及其波动性，得出个别贷款和贷款组合的 VaR 值，从而对贷款与非交易资产进行估价与风险计算。

风险调整的资本收益模型（risk adjusted return on capital，RAROC）是指收益与潜在亏损或 VaR 的比值，它主要考虑的是获得一项盈利的投资风险值的大小或潜在亏损，有利于抑制过度投机、避免大额亏损。

5.3.3.2 信用评级符号及其含义

信用评级机构最终会通过评级符号来表示评级对象信用风险的大小。整体来看，评级符号系统可以分为长期评级、短期评级、评级展望和观察名单。

长期信用评级。 所谓长期信用评级，反映的是一年及一年以上的信用风险。根据前文介绍，我们已知信用风险是债务人违约带来的损失和不确定性。可以用违约概率来代表评级对象在一定时间内违约的可能性，用违约损失率来代表评级对象违约后投资者可能遭受的损失比例，二者相乘便是预期损失率（expected loss ratio）。

不同的评级公司在评级时侧重点有所差异，其符号含义也略有不同。以穆迪和标普为例：穆迪更加强调预期损失率，他认为长期信用评级表示的是不同债务可能给投资者带来信用损失的大小，因此其评级体系同时考虑了债务违约的可能性与违约后的可能损失的大小。标普则更加强调债务人的偿还能力，认为其长期信用评级主要衡量的是违约概率。

表 5-3 显示了穆迪和标普长期信用评级的符号及含义。

表 5-3 穆迪和标普长期信用评级符号及含义

穆迪长期信用评级符号		标普长期信用评级符号	
符号	定义	符号	定义
Aaa	具备最高的信用质量，最低的信用风险	AAA	债务人对债务有极强的偿还能力
Aa	具备高的信用质量与非常低的信用风险	AA	与 AAA 的债务仅有少部分差异，债务人的偿还能力非常强
A	中上等级的债务，具备低信用风险	A	与更高级别的债务相比，该评级债务更易受到环境和经济周期变化影响，但是偿还能力仍较好
Baa	具备中等信用风险，因此存在某些投机级债券特征	BBB	具备足够的保护特征，但是不利的环境和经济周期变化可能弱化债务人的偿还能力
Ba	拥有相当程度的信用风险，具备投机性	BB	在投机级债券中，不偿还的风险相对低，但面临业务、财务和经济上重大且持续不确定的情况时，偿债能力可能下降
B	面临高的信用风险，投机性	B	相对于 BB 级不偿还的可能性更高，但是债务人目前尚有能力偿还债务，一旦业务、财务和经济环境逆转都可能损害其债务偿还能力

(续表)

穆迪长期信用评级符号		标普长期信用评级符号	
Caa	信用风险高，债务情况较差	CCC	债务已经濒临难以偿还的边缘，严重依赖于有利的业务、财务或经济环境
Ca	非常接近或已经违约，但投资人有一定可能性收回本金和利息	CC	具备很高不能按期偿还的可能性
C	一般已经违约，且投资人收回本金或利息的可能性不高	C	债务人已经处于被请求破产保护或类似情况，但该债务的偿付仍在进行
		D	违约已经实际发生

注：穆迪在原有等级上采用数字1、2、3进行微调，标普在原有等级上采用"+""-"号进行微调。

资料来源：穆迪、标普、中金公司的官方网站。

穆迪和标普将 Baa 或 BBB 级以上的评级定义为投资级别，这些等级以下的则属于投机级。投资级和投机级的主要区别是债务人的偿债能力多大程度会受到经济周期和不利环境变化的影响，级别越高的发行人，其偿还能力对有利外部环境的依赖程度越低，也因此更容易得到长期持有的配置型投资者的偏好。

评级对象既可以是主体，也可以是债项，同一发行人的不同债项评级结果可能不同。这是因为主体评级反映的是发行人按时偿还"优先无担保"债项的能力与意愿，如果债项的优先级别或担保抵押等条件高于"优先无担保"，债项的评级可能高于主体评级。比如目前国内发行的信用债中，不少是带有"无条件连带责任担保"的债券，其评级可能高于发行人自身主体评级。

另外应注意，评级符号只是对同一时间点信用风险的相对排序。在相同时间点，级别高的债务人预期损失率或违约概率应低于级别低的发行人，但并非任何时候违约概率都低于级别低的发行人。

短期信用评级。短期评级与长期评级一样，也是对发行人信用基本面的考察，但是在定义上，评级机构更关注发行人的违约概率风险。同时，由于评级对象短期违约风险的差距小于长期，所以短期评级符号较长期有明显减少。

表 5-4 显示了穆迪和标普短期信用评级的符号及含义。

表 5-4 穆迪和标普短期信用评级符号及含义

穆迪的短期信用评级符号		标普的短期信用评级符号	
符号	定义	符号	定义
P-1	有极强的偿还短期债务能力	A-1	债务人有超强的偿还能力
P-2	有很强的偿还短期债务能力	A-2	与 A-1 相比，该级别的短期债务更容易受到环境和经济周期变化的影响，但是其偿债能力依然令人满意
P-3	有可接受的偿还短期债务能力	A-3	短期债务具备很强的投机性特征，目前能偿还短期债务，但业务、财务和经济重大且持续的不确定性会导致其短期偿债能力受损

（续表）

穆迪的短期信用评级符号		标普的短期信用评级符号	
NP	不属于任何评级为 P 的规划	B	债务人目前能偿还短期债务，但业务、财务和经济上存在重大且持续的不确定性
		C	债务人的短期偿还能力极度依赖有利的业务、财务或经济环境
		D	违约已经实际发生

资料来源：穆迪、标普、中金公司的官方网站。

长期评级与短期评级并不是割裂的，或者说，长期评级对短期评级有对应和限制影响。即使在经济向好的阶段，如果发行人的长期信用基本面不被看好，短期评级也会受到限制。穆迪和标普的长短期评级对应关系（见图5-3）可以印证这一点。

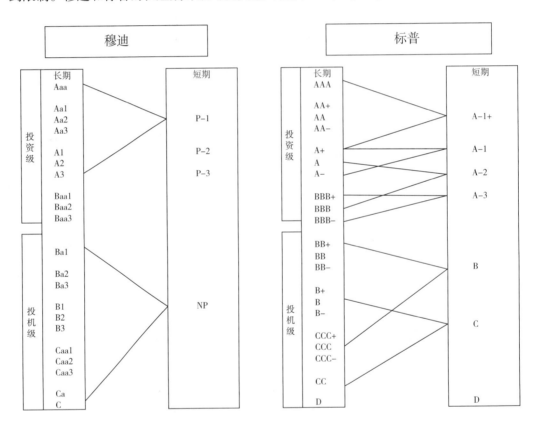

图 5-3 长短期评级符号对应关系

资料来源：穆迪、标普、中金公司的官方网站。

评级展望和观察名单——评级体系的重要补充。除评级符号外，评级体系中还包含了非评级符号，如评级展望和观察名单。这是因为评级公司出于稳定性的考虑，对评级对象的调整非常慎重，但这也使得信用评级的准确性和及时性在一定程度上有所下降。因此，评级公司会将评级展望和评级观察名单纳入评级体系，作为信用评级体系的有效补充。

一般来说，评级公司对于每个获得长期信用评级的发行主体均会有一个评级展望，分为"正面""稳定"和"负面"。评级展望与评级结果的不同之处是，展望更加关注可能引起评级变化的趋势和风险，但这些趋势与风险尚不能明确评估。评级观察名单则是表明发行人发生了或预计将要发生某些事件，这些新的信息偏离了评级公司对发行人评级时的长期趋势，评级公司需要更多信息来决定是否应调整评级。

5.3.3.3 国内外信用评级的异同

我国信用评级行业由于发展较晚，较多地借鉴了国际信用评级体系。我国信用评级体系同样涵盖主体、债项，长期、短期，评级展望和观察名单等要素，从评级符号上来看与标普更为接近。同时，针对中长期评级，每一信用等级可以用"+""-"号进行微调，短期信用评级则不进行微调。表5-5和表5-6显示了我国长期信用评级和短期信用评级的符号及含义。

表5-5 我国长期信用评级符号及含义

评级符号	等级定义
AAA	偿还债务的能力极强，基本不受不利经济环境的影响，违约风险极低
AA	偿还债务的能力很强，受不利经济环境的影响，违约风险很低
A	偿还债务的能力很强，较易受不利经济环境的影响，违约风险较低
BBB	偿还债务的能力一般，受不利经济环境的影响较大，违约风险一般
BB	偿还债务的能力较弱，受不利经济环境的影响很大，违约风险较高
B	偿还债务的能力较多依赖于良好的经济环境，违约风险很高
CCC	偿还债务的能力极度依赖于良好的经济环境，违约风险极高
CC	在破产或重组时可获得保护较少，基本不能保证偿还债务
C	不能偿还债务

注：除AAA级、CCC级（含）以下等级外，每一个信用等级可用"+""-"号进行微调，表示略高或略低于本级。

资料来源：《信贷市场和银行间债券市场信用评级规范》。

表5-6 我国短期信用评级符号及含义

评级符号	等级定义
A-1	还本付息能力最强，安全性最高
A-2	还本付息能力较强，安全性较高
A-3	还本付息能力一般，安全性易受不良环境变化的影响
B	还本付息能力较低，有一定的违约风险
C	还本付息能力很低，违约风险较高
D	不能按期还本付息

资料来源：《信贷市场和银行间债券市场信用评级规范》。

从评级方法来看，国内评级机构与国外评级机构类似，均是通过对评级对象的一系列特定指标的评价来操作。从评级结果来看，我国信用债评级结果存在等级分布范围较窄、评级结果整体偏高的情况。其原因可以从三点分析：（1）我国债券市场尚处于发展初期，从促进债券市场长期健康发展的角度考虑，目前发债主体整体呈现向优质企业倾斜的特点；（2）我国信用债市场投资者结构相对单一，存在风险偏好同质性的问题，存款性金融机构及保险公司均属风险规避型投资者；（3）我国高收益债券发展较为滞后，导致债券市场发行人的信用等级序列并不完整。

另外，同一发行主体的境内债评级结果往往高于境外债。一是因为按照国际惯例，一国境内单位发行的外币债券的评级一般不超过该国长期主权信用评级；二是对同一家企业的风险，国内评级主要衡量其在所有国内企业的信用风险中的排序，而国际评级常反映其在全球所有企业的信用风险排序。

【案例 5-5】

我国房地产公司境内外债券评级结果的差异

X公司是中国领先的商业地产开发商，全球第二大商业地产公司。其核心业务板块包括投资物业租赁及物业管理业务、酒店业务和物业开发及销售业务。2016年，公司控股股东X集团位列2016年中国房企销售金额第10名和销售面积第7名。

2017年5月，国内某评级机构给予X公司主体信用评级为AAA，评级展望稳定。评级公司认为，发行人通过在全国范围内快速复制开发其商业地产项目，实现了规模的迅速扩张，具有很强的品牌优势。发行人本身房地产销售情况良好，与投资物业租赁及管理和酒店运营形成了有机业务整体；与控股股东百货、娱乐等业务形成协同效应，总体经营仍较为稳定。发行人持续较大规模的投资导致公司融资需求强烈，但其经营性净现金流有所增加，对债务和利息的保障程度继续增强。同时，2016年以来，公司先后完成中期票据和公司债发行，在海外资本市场、境内债券市场融资渠道畅通，公司调整债务结构、降低融资成本取得一定成效。综合来看，公司融资渠道更加多元化，融资能力很强。预计未来1—2年，公司逐步向"轻资产"业务转型、去房地产化，公司房地产销售业务规模将减少，投资物业租赁及管理业务有望持续扩大，总体经营仍将相对平稳。

但2017年1月，穆迪将该公司评级由Baa2下调至Baa3，展望负面。穆迪认为X公司正在加速推进其"轻资产"战略，这将推高其债务杠杆，使经营风险上升。穆迪表示，相比传统的物业销售模式，X公司的"轻资产"模式使其资金周转期变长，因为只有在项目建设已经大体完成时，才能获得收益，而传统的物业销售模式下，在项目开发的早期，即可以通过预售回流资金。所以，"轻资产"模式意味着，X公司需要举借更多债务用于项目开发。穆迪预计，未来1—2年，X公司每年需要新增债务约350亿元人民币。

5.3.4 信用评级的应用

5.3.4.1 债券发行市场

由于债券发行人与投资人之间存在信息不对称，信用评级结果可以为发行人提供额外的信息。如果信用评级对市场有充分影响力，即投资者确实将评级结果作为投资依据的话，信用评级越高的债券，应具有越低的发行成本。

这一点在学术界已经得到充分讨论。Ziebart 和 Reiter（1992）的研究表明，债券评级会直接影响债券发行成本，主要是因为评级会传递关于公司财务状况和偿债意愿。Partnoy（1999）全面综述了信用评级的作用，认为评级机构作为中间人向市场展示了发行人的信用质量，降低投资者信息成本和发行人的资本成本。Baker 和 Mansi（2001）认为，发行人利用信用评级可以向市场发出信用质量的信息，从而解决信息不对称问题，降低发行人的借贷成本。Johnson 和 Kriz（2005）也提到，信用评级的提高可以降低利息成本。

我国学者也得到了相似结论。沈宜庆（2009）认为，高质量的信息披露有利于投资者挖掘企业非公开信息，减轻信息不对称，从而降低企业融资成本。何平和金梦（2010）通过对 2007—2009 年的企业债进行实证研究发现，债券信用评级和主体信用评级均对债券发行成本产生显著影响，但债项评级的影响大于主体评级。王子惟（2012）则利用 2008—2011 年的企业债发行数据，通过实证研究得到债项评级和主体评级均会对债券融资成本产生显著影响的结论。

5.3.4.2 债券投资市场

保险机构。保险机构具有法定性、互助性和社会性，这决定了保险机构具有厌恶风险的特征，也因此是市场上投资固定收益类产品的最主要投资机构之一。美国寿险公司投资债券市场的比例在 70% 左右，英国、法国、德国等欧洲国家在债券市场的投资比例也达到了 60% 左右，目前我国保险机构是债券市场的第二大投资主体。

正是因为保险机构投资债券比例较大，加强债券投资风险控制和业务操作流程控制、提高风险管理手段与能力对于保险机构具有重要意义。为此，监管机构对保险公司可投资债券品种、评级及其投资比例做了明确规定（如表 5-7 所示），这对发挥信用评级的作用产生了积极影响，对推动债券市场健康发展也发挥了重要作用。

表 5-7 我国保险机构投资债券的信用等级要求

年份	保监会通知名称	可投债券类别	可投债券级别
2009	《关于增加保险机构债券投资品种的通知》	境内发行，发行人为央企	AAA
		境内发行，发行人为其他企业、属于国家产业政策支持行业	AAA
		香港地区发行，发行人为大型国有企业	A（国际）及以上
2009	《关于债券投资有关事项的通知》	大型国有企业、香港联交所公告的H股和红筹股公司在香港市场发行的债券和可转换债券	BBB（国际）及以上

（续表）

年份	保监会通知名称	可投债券类别	可投债券级别
2009	《关于保险机构投资无担保企业债券有关事宜的通知》	无担保企业债券	AAA
2010	《关于调整保险资金投资政策有关问题的通知》	有担保企业（公司）类债券	A 及上
		无担保企业（公司）类债券	AA 及以上
2012	《保险资金投资债券暂行办法》	有担保企业（公司）类债券	AA 及以上
		无担保企业（公司）类债券	AA 及以上

资料来源：保监会相关资料。

商业银行。信用评级在商业银行中的应用主要是指信用评级在巴塞尔协议体系中的应用。《巴塞尔协议Ⅱ》中确定了计量信用风险的两种方法——标准法和内部评级法。前者是根据外部评级结果，以标准化处理方法计量信用风险，即将信用风险暴露划分到监管当局规定的几个档次上，每个档次对应一个既定的风险权重。《巴塞尔协议Ⅱ》允许银行在确定部分债券的风险权重时可以采用外部评级结果，但仅作为一种备选方案，监管当局可自行决定是否采用。

但是《巴塞尔协议Ⅲ》更加鼓励银行采用内部评级法，主要是为了防止商业银行对外部评级过度依赖。内部评级法通过四个风险要素计算资本要求和风险加权资产的风险权重函数，这四个风险要素包括违约概率、违约损失率、违约风险暴露及久期（maturity）。内部评级计算资本充足率实质上是将银行承担的风险划分为预期损失和非预期损失，预期损失以损失准备金加以补偿，非预期损失则需要由银行的资本金加以补偿。我国《商业银行资本充足率管理办法》明确规定，商业银行可以采用标准法或内部模型法计量市场风险资本要求，但内部模型法的覆盖率应不低于50%。不过，内部评级虽然可以更加灵敏地衡量信用风险及其变动，但由于操作复杂度较高，不少银行仍倾向于应用外部评级。我国商业银行表内资产风险权重情况如表5-8所示。

表5-8 我国商业银行表内资产风险权重表

项目	权重
1. 现金类资产	
1.1 现金	0%
1.2 黄金	0%
1.3 存放中国人民银行款项	0%
2. 对中央政府和中央银行的债权	
2.1 对我国中央政府的债权	0%
2.2 对中国人民银行的债权	0%

（续表）

项目	权重
2.3 对评级 AA-（含 AA-）以上的国家或地区的中央政府和中央银行的债权	0%
2.4 对评级 AA- 以下、A-（含 A-）以上的国家或地区的中央政府和中央银行的债权	20%
2.5 对评级 A- 以下、BBB-（含 BBB-）以上的国家或地区的中央政府和中央银行的债权	50%
2.6 对评级 BBB- 以下、B-（含 B-）以上的国家或地区的中央政府和中央银行的债权	100%
2.7 对评级 B- 以下的国家或地区的中央政府和中央银行的债权	150%
2.8 对未评级的国家或地区的中央政府和中央银行的债权	100%
3. 对我国公共部门实体的债权	20%
4. 对我国金融机构的债权	
4.1 对我国政策性银行的债权（不包括次级债权）	0%
4.2 对我国中央政府投资的金融资产管理公司的债权	
4.2.1 持有我国中央政府投资的金融资产管理公司为收购国有银行不良贷款而定向发行的债券	0%
4.2.2 对我国中央政府投资的金融资产管理公司的其他债权	100%
4.3 对我国其他商业银行的债权（不包括次级债权）	
4.3.1 原始期限 3 个月以内	20%
4.3.2 原始期限 3 个月以上	25%
4.4 对我国商业银行的次级债权（未扣除部分）	100%
4.5 对我国其他金融机构的债权	100%
5. 对在其他国家或地区注册的金融机构和公共部门实体的债权	
5.1 对评级 AA-（含 AA-）以上国家或地区注册的商业银行和公共部门实体的债权	25%
5.2 对评级 AA- 以下、A-（含 A-）以上国家或地区注册的商业银行和公共部门实体的债权	50%
5.3 对评级 A- 以下、B-（含 B-）以上国家或地区注册的商业银行和公共部门实体的债权	100%
5.4 对评级 B- 以下国家或地区注册的商业银行和公共部门实体的债权	150%
5.5 对未评级的国家或地区注册的商业银行和公共部门实体的债权	100%
5.6 对多边开发银行、国际清算银行及国际货币基金组织的债权	0%
5.7 对其他金融机构的债权	100%
6. 对一般企业的债权	100%
7. 对符合标准的微型和小型企业的债权	75%
8. 对个人的债权	
8.1 个人住房抵押贷款	50%
8.2 对已抵押房产，在购房人没有全部归还贷款前，商业银行以再评估后的净值为抵押追加贷款的，追加的部分	150%
8.3 对个人其他债权	75%

(续表)

项目	权重
9. 租赁资产余值	100%
10. 股权	
10.1 对金融机构的股权投资（未扣除部分）	250%
10.2 被动持有的对工商企业的股权投资	400%
10.3 因政策性原因并经国务院特别批准的对工商企业的股权投资	400%
10.4 对工商企业的其他股权投资	1250%
11. 非自用不动产	
11.1 因行使抵押权而持有并在法律规定处分期限内的非自用不动产	100%
11.2 其他非自用不动产	1250%
12. 其他	
12.1 依赖于银行未来盈利的净递延税资产（未扣除部分）	250%
12.2 其他表内资产	100%

资料来源：《商业银行资本管理办法（试行）》。

基金。债券基金和货币基金是基金产品中投资债券占比较高的品种之一。其中，债券基金的契约约定了 80% 以上的基金资产必须投资于固定收益品种，货币基金则仅能投资于货币市场工具，久期小于 180 天且采用摊余成本计价。根据投资范围可以看出，尽管债券基金与货币基金均可投资固定收益类产品，但后者的投资范围更偏向短期有价证券。目前，证监会对证券投资基金可投债券的部分类别做了评级约束（见表 5-9）。

表 5-9 我国商业银行表内资产风险权重表

年份	通知	可投债券类别	可投债券评级
2005	《关于货币市场基金投资短期融资券有关问题的通知》	短期融资券	A-1
		予以豁免信用评级的短期融资券	主体 AAA 或低于中国主权一个级别（国际）
2006	《关于证券投资基金投资资产支持证券有关事项的通知》	货币市场基金投资资产支持证券	AAA
		其他类别的证券投资基金投资资产支持证券	BBB 及以上

资料来源：证监会相关资料。

5.3.5 信用评级的局限

尽管信用评级对债券市场发展产生了重要的正面推动作用，但亦存在一定局限。一方面，从评级结果本身来看，信用评级是带有预测性质的，是对评级对象未来偿债能力和违约风险水平的判断,由于企业处于一个不断变化的外部环境之中,因此可能会出现评级结果和实际不符的情况。同时,评级结果的可靠性与信息能否充分获取相关,但信息获取取决于评级对象的配合程度,但当评级对象提供信息的及时性和客观性较低时,评级结果的客观性必然受限。另一方面,由于信用评级主要为投资者提供"贯穿经济周期的评级"的信息,尤其是很多监管机构和金融机构用信用评级作为债券投资的范围和约束,市场对信用评级的稳定性将有更高的要求。也因此,评级公司只有确认影响评级对象长期信用基本面的因素发生了持续变化时才会对评级进行调整,这使得评级结果将在一定程度上丧失及时性和精确性。

综上,我们可以发现,评级机构的评级结果是对受评对象风险水平的一种意见,但未必可以准确反映评级对象的信用风险。市场参与主体应当理性看待其作用,而不应完全依赖评级结果判断主体或债项的信用风险。由此,投资者应当在参考外部评级的基础上,建立自己的信用基本面分析框架和风险计量模型。

5.4 信用基本面分析和信用风险计量模型

5.4.1 信用基本面分析的基本原则与核心

在研究实践中因为信用风险的复杂性,所有的评级体系都必须在评级的稳定性和准确性之间取得一个均衡。上文已提到,外部评级是基于贯穿经济周期理念的评级,相对更加侧重稳定性,更适合持有到期型投资者和相关风险管理人员、监管机构使用。但外部评级在分析信用利差的变化方向、发现实时的交易机会方面作用较弱。信用债投资者在构建自己的信用分析体系时,必须根据评级结果的应用目标,合理确定自身评级分析的定位。

5.4.1.1 信用分析本身是要做什么

信用分析是要识别和管理信用违约风险,具体来说有两个目标。第一,从风险控制角度考虑,在违约和不违约之间建立一个识别线,区分违约与不违约的主体,这是做信用分析最基本的要求。从这个层面来看,在信用债券定价前,首先应解决确定投资白名单的问题。第二,从风险管理的角度来考虑,不是纯粹的风险控制,是根据信用基本面的情况来给信用债券定价。投资者需要做一个连续的违约曲线来对应企业能够履行债务义务的概率及其违约损失率的情况。这部分是对信用资质进行排序,进而对其债券定价。没有不好的资产,只有定价不合理的资产。违约风险相对大的债券,有合理的价格,也可能是一个好的资产,这个实际是对信用分析更高层面的认识。从这个层面讲,信用分析还有很多衍生的效果,比如做一个风险调整,或者收益率的回报测算,还可以做一些风险收益和风险承受能力之间的权衡,进行投资组合管理,包括证券化的定价等。

信用分析有两个重要的维度。第一个方面是企业业务的维度,要明白企业是干什么的、它是怎么干的、它干的怎么样，分别对应着企业的业务构成、业务模式、经营财务的表现。这是最基本也是必须要掌握的。一个内部信用分析报告至少要用很精简的语言描述清楚这几个问题。第二个方面是时间的维度，过去、现在和未来。企业过去是什么情况、现在是什么情况，最重要的是基于过去和现在来展望未来。这两个维度加在一起，就是要讲清楚这个企业过去是干什么的、怎么干的、干的怎么样；现在是干什么的、怎么干的、干的怎么样；重要的是展望未来，解释企业未来要干什么、它会怎么干、觉得它会干得怎么样。能把这几个问题回答清楚，就基本上是一篇合格的信用分析报告。

表 5-10 信用分析的维度

信用分析的维度	过去	现在	未来
干什么的？（业务构成）	企业过去是干什么的？	企业现在是干什么的？	企业打算干什么？
怎么干的？（业务模式）	过去是怎么干的？	现在是怎么干的？	未来准备怎么干？
干得怎么样？（经营财务表现）	过去干得怎么样？	现在干得怎么样？	他能否干成？干得怎么样？

资料来源：天风证券固定收益总部、国君研究所相关资料。

5.4.1.2 信用分析的特点

信用分析与股票分析的区别如下。

- 信用分析强调的是债权人利益，而非股东利益，二者有时是对立的；
- 信用分析主要是对偿债能力等方面的评估，而不是投资报酬的保证；
- 好股票和好债券的概念不同。股票分析关心的是企业利润的增长前景，倾向于预测企业将来可能会怎样，有时较债券分析更加乐观。

信用分析与财务分析的区别如下。

- 信用分析以定性分析与定量分析相结合，定性为主，定量为辅，主观色彩较强；
- 信用分析更关注长期信用品质，着眼于中长期的完整经济周期。

信用分析的其他基本原则如下。

- 重视现金流分析，包括其规模、构成及其稳定性；
- 对收入、现金流和资本结构进行压力测试：合理的"不利环境假设"下的情景分析；
- 实质重于表面，透视会计数字后的深层含义；
- 在保证可比性的前提下，关注不同产业及地区特性对企业经营和财务形态特征及违约概率的影响。

5.4.1.3 信用分析的基本框架

信用分析的基本框架如图 5-4 所示。

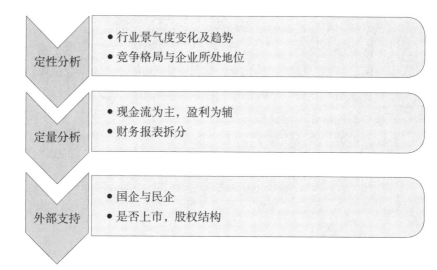

图 5-4　信用分析的基本框架

定性分析。信用分析的过程，不是简单的数学模型的堆砌，除了财务报表上所能汲取的信息，仍有许多重要信息，必须全面评估。但实际上，在没有对定性因素进行充分理解和判断之前就盲目计算各种复杂的财务指标或进行财务预测，很难得出有意义的结论，甚至可能忽略真正危险的风险点。在信用评级实践中，定性因素的权重一般要占到 50%—60%，部分特殊行业甚至更高。回顾中国信用债市场很多的信用事件都可以发现，定性因素方面如果存在严重缺陷，往往比财务数据的恶化致命得多。而且相对于滞后的财务数据，定性分析对于风险预警的意义也更大。然而，定性分析不可避免地涉及评估人的主观认知和判断，只有判断客观公正，并且建立在扎实的经验积累基础上，分析的结论才是有效的。信用定性分析的要点总结如表 5-11 所示。

表 5-11　信用定性分析要点

定性分析要点	
宏观环境	·宏观经济状况和经济增长速度 ·经济周期 ·宏观经济政策和法律制度
行业状况	·纵向：行业景气度与发展趋势 ·横向：行业周期、产品生命周期和行业在产业链中的地位 ·行业风险与行业信用水平的上限
竞争地位	·周边环境、市场结构和企业在市场中的地位 ·关键竞争优势、市场占有率和业务多元化 ·销售渠道的广泛性和供应商的多元化
管理战略	·经营目标、管理风格、财务政策和融资战略 ·在建立业务组合、保持经营效率和增强市场竞争力方面的历史表现 ·实现前期预期和执行以往战略的表现

不过，定性因素相比定量因素难于量化和识别，加上其风险判断需要分析者对宏观经济周期、行业风险特性和企业经营特征都有较深的理解和经验积累，在实际运用中难度较大，因此常常没有被给予足够的重视，需要着重强调以下三方面。

第一，把握行业风险和趋势。

行业纵向比较：看行业景气度与发展趋势。如果一个行业出现产能显著过剩等趋势性恶化且短期难以扭转的局面，即使是行业内最好的企业也难逃恶劣影响。

行业横向比较：不同行业信用风险特征的比较。不同行业承受经济萧条的能力各异，这决定了各行业中资质最好企业的信用水平上限。另外，由于不同行业经营模式的不同，需要侧重关注的风险要素不同，这一点必须在进行定量分析前加以明确。

第二，国企和民企的两难选择。

同一评级中，民营企业的经营效率和财务指标一般要相对优于国企，但同时也具有资产规模小、融资渠道窄、外部支持弱、股东风险大等风险特征，因此有必要对民营企业保持足够的谨慎。

但经营效率过于低下、面临行业趋势性景气下行、投资激进的国企风险也不容小视，尤其是股权比较分散、盈利持续恶化、公司治理能力不高的国有企业需要特别关注。

在淘汰落后产能的政策背景下，国有企业丢卒保车，允许下属产能过剩领域经营困难的子公司破产的可能性有所上升。

第三，难以识别的内控和管理风险。

民营企业的股权结构和内控风险一般高于国有企业，这是因为对公司具有绝对控股权的股东或强势管理层对公司经营管理具有很强的影响力，一旦出现股权和管理层变动，容易影响企业持续经营的稳定性。

在管理战略方面，需要特别关注企业在传统优势主业以外的大规模投资，是否能与现有主业形成协同效应，并形成良好的现金回流。失败的投资很容易使企业陷入流动性困境。

定量分析。财务分析的各个要素之间并非相互独立，而是相互影响的。财务报表之间具有严谨的逻辑勾稽关系。定量分析的重点不在于复杂的公式计算和罗列，而在于选取适当的财务指标，并解读其中蕴含的深层含义及互动关系，并且特别需要结合行业和企业的特征等定性因素加以分析。尽管定量分析只是信用分析的一部分，但由于其客观和可比性强的特点，很多信用分析的理论专家仍不遗余力地探求以数量化的统计模型来实现信用水平的区分和预测。信用定量分析的要点总结如表5-12所示。

表5-12　信用定量分析要点

	定量分析要点
盈利能力	· 雄厚的获利能力是现金获取能力的基础 · 需将盈利能力放在时间的纵断面和产业的横断面来审视 · 历史业绩为预测提供假设前提，但未来未必是历史的直线延伸
现金获取能力	· 现金流分析是信用分析的基础：现金流规模、构成、变化和稳定性 · 资质差的企业融资渠道少，容易产生短期周转的问题，更应重视其自身的现金获取能力及资本性支出对可支配资金的占用

（续表）

定量分析要点	
偿债能力	·核心是企业可支配资金与需偿付债务的对比关系 ·表外或有负债及担保事项也应计入债务负担 ·资产和负债的流动性和期限匹配程度
资本结构	·财务杠杆和举债程度：衡量资本来源中举债所占的比重 ·财务弹性：企业调整债务融资与股权融资比例的渠道和能力

在进行财务量化分析前，先要对企业的财务报表等信息质量做一个基本的判断。比如信息披露是否及时，报表间的各项勾稽关系是否合理，历史年度重要财务指标的变化是否能够得到合理解释，财务附注是否清晰详细，其他应收、其他应付等杂项科目是否含有大额可疑项目等。如果质量不足信任，在进行风险判断时对于财务指标的权重就要进一步降低。

定量分析的另一个原则是，分析重点不在于复杂的公式计算和罗列，而在于选取适当的财务指标并解读其中蕴含的深层含义及互动关系，特别需要结合行业和企业的特征等定性因素加以分析（见图5-5）。简单举例，高资产负债率企业的违约风险未必就高于低资产负债率企业，反而有可能意味着前者的外部融资能力较强。不能单纯依靠某个看起来良好的财务指标武断推论。

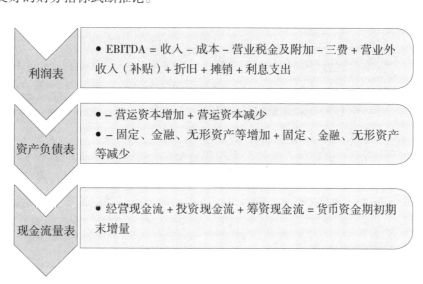

图5-5 财务报表如何看

第一，合并与独立报表分析相结合。

当母公司对于下属核心经营实体实际控制能力有限，或很容易丧失控制权时，其偿债能力可能远远没有合并报表上反映的强健。特别是一些集团公司除子公司股权外，自身并无其他有效资产和业务经营（壳公司），反而还承担了较多的债务时，自身偿债能力与子公司有较大差距。

在子公司破产重组的极端情况下，母公司债权人只能享有对母公司资产的追偿权，其中包括对子公司的股权。在清算子公司资产获得受偿的过程中，母公司债权人相比子公司债权人具有一定的次级意味。

第二，规模的重要性。

规模是一个重要的定量分析指标（包括总资产、净资产、收入和现金流规模），是衡量企业抗风险能力的重要因素。

尽管直观来看，直接影响偿债能力的因素是现金流和账面流动性，规模并不直接贡献偿债能力，但规模大的企业更能抵御周期性的盈利和现金流恶化的冲击，同时也更有利于获得外部流动性支持，从而间接贡献偿债能力。

第三，现金流为主，盈利为辅。

企业必须用现金而不是账面盈利来偿还债务，而且债权人只能享受固定的票息，无法分享盈利增长带来的额外收益，因此从信用分析的角度看，债务人在最差情景下，现金流能否足以维持资金链正常周转才是核心。

盈利是现金流的基础，且具有相对稳定和易于预测的优势，可以用来衡量企业基本的现金流产生能力，然后在此基础上再考虑现金流的波动情况。如果盈利持续恶化，现金流也不可能"独善其身"。

从债券持有人角度来分析，确定的现金流是偿债的唯一来源，并不是盈利或账面资产。利润是现金流的来源和基础，但是利润并不等于现金流，二者有辩证关系。有很多盈利很好但现金流不好的企业，对于做股票来讲可能是非常好的企业，但对于做信用分析就并不一定是个优秀的企业。账面资产也可能是偿债的一个重要来源，尤其是流动性较好的资产，比如账面现金，或者账面上变现能力非常好的金融资产（某上市公司的股权）。因为很多企业并不是死在盈利不行上，而是死在资产不能及时变现提供周转上。信用分析的过程，就是寻找现金流的一个过程，通过分析影响现金流的各种因素，来判断和预测企业未来现金流的状况。

现金流可以进一步分为内部现金流和外部现金流。内部现金流相对容易分析，一个指标是EBITDA，这是现金流最重要的一个来源基础；另一个指标是经营净现金流，是指经营活动的现金流入和现金流出之间的一种剩余。外部现金流也很重要，最直接的体现就是股东支持，在必要时候股东会给企业直接的资金、现金流支持。对于信用分析，从稳定性和自主性角度来讲，内部现金流比外部现金流更重要一些，其稳定性、可观瞻性、可预测性会更好。

行业特征是影响企业现金流的重要因素。处于不同行业的企业经营财务表现也不一样，影响现金流的内在逻辑也不一样。比如建筑企业，三角债的情况比较突出，企业账上有很多应收账款、应付款项，现金流与盈利的关系通常并不直接，对建筑企业的信用分析短期来看盈利并不是最重要的，应该着重关注其应收、应付的变动对现金流的影响。再比如贸易企业，其信用特征是依赖高周转率、毛利率比较低，这种企业存货和应收账款的周转率会很高，对现金流的影响会比盈利更直接。核心问题不是企业有没有赚到钱，而是赚的钱有没有收回来。所以对贸易企业这种信用分析，最主要是分析企业结算条件和收款能力的变化。

资本支出也是影响企业现金流的重要因素，有些企业主业经营尚可，盈利和经营净现金流相对稳定，但会做一些与主业关系不大的产业，尤其是持续的投资。从中长期来看，大幅资本支出有可能是好事情，如果投的项目未来会获得现金流，这种资本支出会增加企业未来获得现金流的潜力。如果企业做一些与自己主业关系不大或超出现阶段能力的投资，则会给企业带来流动性压力，对于信用分析不一定是好事。另外，企业过去的投资已经在资产负债表上有所反映，需要着重关注未来的投资对它未来现金流的影响。根据企业披露的未来投资的状况去预测企业未来现金流状况往往不靠谱，可能会给信用分析带来偏差，不能赋予太大权重。

【案例 5-6】

房地产企业信用分析探讨

房地产行业是典型的周期性行业，与宏观经济周期密切相关。由于我国房地产行业发展时间尚短，十几年来基本都处于黄金发展阶段，周期性特点尚未得到充分显现，主要表现为房地产价格长期以来基本处于上升过程，大范围、深幅度、影响巨大的房地产价格下跌尚未出现，不过由于经济周期影响，也有明显的大小年特征。

近年来，随着房地产行业的快速增长和宏观经济增速的下降，潜在需求增速开始放慢，库存压力上升，行业增速逐步放缓，2014 年还出现了连续五个月的销售回落。2015 年第二季度以来我国以一线城市为主的商品房销售面积和销售额出现反弹，但中长期看我国宏观经济增速及房地产行业基本面都难以支持房地产行业重复过去十几年的高速增长局面。

1. 房地产行业经营和信用特征

房地产与一般周期性行业相比较，具有很多独有的特征，在经营和财务状况方面也存在鲜明的差异。我们将房地产企业的主要特征总结归纳为"四高两低"，即政策风险高、区域分化程度高、现金流波动程度高、对金融体系依赖程度高，行业集中度低、国企占比低。我国针对房地产行业的调控政策众多，历史上多次短期震荡大都由政府调控引起，而土地资源稀缺性和区域经济发展不平衡造成了房地产行业明显的区域分化问题，表现为经济发展程度越高的地区抗周期性能力越强，而经济发展程度越低的地区库存压力越大，越难以持行业回暖。我国商品房销售多采用期房制度，使得房地产开发企业现金流严重滞后于盈利指标且波动比较大，而同时房地产属于典型的资金密集型行业，对外部融资需求依赖度高，近年来我国对房地产企业融资政策的收紧导致行业从信托等非银行金融机构的融资比例越来越高，进一步推升其融资利率和债务负担。此外，我国房地产行业集中度仍很低，全国性房地产企业较少，前十大房地产企业销售面积占比不高，而且其中民企众多，更容易出现临时性资金链断裂风险。除普通商品房开发企业外，我国房地产市场还有多种物业形态的开发企业，其中保障房销售基本有保障但盈利能力弱且部分回款周期长，好在其中大部分是国企，也可获得更多的政府支持。经营性物业核心竞争力在于地段，其中自持出租的企业面临较大的前期投入压力，但建成后项目盈利和现金流稳定性较好，而向市场销售的企业则面临较大的压力。

房地产行业属于资本密集型行业，资金投入大，建设周期长，行业发展对金融体系的依赖性很强，金融风险容易引发房地产行业风险。同时，由于供给和需求均大量依靠融资，房地产行业风险也易导致金融风险。房地产住宅开发企业的资金来源比较复杂，银行借款、关联方借款、定金及预售款、房地产信托等形式的负债构成了目前中国房地产企业的主要资金来源，自有资金投入比例很低，财务杠杆很高。受金融体系成熟程度的限制，中国房地产住宅开发企业更多地依赖债务融资，资金压力更大，资本结构对企业信用品质的影响也更大。

房地产行业中规模较大的企业竞争力更强，包括土地获得能力、融资能力及资本运作能力等。随着行业洗牌、并购重组，行业的进入壁垒日益提高，未来土地和以资金为代表的各种资源必将逐步集中到行业内综合实力较为雄厚的企业，进一步提升其市场竞争力。规模较大的企业资金雄厚、融资渠道广泛，在行业低谷时期抗风险能力更强，如果可以保持较低的财务杠杆，还可实施兼并收购计划，提升市场地位，稳定信用水平。

根据房地产企业销售收入确认的一般原则，要求商品房已经竣工验收，并与购房者办理了房屋交接手续时方可确认房产销售收入。因此，如果在报告期内楼盘未竣工，即使房屋已完成销售仍然不能确认收入，已收的售楼款只能暂放"预收账款"科目核算，不能计入"营业收入"。而期间发生的管理费用、营销费用、财务费用等又必须列入当期损益，因此房地产公司在竣工结算楼盘多的会计期业绩容易产生突增，而在竣工结算楼盘少的会计期业绩就不可避免地大幅下滑甚至出现亏损，从而使不同会计期的业绩反差巨大，业绩波动性较强。

2. 房地产企业信用分析思路

广义房地产开发包括自持经营性物业开发和出于销售目的的地产开发（"狭义房地产开发"）两大类，如下图所示。由于自持经营性物业开发企业盈利模式、现金流及偿债指标与狭义房地产开发企业存在很大不同，我们单独将这类企业分为一类。狭义房地产开发企业根据其具体经营产品，还可分为普通住宅开发、商业地产开发、政策性住房开发等类型，其中最后一类主要以国有企业为主。考虑到企业的性质对其偿债能力、可获得外部支持都有较大影响，对于外部融资依赖性较强的房地产行业而言，这些支持因素非常重要，因此对于狭义房地产开发企业，我们又按照企业所有权性质，分为央企及子公司、地方国有企业、民营企业三大类。

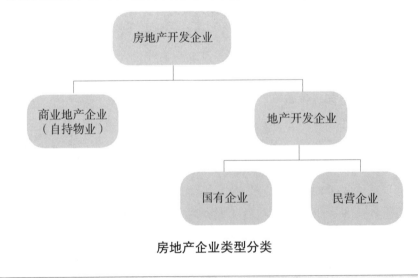

房地产企业类型分类

(1) 商业地产企业——侧重于物业资产价值和投资压力

自持经营性物业开发企业投资前期资金压力大，但进入运营期后现金流稳定，偿债关键是分析持有物业价值和再投资。自持经营性物业企业不具备狭义房地产开发企业财务报表特征，差异主要表现在：第一，资产负债表中，最重要的资产是"在建工程"和"投资性房地产"，而不是"存货"；第二，利润表中，存在较大规模的"公允价值变动损益"，这个科目在公司"投资性房地产"后续计量采用公允价值时出现，但在相应物业实际对外处置前只影响盈利，并无现金流贡献；第三，现金流量表中，相关项目投资期的现金支出计入"投资现金流"而非"经营现金流"，物业建成并培育成熟后的现金流入计入"经营现金流"。以上三个差异造成这类企业在投资期面临的投融资压力更高，因为无预售资金回笼，整个项目资金投入都来自自有资金和外部融资。不过物业培育成熟后往往也有更加稳定的盈利，而且其未来盈利也可使用传统方式进行预测，可以构成未来现金流预测的基础。因此在房地产行业内部，这类企业的偿债能力分析方法更贴近于普通制造型企业，偿债分析关键集中在"自持物业价值"和"再投资压力"两个方面（如下图所示）。如果静态衡量企业偿债能力，我们可以简单引入"投资性房地产/总债务"这个指标。投资性房地产一般采用公允价值计量，如果大幅超过总债务可提供较强的偿债或融资支持，不过也需要考虑实际变现能力和效率。

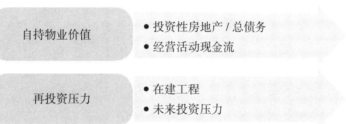

房地产企业信用分析指标

(2) 住宅开发地产企业——侧重于规模和跨周期运营能力

规模和资质因素非常重要，有利于帮助企业抵御周期性调整风险、拓宽融资渠道。评判房地产企业信用资质时规模因素非常重要。从经营层面看，除了与普通制造型企业一致的规模效应降低成本的原因，房地产开发行业准入存在着严格的资质管理。从财务层面看，房地产企业融资政策与规模息息相关，例如，房地产企业最重要的银行贷款是房地产开发贷款，申请条件对于开发资质、自有资金投入比例、项目证件都有严格的要求。总体上说，企业规模实力强有利于抵御周期性调整风险、拓宽融资渠道，具体而言，需要关注的指标包括总资产、净资产、历史销售（开发）面积、开发资质等。

对房地产企业传统的盈利预测方法不再适用，静态财务指标的有效性也有限。对于信用分析而言，最核心的是现金流分析，但由于现金流可预测性较差，我们通常会用比较容易预测的盈利作为现金流分析的基础和前提。但需要注意的是，传统的盈利预测是在企业稳定经营的假设前提下进行的，通过对历史盈利状况的分析预测未来。但房地产销售受宏观经济和调控政策影响极大，短期震动非常明显。新项目的拿地成本、项目客户定位和区域、销售时所处的行业周期和政策调控情况都会对公司的现金流产生重大影响，因此不能简单参考历史账面情况进行分析。而且房地产普遍采取预售方式，企业盈利相对销售回款等现金流指标具有明显的滞后性，盈利对于预估企业未来的现金流状况作用甚微。特别是对于规模较小的项目型地产公司，历史业绩更是无法预测未来经营，一个项目可能决定公司大起大落。房地产属于典型的资本密集型行业，规模的扩张很大程度上依赖债务融资，因此规模大的房地产企业往往同时具有高财务杠杆。财务杠杆高会对企业的债务管理能力和再融资能力提出更高的要求，不过对于房地产这类再融资严格受限的行业来说，财务杠杆高很可能意味着其外部融资能力强，财务杠杆低的发行人再融资压力未必小。

流动性管理是核心，房地产企业的流动性压力不仅取决于企业现有资产负债表的稳健程度，更取决于存货的去化能力和严格的财务纪律。对于任何一个企业来说，直接可以用于偿债的最主要的流动资产就是货币资金，因此我们通常使用"货币资金/短期债务"反映企业的流动性情况。不过需要注意的是，财务指标具有一定的滞后性，特别是房地产企业的现金流入流出频繁且规模庞大，这一指标的滞后性缺点易被显著放大。尤其是遇到行业景气度下行而企业开发和销售节奏把握不好或融资环境收紧时，容易出现快速的流动性收紧。除资产负债表上未受限现金是流动性的主要来源外，与一般的行业不同，房地产企业现金流主要来源于营运资本的变化，也即存货（在建工程和土地）的变现，因此在行业的下行周期，企业能否快速将存货变现为现金流，实现销售回款，使得经营现金流为正，降低债务资本比，保证一定的偿债能力和流动性是企业维持自身信用品质的关键。

对房地产企业未来现金流的预测和动态流动性的分析应以公司项目和土地储备的深入研究为基础，主要集中于未来现金流贡献以及资金投入需求两方面。房地产公司项目和土地储备在财务报表中分别反映为存货和无形资产，由于企业拿地后先计入无形资产，开工后再核算入存货中，因此存货是房地产公司最重要的资产，关系着公司未来现金流和偿债能力，在全部房地产上市公司中，存货占总资产的比例超过60%，存货又主要分为两部分，即开发产品和开发成本，其中开发产品主要是已竣工尚未销售物业，开发成本主要是未竣工物业，这两部分对企业未来现金流的影响不同。针对存货（项目和土地储备）的研究，归根结底集中在两个方面：一是未来现金流贡献，二是未来资金投入需求。

- 开发成本中已销售并回笼资金的项目未来无现金流贡献，且需要进一步投入资金，这部分物业应予以扣除。由于房地产行业采用预售制度，大量已售但尚未竣工交房的项目仍属于在建项目，而这类项目不仅没有进一步贡献现金流的能力，很多时候还需要进一步投入资金，这部分项目在预测未来现金流时应予以剔除。
- 剩余未售项目在达到销售条件前还需投入多少资金，简单而言，"开发产品"类项目已具备销售条件，而"开发成本"类项目则需根据施工进度确定。除了"开发成本"中已售项目，其余项目理论上都有未来现金流入的可能。前文提到，我国虽然实行房地产预售政策，但同时规定了房地产公司申请预售证时需满足一系列条件，主要的量化指标就是项目施工进度和资金投入比例，同时大多数地区及金融机构还对办理按揭贷款规定了更高的要求，使得房地产公司在预售回笼资金前需投入大量资金。简单按照存货的分类来看，"开发产品"属于已竣工项目，不需继续投入资金即可销售；而"开发成本"项目则需根据项目进度来确定其达到销售状态前还需投入多少资金，处于开工初期的项目越多，则企业未来现金投入的压力越大。

房地产行业区域分化明显，且各地政策执行力度不一，经过数十年的高速发展，我国房地产行业集中度仍不高，虽然近年来行业集中度明显提升，但全国性房地产企业仍较少。在房地产行业告别高速成长期之后，中小房企的发展和生存难度将逐渐增加，尤其是在资源越来越有限、获取难度和成本不断提升的情况下，大型房企的品牌优势和资源优势不断凸显。与此同时则伴随着行业集中度的不断提升。2016 年，销售额前十名的房企总体销售额占 2016 年全国总销售额的比例为 18.72%，比 2015 年提升 1.67 个百分点。2017 年第一季度，占比提升至 31.39%，行业集中度正在加速提升。我国房地产行业中国企占比较低，且以政策性房地产开发为主。由于过去十几年房地产行业高速发展，吸引了大量个人或企业进入这个行业，行业民企众多，以中国指数研究院的统计数据为例，2015 年房地产百强中近 70 家都是民企。而且，大部分国企或多或少承担一定政策性职能，如首开和金隅是北京市两大主要的保障房开发企业；天房承担大量天津市棚改项目。结合前文所述，房地产企业政策风险大、极度依赖外部融资，因而对企业的流动性管理能力提出了很高的要求，而民营企业一般外部融资能力都比较弱，更容易出现临时性资金链断裂风险。

由于房地产行业具有前文总结的种种特征，在对其进行信用分析时，需要注意以下与一般行业信用分析不同的关注点。第一，规模和资质因素非常重要，有利于帮助企业抵御周期性调整风险、拓宽融资渠道。第二，传统的盈利预测方法失效，静态财务指标有效性也有限。第三，流动性管理是核心，房地产企业的流动性压力不仅取决于企业现有资产负债表的稳健程度，更取决于存货的去化能力和严格的财务纪律。对房地产企业未来现金流的预测和动态流动性分析应以公司项目和土地储备的深入研究为基础，主要集中于未来现金流贡献及资金投入需求两方面。其中存货的开发成本中已销售并回笼资金的项目未来无现金流贡献，且需要进一步投入资金，这部分物业应予以扣除。剩余未售项目在达到销售条件前还需投入多少资金，简单而言，"开发产品"类项目已具备销售条件，而"开发成本"类项目则需根据施工进度确定。第四，房地产主业外的资金来源和外部信用支持可能是企业是否能够安全度过行业调整时期的最后防线。对于自持出租为主的经营性物业企业而言，由于现金流波动没有住宅开发类企业那么明显，信用分析框架反而与普通制造型企业更接近，但需要重点关注投资计划对企业偿债压力的影响，并注意剔除在手物业的公允价值变动对盈利指标的干扰。

5.4.2 信用风险计量模型

5.4.2.1 信用风险计量模型的发展

信用风险计量模型大体可分为两类：传统方法和现代方法。现代方法中沿用了许多传统方法中较好的思想和理念，因而它们之间没有十分严格的划分。

传统的信用风险度量方法，注重从历史数据中获得违约信息，例如 Z 计分模型、ZETA 模型、Logit 模型、神经网络模型等。线性区别模型是最早用来度量信用风险的模型。从"单变量切入"拓展到"多变量区别分析"之后，多元统计分析特别是多元判别分析技术获得广泛应用，由此又发展了两类改进的模型：统计模型和人工智能模型。

在金融理论方面，信用风险传统度量模型较为薄弱，也使得它们有别于以后发展起来的、建立在现代金融理论基础之上的现代信用风险度量模型。这一阶段的信用风险度量模型大都建立在期权定价模型和Black-Scholes-Merton模型基础之上，并将迁移矩阵引入模型，即度量相关同质贷款转移的概率，这样能有效地测量信用集中风险及个人贷款信用风险。其基本理论支柱是破产风险模型，即公司资产的市场价值低于外部债权人的负债价值时公司破产。具有代表性的信用风险现代度量模型主要有：1997年J.P.摩根和一些合作机构推出的信用度量术（credit metrics，CM）模型；1997年KMV公司提出并采用的非常类似于信用度量术模型的信用监测模型，又称为KMV模型；1997年瑞士信贷集团银行金融产品部推出的一种基于保险精算方法的违约模型，即信用风险附加（credit risk+）模型。信用度量术模型在经济条件好转时，评估得到的违约概率会比实际情况高，如果宏观经济环境转差，该模型评估得到的违约概率又会比实际情况低。为了解决这一问题，1998年麦肯锡公司提出一个多因子的信用组合观点（credit portfolio view）模型。应该说，现代信用风险模型对银行业信用风险度量产生了不可估量的影响，为我国商业银行对信用风险的度量提供了重要的参考价值。

2003年4月底，巴塞尔银行监管委员会颁布了新的《资本协议征求意见》（第三稿），其中对信用风险计量创设了以内部评级为基础的新的风险衡量曲线测定法（internal ratingsbased-approaches，IRB），这是一种更具风险敏感度的处理方式，它为各国商业银行的贷款风险识别与管理体系的创新与完善提供了依据。

5.4.2.2 信用风险度量的传统方法

细分来看，信用风险度量的传统方法可以划分为两个发展阶段：专家分析阶段和财务比率综合分析阶段。专家分析法包括"5C"分析法、信用评级法（又称为五级分析分类法）和信用评分法等，财务比率综合分析阶段主要有多元判别法、概率模型和神经网络法等，它试图利用财务数据或财务比率的相互关系来构建评价模型，从而克服专家评价中主观性过大的缺陷，实现信用风险评价中的客观性与公正性要求。以下是对其中部分方法的具体介绍。

"5C"分析法。"5C"分析法最初是金融机构对客户进行信用风险分析时所采用的专家分析法之一，它主要针对借款人的品质（character）、资本（capital）、能力（capacity）、担保（collateral）、外界条件（condition）这五个方面进行全面的定价分析，以判别借款人的还款能力和还款意愿。

- 品质是对该贷款人声誉的一种评价，评价主要根据其借款历史及偿债记录，通常情况下企业成立时间长短也是一项有价值的因素。
- 资本是指贷款企业的资本杠杆情况，一般而言，高财务杠杆企业比低财务杠杆企业资本金少、债务负担大、信用风险大。
- 能力是企业按期足额偿还贷款的能力，主要根据企业的经营能力来判断，如果企业能够获得稳定的收入，并且现金流等指标显示企业经营稳健，那么贷款企业通常会有不错的偿债能力。

- 担保商业银行发放贷款时,一般要求企业提供一定的抵押物。当无法收回贷款时,银行对抵押物享有索取权,抵押品价值越高、变现速度越快,则这笔贷款信用风险越小。
- 外界条件指企业的外部环境,如企业所属的行业前景、该地区商业周期情况、当期利率水平等,这些都会给借款企业的还款能力和还款意愿造成一定的影响。

后来各大银行逐渐在"5C"专家分析法的基础上发明了"5P""5W"方法,这些模型是类似的,在内容上没有太大差别,都是基于财务报表定性的赋予指标权重,由专家主观地进行判断分析,得到一个主观信用等级,做出放款决策。虽然专家打分法一直被广泛应用,直到现在仍是我国商业银行信用风险管理中最主要的方法,并且从还款能力和还款意愿两个方面考察了贷款违约行为的影响因素,但是这种方法也暴露出种种不足:首先,模型的效果不稳定,需要银行维持一定规模的信贷分析专家来保证预测的准确,并且预测成本较高,这种效率偏低的模型很难适应越来越多的贷款需求;其次,模型主观性太强,准确性受到信贷专家的职业素质影响很大,不同的专家组对同一贷款申请常常给出不同的放款决策,甚至同一专家在不同时期也会做出不同的决策;最后,这种模型不够灵活,滞后性较强,搜集资料、专家组分析、做出决策这一过程耗时较长,不太能适应如今复杂多变的市场经济环境,决策失误导致损失时有发生。

信用评级法。信用评级法的主要思想是首先依据一定的指标评价各笔贷款的信用水平,然后将其按照风险的大小分级,最后根据级别的不同要求进行不同的准备金提取。评级方法最初的策略是把贷款按照质量等级分成五个等级,即 OCC 评级法。将以贷款五级分类法提取的准备金与实际提取的准备金比较,由此评估损失准备金是否充分。准备金提取要求具体如表 5-13 所示。

表 5-13 准备金提取要求

(单位:%)

质量级别	高质量	低质量			
	正常	关注	次级	可疑	损失
损失准备金率	0	0	20	50	100

资料来源:赵思扬.信用风险度量模型比较及在我国的适用性分析[D].天津财经大学学位论文,2015.

在后来信用评级理论的发展中,各金融机构对风险级别进行了更细的划分,将五级扩展到了十级甚至更多,最为典型的就是穆迪和标普开发的信用评级法。2004 年以后,我国商业银行全面告别了"一逾两呆"的贷款分类法,开始推行贷款五级分类法,对 OCC 评级法进行了一定的改进。我国银行业贷款五级分类法的准备金提取要求如表 5-14 所示。

表 5-14　贷款五级分类法下的准备金提取要求

（单位：%）

质量级别	正常贷款		不良贷款		
	正常	关注	次级	可疑	损失
损失准备金率	0	≤ 5	30—50	50—75	75—100

资料来源：赵思扬. 信用风险度量模型比较及在我国的适用性分析[D]. 天津财经大学，2015.

信用评级法是在专家打分法的基础上发展而来的，对风险状况的评判标准是类似的。因此与专家打分法一样，一方面，信用评级法没有避免主观性太强的缺点，当贷款处于不同级别的临界点时，不同专家往往没有统一的客观标准，评级结果往往不同。另一方面，信用评级法也具有一定的滞后性，较难及时反馈贷款企业的风险变化，无法事先帮助借款人对贷款资产进行预警。

信用评分法。信用评分法延续了专家分析法中通过指标做出信贷决策的方法，并且创新地对各指标的重要性进行了区分排序，使得评判标准更加一致。例如，用专家打分法衡量一家利润率不高但现金流充足的公司和一家利润率很高但流动性较差的公司时，不同的专家很有可能得出相反的结论，而利用信用评分法便能克服这一弊端。信用评分法通过一定的技术能够得到不同指标的各自权重，然后综合得出数量化的企业得分，再以这个数值分数做出信贷决策。信用评分法主要分为两类：概率模型及神经网络法，其中概率模型又包括 Z 评分模型及逻辑回归模型。

神经网络法。神经网络模型是由数学方法应用于神经心理学领域，开发得到的一种并行分布模式的模型。这种模型最重要的特点是对于任意类型的数据都能进行科学的分析并发掘解释变量之间存在的隐含关系，然后建立非线性模型。大量的实证研究都发现，企业财务状况与财务比率并没有线性关系，另外许多指标并不服从正态分布，因此以上几种信用风险度量方法都不十分科学。然而神经网络模型这种复杂的新模型能够比较好地解决这些弊端。构建神经网络模型不用严格的前提假设，并且有噪声的数据也能使用，具有一定的容错能力，这实现了对现实经济环境的最大还原。神经网络模型能够模拟人脑及人类神经系统的处理运行程序，能够自己不断学习，发现庞大复杂数据中隐含的规律，并处理非线性模型。

信用风险传统方法的对比分析如表 5-15 所示。

表 5-15　传统信用风险模型对比

	专家打分法	信用评级法	Z 和 ZETA	Logit 和 Probit	神经网络法
指标分析法	定性分析	定性分析	定量分析	定量分析	定量分析
基础数据	企业基本信息	企业信贷资料	财务报表数据	财务报表数据	大量综合数据
结果准确性	较差，主观性强	较差，主观性强	不够理想，具有滞后性	较为准确，缺乏完善的理论基础，与实际有偏差	操作过于复杂，数据要求过高，耗时长，预测成本高

(续表)

	专家打分法	信用评级法	Z 和 ZETA	Logit 和 Probit	神经网络法
可操作性	易于操作,但需要维持一定规模的信贷分析专家,预测成本较高	易于操作,但没有统一标准,具有主观性和滞后性	容易操作,但数据基础过于片面,与实际可能有偏差	较为复杂,缺乏完善的理论基础,与实际有偏差	操作过于复杂,数据要求过高,耗时长,预测成本高

资料来源:赵思扬. 信用风险度量模型比较及在我国的适用性分析 [D]. 天津财经大学学位论文,2015.

5.4.2.3 信用风险度量的现代方法

现代信用风险度量技术的特点是集现代金融科学、统计科学和信息科学为一体,预测结果更加客观。目前运用最广的现代信用风险度量技术主要有以下四类:第一,J.P. 摩根基于信用等级变化原理建立的信用度量术模型;第二,瑞士信贷集团开发的基于保险精算思想的信用风险附加模型;第三,KMV 公司开发的基于期权定价公式的 KMV 模型;第四,麦肯锡公司在充分利用宏观经济指标的基础上建立的信用组合观点模型。

1. 信用度量术模型

这一方法是 1997 年 4 月由 J.P. 摩根银行提出的,是第一个用于度量组合信用风险的模型,这一系统属于"从上至下"方法,其中信用风险是由债券信用级别的变化通过信用转移矩阵引起的。

在这个模型中,信用质量用一个隐含变量进行度量,这个隐含变量无法观测,可以解释为债务人的资产价值。这个价值和股票价格紧密相连,它是债务人之间相关性的来源,因为股票价格可以观测到。当资产价值下降到一定程度时,债务人就被假设处于违约状态。因此,该模型包含三个随机变量:股票价格、资产价值和违约指标。其系统构成如图 5-6 所示。

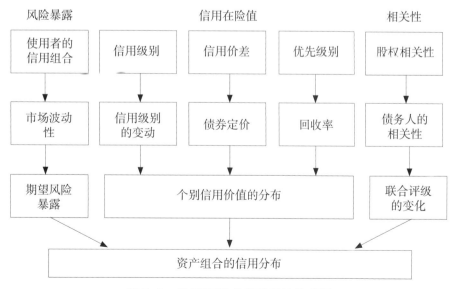

图 5-6 信用度量术模型系统构成图

单个违约风险的分布。首先给每个金融工具指定某一特定信用级别。由此按照信用级别的变动来定义信用事件,由信用级别转移矩阵得到。因此违约概率的变动是离散的。发生信用事件以后,金融工具根据每一信用级别间的价差来定价。在发生违约的情况下,回收率的分布根据不同历史水平的历史数据得到。

以上步骤如表 5-16 所示。我们从一种初始评级为 BBB 的债券或其他信用工具出发。在给定的时间范围内,其信用级别可能在 8 种新的取值中变化,其中包括违约。对于每一种信用级别来说,这种信用工具的价值都需要重新计算,例如当期信用级别上升至 AAA 时,价值变为 109.37 美元。如果发生违约,其价值则变为回售值 51.13 美元。设定概率分布情况和相关价值,我们就可以计算出此债券的期望价值为 107.09 美元,标准差为 2.99 美元。

表 5-16 贷款五级分类法下的准备金提取要求

(单位:美元)

	信用级别	概率(%)	价值	期望	方差
初始评级:BBB	AAA	0.02	109.37	0.02	0.00
	AA	0.33	109.19	0.36	0.01
	A	5.95	108.66	6.47	0.15
	BBB	86.93	107.55	93.49	0.19
	BB	5.30	102.02	5.41	1.36
	B	1.17	98.10	1.15	0.95
	CCC	0.12	83.64	0.10	0.66
	违约	0.18	51.13	0.09	5.64
合计		100		107.09	8.95

资料来源:飞利浦·乔瑞. 金融风险管理师考试手册(第六版)[M]. 北京:中国人民大学出版社,2012.

信用级别的变化是由因变量,也就是资产价值所驱动的。每个资产价值都服从标准正态分布,分布的每个选定的节点都代表信用级别变化的概率。表 5-17 显示了 BBB 级信用资产价值的计算过程。可以看出,从 BBB 级变为违约状态的概率为 0.18%。因此我们可以选择 z_1 点,使得其左侧区域满足 $N(z_1)=-2.91$,按此方法一次进行处理。接下来我们就需要选择 z_2 点,使得 z_1 和 z_2 之间的概率为 0.12%,或者说 z_2 的左尾概率为 $N(z_2)=0.18\%+0.12\%=0.30\%$,这样得到 $z_2=-2.75$,以此类推。

表 5-17 模拟过程的截点值

信用级别	概率(%)	累计概率(%)	截点
AAA	0.02	100.00	
AA	0.33	99.98	3.54
A	5.95	99.65	2.70
BBB	86.93	93.70	1.53

（续表）

信用级别	概率（%）	累计概率（%）	截点
BB	5.30	6.77	-1.49
B	1.17	1.47	-2.18
CCC	0.12	0.30	-2.75
违约	0.18	0.18	-2.91

资料来源：飞利浦·乔瑞. 金融风险管理师考试手册（第六版）[M]. 北京：中国人民大学出版社，2012.

违约事件之间的相关性。违约事件之间的相关性可以由资产价值之间的相关性推出，这又可以转化成指数之间的相关性。将每个债务人映射到某个行业或地理区域，使用事先确定的权重。利用包含 152 个国家一级行业指数、28 个国家指数和 19 个世界行业指数的数据库来计算共通因子的协同变化，由此推出相关性。

举个例子，公司 1 资产价格的 90% 的波动来自美国化学行业的影响。使用标准化的收益率，我们可以写成 $r_1 = 0.91 r_{\text{美国,化学}} + k_1 \varepsilon_1$。式中，残差与其他变量是不相关的。因为总方差为 1，因此，

$$k_1 = \sqrt{1 - 0.9^2} = 0.44 \tag{5-6}$$

接下来，公司 2 资产价格对德国保险行业指数具有 74% 的权重，对德国银行业指数具有 15% 的权重，即

$$r_2 = 0.74 r_{\text{德国,保险}} + 0.15 r_{\text{德国,银行}} + k_2 \varepsilon_2 \tag{5-7}$$

这两个公司资产价格之间的相关性为

$$\begin{aligned}\rho(r_1, r_2) &= (0.90 \times 0.74)\rho(r_{\text{美国,化学}}, r_{\text{德国,保险}}) + (0.09 \times 0.15)\rho(r_{\text{美国,化学}}, \varepsilon_{\text{德国,保险}}) \\ &= (0.09 \times 0.74) \times 0.15 + (0.90 \times 0.15) \times 0.08 = 0.11\end{aligned} \tag{5-8}$$

接下来信用度量术模型假设组合的资产价值服从多元正态分布，相关系数都是事前确定的结果面对资产价格的联合分布进行模拟。这种方法以正态 Copula 为基础。这样通过计算就得到了这一信用组合的总体价值和一年时间范围内的信用损失分布。

该模型具有两个优点：一是该模型属于 MTM（market to market）模型，并据此计算信用风险的 VaR 值，这与国有商业银行的经营理念基本吻合。二是该模型首次将组合管理理念引入信用风险管理领域，适用于商业信用、债券、贷款、贷款承诺、信用证及市场工具（互换、远期等）等信贷资产组合的风险计量。

但该模型也存在局限：一是该模型对信用风险的评判很大程度上依赖于借款人的信用等级的变化，在我国现有的信用环境下，出现大量损失的概率可能较高。二是模型假设信用等级转移概率是一个稳定的马尔可夫过程，而实际中信用等级转移与过去的转移结果之间有很高的相关性。三是该模型假设无风险利率是事先确定的，我国债券市场尚不发达，还没有形成合理的基础利率，而基础利率是计算贷款现值的重要因素。四是我

国目前还没有比较客观、权威的信用评级公司，没有现成的企业信用等级转换概率和不同信用等级企业违约回收率数据资料。在商业银行历史贷款资料库中，某一信用级别的企业在不同时期转换成另一信用级别的概率可能是不相同的，某一信用级别的企业在各个时期违约回收率的均值可能也是不同的。这些不同时期的转换概率和企业违约回收率均值就构成了混沌时间序列。如果假设经济的宏观因素没有大的波动，就可以利用构成的混沌时间序列来预测短期未来的信用等级转换概率矩阵和企业违约回收率均值。有了这些数据，国有商业银行就可以应用信用度量术模型量化和管理信用风险。

2. 信用风险附加模型

信用风险附加模型是瑞士信贷集团于1997年10月公布的。这种方法与信用度量术模型有很大差别。他是在纯粹的精算统计方法的基础上建立起来的，而这种精算方法来自财产保险文献。

信用风险附加模型属于违约模式（DM）模型，而非盯市（MTM）模型。模型中只考虑两种事件状态——违约或不违约。

该模型假设大量数目的 n 个贷款独立同分布，违约概率为 p。总损失服从二项分布，可以用强度的泊松分布近似表示为

$$f(x)=e^{-\lambda}\frac{\lambda^x}{x!} \tag{5-9}$$

通过假设强度是随机变量引入违约相关性，强度升高会增加每个债务人的违约概率。违约强度也可以是随时间变化的，在这种情况下所建立的模式是一个变量随时间变化的函数。信用风险附加模型将信用组合分为一些同质部分，每一个同质部分内的债务人都具有相同的系统风险，信用风险附加模型以此来考虑违约概率的变动。

这种方法还需要考虑损失的严重程度。这个因素在模型中通过将资产按严重程度分层来处理。例如，2万美元左右的贷款属于第一层，4万美元左右的贷款则属于第二层，诸如此类。这样每一层次都有其损失分布。将这些分布合并起来，就可以得到所有违约损失的总体分布。

该模型的主要优势体现在：易于求出债券及其组合的损失概率和边际风险分布；模型集中于违约分析，所需估计变量很少，只需要违约和风险暴露的分布即可；该模型处理能力很强，可以处理数万个不同地区、不同部门、不同时限等不同类型的风险暴露；根据组合价值的损失分布函数可以直接计算组合的预期损失和非预期损失的值，比较简便。

该模型也存在劣势：与KMV模型一样，信用风险附加模型只纳入了违约风险，没有考虑市场风险，而且认为违约风险与资本结构无关；没有考虑信用等级迁移，因而任意债权人的债务价值是固定不变的，它不依赖于债务发行人信用品质和远期利率的变化与波动。尽管违约概率受到一些随机因素的影响，但风险暴露并不受这些因素的影响；每一频段违约概率均值的方差并不完全相同，否则会低估违约概率；不能处理非线性金融产品，如期权、外币掉期等。

3. KMV 模型

KMV 模型提供了对将近30 000个全球上市公司的估计违约概率（EDF）的预测。

其所使用的许多技术被视为私有资产并且不进行公开。

该模型的基本思想就是莫顿模型在信用风险上的应用,将公司的股权价值 E 视为对该公司资产价值的一个看涨期权。

实际上,KMV 模型定义 K 为公司短期(一年或一年以下)负债的价值加上所有长期债务账面价值的一半。资产价值为股票市值加上所有债务的价值,即 $A=nS+D$。

这个公式要求根据可观测变量特别是股票的市场价格 S 及其波动率来进行反复预测。KMV 模型计算一个标准正态化的违约距离(distance to default, DD),即资产的当前价值与其边界点的差额。例如,假设 $A=10\,000$ 万美元,$K=8\,000$ 万美元,$\sigma_A=1\,000$ 万美元,我们可以得到:

$$DD = z = \frac{A-K}{\sigma_A} = \frac{10\,000\text{万美元} - 8\,000\text{万美元}}{1\,000\text{万美元}} = 2 \quad (5-10)$$

违约距离的主要驱动因子有:股票价格水平;杠杆水平;资产价值的波动率。股票价格越低,杠杆水平越高且资产波动率越高都会降低违约距离的度量。

最后,KMV 用这些信息报告出估计违约概率(EDF),或者违约概率。如果我们假设收益率服从正态分布,标准正态变量 z 取值低于 -2 的概率约为 2.3%,则估计违约概率为 2.3%。实际上,估计违约概率是以实际违约数据为基础的,因此对违约概率的估计结果比较客观。

KMV 模型通过债务人的股票价格生成违约相关性,这和信用度量术模型不一样。首先,资产价值的收益率是根据债务人股权和负债的价值计算得到的。其次,这些收益率根据宏观经济因子、国家和行业指数进行回归。最后,该因子模型用来生成代表债务人资产价值的联合分布随机变量,同样使用标准正态 Copula。

KTV 模型的优点:KMV 模型是一个动态模型,将借款公司的股价信息转换成信用信息,对借款公司质量的变化比较敏感,同时市场信息也被反映在模型当中,具有一定的前瞻性,模型的预测能力较强。

KMV 模型在实际运用中存在的不足:着重于违约预测,忽视了企业信用等级的变化,只适于评估与企业资产价值直接联系的信贷资产(基本上只是贷款)的风险;模型适用于上市公司的信用风险评估,由于我国的股市并不是一个有效的市场,上市公司的股票价格常常背离公司的实际价值,企业资产价值特别是国有企业的资产价值并不能完全反映到股票市值中,从而影响了模型预测的精确性。模型基于资产价值服从正态分布的假设和实际不相符,模型不能对长期债务的不同类型进行分辨。

4. 信用组合观点模型

这个模型由麦肯锡咨询公司于 1997 年公布。这一从上至下的模型主要关注的是宏观经济因素对组合信用风险的影响。

这种方法按照组合子集中所有信用资产的数目和规模将损失分布模型化,这些组合子集往往是由客户部门构成的。该模型并不考虑固定的转换概率,而考虑在各个经济状态下计算违约概率,因此假设违约概率在经济衰退期内会上升。t 时刻的违约概率 p 是由一系列反映不同国家和行业的宏观经济变位加总的线性函数来决定的。违约概率和农观经济因素的函数关系，称为 Logit 模型，保证了这一概率总是处于 0 到 1 之间：

$$p_t = \frac{1}{[1+\exp(y_t)]} \quad (5-11)$$

$$y_t = \alpha + \sum \beta^k x_i^k \quad (5-12)$$

这种方法使用多因素模型，每一个债务人都被划分到某一国家、行业和信用等级部分。回收率的不确定性也被作为模型考虑的因素。模型使用了多次模拟过程来构建信用组合的违约风险分布。尽管对于给定经济状态条件下建立违约概率模型非常有用，但是这种方法主要是从上至下的方法，因而不能提供关于公司组合信用风险的细节信息。

信用组合观点模型将各种影响违约概率及相关联的信用等级转换概率的宏观因素纳入自己的体系，克服了信用度量术模型由于假定不同时期的信用等级转换概率是静态的和固定的而引起的很多偏差。

该模型的缺点：实施这一模型需要可靠的数据，而每一个国家、每一行业的违约信息往往较难获得；模型使用调整后的信用等级迁移概率矩阵的特殊程序，而调整则基于银行信贷部门积累的经验和信贷周期的主观判断。

5. 现代信用风险模型比较

模型的风险定义。根据模型对信用损失的不同定义，可将模型分为两类：以贷款的市场价值变化为基础计算的 VaR 模型（盯住市场模型，即 MTM 模型）和集中于预测违约损失的违约模式模型（DM 模型）。MTM 模型在计算贷款价值的损失和收益中考虑了违约因素、贷款信用等级上升或下降因素，以及由此而发生的信用价差变化等因素。DM 模型只考虑了两种状态，即违约和不违约。MTM 模型和 DM 模型之间的关键差异是前者包括了价差风险。在上述四个模型中，信用度量术模型明显是一种 MTM 模型，信用风险附加模型和 KMV 模型本质上是 DM 模型，而信用组合观点模型既可以被当作 MTM 模型使用，又可以被当作 DM 模型使用。

信用风险驱动因素。初看上去，这些模型的关键驱动因素似乎大不相同。信用度量术模型和 KMV 模型是以默顿模型为分析基础的，一家企业的资产价值和资产价值的波动性是违约风险的关键性驱动因素；在信用组合观点模型中，信用风险驱动因素是一些宏观因素（如失业率等）；在信用风险附加模型中，信用风险驱动因素则是违约风险的平均水平及其波动性。然而，如果以多因素模型的方式加以表述，四种模型都可以被看作有着相同的根源。具体说来，在信用度量术模型和 KMV 模型中，企业资产收益的可变动性被模型化为与企业股票收益的可变动性有着直接的联系，而个别企业的股票受到一整套系统风险因素（产业因素、国家因素等）和非系统风险因素的驱动。系统风险因素及系统风险诸因素之间的相关性，驱动着个别企业的资产收益和企业之间的违约相关性。信用组合观点模型的风险驱动因素与信用度量术模型和 KMV 模型中的因素在本源上有相似之处。在信用风险附加模型中关键的风险驱动因素是经济中可变的违约率均值，这一违约率均值被看作是与"宏观经济状态"系统地联系着的，一旦宏观经济恶化，违约率均值就可能上升，违约损失也一样。经济形势的改善则有着相反的效应。因而，这四种方法的风险驱动因素和相关性在一定程度上可以被看作是与一套描述了整个经济范围内形势演进的宏观因素密切相连的。

信用事件的波动性。关于信用事件的波动性方面，各模型之间的一个关键差异是为一年的违约概率建立模型，还是为违约分布函数的概率建立模型。在信用度量术模型中，违约概率及信用等级转换概率被模型化为基于历史数据固定的或离散的值。在 KMV 模型中，预期违约频率（EDF）随着新信息被纳入股票价格而发生变化。股票价格的变化及股票价格的波动性成为 KMV 模型下的 EDF 值的基础。在信贷组合观点中，违约概率是一套正态分布的宏观因素和冲击的一个对数函数，因而，随着宏观经济的演变，违约概率及转移矩阵中其余的单元或概率也会变化。在信用风险附加模型中，每笔贷款违约的概率被看作是可变的，并且服从围绕某些违约率均值的泊松分布。进而，违约率均值也被模型化为一个有着 Gamma 分布的变量。无论是与信用度量术模型相比还是与信用组合观点模型相比，信用风险附加模型都可以得到一种可能有着"更厚实的尾部"的损失分布，也即可以更好地模拟损失分布的肥尾性。

信用事件的相关性。四个模型的风险驱动性因素紧密相连，其相关性结构是由与贷款有着系统性关联的诸多关键因素联系在一起的。

回收率。信用资产的损失分布和 VaR 的计算不仅取决于违约的概率，而且也取决于损失的严重程度或给定违约概率下的损失（LGD）。经验证据表明，违约严重程度和贷款回收情况随时间演变而有相当大的波动性，将不稳定的回收率包括进来有可能增加 VaR 或提高未预期到的损失率。在计算 VaR 时，信用度量术模型考虑贷款回收发生变化的情形。在该模型为正态分布的情况下，估计的回收率的标准差被纳入了 VaR 的计算。在该模型为"实际"分布的情况下，考虑到贷款价值损失分布函数尾部的偏斜，因而假定回收率服从 Beta 分布，并且贷款的 VaR 通过蒙特卡洛模拟法来计算。在 KMV 模型的最简单的模型中，回收率被看作一个常数。在该模型的最新发展中，也允许回收率遵循 Beta 分布。在信用组合观点模型中，回收率的估计也是通过蒙特卡洛模拟法进行的。而在信用风险附加模型中，损失的严重程度被凑成整数并划分频段，得到次级的贷款组合，然后将次级贷款组合损失的严重程度视为一个常数。

模型的数字方法。各模型在估计 VaR 和未预料到的损失的数字方法上不尽相同。无论是在个别贷款的层次上，还是在贷款组合的层次上，信用度量术模型都可以有逻辑地分析和计算出 VaR 来，但是随着贷款组合中贷款数目的增加，这一方法变得越来越难以处理。结果是对于大额贷款组合，需运用蒙特卡洛模拟法产生一个组合贷款价值的"近似的"总体分布，并由此得出一个 VaR。与此类似，信贷组合观点使用重复的蒙特卡洛模拟法生成宏观的冲击和贷款组合损失或贷款价值的分布。相较而言，基于个别贷款呈泊松分布、违约率均值呈 Gamma 分布及在每一次级贷款组合中贷款损失有固定的回收率等方便的假定，信用风险附加模型能够生成关于损失的概率密度函数的逻辑分析解或闭型解（closed-form solution）当然，KMV 模型也允许得到损失函数的逻辑分析解。

5.4.2.4 信用风险计量模型的应用——以 KMV 模型为例[①]

1. 公司股权价值 V 的计算

上市公司股权价值=流通股市场价值=流通股股数×股票价格。表 5-18 是样本企业的市值信息，公司均为 A 股，无限售流通股份，其中第一列和第二列为 ST 股票的名称和股权价值，第三列和第四列为非 ST 股票的名称和股权价值。

表 5-18 中小企业样本公司股权价值   （单位：万元）

公司名称	股权价值	公司名称	股权价值
*ST1	299 960	公司 1	230 024
*ST2	324 172	公司 2	131 985
*ST3	104 972	公司 3	327 171
*ST4	195 590	公司 4	759 363
*ST5	317 675	公司 5	222 546
*ST6	336 951	公司 6	1 017 315
*ST7	263 932	公司 7	800 258
*ST8	259 881	公司 8	328 533

资料来源：赵思扬. 信用风险度量模型比较及在我国的适用性分析 [D]. 天津财经大学学位论文，2015.

2. 公司股权价值波动率的计算

用股价的波动率来间接得到上市公司股权价值的波动率，具体步骤如下。

假设公司股价服从正态分布，计算周期对数收益率，即

$$\mu_t = \ln \frac{s_t}{s_{t-1}} \quad (5-13)$$

计算股票收益率的周标准差：

$$\sigma_E' = \sqrt{\frac{1}{T-1} \sum_{t=1}^{T} (\mu_t - \bar{\mu})} \quad (5-14)$$

再根据总周数计算年标准差：

$$\sigma_E = \sigma_E' \sqrt{T} \quad (5-15)$$

其中，μ_t 表示第 t 周的对数收益率；s_t、s_{t-1} 表示第 t 周及第 $t-1$ 周股票的收盘价；$\bar{\mu}$ 表示周对数收益率均值；T 表示总周数。

[①] 本计算方法来自：赵思扬. 信用风险度量模型比较及在我国的适用性分析 [D]. 天津财经大学学位论文，2015.

从而得到上市公司股权价值波动率，如表 5-19 所示。

表 5-19 中小企业样本公司股权价值波动率

公司名称	波动率	公司名称	波动率
*ST1	0.332 8	公司 1	0.301 9
*ST2	0.295 2	公司 2	0.238 0
*ST3	0.394 1	公司 3	0.365 9
*ST4	0.417 5	公司 4	0.472 8
*ST5	0.416 8	公司 5	0.286 1
*ST6	0.377 3	公司 6	0.485 5
*ST7	0.522 7	公司 7	0.278 0
*ST8	0.375 6	公司 8	0.501 9

资料来源：赵思扬. 信用风险度量模型比较及在我国的适用性分析［D］. 天津财经大学学位论文，2015.

3. 无风险利率

关于无风险利率，西方发达国家的有关研究一般用 90 天的国债收益率代替，而我国一般选择一年定存利率代表无风险利率，本文研究时间区间内的无风险利率为 3%。

对于违约点的确定，由于我国无法搜集到足够的历史违约数据进行研究，所以本文选择了 KMV 公司经过大量研究总结出的违约点公式，即 DP= 流动负债 +0.5× 长期负债。

表 5-20 中小企业样本公司违约点（DP）

公司名称	违约点（DP）	公司名称	违约点（DP）
*ST1	250 571	公司 1	223 933
*ST2	314 684	公司 2	192 351
*ST3	50 256	公司 3	338 589
*ST4	11 806	公司 4	1 944 601
*ST5	252 753	公司 5	147 663
*ST6	277 450	公司 6	331 791
*ST7	159 999	公司 7	492 424
*ST8	105 643	公司 8	161 195

资料来源：赵思扬. 信用风险度量模型比较及在我国的适用性分析［D］. 天津财经大学学位论文，2015.

4. 实证结果

根据 MATLAB 的计算结果得到资产价值及其波动率，再代入公式：

$$\mathrm{DD}=\frac{V_A-\mathrm{DP}}{V_A \sigma_A} \quad (5-16)$$

计算出各公司的违约距离，如表 5-21 所示。

表 5-21 中小企业样本公司违约距离（DD）

公司名称	违约距离（DD）	公司名称	违约距离（DD）
*ST1	2.224 0	公司 1	2.789 2
*ST2	2.845 7	公司 2	3.054 9
*ST3	2.569 2	公司 3	2.895 1
*ST4	3.014 9	公司 4	3.249 0
*ST5	2.715 9	公司 5	3.018 9
*ST6	2.651 3	公司 6	2.862 5
*ST7	2.813 6	公司 7	3.258 4
*ST8	2.459 6	公司 8	2.951 0

资料来源：赵思扬. 信用风险度量模型比较及在我国的适用性分析［D］. 天津财经大学学位论文，2015.

由表 5-21 可以看出，KMV 计算出的 ST 公司的违约距离总体上小于正常公司的违约距离，而现实情况下，公司被 ST 处理大部分是因为连续 2—3 年无法获利，具有较高的信用风险，这是符合现实经济状况的。因此可以认为信用检测模型对于我国大型上市公司的风险度量是具有很好效果的。

5.5 信用风险转移

在 20 世纪 90 年代早期，信用风险管理方面的一个主要创新就是信用衍生工具。信用衍生工具是将信用风险从市场风险中分离出来，并允许将信用风险单独进行交易的金融工具。信用衍生工具为信用风险的定价和分配提供了可能，因此使得信用风险可以在交易双方间进行转移。

本节，我们将介绍信用风险转移市场不同的参与主体的动因、市场上主要的信用衍生工具等基本概念，解释信用衍生工具在信用风险转移中的具体作用；最后会简单介绍美国和中国的信用风险转移市场的发展情况。

5.5.1 信用风险转移的需求和动因

信用风险转移主要使用信用衍生工具来实现。信用衍生工具保证了风险水平与违约风险相对应的溢价相适应，因此使得信用衍生工具的双方都能获得收益。但对于任何消除了信用风险的一方，必然存在接受了该信用风险的另一方。通过信用衍生工具，信用风险只是转移，并没有消除。

一般而言，一笔信用衍生工具交易涉及三方。第一类参与者是信用衍生工具的买方

(protection buyer),它们希望通过买入持有信用衍生工具来转移信用风险。第二类参与者是信用衍生工具的卖方(protection seller),它们愿意承担信用风险。第三类参与者是交易基于其信用水平建立的一方,被称为参考主体(reference entity)。例如,A 银行向 C 公司提供了贷款,但 A 银行认为对 C 公司贷款数额过多,希望将其信用风险转移出售。此时,另一家 B 基金公司愿意承担此信用风险。那么 A 银行就是信用衍生工具的买方,B 基金是信用衍生工具的卖方,C 公司即为参考主体。

信用衍生工具交易的不同参与者的需求和动因各不一样。

5.5.1.1 信用衍生工具的买方

提高资本充足率。按照《巴塞尔协议》的规定,银行可以使用信用衍生工具达到资本充足率的要求,一定程度上可以节约资本,降低信贷资产风险集中度,达到资本套利的目标。银行如果对其持有的风险资产购买了信用衍生工具对冲,则在其合约额度保护范围内该风险资产的风险权重就被转移至信用衍生工具的卖方。

可以独立交易信用风险。信用衍生工具的出现从根本上改变了信用风险管理机制,使得信用风险能够从其他风险中独立出来交易,信用风险也可以像市场风险一样采用对冲、重组等方式进行管理。信用衍生工具的买方通过表外持有信用衍生品头寸对已有的信用风险进行对冲,从而减少信用风险、改变已承受信用风险的结构。

可以实现表内风险表外化解。信用衍生工具一般为非融资交易,因而表现出"表内风险表外化解"的特征。购买信用保护时,参考主体资产无须出售,依然保留在资产负债表内,因此信用衍生工具的买方(如银行)可以享有以下好处:第一,无须改变贷款的法定权益,避免通过贷款出售等方式导致贷款所有权变化而带来的一系列法律、税收等交易成本;第二,实现贷款(组合)的信用风险管理与贷款持有相分离,银行可以继续按照既有的贷款评审标准来发放贷款,信用衍生品交易无须得到借款人的许可,保持了银行对客户记录的机密性,兼顾维护客户特定关系与管理风险的双重目标;第三,银行在特定领域的贷款专业化优势和资源优势可以继续保持并发挥作用,由此造成的信用集中可以通过衍生品交易来分散贷款集中度较高的风险。

场外交易的灵活性。信用衍生工具的场外交易性质也给信用衍生品的买方带来了极大的灵活性。贷款的名义金额、期限、优先求偿权、利率及其变动等各个组成部分可以通过信用衍生品进行合成和交易。可以在参考主体还没有发生信用违约事件或不能准确预知是否会发生信用违约事件的情况下,由交易双方在信用衍生工具合约中事先约定风险补偿机制。这种灵活性为信用风险管理带来了较大的可调整空间。

5.5.1.2 信用衍生工具的卖方

规避管制间接进入信贷市场。对于大多数信用衍生工具的卖方而言,直接进入信贷市场发放贷款是被监管机构限制的,然而通过出售信用衍生工具,可以实质性地承担参考资产的信用风险,相当于间接进入了信贷市场,并且避免了直接进入信贷市场的一系列问题和成本。例如,无须承担贷款融资的成本;可以避开贷款的评估、合同签订、贷款监督等非银行机构没有资源优势的领域;不需要与借款人建立/维持借贷关系等。

获得融资套利机会。出售信用衍生工具可以获得融资套利的机会。一般而言，高质量的借款人往往向信用等级高、规模大的银行寻求借款，信用等级低的小银行难以直接为高质量的借款人提供贷款。但是，小银行可以通过向大银行出售信用衍生工具的方式间接进入高质量的贷款市场，从而获得理想的贷款组合，获得融资套利机会。

获得信贷资产的风险收益。通过收取信用保护的保费（信用衍生工具的权利金），信用衍生工具的卖方还获得了融资便利。通过承担信用风险，或者通过判断价差变动、发现市场定价错误的机会，信用衍生工具的卖方还可以获得信贷资产的风险收益。

便于灵活调整风险投资组合。相对于现货市场，信用衍生品交易的灵活性和低成本性，使得投资者可以更便利地对信用风险进行重组、对冲和复制现货产品，从而可以管理和调整其所涉及的资产组合。

信用衍生品市场在其早期发展阶段是单边性质的市场，风险管理基本上是对冲已有风险。当市场发展到双边阶段时，作为交易中介，交易商承担了买方和卖方的风险，多种可选择的套期保值方式也发展起来。例如，一些指数型的信用衍生工具的发展大大提高了交易商在风险管理方式上的灵活性。在某个给定日期，市场差价向同一方向变动时，交易者可以利用指数互换来对冲组合的风险，进一步对承担的两者之间的价差风险进行管理。

5.5.1.3 信用衍生工具的参考主体

非金融性公司是贷款和发行债券的主体，因此也是信用衍生工具的参考主体。目前几乎还没有非金融性公司直接参与信用风险转移市场，最常见的参与方式是运用信用衍生工具对其应收账款进行证券化（即资产证券化），或将应收账款卖给金融机构管理的中间商。但是由于信用转移市场上再打包并将风险从银行的资产负债表上转移的技术原则上可以直接应用于非金融性公司的应收账款，所以可以预见，未来非金融性公司对信用风险转移市场的参与程度将会提高。

此外，如果公司想要发行一组债券，但是因为债券的低信用等级使得其投资价值被限制，那么通过信用衍生工具可以从这些低等级债券中重新包装现金流，并通过担保等方式提升其信用等级，从而摆脱对银行融资的依赖，降低融资成本。因此使用信用衍生工具也可以扩大非金融性公司的融资范围。

5.5.2 信用风险转移的工具

银行在金融市场中的主要职能是存贷款业务，因此也是信用风险主要的承担者。银行转移贷款信用风险的最直接、最传统的途径是将贷款直接出售给第三方，从而彻底"清除"出售资产的信用风险。20世纪80年代后，证券化作为一种转移信用风险的方式开始迅速发展。进入90年代以后，信用衍生品工具和抵押债务债券逐渐出现并逐渐成为欧美银行转移信用风险的主流方式。信用风险转移的工具和途径逐渐多样化起来。

信用风险转移工具可以分为两大类：传统工具和资本市场工具。传统工具不需要通过资本市场交易便可完成，包括信用保险、银团贷款、贷款出售三类。资本市场工具也可以分为三类：证券化工具、信用衍生工具、其他混合工具。证券化工具包括资产抵押证券（asset backed securities, ABS）、住房抵押证券（mortgage backed securities, MBS）和（传统）抵押债务债券（collateral debt obligations, CDO）三类；单纯的信用衍生工具可以分为信用违约互换（credit default swap, CDS）、总收益互换（total return swap, TRS）和信用差价期权（credit spread options, CSO）三类。而兼具 CDO 和单纯信用衍生品特征的混合工具有两种：信用联结票据（credit linked notes, CLN）和合成 CDOs（synthetic CDOs）。如图 5-7 所示。

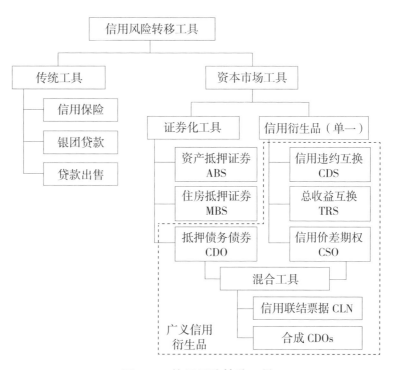

图 5-7　信用风险转移工具

资料来源：方建珍. 信用风险转移机制研究［D］. 武汉理工大学博士学位论文，2011.

5.5.2.1　信用衍生品（单一）

1. 信用违约互换

信用违约互换（CDS）是双向金融合约，信用保护买方按名义的本金数额的一定比例定期支付费用，而信用保护卖方按参考主体是否发生信用事件获得支付。根据支付的方式不同，可以分为现金交割和实物交割。实物交割是卖方向买方支付名义本金值，而买方向卖方支付面值等于 CDS 交易名义本金、债权地位相同的债券。现金交割是指卖方按照事先约定的估值方法或规定的程序确定参考债务的市场价值，并按此计算最终需要支付的净现金额。卖方按信用保护买方的损失做出现金补偿。另一种偶尔使用的交割方式叫固定交割，是指不论损失金额为多少，卖方都将向买方支付某一固定金额的费用。

虽然 CDS 被称为互换，但是它本质上是一种保险策略。买方向卖方支付类似于保险费的定期费用，然后一旦信用损失发生，卖方将对买方进行补偿。图 5-8 说明了 CDS 的具体过程。

图 5-8 信用违约互换

资料来源：唐·钱斯，罗伯特·布鲁克斯. 衍生工具与风险管理（原书第9版）[M]. 北京：机械工业出版社，2015.

CDS 交易规模范围很大，从几百万美元到数十亿美元不等。参考资产主体选择范围也很广，包括主权政府、金融机构、消费行业和其他投资级别或次投资级公司。合约到期日从 1—10 年不等。根据 BIS 统计，存量 CDS 的剩余期限主要集中在 1—5 年（占比达 70% 左右），5 年以上的占比不足 10%。

大多数 CDS 是标准化合约，流动性比较高。它们采用逐日盯市制度，其价格非常接近市场对基础债务人违约概率的看法。当违约概率发生变化时，CDS 也将发生变动，基础债券的价差也会发生变化。因此，CDS 不仅能在违约时提供保护，而且可以通过价差变化开展对冲交易。

CDS 是使用得非常广泛的信用衍生工具，并且存在许多变体。最主要的区分特征之一就是如何确定参考主体。一般 CDS 是以单一参考主体为标的，被称为单一名称信用违约互换（single name CDS）。还存在以多个参考主体的贷款或债券投资组合（通常被称为篮子）为标的的 CDS，主要为两种：信用违约互换指数（CDS lndex）和第 1 (n) 违约篮子互换（first (n-th)–to default basket swaps）。

信用违约互换指数是一种标准化的证券，能够反映构成指数的各个参考主体 CDS 风险加权平均与时间波动情况，能基于指数中所有参考主体提供信用保护。目前最著名的指数化 CDS 产品为 CDX 北美指数和 iTraxx 欧洲亚洲指数。

第 1 (n) 违约篮子互换的参考资产包括多个信用主体（典型的是有 3—5 个）。第 n 违约篮子互换合约中，当一篮子信用主体中，出现第 1 至第 n-1 个违约事件时，信用保护卖方不进行任何支付；只有当第 n 个违约事件出现时，信用保护卖方才按合约进行支付；如果以后再没有违约事件发生，信用保护卖方就不需要进行其他支付；但是之后如果出现第 n+1 次违约，则卖方再次进行支付。直到所有的信用主体发生违约事件时，信用违约互换随即终止。n 可以是从 1 到篮子中参考主体总数的任意数值。因此这类 CDS 能为篮子中多个信用资产提供保护。

2. 总收益互换

总收益互换（TRS）也许是最简单的信用衍生产品。它允许投资者支付浮动的利息流，比如 Libor（伦敦同业拆借利率）或相似利率加上一定的差价，来交换某一债券、投资组合、贷款或指数的收益。因此，TRS 能使得投资者暴露于基础资产而不必持有该项资产。总收益是指投资者不仅获得红利或利息，而且承担基础工具市场价值的波动，包括正向和负向两个方面。在任意一个互换当中，通常每季度或每半年定期进行支付。图5-9说明了TRS的具体流程。

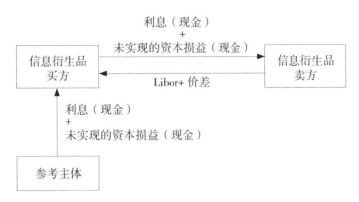

图5-9 总收益互换

资料来源：唐·钱斯，罗伯特·布鲁克斯.衍生工具与风险管理（原书第9版）[M].北京：机械工业出版社，2015.

在TRS中，基础资产仍为买方所拥有，卖方并未购买资产却获得了其收益。因此TRS的卖方等同于直接持有基础资产，承担了基础资产的经济风险和信用风险并获得信用风险溢价，买方则对冲了参考资产的全部风险，包括参考资产的违约风险及信用价差风险。值得注意的一点是，由于利率波动产生的市场风险并未被完全消除，因为利率的变动会反映在Libor中并对Libor产生影响。在传统的互换当中，Libor可以被转换为固定利率。可以看出，TRS与普通的互换十分相似，但是TRS要对债券的利息及未实现资本损益两者进行支付。

杠杆效应是TRS的突出优点之一，投资者不必从货币市场上筹集必需的资金来购买投资组合。投资者也可以避免交易成本，尤其是当TRS是基于某种海外债券指数收益时。部分投资者还可以利用TRS卖空某些信用工具，而由于管制原因这些投资者可能并不能在货币市场上直接进行卖空。

3. 信用价差期权

信用价差期权（CSO）是一种基础工具为债券收益率价差的衍生品。相同期限下，有潜在违约风险的债券有着比无违约风险的债券（如美国国库券）更高的收益。这种差异被称为收益率价差。它随信用风险的波动而波动。当投资者预期有潜在违约风险的债券有更大的风险时，这种债券相对国库券就变得不那么有吸引力，其价格就会下降，造成价差扩大。因此，收益率价差是反映债券信用风险的一个很好的指标。CSO就是以这种价差为标的的期权，它随着投资者对市场中信用风险预期的变化而变化。

CSO的买方可以避免信用价差向不利方向变动而带来的损失，CSO的卖方获得期权费用，作为其承担信用价差风险的补偿。假设当前参考主体的信用风险状况显示，其支付的收益率应当高于同期限美国中期国债收益率50个基点。买方可能会购买执行利率为60个基点的CSO。在到期时（或美式期权在到期前），如果信用利差超过60个基点则该期权处于实值状态。当然，只有在市场预期信用风险已经上升的情况下，这才可能发生。此类信用衍生工具也要求标的债券具有充足的流动性,从而可以获得对信用价差的可靠评估。图 5-10 说明了 CSO 的具体流程。

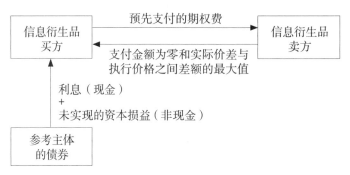

图 5-10 信用价差期权

资料来源:唐·钱斯,罗伯特·布鲁克斯.衍生工具与风险管理(原书第 9 版)[M].北京:机械工业出版社,2015.

5.5.2.2 资产证券化

资产证券化是指发起人将具有未来现金流收入的标的资产出售给专门从事资产证券化的特设机构(special purpose vehicle, SPV),在破产隔离(bankruptcy remoteness)和信用增级(credit enhancement)技术的支持下,特设机构发行新的证券进行融资,而新证券的本息偿付依赖于基础资产的未来现金流。

1. 资产证券化一般流程

图 5-11 是一个资产证券化交易的典型结构图。

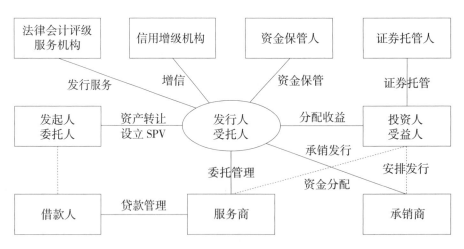

图 5-11 资产证券化交易典型结构图

资料来源:林华.中国资产证券化操作手册(上)[M].北京:中信出版社,2015.

资产证券化操作中涉及的主体包括融资方(原始权益人)、资产管理机构、信用增级机构、信用评级机构、资产评估机构、证券承销机构、投资人等。资产证券化过程中各参与主体及其简要职能如表 5-22 所示。

表 5-22 资产证券化的参与主体及主要职能

参与主体	主要职能
发起人（原始权益人）	选择入池的基础资产、组建资产池、进行资产重组，并将其转移给 SPV
SPV	接受发起人的资产组合并发行证券，实现发行人与其资产的破产隔离
信用增级机构	对资产支持证券提供额外的信用支持，以帮助投资者吸收信用风险，提高证券的信用评级，一般由发起人或独立的第三方担任
信用评级机构	对资产证券化的运作过程进行评估，给出证券的信用等级
承销商	为所发行的证券进行承销的实体，并设计资产证券化方案
服务商	是证券化服务中介，通常由发起人承担，也可以专门聘请的有经验的资产管理机构。负责监理资产项目及其所产生的现金流，按期收取证券化资产所产生的本金和利息
受托人	由 SPV 指定，管理资产服务商收取的现金流并向投资者分配。受托人面向的是投资者、担任资金管理和偿付职能的证券化中介机构
投资人	购买 SPV 发行的证券的机构或个人
其他服务机构	投资银行：协调项目操作，发行证券等 会计师：会计、税务咨询，对资产组合进行尽职调查 律师：法律咨询

资产证券化运作流程一般有以下步骤：

- 发起人选择被证券化的资产，构建资产池。可证券化的资产一般应具备资产数量多、资产相似、债务人的地域和人口统计分布广泛、现金流可预测且稳定、资产的历史状况较好、被原始权益人持有较长一段时间且信用记录良好、资产抵押物的变现值高等特征。

- 设立 SPV，保证以经营资产证券化为唯一目的，在法律上形成"破产隔离"载体。

- 资产的真实销售。将发起人手中的被证券化资产转移给 SPV，以保证资产的独立性，这一过程使得资产证券化成为一种表外融资。

- 进行信用增级。SPV 得到证券化资产后须采用内部和外部信用增级来提高拟发行资产支持证券的信用等级。外部信用增级：由担保机构提供担保，初次发行的企业为了获得较好的发行条件也可以通过金融机构来提供外部信用增级。外部信用增级主要技术方式有第三方信用证、资产出售方提供追索权和债券担保等。每种技术都可以承诺在任何情况下偿付 SPV 的全部债务或对特定部分的债务偿还，即提供完全支持和部分支持。内部信用增级：增强资产库自身实力，具体以增加抵押物或在各种交易档次间调剂风险的方式以达成信用提升，主要形式是优先/次级结构、超额剩余、建立现金储备账户等。内部信用增级可能改变债券的现金流结构，其最大优点是成本低，是资产证券化特有的信用增级方式。

- 进行信用评级。由信用评级机构进行信用评级，评级结果高则证券风险低，这为投资者选择证券提供了依据。资产证券化产品主要通过信用评级机构发布的资产证券化产品的信用评级报告及发行人定期向投资者和信用评级机构发布项目运行报告进行信息披露。前者主要在发行阶段进行，后者则在交易阶段进行。

- 发售证券。接下来由 SPV 作为发行人向投资者销售资产支持证券，销售主要通过各类金融机构（如银行或证券承销商等）完成，而购买者主要是机构投资者。
- 支付资产购买价款。即 SPV 按事先约定的价格将证券发行收入支付给发起人和各专业中介机构的相关费用。
- 管理资产池。SPV 还需要聘请专门的服务商管理资产池，回收资产所产生的现金流。
- 清偿证券。资产支持证券到期、支付完各方所得后，若资产池仍有剩余收入，则分配给发起人和特殊目的实体，证券化过程完毕。

2. 资产证券化产品分类

资产证券化是以基础资产所产生的现金流为支持的，因此，可以根据被选为证券化资产池的基础资产的类别将资产证券化产品分为 MBS 和 ABS。前者以住房抵押贷款为基础资产，后者则以除住房抵押贷款以外的其他资产为基础资产。如表 5-23 所示。

表 5-23 资产证券化产品分类

基础资产池构成	证券化产品名称
住房抵押贷款	MBS
商业地产抵押贷款	CMBS
住房抵押贷款	RMBS
除住房抵押贷款以外的其他资产	ABS
汽车贷款、信用卡贷款、学生贷款等	狭义 ABS
担保债务	CDOs
银行贷款	CLOs
高收益债券	CBOs
新兴市场债权，项目融资贷款，不良贷款及 ABS、RMBS、CDO 等机构产品	混合 CDOs

MBS 与 ABS 根据基础资产的不同还可以继续进行划分。MBS 是最早也是最主要的资产证券化品种，根据抵押贷款的标的是商用不动产还是住房用不动产，MBS 可以分为商业地产抵押贷款支持证券（commercial mortgage-backed securities, CMBS）和住房抵押贷款支持证券（residential mortgage-backed securities, RMBS）两类；而 ABS 可以分为两类：狭义的 ABS，包括以汽车贷款、信用卡贷款、学生贷款等为基础资产的证券化产品；CDOs，以担保债务为基础资产的证券化产品，CDOs 是近年来迅速发展的证券化产品，主要又分为抵押贷款权益（collateralized loan obligation, CLO）和抵押债券权益（collateralized bond obligation, CBO）两类。

3. 资产证券化的信用风险转移作用

资产证券化使得发起人能借助于这一过程，实现信用风险向投资者的转移，主要有三个方面的原因。

构筑资产池分离和重组信用风险。资产证券化发挥信用风险转移作用的起点是构筑资产池，将信用风险进行分离和重组。就资产池的单笔资产而言，虽然属于不同质资产，但是单笔资产的风险和收益各异，难以把握；而经过拆分、重组等构筑的资产池，通过特定模型模拟和计算而组合后，达到一种风险和收益最优的组合状态。并且，尽管单笔资产的结果难以预测，但是整个资产组合的风险和收益却呈现出一定的规律性。通过历史数据，资产组合现金流的平均数值能被估计，从而为信用风险的定价、出售和转移奠定了统计基础。

资产出售以实现破产隔离。资产证券化的过程中，发起人将资产真实出售给 SPV，从而实现了发起人与资产之间的破产隔离。资产证券化所发行的证券偿还，主要依赖资产池所产生的现金流，而与发起人的其他资产负债状况和整体信用无关。而银行存贷款、股票、债券等传统融资方式，偿付以公司整体信用、价值和持续经营能力为基础，发行公司对债务本息的偿还或者股利发放以其全部法定财产为界。因为具备了信用风险定价、出售和转移的法律基础，破产隔离使得证券化的资产独立。

结构转换功能。资产证券化也是一种结构性融资工具，在进行结构转换的同时，信用风险也得以变化和转移，这种结构转换体现在流动性和期限转换、信用级别转换、资金流结构转换、风险分担机制转换这四个方面。

流动性转换是指资产证券化机制通过资产的出售，发起人将非流动性的贷款转化为流动性的资产，一方面通过降低银行信用风险而缓解了银行的脆弱性，另一方面也将信用风险从银行体系扩散到其他的非银行类机构和金融体系中。

期限转换和流动性转换是相伴随的。对于发起人来说，通过真实出售，担保资产的期限从初始的期限变为"提前到期"，从而实现了期限转换。

信用级别转换是指信用增级和信用评级过程使得资产池中的资产（没有评级或没有外部评级）的信用级别得以提高和确认。这种外部确认和担保机制，使得 ABS 具备经过标准化切割、打包出售的基础。

资金流的结构变化是指经过设计之后，证券化中的转付证券现金流和债权组合的现金流虽然是等量连接的，但转付证券中投资者的收入流结构更为稳定也更符合其投资偏好。同时由于采用资产重组、破产隔离和信用增级等技术，ABS 的融资成本得以降低。结构转换功能使得信用风险定价、出售和转移具备了良好的市场基础。

经过打包、信用增级和标准化处理之后，抵押贷款的风险由集中的贷款发放机构转移给分散化的投资者，由信贷市场转向资本市场，从纵向的风险分担机制转为横向风险分担机制。

5.5.2.3 合成型信用风险转移产品

1. 信用联结票据

信用联结票据（CLN）指在资产证券化中，发起人的债权债务未转移给 SPV 时，由 SPV 发行信用联结票据，利用发行票据获得资金购买高质量低风险证券，所得收益用于支付票据本息，剩余部分用来分散债务人违约而使发起人承担的信用风险。

此类金融工具看起来像是一个支付利息和本金的普通债券，然而它的标的却是参考主体的信用状况。如果参考主体在某些其他指定的金融工具或债务方面发生违约，那么

CLN 的偿付净额将少于全部本金。

2. 抵押债务债券

抵押债务债券（CDO）是资产证券化中的一种广义产品，它将证券化技术延伸到范围更广的资产债券类型（如新兴市场债权，项目融资贷款，不良贷款及 ABS、RMBS、CDO 等机构产品），是在证券化的基础上再证券化。

CDO 的投资者收入均来自资产池的现金流量和为弥补资产组合的信用风险而进行的信用增级，信用增级经常采取超额担保的形式。CDO 的特别之处在于其发行的债务品种的多层次性和权益的多样性。CDO 的信用增级是借助证券结构设计达成的，不像一般 ABS 是利用外部信用加强机制增加证券的安全性。

就 CDO 而言，发行者购买了一个以多个参考主体为基础的 CDS 组合（基础信用组合），因此承担了所有参考主体的信用风险。发行者通过向其他各方发行由多个 CDS 层级所合成的合成体消除其所承担的信用风险。一层是指按某一特定优先权组合而成的资产组合，这一资产组合享有求偿权或承担损失。在合成型 CDO 中，这些层级按照指定的优先顺序承担了由基础信用组合造成的信用损失。优先级别最高的层级最后承担信用损失，优先级在其之下的层级则按照级别由低至高来从先到后承担信用损失。很可能至少有一个层级基本不会承担风险，因为其他层级在其之前承担了所有损失。因为需要承担基础信用组合的初次信用损失，优先级最低的层级会承担最高的信用风险。

CDO 被认为是一种对标的资产的重新处理和组合的过程和技术，而不是一种简单的产品。CDO 将信用风险从资产组合中分离出来，并分成不同的收益—风险结构的层级，提供给信用投资者多样化的选择，并且可以绕过一些限制进入信贷市场的监管壁垒，间接满足投资组合的资产配置需求。

5.5.3　信用风险转移市场发展现状

目前信用风险转移主要通过资产证券化和信用衍生品两条途径实现。美国是全球信用衍生工具较为发达的市场，下文将主要介绍美国和中国信用风险转移市场的发展情况。

5.5.3.1　资产证券化市场

美国是世界上最早实行证券化创新的国家，也是迄今为止证券化市场最为发达的国家。1968 年，美国信贷资产证券化启动。最初只为缓解美国购房融资的资金短缺问题。"婴儿潮"一代成年引发住房贷款需求急剧上升，促使银行转向资本市场，通过资产证券化转嫁利率风险，获得更多的资金来源。全球首个证券化产品抵押支持债券由美国政府国民抵押贷款协会（Government National Mortgage Association, Ginnie Mae，吉利美）发行。

1981 年起，住房抵押贷款证券化速度大幅加快，主要目的从应对资金短缺转变为帮助各类储蓄机构管理风险、改善财务困境。自此之后，美国另外两大抵押贷款公司——联邦国民抵押协会（Federal National Mortgage Association, Fannie Mae，房利美）和联邦住宅贷款抵押公司（Federal Home Loan Mortgage Corporation, Freddie Mac，房地美）等从事住房抵押贷款的机构，也开始纷纷收购银行住房抵押贷款进行重组并发行 MBS，这使得美国 MBS 迅速发展壮大起来。

继 MBS 之后，证券化的资产池扩大到非住房抵押贷款领域。1985 年之后，基于信用卡、汽车贷款、学生贷款、厂房设备贷款、房屋权益贷款等其他各类贷款的 ABS 也开始涌现。目前，可证券化的资产范围已经拓展到几乎所有经过组合后具有稳定现金流的资产。其中，汽车贷款担保证券、信用卡担保证券和学生贷款担保证券是发行额最大的三种证券化工具。CDOs（包括合成 CDOs）市场近年来发展最为活跃。

2008 年，始于次贷危机的金融危机，沉重打击了高速发展的资产证券化市场，MBS 规模扩张趋缓乃至停滞，ABS 市场余额出现大幅下滑。市场重心从竞争与金融产品创新转向对资产证券化不良操作带来的巨大隐患的反思和防范之上。

截至 2016 年，如图 5-12 所示，美国 MBS 市场存量为 8.9 万亿美元，其中 73% 是由三大抵押贷款公司发行的。市场其他机构发行 MBS 的热情较危机前明显低迷。ABS 市场存量为 1.3 万亿美元，其中近 50% 为 CDOs。CDOs 也是金融危机前增速最大的品种，2007 年次贷危机引爆前，其占比高达 54%，近年来其占比逐渐减低并趋于稳定，约为 46%。

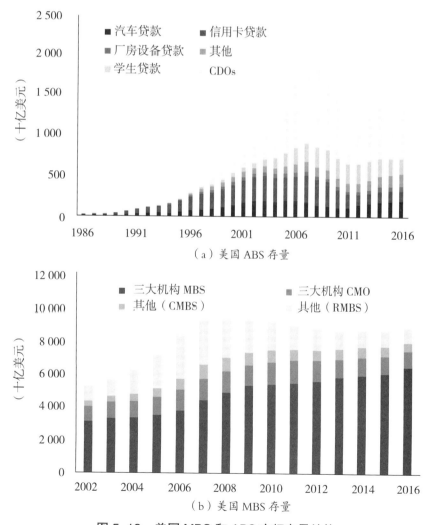

图 5-12 美国 MBS 和 ABS 市场存量结构

资料来源：http://www.sifma.org。

我国着手准备开展资产证券化是在 2000 年左右，建设银行、工商银行、国家开发银行等都在研究如何在中国推出资产证券化产品，不少银行还报过具体的方案。

我国金融资产支持的资产证券化始于 2003 年 6 月。华融资产管理公司和中信信托投资有限责任公司合作在国内首次发行了面值 132.5 亿元、期限 3 年、价值 10 亿元、收益率 4.17% 的优先受益权，这一项目被称为"准资产证券化"。

2005 年被称为"中国资产证券化元年"，中国建设银行和国家开发银行分别以个人住房抵押贷款和信贷资产为支持，在银行间市场发行了第一期资产证券化产品。

此后，资产证券化不断推行试点，在制度法规、基础建设、各部分协调配合方面，进行了很多积极有益的尝试。而 2008 年，美国次贷危机爆发并形成了蔓延全球的金融危机，引发了人们对资产证券化的质疑，业务试点也几乎中断。2011 年 5 月，国务院决定重启资产证券化。在补充完善如信用风险自留规则与双评级机制等新规后，2012 年 6 月初，央行、银监会、财政部联合下发《关于进一步扩大信贷资产证券化试点有关事项的通知》。2013 年 8 月底，国务院会议决定，在实行总量控制的前提下，扩大信贷资产证券化试点规模，提出优质信贷资产证券化产品可以在交易所上市交易，风险大的资产不纳入试点范围，不做再证券化，信贷资产证券化实行统一的发行、等级托管等要求。

迄今为止，中国的资产证券化产品主要包括信贷资产证券化、企业资产证券化和资产支持票据（ABN）三种方式。2013 年重启资产证券化后，中国资产证券化市场有了明显的发展。2016 年，资产证券化产品同比增长 37.3%，市场存量达到 1.2 万亿元人民币的规模，同比增长 52.66%。2016 年以前，信贷 ABS 发行规模一直占据较大比重，2016 年企业 ABS 发行规模大幅提升，较 2015 年翻番（见图 5-13），取代信贷 ABS 成为发行量最大的品种。截至 2016 年，中国资产证券化产品市场存量中，信贷 ABS 占 51.54%，企业 ABS 占 45.97%，ABN 占 2.49%。

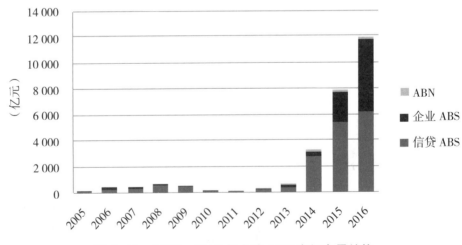

图 5-13 2005—2016 年中国 ABS 市场存量结构

资料来源：《2016 年资产证券化发展报告》。

信贷 ABS 中，公司信贷类资产支持证券（CLO）不再"一家独大"，各类产品发行规模趋于均衡化，标准信贷 ABS 市场开始走向成熟。如图 5-14 所示，2016 年个人住房抵押贷款支持证券（RMBS）发行量同比增长逾3倍，2016年上半年楼市升温带动公积金 RMBS 发行量猛增，下半年商业银行 RMBS 发行提速，全年发行规模已经接近 CLO。个人汽车抵押贷款支持证券（Auto-ABS）发行量同比增长84%。企业 ABS 产品中，以租赁租金、应收账款、信托受益权和小额贷款为基础资产的产品发行量较大。

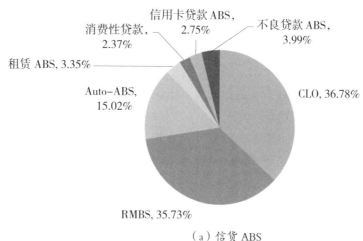

（a）信贷 ABS

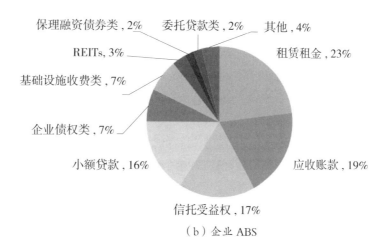

（b）企业 ABS

图 5-14 中国 ABS 产品类型

资料来源：《2016年资产证券化发展报告》。

5.5.3.2 信用衍生品市场

20世纪80年代至90年代初期，银行开始尝试将信用风险暴露分担出去。自90年代末期开始，信用衍生品市场开始进入迅速增长阶段。而次贷危机的发生，又使得信用衍生品市场受到严重冲击。

信用衍生品的产生可以追溯到1993年，日本的信孚银行（Bankers Trust）和瑞士信贷银行金融产品部（SCFP）为防止其向日本金融界发放的贷款遭受损失，开始出售一种偿还价值取决于具体违约事件的债券，这是最早的信用衍生品的雏形。

在20世纪90年代初期，CDS 的雏形已经产生。1995年，美国埃克森石油公司希望在其金融老客户 J.P. 摩根贷一笔款，但这笔贷款只有很低的利润，却需要占用 J.P. 摩根的信用额度以及预留大笔的资本储备金。为了贷出这笔款又不影响信用额度，J.P. 摩根提出每年向欧洲复兴开发银行支付一定费用，而欧洲复兴银行则承担 J.P. 摩根这笔贷款的信用风险。按照当时的金融衍生品交易方案，这笔贷款虽然贷给了埃克森公司，但是由于没有任何风险，因此不影响 J.P. 摩根的信用额度。

1996 年 8 月，美联储声明允许美国银行使用信用衍生品，并同意银行根据信用风险转移的情况来降低资本储备，实质上是认可了银行利用 CDS 来解放储备金的做法。同年，巴塞尔银行监管委员会通过了《巴塞尔协议市场风险修正案》。修正案规定，如果银行利用衍生品对冲它们的信用或市场风险，它们将可以持有比风险头寸更少的资本金来抵充交易和其他活动风险。

1999 年，国际掉期与衍生工具协会（International Swaps and Derivatives Association, ISDA）创立了标准化的 CDS 合约，规范场外交易秩序，CDS 交易开始快速发展。

2005—2008 年，美国商业银行的衍生品增长迅速，其中 CDS 合约占比最大。危机初期市场信用风险敞口扩大反而刺激了交易商通过购买 CDS 合约进行套期保值的想法，所以美国的 CDS 市场规模不但没有减小，反而小幅扩大。2007 年年底，美国 CDS 名义市场规模达到了最高点 62.2 万亿美元，超过了当年纽约证券交易所的证券市场价值，这意味着 CDS 市场投机规模巨大。次贷危机爆发期间，部分 CDS 卖方资质下降，由于缺少净额结算机制，若基础资产违约，赔付规模可能很大。美国前五大行的 CDS 交易额在全市场中占比很高，这使得风险集中，交易对手风险增加，参与者大量对冲未平仓头寸以规避风险，各银行、投行为减小风险和繁杂手续，将同类 CDS 交易归类对冲抵消，对结构化产品需求降低。

2009 年开始，美国商业银行的信用衍生品名义总值在各季度均低于上年同期，市场开始萎缩。经历了金融危机冲击后，人们开始重新审视信用衍生品。通过对金融危机前后 CDS 市场的发展过程进行分析，通过对数学模型的重新塑造、加强 CDS 市场监管、提高 CDS 合约标准化、提倡单一名称的 CDS 合约、提高场外交易市场透明度等手段，美国 CDS 市场在 2009 年萎缩后开始平稳发展。美国 CDS 的发展历程如图 5-15 所示。

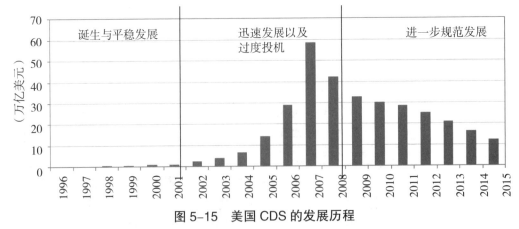

图 5-15　美国 CDS 的发展历程

资料来源：《CDS 海外市场发展简介》。

危机后，CDS 由投机回归风险管理的初衷，产品结构趋于标准化，单一名称 CDS 等简单产品占比提升，重新成为市场主流产品。美国通过立法加强监管，并建立中央对手方清算，降低交易对手方风险。2009 年 7 月，美国众议院审议了《衍生品交易问责制和披露法案》，12 月通过了《场外衍生品市场法案》，提出标准化 CDS 必须由中央清算机构清算，并在交易所或电子平台完成交易。ISDA 在 2009 年 3 月和 7 月相继发布了两份协定书，对信用衍生产品交易的标准协议文本进行了修改和完善。美国 CDS 交易逐渐趋于稳定。

中国信用衍生品市场起步较晚，中国银行间市场交易商协会先后推出了四项产品，标志着中国信用衍生品市场也在逐渐成长。

2010 年 10 月 29 日，中国银行间市场交易商协会发布了《银行间市场信用风险缓释工具试点业务指引》，标志着我国信用风险缓释工具的正式推出。此次，中国银行间市场交易商协会推出了信用风险缓释合约（CRMA）和信用风险缓释凭证（CRMW）两项产品。

2016 年 9 月 23 日，中国银行间市场交易商协会发布修订后的《银行间市场信用风险缓释工具试点业务规则》及配套产品指引文件，并同步发布《中国场外信用衍生产品交易基本术语与适用规则（2016 年版）》，标志着中国版 CDS 的正式起步。此次，中国银行间市场交易商协会推出了信用违约互换（CDS）和信用联结票据（CLN）两项产品。

CRMA 和 CRMW 被认为是中国信用衍生品市场的创新，类似于国际上的 CDS。不同于 CDS 和 CLN（针对某一主体的任意债项违约时都会触发赔偿），CRMA 和 CRMW 只针对某一主体对某一特定债券违约时创设，相对局限导致其在市场上并未受到欢迎。并且 2010—2013 年，中国债券市场整体偏刚兑环境，投资者对信用风险对冲的诉求并不强烈。但自从 2014 年超日债成为首单公募债违约后，债券市场刚兑逐渐被打破，市场对信用风险转移和对冲的诉求明显上升。

2016 年发布的中国版 CDS 在 2010 年的基础上，在品种设计、债券保护范围、市场禁入门槛等方面都有很大改进。但中国版 CDS 的发展，还有很多瓶颈需要突破，如法律制度待完善，信用违约分析和定价能力待提高，参考债务、主体和卖方范围待拓宽等。目前来看，国内推出的 CDS 先从高等级品种推出，是开拓市场的一种模式。市场真正需要对冲信用风险的是一些有违约预期的低等级产品，但这需要更高风险偏好的卖方机构参与。在国内信用环境不健全、违约追偿较差的背景下，卖方参与的动力偏弱。因此，中国 CDS 市场的发展还需要各方面的制度完善来铺垫。目前中国 CDS 还处于非常初级的阶段，未来将会逐步发展。

本章小结

广义上，信用风险是因指交易对手未能履行合同义务而造成经济损失的风险，其影响是通过对手违约时重置现金流的成本来度量的。宏观经济变动是信用风险事件发生的基本原因。信用风险包括贷款或债券的违约风险、债券市场价格风险（价差风险），以及在衍生品交易中对手方无法履行必须支付义务的风险。信用评级是对信用风险的揭示。

要素分析法是评级机构对评级对象信用风险进行分析时采用的专家分析法之一，主要是通过影响信用的相关风险因素及其变化来确定信用状况，并不断调整自己的分析重点。具体来看，它包括"5C"要素分析法、"5P"要素分析法、"骆驼"评级体系等。

信用评级机构最终会通过评级符号来表示评级对象信用风险的大小，整体来看，评级符号系统可以分为长期评级、短期评级、评级展望和观察名单。

信用分析是要识别和管理信用违约风险，具体来说有两个目标。第一，从风险控制角度考虑，在违约和不违约之间建立一个识别线；第二，从风险管理的角度来考虑，不是纯粹的风险控制，而是根据信用基本面的情况来给信用债券定价。

KMV模型的基本思想是莫顿模型在信用风险上的应用，将公司的股权价值 E 视为对该公司资产价值的一个看涨期权。

一般而言，一笔信用衍生工具交易涉及三方：信用衍生工具的买方；信用衍生工具的卖方；交易基于其信用水平建立的一方，又被称为参考主体。

信用违约互换是双向金融合约，信用保护买方按名义的本金数额的一定比例定期支付费用，而信用保护卖方按参考主体是否发生信用事件获得支付。资产证券化是指发起人将具有未来现金流收入的标的资产出售给专门从事资产证券化的特设机构，在破产隔离和信用增级技术的支持下，特设机构发行新的证券进行融资，而新证券的本息偿付依赖于基础资产的未来现金流。目前信用风险转移主要通过资产证券化和信用衍生品两条途径实现。

本章重要术语

信用风险　结算风险　结算前风险　预期损失　违约概率　违约损失率　违约暴露　信用价差　交叉违约　交易对手风险　违约风险暴露　每日盯市结算　违约距离　估计违约概率　久期　信用违约互换　总收益互换　信用价差期权　资产抵押证券　住房抵押证券　抵押债务债券

思考练习题

一、简答

1. 信用风险可以具体分为哪几类？
2. 违约风险与信用价差风险有什么区别？
3. 一家商业银行将对某公司发放贷款，贷款一次性支付5 000万元。经信用分析测算，该公司有5%的可能性违约，最终的贷款回收率为70%。该商业银行需要对期望信用损失计提信用准备金，需要计提多少准备金？
4. 请简述评级展望与观察名单的含义与作用。
5. "信用评级结果准确反映了受评对象信用风险的大小"，试评论这一观点。
6. 单一信用衍生品有哪些？
7. 证券化工具有哪些？一般如何划分？

二、选择

1. 下面哪一项不是信用分析与股票分析的区别？
A. 信用分析强调的是债权人利益，而非股东利益

B. 信用分析主要是对偿债能力等方面的评估

C. 股票分析关心的是企业利润的增长前景，倾向于预测企业将来可能会怎样

D. 信用基本面分析侧重于企业盈利方面

2. 信用基本面分析的核心是什么？

A. 寻找现金流

B. 行业风险和趋势

C. 国企还是民企

D. 盈利能力

3. 下列哪一个关于定量分析的说法是正确的？

A. 定量分析的各个要素之间是相互独立的

B. 财务数据的质量并不重要

C. 合并与独立报表分析需要相结合

D. 高资产负债率企业的违约风险一定高于低资产负债率企业

4. KMV 度量了标准正态化的违约距离。违约距离是如何定义的？

A. 资产的期望价值 – 加权的债务价值 / 资产的波动率

B. 股票价格 / 股票的波动率

C. 股票价格低于某一截点的概率

D. 杠杆乘以股票价格的波动率

5. 下列哪一个模型是使用期权定价方法来对信用风险资产之间的相关性进行建模的？

A. Credit Risk$^+$

B. Credit Metrics

C. 针对上市公司的 KMV

D. B 和 C 都是

6. 下列哪一个关于 KMV、Credit Metrics 和 Credit Risk$^+$ 模型应用的说法是正确的？

A. 这些模型的本意都没有考虑利率或信用价差的变动

B. 这些模型仅当信用评级变动时才允许违约概率变动，而不是连续变动

C. 使用这些模型计算 VaR 度量是不可行的

D. 这些模型忽视了从一个评级到另一个评级的信用转移

参考文献

[1] Beaver, W. H. Financial ratios as predictors of failure[J]. *Journal of Accounting Research*, 1966, 4（1）: 71—111.

[2] Baker. K., and Mansi, S. A. Assessing credit rating agencies by corporate bond issuers: the case of investment versus non investment grade bonds[D]. SSRN Working Paper, 2001.

[3] Horrigan, J.O. The determination of long-term credit standing with financial ratios[J]. *Journal of Accounting Research*, 1966, 4(3): 44—62.

[4] Hull, J., and White, A. Valuing credit default swaps II: Modeling default correlation [J]. *Journal of Derivatives*, 2001, 8: 12—21.

[5] Johnson, C.L., and Kriz, K.A. Fiscal institutions, credit ratings, and borrowing costs [J]. *Public Budgeting&Finance*, 2005, 356: 84—103.

[6] Partnoy. F. The paradox of credit ratings[J]. *Law and Economics Research Paper*, 1999, 9: 65—84.

[7] S&P. Guide to Credit Rating Essentials[R]. 2010.

[8] Ziebart, D.A., and Reiter, S.A. Bond ratings, bond yields and financial information[J]. *Contemporary Accounting Research*, 1992, 9: 252—282.

[9] Darrell Duffie. 信用风险：定价度量和管理[M]. 上海：上海财经大学出版社，2009.

[10] Schmid, B. 信用风险定价模型——理论与

实务[M].北京：汉语大词典出版社，2014.

[11] 鄂志寰，周景彤.美国信用评级市场与监管变迁及其借鉴[J].环球金融，2012，2：32—40.

[12] 方建珍.信用风险转移机制研究[D].武汉理工大学博士学位论文，2011.

[13] 飞利浦·乔瑞.金融风险管理师考试手册（第六版）[M].北京：中国人民大学出版社，2012.

[14] 葛鹤军.信用风险对债券信用利差的影响研究[D].对外经济贸易大学学位论文，2014.

[15] 广发证券.FICC业务系列报告之五：海内外信用违约互换（CDS）市场发展情况介绍[R].2016.

[16] 国泰君安.信用基本面分析手册[R].2015.

[17] 何平，金梦.信用评级在中国债券市场的影响力[J].金融研究，2010，4：15—28.

[18] 蒋贤锋.中外企业信用评级的差异及其决定因素[D].中国人民银行工作论文，2017.

[19] 金志博，王红娟.现代信用风险度量模型比较分析[J].当代经济，2009，20：142—143.

[20] 联合评级.2016年中国债券市场信用风险事件分析[R].2016.

[21] 林华.中国资产证券化操作手册（上）[M].北京：中信出版社，2015.

[22] 申万宏源.债券固收衍生品系列专题之四：信用风险缓释工具（CDS）详解与初步定价[R].2016.

[23] 沈宜庆.台湾企业信息透明度与债券发行资金成本关系实证研究——蒙特卡洛模拟法之运用[J].财会通讯，2009，9：45—47.

[24] 唐·钱斯，罗伯特·布鲁克斯.衍生工具与风险管理（原书第9版）[M].北京：机械工业出版社，2015.

[25] 王子惟.企业债信用级别与发行利率实证研究[J].征信，2012：37—41.

[26] 谢多.信用评级[M].北京：中国金融出版社，2014.

[27] 许涤龙，李峰.金融机构信用风险度量模型的发展与比较[J].统计与决策，2009，8：4—6.

[28] 叶伟春.信用评级理论与实务（第二版）[M].北京：格致出版社，2015.

[29] 赵思扬.信用风险度量模型比较及在我国的适用性分析[D].天津财经大学学位论文，2015.

[30] 中诚信.房地产行业评级方法——中诚信国际[R].2014.

[31] 中金公司.信用评级——定义、目标及其在信用产品投资中的应用[R].2008.

[32] 中金公司.中金公司房地产行业信用状况跟踪：行业热度飙升背后的个体分化[R].2016.

[33] 中金公司.中金公司房地产行业信用状况观察：时势造就的究竟是不是英雄？[R].2015.

[34] 中金公司.中金公司债市宝典之信用篇[R].2016.

[35] 中央国债登记结算有限责任公司.2016年资产证券化发展报告[R].2016.

[36] 中债资信.对信用评级行业定位和作用的认识[R].2012.

[37] 中债资信.国内外信用等级分布规律比较分析及启示[R].2012.

第 6 章
流动性风险管理

於佳雪(天风国际证券)

吴一纯　任　春　毛倩君(天风证券)

本章知识与技能目标

通过本章学习，读者应能够：
◎ 深入理解流动性、流动性风险的内涵，了解金融机构进行流动性管理的目标和现实需要；
◎ 掌握国内流动性风险管理的主要影响因素，尤其是中央银行和货币市场所扮演的角色；
◎ 掌握金融机构的负债来源、负债类流动性风险管理的相关风险指标和主要措施；
◎ 掌握资产类流动性风险管理的影响及传播，以及以债券为代表的资产类流动性风险的表现及对冲；
◎ 了解流动性风险的监管要求，包括国内和国际两个方面。

对于任何金融机构而言，流动性风险管理都是其风险管理体系中极为关键的一部分。流动性风险广泛存在于金融机构的日常经营之中，并且传导迅速、波及范围可能非常广泛。例如，在2008年席卷全球的金融危机中，由于资产价格下跌，一些主要金融机构无法为其期限较长且缺乏流动性的资产继续融资，所以不得不出售资产；但资产抛售进一步压低了资产价格，市场上融资变得更加困难，资产和负债端交互传导，最终演化成了系统流动性危机。

6.1 流动性风险管理概述

6.1.1 流动性的定义与内涵

流动性风险是指经济主体由于金融资产流动性的不确定性变动而遭受经济损失的可能性。事实上,在整个宏观经济和金融市场运行的过程中,涉及的流动性有多个层次,不同层次的流动性之间亦是相互联系的。尽管本章所涉及的流动性风险管理是基于金融机构的视角,但了解流动性的丰富内涵,对于真正理解流动性仍是不可或缺的一步。

6.1.1.1 流动性的三个层次

流动性的第一个层次,是整个宏观经济的流动性,即货币总量。国内通常由广义货币供应量(M2)来代表,而发达经济体更多关注的是 M3(通常为 M2 加上其他短期流动资产,如大额存单、逆回购协议)。从长期来看,一国的货币投放量是随着其经济增长而同步变化的,但短期内存在一些波动。

流动性的第二个层次,是金融市场的流动性,它有两个方面的内涵:一是银行间市场的流动性,即"资金面",强调市场提供短期负债的能力;二是交易某一类别资产的市场的流动性,强调市场为资产变现提供便利的能力。"资金面"存在各种外生的和内生的波动,而资产的变现能力也会随着市场环境的变化而变化。

流动性的第三个层次,是金融机构的流动性,指的是金融机构以合理成本获得充足资金的能力,以及在负债到期时偿还的能力。一家金融机构的流动性状况的"好"与"坏",基本上可以通过这两种能力来衡量。以合理成本获得充足资金的能力较强,一方面意味着机构不需要为了满足自身资金需求而将本希望继续持有的资产变现;另一方面则强调融资成本上的"合理性",即不会由于市场波动而被迫接受过高的融资利率。

在本章中,我们主要关注的是金融机构如何进行流动性风险管理,落脚点在第三个层次,因为金融市场的流动性,多由金融机构业务操作演绎。以下所有有关流动性风险和流动性风险管理的讨论,若无特别指明,均是基于金融机构的视角。

6.1.1.2 不同层次流动性之间的关系

不同层次的流动性之间并不是相互割裂的,它们之间的关系主要体现在以下两个方面。

首先,宏观经济的流动性状况会影响金融市场及金融机构的流动性。事实上,整个宏观经济的流动性时刻都在实体经济和金融市场中进行分配,并且这种分配正常情况下应当成一个相对稳定的比例;因为,金融市场与实体经济之间最终是一种共荣共生的关系。由此,宏观经济的流动性(即总的货币投放量)越充裕,金融市场作为一个整体的流动性也会越好。而无论是存在于实体经济还是金融市场的流动性,都是通过金融机构产生和流转的；因此，宏观经济的流动性越充裕，金融机构的流动性通常也越好。

其次，金融市场的流动性对金融机构的流动性有着很强的约束作用。金融市场的流动性，不仅与宏观经济的流动性状况有关，更受到诸多宏观和微观层面的因素影响。当银行间市场流动性紧张时，机构借入资金的难度上升；而当资产流动性不佳时，金融机构通过资产变现获得资金的能力将变差。这些都会对金融机构的流动性形成约束，要求金融机构时刻根据市场环境对自身流动性安排进行调整。

6.1.2 流动性风险的产生

对于金融机构而言，所谓流动性风险，基于前面对金融机构流动性的定义，就是不能以合理成本获得充足资金的风险，以及在负债到期时不能偿还的风险。这种风险，从根本上看，来源于资产和负债的期限错配，几乎任何金融机构都无法避免。从表现形式上看，流动性风险则可以具体分为负债类和资产类。

6.1.2.1 流动性风险的根本来源

倘若金融机构的每一笔资产都对应着相同期限的负债，并且在负债到期的时点上，资产价值大于或等于负债，那么流动性风险自然不存在。但是，在现实世界中，这种情况几乎不可能实现。

首先，资产和负债的期限错配，是所有金融机构的经营特征。这种错配有以下三个方面的原因：第一，某些资产或负债的期限本身就不确定，从而难以与相对应的负债或资产期限直接匹配，例如，银行的活期存款；第二，也是更为重要的，资产和负债的期限分布本身不同，这是由实体的真实需求决定的，例如，债券和贷款资产的期限分布，很难与存款的期限分布一一匹配；第三，资产和负债的期限错配是金融机构的重要盈利方式之一，普遍存在于银行、证券公司和基金公司。

其次，由于某些类别的资产和负债价格都是随市场变化的，即便某一资产和负债的期限是完全匹配的，也无法保证在到期日时，其在数量上能够完全匹配。例如，一笔浮息债券资产，对应的融资来源是一笔同期限的固息债务，按照当前市场利率，浮息债券的现值高于这一笔固息债务；未来如果利率下降，浮息债券的现值就有可能跌到固息债务的现值之下，产生数量不匹配的情形。

以上两点之中，资产和负债的期限错配是最为根本也是最为普遍的流动性风险来源，而单纯由资产或/和负债价格变动带来的不匹配，相对不那么常见。后者事实上更多与资产和负债的期限错配同时发生。

6.1.2.2 流动性风险的表现形式

当较短期限的负债搭配了较长期限的资产，负债到期而资产尚未到期时，金融机构便面临了刚性的资金需求。这时，金融机构通常有两个选择：接续负债或变卖资产（当然也可两者结合）。较为理想的情况，必定是机构根据当时的市场环境和对未来资金及资产走势的判断做出一个综合考量。但是，这里就存在两个方面的风险。

第一个是负债端。如若遇到资金面紧张，融资难度上升，便可能需要付出高昂的融资成本，极端情况下甚至无法融入足够资金。

第二个是资产端。首先，对于未到期的资产，其价值会受到市场波动的影响，此时不一定是一个好的卖出时点；其次，倘若该资产流动性本身不佳，很可能无法及时变现或只能折价卖出。

如果资产端和负债端的问题同时出现，资金需求便无法以较为理想的价格满足（极端情况下甚至无法满足，即负债无法偿还）。因此，从表现形式上看，流动性风险可具体分为负债类和资产类。唯有对这两类流动性风险进行系统性的管理，才能确保在未来每一时点上，资金需求都能被顺利满足。

6.1.3 流动性风险管理目标和体系

为了对流动性风险进行系统性的管理，金融机构必须有明确的流动性风险管理目标和体系。对这些目标和体系有一个全景的认识，将更加有利于操作层面的理解。

6.1.3.1 流动性风险管理目标

由于流动性风险的管理对于金融机构而言至关重要，不仅金融机构本身有进行流动性风险管理的动机，监管机构站在系统重要性的角度，也对金融机构的流动性管理提出了一系列要求。综合而言，金融机构进行流动性风险管理的目标有以下三个。

第一，满足监管要求。无论金融机构自身认为怎样的流动性安排更为合理，首先都应当以满足监管要求为第一要务。这些要求包括法定存款准备金的按比例上缴、资产和负债的结构需要满足一些指标要求（如流动性覆盖率、净稳定资金比例）等。

第二，满足日常经营需求。无论哪一种类型的金融机构，日常经营过程中都有各种资金需求（如同业类负债到期偿还的需求，银行客户的提现、转账需求等）。正如前面所提到的，这些资金需求大多源于资产和负债的期限错配。流动性风险管理的目标，在实际操作层面上主要集中在这一点。

第三，实现经营目标。前面已经提到，资产和负债的期限错配是流动性风险的根本来源，所以错配的程度越低，流动性管理的难度通常也就越小。但是，期限错配所能够带来的收益对于实现经营目标具有重要意义。所以，金融机构需要在流动性风险和实现经营目标之间进行权衡，寻求在实现经营目标的同时，保证流动性风险的可控。

6.1.3.2 流动性风险管理体系

无论对于银行还是非银行金融机构，流动性风险管理都不仅仅是某一个或几个部门的职责，其背后对应着一整套管理体系。从框架上来看，这套体系自上而下包括三个层面：决策机构、日常管理机构和具体操作机构（见图6-1）。下面以银行和证券公司为例具体介绍。

第 6 章 流动性风险管理

```
决策机构 → 日常管理机构 → 具体操作机构
```

图 6-1 银行流动性风险管理体系

首先，决策机构一般包括董事会、监事会和高级管理层，以及其下设的专业委员会，如风险管理委员会、资产负债管理委员会等。董事会通常是流动性风险管理的最高决策机构。董事会或其下设的专业委员会的职责主要包括审批流动性风险偏好、流动性风险管理策略、重要政策和程序，确定总体投资、融资规模和整体杠杆率水平，批准资产负债配置计划及其调整方案，其他一系列监督、审批和披露职责。监事会主要负责对董事会和高级管理层的监督和报告。而高级管理层及其下设的专业委员会则是董事会决策的具体执行方，其主要职责包括及时测算并在必要时调整可承受的流动性风险水平，制定、审议和监督执行流动性风险管理策略、政策和程序，建立完备的管理信息系统，组织开展压力测试，等等。

其次，银行流动性风险的日常管理机构通常包括总行管理部门、风险管理部、计划财务部和资产负债部（见图 6-2）；证券公司与银行类似。日常管理机构的职责，主要是对融资来源和资金需求进行统筹、协调和安排，本质上是高级管理层及其下设专业委员会决策的执行者。

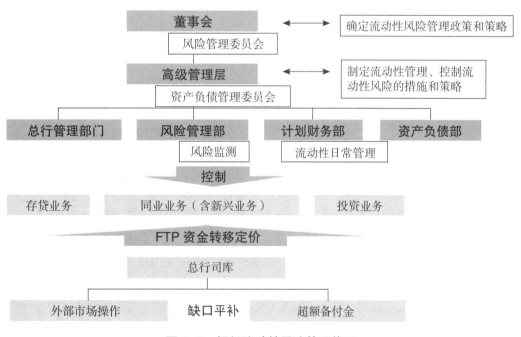

图 6-2 银行流动性风险管理体系

资料来源：外汇交易中心，略做改动。

最后，对于具体操作机构，银行和证券公司在形式上差异会比较大，但本质上仍是类似的，即是真正"执行"融资操作和资金运用的部门。银行的操作部门通常包括存贷业务、同业业务、投资业务条线等，但它们统一受到总行司库的调配；证券公司的操作部门则是财务部或资金部这类流动性管理部门，或是固定收益业务部门，还可能是二者共同分担。

6.1.4 流动性风险管理的现实需要

由上可以看出，无论在任何时候，流动性风险管理都是金融机构必须重视的一块内容。但随着市场环境的变化，流动性管理的现实需要也在发生变化。近几年随着我国利率市场化的加速推进和金融市场的扩容，金融机构进行流动性风险管理的难度和要求显著提高。

6.1.4.1 利率市场化带来的挑战

国内自2012年利率市场化加速以来，同业竞争明显加剧。非银行业金融机构（又简称"非银金融机构"）从银行分流了越来越多的一般性存款，过去银行依赖稳定的净息差便能够完成盈利目标的模式不再能持续。银行需要对自身的资产负债进行更加主动的管理。此时，银行表外理财业务与非银金融机构的各类资管业务开始同步大发展。

同业竞争的加剧、更加主动的管理，带来了更为频繁的资金调动，也带来了程度更深、更多的期限错配和更高的杠杆。银行对期限较短的主动负债的依赖上升，非银金融机构对从银行融入短期资金的需求亦上升，但这些对接的仍是较长期限的资产；更深程度的期限错配在收益上的吸引力，导致了更多的期限错配，也推高了市场整体的杠杆水平。

在这种情况下，金融机构每天都面临着笔数更多、金额更巨大的负债到期，其流动性风险无疑是上升的。更加精细的流动性管理成为其当务之急。

6.1.4.2 金融市场扩容伴随的变化

除了上面提到的因素，市场环境本身变得更为复杂、波动加大，也加大了金融机构进行流动性风险管理的难度。几乎是与利率市场化同步，2012年以来金融市场的扩容十分明显，无论债券、权益还是商品市场，规模都有着迅猛增长。其中既有支持实体经济的因素，也有金融自身提高杠杆谋利的因素。市场参与者发现并充分利用不同市场间的套利机会，使得这些市场很快繁荣起来，甚至出现过度繁荣。于是，当监管政策开始收紧，套利与监管之间不断博弈，市场便容易产生较大的波动。2015—2016年，股市、债市和商品市场事实上都已经历过较大的波动。而2017年是金融监管走向完善的重要年份，这就意味着，市场的波动可能仍将高于正常水平。

资产价格的大幅波动，将直接带来资产类流动性风险的上升。市场环境的骤然恶化，会使得资产的变现难度急剧增加。这就对资产类和负债类流动性风险的管理均提出了更高的要求。

6.2 流动性风险管理的主要影响因素

6.2.1 中央银行与流动性风险管理

中央银行既是流动性之源，也是影响不同层次流动性的主导力量。一方面，央行可以通过改变基础货币总量和影响货币乘数来控制总的货币供应量，即宏观流动性；另一方面，在基础货币总量发生改变的同时，金融机构作为微观直接作用主体，其流动性状况也会直接受到影响。这些最终都将带来金融机构对自身流动性风险管理的动态调整。

6.2.1.1 基础货币供给与信用派生

宏观流动性，即 M2，一方面依赖于基础货币的投放回笼，另一方面则依赖于货币派生倍数，即货币乘数。基础货币也称高能货币，是中央银行发行的债务凭证，表现为商业银行的存款准备金和库存现金。它是商业银行体系借以创造存款货币的基础。而存款准备金又分为法定存款准备金和超额存款准备金，其中超额准备金才是银行真正可动用的流动性。影响基础货币变化的主要渠道包括外汇占款、公开市场操作等央行主动投放渠道、财政存款三个方面。

货币乘数等于 M2 与基础货币的比值，反映的是整个经济体的货币派生能力，但它本身是一个结果，而不是一个可人为直接控制的数字。整个经济体的货币派生能力最终取决于实体经济的融资需求。可简单理解为，当实体经济处于上行周期，融资需求旺盛时，货币派生就会较强。当然，它也与金融系统内部的资金运用需求有关，也就是说，当实体经济的融资需求并不强时，如果金融机构对资金运用的需求十分强烈（此时发生的便是资金空转），那么货币乘数同样会被推高。这一点在 2015—2016 年体现得尤为明显。

6.2.1.2 中央银行与宏观流动性

上面已经提到，宏观流动性由基础货币和货币乘数两个变量决定。那么中央银行是如何通过货币政策调控来分别影响这两个变量的？

首先，中央银行可以通过公开市场操作等主动投放渠道改变基础货币总量。自从中央银行不再通过央票对冲外汇占款之后，正、逆回购就成为公开市场操作的主要手段，2014 年以来的公开市场操作则已基本上全部为逆回购操作。2014 年，货币供给的主要渠道发生变化，从外汇占款变为了中央银行货币政策工具。而自 2016 年以来，MLF（中期借贷便利）、PSL（抵押补充贷款）、SLF（短期借贷便利）等中央银行货币政策工具也逐渐发展成为中央银行主动投放基础货币的重要手段。

其次，中央银行可以通过调整法定存款准备金率和存贷款基准利率来影响货币乘数。尽管如前面提到的，货币乘数是一个"结果"，但法定存款准备金率基本上决定了货币乘数的上限；而存贷款基准利率的调整则会改变实体经济的融资需求，从而影响货币乘数。在许多时候,银行的超额准备金率处在低位,货币乘数接近上限,这时调整法定存款准备金率对于压低货币乘数的作用就会非常明显。

6.2.1.3 中央银行与银行间市场和金融机构流动性

站在微观层面来看,中央银行通过公开市场操作和货币政策工具改变基础货币供给时,将直接影响银行间市场流动性和金融机构的流动性状况。以 2016 年以来中央银行最为常用的逆回购和 MLF 为例:当中央银行进行逆回购操作或投放 MLF 时,整个银行体系的超额存款准备金增加,从银行到非银金融机构,融入资金的难度和成本通常随之下降;反之,当逆回购或 MLF 到期时,银行超额准备金下降,资金融入难度和成本通常会上升。

与此同时,在当前存款准备金率和基准利率工具已不太常用的情况下,中央银行的逆回购和 MLF 操作已成为市场理解和判断央行货币政策导向的重要依据。于是,当中央银行进行足量逆回购或 MLF 操作时,市场通常倾向于理解为资金面在短期内货币政策导向之下将趋于缓和,谨慎情绪下降,资金融出意愿上升;反之则资金融出意愿下降。

因此,从以上两个角度来看,中央银行不仅能够通过直接渠道,即资金的投放或回笼,改变银行间市场和金融机构的流动性状况,还会通过间接渠道发生作用,即引导金融机构对货币政策和资金面的预期。

6.2.2 货币市场与流动性风险管理

货币市场作为短期债务融通的场所,在任何市场经济中都是必不可少的。它满足了需要短期融资的发行人(包括金融机构和企业)和希望获得高流动性和低信用风险资产的投资者的双向需求。这一特质,决定了它将是金融机构进行流动性风险管理的主要场所。

从国际上来看,货币市场一般来说包括短期国债、商业票据、银行汇票和存单等现金工具,也包括了一些衍生工具,但国内货币市场发展有其自身的特点。了解国内货币市场的构成及特征,并且明晰货币市场利率对流动性的映射作用,具有重要意义。

6.2.2.1 货币市场主要构成

1. 回购市场

回购市场自 2007 年以来,尤其是 2012 年之后,经历了非常迅速的发展阶段。成交量从日均 3 000 亿元发展到日均约 3 万亿元,仅仅经历了 6 年的时间,回购市场已成为金融机构间短期资金融通最为重要的市场。当前我国回购市场按交易场所分,可分为交易所和银行间两个平行市场,不过后者的交易量大约是前者的 2—4 倍。

国内回购市场的主要特征如下。

- 质押式回购占绝对主导地位,买断式回购占比较低。与海外以买断式回购为主的情况不同,质押式回购在国内回购市场占据了绝对的主导地位,主要体现在两方面：第一，银行间市场大部分成交为质押式回购；第二，交易所市场目前全部成交均为质押式回购。由月度平均来看，质押式回购占比高时，可达到银行间回购总成交量的 98%，最低也在 90% 以上。

- 非银金融机构是买断式回购的活跃参与方。尽管质押式回购占据了银行间回购市场的绝对主导地位，非银金融机构参与买断式回购却十分活跃，成交金额占比达 50% 以上。一方面，券商类机构由于质押式回购额度受到限制，更加倾向于通过买断式回购融入资金；另一方面，大型商业银行受买断式回购额度影响，参与意愿有限，城商行和农商行成为银行中参与买断式回购最为活跃的类别。
- 隔夜与 7 天品种成交最为活跃。无论是从银行间市场，还是从交易所的情况来看，隔夜和 7 天均为成交最为活跃的品种。其中，隔夜品种成交占比尤其高，基本都保持在回购总成交量的 80% 以上，最高可超过 90%。
- 大型银行为主要资金融出方。在回购市场上，中资大型银行（总资产规模 2 万亿元以上的银行，包括国有五大行、国开行、邮储银行）为主要的资金融出方，为市场提供流动性；中资中小型银行、证券公司及基金公司，则为主要的资金融入方。
- 银行间回购市场回购券种以国债、政策性金融债为主。银行间质押式回购可质押券种，几乎涵盖了所有现券种类，但仍以国债和政策性金融债为主。
- 跨市场分割性明显。由于银行间和交易所债券回购交易的主体结构的分割性，以及两个市场交易方式的差异，同期限回购利率在两个市场上存在显著差异。虽然存在明显的跨市场套利机会，却又无法通过套利行为来完全消除两个市场的差异。与银行间回购利率相比，交易所回购利率波动性明显较大，尤其是隔夜品种。

值得一提的是，央行的公开市场操作在近几年事实上也主要集中在回购交易上。央行的公开市场回购交易，分为正回购和逆回购，均为质押式回购。前者是回笼基础货币的工具，后者是投放基础货币的工具。公开市场回购交易对象则为公开市场业务一级交易商，其构成主要为商业银行，而这些交易商同时也是全国银行间债券市场的交易主体，国债和政策性金融债券的承销团成员。回购的期限品种虽然较为丰富，从 7 天到 1 年不等，但实际操作比较多的只有 7 天、14 天和 28 天的品种；春节等特殊时点，会增加更长期限的品种。

2. 拆借市场

2015—2016 年，国内拆借市场的交易量增长也非常迅速，但与回购市场日均约 3 万亿元的成交量相比，拆借市场显得小得多，全部品种日均成交量仅在 3 000 亿元左右。

与回购市场存在担保物不同，同业拆借基本上是信用拆借；而与回购成交相类似，同业拆借也以短期限为主，其中隔夜拆借成交笔数，基本占了总成交笔数的 80%，成交金额占比更接近 90%。7 天为次活跃的品种，7 天以上期限的品种鲜有成交。

与回购市场的情况同样相类似，大型银行在同业拆借市场也是最主要的资金融出方。但不同的是，中资中小型银行在拆借市场上扮演的是资金融出方的角色。这里，证券业机构（包括证券公司和基金公司）构成了最主要的资金融入方；其他金融机构及产品，总融入的资金规模也具有相当的量级。

3. 同业存单市场

国内的同业存单（NCD）原本是利率市场化过程中探索发行面向企业及个人的大额存单的一个过渡产物。2013年12月12到13日，中国银行、建设银行、国家开发银行等10家金融机构分别发行了首批同业存单产品，并在此后陆续开展了二级市场交易，初步建立了同业存单双边报价做市制度。

在2014—2017年这三年时间内，同业存单的发行与投资总量迅猛增长；2017年5月，同业存单存量一度突破了8万亿元。但在同业存单规模快速扩大的背后，事实上是商业银行对主动同业负债的依赖程度不断增加。发行同业存单已成为银行进行主动负债的最重要方式。

同业存单发行人以股份制行和城商行为主，城商行存量金额甚至会略微超过股份制行，农商行规模扩张速度也较快。从发行期限来看，以1年以内的为主，2017年以来有短期化的趋势，3个月期限占比较高。从投资者来看，商业银行和广义基金是主要投资者，广义基金占比自2015年以来明显增加。

4. 衍生工具市场

国内货币市场中最重要的衍生工具是利率互换。因为各种历史原因，利率远期（FRN）等国际上较为常见的货币市场衍生工具暂未在国内发展起来。自2014年以来，利率互换名义本金成交额快速上升，2017年年底在1万亿元左右的水平，占现券市场规模的比重不到2%，目前仍处于发展之中。

利率互换的主要参与机构目前仍以商业银行为主，但证券公司、保险公司和基金公司的参与数量也在逐渐增加。截至2017年6月，已签署《中国银行间市场金融衍生产品交易主协议》并将利率互换业务内部操作规程和风险管理制度提交银行间协会备案的市场成员已达到169家。

6.2.2.2 货币市场参与机构行为对流动性的影响

1. 商业银行

无论从体量上还是从角色定位上来说，商业银行都是货币市场中最为重要的参与方。央行的货币政策执行与传导，基本上是经由"大型银行—中小型银行—非银行金融机构"这样的一个链条发生的；这也是通常情况下的资金流动方向。因此，商业银行的行为，对整个银行间市场的资金面和单个参与主体的流动性都有较为重要的影响，必须深入理解和关注。

例如，商业银行在各种监管政策之下，对季末等时点非常敏感，导致季末资金面通常较平时更为紧张，市场基于这种预期通常会提前筹备跨季资金，这实质上就是将季末的部分资金压力提前了。又例如，中小银行通过大量发行同业存单扩大资产规模，这一行为使得银行间资金需求急剧上升。当央行货币政策转向，不再提供大量廉价的资金，同时前期同业存单通过期限错配对接的资产又偏刚性时，银行间流动性就会出现供不应求的状态，演变为"负债荒"。最后，在商业银行极端谨慎的时刻（通常发生在市场环境极度恶化的时候），即便央行增加投放基础货币，银行间资金面也未必能够得到有效缓和，这就是流动性在金融机构间"分层"的情况，导致处于"外围"的非银机构流动性管理环境十分被动。

2. 货币基金

货币基金在银行间市场的角色在 2016 年和 2017 年开始变得尤为突出。随着利率市场化的推进和居民进行财富管理的需求日益释放，货币基金的规模快速增长。这与银行发行同业存单的需求相对接，结果是货币基金持有了大量同业存单（尤其是大型银行）。

货币基金的增加首先对应着银行一般性存款的下降。下降的这一部分假如是投向同业存单，流动性将仍在银行体系内循环，但相较于一般性存款的稳定性大大降低。当货币基金发生赎回时，资金将立即发生反方向流动，造成资金面的骤然紧张（正如前面提到的，因为资产是刚性的，负债必须接续导致融资需求突然上升，但此时资金本该回流的银行尚未收到这一部分钱，从而无法向市场提供融资平衡的资金面）。

据中国证券投资基金业协会公布的数据，截至 2017 年 4 月，货币基金规模已达到 4.5 万亿元，同比上涨约 12%。尽管由于 2016 年年末债市的大幅波动，货币基金规模受到一定影响，但其增长的趋势不会改变。在分析银行间资金的流转和运用模式时，货币基金将是不可忽视的一块。

6.2.2.3 货币市场利率对流动性的映射

货币市场不仅为金融机构进行流动性风险管理提供了各种工具和场所，货币市场利率更是金融机构据以判断市场流动性状况的重要指标。

回购利率是整个货币市场利率体系中最为关键的指标之一。这种重要性，不仅源于金融机构在短期融资方面对回购市场的依赖，更源于回购利率在整个货币政策调控中的地位。在我国货币政策从数量型调控向价格型调控转变的过程中，虽然官方的基准利率尚未形成，但银行间 7 天质押式回购利率（R007）与央行 7 天逆回购操作利率的贴合程度非常好，逐渐已被市场视作某种程度上的基准。而相较于 R007，外汇交易中心于 2014 年推出的 DR007 的指标作用可能更好，因为 DR 利率是以利率债为质押的回购交易利率，不包含风险溢价，并且波动性远小于 R007。央行在 2017 年第一季度货币政策执行报告中首次对 DR007 的运行区间进行了描述："银行间市场最具代表性的 7 天回购利率（DR007）总体在 2.6%—2.9% 的区间内运行，个别时点的利率波动也很快在市场机制作用下得到修复。"回购利率中枢抬升通常意味着整个宏观经济利率中枢的抬升，而回购利率的日常波动则明确反映了短期资金的供求关系，对于机构进行流动性风险管理具有重要指示作用。

除短端的回购利率之外，长端的 Shibor 和同业存单利率，同样能够映射市场的流动性状况。尤其是在银行按季考核的机制下，3 个月期限的 Shibor 和能够跨季末的同业存单利率，能够真实地反映银行对资金的需求及对中长期资金面的预期。

6.2.3 流动性风险的传导

流动性风险的爆发，尽管开始可以仅是某一家金融机构出现资金兑付问题，但大多时候，最终都会演变成整个市场的动荡，波及众多机构。流动性风险的传导路径可以从两个维度来考量：一个是宏观、中观和微观层面，另一个是资产和负债层面。

6.2.3.1 三个层次流动性之间的风险传导（宏观流动性收缩—市场流动性风险—机构流动性风险；机构流动性风险—市场流动性风险）

宏观流动性正常情况下会随着经济增长而逐步扩张。但当宏观流动性扩张速度过快，远远超过实体增速时，后期就必然将面临着收缩的风险（除非突然出现新的经济增长点）。宏观流动性的收缩，通常意味着央行货币政策的边际收紧，金融行业监管主体通常也会采取一定的监管措施。此时，央行向银行间市场投放流动性的减少和金融市场的资产抛售可能同时发生，带来资金面的紧张和资产价格下跌，市场和机构流动性风险均迅速上升。

除了自上而下的方式，自下而上也可以发生流动性风险的传导。例如，发债的微观主体出现债务违约，会使得市场风险偏好急剧回落，引发债券资产的抛售，从而带来整个市场的流动性踩踏。2016年4月便发生过此类场景。又例如，作为市场参与者的某一家金融机构出现信用问题，可能导致连环违约，甚至引发整个市场对对手方风险的担忧，最终带来市场和机构流动性风险的上升。

6.2.3.2 负债类和资产类流动性风险的相互传导（正反馈；风险螺旋式上升）

资产类和负债类流动性风险并不是相互隔离的。通常，其中一方会首先爆发，然后形成二者的正反馈。

当金融机构面临一笔资金需求时（无论是计划之中还是意料之外），若机构无法借入足够资金，一般就不得不增加资产抛售；当市场出现较大规模的资产抛售时，资产价格便会快速下跌，此时作为抵押品的价值也会下降，带来融资难度的进一步上升。最终，将形成负债类和资产类流动性风险的螺旋式上升。

同样地，当某些外生因素导致资产价格下跌时，一方面，金融机构可能选择将原本打算变现的资产继续持有（因不愿将损失即刻兑现），导致融资需求上升；另一方面，抵押品价值会随之下降，从而使得金融机构借入资金的难度上升。那么，上面所讲到的正反馈过程将会再度发生。

6.3 负债类流动性风险管理

6.3.1 负债类流动性风险的概念

6.3.1.1 国际清算银行/国际货币基金组织/中国银监会等机构对负债类流动性的定义

负债类流动性是指金融机构在不导致无法接受的损失的前提下，为资产增加及履行到期支付义务而筹资的能力。负债类流动性风险则是指金融机构在不影响日常经营和财务状况的情况下，无法有效地满足预期或超预期的当前及将来的现金流和抵押需求的风险。[①] 商业银行将短期存款转换为长期贷款这种期限转换的基本职能使其天生易受流动性风险的影响。

国际货币基金组织也提供了关于负债类流动性风险的定义，指有偿付能力的机构不能及时地支付约定款项的风险。国内银监会对流动性风险的定义，是指商业银行无法以合理成本及时获得充足资金，用于偿付到期债务、履行其他支付义务和满足正常业务开展的其他资金需求的风险。[②] 上述定义的主体均为金融机构，也有从交易员或个人投资者等角度来定义负债类流动性的，即在短时间内筹集资金的能力。负债类流动性风险作为一个流量的概念，只要主体的现金流入加上现金存量至少等于现金流出，那么该主体就是有流动性的，无论这个主体是商业银行、其他金融机构、投资者还是企业（Nikolaou，2009）。本章主要关注金融机构（以商业银行和证券公司为例）的负债类流动性风险。

6.3.1.2 负债类流动性风险的演变

过去银行面临的流动性风险，主要表现形式是客户挤兑提款，最终演变成系统性风险；当前随着金融市场的创新与发展，金融机构之间的相互交易，成为影响整个市场流动性的重要途径，融资活动中产生的回购市场抵押融资挤兑，成了流动性风险的一种重要表现形式。

宏观经济的流动性状况，会影响金融市场及金融机构的流动性；金融市场的流动性又对金融机构的流动性有很强的约束作用；金融机构在管理自身负债流动性风险时，需要密切关注宏观经济和金融市场的流动性状况。

6.3.1.3 负债类流动性的重要性

为了便于读者更深刻地理解负债类流动性风险，下文提供两个非常经典的机构负债类流动性风险案例。在 2008 年席卷全球的金融危机中，一些主要金融机构的破产源于无法为其期限较长且缺乏流动性的资产融资，机构不得不出售资产，由此进一步压低了资产的价格。金融体系侵蚀机构的偿债能力，负债类流动性的恶化也加大了系统性风险。负债类流动性风险与市场的资产类流动性风险不可割裂地看，如果交易和投资证券的机构无法获得融资，将会导致更少的交易量和更少的市场流动性，同时也会导致市场定价效率降低，相似资产之间的价格出现更明显分化和更持久的不一致。诸如对冲基金等杠杆投资者如果没有顺畅的融资渠道，就会发现其将更难通过参与套利来对短暂的市场价格扭曲做出反应。

---

① 国际清算银行（BIS）发布的 *Principles for Sound Liquidity Risk Management and Supervision*（《健全的流动性风险管理和监督原则》）。
② 《商业银行流动性风险管理办法（试行）》。

【案例 6-1】

2008年英国北岩银行的倒闭

北岩银行是英国住房抵押贷款的前五大银行之一。20世纪90年代中期，英国的房地产市场开始复苏，1997年到2007年间英国房价指数平均增幅10.8%，最高甚至达到22.37%。北岩银行看准房地产市场的发展契机，专注于深耕住房抵押贷款市场。为支撑资产端规模扩张，北岩银行急需扩大负债端。但其在居民零售端的吸储能力扩张有限，因此将负债端的重心转向同业批发市场。与此同时，1997年后金融监管由分业经营、分业监管转向鼓励金融创新、打破分业经营的传统、实行混业经营，为英国国内金融机构营造了良好的同业市场。北岩银行直接利用自身信用，在金融市场上向全球金融机构通过同业存款、同业拆借等方式进行批发性融资；同时设立SPE（特殊目的实体），将表内的住房抵押贷款打包销售给SPE，由该SPE进行资产证券化融资。由于证券化处理后，风险资本计提减少，清理出了足够的风险资本空间来进一步扩张资产端。更为有利的是，通过资产证券化处理，北岩银行新增了一条扩张负债端的渠道。通过同业批发融资和住房抵押贷款证券化两种融资手段，北岩银行在1997年到2006年间迅速发展。

而在2007年下半年美国次贷危机袭来时，美国和英国的房地产市场全面崩盘，房价大幅下跌，住房抵押贷款违约浪潮袭来，住房抵押贷款证券化背后的资产是一堆违约风险极高的贷款，投资者不愿意再继续购买此类资产。同时，由于连续的加息和接连爆出金融机构卷入次贷违约潮的消息，同业拆借市场的流动性也几乎停滞。作为一家依赖全球同业市场流动性的银行，北岩银行在这场浪潮中步履蹒跚，在同业相对稳定时不成问题的风险隐患此时接连爆发。一方面住房抵押贷款逐渐到期，难以补发；另一方面，期限更短、更具弹性的同业拆借资金也大幅撤退。北岩银行超过70%的资产是没有流动性的贷款，仅13%的资产是可流动性资产，严重缺乏弥补资金缺口的方式。

如下表所示，北岩银行在2007年6月的总负债超1 100亿英镑，其中约810亿英镑通过资本市场融资得到，仅有约300亿英镑是通过零售存款得到的。

北岩银行资产负债表

（单位：十亿英镑）

资产		负债	
贷款	96.7	零售存款	30.1
现金	0.8	债务证券	71.0
证券	8.0	其他	10.1
合计	105.5	合计	111.2

2007年9月，北岩银行因流动性危机向英格兰银行求救，申请资金援助。2007年9月13日，北岩银行出现流动性危机向央行求救的消息被BBC（英国广播公司）曝光，紧接着第二天，北岩银行宣布预计2007年税前利润将比预期低20%的消息。民众的恐慌情绪被引爆。在担忧与恐慌中，北岩银行发生了挤兑，给原本就处于风雨飘摇中的北岩银行添了致命的一刀。2007年10月，北岩银行宣告倒闭，寻求买家注资。辉煌的北岩银行在历史舞台上落幕。

资料来源：李奇霖. 北岩银行覆灭记［N/OL］. 联储证券研报，2017.

【案例 6-2】

2013 年的"钱荒"

2013 年 6 月初,中国银行间市场流动性遭受"钱荒"的冲击,流动性紧张程度前所未有,货币市场利率中枢大幅提升,在市场波动最高点 6 月 20 日,质押式回购隔夜、7 天、14 天加权利率分别为 11.74%、11.62%、9.26%,质押式回购隔夜利率更是一度高至 30%,市场恐慌情绪蔓延,对整个金融业造成了严重的冲击。这一轮"钱荒"的根源在于实体企业通过非标融资消耗银行体系超储,同时银行体系买入返售链条过长导致超储使用效率降低。实体经济融资需求旺盛,消耗有限超储,最终引发"钱荒"。

"钱荒"爆发的背景:2013 年 3 月银监会 8 号文(《中国银监会关于规范商业银行理财业务投资运作有关问题的通知》)规定理财资金投资非标上限,银行通过同业业务及其他投资等来避开监管,同业杠杆进一步放大,期限错配程度更为严重,金融机构负债端对流动性更加敏感。4 月央行规定理财与自营之间交易被禁,进一步抬升同业杠杆。海外方面,市场对美联储退出量化宽松(QE)的预期逐渐升温,国际资金流向开始逆转,人民币贬值预期开始增强。在 6 月初流动性紧张开始出现苗头时,市场机构仍然期望政策补充流动性,但监管层不为所动,银行间市场流动性持续紧张,结果流动性危机进一步升级。最终"钱荒"的结束有赖于央行向市场投放流动性。

6.3.2 商业银行及非银行业金融机构主要负债来源及影响因素

商业银行将短期限存款转换为长期限贷款的传统经营模式,决定了其对负债端融资的依赖程度非常高,负债期限和负债稳定性是影响商业银行负债类流动性管理的关键变量。商业银行资产负债表的负债来源,除了传统的存款,还随着近年来国内同业负债、发行债券等方式兴起,呈现多样化发展的趋势。这既是很多中小型银行顺势发展的机遇,又给商业银行负债类流动性管理带来了更大挑战。本节将主要从典型的商业银行资产负债表入手,分析其主要负债来源的特征和对整体负债类流动性风险管理的影响。非银行业金融机构资产负债表体量相对小得多,并且其负债来源种类较少,因而仅作简要介绍。

6.3.2.1 零售存款

我国商业银行最主要的负债来源就是吸收存款;通常而言,零售存款在负债中占比越高,对其负债稳定性越有利。网点数量决定了商业银行的存款基础,五大行存款无论是从绝对规模还是负债占比来看,均高于股份制银行。

银行存款科目较多,性质也不尽相同,其中融资成本、主动融资程度、是否可以提前支取三个变量影响其作为负债的稳定程度。储蓄存款是银行最物美价廉的负债来源,而个人储蓄存款在负债中占比较高,是我国的商业银行流动性相对稳定的原因之一。个人储蓄存款相对分散、成本低、黏性大,在巴塞尔协议体系中,储蓄存款也被认为是最"划算"的负债来源。但银行的吸储能力取决于其自身的银行网点数量和银行规模,因为历史悠久、网点广泛,五大行的储蓄存款基础明显好于股份制商业银行,五大行中网点最多的农行在五大行中储蓄基础排名第一。邮储银行的网点数量最多,其储蓄基础遥遥领先于其他银行,而政策性银行目前不得开设储蓄存款业务,主要负债来源为发债。但随着利率市场化的推进,以及银行业面临互联网金融等各项冲击增加,商业银行的储蓄存款也越来越不稳定,"存款搬家"等现象加大了商业银行流动性风险的管理难度。

除了为一般民众所熟悉的储蓄存款中的活期、定期存款,银行的存款业务还包括很多其他品种。通知存款是一种不约定存期、一次性存入、可多次支取,支取时需提前通知银行、约定支取日期和金额方能支取的存款。跟普通存款相比,其利息低于定期存款,但是支取时间自由,不会出现定期提前支取时变成活期利率的情况,另外通知存款有起点限制,目前通知存款在银行存款中占比较小,但其可以自带灵活支取的性质值得流动性管理对其加以关注和分析。

除此之外,还有如表6-1所示的四种比较特殊的存款。

表6-1 存款类型简介

保证金存款	保证金存款是企业向银行申请办理开立信用证、开立银行承兑汇票、贷款、担保等各种业务时,按照银行的风险管理要求和授信条件存入的资金。银行对企业存入的这部分资金实行专项账户管理。保证金存款既有个人存款的个人卡保证金、个人购汇保证金、个人联保贷款保证金、个人理财产品保证金,也有单位存款下的银行承兑汇票保证金、信用证保证金、保函保证金、贷款保证金、资金交易保证金、单位理财产品保证金等,保证金存款是伴随业务要求而产生的。保证金存款可以看成客户存放在银行的一种担保资金,因此一般保证金存款均不得提前支取
结构性存款	结构性存款出现的时间比较晚,与我国理财市场的发展有一定的关联。结构性存款是运用利率、汇率或挂钩其他金融标的产品与传统的存款业务相结合的一种创新存款。典型的结构性存款如挂钩股票指数的结构性存款,一般还会约定触碰某个区间时,则对应拿到约定的收益率,如沪深300在购买日之后的指定日,上涨超过10%,则客户拿到5%的收益率;如果上涨在5%—10%之间,则客户拿到3%的收益率;如果下跌超过20%,则终止。结构性存款根据银行条款规定,部分有提前终止赎回条件,但这个权利的使用并非像一般定期存款一样,而是有严格的限定条件,储户不能根据自身意愿提前支取,而且一般只是针对部分产品或一段时间内的单一产品,并不会集中发生。总体上可以认为结构性存款也是不可提前支取的存款
协议存款	协议存款一般存取期限长,可以认为是银行长期稳定融资的第三大来源,仅次于所有者权益和发行债券。但是协议存款本身利率较高,且纳入法定存款准备金缴存口径,对银行来说是一把主动负债收益不稳定、需要权衡选择的"双刃剑"
国库定期存款	国库定期存款属于有担保品的抵质押融资,与普通的无担保融资(如储蓄存款)不同。国库定期存款交易对手为中国财政部,财政部对银行押券要求国债、政策性金融债,折扣比例为1.2,但存款利率较低。国库定期存款对银行来说,优点是融资成本较低,缺点是质押了自己的优质债券,减少了自身的优质流动性资产储备

资料来源:何欣,刘亮.银行流动性研究系列之三:千金散尽还复来[R].中投证券,2015.

6.3.2.2 批发性存款

批发性存款与零售存款相对应,此处主要指银行的同业业务,即银行与银行或其他非银金融机构之间的同业存放、同业拆入与卖出回购业务。

同业存放。同业存款属于金融机构之间开展的同业资金存入与存出业务,其中资金存入方仅为具有吸收存款资格的金融机构。在我方融入资金时,称之为"同业存放";在我方融出资金时,称之为"存放同业"。商业银行之间的同业业务存在着巨大的差异,从而体现出银行负债战略的不同,五大行中同业存放的负债占比较低,而股份制银行的同业存放占比较高,邮储银行的同业存放余额和占比均较小,对同业存放的融资依赖程度最低。同业存放属于线下一对一交易,是一种批发性无担保融资业务。在个人储蓄存款和普通单位存款营业难度较大、存款增长乏力的背景下,同业存放作为批发性融资方式,单笔融资金额巨大,更容易满足银行的融资需求。从流动性管理的角度而言,在市场整体流动性宽松、利率较低时,同业存放是一种较好的弥补融资需求的方式。但在货币政策收紧时,则易引发流动性风险,在危机来临之时,以同业存放的方式继续新增融资难度加大,更有可能出现存量资金大量流出,造成流动性问题。从银行稳健性发展的角度考虑,应当扩大融资来源渠道,降低近几年过高的同业存放规模占比。同业存单有同业存放的优点,同时又是同业存款的线上标准化形式,其利率定价更加透明,资产类流动性更强,也可用于抵押再融资。

同业拆入与卖出回购。同业拆借,是全国银行间同业拆借市场的金融机构之间通过全国统一的同业拆借网络进行的无担保资金融通行为,即具备冗余头寸的法人(或法人授权分支机构)将资金拆借给头寸短缺的金融机构。在我方融入资金时,记账在负债端,称之为"同业拆入";在我方融出资金时,称之为"拆放同业"。卖出回购业务是指商业银行(正回购方,即资金融入方)按照回购协议向金融机构(逆回购方,即资金融出方)先卖出某项金融资产,再按约定价格于到期日将该项金融资产购回的资金融通行为。与同业存放相比,同业拆入和卖出回购都是基于银行间协议的标准交易平台操作的,其对于到期期限有严格的控制,不可提前支取。

在实际融资过程中,批发性融资因其便捷性、相对易得性而容易成为商业银行扩张阶段的重要助力。但当银行遭遇个体流动性风险,或金融体系发生流动性风险时,批发性融资的融资来源过于集中,对系统性流动性风险的脆弱性、金融机构之间容易发生风险传染等问题将迅速凸显,体现为信用拆借几乎完全失效,同业存款不但无法获取新的融资,存量资金也可能被大量提前支取。

6.3.2.3 从中央银行处获取流动性

目前银行从中央银行处获取流动性的主要方式,包括央行的公开市场操作、MLF、SLF、短期流动性调节工具(SLO)、PSL、临时流动性便利(TLF)等。央行公开市场操作的回购交易会根据回购的方向放入银行的买入返售科目及卖出回购科目,MLF、SLF、SLO、PSL、TLF等则一般反映在向央行借款科目中。从央行处融入流动性是一种担保性融资行为,交易对手方为中国人民银行。中国人民银行给商业银行提供资金,确定期限及利率，商业银行以一定折扣的债券（主要是国债和政策性金融债，也有部分地方政府债）作为抵押物提供给央行。自 2013 年以来，从央行处获取流动性的规模增长较明显，在商业银行融资中占比上升较快。向央行借款的融资利率一般要低于银行其他途径的平均融资利率水平。但是 2016 年年中以来，央行向商业银行提供资金的加权利率不断提高，银行的融资成本中枢发生了明显抬升。

2017 年 12 月 13 日，央行发布《中国人民银行自动质押融资业务管理办法》，宣布成员机构清算账户日内头寸不足清算时，可通过自动质押融资业务系统向人民银行质押债券融入资金，待资金归还后自动解押债券，旨在防范支付清算风险，自 2018 年 1 月 29 日起施行。

6.3.2.4 发行债券（含同业存单）

我国金融机构还可以通过发行金融债券的方式来补充长期稳定资金。金融债券能够较有效地解决银行等金融机构的资金来源不足和期限不匹配的矛盾。发行金融债券可以使金融机构筹措到稳定且期限灵活的资金，从而有利于优化资产负债表结构，扩大长期投资业务。

在银行获取融资来源的绝对金额上，次级债及商业银行债的规模并未发生巨大的变化，而同业存单自 2013 年推出后规模有了较大增长（参考本章第 2 节内容）。同业存单的快速发展给商业银行流动性风险管理及监管机构都带来了新的挑战，同业存单对商业银行负债流动性风险的影响与前文批发性存款中所述基本一致，此处不再赘述。

6.3.2.5 所有者权益

所有者权益的资金是股东的长期投入，可以认为是所有融资来源中最稳定、最长久的，因而银行所有者权益绝对金额占比越高，对其流动性管理越有利。但是所有者权益融资，无论是股东直接注资还是发行股票，其融资难度较大，耗时较长。在银行的整个资产负债表当中，所有者权益占比通常是非常低的。

6.3.2.6 融资来源多样性问题

当银行负债端融资过于依赖一个或几个融资来源（无论是客户还是融资渠道）时，就会出现融资集中的问题。融资来源集中通常包括依赖有限数量的银行间市场流动性提供者或大型企业客户，融资期限过于集中，融资来源在地理或币种上过于集中等（Soprano，2015）。融资来源集中会对流动性风险管理产生重要的影响，过于依赖市场融资会增加流动性风险，机构将会更多地暴露于主要资金提供者的价格和信用风险之下。因为通常情况下，机构资金提供者相较于零售客户，对资金需求机构的信用更加敏感，因而当需求方面临实际的或可能的财务困难时，它更不愿意提供资金。过度依赖于市场容易导致风险传染。市场融资是一个不稳定的融资渠道，尤其是在危机情况下，机构之间更易互相失去信心而变得不愿意融出资金给对方。

近年，银行的融资途径多元化，主要是通过增加同业负债占比完成的，整体上银行的负债类流动性风险出现加大趋势，银行的负债实际上变得更加不稳定。普通存款在负债融资中占比下降，同业负债的占比在波动中整体呈现上升趋势。与存款的变动相比，同业负债占比波动剧烈，具有明显的波峰波谷现象。从整个银行业来看，融资途径的多元化并没有换来融资结构的稳定性，同业的波动及不稳定性，造成银行对我国货币市场的资金需求旱涝不均，存在冲击隐患。

6.3.2.7 非银行业金融机构负债来源

与商业银行不同，非银行业金融机构（主要是证券公司、基金公司和保险公司）并没有诸如存款这类稳定且低成本的负债。但基金公司的资产负债本质与银行略为相似：对于基金公司而言（也包括广义基金），客户买入的金额成为本金，这本身就是一种负债；管理人可以再在本金的基础上向同业融入短期资金进行加杠杆操作（在一定的杠杆率限度之内）。基金公司的客户可以是个人、企业或金融机构，因此，基金公司的负债来源相对丰富。

但相较而言，证券公司的融资方式与渠道都较为受限，造成了行业内普遍存在融资短期化的现象，大部分融入资金来源期限很短，必须通过持续滚动融资的方式维持，这使得证券公司存在较为严重的期限错配问题。当资金市场出现阶段性流动性紧张的局面时，证券公司融资难度将急剧增加，会对其流动性产生较大冲击，证券公司的流动性风险管理的重要性已变得尤为突出。我国证券公司目前筹集资金的渠道主要有上市融资、增资扩股、同业拆借、信贷融资及债券融资等方式，但资本金不足和对同业拆借资金依赖程度过高，一直都是其负债流动性管理面临的主要问题。

【案例 6-3】

资金面情绪指数

上海国际货币资金面情绪指数与 DM 资金指数都是市场流动性的反映指标：

2017 年 3 月 13 日，国内货币经纪公司——上海国际货币经纪有限责任公司向市场正式推出国内第一个资金面情绪指数。

资金面情绪指数是上海国际货币经纪有限责任公司以银行间市场第一手信息作为数据源，通过模型计算转化，所生成的能够直观地反映当前银行间市场资金情况的指数。

该指数具有及时、直观及可比的特点。指数由公司专业货币经纪团队采集信息作为数据来源，剔除虚假及重复报价干扰，确保其更贴近真实市场资金面情况，并采用简洁的呈现方式，便于市场参与者直观感受资金松紧情况及后续解读和分析使用。

目前，该指数于每个交易日 9:00、10:30、14:45、16:15 四个时点生成。

DM 资金指数：

品种分类："M 指数 – 隔夜"和"M 指数 –7D"。

数据来源：DM 平台独家搜集整理的银行间市场隔夜、7 天报价数据。

编制方法：以 100：n 的形式，实时滚动反映资金"出：收"的情况，取 n 值编制"M 指数"。

参考区间：100 为参照线，n 值越大表示市场情绪越紧张。

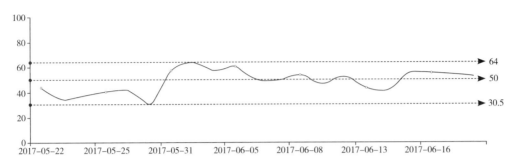

免责声明：本指数编制采用市场信息，仅反映市场资金情况，不代表上海国际货币经纪有限责任公司观点，亦不构成对任何交易及投资的建议。上海国际货币经纪有限责任公司不对本指数的准确性和时效性作任何保证，未经书面许可，任何机构或个人不得通过其他渠道或方式转发该指数；或储存、使用、加工或发布该指数；或向任何主体销售、允许下载该指数或指数衍生产品，或据此获利。

上海国际货币资金面情绪指数

资料来源：上海国际货币经纪有限责任公司网站。

$n \geqslant 300$：市场情绪紧张。

$n < 100$：市场情绪宽松。

更新时间：工作日 8:30—17:00。

更新频率：每 2 分钟更新一次。

6.3.3 负债类流动性风险管理

金融机构的流动性管理，可以分为资产的流动性管理与负债的流动性管理，资产和负债的流动性管理应当结合进行，不能偏废。金融机构应当建立与其业务规模、性质和复杂程度相适应的流动性风险管理体系：包括有效的流动性风险管理治理结构，完善的流动性风险管理策略、政策和程序，有效的流动性风险识别、计量、监测和控制，完备的管理信息系统等。本节主要聚焦于负债类流动性风险识别、计量、监测和控制。

6.3.3.1 流动性风险指标

1. 监管指标

（1）流动性覆盖率

流动性覆盖率（liquidity coverage ratio，LCR，宏观审慎评估体系考核项）旨在确保商业银行具有充足的合格优质流动性资产，能够在规定的流动性压力情景下，通过变现这些资产满足未来至少 30 天的流动性需求。主要约束的机构为资产规模大于 2 000 亿元的银行。参考银保监会最新的商业银行流动性风险管理办法。2018 年年底，商业银行的流动性覆盖率应当不低于 100%。流动性覆盖率给予银行管理层或监管机构足够的时间

来采取措施以应对流动性问题或危机。其计算公式为

$$流动性覆盖率 = 合格优质流动性资产 / 未来30天现金净流出量$$

其中，合格优质流动性资产包括现金、超额存款准备金、国债、央票、零风险及低风险权重的各类债券，该指标偏重未来短期的资产负债结构。

（2）流动性比例

流动性比例用于确保商业银行保持一定数量的流动性资产以应对短期到期债务的提款需求。商业银行的流动性比例应当不低于25%。该比例监测一个月中流动性资产应对到期债务的能力，计算公式为

$$流动性比例 = 流动性资产余额 / 流动性负债余额$$

（3）净稳定资金比例

净稳定资金比例（net stable funding ratio，NSFR）旨在确保商业银行的长期资产具备与其流动性风险状况相匹配的最低额度的稳定资金来源。该指标主要通过减少短期资金的期限错配与增加长期稳定资金来源的结构调整方式降低银行机构的流动性风险。该指标主要约束的机构为资产规模大于2 000亿元的银行。根据银监会的规定，2018年3月1日，商业银行的净稳定资金比例应当不低于100%。净稳定资金比例的标准定义为

$$净稳定资金比例 = 可用稳定资金 / 所需稳定资金$$

其中，稳定资金（stable funding）是指在持续压力情景下，一年之内都能够被预期为可靠资金来源的权益类及负债类资金总额。银行机构对稳定资金的需求量取决于所持有的各类资产、表外业务引起的或有风险暴露和/或其所开展业务活动的流动性特征。

（4）流动性匹配率

流动性匹配率衡量商业银行主要资产与负债的期限配置结构，旨在引导商业银行合理配置长期稳定负债、高流动性或短期资产，避免过度依赖短期资金支持长期业务发展，提高流动性风险抵御能力。根据银监会的规定，2019年年底，商业银行的流动性匹配率应当不低于100%。其计算公式为

$$流动性匹配率 = 加权资金来源 / 加权资金运用$$

（5）优质流动性资产充足率

优质流动性资产充足率旨在确保商业银行保持充足的、无变现障碍的优质流动性资产，在压力情况下，银行可通过变现这些资产来满足未来30天内的流动性需求。该指标主要约束的机构为资产规模小于2 000亿元的银行。根据银监会的规定，2018年年底，商业银行的优质流动性资产充足率应当不低于100%。其计算公式为

$$优质流动性资产充足率 = 优质流动性资产 / 短期现金净流出$$

上述流动性风险监管指标达标要求时间点如表6-2所示。

表 6-2　流动性风险监管指标达标要求时间点

时间点	流动性风险监管指标	要求
已执行	流动性比例	25%
2017 年年底	流动性覆盖率	90%（大银行）
2018 年 3 月 1 日	净稳定资金比例	100%
2018 年年底	流动性覆盖率	100%（大银行）
2018 年年底	优质流动性资产充足率	80%
2019 年 6 月底	优质流动性资产充足率	100%
2020 年 1 月 1 日	流动性匹配率	100%

资料来源：银监会网站。

2. 监测指标

（1）存贷比

存贷比是银行的贷款与存款的比，即各项贷款余额／各项存款余额。存贷比是商业银行流动性的基本度量标准，存贷比较高意味着流动性较低，存贷比较低则代表该银行有充足的流动性。存贷比有简单直观的特点，展现了资产负债结构的整体现状，但是也存在一定缺陷：其忽略了存贷款的类别、期限、质量、性质等结构因素。

（2）超额备付金比率

超额备付金比率是超额备付金占各项存款的比。备付金是银行为了满足支付清算而持有的准备金，是银行主要的流动性资产。中国人民银行于 2015 年 9 月 11 日宣布自 2015 年 9 月 15 日起对存款准备金实施平均法考核。新政要求，在维持期内，金融机构按法人存入的存款准备金日终余额算术平均值与准备金考核基数之比，不得低于法定存款准备金率。同时，为促进金融机构稳健经营，存款准备金考核设每日下限，即维持期内每日营业终了时，金融机构按法人存入的存款准备金日终余额与准备金考核基数之比，可以低于法定存款准备金率，但幅度应在 1 个百分点以内（含）。实施平均法考核，主要是为金融机构管理流动性提供了缓冲机制，也增强了管理的灵活性，缓解了管理人员面临的精神压力和市场恐慌情绪，也可以间接释放部分流动性。

（3）核心负债比率

核心负债比率是核心负债与总负债的比。核心负债为包括距到期日 3 个月以上（含）的定期存款和发行的债券，以及活期存款中的稳定部分。活期存款中的稳定部分按规定方法进行审慎估算。该比例主要用于衡量银行资金来源的稳定性，要求不低于 60%。

（4）同业市场负债比例

同业市场负债比例是指银行从同业机构交易对手获得的资金占总负债的比例。同业市场负债通常是对市场流动性高度敏感的不稳定融资来源，该比例越高，银行负债结构越不稳定，流动性风险水平也越高。计算公式如下：

同业市场负债比例 =（同业拆借 + 同业存放 + 卖出回购款项）／总负债

对于同业发展水平高于银行平均水平的机构，监管会对其风险予以提示或要求其采取相应措施。

（5）流动性缺口率

流动性缺口率是指未来各个时间段的流动性缺口与相应时间段到期的表内外资产的比例。

流动性缺口率＝未来各个时间段的流动性缺口／相应时间段到期的表内外资产

（6）最大十户存款比例

最大十户存款比例是最大十户存款总额与各项存款的比。该监测指标旨在预防集中度风险，防止因存款大户提款而造成商业银行流动性困难。

（7）最大十家同业融入比例

最大十家同业融入比例是指银行通过同业拆借、同业存放和卖出回购款项等业务从最大十家同业机构交易对手获得的资金占总负债的比例。设定该监测指标是为了防止融资来源过度集中和同业风险传染。

表6-3 商业银行相关流动性风险监管指标计算公式

监管指标	计算公式
存贷比	各项贷款余额／各项存款余额
人民币超额备付金比率	（在人民银行超额准备金存款＋库存现金）／人民币各项存款期末余额
中长期贷款比例	余期一年以上（含一年期）中长期贷款余额／余期一年以上（含一年期）存款余额
流动性比例	流动性资产余额／流动性负债余额
单个贷款比例	对同一借款客户的贷款总额／各项资本总额
	对最大十家客户发放的贷款总额／各项资本总额
核心负债比率	核心负债期末余额／总负债期末余额 核心负债包括距到期日3个月以上（含）的定期存款和发行的债券，以及活期存款中的稳定部分。活期存款中的稳定部分按规定方法进行审慎估算。总负债是资产负债表中负债总余额

3. 动态度量方法

纯粹的静态流动性管理并不存在，因为流动性本身就是一个动态概念，流动性风险的来源就是资金流入流出动态变化所带来的风险。所以上述监测指标均是基于当前情况的事后统计，可以用来应对未来可能出现的流动性问题。但要全面反映商业银行流动性状况，必须预测一段时间内的资金运作情况，流动性管理是一项动态持续的工作。

（1）流动性缺口

流动性缺口（一段时间内银行潜在资金来源减去资金使用）是商业银行流动性管理的基础指标，由于银行资产和负债期限的不匹配，流动性缺口存在于期限结构的每一个时点。缺口反映了商业银行在该时点上面临的流动性风险的大小。如果资产的到期期限小于负债的到期期限,则面临负的流动性缺口,即流动性不足;如果资产的到期期限大于负债的到期期限,则面临正的流动性缺口,即流动性过剩。每个时点的流动性缺口也并非一成不变,它会随着新项目进入资产和负债而持续变化,因而也被称为"静态"缺口和"动态"缺口。另一个概念是"边际"缺口,即"增量"缺口,是指在特定的时间范围内资产和负债的变动差异,体现流动性状况变化的趋势。

对于无期限资产和负债的缺口管理,表6-4是一个对有明确期限的资产和负债的流动性管理过程。但是,大部分以资产为中心的零售商业银行业务并没有明确的期限,例如,活期存款账户,银行需要通过了解客户行为和客户时间来估计其使用的时机与使用期限。对于无期限负债的处理办法:可以将其纳入最短期限账户,但是这会造成银行的流动性缺口变得不稳定和难以预测;因此,有机构将其纳入大于12个月的最长期限账户;最后一种做法是将活期负债拆分为"核心"余额和"不稳定"余额,将第一部分放入长期账户,将第二部分放入短期账户。银行需要对核心余额部分进行长期持续分析,以确保其精确性。

表6-4 商业银行流动性缺口示意

	1周	1个月	3个月	6个月	9-12个月	>12个月	汇总
资产							
负债							
缺口							
边际缺口							

(2)融资缺口

融资缺口(预测的总资金需求量减去预测的稳定资金来源)的核心思想与流动性缺口相似,它从融资角度来进行资金分析。融资缺口表示商业银行必须筹集的用于资金运用或再融资的部分资金。

融资缺口体现为总的融资需要量与稳定的资金来源之间的差额,即不稳定的融资,必须通过不稳定的负债来筹措。

(3)现金流量分析

银行把未来一段时间内的现金流区分为实际现金流量和潜在现金流量,如表6-5所示。

表6-5 现金流量分析

现金流入	现金流出
实际现金流量	
即将到期的资产	即将到期的批发性负债
尚未到期资产的利息收入	固定的贷款承诺
	尚未到期的负债
	零售存款的季节性变动

(续表)

现金流入	现金流出
潜在现金流量	
可变现的未到期资产	无固定期限的零售存款
已建立的本行在他行的信贷额度	不固定的贷款承诺和其他表外活动

潜在现金流量的预测较为困难。通常，银行会根据历史数据给上述各项现金流量做出一个含概率分布的预测，来体现其不确定程度，在情况变化时进行灵活调整。

4. 证券公司流动性风险监测指标

对于商业银行而言，流动性管理作为其经营管理的重要目标之一，已经取得了一定的管理经验和方法突破。而目前还没有系统计量证券公司流动性风险的计量标准，一般情况是证券公司各前台业务部门自行管控本部门风险。商业银行和证券公司尽管存在形式和自身业务上的巨大差别，但作为金融市场最主要的两大参与者，其所面临的流动性风险本质上差别不大，因此商业银行的流动性风险计量监测的相关方法与指标（见表6-6）也适用于证券公司。

表6-6　商业银行相关流动性风险监管指标计算公式

指标	计算公式
流动性风险敞口	预测现金流出 − 预测现金流入
备付金限额	活期存款 + 1天银行理财资金 + 其他可调配自有资金
流动性覆盖率	优质流动性资产 / 未来30天现金净流出量
净稳定资金比例	可用稳定资金 / 所需稳定资金
净资本相关指标	净资本、净资产、净资本 / 各项风险资本准备之和、净资本 / 净资产等
业务杠杆率指标	自营固定收益类证券杠杆 = 自营固定收益杠杆资金 / 自营固定收益投入
其他辅助指标	流动比率、现金比率、资产负债率、其他融资负债限额、优质流动资产融资负债比

除上述常用指标外，证券公司也可采用资产负债表流动性分析法，依据资产是否具有流动性，以及负债融资来源是否具有稳定性，按照关联关系将表中资产和负债项目进行排列，仍使用流动比率、速动比率等传统分析方法和指标来分析流动性风险。资产负债表流动性存在不足，其分析通常过于简单，在进行监测时会受到一些因素的影响。第一，时间因素。资产负债表分析仅将资产和负债状况分为流动性与非流动性，并没有给出何时该资产具有流动性及何时该负债的流动性到期，管理者也无法得知未来数日是否会有资金流出的发生。第二，表外业务的风险管理缺失。对证券公司而言，表外业务虽然不体现在资产负债表上，但是其变化可能会使证券公司陷入突发的流动性风险。因此证券公司也会结合采用现金资本分析、现金流缺口分析，以更清晰、更全面地了解证券的流动性状况及趋势。

6.3.3.2 负债类流动性风险管理主要措施

国内外商业银行根据自身的特点采用科学的计量手段对流动性风险进行全面的分析与评估,这些主要措施通常包括流动性缺口分析、资产负债表分析、压力测试、情景分析、模型分析、流动性现金梯、融资应急计划等。下文我们将流动性风险管理按照时间维度分为短期和中长期,并提供相应的应对措施。最后介绍证券公司的流动性风险管理主要措施。

1. 短期的策略性流动性风险

短期的策略性流动性风险是指银行的流动性资产不足以满足短期的支付需求的风险,主要由司库部门负责监督和控制运营中的流动性,着眼于当前现金流的管理。如表6-7所示,现金流阶梯至少需要每天更新,在市场流动性紧张的情况下,日内的更新也十分必要。银行需要将已确定的(如合同或合约规定)现金流入及流出填入相应的时间段。对于没有明确到期期限的现金流,需要银行根据历史及实证的数据对发生时间和金额进行预测,再填入现金流阶梯。另外,大型的融资如发行债券或其他资本融资,通常需要单独处理,一旦确定了时间和期限也需要被包含在现金流阶梯之中。

表6-7 现金流阶梯概念示意

	1天	1周	1个月	3个月
确定的现金流入				
确定的现金流出				
预期现金流入				
预期现金流出				
未预期的现金流出				
可用资金				
净余额				

可以用来应对短期流动性风险的措施:构建多种融资渠道或在货币市场中建立广泛的合作关系,以实现资金来源的多元化;增加吸收客户存款以降低对批发性融资的依赖;持有高评级、流动性强的资产以便进行回购或出售操作。

2. 结构性流动性风险

结构性流动性风险指银行由于经营模式(也就是资产负债表)问题而导致其无法以合理成本融入资金,或者资产负债表不恰当地面临着融资市场资金流入的中断。应对此种风险需要司库部门或资产负债管理部门监督和影响银行战略发展,促使银行考虑流动性问题,并且保持在期限转换风险和获取收益率之间的适当平衡。

负债类流动性风险通常于短期内发生,但负债类流动性风险成为一个重要的风险敞口的根源在于银行对利率的中长期战略管理和资产负债表的管理。因此本节考虑长期的资产负债表平衡问题,即银行资产和负债期限结构的不匹配形成流动性缺口。很多银行都采取类似的流动性管理方法,在这些方法背后是银行流动性管理的核心原则,这些核心原则是银行流动性管理的基石。

以核心客户存款作为非流动性资产的资金来源，核心客户的存款通常要比批发性资金更为稳定，在经济下行周期中核心客户存款面临的提前支取风险也较低。因此，以核心客户存款作为非流动性资产的资金来源是银行审慎经营原则的体现。

在没有核心客户存款作为资金来源的情况下，以长期限的批发性资金作为融资来源。在缺乏足够的核心客户存款的情况下，银行会转向批发性融资市场，银行应当确保只有长期限的批发性资金被作为非流动性资产的融资来源。这种做法可以降低危机时期资金展期所带来的流动性风险。

不过分依赖批发性资金。在以批发性资金作为资金来源的情况下，需要尽可能多地吸收长期的批发资金，以便将批发资金所面临的短期内频发风险最小化。

保持一定"流动性缓冲"以应对来自各方的压力，包括来自客户层面和市场层面的压力。传统上，银行将配置一部分期限较短的政府债券。保有流动性缓冲的合理性是无可辩驳的：在危机出现时或丧失流动性的时期，政府债券是唯一具有流动性的资产。雷曼兄弟破产后，那些长期以来被业界认为是高流动性、高评级的资产也完全丧失了流动性，如大额可转让存单和期限较短的中期票据等。

建立流动性应急预案。完善的流动性管理认为，银行应该从多渠道筹措资金，避免出现融资来源过于集中于某一特定领域和某一特定借款人的集中度风险。考虑到这种风险存在的可能性，当特定的融资来源枯竭时，银行需要转而求助于其他应急融资渠道，包括向中央银行申请使用资金融通便利等，银行需要定期检查和更新流动性应急预案。

3. 证券公司流动性风险管理的主要措施[①]

证券公司流动性风险管理的主要办法：现金流管理、日间流动性管理、限额管理、监控和预警管理、优质流动性资产管理、融资管理、融资抵（质）押品管理、压力测试和应急管理等。

证券公司应当建立自身的现金流测算和分析框架，有效计量、监测和控制正常和压力情景下未来不同时间段的现金流缺口，测算和分析应涵盖资产和负债的未来现金流以及或有资产和或有负债的潜在现金流，并充分考虑支付结算等现金流的影响。

证券公司应结合业务发展实际状况和流动性风险管理情况，制定流动性风险控制指标。

证券公司应对流动性风险实施限额管理，根据其业务规模、性质、复杂程度、流动性风险偏好和外部市场发展变化、监管要求等情况，设定流动性风险限额并对其执行情况进行监控。证券公司应至少每年对流动性风险限额进行一次评估，必要时进行调整。

证券公司应建立并完善融资策略，提高融资来源的多元化和稳定程度，建立包括但不限于银行借款、同业拆借、债券、收益凭证、短期融资券、证券回购等灵活的场内及场外融资渠道。证券公司的融资管理应符合以下要求：第一，分析正常和压力情景下未来不同时间段的融资需求和融资来源。第二，加强负债品种、期限、交易对手、融资抵（质）押品和融资市场等的集中度管理，适当设置集中度限额。第三，加强融资渠道管理，

---

① 中国证券业协会发布的《证券公司流动性风险管理指引》。

积极维护与主要融资交易对手的关系，保持在市场上的适当活跃程度，定期评估市场融资和资产变现能力。第四，密切监测主要金融市场的交易量和价格等变动情况，评估市场流动性对公司融资能力的影响。

证券公司在接受融资抵（质）押品时，应充分考虑抵（质）押品的融资能力、价格敏感度、压力情景下的折扣率等因素。强化融资抵（质）押品管理，确保其能够满足正常和压力情景下日间和不同期限的融资交易的抵（质）押品需求，并且能够及时履行向相关交易对手返售抵（质）押品的义务。

证券公司应加强日间流动性管理，确保具有充足的日间流动性头寸和相关融资安排，及时满足正常和压力情景下的日间支付需求。

证券公司应至少每半年开展一次流动性风险压力测试，分析其承受短期和中长期压力情景的能力。在压力情景下证券公司满足流动性需求并持续经营的最短期限不少于30天。

证券公司应通过对压力测试结果分析，确定风险点和脆弱环节，并将压力测试结果运用于公司的相关决策过程。

证券公司应根据公司业务规模、性质、复杂程度、风险水平及组织架构，充分考虑压力测试结果，制订有效的流动性风险应急计划，确保公司可以应对紧急情况下的流动性需求。证券公司应定期对应急计划进行演练和评估，并适时进行修订。

流动性风险应急计划应符合以下要求：第一，合理设定应急计划触发条件。第二，规定应急程序和措施，明确各参与人的权限、职责及报告路径。第三，列明应急资金来源，合理估计可能的筹资规模和所需时间，充分考虑流动性转移限制，确保应急资金来源的可靠性和充分性。

证券公司应持有充足的优质流动性资产，确保在压力情景下能够及时满足流动性需求。优质流动性资产是指在一定压力情景下能够通过出售或抵（质）押等方式，在无损失或极小损失的情况下在金融市场快速变现的各类资产。

证券公司在引入新产品、新业务、新技术手段和建立新机构之前，应充分评估其可能对流动性风险产生的影响。

证券公司应密切关注信用风险、市场风险、声誉风险和操作风险等对流动性风险的影响，防范其他风险向流动性风险的转化与传递。

6.4 资产类流动性风险管理

6.4.1 资产类流动性风险的概念及影响因素

资产类流动性风险是指投资人在需要卖出所交易的交易标的时，面临的变现困难和不能在适当或期望的价格上变现的风险。平常我们所说的冲击成本，就属于资产类流动性风险的范畴。

特定资产的出售价格取决于以下四个因素：

- 资产的中间价格;
- 被出售数量;
- 变卖速度;
- 经济条件。

有做市商的市场中,做市商会给出买入和卖出报价,但是这只适用于一定数量的交易,当交易数量超过额度之后,做市商就会提高买卖价差以对冲自己的风险。这是因为当交易数量增加之后,对风险暴露的对冲也会变得更加困难。类似地,在没有做市商的市场中,仍然会隐含一个买卖价差。

1. 买卖价差的决定因素

买卖价差与交易数量有关,如图6-3所示。

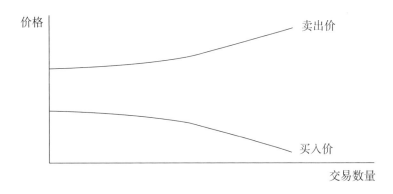

图6-3 资产买卖价差决定因素

2. 流动性检测:买卖价差比

$$S=(卖出价-买入价)/市场中间价$$

其中,S代表买卖价差比。分母的市场中间价指的是卖出价与买入价的平均值,市场中间价用于估计资产价值,S越高代表买卖价差越大,流动性越差,反之,S越小,流动性越好。

3. 交易透明度的重要性

市场透明是市场参与者观察到市场交易过程信息的能力。根据Madhavan(2000)的分类,市场透明可以分为交易前透明和交易后透明。交易前透明是进入市场的交易者能够观察到市场即时的买卖报价、市场深度和不在最优报价处的其他限价指令等交易前信息。全球各地证券交易场所在交易前信息披露方面存在很大差异。过去十几年在交易前信息披露方面的重要变化趋势是交易场所趋向于向投资者披露更多的限价指令簿信息,证券监管当局也倾向于鼓励提高交易前的透明度。美国证监会(SEC)和英国公平交易办公室都认为增加交易前透明度有助于增进市场流动性,也有助于促进市场公平交易,提升市场效率。市场透明在证券市场价格发现过程中起着重要的作用,这一重要性在限价指令市场尤为突出。限价指令市场的重要特征是市场交易者相互提供流动性,交易者能观察到的信息多寡直接影响着其交易策略,进而影响到其他交易者的交易策略。

2007年信用危机的一个教训是流动性的重要性,如果一个资产的特性具有不确定性,那么这个资产的流动性也不会持续很久。2007年以前,市场上流行将次级贷款、信用卡应收账款和其他资产打包,并以份额的形式将信用风险出售。2007年8月以后,当市场参与者意识到自己对抵押资产份额知之甚少且难以获得其信息,同时发现自己错误的将信用评级作为交易产品基础资产信息时,为时已晚。2007年8月以后,由次级贷款生成的债券流动性消失,金融机构无法对其之前疯狂交易的产品进行有效管理,随之而来的就是市场的无序与恐慌。

6.4.2 资产类流动性风险的影响及传播

流动性是所有资产价格的锚。第一,资产价格会伴随着货币流动性增长,而货币流动性也会伴随着资产价格增长。但是货币流动性变动与资产价格的作用在不同国家是有所不同的:在经济及金融体系成熟开放、政府掌控有效货币政策的国家,资产价格与货币流动性之间的相互作用效果较强;而在经济及金融体系正在转型、货币政策失效的国家,这种相互作用效果则较弱。第二,一项资产价格会伴随着另一项资产价格增长,但是股票、房地产及债券之间的相互影响在不同国家是有所不同的:在经济及金融体系成熟开放的国家,资产价格之间的影响是单向的;而在经济及金融体系封闭的国家,资产价格之间的影响是双向的,这可能是因为资产价格所带来的财富效应没有溢出到国外,滞留国内的货币流动性会投向其他资产,从而导致资产价格出现互动的情况。第三,跨国货币流动性存在相互影响,特别是在金融机构跨国投融资交易的影响下,跨国货币流动性短期价格水平及广义货币流动量更出现一定程度的联动现象。第四,货币流动速度是货币流动性的一个部分,并能对资产价格造成一定影响。

总结各国货币流动性变动对不同资产产生影响的顺序与相对幅度,可以发现货币流动性影响资产价格的先后顺序为大宗商品、股票、债券、房地产,而货币流动性影响幅度的大小顺序为大宗商品、房地产、债券、股票。值得注意的是,因为各国本身的经济结构及情况不一,上述影响的先后顺序及幅度会有所差异,而且不同资产的价格对不同货币政策工具的反应也不尽相同。

案例6-4和案例6-5分别为流动性风险对资产的联动效应的国内例子和国外例子。

【案例6-4】

2015年中国权益市场的暴涨暴跌

2015年中国权益市场出现了前所未有的暴涨暴跌。之所以波动如此剧烈,是因为这是中国证券历史上首次由杠杆资金导致的牛市和熊市。杠杆资金助涨助跌,涌入时导致股市暴涨,涌出时导致股市暴跌。究其根源,在于实体经济不振和股市缺乏业绩支撑。

在股市重挫下,资金纷纷出逃,权益基金面临集中赎回的压力。由于部门基金持有利率债、高等级信用债等流动性好的品种，因此在赎回压力下，流动性好的资产最先被抛售。之后央行与证金公司稳定预期救市，恐慌退潮，风险偏好也随之下降，债券的避险价值得以凸显，债市重焕生机。中长端收益率终于开启向下进程，而短端收益率却反弹回升，曲线呈平坦化趋势。

【案例 6-5】

雷曼兄弟倒闭的后果及影响

2008年9月15日凌晨，美国投行巨头——雷曼兄弟轰然倒塌，引发全球金融市场海啸。当日午后，全球央行已开始采取协调一致的行动，来防止金融市场进一步自由落体式下滑。而在那天结束之际，雷曼兄弟有超过25 000名员工面临"卷铺盖走人"的境地。

1. 对全球经济的影响

国际油价连续大跌。飓风的威力敌不过雷曼的倒闭。华尔街利空消息一传，投资人对美国经济前景的忧虑急剧升温。受此影响，国际油价持续下跌。投资人担心，在全球经济衰退的阴影下，对原油等商品的需求可能大幅下降。同时，避险意识的回归还促使投资人抛售商品类高风险资产。

2. 对股票市场的影响

美国金融巨头雷曼兄弟的轰然倒塌，迅速引发了全球金融市场的剧烈动荡。2008年9月15日，华尔街迎来名副其实的"黑色星期一"，美股暴跌，道琼斯指数创"9·11"事件以来单日最大下跌点数与跌幅，全球股市也随之"一泻千里"。亚太股市9月16日大幅下跌，其中日本、韩国、中国香港地区、中国台湾地区的股市跌幅都超过了5%；澳大利亚股市也遭遇地震，澳元16日开市走弱，股市收市时跌幅已超过1.5%……

然而，从长远看，雷曼兄弟的破产对世界影响最大的地方，在于它进一步挫伤了人们对市场和未来的信心。2007年在美国爆发的次贷危机，不仅给美国带来重创，也给全球经济带来重创，而雷曼兄弟的破产预示着危机将进一步升级，将有更多的大型金融机构在这场危机中倒下。作为华尔街支柱的一线投资银行的倒塌，宣布了美国金融体系的核心已经被撼动，次贷危机正式演变为一场全球性的金融风暴。

3. 对美国经济的影响

美股从周一（2008年9月15日）就开始大幅低开，随后一路下滑。雷曼平仓后，有专家称，"不管是它欠人家的，还是人家欠它的"，平衡之后，市场自然会对这部分资产形成一个价格，而这个价格也将引发美国金融机构的一次资产重估。由于价值重估的资本价格上升，又会令所有企业的股票出现价值重估，进而金融问题就直接打击消费需求并提升融资成本，上市公司盈利能力面临新的估算，非金融股出现下跌是必然结果。

4. 对日本经济的影响

雷曼兄弟日本法人申请破产保护。雷曼兄弟日本法人在其母公司申请破产后受命向金融厅提交报告，报告称，从长期着眼，公司资金周转困难，存在陷入支付危机的可能。雷曼兄弟发布破产消息时，真正因为无法实现债权而受到影响的，除了美国总公司，就是日本子公司了。这些公司会因折旧巨额债权而遭受损失。

5. 对欧洲经济的影响

欧洲股市难以幸免，英国、德国、法国等股票市场都有大幅度下跌。雷曼兄弟欧洲子公司宣布进入破产管理状态。在设置联席破产管理人的基础上，雷曼兄弟欧洲子公司进入破产管理状态。该公司联席破产管理人之一强调，该公司实行全球化资金管理，所以在雷曼兄弟总公司的资金断流后，其英国子公司就发现自己已无力偿还债务了。

6. 对中国经济的影响

中国并非雷曼兄弟的主要债权人，故雷曼兄弟的破产，对中国投资人的冲击相对有限。

6.4.3 债券流动性风险的表现及对冲

6.4.3.1 债券流动性风险的表现

债券流动性风险是指由于流动性较差，投资者在短期内无法以合理的价格卖掉债券，从而遭受损失或丧失新的投资机会。债券流动性风险出现的原因有以下几点：

流动性极度不足。流动性的极度不足会导致银行破产，因此流动性风险是一种致命性的风险。但这种极端情况往往是其他风险导致的结果。例如，某大客户的违约给银行造成的重大损失，可能会引发流动性问题和人们对该银行前途的疑虑，这足以触发大规模的资金抽离，或导致其他金融机构和企业为预防该银行可能出现违约而对其信用额度实行封冻的情况。两种情况均可引发银行严重的流动性危机，甚至导致银行破产。

短期资产价值不足以应付短期负债的支付需要或未预料到的资金外流。从这个角度看，流动性是在困难条件下帮助争取时间、缓和危机冲击的"安全垫"。

筹资困难。从这一角度看，流动性指的是以合理的代价筹集资金的能力。这种困难，既包括负债类流动性融资困难，也包括资产难以以合理价值变现的资产类流动性风险。流动性的代价会因市场上短暂的流动性短缺而上升，而市场流动性对所有市场参与者的资金成本均产生影响。市场流动性指标包括交易量、利率水平及波动性、寻找交易对手的难易程度等。筹集资金的难易程度还取决于银行的内部特征，即在一定时期内的资金需求及其稳定性、债务发行的安排、自身财务状况、偿付能力、市场对该银行的看法、信用评级等。在这些内部因素中，有的与银行信用等级有关，有的则与其筹资政策有关。若市场对其信用情况的看法恶化，筹资活动将会更为昂贵。如果银行的筹资力度突然加大或筹资次数突然增多，又或者出现意想不到的变化，那么市场看法就可能转变为负面。因此，银行筹资的能力实际上是市场流动性和银行流动性两方面因素共同作用的结果。

6.4.3.2 对冲工具之一：利率互换

利率互换是指两笔货币相同、债务额相同（本金相同）、期限相同的资金，其交易双方分别以固定利率和浮动利率借款，为了降低资金成本和利率风险，双方做固定利率与浮动利率的调换。

2006年2月9日，中国人民银行发布《中国人民银行关于开展人民币利率互换交易试点有关事宜的通知》，标志着人民币利率互换市场诞生。

银行间和交易所利率为市场利率，能够反映线上资金供求的实际情况。其中，隔夜和7天回购利率是监测短期资金面状况的重要指标。一般情况下，存款准备金清算、财政缴税、流通中的资金等因素，均可能导致资金的短期变化。

与美元等常见货币的浮动利率指标较为统一不同，人民币利率互换浮动指标较多，分为回购利率（Repo）、拆借利率（Shibor）、定存利率（Depo）、贷款基准利率（Loan）、贷款基础利率（LPR）五大类。各类别的利率指标根据期限长短又可继续细分。

人民币利率互换期限从7天至10年甚至更长期限不等，一般有3个月、6个月、9个月、1年、2年、3年、5年、10年等品种，1年和5年期限品种成交更为活跃。

人民币利率互换交易包含买入和卖出两个方向，其中买入利率互换指根据约定支付固定利率，同时收取浮动利率；卖出利率互换则反之。希望锁定利率的一方，其交易方向应为买入，希望利率随市场变化的一方，其交易方向应为卖出。

利率互换的优势在于能够将债券与利率掉期市场相结合，可灵活管理利率风险。第一，通过利率掉期市场锁定融资成本和利率风险；第二，对浮动和固定利率进行灵活转化。

利率互换相较于其他对冲工具，对资金面的敏感程度最高。利率互换对冲的是流动性风险引发的利率上行风险，而对于纯粹流动性风险，如融资困难、债券无法卖出等问题，利率互换的作用微乎其微。

6.4.3.3 对冲工具之二：国债期货

国债期货（treasury future）是指通过有组织的交易场所预先确定买卖价格并于未来特定时间进行钱券交割的国债派生交易方式。国债期货属于金融期货的一种，是一种高级的金融衍生工具。它是在20世纪70年代美国金融市场不稳定的背景下，为满足投资者规避利率风险的需求而产生的。美国国债期货是全球成交最活跃的金融期货品种之一。2013年9月6日，国债期货正式在中国金融期货交易所上市交易。

国债期货为债券投资者提供了极为丰富的投资选择，但技术上的相对复杂也限制了普通投资者的参与热情。其实，只要把握好国债期货的两个重要的特性，就不难利用国债期货为我们的投资服务。第一，国债期货可以分散风险。债券投资的风险由利率风险、信用风险和流动性风险组成，其中利率风险是最主要的。利率风险是市场变化引起的价格涨跌，可以由国债期货对冲。第二，国债现货的涨跌也可以被国债期货的涨跌所抵消，从而无惧市场波动。

6.5 流动性风险的监管要求

纵观我国银行业监管体系的发展过程，监管主体由中国人民银行转变为银监会，流动性监管也从无到有、从单一指标到综合指标体系不断发展完善。1994年7月，中国人民银行发布了《商业银行资产负债比例管理考核暂行办法》，提出了存贷款比例、中长期贷款比例、资产流动性比例等流动性监管指标。1995年5月的《商业银行法》，首次以立法的方式明确了贷存比和流动性比例，并明确商业银行资本充足率不得低于8%。2006年1月银监会发布的《商业银行风险监管核心指标(试行)》，规定了流动性风险指标包括流动性比例、核心负债比率和流动性缺口率，并按照本、外币分开计算。2011年10月，银监会发布了《商业银行流动性风险管理办法(试行)》(征求意见稿)，将《巴塞尔协议Ⅲ》中关于流动性监管的最新要求引入我国银行业监管系统，明确提出四大流动性监管指标——流动性覆盖率、净稳定资金比例、贷存比（后修订删除）和流动性比例，并加强对资产负债期限错配情况、负债的多元化和稳定程度、优质流动性资产储备、重要币种流动性风险状况的分析和监测。2015年12月，央行召开会议部署改进合意贷款管理，从2016年起将之前的差别准备金动态调整和合意贷款管理机制升级为宏观审慎评估体系（MPA）。

相应的，对证券业和保险业的流动性监管，证监会和保监会也提出了要求。2016年证监会制定或修订形成了一套新的流动性监管体系，包括《证券公司全面风险管理规范》《证券公司流动性风险管理指引》《证券公司风险控制指标管理办法》《证券公司风险控制指标计算标准规定》《基金管理公司特定客户资产管理子公司风险控制指标管理暂行规定》等，对证券公司和其他经营主体确立了以净资本和流动性为核心的监管体系。保监会则在2012年启动了"中国风险导向偿付能力体系"（偿二代）建设工作，2015年将偿二代全部主干技术标准共17项监管规则发布，其中《保险公司偿付能力监管规则第12号》重点强调了建立流动性监管指标和压力测试制度，防范保险业务流动性风险。

6.5.1 央行宏观审慎评估体系

6.5.1.1 MPA 的基本情况

1. 推出背景及目的

2015年12月29日，央行召开会议部署改进合意贷款管理，从2016年起将之前的差别准备金动态调整和合意贷款管理机制升级为宏观审慎评估体系（MPA）。

2. MPA 的适用对象及评估方式

MPA 适用于商业银行、财务公司、信托公司等，但主要针对银行。同时，MPA 将评估对象分为三类：全国性系统重要性机构（N-SIFIs）、区域性系统重要性机构（R-SIFIs）、普通机构（CFIs）。三者在指标的达标标准上有少许差异，严格程度递减。

MPA 由人民银行及其宏观审慎评估委员会负责实施与解释,其中,N-SIFIs 由全国性宏观审慎评估委员会进行评估,R-SIFIs 和 CFIs 由各省级宏观审慎评估委员会进行评估。每季度评估一次,但央行对相关指标按月检测,发现异常及时预警,必要时进行窗口指导。

3. MPA 指标体系及评分标准

MPA 指标体系包括七大方面的 14 个指标,如表 6-8 所示。央行可根据宏观调控需要对指标构成、权重和相关参数、评分方法等进行调整。

表 6-8 MPA 指标体系概览

七大方面(各100分)	14 个指标
资本和杠杆情况	资本充足率(80分)、杠杆率(20分)、总损失吸收能力(暂不纳入)
资产负债情况	广义信贷增速(60分)、委托贷款增速(15分)、同业负债占比(25分)
流动性	流动性覆盖率(40分)、净稳定资金比例(40分)、遵守准备金制度情况(20分)
定价行为	存贷款利率定价(100分)
资产质量	不良贷款率(50分)、拨备覆盖率(50分)
外债风险	外债风险加权余额(100分)
信贷政策执行	信贷执行情况(70分)、央行资金运用情况(30分)

MPA 将指标按类进行评估、加总。单方面指标的总分设为 100 分。每方面得分 90 分以上为优秀,60—90 分为达标,60 分以下为不达标。

4. 约束激励措施

MPA 评估结果分为 A、B、C 三档:

A 档机构:七大方面指标均为优秀(优秀线 90 分),执行最优档激励。

B 档机构:除 A 档、C 档以外的机构,执行正常档激励。

C 档机构:资本和杠杆情况、定价行为中任意一方面不达标(达标线 60 分),或资产负债情况、流动性、资产质量、外债风险、信贷政策执行这五个方面中任意两方面及以上不达标,给予适当约束。

近期,激励约束措施主要是在法定准备金利率上下 30% 的范围实施差别准备金利率。

6.5.1.2 MPA 评价指标体系

1. 资本和杠杆情况

资本和杠杆大类包括三个指标:资本充足率,占 80 分;杠杆率,占 20 分;总损失吸收能力,暂不计入评估体系。资本和杠杆情况的评分结果若不达标,将直接被分类为 C 档机构。

(1)资本充足率(80分)

MPA 对资本充足率的考核不同于银监会公布的《商业银行资本管理办法(试行)》。

MPA 首先针对各银行分别计算出宏观审慎资本充足率（C*），然后将银行的资本充足率与 C* 比较，不低于 C* 得满分 80 分，低于 C* 但不低于（C*-4%）得 48—80 分，低于（C*-4%）得 0 分。后央行取消了资本充足率的容忍指标，即低于 C* 直接得 0 分。

最低资本充足率与银监会《商业银行资本管理办法（试行）》要求一致，均为 8%。

（2）杠杆率（20 分）

MPA 对杠杆率的要求比较简单，不低于 4% 得 20 分，低于 4% 得 0 分。

根据银监会《商业银行杠杆率管理办法（修订）》，杠杆率 =（一级资本 – 一级资本扣减项）/ 调整后的表内外资产余额。其中，调整后的表内外资产余额 = 调整后的表内外资产余额（不包括表内衍生产品和证券融资交易资产）+ 衍生产品资产余额 + 证券融资交易资产余额 + 调整后的表外资产余额 – 一级资本扣减项。银行在定期报告中会披露季末杠杆率。

2. 资产负债情况

资产负债方面包括三个指标：广义信贷增速，占 60 分；委托贷款增速，占 15 分；同业负债占比，占 25 分。三个指标分别针对银行资产端（鉴于表外理财的"刚兑"特性，亦包括在内）、表外业务和负债端的风险点。

（1）广义信贷增速（60 分）

广义信贷包括银行信贷收支表中的各项贷款、债券投资、股权及其他投资、买入返售资产和存放非存款类金融机构款项。央行从 2017 年第一季度起将表外理财扣除现金和存款的余额，以及应收及预付款项也纳入广义信贷的范围。

上述各部分均保留了对非存款金融机构的广义信贷投放，剔除了对银行业存款机构的广义信贷。

MPA 将银行的广义信贷增速与目标 M2 增速做比较，N-SIFIs、R-SIFIs 和 CFIs 分别高于目标 M2 增速 20 个、22 个和 25 个百分点时得分为 0，低于目标 M2 增速时得 60 分。

（2）委托贷款增速（15 分）

MPA 对委托贷款增速的考核标准与广义信贷增速相同。委托贷款是指委托人以自有资金委托银行（受托人）向第三方放款。央行监控委托贷款增速是因为在实务中存在银行利用委托贷款绕开监管向第三方违规放贷的情况。

（3）同业负债占比（25 分）

同业负债包括银行通过同业业务获取的资金，具体为：同业拆借、同业借款、同业存放、卖出回购、委托方同业代付（委托行须分别按贷款和同业拆借处理）之和扣除了结算性同业存款后的金额。

MPA 考核银行同业负债在总负债中的占比，N-SIFIs、R-SIFIs 和 CFIs 分别不高于 25%、28% 和 30% 时得 25 分，高于该比例但低于 33% 时得 15—25 分，高于 33% 时得 0 分。不高于 33% 这一标准来自五部委联合发布的《关于规范金融机构同业业务的通知》中"单家商业银行同业融入资金余额不得超过该银行负债总额的三分之一"的规定。

3. 流动性

流动性方面包括三个指标：流动性覆盖率（LCR），占 40 分；净稳定资金比例，占 40

分；遵守准备金制度情况，占 20 分。本类指标考察银行资产的流动性水平，评估银行应对流动性风险的能力。

（1）流动性覆盖率（LCR）（40 分）

具体可参照上述流动性监管指标介绍。

（2）净稳定资金比例（40 分）

具体可参照上述流动性监管指标介绍。

（3）遵守准备金制度情况（20 分）

遵守准备金制度情况是定性的指标，符合得 20 分，不符合得 0 分。

4. 定价行为

定价行为方面包括一个指标：存贷款利率定价，占 100 分。定价行为如果不达标，银行直接被列为 C 档机构。本指标用来防止银行恶性竞争，出现过激的存贷款利率定价行为，特别是"高息揽储"行为。

存贷款利率定价自律机制评估（100 分）。央行在 2015 年 10 月放开了银行的存款利率上限，从而全面放开了银行的存贷款利率。央行不再直接规定银行的存贷款利率，转由银行业全国性及各省级自律机制提供存贷款利率的指导区间。银行的存贷款利率如不在区间内，则利率定价行为不达标，得 0 分，在区间内得 100 分。

5. 资产质量

资产质量方面包括两个指标：不良贷款率，占 50 分；拨备覆盖率，占 50 分。本类指标考核银行的贷款资产质量和经营谨慎程度。

（1）不良贷款率（50 分）

$$不良贷款率 = 不良贷款 / 总贷款余额$$

根据《贷款风险分类指引》，银行至少将贷款划分为正常、关注、次级、可疑和损失五类，后三类合称为不良贷款。

MPA 规定银行的不良贷款率不高于同地区、同类型机构时得 50 分；不高于同地区、同类型机构不良贷款率 2 个百分点且不高于 5% 时得 30—50 分；高于同地区、同类型机构不良贷款率 2 个百分点或高于 5% 时得 0 分。同类型机构不良贷款率参照银监会按季度发布的不良贷款率。

（2）拨备覆盖率（50 分）

$$拨备覆盖率 = (一般准备 + 专项准备 + 特种准备) / 不良贷款$$

一般准备、专项准备及特种准备之和是贷款损失准备。

一般准备为全部贷款余额的 1%。专项准备对不良贷款分类按比例计提，对次级贷款计提 2%，对可疑贷款计提 50%，对损失贷款计提 100%。其中对次级和可疑类贷款的计提比例可以上下浮动 20%。特种准备是针对某一国家、地区、行业、种类等贷款计提的准备。

MPA 对银行的拨备覆盖率实施统一的考核标准。拨备覆盖率不低于 150%，得 50 分；低于 150% 但不低于 100%，得 30—50 分；低于 100%，得 0 分。

6. 跨境融资风险

跨境融资风险方面包含三个指标：跨境融资风险加权余额，占60分；跨境融资币种结构，占20分；跨境融资期限结构，占20分。本类指标考核银行的外债风险，外债风险加权余额不超过上限得100分，超过上限则得0分。

（1）跨境融资风险加权余额（60分）

跨境融资风险加权余额用来评估银行的外债加权总量。MPA用跨境融资风险加权余额跟其上限进行比较，不超过上限得60分，每超过上限1%，扣2分。

根据《中国人民银行关于扩大全口径跨境融资宏观审慎管理试点的通知》，跨境融资风险加权余额 = $\sum$ 本外币跨境融资余额 × 期限风险转换因子 × 类别风险转换因子 + $\sum$ 外币跨境融资余额 × 汇率风险折算因子。存续期1年以内的期限风险转换因子为1.5，1年以上的为1。表内融资的类别风险转换因子为1，表外融资（或有负债）的转换因子分0.2和0.5两档。汇率风险折算因子统一为0.5。

跨境融资风险加权余额上限 = 一级资本 × 跨境融资杠杆率 × 宏观审慎调节参数。一级资本大致与所有者权益相当。银行的跨境融资杠杆率为0.8。宏观审慎调节参数为1。跨境融资风险加权余额上限约为0.8倍的所有者权益。

（2）跨境融资币种结构（20分）

跨境融资币种结构指标鼓励银行优先吸收境外人民币作为外债来源，以便在必要时央行能够出手干预。MPA规定，本币外债占比不低于50%得20分，低于50%的每降低1%扣0.4分。

（3）跨境融资期限结构（20分）

跨境融资期限结构鼓励银行提高中长期外债比例，以保障外债资金来源的稳定性。MPA规定，中长期外债占比不低于50%得20分，低于50%的每降低1%扣0.4分。

7. 信贷政策执行

信贷政策执行大类包括三个指标：信贷政策评估结果，占40分；信贷政策执行情况，占30分；央行资金运用情况，占30分。本类指标考核银行对央行信贷政策的执行情况。

（1）信贷政策评估结果（40分）

信贷政策评估结果是从银行上一年度"小微企业信贷政策导向评估""涉农信贷政策导向评估"和"县域金融机构将新增存款更多用于当地贷款评估"三项中选取评估结果最优的一项进行评分。优秀得40分，良好得30分，一般得20分，勉强得0分。三项均不参评的按良好评分。

"小微企业信贷政策导向评估"要求银行的小微企业贷款增速不低于贷款平均增速、小微企业贷款户数不低于去年同期水平、小微企业申贷获得率不低于去年同期水平。"涉农信贷政策导向评估"要求银行涉农贷款增速不低于贷款平均增速。"县域金融机构将新增存款更多用于当地贷款评估"要求银行的新增本地存贷比不断提高。

（2）信贷政策执行情况（30分）

信贷政策执行情况从人行每年的信贷工作重点中选取三项，评价银行对信贷工作重点的响应情况。对某一项工作，同时满足以下三个条件得10分，部分满足得7分或3分。

第一,贷款余额较上季度增加;第二,有贷户数较上季度增加;第三,产品或服务有所创新。

(3) 央行资金运用情况(30 分)

央行资金运用情况评估银行使用央行资金的情况,对按时还本付息(20 分)、展业的贷款利率水平(5 分)和资金投向(5 分)三个方面进行评估。期间如果未利用央行资金得 20 分。

6.5.2 证监会与保监会对流动性风险管理的规定

近年来,以净资本/资本充足率为核心的监管制度在督促证券公司和保险公司加强风险管理、保障行业总体持续稳健运行方面发挥了积极作用。但随着业务产品越来越多元,相关风险类型日趋复杂,原有风险控制指标制度已经难以适应新形势下风险管理的需要,证监会与保监会结合行业发展的新形势,制定或修订了涵盖流动性风险管理的相应制度并予以施行。

6.5.2.1 证监会对流动性风险管理的规定

1. 对证券公司的监管要求

2016 年 6 月,证监会发布《证券公司风险控制指标管理办法》和《证券公司风险控制指标计算标准的规定》(证监发〔2016〕10 号),建立了以净资本和流动性为核心的风险控制指标体系,证券公司必须持续符合下列风控标准:

- 风险覆盖率不得低于 100%;
- 资本杠杆率不得低于 8%;
- 流动性覆盖率不得低于 100%;
- 净稳定资金比例不得低于 100%;

其中,

- 风险覆盖率 = 净资本/各项风险资本准备之和 ×100%;
- 资本杠杆率 = 核心净资本/表内外资产总额 ×100%;
- 流动性覆盖率 = 优质流动性资产/未来 30 天现金净流出量 ×100%;
- 净稳定资金比例 = 可用稳定资金/所需稳定资金 ×100%。

并且,证监会对各项风险控制指标设置预警标准,对于规定"不得低于"一定标准的风险控制指标,其预警标准是规定标准的 120%;对于规定"不得超过"一定标准的风险控制指标,其预警标准是规定标准的 80%。

2. 对基金公司专户子公司的监管要求

依照基金管理公司特定客户资产管理子公司风险控制指标管理暂行规定(证监发〔2016〕30 号),适用对象:仅适用于专户子公司,对基金管理公司开展的特定客户资产管理业务、其他基金子公司开展的私募基金业务,暂未纳入风险控制指标体系的管控范围。对专户子公司应当持续符合下列风险控制指标标准:

- 净资本不得低于1亿元人民币；
- 净资本不得低于各项风险资本准备之和的100%；
- 净资本不得低于净资产的40%；
- 净资产不得低于负债的20%。

其中，

- 净资本 = 净资产 − 相关资产余额 × 扣减比例 − 或有负债调整项目 ± 中国证监会认定或核准的其他调整项目
- 各类业务风险资本准备 = 该类业务规模 × 风险资本准备计算系数

6.5.2.2 保监会对流动性风险管理的规定

依照保险公司偿付能力监管规则第12号：流动性风险（保监发〔2015〕22号），对经保监会批准依法设立的保险公司和外国保险公司分公司，流动性风险监管指标包括净现金流、综合流动比率和流动性覆盖率。

净现金流反映保险公司报告期的净现金流量，以及在基本情景和压力情景下，未来一段期间内的净现金流量。

综合流动比率反映保险公司各项资产和负债在未来期间的现金流分布情况以及现金流入和现金流出的匹配情况。流动性覆盖率反映保险公司在压力情景下未来一个季度的流动性水平。

6.5.3 《巴塞尔协议Ⅲ》对流动性监管的新要求

在对2007年全球金融危机的反思中，流动性风险监管的缺失被认为是《巴塞尔协议Ⅰ》和《巴塞尔协议Ⅱ》中一个较大的缺陷。危机爆发前，巴塞尔协议主要秉承资本充足管理的理念，《巴塞尔协议Ⅱ》中并没有像对待信用风险、市场风险和操作风险那样，对流动性风险提出量化监管要求，只是在第二支柱下对其进行了定性描述和分析。一方面是由于当时国际金融市场始终处于流动性过剩的局面中，对流动性风险的严重性认识不足，另一方面是由于缺乏有效统一的流动性风险监管工具，很难将流动性风险管理纳入资本监管的框架内，因此流动性风险监管问题始终没有得到应有的关注。

在对既有流动性监管制度进行深刻反思和总结各国监管实践的基础上，巴塞尔银行监管委员会于2008年9月公布了《流动性风险管理和监管的原则》，该文件以稳健的监管为核心理念，提出了银行业流动性风险管理和监督必须遵守的17项原则。随后，巴塞尔银行监管委员会相继在2009年12月和2010年4月公布了《流动性风险计量、标准和监测的国际框架》的征求意见稿和正式文稿，并基于国际组织和各国监管机构对新监管指标影响的评估结果做了一些调整，最终于2010年12月出台的《巴塞尔协议Ⅲ：流动性风险计量、标准和监测的国际框架》，在进一步完善流动性风险管理定性要求的同时,首次创建了全球统一的、可计量的流动性监管标准,突出了流动性风险监管的重要性。此次引入的流动性风险监管的两个量化指标,分别为短期监管指标流动性覆盖率(liquidity coverage ratio,LCR)和长期监管指标净稳定资金比例(net stable funding ratio,NSFR)。

其中 LCR 的目的是在满足资本充足率的前提下,确保银行拥有足够的优质流动性资本,从而提高银行应对短期流动性风险的能力,保障其基本的流动性要求;NSFR 则使银行通过更为稳定、持久和结构化的融资渠道支持资产负债表内、表外风险暴露和资本市场业务活动,防止银行在顺周期时期过度依赖批发性融资,从而提高银行应对长期流动性风险的能力,保障其更高的流动性要求。

6.5.3.1 《巴塞尔协议Ⅲ》流动性监管规则(2010版)的主要内容

《巴塞尔协议Ⅲ:流动性风险计量、标准和监测的国际框架》建立了适用于国际活跃银行的全球流动性最低标准,其核心内容是两个流动性风险监管新指标——流动性覆盖率和净稳定资金比例。该框架涵盖了商业银行资产负债表内外各项产品,有助于监管当局全面识别银行短期和长期流动性风险趋势。下面对两个指标分别进行解读。

1. 流动性覆盖率

与我国银监会要求相类似,《巴塞尔协议Ⅲ》对流动性覆盖率的规定,是指优质流动性资产与未来30天内的现金净流出之比,监管标准为不低于100%,这是衡量银行短期流动性风险程度的指标,旨在确保压力情景下,银行能够运用自身持有的、无变现障碍的优质流动性资产,应对30天内业务产生的资金需求,以避免在政府危机救助方案实施前倒闭。这与指引中提到的银行最短生存期1个月的要求是吻合的。而我国银监会2014年发布的《商业银行流动性风险管理办法》中的 LCR 指标,是根据《巴塞尔协议Ⅲ》的要求,并依照我国银行业的实际情况将其引入实施的,二者在适用对象和具体监管标准上有一定区别。

压力情景。计算流动性覆盖率时的压力情景假设,是监管机构参照以往危机中的实际案例设定的,其中包括单个机构和整个系统在2007年全球金融危机中所受到的冲击,主要有存款流失、市场融资能力下降、资产质量下降、银行向客户提供的信用、流动性便利支用量意外增加、追加融资交易或衍生品交易的抵押品、银行出于声誉或其他非契约性因素考虑而可能增加的流动性需求等。

分子。流动性覆盖率的分子是优质流动性资产,由一级资产和二级资产构成,其中二级资产占比最高不得超过40%。即使在严重的压力情景下,无论通过出售还是抵(质)押融资的方式,优质流动资产都应保持良好的变现能力。因此优质流动性资产通常具有如下特征:低信用风险和市场风险;易于定价且价值平稳;与高风险资产的低相关性;在广泛认可的发达市场中交易;具有活跃且具规模的市场;具有负责任的做市商;存在多元化的买卖方,市场集中度低;从历史上看,在系统性危机发生时,市场显示出向这类资产转移的趋势;在压力时期,这些资产能够不受任何限制地转换成现金以弥补现金流入和流出形成的缺口;在银行中明确作为紧急资金来源,并由负责流动性风险管理的部门控制。这里的流动性资产不同于流动性比例中的流动性资产。在计算流动性比例时,流动性资产是根据资产的剩余期限划分的，包括现金、黄金、超额准备金、一个月内到期的同业往来款项轧差后资产方净额、一个月内到期的应收利息及其他应收款、一个月内到期的合格贷款、一个月内到期的债券投资、在国内外二级市场上可随时变现的债券投资、其他一个月内到期可变现的资产（剔除其中的不良资产）等。而在计算流动性覆盖率时，流动性资产是根据资产的质量或者变现能力来划分的，包括现金、超额准备金、国债、央票、政策性金融债、资产管理公司债、汇金债、地方政府债、铁道部债券、经过打折的 AA- 级以上非银行债券（剔除抵质押和不可流通部分）等。其中可计入优质流动性资产的超额备付金，除了存放在央行的超额准备金，还包括因存款流失而退回的法定存款准备金。

分母。流动性覆盖率的分母是未来 30 日的净资金流出，等于现金流出减现金流入。

现金流出方面，未来 30 天现金流出分为存款流失、市场融资能力下降、衍生品相关的现金流出、表外产品相关的现金流出、应付利息及拆借等五类，不仅涵盖了资产负债表内外各个项目，还包含了没有体现在表内外的潜在资金流出。其中对于存款流失造成的现金流出，监管部门根据存款主体和存款目的分类，赋予了不同的流失率。从存款主体看，储蓄和小企业的存款主体众多、规模较小、风险分散，流失率较低；大中型企业、公营部门的流失率较高；考虑到危机的传染效应，金融机构面临的风险最大，因此流失率最高可达 100%。从存款目的看，有业务关系的存款流失率较低，没有业务关系的存款流失率较高。市场融资能力下降造成的现金流出，是指银行已经通过抵押资产的方式从市场上融入了资金，该交易将于 30 天内到期，届时债权人将根据银行的抵押物质量，酌情决定是否续借及续借资金的比例。如果银行以一级资产作为抵押取得了融资，则到期偿还的比例为零；如果银行以其他资产作为抵押取得了融资，则到期偿还的比例为 15%——100% 不等。对于表外产品造成的现金流出，监管部门按照产品和对手不同，赋予了不同的流出比例。从产品类型来说，保函、信用证及其他贸易融资工具流出比例较低；从客户分类来说，零售和小企业因风险分散，流出比例较低。

现金流入方面，未来 30 天现金流入分为贷款资金流入、证券借入和逆回购到期流入、其他现金流入三类。其中贷款产生的现金流入是指银行在未来 30 天内应收回的各项完全正常履约的协议性资金。压力情景下，贷款可能出现逾期或不良，银行将被迫对部分贷款进行展期，借款人不同，逾期或展期比例也不同。证券借入、逆回购到期产生的现金流入与上面提到的市场融资能力下降造成的现金流出相对应，是指银行进行了有资产担保的融出交易，并且将于 30 天内到期，交易对手还款会产生现金流入。因此根据取得的抵押物不同，续借的比例不同，现金流入比例也不同。其他现金流入是指未包括在以上范围内的 30 天内的现金流入，包括衍生品交易净应收款、未包括在以上范围内的契约性资金流入。

2. 净稳定资金比例

净稳定资金比例是可用的稳定资金与业务所需的稳定资金之比，监管标准为不低于 100%，是衡量银行中长期限流动性风险程度的指标。该指标是为了鼓励银行吸收中长期资金，避免过度依赖短期批发资金来源，控制资产负债总量和结构的错配风险。

压力情景。计算净稳定资金比例的压力情景是指银行将面临一年以上持续压力的情景，具体情景同流动性覆盖率。

分子。净稳定资金比例的分子是可用的稳定资金，包括核心资本、附属资本、其他优先股和存款四类。其中，其他优先股是指超出二级资本限额的优先股，虽然不能计入合格资本，但仍属于可用的稳定资金。存款中剩余期限在一年以上的，不论存款主体是储蓄、公司还是金融机构，全部可以计入分子；而剩余期限在一年以内的金融机构存款则不能计入。

分母。净稳定资金比例的分母是业务所需的稳定资金，指根据业务需要，占用一年期以上的资金数量，分为债券、股权、贷款、黄金、表外资产、其他资产等六类。其中债券是指剩余期限在一年以上的债券，监管部门按照变现能力，为其设置了不同的折扣率。以政府信用债券为例，折扣率为5%—20%，这是因为银行需要短期资金的时候，可以将其作为抵押品，到市场上融资，压力情景下融入的资金约为债券面值的80%—95%，因此政府信用债券资产占用的一年以上资金为5%—20%。而A-级以下的非金融公司债、金融机构债券在危机期间无法作为抵押品融入资金，也很难出售，因此适用100%的折扣率。剩余期限在一年以内的贷款主体不同、不良率不同，折扣系数因此不同。考虑到个人住房抵押贷款可以通过打折出售或证券化等形式变现，折扣率较低。表外资产中保函、信用证及其他贸易融资工具的折扣率比较低。一年内到期的货币市场工具和短期无担保工具、一年内到期的债券，不论是否设置抵押，都可以在一年内到期回流资金，因此不占用稳定资金。

6.5.3.2 《巴塞尔协议Ⅲ》流动性监管规则（2013版）的重要修订

2010年以来，关于流动性监管指标可能带来的负面影响一直争论不休，主要包括以下几个方面：首先，优质流动性资产范围过于保守，可能导致在此衡量标准下银行业流动性资产缺乏或资产同质化的系统风险；其次，银行将不愿意持有非优质流动性资产和向企业提供长期融资，配置偏好从持有公司债券转向持有政府债券，抬高融资成本、紧缩信贷，给实体经济带来冲击；再次，为了在指标上硬性达标，银行将转向增持盈利性低、流动性高的资产，而减持那些盈利性更高、流动性较差的资产，导致银行息差下降，盈利能力也因此被削弱；最后，监管规则将政府债券划分为优质流动性资产的"一刀切"做法不合理，任何评级的国内主权债券都被视为高流动性资产，将激励银行积累国内主权债券。该制度对主权债务危机时期缺乏考虑，如欧债危机使得一些国家的政府债券折价更严重，即使是持有主权债券，其价格波动也有可能使银行承担更高的风险。

实际上，接连受到金融危机和欧债危机重创的银行纷纷表示难以在2010版流动性监管规则的截止日期（2015年）之前增加流动性，甚至有些银行为达标而产生了惜贷行为。同时，欧美通过量化宽松政策刺激信贷扩张，如果此时加强银行监管，将会对冲货币政策效果，影响经济复苏。在2012年11月，美联储宣布美国无限期地推迟《巴塞尔协议Ⅲ》的执行。欧洲央行一方面批评美国不应该无限期地推迟《巴塞尔协议Ⅲ》的执行，另一方面也跟随美国步伐推迟实施《巴塞尔协议Ⅲ》。在此背景下，经过两年的研究和讨论，巴塞尔银行监管委员会决策委员会（GHOS）于2013年1月对流动性覆盖率的修订达成一致，随后由巴塞尔银行监管委员会公布了《巴塞尔协议Ⅲ：流动性覆盖率和流动性风险监测工具》，下文称之为"2013版流动性监管规则。"

虽然巴塞尔银行监管委员会指出，是出于谨慎考虑对《巴塞尔协议Ⅲ》的流动性监管规则进行修订，缩小了银行监管对经济增长的负面影响。然而，上述的潜在影响是否会发生还有待实践检验。实质上，这一规则的放松降低了流动性风险的监管标准，是监管者对业界的一种监管妥协。

相比2010版的流动性监管规则，2013版流动性监管规则扩大了分子优质流动性资产的范围，完善了分母计算现金净流出时的流出和流入系数，重申了流动性资产储备在压力时期（包括过渡时期）的可用性，并重新设置了流动性覆盖率的分阶段实施时间表。

1. 扩大分子中优质流动性资产的范围

2013版流动性监管规则中的优质流动性资产储备由一级资产和二级资产构成。其中，一级资产包括现金、压力情景下能够提取的央行准备金、《巴塞尔协议Ⅱ》标准法下风险权重为0的主权实体、中央银行等发行的可交易证券、风险权重不为0的主权实体或中央银行以本外币发行的主权证券或中央银行债务型证券。二级资产包括由风险权重为20%的主权实体、央行、非中央政府公共部门实体、多边开发银行发行或担保并可在市场上交易的证券；评级至少为AA-级的，不是由金融机构或其任何附属机构发行的公司债券和担保债券。

然而，由于部分国家优质流动性资产匮乏，可能导致其银行无法满足流动性覆盖率监管标准，因此客观上确实存在着扩大优质流动性资产范围的需要。此外，由于规则制定者中发达国家居多，为适应其二级资产规模大且种类丰富的现实，修订稿将二级资产的标准放宽，允许各国当局自由裁定是否在接受更为严格的价值扣减后纳入更多的二级资产。修订稿中，原来的二级资产被定义为二级A资产（2A），各国监管当局可以自行决定是否纳入新的二级B资产（2B），其中，2A级资产包括政府证券、至少AA-级的公司债券和担保债券等，对应的扣减率也比较低；2B级资产则有更高的扣减率和更低的总额限制，具体来看，2B级资产纳入了A+级至BBB-级的公司债券（扣减率为50%）、某些无产权负担的股票（扣减率为50%）和AA级以上的住房抵押贷款支持证券（扣减率为25%），同时按照扣减率进行折减后的总额不能超过优质流动性资产总额的15%。当然，二级资产的最高占比仍然要求不得超过银行优质流动性资产储备的40%。

2. 放宽了分母中现金流出系数的要求

2013版流动性监管规则对流动性覆盖率的分母也进行了修订，以更好地反映压力情景下的实际情况。对于现金流出系数来说，2013版流动性监管规则的流出系数相比2010版流动性监管规则总体上有所下降，最大降幅达70%，同时降低有存款保险制度覆盖的存款流失系数，这对拥有多年完善的存款保险制度的发达国家是极为有利的，大幅降低了金融机构需持有的流动性资产规模。另外，由于2013版的流动性监管规则对二级资产重新进行划分，由其担保的批发存款的流失比例也受到相应调整，比如规定由其他2B级资产担保的批发存款的流失比例为50%。此外，2013版的流动性监管规则还对一些现金流出事项做了新的规定，如由优质流动性资产担保或抵押的衍生工具的流失比例为0%。

对于流入系数来说，变化主要集中于"逆回购和融券协议"，2013 版流动性监管规则将该现金流入事项扩充为"有担保的贷款交易，包括逆回购和融券协议"，并根据二级资产的划分对其流入系数进行了修订。

3. 允许危机时期提取使用流动性资产

修订后，银行在压力期间可以使用正常时期积累下来的流动性资产，因而银行的流动性覆盖率可以被允许低于监管当局设定的最低水平，以避免银行在危机时期更加倾向于储藏流动性而不是释放流动性以帮助市场渡过危机，从而加重而不是缓解整个市场"钱荒"的影响。同时监管当局应就何种情况下才能使用流动性资产池给予额外指导。这一举措也被认为是旨在帮助那些深陷困境的欧元区国家的银行。

4. 重置流动性覆盖率的实施期限

2013 版流动性监管规则全面实施后，银行在非压力情境下的流动性覆盖率应满足最低标准 100%，但在压力期间，银行为应对流动性不足可能会使用自身的流动性资产池，从而使得流动性覆盖率暂时低于最低要求。因此，巴塞尔银行监管委员会决策委员会认为，流动性覆盖率应像《巴塞尔协议Ⅲ》的资本充足率要求一样，分阶段实施，从而避免这一标准的实施阻碍银行体系的渐进发展和经济活动所需的持续融资。具体而言，巴塞尔银行监管委员会将银行业流动性覆盖率最终达标期限从原定的 2015 年推迟至 2019 年。按照 2013 版的流动性监管规则，流动性覆盖率将在 2015 年引入最低标准，但只需达到 60% 即算合格，此后每年递增 10%，到 2019 年实现完全达标，即达到 100%。

本章小结

宏观经济、金融市场和金融机构这三个层次的流动性之间是相互联系的；对于金融机构而言，所谓流动性风险，就是不能以合理成本获得充足资金的风险，以及在负债到期时不能偿还的风险。这种风险从根本上看来自资产和负债的期限错配。

中央银行既是流动性之源，也是影响不同层次流动性的主导力量。货币市场是金融机构进行流动性风险管理的主要场所，货币市场利率对流动性也具有重要映射作用。国内货币市场主要包括回购市场、拆借市场等。

负债类流动性风险是指一家公司在不影响日常经营和财务状况的情况下，无法有效地满足预期或超预期的当前及将来的现金流和抵押需求的风险。商业银行将短期限存款转换为长期限贷款的传统经营模式，决定了其对负债端融资的依赖程度非常高，负债期限和负债稳定性是影响商业银行负债类流动性管理的关键变量。负债类流动性风险管理的一个重要步骤是识别风险，银行和其他非银行金融机构通常采用的监管及监控指标包括流动性覆盖率、净稳定资金比例等。除静态的指标之外，还采用流动性缺口、融资缺口、现金流缺口等动态度量方法来监测负债流动性风险。

国内外商业银行根据自身的特点采用科学的计量手段对流动性风险进行全面的分析与评估，这些主要措施通常包括流动性缺口分析、资产负债表分析、压力测试、情景分析、模型分析、流动性现金梯、融资应急计划等。按照时间维度可将流动性风险管理分为短期和中长期，短期着眼于现金流管理，中长期则着眼于资产负债表管理。

交易流动性风险是指投资人在需要卖出所交易的交易标的时，面临的变现困难和不能在适当或期望的价格上变现的风险。

特定资产出售价格取决于资产的中间价格、被出售数量、变卖速度、经济条件；流动性检测主要可通过买卖价差比来进行。流动性是所有资产价格的锚，流动性风险对所有资产均具有联动效应。

流动性差的债券使得投资者在短期内无法以合理的价格卖掉债券，从而遭受损失或丧失新的投资机会。常用的对冲工具有利率互换和国债期货。

中国人民银行从2016年起将原有的差别准备金动态调整和合意贷款管理机制升级为"宏观审慎评估体系"，指标体系包括七大方面的14个指标，这七大方面是资本和杠杆情况、资产负债情况、流动性、定价行为、资产质量、外债风险、信贷政策执行。这一体系利用更加系统化的指标约束银行行为，对其资产管理能力提出更高的要求，从而对货币派生和流向有更强的把控，更好地实现逆周期调控。

2014年2月，中国银监会正式发布《商业银行流动性风险管理办法（试行）》，并于2014年3月1日正式实施，规定了流动性覆盖率、流动性比例、存贷比（后修订删除）三项流动性风险监管指标，并分别设定了商业银行应当持续达到的最低监管标准。

本章重要术语

流动性风险　银行间市场　货币市场　回购市场　拆借市场　同业存单　融资流动性风险　零售存款　批发性存款　融资来源多样性　流动性覆盖率　净稳定资金比例　现金流阶梯　衍生产品　期货　互换　宏观审慎评估体系　《巴塞尔协议Ⅲ》　巴塞尔银行监管委员会　"偿二代"（中国风险导向的偿付能力体系）

思考练习题

1. 请简述三个不同层次流动性的内涵及其相互关系。
2. "当负债接续出现困难时，金融机构可通过将资产变现获得足够的流动性以满足自身需求，因此负债类流动性风险管理并不需要那么谨慎。"试评论这一观点。
3. 请简述零售存款与批发性存款对商业银行负债类流动性管理的影响。
4. 请列举三条商业银行流动性管理的主要原则。
5. 流动性风险如何影响大类资产？监管传导路径是什么？
6. 试描述LCR监管指标的定义及要求。

参考文献

[1] Dudley, W.C. Market and funding liquidity an overview[EB/OL]. https://www.newyorkfed.org/newsevents/speeches/2016/dudlbo5e/

[2] Madhavan, A. Market microstructure: A survey[J]. *Journal of Financial Markets*, 2000, 3: 205-258.

[3] Nikolaou, K. Liquidity (Risk) Concepts: Definitions and interactions[R]. Working Paper Series NO. 1008, 2009, 2.

[4] Soprano, A. *Liquidity-Management: A Funding Risk Handbook*[M]. NewJersey: Wiley, 2015.

[5] 巴曙松，尚航飞，朱元倩. 巴塞尔协议Ⅲ流动性监管新规及其影响[J]. 南方金融，2013，5：35—39.

[6] 东北证券. 看懂银行系列报告之一：央行宏观审慎评估体系（MPA）全解析[R]. 2017.

[7] 何欣，刘亮. 银行流动性研究系列之三：千金散尽还复来[R]. 中投证券，2015.

[8] 胡德宝，王晓彦. 巴塞尔协议Ⅲ框架下的流动性风险监管：机理、影响与国际经验[J]. 南方金融，2016，2：53—59.

[9] 李奇霖. 北岩银行覆灭记[N/OL]. 联储证券研报，2017.

[10] 林颖，关小虎. 解读巴塞尔流动性风险监管新指标[J]. 经济研究参考，2012，31：59—66.

[11] 楼铭铭，胡爱娟. 商业银行流动性层次管理研究[D]. 复旦大学学位论文，2004.

[12] 田娟，王鹏飞. 巴塞尔流动性框架的最新修订及对我国的启示[J]. 新金融，2014，1：30—35.

[13] 王建平. 证券公司流动性风险管理实务[M]. 北京：中国财政经济出版社，2016.

[14] 休享瑞·乔德里. 银行流动性风险与资产负债管理导论[M]. 北京：中国金融出版社，2012.

[15] 易宪容. 美国次贷危机的流动性传导机制的金融分析[J]. 金融研究，2010，5：41—57.

[16] 中金固收专题研究. LCR考核——商业银行头上的紧箍咒[R]. 2017.

[17] 中信证券CITICS债券研究. LCR是什么、原理如何、怎么测算、和监管有什么关系、影响有多大[R]. 2017.

第 7 章
操作风险管理

蒋云飞　翟　玮　黄俊明　陈　媛　刘双红（广发证券）

本章知识与技能目标

通过本章学习，读者应能够：
◎ 掌握操作风险的定义、操作风险事件及操作风险损失形态的分类；
◎ 了解操作风险管理的历史演变及巴塞尔协议以及国内监管机构对操作风险的要求；
◎ 了解操作风险管理框架及其基本构成要素；
◎ 掌握操作风险全流程管理的含义和意义，以及各环节的作用、关键要素和主要工具方法；
◎ 理解流程梳理和操作风险管理三大工具的定义、意义、原则和方法，以及上述工具之间的关联关系与校验机制；
◎ 掌握巴塞尔框架下操作风险资本计量的四种方法及其比较；
◎ 理解并掌握如何利用流程梳理和 RCSA 识别并评估操作风险；
◎ 理解并掌握如何利用 KRI、LDC 监测操作风险；
◎ 理解并掌握流程梳理、RCSA、KRI、LDC 之间的校验原理及实践。

【引例】

巴林银行倾覆的背后

巴林银行原本是英国显赫的老牌贵族银行,但却因一位明星交易员尼克·里森而瞬间倾覆。为什么辉煌一时的老牌银行会瞬间倾覆?是胆大妄为的尼克·里森高风险衍生品交易造成的?还是巴林银行长期存在的内部管理漏洞导致的?下面先回顾这段影响金融界乃至触动巴塞尔银行监管委员会的历史性事件。

1989年7月10日,尼克·里森正式到巴林银行工作,被视为期货与期权结算方面的专家。1992年,他被总部派往新加坡分行成立期货与期权交易部门并出任总经理。尼克·里森在新加坡任期货交易员期间,根据总部要求在原"99905"的"错误账户"之外另设了账号为"88888"的"错误账户"。不久之后,总部要求所有错误记录仍通过"99905"账户直接向伦敦报告,但"88888"却未被注销,成为一个真正的"错误账户"存于电脑之中。正是"88888"这个被人忽略的账户,为尼克·里森日后造假提供了机会。

尼克·里森利用自己同时负责交易与清算的便利,开始用"88888"账户来掩盖手下交易员的一些错误交易,以此避免向总部报告。1993年下半年,接连几天日经指数破纪录地飞涨1 000多点,巴林清算系统故障频繁,无数笔交易的入账工作积压起来。为了满足日经市场上最大客户波尼弗伊6 000份期权的买入要求,里森用"88888"账户卖出该部分期权,从此陷入了巨额亏损境地。到1994年时,该账户亏损已达5 000万英镑,在无路可走的情况下,尼克·里森决定继续隐藏这些失误,尼克·里森假造了在花旗银行5 000万英镑的存款。令人匪夷所思的是,这5 000万英镑的虚假存款躲过了每月的总部审查,即便是巴林银行在1994年年底发现资产负债表上显示的5 000万英镑差额后,仍然没有警惕其内部管控的松散及疏忽。

真正直接导致巴林银行倒闭的还不是这些。1994年下半年,为彻底扭转亏损,里森开始直接参与十分复杂、风险极大、期望回报很高的日经指数期货交易。1995年1月,日经指数一路下滑,1月18日发生的神户大地震更是导致指数暴跌。为反败为胜,尼克·里森不断以各种理由从总部调入巨资增加日经指数多头头寸,同时沽空日本政府债券,所有交易都进入"88888"账户。2月中旬,巴林总部已转至新加坡期货部门5亿英镑,超过其47 000万英镑的股本金。2月23日,日经指数下跌350点,而尼克·里森买进了市场上所有的合约,收市时里森持有61 039份日经指数期货多头合约和26 000份日本政府债券空头合约,成为该市场上的最大交易对手。但市场趋势与他的预判完全相反,由此带来的损失达86 000万英镑,这是巴林银行全部资本及储备金的1.2倍,最终将巴林银行送进了坟墓。

1995年2月23日傍晚,已经赔光了整个巴林银行的尼克·里森踏上了逃亡的旅程。

1995年10月17日,新加坡公布的有关巴林银行破产的报告结论值得我们深思:"巴林集团如果在1995年2月之前能够及时采取行动,那么他们还有可能避免崩溃。截至1995年1月底,即使已发生重大损失,这些损失毕竟也只是最终损失的1/4。如果说巴林的管理阶层直到破产之前仍然对'88888'账户的事一无所知的话,我们只能说他们一直在逃避事实。"

尼克·里森说:"有一群人本来可以揭穿并阻止我的把戏,但他们没有这么做。我不知道他们的疏忽与罪犯级的疏忽之间界限何在，也不清楚他们是否对我负有什么责任。但如果是在其他任何一家银行，我是不会有机会开始这项犯罪的。"

资料来源：余维彬，王云海．巴林银行倒闭谁是罪魁祸首？[J]．银行家，2004，1：100—101．李森．我是如何弄垮巴林银行的[M]．北京：中国经济出版社，1996．

7.1 操作风险的概念与分类

7.1.1 操作风险的定义

操作风险的概念最早由巴塞尔银行监管委员会于1998年提出，它将除市场风险和信用风险以外的其他所有风险都纳入操作风险的范畴。[1]1999年，英国银行家协会对操作风险给出了较为完整的定义，认为操作风险是由于内部程序、人员、系统的不完善或失误，或外部事件而造成直接损失或间接损失的风险。[2]这一定义被金融行业普遍接受。在此基础上，巴塞尔银行监管委员会将操作风险定义为由不完善或有问题的内部程序、人员、系统或外部事件所造成损失的风险。[3]该定义包括法律风险，但并不包括声誉风险和战略风险。巴塞尔银行监管委员会对操作风险的这一定义是目前在金融行业使用最广泛的。中国银监会和银行业采用的是巴塞尔银行监管委员会的定义。中国银监会在2007年发布的《商业银行操作风险管理指引》中提出，操作风险是指由不完善或有问题的内部程序、员工和信息科技系统，以及外部事件所造成损失的风险。该定义同样包括法律风险，但不包括策略风险和声誉风险。

综合巴塞尔银行监管委员会的定义和金融行业的实践经验，本书对操作风险简要定义如下：由不完善或有问题的内部程序、人员、信息技术系统，以及外部事件造成公司直接或间接损失的风险，不包括声誉风险和战略风险。

分析操作风险的定义，我们可以发现，操作风险是根据原因进行定义的，其定义涵盖四类风险因子，由此衍生出七大类型操作风险事件，导致的损失形态包括直接损失和间接损失。

操作风险的涵盖范围相当广泛，和其他许多风险类型都有紧密联系，但也有所不同。操作风险可能引发市场风险、信用风险、流动性风险和声誉风险等，与合规风险也存在一定的重合和交叉，但它们具有各自不同的管理目标、原则、框架、政策和程序，关注点和侧重点各有不同。

整体来看，操作风险具有以下特点：

---

[1] BCBS. The Basle Committee Releases Paper on Operational Risk Management [R]. 1998.
[2] RMA, British Bankers' Association, ISDA, Pricewaterhouse Coopers. Operational Risk: The Next Frontier [R]. 1999.
[3] BCBS. International Convergence of Capital Measurement and Capital Standards: A Revised Framework [R]. 2004.

- 内生性。从风险的诱发因素来看，除外部欺诈、自然灾害、恐怖袭击等外部事件之外，操作风险主要是由内部因素引发的，风险因子很大比例上来源于公司的内部操作，具有很强的内生性。
- 广泛性。操作风险覆盖了公司经营管理的各个方面，涉及公司内部的所有部门，而且与其他各类风险相互交叠，涉及面极广。操作风险管理不可能由一个部门单独完成，必须建立起操作风险管理体系，各部门、各级分支机构和全体员工全面参与、共同管理。
- 复杂性。一方面，操作风险的内容和表现形式会随着管理实践的发展、内外部环境和业务流程的变化而不断变化和增加；另一方面，引发操作风险的因素较为复杂，操作风险往往来源于制度流程、系统缺陷、人员舞弊行为、外部突发事件等，通常难以充分预测和准确计量。此外，操作风险与信用风险、市场风险等其他各类风险紧密关联，操作风险管理不善，极易引起风险的转化，导致其他风险的产生。
- 差异性。一方面，不同业务领域的操作风险存在差异，业务规模小、交易量小、结构变化不太迅速的业务领域，虽然操作风险造成的损失不一定低，但发生操作风险的概率较低；而业务规模大、交易量大、结构变化迅速的业务领域，受到操作风险冲击的可能性较大。另一方面，不同类型的操作风险也具有各自的具体特征。操作风险事件前后可能存在关联，但单个操作风险因素与操作风险损失之间并不一定存在可以定量界定的数量关系，所以表现出较大的个体差异。
- 单边性。与信用风险、市场风险的风险收益特征不同，公司无法通过承担更多的操作风险而获得更高收益。公司应建立相对完善的操作风险管理体系和内控检查机制等，通过采取相应的管理措施，实现在合理经营成本下的操作风险最小化。

7.1.2 操作风险的风险因子类型

本书定义项下涉及内部程序、人员、信息技术系统和外部事件等四类风险因子。

7.1.2.1 内部程序

该因素引起的操作风险事件主要表现为公司业务流程缺失、设计不完善或没有被严格执行而造成的损失，分为业务流程设计不合理和业务流程执行不严格两种情况。具体包括以下方面：业务流程缺乏规范性、设计不合理或可操作性欠佳，授权机制、人员角色和职责的设计和界定不清晰或不合理，公司为客户提供的产品在业务管理框架、权利义务结构、风险管理要求等方面存在不完善、不健全等问题，各类文件档案的制定、管理不善，包括不合适或不健全的文档结构，协议中出现错误或缺少协议等，监控、报告流程不明确，相关部门职责不清晰，有关数据不全面、不及时、不准确而造成未履行必要的汇报义务或对外部汇报不准确，基础设施疏于维护，缺乏应对自然灾害的措施，缺乏安全和保密措施等。

7.1.2.2 人员

该因素引起的操作风险事件主要表现为公司内部员工失职违规、内部欺诈或内外勾结及工作失误等情况。例如,员工未经授权或者超越授权开展业务活动;员工故意骗取、盗用财产或违反法律法规、公司制度;由于缺乏必备的专业知识技能,承担过多责任或承担无法胜任的工作而导致的工作错误或失误;缺乏足够的后备/替代人员;相关信息缺乏共享和文档记录缺少岗位轮换机制;违反就业、健康或安全方面的法律或协议,恶劣的工作环境对员工身体造成危害,发生性别/种族歧视事件等。

7.1.2.3 信息技术系统

该因素引起的操作风险事件包括系统设计开发漏洞、信息系统故障、信息泄露、数据质量不符合要求等情况。

7.1.2.4 外部事件

该因素引起的操作风险事件主要包括外部欺诈、突发事件、与交易对手及供应商等的冲突或纠纷、经营环境恶化等,具体形式如外部欺诈/盗窃、洗钱、业务外包风险事件、自然灾害、恐怖威胁等。

7.1.3 操作风险损失事件类型

根据巴塞尔银行监管委员会建议,上述风险因子引发的操作风险事件可相应划分为7大类:内部欺诈事件,外部欺诈事件,就业制度和工作场所安全事件,客户、产品和业务活动事件,实物资产损坏事件,业务中断和系统故障事件,执行、交割和流程管理事件,并进一步细分为 20 个二级分类和 70 个三级分类。[①]

表7-1 巴塞尔银行监管委员会操作风险损失事件分类

一级目录	定义	二级目录	三级目录
内部欺诈	故意骗取、盗用财产或规避、违反监管规章、法律法规或公司政策而导致的损失,此类事件至少涉及内部一方(不包括歧视及差别待遇事件)	行为未经授权	故意隐瞒交易
			未经授权的交易品种(造成财务损失)
			故意错误估价
		盗窃和欺诈	欺诈/信用欺诈/不实存款
			盗窃/勒索/挪用公款/抢劫
			侵占或盗用资产
			恶意损坏资产
			伪造
			票据欺诈

---

① BCBS. International Convergence of Capital Measurement and Capital Standards: A Revised Framework [R]. 2004.

（续表）

一级目录	定义	二级目录	三级目录
内部欺诈		盗窃和欺诈	走私
			窃取他人账户/假冒他人身份
			纳税违规/故意逃税
			贿赂/回扣
			内幕交易（非出于公司利益）
外部欺诈	第三方故意骗取、盗用财产或规避法律法规导致的损失	盗窃和欺诈	盗窃/抢劫
			伪造
			票据欺诈
		系统安全	黑客攻击损失
			窃取信息（造成财务损失）
就业制度和工作场所安全	违反就业、健康或安全方面的法律法规或协议，个人工伤赔付或因歧视及差别待遇事件导致的损失	劳资关系	薪酬、福利及劳动合同终止相关问题
			有组织的劳工活动
		安全环境	一般责任（滑倒和坠落等）
			违反员工健康及安全规定事件
			劳工补偿
		歧视及差别待遇	所有涉及歧视的事件
客户、产品和业务活动	因疏忽未对特定客户履行专业义务（如诚信义务和适当性要求），或产品性质或设计缺陷导致的损失	适当性、披露和诚信义务	违背诚信义务/违反规章制度
			适当性/披露问题（了解你的客户等）
			违规披露客户信息
			泄露隐私
			激进销售
			为多收佣金反复交易客户账户
			滥用保密信息
			贷款人责任
		不良的业务或市场行为	反垄断
			不良交易/市场行为
			操纵市场
			内幕交易（出于公司利益）
			未经监管批准的业务活动
			洗钱
		产品瑕疵	产品缺陷（未经授权等）
			模型误差
		客户选择、业务开展和风险暴露	未按规定审查客户
			超越客户风险限额
		咨询业务	咨询业务产生的纠纷

(续表)

一级目录	定义	二级目录	三级目录
实物资产损坏	实物资产因自然灾害或其他事件丢失或毁坏导致的损失	灾害及其他事件	自然灾害损失
			外力（恐怖袭击、故意破坏）造成的人员伤亡和损失
业务中断和系统故障	业务中断或系统故障导致的损失	系统	硬件
			软件
			网络与通信
			动力输送损耗/中断
执行、交割和流程管理	交易处理或流程管理失败和因与交易对手及外部销售商关系导致的损失	交易认定、执行和维护	错误传达信息
			数据输入、维护或登载错误
			超过最后期限或未履行义务
			模型/系统误操作
			会计错误/交易对手归属错误
			其他任务错误执行
			交割失败
			担保品管理失败
			交易相关信息维护
		监控和报告	未履行强制报告义务
			外部报告不准确（造成损失）
		招揽客户和文件记录	客户许可/免责声明缺失
			法律文件缺失/不完备
		客户账户管理	未经授权使用账户
			客户记录错误（造成损失）
			客户资产过失损失或损毁
		交易对手	非客户交易对手不良表现
			与非客户交易对手的纠纷
		外部销售商和供应商	外包
			与外部销售商的纠纷

7.1.4 操作风险损失形态

操作风险可能造成的损失形态包括直接损失和间接损失两类。**直接损失**是指操作风险事件直接造成的有形损失，即实质损失；**间接损失**是由直接损失进一步引发或带来的无形损失，包括额外费用损失、收入损失和责任损失。国外相关研究显示，直接损失与间接损失在量上的关系符合冰山原理，也就是说，直接损失是"冰山"暴露在水面上的部分，间接损失则是隐藏在水面下的部分，间接损失通常可以达到直接损失的6—53倍，可见操作风险事件的影响远不止最直观可见的直接财务损失，公司必须重视其间接损失带来的影响，而非仅仅关注于简单的财务数字，这对操作风险进行事前、事中及事后持续管理具有重要意义。

7.1.4.1 直接损失

该类损失包括但不限于对外赔偿、法律成本、监管罚没、支付其他费用或款项、资产损失、丧失追索权、账面减值、利息或手续费少收等。[①]

具体描述如下。

- 对外赔偿：由于内部操作风险事件导致公司未能履行应承担的责任而造成的对外赔偿，如因公司自身业务中断、交割延误、内部案件等造成客户资金或资产等损失的赔偿金额等。
- 法律成本：因公司发生操作风险事件引发法律诉讼或仲裁，在诉讼或仲裁过程中依法支出的诉讼费用、仲裁费用及其他法律成本，如违反知识产权保护规定等导致的诉讼费、外聘律师代理费、评估费、鉴定费等。
- 监管罚没：因操作风险事件所遭受的监管部门或有权机关罚款及其他处罚，如违反监管法规等所遭受的罚款、吊销执照等；
- 支付其他费用或款项：操作风险事件所导致的除对外赔偿、法律成本、监管罚没之外的其他费用，如差旅费、打印费，委托外部咨询公司处理操作风险事件支付的费用，补办相关文件而产生的手续费等。
- 资产损失：由于疏忽、事故或自然灾害等事件而造成实物资产的直接毁坏和价值的减少，如火灾、洪水、地震等自然灾害所导致的实物资产账面价值减少，包括但不限于公司办公或经营场所、办公用品或信息设备的损毁等。
- 丧失追索权：由于工作失误、失职或内部事件，使原本能够追偿但最终无法追偿而导致的损失，或因有关方面不履行相应义务导致追索失败而造成的损失，如资金划转错误、相关文件要素缺失、跟踪监测不及时等造成的损失，因错失法律追索时效导致公司无法追回抵债资产而造成的损失等。
- 账面减值：由于盗窃、欺诈、未经授权活动等操作风险事件而导致的资产账面价值直接减少，如内部欺诈导致的销账、外部欺诈和盗窃导致的账面资产/收入损失，以及未经授权或超授权交易导致的账面损失等。
- 利息或手续费少收：由于操作风险事件引起的利息、手续费、佣金及其他各类业务收入或利润减少而带来的损失。

[①] 根据中国银监会《商业银行资本管理办法（试行）》附件12中的操作风险损失形态分类（法律成本、监管罚没、资产损失、对外赔偿、丧失追索权、账面减值、其他损失）整理，又结合非银金融机构特征进行了调整。

7.1.4.2 间接损失

该类损失主要包括但不限于：声誉受损、监管行动、运营中断、客户服务质量受损、员工安全等。[①]

具体描述如下：

- 声誉受损：因操作风险事件导致的公司声誉受损，如由于发生重大操作风险事件，引发媒体大规模负面报道或遭监管机构限制公司业务开展，从而导致的公司声誉受损。
- 监管行动：由于操作风险事件导致监管机构对公司采取强制性的监管行动，如因公司重大操作风险事件，导致监管机构进行大规模现场调查、限制公司营业、强制暂停部分业务、取消部分业务开展资格或强制公司停业等。
- 运营中断：因天灾、人祸或信息系统等原因，导致公司特定业务运营中断，如核心或重要业务系统故障、网络故障或电力输送故障，导致部分业务运营中断等。
- 客户服务质量受损：因操作风险事件而影响客户服务质量，如由于发生操作风险事件，导致监管机构要求公司关闭相关营业部或分公司，或强制停止开展业务，从而造成的广大客户服务质量受到损害。
- 员工安全：由于操作风险事件导致员工身体健康或生命安全遭受损伤。

7.2 操作风险管理的历史演变

20世纪90年代以来，巴林银行、大和银行、美国长期资本管理公司倒闭等操作风险事件的频频爆发，操作风险逐渐受到监管当局和金融机构的关注和重视，尤其是1997年7月全面爆发的东南亚金融风暴更是引发了巴塞尔银行监管委员会对金融风险全面而深入的思考。巴塞尔银行监管委员会于1999年6月发布的《巴塞尔新资本协议》第一次征求意见稿中提出了金融机构操作风险管理问题。2004年6月正式出台的《巴塞尔新资本协议》（即《巴塞尔协议Ⅱ》），将操作风险纳入核心资本充足率测算范围，要求金融机构为操作风险配置相应的资本金，并决定于2006年年底在十国集团开始实施。自此，操作风险被纳入风险管理框架中。

《巴塞尔协议Ⅱ》的主要内容可概括为三部分，即互为补充的三大支柱：最低资本要求、监管监察和市场纪律。操作风险在三大支柱中都扮演着关键角色。

（1）第一支柱对操作风险管理的要求

在第一支柱中，新资本协议明确提出将操作风险纳入资本监管的范畴，要求金融机构计提操作风险资本，并提供了三种操作风险资本金的计量方法：基本指标法、标准法和高级计量法。其中高级计量法又分为内部衡量法、损失分布法和计分卡法。

---

① 以《巴塞尔协议Ⅱ》为指导，根据非银金融机构特征进行了调整。

(2) 第二支柱对操作风险管理的要求

第二支柱明确要求银行建立起合理有效的内部评估程序，用于判断所面临的风险状况，并以此为基础对其资本是否充足做出评估，监管机构对相关工作进行监督检查和适时干预。对操作风险的监管评估应反映行业真实情况并与良好的行业实践相一致，且从监管者的角度来看切实可行。

(3) 第三支柱对操作风险管理的要求

在第三支柱中，巴塞尔银行监管委员会提出全面信息披露的理念，具体到操作风险方面，就是需要描述操作风险管理的目标和政策，包括操作风险管理的策略和过程、操作风险管理组织体系和职责架构、操作风险报告和操作风险测量系统的范围和特点、规避或缓释操作风险的政策及监测缓释工具持续有效性的策略和过程。

2011年，巴塞尔银行监管委员会在总结近年来操作风险管理和监管实践经验的基础上发布了《操作风险管理和监管的良好做法》[1]，该文件明确了监管机构对操作风险的监管职责，强调了操作风险治理，包括董事会、高管层在操作风险管理工作中的实质参与及三道防线的责任落实，并提出了操作风险管理的11条原则。巴塞尔银行监管委员会认为良好的操作风险管理通常依靠以下三道防线：

- 业务部门对于识别和管理其业务和职责范围内的产品、服务活动中的固有风险承担首要责任，是操作风险管理的第一道防线。
- 独立的操作风险管理部门作为对业务条线操作风险管理活动的有效补充，是操作风险管理的第二道防线。其关键职责之一在于审查业务部门对于风险管理、风险计量和报告体系的输入和输出。
- 操作风险管理的第三道防线是对公司操作风险管理的控制、流程和系统进行独立评估和审查。实施此类评估和审查的人员必须经过充分且恰当的培训，并保持独立，不参与操作风险管理框架的搭建、落地和运行。

国内，银行业对操作风险管理起步较早。2002年9月，中国人民银行发布并开始实施《商业银行内部控制指引》，对我国银行建立操作风险管理和控制框架提出了要求，内部控制制度应覆盖银行的所有经营管理活动。针对银行机构对操作风险识别与控制能力不适应业务发展的突出问题，中国银监会于2005年3月发布了《关于加大防范操作风险工作力度的通知》，首次将操作风险与市场风险、信用风险并列为银行面临的三大风险，并对操作风险进行了详细定义，提出13条防范操作风险的意见。2007年5月，银监会进一步出台了《商业银行操作风险管理指引》，对银行金融机构的操作风险管理提出了更加全面的监管指引。该指引一方面要求将操作风险作为单独一类重要的风险进行管理，要求商业银行建立与本行的业务性质、规模和复杂程度相适应的操作风险管理体系，有效识别、评估、监测、控制和缓释操作风险；另一方面重点强调加强内部控制对降低操作风险的重要意义。同年，中国银监会印发《中国银行业实施新资本协议指导意见》的通知，宣布新资本协议正式实施，要求商业银行也应对操作风险计提资本。随后，

---

[1] BCBS. Principles for the Sound Management of Operational Risk [R]. 2011.

财政部、证监会、审计署、银监会、保监会联合发布了《企业内部控制基本规范》（2008 年）和《企业内部控制配套指引》（2010 年），要求企业建立和实施有效的内部控制，包括内部环境、风险评估、控制活动、信息与沟通及内部监督等要素。2012 年《商业银行资本管理办法（试行）》提出了操作风险加权资产的具体计量方法，要求商业银行在 2018 年年底前达到规定的资本充足率监管要求。

2014 年 2 月，中国证券业协会发布《证券公司全面风险管理规范》并在 2016 年 12 月进行修订。该制度将操作风险管理纳入证券公司全面风险管理，并明确全面风险管理体系需包括可操作的管理制度、健全的组织架构、可靠的信息技术系统、量化的风险指标体系、专业的人才队伍、有效的风险应对机制及良好的风险管理文化等要素，要求各证券公司对操作风险进行准确识别、审慎评估、动态监控、及时应对及全程管理。

7.3 操作风险管理框架

巴塞尔银行监管委员会在 2004 年 6 月正式发布的《巴塞尔新资本协议》中要求金融机构应搭建合理、完整的操作风险管理框架，包括政策、程序和组织结构，风险偏好和容忍度，操作风险的识别、评估、测量、监控，以及操作风险诱因的改善等。

操作风险管理框架是操作风险管理的基础，但每家公司的经营管理情况各有不同，所面临的风险也各不相同，需要结合自身特点管理操作风险，因此目前并不存在一个行业统一的操作风险管理框架。

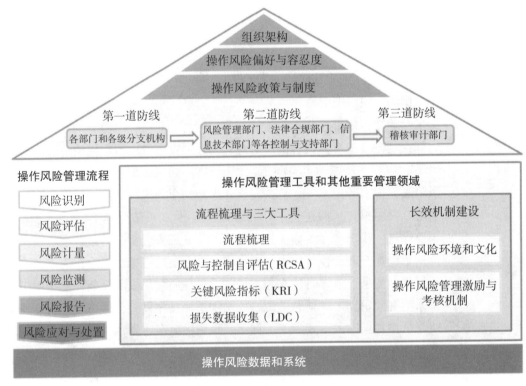

图 7-1 操作风险管理框架

本书所使用的操作风险管理框架如图7-1所示，后文将围绕此框架进行介绍。该框架建立在操作风险管理的环境和文化基础上，包含操作风险管理组织架构，偏好与容忍度，政策与制度，操作风险管理流程、工具、数据和系统，以及激励与考核机制等，每个部分都与其他部分相互作用并构成一个有机整体。

操作风险管理的环境和文化是操作风险管理赖以生存的空气和土壤，将公司的操作风险管理理念内化为所有员工的自觉意识；操作风险管理的组织架构和政策制度是操作风险管理得以实际执行的保障和支撑，规范与约束员工行为；操作风险偏好与容忍度是操作风险管理的指示明灯，明确公司对操作风险管理的基调并引导员工正确认知；操作风险管理工具是操作风险管理的核心构件，为公司的操作风险管理提供有效的管理技术与方法；操作风险管理流程是操作风险管理的连接纽带，通过建立从始至终的闭环管理流程将公司的操作风险管理架构、工具、系统等有机连接起来；操作风险数据和系统是操作风险管理的基础设施，为操作风险管理提供分析基础，是操作风险管理全面推广、落地的重要载体。

7.3.1 操作风险管理的环境和文化

操作风险管理的环境和文化贯穿于操作风险管理框架的方方面面，是操作风险管理的空气和土壤，离开它们，操作风险管理也将无法继续存在。纵观国内外典型的操作风险案例，由风险管理意识和文化的欠缺所引发的事件不胜枚举。操作风险管理意识和文化的重要性不言而喻。打造一个有效的风险管理文化体系，营造全员主动参与、有能力参与的操作风险管理环境，强化全体员工的操作风险管理意识，明确操作风险管理理念和原则，并将其内化为每个员工的自觉意识，渗透于每个流程环节，并通过常态化的培训加强对操作风险文化的宣传贯彻，能极大提高操作风险管理的有效性。

7.3.2 操作风险管理组织架构

建立合理、清晰的覆盖全公司的操作风险管理组织架构是操作风险管理切实有效的必要前提。操作风险管理的组织架构通常包括董事会、高级管理层、相关委员会，以及包括各操作风险产生部门、风险管理、法律合规、信息技术等控制与支持部门和内部审计部门在内的"三道防线"。

董事会作为公司操作风险管理的最高决策机构，应确定企业的操作风险管理基调、文化、框架、偏好和目标等，同时也扮演着监督者的角色。高级管理层应制定公司操作风险管理政策制度和流程方法等，对公司整体操作风险进行管理。相关委员会则按照各自不同职责，对公司的操作风险状况进行评估、监督等。

"三道防线"的操作风险管理理念在国内外各金融机构中被广泛运用。许多文献资料都将第一道防线认定为业务部门，本书认为，操作风险覆盖金融机构所有部门、所有流程环节，各业务部门及各控制与支持部门均可能成为操作风险产生部门，因此第一道防线应当是各操作风险产生部门，各部门应负责本部门操作风险的日常管理，承担本部门操作风险管理的第一责任。风险管理、法律合规、信息技术等控制与支持部门构成第二道防线,除承担本部门操作风险管理第一职责和直接责任外,还负责公司操作风险管理体系的建立和组织实施并在各自职责范围内承担相应操作风险管理责任。第二道防线应与第一道防线保持独立,并确保公司范围内操作风险管理政策的一致性和有效性。内部审计部门是第三道防线,除承担本部门操作风险管理的第一职责和直接责任外,还负责操作风险管理体系及其运作的独立检查、监督和评价,并从内部审计的角度出具专业意见。第三道防线应与第一道、第二道防线保持高度的独立性和客观性。

操作风险点多面广,其实际管理必须落实到第一道防线上。从行业现状和未来发展趋势来看,金融机构应强调第一道防线是风险的拥有者和管理者,对其职责范围内的风险负有第一责任;应赋予第一道防线更大的风险管理职责,将操作风险管理嵌入各业务与管理环节,着力推动风险管理职能前移,由被动管理风险向主动管控风险转变。

在保持三道防线间的独立性的基础上,第一道、第二道防线应加强交流与沟通,相互协作,第二道防线为第一道防线提供操作风险管理相关工具、专业知识和支持指导,第一道防线向第二道防线传递更多业务开展方面的信息,促进二道防线更多地接触业务、了解客户需求,以更好地平衡操作风险管理与业务发展的关系;第三道防线与第一、第二道防线应加强沟通协作,更好地了解前两道防线对于风险的理解,提高工作效率,并将对前两道防线在内部审计、检查的过程中发现的问题,充分、及时地予以反馈,帮助第一道、第二道防线更好地提高其操作风险管理水平和效率,共同促进公司操作风险管理体系的建立与运作,保障公司范围内操作风险管理政策的一致性和有效性。同时,第二道防线的有效运作也需要防线内各控制部门间的协同配合。应进一步优化操作风险管理和合规管理、信息技术管理等的分工与共享机制,提高协同效率。公司操作风险管理三道防线应协同发挥事前识别与防范、事中监测与控制、事后监督与评价功能,相互合作,分层次、多方面、持续地管理公司面临的操作风险。

7.3.3 操作风险偏好与容忍度 [①]

操作风险偏好作为公司风险偏好的一部分,是指公司在实现其经营目标的过程中愿意承担的操作风险水平,反映公司对操作风险的基本态度,是公司操作风险管理的标杆。操作风险偏好会随着外部环境、市场预期、公司战略、业务决策与风险管理策略等的变化而改变。

操作风险偏好的制定,有助于全体员工了解公司对操作风险、对不同类别的操作风险事件等的可接受水平,提高各级员工对操作风险的共同认知,以进一步明确各项监测与控制措施等的优先级,使内部资源得到更有效的配置。

操作风险容忍度是操作风险偏好的分解与传导,应当与公司操作风险偏好、业务规模、盈利状况、资本实力等相匹配。操作风险偏好通过设置多层级、可量化、可监测的

[①] 巴塞尔银行监管委员会的一些文件中,没有严格区分风险偏好(risk appetite)与风险容忍度(risk tolerance),在BCBS. Principles for the Sound Management of Operational Risk[R]. 2011中,对二者做了说明,但仍作为同义词使用。本书对二者做了进一步区分。

操作风险容忍度指标，全面嵌入各项日常业务，并进行逐层、有效传导，充分融入操作风险的日常管理，切实成为各部门日常业务开展的方向指导。

简单而言，操作风险偏好反映的是公司整体可以承担的操作风险，操作风险容忍度反映的是对某一特定领域公司可以承担的操作风险。[①]

7.3.4 操作风险政策与制度

清晰的操作风险管理政策与制度将为公司实现经营目标提供强有力的支持，建立并落实与公司业务复杂程度、组织架构、管理文化等相适应且能够及时更新的操作风险制度体系是金融机构操作风险管理有效推行的重要保障。

操作风险相关制度的制定应充分考虑公司业务与管理实际，不断更新和完善，并通过持续培训、加强检查等手段不断推动制度的全面落实。应通过操作风险基本管理办法的制定，明确公司操作风险管理的相关定义和主要原则、偏好与容忍度、组织架构、职责分工、管理流程和主要工具等；通过制定风险与控制自我评估、关键风险指标、损失数据收集等操作风险管理工具的管理规定及具体操作指引，明确各工具的管理原则、职责分工、具体工作内容与要求等，以实现操作风险管理的细化和落实。

7.3.5 操作风险管理流程和工具

操作风险管理流程是公司操作风险管理的重要依托与纽带，只有搭建起从识别、评估、控制、缓释、应对、计量、监测到报告的操作风险管理全流程，才能使公司操作风险管理切实有效并实现全面覆盖。操作风险的识别与评估侧重于对操作风险点的挖掘及其严重程度的估计；操作风险的控制、缓释与应对主要落脚于操作风险管控措施在事前、事中、事后的布局与落实；操作风险的计量关注操作风险资本的测算；操作风险的监测与报告则主要针对操作风险状况的动态跟踪与逐级上报。操作风险管理环节各有侧重、相互连接、互为补充，共同构成科学化、体系化的操作风险管理流程的有机整体。

操作风险管理工具是操作风险管理的核心构件，为公司操作风险管理提供有效的管理技术与方法。只有构建起一套科学化、架构化的操作风险管理工具体系，实现由过去事件触发式的操作风险管理模式向主动发现、主动管理模式的转变，才能切实提高操作风险管理的技术和水平。

7.3.6 操作风险激励与考核机制

操作风险激励与考核机制是操作风险管理文化推动和落地的重要手段，有效的激励与考核机制可调动员工参与操作风险管理各项工作的积极性，考核员工操作风险管理表现，促进操作风险管理文化的渗透和操作风险管理体系的有效推进。

[①] Girling, P. *Operational Risk Management: A Complete Guide to a Successful Operational Risk Framework* [M]. NY: Wiley, 2013.

公司应搭建综合考量操作风险管理过程和结果的考核体系，对各单位开展操作风险工作的履职情况、工作执行的落实程度及各部门在操作风险管理三大工具中评估结果的表现进行考核。可在操作风险管理体系建设初期侧重过程考核，以鼓励员工积极参与操作风险管理工作；在操作风险管理体系成熟阶段，增加操作风险结果考核的权重，综合操作风险过程、结果管理对操作风险管理进行全面考核。

公司一方面应推行操作风险管理的惩罚机制，对操作风险负面行为和结果严惩不贷，另一方面还应建立科学、有依据、可量化的激励机制，鼓励员工主动、高效地进行操作风险管理，如设立奖励基金、予以考核加分等，以期最终实现员工操作风险意识的自我提升和公司操作风险管理水平的有效改善。

7.3.7 操作风险数据和系统

操作风险数据和系统是操作风险管理的底层设施，为金融机构操作风险管理的科学、有序推进提供强有力的支撑与保障。

操作风险数据包括但不限于金融机构为满足操作风险管理需求而采集的各类市场数据、业务数据和财务数据，及各操作风险管理流程与工具运用中生成的各类数据结果（如操作风险损失数据、关键风险指标数据等）等。操作风险数据是操作风险管理的核心素材，它一方面为操作风险管理提供信息源，另一方面也为操作风险的管理效果的分析提供基础和依据。

操作风险管理流程和工具及体系较为复杂，涉及多层次的参与人员、多维度的评估内容、多步骤的工作环节。若无操作风险管理系统的支持，公司难以实现操作风险管理的全面覆盖与深入推广。操作风险管理系统是操作风险管理落地实施的重要载体，是动态实现操作风险全流程管理、强化操作风险管理工具之间的整合应用、加强各部门间操作风险相关数据的共享与交互的有效途径。

7.4 操作风险管理的流程与工具

7.4.1 操作风险管理的流程

操作风险管理流程是公司操作风险管理的重要依托和纽带，主要包括操作风险识别、评估、计量、监测、控制、缓释、应对和报告等环节。各环节各有侧重、互为补充，共同构成操作风险管理的有机整体。

7.4.1.1 操作风险识别

操作风险识别是指对公司经营管理活动和业务流程中存在的可能给公司带来直接或间接损失的主要操作风险进行识别并确定其性质的过程，其范围应涵盖公司各个层面的业务和管理流程，是操作风险管理的基础，可以通过流程梳理等操作风险管理工具实现。

操作风险识别应具有前瞻性，且应识别出各业务、管理流程中存在的主要操作风险事件、风险因子、影响类型、控制措施等，为操作风险的评估、监测、控制/缓释和报告等提供依据。

操作风险识别的目的在于丰富并完善基于流程管理的操作风险管理体系，充分、及时地挖掘流程中的潜在风险，归纳并明确当前的控制措施。操作风险识别的具体流程如下：

- 识别业务及管理领域；
- 识别业务及管理流程；
- 识别关键流程环节；
- 识别流程环节中的固有风险；
- 识别固有风险控制点；
- 监控和报告风险识别进展。

业务流程是为实现特定目的的一系列步骤。业务流程可以是手工操作的，可以是通过信息系统进行的自动化操作，也可以兼而有之。业务流程很少各自独立，事实上很多业务流程是跨部门运行，操作风险及其控制是存在于具体业务流程而非具体业务产品中的，业务流程是公司运营的基础和核心，厘清业务流程有利于配置部门职责、寻找业务管理死角和重叠部分。

风险识别的过程可使用流程图法、流程分析法等工具来进行，公司各部门应该把本部门负责的所有业务流程列举成清单。在绘制流程图的过程中，需要确定流程图的业务种类、涉及岗位、关键业务步骤及所含固有风险的个数等关键信息要素。在制定流程基本信息表时应包含参与机构/人、流程名称、流程编号、业务线种类、流程类型、适用范围、职能类型、核心标志、生效日期、相关岗位、备注说明等要素。同时，公司还应制定流程节点信息表、检查监督表、岗位职责与权限表、固有风险控制表、相关制度表等模板协助业务流程梳理和风险识别工作的进行。

在风险识别的过程中需要注意考虑业务的流程数量和业务复杂程度，应该分层次、分步骤逐步深入分析风险因素、风险事件和风险影响。在确定所有业务流程清单后，将其整合到相同类别中并按照相同颗粒度进行梳理，这样才会使得业务流程归类更清晰。

7.4.1.2 操作风险评估

在识别出潜在的操作风险之后，就要以流程环节为基点进行操作风险评估，即针对识别出的操作风险点，评估其操作风险程度并确定是否可接受的全过程。

操作风险评估应按照统一标准，对潜在操作风险事件的固有风险暴露、剩余风险暴露和控制有效性等进行评估，并结合对应流程的风险容忍度，确定操作风险暴露是否在可接受的范围内。操作风险评估可通过风险与控制自我评估（RCSA）等操作风险管理工具实现。操作风险评估的目的是对公司操作风险及其管理情况进行判断，以确定操作风险管理关注的重点领域和环节。

7.4.1.3 操作风险监测

操作风险监测是对各类与操作风险相关的信息及指标等进行日常监测，以了解、分析公司的操作风险状况及其控制措施的有效性，及时发现政策制度、流程环节、内部控制等出现的问题并采取相应改进措施。动态、持续、有效的操作风险监测对操作风险管理至关重要。操作风险监测可通过关键风险指标（KRI）、损失数据收集（LDC）等工具实现。

在操作风险监测中，公司首先要构建关键风险指标监测体系，设定关键风险指标的门槛，并动态跟踪关键风险指标的数据信息。关键分析指标门槛可以细分为关注门槛和报告门槛。当关键风险指标达到关注门槛时，相关的业务部门应该关注所提示的关键风险；当关键风险指标达到报告门槛时，操作风险管理部门就会主动向上级报告，促使相关的业务部门改进。在关键风险指标用于操作风险监测过程时，应该非常注重数据信息的收集、保存和分析，而且在这个动态跟踪的过程中，还要注意随时做出相应的调整。关键风险指标监测是一项动态的工作，是公司决策机构制定并实施操作风险管理措施的必要条件。

公司各部门、各分支机构对操作风险损失事件的监测应遵循以下原则：

- 重要性原则：在统计操作风险损失事件时，应对损失金额较大和发生频率较高的操作风险损失事件进行重点关注和确认。
- 及时性原则：应及时确认、完整记录、准确统计操作风险损失事件所导致的直接财务损失，避免因提前或延后造成当期统计数据不准确。
- 统一性原则：操作风险损失事件的统计标准、范围、程序和方法要保持一致，以确保统计结果客观、准确及可比。
- 谨慎性原则：在对操作风险损失进行确认时，应保持必要的谨慎，应进行客观、公允的统计，准确计量损失金额，避免出现多计或少计操作风险损失的情况。

7.4.1.4 操作风险控制、缓释与应对

操作风险控制是在操作风险识别与评估结果的基础上，设计对应的控制措施对识别与评估出的操作风险进行防范和控制。控制方法包括但不限于权责划分、限额管理、资格认定、复核检查、行为监控、自动化操作、流程控制、风险政策、培训机制等，且应形成系统、完整的体系，使公司的操作风险水平保持在可控范围内。同时，公司应将内部控制作为加强操作风险管理的有效手段，与此相关的内部控制措施包括但不限于对各项业务制定严格规范的流程管理，各部门、各岗位间划清业务边界；部门之间具有明确的职责分工，相关职能适当分离，以避免潜在的利益冲突；主管及关键岗位轮岗轮调、强制性休假制度和离岗审计制度；员工具有与其从事业务相适应的业务能力并接受相关培训；对基层操作风险管控奖惩兼顾的激励约束机制等。

操作风险缓释是指公司根据操作风险识别、评估和计量等结果，通过服务外包、保险购买等一系列缓释方法，对操作风险进行转移、分散、降低、规避等，将其调整到可

接受范围内。

操作风险自我评估小组完成风险评估工作后需要制订与实施控制优化方案。小组根据剩余操作风险与控制质量评估表，找出不可接受的剩余操作风险，以及控制措施存在缺陷的操作风险，并制订和实施上述操作风险的改进和控制优化方案。

7.4.1.5　操作风险报告

操作风险报告是指对操作风险总体状况和风险事件等进行描述、分析和评价，并按照规定路径进行报送的操作风险管理活动。

巴塞尔银行监管委员会定期监控银行操作风险报告并要求银行进行报告，希望银行能提供风险预期，而不只局限于汇报历史风险数据，预期中应该包括对未来的展望和关键市场变量的假设及其对银行的影响。风险报告不仅要涵盖所有重要的风险（信用风险、市场风险、流动性风险、操作风险及这些风险的重要组成部分），还应该包括与风险相关的度量（如监管资本、经济资本、压力测试结果、融资头寸和计划、流动性比例预测等）。

操作风险报告应满足以下要求：

- 真实性：客观、真实、准确地反映操作风险状况；
- 及时性：及时分析报告重大操作风险事件；
- 准确性：提出准确有效的操作风险控制措施，应讲究实效、切实可行；
- 保密性：操作风险报告要遵守有关保密管理及信息披露规定。

公司需建立完整的操作风险报告体系，明确报告的种类、路径、内容、格式和频率，以及对各主体的具体要求等。各部门、各分支机构均应定期、不定期撰写操作风险报告并按统一规定报送。发生重大操作风险事件时，各部门、各分支机构应立即上报，并在职权范围内采取相应措施控制操作风险，防止损失的扩大和蔓延。

7.4.2　流程梳理

7.4.2.1　流程梳理的定义与意义

流程梳理是指通过体系化的梳理方法，对全公司各业务及管理活动进行盘点，搭建层次分明的流程框架，明确其主流程、子流程与操作环节，识别各流程环节对应的控制点及潜在操作风险，并建立起流程、风险、控制、岗位及内外部规章制度的关联关系的过程。流程梳理是操作风险管理三大工具的基础与前提，主要目的在于识别业务和管理活动中潜在的操作风险事件及公司现行的相应控制措施。

7.4.2.2　流程梳理原则

流程梳理应遵循以下原则：

- 客观性原则：流程梳理应客观真实地反映本公司各项业务与管理活动的现状；
- 全面性原则：流程梳理范围包括全公司各项业务与管理过程和操作环节，覆盖所有部门和岗位，贯穿总公司及各级分支机构；
- 及时性原则：流程梳理工作应与全公司流程管理现状保持一致，根据外部规范变化情况，结合本公司产品、服务和管理活动的发展变化适时开展梳理工作；
- 重要性原则：流程梳理工作应持续关注本公司重要业务活动和高风险业务领域。

7.4.2.3 流程梳理内容与实践

1. 建立操作风险字典库

建立操作风险字典库是操作风险管理实施的基础工作。操作风险字典库包括流程字典库、控制字典库、操作风险事件类型库、风险因子库及操作风险和控制措施评估标准等。

公司应基于各部门流程梳理结果固化全公司各业务及管理板块和类型、主流程、子流程及操作环节，建立涵盖公司各业务板块及管理活动的流程规范，形成流程字典库，为流程分析及改进提供基础，同时提高全公司各部门间的沟通效率。

公司需在明确各业务及管理流程的基础上，依据操作风险事件类型库、风险因子库及控制字典库识别每个流程步骤对应的操作风险点、引发操作风险事件的驱动因素及对应的控制措施。

通过上述操作风险字典库的建立和推广，可协助全体员工在一致的基础上进行操作风险的识别与评估，支持在全公司层面的操作风险汇总、比较与分析，形成一套适用于全公司的统一的操作风险管理语言，统一操作风险管理标准，包括风险、控制、损失等分类标准和评估标准，再通过工具模板将标准嵌入操作风险管理三大工具的具体应用，实现操作风险管理体系的有效落地。

2. 流程梳理步骤

流程梳理主要涉及三大步骤：流程盘点、流程框架建立、流程梳理与识别。

流程盘点即针对公司现有的各项业务及管理活动进行盘点，针对识别出的业务及管理活动，对流程的主要操作环节、业务/管理板块牵头管理部门、相关的执行部门与岗位、涉及相关的信息系统等进行分析和确认。针对流程主要的内容，进行共性比较，并归纳总结共性较高的流程。基于风险管理成本与效益均衡的原则，在明确梳理标的的同时，合并共性较高的流程。

流程框架建立即对公司各项业务与管理活动进行分类整合，划分为不同的子流程，并将属性类似的子流程合并形成主流程，并以业务/管理板块、业务/管理条线为基础，对各主流程进行分类汇总整理，最终形成层次分明的流程框架。基于已搭建的流程框架，应依据各项业务和管理活动的具体操作流程，明确各子流程所包含的流程步骤并进行详细描述说明。

流程梳理与识别原则上以主流程为标的，识别各主流程项下每个流程步骤对应的控制措施，归纳其中涉及的主要控制类型，明确控制频率、控制方式、控制设计部门、控制运行部门及岗位。同时，依据巴塞尔银行监管委员会规定的操作风险事件类型，梳理其中可能存在的操作风险事件，并识别可能会造成风险事件爆发的原因。

3. 发起行动计划

针对流程梳理过程中识别出的高风险点或控制有效性欠佳之处，应发起行动计划，完善业务流程，更新制度规定等，对识别发现的各类缺陷进行整改固化。

行动计划的启动形式可分为触发式和直接发起式。流程梳理，以及下文将介绍的三大工具均可触发行动计划。直接发起式即采用直接手动的方式，针对待改善和待优化的问题，独立发起行动计划。

7.4.2.4 示例

下面我们列举三个风险事件及其相应控制，以展示流程梳理的形式及结果（如表7-2所示）。

表7-2 流程梳理示例

编号	标的操作风险		关键操作风险因子		控制	
	风险事件类型	风险事件描述	风险因子1	风险因子2	控制类型	控制措施描述
1	数据录入、维护或登载错误	自营投资业务交易要素录入错误	员工工作疏忽	流程设计不完善	交易、业务执行过程中的复核	设置双人复核机制
					系统设计防错的操作步骤或措施	系统设置前端控制功能
2	软件	交易系统故障导致业务中断	系统设计存在漏洞	设备或系统缺乏维护	基础设施、系统的检查与维护	系统及时优化升级
					基础设施、系统的检查与维护	对硬件设备和系统运行的日常检查、监控与维护
					业务持续运营方案的设计及演练	制定应急机制并定期演练
3	伪造	员工伪造公司印章与其他交易对手方签订协议	员工不良个人行为	流程设计不完善	业务、交易的权限管控	制定统一的盖章审批流程
					专人保管	印章专人管理
					交易、业务资料归档	规定盖章文件归档期限
					培训制度	制度培训和道德宣导
					奖惩制度	明确处罚机制

注：此表并非统一模板，仅为示例，供参考。仅列举部分核心内容，未列示控制频率、控制方式、控制设计部门、控制运行部门及岗位等信息。

7.4.3 操作风险控制与自我评估

7.4.3.1 操作风险与控制自我评估概述

操作风险与控制自我评估（risk and control self-assessment，RCSA）是指，按照统一的方法和工作流程，由公司各部门定期对职责范围内的操作风险状况与控制效果进行内部自我评价的活动。它是业务流程的参与者、活动的实施者采用一定的方法对业务流程、活动中存在的操作风险的状况及控制活动的效果进行评价的活动。

自我评估的目的在于了解业务和管理活动中潜在的风险，发现、解决问题，并促进制度和流程的优化。自我评估有利于推动经营管理活动的主体承担责任，主动管理操作风险，同时也能使业务部门更多地关注收益和风险之间的适当平衡。RCSA 通过对各项业务和管理活动的评估，能够对公司所面临的各种操作风险有更全面和直观的了解，获得更多的操作风险管理信息，提高操作风险管理效率；及时发现业务流程环节、操作风险管理和内部控制中存在的漏洞，并对识别的风险进行分析和排序，确定关注重点，为完善和优化风险管理和内部控制提供依据。通过全员上下共同参与操作风险的识别和评估，强化员工的风险管控责任意识，提高员工对于操作风险的认识和管理能力，有利于形成良好的操作风险管理文化氛围。另外，在推广操作风险管理体系过程中，使用统一的操作风险管理术语，包括操作风险事件类型、风险因子、风险事件影响，为加强操作风险管控奠定基础。

RCSA 成功开展和有效落实要求公司具有一致且易于执行 RCSA 的程序，标准的 RCSA 方法论与工具，清晰的 RCSA 执行、监督和检查的权责划分，还需要各部门的重视和支持、跨部门的通力合作，并将 RCSA 的过程与结果和绩效考核相挂钩作为保障。

操作风险与控制自我评估主要包括控制有效性评估、操作风险评估及行动计划制订等。

7.4.3.2 控制有效性评估

控制有效性评估，即评估控制措施对操作风险的管控效果。各部门需针对每一个控制措施，分别从控制设计和控制运行两个维度进行评估，从而得到控制有效性的综合评估结果。

在针对控制的设计有效性进行评估时，需考量的要素如下：

- 规章制度文件是否齐备与完整；
- 控制措施是否具有可操作性；
- 控制措施是否对操作风险有很好的管控效果。

在针对控制的运行有效性进行评估时，需考量的要素如下：

- 控制措施是否被执行；

- 相关岗位执行时的认真程度；
- 控制措施的执行覆盖程度。

为加强控制评估的有效性，降低人工评估可能导致的偏差，可以在控制评估时要求评估人员对各项控制措施进行抽样测试，并提交测试结果作为控制评估的依据和支撑。

7.4.3.3 操作风险评估及风险地图设定

目前行业内主要有两类操作风险评估方法：一种是对固有操作风险进行评估，结合控制有效性评估结果，得到剩余操作风险情况。另一种是在考虑控制有效性现状的条件下对某项操作风险事件可能造成的损失进行评估，即直接对剩余操作风险进行评估。

这里我们所要评估的损失既包括直接损失也包括间接损失。对直接损失的评估可以采用定性或定量的方式，对间接损失的评估通常采用定性的方式。

从行业现状来看，大多数公司采用评估固有风险和控制有效性的方法，同时选取定性的评估方式。当然，也有部分公司采用定性或定量的方式直接对剩余风险进行评估，或者用定量方式对固有风险进行评估，再结合控制有效性评估，得出剩余风险状况。

定性的方式是将操作风险事件发生的可能性和严重程度分别划分为若干个等级，综合考虑后形成操作风险的风险等级。定量的方式则是分别评估未来一年内操作风险事件发生的频率和损失金额，相乘得到操作风险暴露值。

固有风险是指在假设不存在任何控制措施或假设现有控制措施完全失效的情况下，由于内部因素和客观环境的影响所导致的风险。实施控制措施后仍存在的风险即为剩余风险。

在多人参与评估时，可采取折中原则（取平均值）或悲观原则（取最大值），一般不采取乐观原则（取最小值）。判定事件发生的可能性/频率时须结合外部环境（如社会治安环境、经济环境等）、业务量、业务复杂程度、人员变动情况、业务系统化程度、历史损失数据、业务专家经验及内部控制有效性等诸多因素进行考虑。事件严重程度/损失金额主要是指若该事件发生，平均而言可能造成的直接财务损失。在确定直接财务损失时须结合历史损失数据、目前平均业务或交易金额、目前平均损失回收率等因素进行判定。将风险评估结果与风险地图边界相结合，则可以得到各风险事件在风险地图上的直接风险落点。

除直接财务损失外，还应结合公司的操作风险偏好，从声誉损失、监管行动、运营中断、服务质量、人员安全等方面对间接损失进行评估。在直接财务损失的基础上，综合考虑间接损失影响，适当调整直接风险落点，得到在风险地图中的最终风险落点。

操作风险地图是一个由频率和严重度（金额大小）作为横、纵两轴组合成的二维象限，通过区域边界的设置可以将该二维象限划分成不同的区域，对应不同的操作风险等级。

风险地图边界设定即结合公司总体的操作风险偏好及容忍度，设定警戒边界或不能容忍的风险边界。操作风险偏好是对操作风险的基本态度和公司管理层对操作风险管理的承诺，是公司根据发展规划及业务能力和风险控制能力确定下来的风险容忍程度及风险远景规划。操作风险容忍度是将战略层面的操作风险偏好转化为实际管理层面的管理工具，是风险偏好更为具体的表现。按照"风险事件发生概率"和"风险事件严重度"两个维度划分，操作风险损失可被划分为四个等级——绿色安全区域、黄色监控区域、橙色警戒区域和红色不可容忍区域，以达到监控风险暴露与生成预警信息的目的。

在风险地图中，"风险事件发生概率"和"风险事件严重度"就好比地图的经纬线，经纬相交之处就能确定该风险事件落在哪个等级区域，并采取相应措施。

操作风险地图边界的设置可以有多种方式，下面我们列举两种方式并进行简单介绍。

第一种方式通过精确设置安全边界、加强监控边界和最大容忍度的风险暴露金额，确定各区域分布范围，适用于对风险进行定量评估且以精细化管理为目标的情形（见图7-2）。该方式虽然较为复杂，但可以为后续操作风险的计量提供数据基础。不同的业务或管理流程具有各自不同的特色，在具体评估时可根据所评估流程的性质，选用适当方法设置操作风险地图边界。

严重性等级											
2 000 000 000	16	18 333 333	36 666 667	110 000 000	220 000 000	366 666 667	1 100 000 000	2 200 000 000	4 400 000 000	13 200 000 000	57 200 000 000	401 500 000 000
200 000 000	15	2 458 333	4 916 667	14 750 000	29 500 000	43 166 667	147 500 000	295 000 000	590 000 000	1 770 000 000	7 670 000 000	53 837 500 000
95 000 000	14	1 166 667	2 333 333	7 000 000	14 000 000	23 333 333	70 000 000	140 000 000	280 000 000	840 000 000	3 640 000 000	25 550 000 000
45 000 000	13	541 667	1 083 333	3 250 000	6 500 000	10 833 333	32 500 000	65 000 000	130 000 000	390 000 000	1 690 000 000	11 862 500 000
20 000 000	12	245 833	491 667	1 475 000	2 950 000	4 916 667	14 750 000	29 500 000	59 000 000	177 000 000	767 000 000	5 383 750 000
9 500 000	11	116 667	233 333	700 000	1 400 000	2 333 333	7 000 000	14 000 000	28 000 000	84 000 000	354 000 000	2 555 000 000
4 500 000	10	54 167	108 333	325 000	650 000	1 083 333	3 250 000	6 500 000	13 000 000	33 000 000	163 000 000	1 185 250 000
2 000 000	9	25 000	50 000	150 000	300 000	500 000	1 500 000	3 000 000	8 000 000	18 000 000	78 000 000	547 500 000
1 000 000	8	12 500	25 000	75 000	150 000	250 000	750 000	1 500 000	3 000 000	9 000 000	39 000 000	273 750 000
500 000	7	5 833	11 667	35 00	70 000	116 667	350 000	700 000	1 400 000	4 200 000	18 200 000	127 750 000
200 000	6	2 500	5 000	15 000	30 000	50 000	150 000	300 000	600 000	1 800 000	7 800 000	54 750 000
100 000	5	1 250	2 500	7 500	15 000	25 000	75 000	150 000	300 000	900 000	3 900 000	27 375 000
50 000	4	583	1 167	3 500	7 000	11 667	35 000	70 000	140 000	420 000	1 820 000	12 775 000
20 000	3	250	500	1 500	3 000	5 000	15 000	30 000	60 000	180 000	780 000	5 475 000
10 000	2	125	250	750	1 500	2 500	7 500	15 000	30 000	90 000	390 000	2 737 500
5 000	1	42	83	250	500	833	2 500	5 000	10 000	30 000	130 000	912 500
等级		11	10	9	8	7	6	5	4	3	2	1
		30年以上发生一次	至少每30年发生一次	至少每10年发生一次	至少每5年发生一次	至少每3年发生一次	至少每年发生一次	至少每半年发生一次	至少每季发生一次	至少每月发生一次	至少每周发生一次	至少每天发生一次

风险事件发生概率

图7-2 操作风险地图示例（一）

第二种方式则较为简单，固定四个区域的区域分布，通过设置坐标轴各档次标准确定各区域边界；或固定坐标轴各档次标准，直接设定各单元格所对应的风险等级（见图7-3）。此方式与定性评估风险的方式相匹配，也适用于定量风险评估的情形。

事件发生的可能性					
5	中	高	高	极高	极高
4	中	中	高	高	极高
3	低	中	中	高	高
2	低	低	中	中	高
1	低	低	低	中	高
	1	2	3	4	5

直接损失（单一事件损失）

图 7-3 操作风险地图示例（二）

操作风险地图可根据各分支机构的风险偏好、业务量和获利能力不同而变化，从而体现各分支机构对风险承受的能力差异和风险容忍度的差异。但要注意分支机构的风险地图边界值原则上不得超过公司总部制定的边界值。

7.4.3.4 行动计划制订

完成风险与控制自我评估后，应对评估结果进行总结分析、调整与研究，并针对操作风险管控的薄弱环节和剩余风险高发领域，制订相应的行动计划，明确行动方案、相关人员及时间安排，并持续跟踪和确认，确保整改工作落到实处，达到改善管理状况并预防类似操作风险事件再次发生的目的。

7.4.3.5 示例

下面我们列举三个风险事件及其相应控制，以展示风险与控制自我评估的形式及结果。

表 7-3 中的控制自评估示例，对每一条控制分别从设计有效性和运行有效性两个方面进行评估。控制设计、运行及整体有效性评估标准均划分为四个档次，数值越小即越有效，通过设计和运行有效性的评估结果，自动计算得到控制总体有效性等级。

表 7-3 控制自我评估示例

编号	风险事件	控制	设计	运行	控制有效性
1	自营投资业务交易要素录入错误	设置双人复核机制	1	1	1
		系统设置前端控制功能	1	2	2
2	交易系统故障导致业务中断	系统及时优化升级	2	2	2
		对硬件设备和系统运行的日常检查、监控与维护	2	3	3
		制定应急机制并定期演练	1	3	3

(续表)

编号	风险事件	控制	设计	运行	控制有效性
3	员工伪造公司印章与其他交易对手方签订协议	制定统一的盖章审批流程	1	1	1
		印章专人管理	1	2	2
		规定盖章文件归档期限	1	1	1
		制度培训和道德宣导	3	3	3
		明确处罚机制	2	1	2

注：此表并非统一模板，仅为案例，供参考。

表7-4的示例采用定性方式评估剩余风险。其中，风险事件发生的可能性和严重度评估标准各分为十个等级，数值越大，可能性越高、损失越严重；每类间接损失评估标准分为五个档次，数值越小表示影响越小。根据直接损失的可能性和严重度可自动计算得到风险等级，确定直接风险落点，再结合间接损失情况调整（调高或维持不变）得到最终风险落点。若为定量评估方式，则可能性和严重度分别以风险事件发生频率和损失金额衡量，评估标准按照频率和金额区间划分档次，二者乘积自动计算得到风险暴露值，根据所设置的风险地图边界，可以得出直接风险落点；结合间接损失评估情况，可调整落点位置。

表7-4 操作风险自我评估示例（定性评估方式）

编号	标的操作风险		损失事件影响类型		剩余风险评估							直接风险落点	调整后风险落点
	风险事件类型	风险事件描述	类型1	类型2	直接损失		间接损失						
					可能性	严重度	声誉损失	监管行动	运营中断	服务质量	员工安全		
1	数据录入、维护或登载错误	自营投资业务交易要素录入错误	账面减值	-	5	1	-	-	-	-	-	绿	绿
2	软件	交易系统故障导致业务中断	对外赔偿	利息或手续费少收	2	6	5	-	5	4	-	黄	橙
3	伪造	员工伪造公司印章与其他交易对手方签订协议	监管罚没	对外赔偿	1	8	5	3	-	-	-	黄	红

注：此表并非统一模板，仅为示例，供参考。

7.4.4 损失数据收集

7.4.4.1 操作风险事件及损失数据收集概述

操作风险事件是指由不完善或有问题的内部程序、员工和信息技术系统,以及外部因素所造成公司直接损失或间接损失的事件。损失数据收集(loss data collection,LDC)是对上述操作风险损失数据的识别与收集、填报、管理、分析和报告等。

操作风险损失数据是实际损失与风险管理、控制决策之间的桥梁。开展损失数据收集,可以增强对操作风险成本的认识,提升操作风险管理意识;有助于公司有效识别操作风险管理薄弱环节,有效配置资源以获取最大效益;为风险估计实证分析和验证及操作风险资本计量奠定基础,便于从资本的视角衡量和预测公司整体操作风险暴露;通过完整标准的收集机制,实现信息和资源共享。

7.4.4.2 损失数据收集原则

操作风险损失数据收集应遵循以下基本原则:

- 全面性:应当对所发生的符合本规定的操作风险事件予以完整确认、记录和报告,严禁瞒报、漏报。
- 重要性:应对影响较大、发生频率较高的操作风险损失事件进行重点关注和确认。
- 及时性:应按要求及时确认、记录并报送操作风险事件及其所导致的直接和间接损失,落实整改计划,并定期撰写分析报告。
- 统一性:对操作风险事件的判定标准、范围、程序和方法应保持一致,以确保统计结果客观、准确且具有可比性。
- 客观性:应客观、公允地统计操作风险损失数据,并准确计量已确定的损失金额。
- 全员参与:公司全体员工负有与其岗位责任相应的操作风险事件报告责任,发现或知悉操作风险事件,应及时报告。

7.4.4.3 损失数据收集内容与实践

操作风险事件及损失数据收集流程是识别与收集、填报、管理、分析和报告等环节的有机统一。

1. 损失数据识别与收集

操作风险及损失数据的识别与收集即通过多种渠道识别与收集操作风险事件,并及时对操作风险事件收集结果进行确认与补充,确保操作风险事件的收集准确且没有遗漏。

操作风险损失数据有两个主要来源:内部和外部。内部损失数据除了可以作为风险评估实证分析的基础,还可以作为验证风险量化模型输入与输出变量的工具,也可视为实际损失与风险管理、控制决策之间的桥梁。不过，由于目前国内大部分金融机构的内部损失数据有限，若仅以内部数据作为衡量操作风险的基础，存在样本数过少的问题，可能造成统计结果失真，所以需要适时引用外部损失数据，特别是当公司面临非经常性、潜在重大损失的可能时。

内部损失数据。内部损失数据可直接反映机构内部过去的损失经验，有助于了解操作风险的内涵。该数据与公司当前业务活动、作业处理程序及风险管理流程之间的联结越紧密，其相关程度就越高。内部损失数据的收集，有助于对公司现有流程环节中的风险状况及其控制有效性进行回顾和检验，也可以对流程梳理及 RCSA 评估结果是否合理，KRI 的设置是否全面、有效等进行有效校验。

一般来说，内部损失资料的收集比较简单易行，收集成本较低。内部损失数据的收集途径可分为主动报送、被动报送及匿名报送等。公司全体员工均负有操作风险事件及损失数据的报送责任，发现或知悉操作风险事件应及时上报。

通常，通过以下渠道发现的损失数据的缺漏，公司应要求相关人员进行报送，即"被动报送"。

- 日常工作中发现的事件与违规行为；
- 从总账当中交叉比对操作风险损失数据的账务；
- 部门对其内部风险或问题进行内部排查所发现的事件及违规行为；
- 法律合规检查记录中查找出的损失事件；
- 定期不定期稽核检查中发现的事件或违规行为；
- 外部审计发现的事件与违规行为；
- 监管检查发现的违规行为及监管处罚事件；
- 重大客户投诉与纠纷事件；
- 公司员工违规积分考核情况；
- 诚信举报线索。

匿名报送机制的建立可以在一定程度上消除员工对报送操作风险事件及损失数据的顾虑，鼓励全体员工积极、及时报送损失数据，是对主动报送、被动报送途径的有机补充，有助于公司内部损失数据的及时、全面、有效收集。

进行内部损失数据收集的首要步骤是明确定义和标准，包括损失事件分类、影响类型、收集范围、认定标准等，并设定所需收集信息的数据项，制定合理可行的损失数据收集规则、统一的流程和标准。

外部损失数据。由于数据收集经常受到收集年限、收集范围的限制，而一些发生频率低但损失金额巨大的数据（即尾部损失数据）是精确计量操作风险损失分布不可或缺的部分，所以公司需要获取外部数据以补充自身数据，提高量化分析的精确度。近年来，为了方便损失数据的收集和储存，由不同主体倡导建立的操作风险损失数据库纷纷涌现，这些数据库大致可分为三类。

第一类是由各家金融机构自己建立的、收集分析内部损失资料的内部损失数据库。目前许多国际大型商业银行都创建了自身的损失数据库，为量化分析和管理奠定基础。

第二类是由行业协会建立的行业数据库。这类数据库一般通过签订协定，在一定的保密原则下，金融机构将其内部损失数据提交给行业协会，协会将数据进行整理和分析。作为回报，参与机构可利用该数据库补充自身内部数据，并得到相关分析报告。目前主要是银行业协会建立的银行间数据库，如英国银行家协会（BBA）构建的全球操作风险损失数据库（Global Operational Loss Database）、操作风险损失数据交换协会（The Operational Risk Data Exchange Association）建立的 ORX 数据库，以及美国银行家协会（American Banker Association）建立的行业数据库等。

第三类是由达到一定金额（阈值）而须公开披露的损失数据组成的外部数据库，如普华永道开发的 OpVar 数据库，该数据库只记录超过 100 万美元的损失。

由 Op Vantage 和 PwC（普华永道）推行的操作风险 ORX（操作风险数据交流）项目是另一类型的数据库，OpVantage 是数据库的管理机构，PwC 是数据库的托管人。其数据收集始于 2002 年 1 月，以对现有商业数据专业分析为基础。参与银行按一定标准提交数据；托管人按客户要求将数据匿名化、标准化整理；管理机构操作风险将数据合并，按客户的需求进行分析并提供报告。之后，经过比例调整或其他的处理后，管理机构提供标准报告。最后，参与银行根据业务部门和/或区域和/或损失事件接收数据。相对而言，操作风险 ORX 数据库的运作更为严格，它还需要对数据的调整和校验。

另外，2003 年，包括花旗集团、高盛、瑞士信贷第一波士顿、美洲银行、摩根大通、雷曼兄弟、美林、摩根士丹利及瑞士银行在内的 20 家全球最大的金融机构已开始组建名为全球监管信息数据库。该数据库利用了全球超过 2 万个信息来源和数据库，其中包括过去 30 年美国监管机构所采取的惩戒措施，这些监管机构包括证交会、全美证券交易商协会和纽约证交所等。

2. 损失数据填报

操作风险事件发生后，应及时上报，并在详细了解操作风险事件的原因、过程、影响等事实信息后，对操作风险事件及损失数据进行填报。对于所有操作风险事件，均需发起对应的行动计划进行整改。因此，填报内容包括但不限于事件基本信息、损失金额（预计损失金额、已确认损失金额等）、损失分配、非财务影响、行动计划（整改措施、整改措施负责部门等）、责任主体等。操作风险管理部门应对所报送信息的完备性、合理性和规范性进行确认，并定期或不定期地对全公司操作风险损失事件进行内容真实性与完整性的验证和检查。

3. 损失数据管理

对操作风险损失数据收集和上报后，还应根据事件的进展和变化及整改措施的推进，进行跟踪和后续管理，包括数据的补充、更新、完结等。

若填报后操作风险事件信息有所更新，包括但不限于产生了新的损失、成本或回收金额，或事件调查处理有重大进展等，需对操作风险事件及损失数据进行更新。对相应行动方案，应及时督促执行并跟踪整改的落实和完成情况，在整改完成后及时填报。

当操作风险事件同时满足以下完结条件时，则认定操作风险事件结束：

- 该事件不会再有新的损失、成本或挽回发生；

- 该事件相关信息不会再发生变化,如损失金额、损失分配等;
- 对需要整改的事件,已完成整改。

若有以下情形,操作风险管理部门需对操作风险事件进行合并:

- 涉及跨条线或跨部门的单个操作风险事件,若已被多个部门分别进行了操作风险事件录入,需对该操作风险事件进行合并;
- 对于由同一操作风险事件导致的可能在一段时间内形成的损失,应将其组合,作为单个损失进行记录。

4. 损失数据分析和报告

损失数据的分析和报告是操作风险管理的重要组成部分,主要内容包括但不限于操作风险事件的情况及原因分析、处理方式和进度、整改方案,操作风险事件及影响的分类汇总分析,对具有一定共性的问题剖析其原因及改进方案,针对某些关键个案进行思考、分析、提出建议。

7.4.4.4 示例

表 7-5 是损失数据收集表单的示例,包含事件基本信息、损失情况、行动计划等几方面的信息。

表 7-5 损失数据收集表单示例

事件基本信息				
事件名称				
发生部门		发现部门		
报送部门		其他相关部门		
发生日期		发现日期		
报送日期		事件等级分类		
损失事件类型	一级	二级		三级
事件具体情况描述				
已采取措施				
事件损失情况				
损失是否已确认	□否	预计损失净额		
	□是	已确认损失净额		
损失金额构成	对外赔偿			
	法律成本			
	监管罚没			

(续表)

事件损失情况				
损失金额构成	支付其他费用或款项			
	丧失追索权			
	资产损失			
	账面减值			
	利息或手续费少收			
实际损失入账	借方会计科目			
	借方金额		币种	
	借方金额（本位币）		入账日期	
损失分配				
非财务影响	声誉损失			
	监管行动			
	运营中断			
	服务质量			
	员工安全			
行动计划				
拟采取整改措施/后续整改计划				
整改负责部门			整改负责人	
预计整改完成时间			实际整改完成时间	
整改情况说明				

注：此表并非统一模板，仅为示例，供参考。

7.4.5 关键风险指标

7.4.5.1 关键风险指标的定义

关键风险指标（key risk indicator，KRI）指代表某一风险领域变化情况并可以定期监控的统计指标。[①] 关键风险指标用于监测可能造成操作风险事件的各风险点及控制措施，并可作为反映操作风险变化情况的预警指标。通过门槛值的设定，根据关键风险指标实际数值的落点，分析其风险和控制是否在可接受的范围内，并据此采取相应的行动计划，将操作风险降低到安全范围内。

关键风险指标在操作风险管理框架中具有重要意义。它为行动计划的启动设定定量标准；通过定期关注关键风险指标的取值和变化情况，实时追踪该指标所对应的风险事

---

① 《商业银行操作风险管理指引》（银监发〔2007〕42号）。

件的风险暴露情况,并可以作为反映操作风险变化情况的早期预警,使公司及时采取应对措施,尽量避免重大操作风险事件的发生。

根据指标的层级不同,可划分为公司层级关键风险指标和业务层级关键风险指标。

- 公司层级关键风险指标:用于反映公司整体操作风险情况并进行监测与预警的指标。
- 业务层级关键风险指标:用于反映公司各业务条线操作风险情况并进行监测与预警的指标。

业务层级指标又可以进一步细化为通用指标和业务运营指标。通用指标是指在公司各业务条线均可以使用的一类指标,主要用于监测业务管理层面的操作风险变化情况;业务运营指标是在业务运营层面的,对日常操作或业务运营过程中可能出现的一些操作风险进行监测,一般只适用于单个业务条线或业务板块、业务类型等,都与其业务特征紧密相连。

依照监控指标类型,关键风险指标又可划分为风险因子指标、控制指标及风险事件指标。

- 风险因子指标:属于事前指标,与风险因子关联。用于监控可能导致操作风险的驱动因素与各子流程中的操作风险因子变化情况。
- 控制指标:属于事后指标,与控制措施关联。用于监控控制措施是否已执行到位。
- 风险事件指标:属于事后指标,与风险事件关联。用于对已发生的操作风险事件进行监控。

7.4.5.2 关键风险指标的工作原则

在关键风险指标工作中需遵循下列基本原则:

- 重要性原则:指标的设立应覆盖所辖范围内的操作风险重点环节,保证可对操作风险易发区域或风险严重区域进行监测与预警。
- 可测量原则:指标的设立应考虑指标数据获取难易程度、量化指标的选择标准,并对选择的指标进行阈值的划分,保证指标数据的可获取、可监测,并兼顾准确与完整。
- 风险敏感性原则:指标的设立应保证指标对于风险变化的敏感性。随着外部风险的变化,指标应可及时发出预警信息。
- 客观性原则:指标数据的采集应以真实发生为基础,进行客观、公允的统计,严禁虚报、瞒报或漏报。
- 及时性原则:针对每个关键风险指标都详细制定了指标更新日程。为切实有效地监控各指标所覆盖的操作风险领域,应按照指标的具体要求及时收集并录入指标数据。

7.4.5.3 关键风险指标的内容与实践

关键风险指标用于操作风险管理事中监控的总体工作分为两个阶段：设计阶段和管理阶段。

在设计阶段，公司层级指标主要依据公司的整体操作风险偏好设立公司层级关键风险指标，而业务层级指标则需根据日常运营操作中潜在的一些操作风险因素、内外部操作风险事件记录或操作风险与控制自我评估结果等识别关键的风险点和控制点，从而设立相应的业务层级关键风险指标。指标设立后，我们需要依据一定的原则对这些指标进行筛选，找出可以使用的指标。

完成指标筛选即进入管理阶段，也就是对关键风险指标进行监控、报告，并对已经预警的指标拟订相应的行动计划以降低操作风险的发生概率。在指标监控的同时，还需对指标进行反馈与定期重检，对关键风险指标的基本要素和管理体系运行质量和效果进行评估和质量验证，并结合公司经营管理和风险的变化情况对关键风险指标进行检视和调整。

概括来说，操作风险关键风险指标工作主要包含关键风险指标设立、监控、检视与调整等几方面内容。

1. 关键风险指标设立

各部门、分支机构应根据日常运行中潜在的操作风险因素、内外部操作风险事件记录、操作风险识别与评估结果、同业关键风险指标设立等情况，在职责范围内设立关键风险指标。

关键风险指标设立包括建立关键风险指标清单、指标筛选及确定、明确指标信息和数据收集计划与阈值设定四个步骤。

第一，建立关键风险指标清单。

建立关键风险指标清单即通过充分识别关键操作风险与控制，设计出可反映操作风险及控制水平变化的或总结实际损失次数或金额的备选指标，形成清单以供后续筛选。主要包括如下步骤：

- 收集风险特征信息：通过流程分析、风险与控制自我评估、操作风险事件收集、风险排查、内外部审计、外部监管检查等途径收集并整理关键操作风险信息及其他识别的关键风险指标、外部关键风险指标资料等。
- 分析关键风险信息：在对风险与控制各要素间的关联关系进行充分理解和认识的基础上，选取并记录关键风险信息，并进一步分析风险可能的成因及潜在影响。
- 识别关键风险指标：在分析风险成因及影响的基础上，识别可以反映这些情况的定量和定性数据，对已识别的关键操作风险点与控制点设计具有针对性的指标，并将这些指标汇总形成关键风险指标候选清单。

第二，指标筛选及确定。

关键风险指标的筛选，主要依据指标参考性、数据可获取性、数据质量、指标更新频率及专家意见等，从关键风险指标清单中挑选出可使用的关键风险指标。

指标参考性，主要从预警性和风险敏感性两个方面进行评估。如果一个指标可以对操作风险管理的重点环节进行覆盖，或可以对操作风险的易发区、严重区进行监测和预警，就可以说这个指标的风险预警性很强。如果随着操作风险情况的变化，一个指标可以及时发出风险预警信息，那么这个指标的风险敏感性就很强。当一个指标同时具有较高的风险预警性和风险敏感性时，其参考性便较高。

关键风险指标所需的数据可以从现有系统、纸质文档、电子文档中获取。如果数据可以直接从系统中获取，其可获取性就较高；如果数据无法直接从系统中获取，需通过一些复杂的方式获取、进行手工录入，那么其可获取性就较低。

数据质量主要从数据的一致性、准确性和完整性三个方面进行考量。数据的更新频率比较好理解，不再赘述。

公司层级关键风险指标，需要充分收集公司操作风险管理的偏好、目标、管理期望等，结合公司操作风险管理水平，参考公司指标库，予以确定。

业务层级关键风险指标则应根据实际业务开展情况，从关键风险指标清单中选取或新增反映业务操作风险管理需要的关键风险指标，予以确定。

第三，明确指标信息和数据收集计划。

针对已确定的关键风险指标，需明确指标基本信息，并根据业务实践和管理经验，综合判断关键风险指标的数据收集要求，制订指标的数据收集计划。

指标信息包括但不限于指标名称、指标说明、指标层级、指标类型。

数据收集计划包括但不限于指标管理部门、指标监控部门、指标负责人、监控频率、指标更新日程、指标计算公式、基础数据项、数据来源、数据来源部门与提供人员岗位。

第四，阈值设定。

针对每一个指标，都需要根据业务实践和管理经验，综合判断其各项数值区域所对应的风险可接受程度及后续对应管理措施，并结合部门现行管理标准对已确定指标进行阈值设定。通过阈值的设定，公司可依据关键风险指标实际数值的落点，分析风险与控制水平是否在可容忍的范围内，并据此采取行动计划。

阈值的设定可以依据操作风险偏好与容忍度、依据现状或历史数据、依据管理目标或专家意见进行设定。依据操作风险偏好与容忍度，主要适用于与操作风险偏好相关的指标；依据现状或历史数据，主要适用于与操作质量或运作效能相关且历史数据较为齐备的指标；依据管理目标，主要适用于与业务管理、人力资源管理或其他管理目标相关的指标。

一个指标可设置多个阈值，依据风险管理的需求，我们赋予各阈值前后区间不同的意义。关键风险指标的阈值区间定义说明如下：

- 绿色区域：操作风险水平可承受，继续监测；
- 黄色区域：操作风险水平超出可承受范围，应加强管理与监控的力度，针对可能继续扩大的操作风险拟订风险缓释措施；
- 橙色区域：操作风险水平较高，需关注并采取应对措施以将操作风险暴露降低至安全区域；

- 红色区域：操作风险水平过高，需特别关注并立即采取强度较大的应对措施，将操作风险迅速降低至安全区域。

2. 关键风险指标监控

关键风险指标监控即按照所制订的数据收集计划，定期收集所需监测关键风险指标的数据，统计关键风险指标取值情况。同时，定期关注关键风险指标的数值变动情况，并在日常关键风险指标监测中针对指标落入的不同区间，发出不同的风险预警信号，采取不同的操作风险管理方式或及时发起行动计划。

3. 关键风险指标检视与调整

关键风险指标检视与调整即对关键风险指标基本要素及管理体系的运行质量和效果进行评估和质量验证，并结合公司经营管理及风险变化情况对关键风险指标进行检视与调整。关键风险指标的调整包括对指标本身的调整、替换或取消、对数据收集计划的调整以及对阈值的调整等。

调整类型包括定期调整和不定期调整。进行不定期检视调整的情形包括但不限于：

- 关键风险指标数据收集存在缺陷，如无法保证数据的质量、客观性及完整性等；
- 新产品、新业务上线；
- 某个或某类业务被暂停或取消；
- 部门职责发生调整或变更；
- 流程发生重大变化；
- 其他有必要立即进行调整的情况。

为检验关键风险指标设置的合理性，可应用指标覆盖率验证关键风险指标对操作风险与控制的覆盖程度。

指标覆盖率是指关键风险指标的映射情况，通过汇总统计出关键风险指标对各控制措施的覆盖程度（即关键风险指标映射的操作风险因子、操作风险事件、控制措施类型在多少控制措施中出现，去除重复的控制措施），进而求出关键风险指标的覆盖率。若覆盖率较低时，需要依据操作风险与控制评估结果等因素，补充相应关键风险指标进行定期监测。以下是某业务板块下单个指标覆盖率的计算和整个业务板块所有指标总覆盖率的计算公式，举例以供参考。

$$业务板块单个关键风险指标覆盖率 = \frac{业务板块单个关键风险指标在该板块下涉及的控制措施数量}{该业务板块下控制措施总数}$$

$$业务板块关键风险指标覆盖率 = \frac{业务板块下设置的所有关键风险指标在该板块下涉及的控制措施数量}{该业务板块下控制措施总数}$$

7.4.5.4 示例

表 7-6 列举了三个风险因子指标、四个风险事件指标和三个控制指标。

表 7-6 关键风险指标示例

编号	指标类型	指标名称
1	风险因子指标	员工离职率
2		客户投诉次数
3		客户变动率
4	风险事件指标	交易超出授权限额笔数
5		违规业务操作次数
6		业务处理错误次数
7		资金划转错误次数
8	控制指标	数据备份不完整次数
9		参数设置错误次数
10		账目核对不一致次数

以"员工离职率"为例，要启用该指标进行监控和预警，应确定数据收集计划并设置门槛区间。示例见表 7-7 和表 7-8。

表 7-7 关键风险指标数据收集计划示例

指标名称	指标说明	指标监控频率	指标更新日程	数据收集计划			计算公式
				基础数据项	基础数据项说明	基础数据项来源	
员工离职率	每季度部门离职员工人数与部门员工合计人数的比值	每季度	每季度第一个月15日	A	部门离职员工人数	部门综合岗统计	A/B
				B	部门员工合计人数	部门综合岗统计	

表 7-8 关键风险指标门槛区间设置示例

指标名称	指标说明	门槛区间			
		红	橙	黄	绿
员工离职率	每季度部门离职员工人数与部门员工合计人数的比值	>30%	(20%, 30%]	(10%, 20%]	≤10%

7.4.6 工具之间的联系与校验

操作风险三大工具校验，即针对业务的三大工具建设情况，分别从操作风险与控制的关联映射、RCSA 与 KRI 的关联映射、RCSA 和 LDC 的关联映射、KRI 和 LDC 的关联映射四个角度出发，对各工具呈现的结果进行关联映射分析，从而判断各工具评估结果是否真实、客观。

在巴塞尔银行监管委员会提出的操作风险管理 11 条原则中，原则 6 提到"高级管理层应确保对所有重要产品、活动、程序和系统的内在操作风险的识别和评估"，其中在解释部分有关于三大工具校验的更为详细的要求：把不同风险评价工具的结果进行比较分析。例如，把内部损失的频率和严重程度和 RCSA 的结果进行比较，以判断自我评价是否有效；把情景分析的数据和内外部收集的数据进行比较，以判断银行对潜在风险事件的暴露程度。

7.4.6.1 RCSA 的内部校验

在 RCSA 的内部校验中，应考虑：

- 高风险暴露的风险事件类型是否已经设计了有效的管控措施；
- 高风险暴露的风险事件类型目前的控制运行是否有效；
- 控制设计无效情况下对应的风险暴露是否较高，是否可以进行管控设计提升；
- 控制运行无效情况下对应的风险暴露是否较高，控制运行是否可提升。

7.4.6.2 RCSA 与 KRI 的相互校验

在进行 RCSA 与 KRI 的相互校验时，应考虑：

- 高风险暴露的风险事件类型是否设置了 KRI 指标进行预警监测，指标是否可以进行有效预警，指标的阈值是否设置合理；
- 预警的 KRI 指标对应的风险事件的风险暴露情况如何，是否评估较高，相应的控制措施设计与运行是否有效，是否需要提升相应的控制措施。

7.4.6.3 RCSA 与 LDC 的相互校验

在进行 RCSA 与 LDC 的相互校验时，应考虑：

- 高风险暴露的风险事件类型是否已发生过相应的操作风险事件，操作风险事件情况如何；
- 收集的操作风险事件对应的风险事件类型的风险暴露情况如何，是否评估较高，相应的控制措施设计与运行是否有效，是否需要提升相应的控制措施，是否需要重点关注并启动行动计划。

7.4.6.4 KRI 与 LDC 的相互校验

在进行 KRI 与 LDC 的相互校验时，应考虑：

- 收集的操作风险事件是否对应设置了 KRI 指标，指标是否进行了有效预警，指标的阈值是否需要调整，是否需要重点关注并启动行动计划；
- 预警的 KRI 指标是否已发生过相应的操作风险事件，操作风险事件情况如何。

本章小结

本章以巴林银行的典型案例为起点,在第 1 节介绍了操作风险的概念与分类,操作风险是由不完善或有问题的内部程序、人员、信息技术系统,以及外部事件造成公司直接或间接损失的风险,不包括声誉风险和战略风险。操作风险涉及四类风险因子、七大类型的操作风险事件。第 2 节介绍了操作风险管理的历史演变,2004 年 6 月正式出台的《巴塞尔新资本协议》正式纳入了操作风险概念,2016 年 12 月修订的《证券公司全面风险管理规范》开始将操作风险纳入证券公司全面风险管理体系。第 3 节介绍了操作风险管理的基本框架,包括操作风险管理的环境、组织架构、风险偏好与容忍度、政策与制度、管理流程与工具、激励考核机制、操作风险系统与数据,这七个部分构成了一个完整的、可借鉴的操作风险管理框架。第 4 节详细说明了操作风险管理的流程与工具,其中包括风险控制与自我评估、损失数据收集、关键风险指标这三大工具的具体概念和应用要点。

本章重要术语

操作风险　操作风险管理框架　操作风险文化　偏好与容忍度　操作风险数据与系统　操作风险激励与考核机制　操作风险管理全流程　流程梳理　风险与控制自我评估　关键风险指标　损失数据收集　行动计划

思考练习题

一、不定项选择

1. 根据巴塞尔协议的要求,下列哪一项不符合对操作风险的定义?
A. 由不完善或有问题的内部程序、员工和信息科技系统,以及外部事件所造成损失的风险
B. 包括法律风险
C. 包括声誉风险
D. 不包括策略风险

2. 操作风险成因包括:
A. 人员　　　　　　　　B. 内部程序
C. 信息技术系统　　　　D. 外部事件

3. 以下哪些是操作风险管理主要工具?
A. 风险与控制自我评估　B. 关键风险指标
C. 损失数据收集　　　　D. 盯市

4. 下列选项中,属于操作风险事件的有:
A. 恐怖组织攻击公司总部大楼造成严重财产损失
B. 因金融风暴导致公司实际资产减值
C. 客服人员告知客户错误信息造成严重客户投诉和赔偿
D. 内部人员因无心疏忽将客户资料外泄,被证监会惩处并罚款

5. 以下哪项不属于关键风险指标的分类?
A. 风险因子指标
B. 风险事件指标
C. 暴露指标
D. 控制指标

6. 下列各项中,属于因疏忽、事故或自然灾害等事件造成实物资产的直接毁坏和价值的减少,如火灾、洪水、地震等自然灾害所导致的账面价值减少等导致的损失形态为:

A. 法律成本 B. 监管罚没
C. 资产损失 D. 对外赔偿

7. 以下哪些为 RCSA 需要开展的工作?
A. 风险评估 B. 控制评估
C. 关键风险指标 D. 损失数据收集

8. 下列选项中,属于关键风险指标管理重要环节的是:
A. 指标选取 B. 阈值设定
C. 录入、监测、报告 D. 跟进、调整

9. 根据操作风险损失事件分类,以下哪些属于内部欺诈事件?
A. 行为未经授权
B. 员工盗窃或欺诈
C. 产品缺陷
D. 违反员工健康及安全规定

10. 根据操作风险损失事件分类,以下哪些不属于执行、交割和流程管理事件?
A. 数据录入、维护或登载错误
B. 宕机事件
C. 客户资料丢失
D. 自然灾害损失

11. 下列各项中,不属于公司开展 LDC 收集工作意义的是:
A. 增加对操作风险成本的认识,提升操作风险管理意识
B. 有助于公司有效识别操作风险管理薄弱环节,有效配置资源以获取最大效益
C. 为操作风险计量奠定坚实基础,便于以资本的视角衡量和预测公司整体操作风险暴露
D. 为收集操作风险事件信息,并进行追责与惩罚

12. 以下哪些情形会触发行动计划?
A. 流程梳理中发现的流程缺陷
B. RCSA 剩余风险暴露值、KRI 指标取值落在警戒/不可容忍区域
C. LDC 中收集的操作风险事件
D. 各单位根据需要自行发起行动计划

二、案例分析

请根据本章引例(巴林银行倾覆的背后)内容,回答以下问题。

1. 巴林银行破产背后的操作风险因素有哪些?
2. 如果你是操作风险管理人员,如何规避该类事件?

参考文献

[1] BCBS. International Convergence of Capital Measurement and Capital Standards: A Revised Framework[R]. 2004.

[2] BCBS. The regulatory framework: Balancing risk sensitivity, simplicity and comparability (discussion paper) [R]. 2013.

[3] BCBS. Operational risk: Revisions to the simpler approaches (consultative document) [R]. 2014.

[4] BCBS. Standardised measurement approach for operational risk (consultative document) [R]. 2016.

[5] BCBS. International convergence of capital measurement and capital standards: A revised framework (Comprehensive Version) [R]. 2006.

[6] BCBS. Sound Practices for the Management and Supervision of Operational Risk[R]. 2003.

[7] BCBS. Principles for the Sound Management of Operational Risk[R]. 2011.

[8] BCBS. The Basle Committee releases paper on operational risk management[R]. 1998.

[9] Girling, P. *Operational Risk Management: A Complete Guide to a Successful Operational Risk Framework* [M]. NY: Wiley, 2013.

[10] RMA, British Bankers' Association, ISDA,

Pricewaterhouse Coopers. Operational Risk: The next frontier[R]. 1999.

［11］财政部，证监会，审计署，银监会，保监会．企业内部控制基本规范［Z］．2008．

［12］财政部，证监会，审计署，银监会，保监会．企业内部控制配套指引［Z］．2010．

［13］李森．我是如何弄垮巴林银行的［M］．北京：中国经济出版社，1996．

［14］托尼·布伦登，约翰·瑟尔韦尔．精通操作风险［M］．北京：人民邮电出版社，2013．

［15］余维彬，王云海．巴林银行倒闭谁是罪魁祸首？［J］．银行家，2004，1：100—101．

［16］中国银行业监督管理委员会．关于加大防范操作风险工作力度的通知（银监发〔2005〕17号）［Z］．http://www.cbrc.gov.cn/govView_4A246331946742E987417AC9DADF37C4.html

［17］中国银行业监督管理委员会．商业银行资本管理办法［Z］．2012．

［18］中国银监会关于印发《中国银行业实施新资本协议指导意见》的通知［Z］．http://www.cbrc.gov.cn/govView_C0015CF9E28A41198373752F0C8631BA.html

第 8 章
全面风险管理与金融市场风险管理的关系

关晶奇（中国邮政储蓄银行总行）
李　夏（国网国际融资租赁有限公司）
裴　阳（中国邮政储蓄银行北京分行）

> **本章知识与技能目标**
>
> 通过本章学习，读者应能够：
> ◎ 了解全面风险管理的提出背景、企业及金融机构全面风险管理框架的核心内容；
> ◎ 了解金融市场风险与全面风险管理的一致性及特殊性；
> ◎ 了解合规风险、声誉风险等其他风险的管理要求。

8.1　全面风险管理简述

2011 年，管理咨询企业德勤进行的一项调查发现"52% 的机构称其拥有企业全面风险管理项目（或同等项目），比 2008 年的 36% 有所上升，大型机构更可能面临复杂和相互关联的风险，在总资产不低于 1 000 亿美元的金融机构中，91% 的金融机构称其拥有企业全面风险管理项目或正在建设这种项目"。但总体而言，金融机构的全面风险管理（enterprise risk management，ERM）建设仍是一个长远目标，多数金融机构离完全实现这个目标还有很长一段路要走。

8.1.1 全面风险管理的理念及架构

8.1.1.1 国际全面风险管理框架概述

1. COSO全面风险管理框架概述

控制企业风险的第一步是控制企业的内部风险，主要原因有两个：首先，内部风险（例如舞弊、违法）对企业带来的影响往往要严重于外部风险；其次，内部风险能够通过内部流程、规则的约束得到有效防控，内部风险管控所需的管理措施比外部风险更加独立且便于操作。基于这样的考虑，COSO 委员会（The Committee of Sponsoring Organizations of The National Commission of Fraudulent Financial Reporting）于 1987 年由美国虚假财务报告委员会建议成立，专门研究内部控制问题。该委员会于 1992 年发布的《内部控制——综合框架》是国际上关于内部控制的经典文件。《内部控制——综合框架》将内部控制正式定义为一个依靠包括董事会、管理层和其他员工共同参与，保证企业"经营活动的有效性和效率、财务报告的可靠性和对法律规章制度的遵循性"三大目标实现的过程。该文件主要包括三大控制目标、五项构成要素等，但有以下的局限性：第一，尽管内部控制框架也讲风险评估，但它主要指的是完成三大目标过程中的管理风险评估，是执行过程中存在的风险，但无法为企业高管层决策所存在的风险提供过多决策信息；第二，内部控制框架将风险定义为目标执行中的不确定因素，而不界定这些不确定因素中哪些是有助于目标完成的因素，哪些是阻碍目标完成的因素。

因为内部控制存在着这样的局限性，2004 年 9 月 COSO 委员会正式提出了《全面风险管理——整合框架》（以下简称"《整合框架》"），明确指出：风险管理包含内部控制；内部控制是风险管理不可分割的一部分；内部控制是管理风险的一种方式，风险管理比内部控制范围广得多。《整合框架》在以下几方面做出了创新：

- 承受可接受的风险：COSO 委员会指出，不确定性既包含风险也包含机会，是毁灭价值或提升价值的潜在因素。企业通过风险管理能够有效地处理与不确定性有关的风险和机会，提升企业的价值。
- 战略目标：增加了基于企业风险偏好而制定战略目标的概念，并指出风险偏好统驭着企业所有的重要经营决策，强调集团公司整体战略目标的重要性。
- 风险组合观：COSO 委员会要求企业管理者以风险组合的观点看待风险。对企业内每个单位而言，其风险可能落在该单位的风险承受度范围内，但从企业总体来看，总风险可能超过企业总体的风险偏好范围。
- 企业概念纳入：COSO 委员会不仅保留了原内控框架中的业务单元和业务活动，进而细分到各个流程及作业层次，而且还拓展到企业层面、分部及下属子公司，不难看出框架的制定者已经意识到集团内控与风险管理在为利益相关者创造价值过程中的重要性。

COSO 定义的全面风险管理在董事会制定的企业战略指导下，始终贯穿于企业的各项经营管理中，用于识别、分析对企业可能产生不利影响的各类潜在风险，并将其控制在企业的风险偏好之内，确保企业目标的实现。其要素有八个，即内部环境、目标设定、事件识别、风险评估、风险对策、控制活动、信息交流、监控（见图 8-1）。

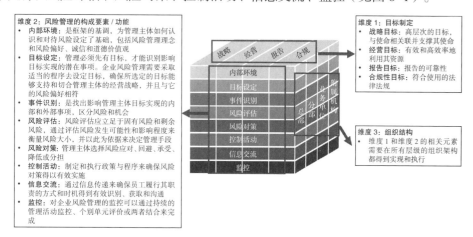

图 8-1　COSO 全面风险管理框架示意图

COSO 的全面风险管理框架将内部控制作为一个必要的子系统，通过在企业的运营过程中实现管理的职能，实现企业的目标。全面风险管理在控制目标与控制要素上都要多于并高于内部控制。全面风险管理包括根据风险偏好进行风险管理目标与战略的设定和风险评估方法的选择，通过风险偏好、风险承受度、风险对策、压力测试等风险策略，实现对企业从确立目标到运营过程再到经营结果的全方位管理。

2. ISO 31000 全面风险管理标准

国际标准化组织（International Organization for Standardization，ISO）于 2009 年发布的 ISO 31000 全面风险管理标准中把风险管理框架分为三个层次：原则、框架及过程，在此标准中将风险管理运行的过程要素分为建立环境、风险识别、风险分析、风险评价、风险处理、沟通与协商、监控与检查七个环节，如图 8-2 所示。在全面风险管理标准出现之前，很多行业根据自身的需求及管理特点已陆续形成了适合自己的风险管理研究工作，但是由于行业间的跨度很大，每一个具体行业对风险管理的应用都产生了各自的需

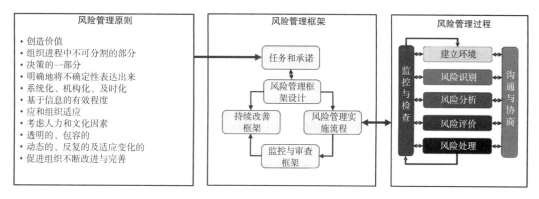

图 8-2　ISO 31000 全面风险管理标准

求、受众、观念和准则。ISO 31000 得到了国际标准化组织的高度认可，国际标准化组织认为该标准"所描述的通用方法提供了在任何范围和状况下，以系统、清晰、可靠的方式管理风险的原则和指南"并说明了其与其他国际标准的关系，即"本标准提供了一个支持其他标准处理特定风险和行业风险的通用方法，而不是取代这些标准"。

3. 巴塞尔协议体系蕴含的全面风险管理理念

2004 年 6 月公布的《巴塞尔协议Ⅱ》，将市场风险和操作风险纳入资本约束的范围，提出了资本充足率、监管部门监督检查和市场纪律三大监管支柱，蕴涵了商业银行全面风险管理的理念，推动了金融业全面风险管理理论的发展。《巴塞尔协议Ⅱ》关于商业银行全面风险管理的理念，可从全面风险的含义、微观全面风险管理和宏观全面风险管理三个方面来理解。《巴塞尔协议Ⅱ》从资本占用的角度，将商业银行最主要的风险归结为信用风险、市场风险和操作风险三类，因此，商业银行的全面风险就是指由银行不同部门（或客户、产品）与不同风险类别（信用风险、市场风险、操作风险）组成的"银行业务×风险矩阵"中涵盖的各种风险；《巴塞尔协议Ⅱ》的微观全面风险管理是指协议规定了如何全面管理"银行业务×风险矩阵"，并对银行风险的识别、计量、控制等环节均提出了明确的要求；《巴塞尔协议Ⅱ》的宏观全面风险管理则是指结合运用三大支柱可以从宏观角度对银行进行全面的风险管理。

吸取了本轮全球金融海啸的教训之后，2010 年 12 月巴塞尔银行监管委员会发布了第三版《巴塞尔协议》（即《巴塞尔协议Ⅲ》），既延续了《巴塞尔协议Ⅰ》（1988 年《巴塞尔资本协议》）、《巴塞尔协议Ⅱ》（即《巴塞尔新资本协议》）以风险为本的监管理念，又超越了传统资本监管框架，确立了银行资本监管的新标杆和新高度。在 2011 年 11 月戛纳峰会上，各国领导人承诺于 2013 年 1 月 1 日前实施巴塞尔资本监管标准（包括《巴塞尔协议Ⅱ》和《巴塞尔协议Ⅲ》），并于 2019 年前全面达标。为此，金融稳定理事会和巴塞尔银行监管委员会建立了实施跟踪机制和国别评估机制，旨在推动新资本监管标准得到一致和切实的实施。

8.1.1.2 国内全面风险管理框架概述

在全面风险管理监管指引的推出上，国内监管机构中由国资委率先发力，保监会紧随其后，银监会、证监会则发挥后发优势、厚积薄发。

1. 国资委对中央企业的全面风险管理要求

《中央企业全面风险管理指引》于 2006 年 6 月 6 日由国务院国资委正式印发，这是国内第一个专门围绕企业风险管理工作且具有可操作意义的指导方法论。该办法强调"风险"不再只是一种负面损失的可能性，而是一种对经营目标的不确定性影响。

《中央企业全面风险管理指引》对企业风险管理框架及风险管理流程进行了完备的描述，不仅适用于金融企业，也适用于实业等非金融企业，具有广泛的适用性。故而本节将在"全面风险管理的管理架构"部分以《中央企业全面风险管理指引》的要求为例，简单介绍全面风险管理的管理架构，并在"银监会全面风险管理框架"部分详细说明以银行业为主的金融业应如何建立全面风险管理体系。

2. 国内保险公司全面风险管理要求

保监会要求保险企业加强对全面风险的管控，于2007年4月颁布了《保险公司风险管理指引（试行）》[①]，对保险公司及保险资产管理公司的风险管理体系的建立进行了全面的规范。

2008年7月颁布的《保险公司偿付能力管理规定》[②]，可以被看作中国保监会对保险公司监管的一个重大变革，即从"以合规经营监管"转变为"建立以风险为基础的动态偿付能力监管标准和监管机制"，对保险公司偿付能力进行综合评价和监督检查，明确提出了分类监管的要求，并依法采取监管措施。

2010年10月，保监会颁布了《人身保险公司全面风险管理实施指引》[③]，对寿险公司、健康保险公司、养老保险公司风险管理框架的建立设定最晚期限，同时强调经济资本的重要作用，并要求各寿险公司、健康保险公司、养老保险公司运用经济资本方法计量企业所承受的风险。这是国内第一部明确要求企业设立首席风险官的监管指引。

3. 国内商业银行全面风险管理要求

银监会于2016年9月27日发布了《银行业金融机构全面风险管理指引》[④]，为银行业树立全面风险管理意识、建立稳健的风险文化、健全风险管理治理架构和要素、完善全面风险管理体系提供了完整、统一且具备实践指导作用的银行业全面风险管理规则。

在此之前，银监会借鉴国际金融监管改革成果，并结合我国银行业实际，陆续制定了各类审慎监管规则，覆盖了资本管理、信用风险、市场风险、流动性风险、操作风险、并表管理等各个领域。《银行业金融机构全面风险管理指引》的提出，也是对上述领域风险管理方法的整合与提炼，同时《银行业金融机构全面风险管理指引》也参考了巴塞尔银行监管委员会《有效银行监管核心原则》[⑤]的基本要求，确保国内商业银行风险管理方法与国际接轨。

4. 国内证券公司全面风险管理要求

2016年6月17日，证监会对原2006版《证券公司风险控制指标管理办法》[⑥]进行了第二次修订，除完善风险指标的管理标准外，进一步明确了证券公司全面风险管理的重要性。该办法强调证券公司需要从制度建设、组织架构、人员配备、系统建设、指标体系、应对机制等六个方面，加强全面风险管理，同时要求证券公司将所有子公司纳入全面风险管理体系，强化分支机构风险管理，实现风险管理全覆盖。

2016年12月30日，由中国证券业协会发布的《证券公司全面风险管理规范》[⑦]对证券公司全面风险管理框架做了进一步细化。同时，与银行业、保险业一样，《证券公

---

① 《保险公司风险管理指引（试行）》（保监发〔2010〕89号）。
② 《保险公司偿付能力管理规定》（保监发〔2008〕1号）。
③ 《人身保险公司全面风险管理实施指引》（保监发〔2007〕23号）。
④ 《银行业金融机构全面风险管理指引》（银监发〔2016〕44号）。
⑤ 银监会网站。
⑥ 《证券公司风险控制指标管理办法》（证监会令第125号）。
⑦ 《证券公司全面风险管理规范》是由证券业协会第五届理事会第二十次会议审议通过，于2016年12月30日发布的。

司全面风险管理规范》中也进一步强调首席风险官的核心作用及沟通机制，并在国内监管指引或规范中首次明确提出了首席风险官的任职要求。

综上所述，风险管理的重要性已在银行、证券、保险三个金融业的核心子行业中得到一致认同。

8.1.2 全面风险管理的管理架构

8.1.2.1 全面风险管理体系建设目标

全面风险管理的目标是为企业战略和经营目标的实现提供保障。在企业整体战略目标指导下形成各项子战略目标，落实分解为具体经营管理计划和活动。根据整体目标形成相互衔接、协同的分层级目标，风险管理工作要紧密围绕各层级目标的实现来开展。

全面风险管理在国内已不再是陌生词汇，但是在日常风险管理工作中，经常会出现全面风险管理与业务发展、内部控制、三道防线关系的讨论，在此明确一下它们之间的关系。

1. 全面风险管理与业务发展

全面风险管理能够加强业务发展。首先，开展全面风险管理工作，建立体系化、规范化和制度化的风险管理机制，可为各层级战略和经营目标的实现提供一套系统和规范的机制和方法，但这套机制和方法如果不能有效融入具体的业务管理，则将不具有可操作性。其次，风险管理作为管理的重点之一，在推进全面风险管理的过程中，能够增强全员的风险意识、忧患意识、危机意识，逐步将风险管理工作融入日常经营管理的各个环节，及时有效防范和控制各类风险，实现企业经营战略与风险控制工作的有机统一，实现企业业绩增长与风险控制水平的同步提升，提高企业管理水平。最后，针对影响目标实现的不确定因素进行积极管理，通过运行风险管理机制、合理评估和管理风险，为决策和具体管理活动提供支持，更好地为业务发展目标实现提供支撑，实现风险管理与业务发展的有机统一。

2. 全面风险管理与内部控制

全面风险管理包含内部控制。全面风险管理与内部控制二者在本质上并无冲突，都是以更好的保障和促进组织目标实现为出发点。具体而言，从历史沿革来看，全面风险管理包含内部控制；从管理对象来看，内部控制的重点仅在内部风险、可控风险、非决策性风险的管理上，而全面风险管理还包括对外部风险、不可控风险、决策性风险的管理；从工作关系来看，内部控制是全面风险管理的基础和子系统，全面风险管理是内部控制的一种扩展。由于内部控制和全面风险管理存在不同的出台背景及监管背景，二者各自工作的立足点和侧重点有所差异，需要合理统筹，明确工作分工并密切配合。

3. 全面风险管理与三道防线

全面风险管理需要三道防线相互协作。业务部门是第一道防线，是风险管理的责任主体；风险管理部门是第二道防线，要对风险管理体系和机制的建立和运行进行组织推动和协调；审计部门是第三道防线，对风险管理效果进行独立评价。具体三道防线的分工可参照本书第 2 章第 2 节对"三道防线"共同管理风险的描述。

8.1.2.2 企业全面风险管理体系框架

《中央企业全面风险管理指引》规定的企业全面风险管理体系框架包括四个部分：

- 全面风险管理的目标和策略；
- 实现风险管理目标和策略的保障体系，包括组织体系、制度体系和信息系统；
- 全面风险管理的基本流程，包括风险信息收集、风险评估、风险应对、监控预警、监督评价与改进等五个环节；
- 风险管理文化，牢固树立风险无处不在、风险无时不在、严格防控纯粹风险、审慎处置机会风险、岗位风险管理责任重大等意识和理念。

其中目标和策略是风险管理体系建设和运行的基石和根本方针；保障体系要素包括组织体系、制度体系、信息系统等，是实现风险管理目标、实施风险策略和运行风险管理流程的基本平台；风险管理的基本流程是实现目标和实施策略的动态循环及持续优化的过程；风险管理文化是保证目标策略能够达成，保障体系能够正常运转、流程能够有效运行的根本保障。上述几方面相辅相成，是全面风险管理体系的有机组成部分。

8.1.3 银监会全面风险管理框架

8.1.3.1 提出背景及意义

2004 年 2 月，银监会出台了《商业银行资本充足率管理办法》[①]，建立了审慎资本监管制度。多年来，银监会积极运用资本监管，督促商业银行多渠道筹集资本，初步建立了资本约束机制；银监会通过设定逆周期资本要求、不同银行的差异化资本要求和调整部分高风险资产权重，引导信贷资源配置，配合宏观调控的实施，防范系统性风险；银监会发布了一系列实施《巴塞尔协议 II》和《巴塞尔协议 III》的监管规章，指导国内大型商业银行强化风险治理、改进风险管理计量工具、提升全面风险管理能力。近年来，国内银行资本充足率明显提高。银监会数据显示，2015 年年底，1 010 家国内银行全部达到资本充足率监管要求，加权平均资本充足率达到 13.45%，核心资本充足率达到 10.91%。强大的资本实力为国内银行抵御 2008 年金融海啸的严重冲击奠定了坚实基础，确保了国内银行体系的稳健运行。伴随资本监管技术的不断进步和监管手段的日趋成熟，以及国内银行较高的资本充足水平和较好的资本质量，银监会于 2012 年 6 月 8 日发布《商业银行资本管理办法（试行）》[②]，并于 2013 年 1 月 1 日起实施。

银监会于 2016 年 9 月 27 日发布了《银行业金融机构全面风险管理指引》（以下简称"《指引》"）。作为我国银行业全面风险管理的第一份统领性文件，《指引》在推

---

① 《商业银行资本充足率管理办法》（银监会令〔2004〕2 号）。
② 《商业银行资本管理办法（试行）》（银监会令〔2012〕1 号）。

动银行业尤其是农村中小金融机构在真正树立全面风险管理意识、培育稳健的风险文化、健全风险管理治理架构、强化全面风险管理机制建设、提升风险管理精细化水平等方面具有重要的现实意义，也界定了全面风险管理的内容、要素和原则。

《指引》的起草主要基于以下思路：一是形成系统化的全面风险管理规制。二是提出风险管理的统领性框架，强化全面性和关联性视角。三是提高可操作性，提供全面风险管理和监管指南。四是引入《有效银行监管核心原则》最低标准，反映国际监管改革最新成果。五是充分考虑各类机构的差异化情况。六是注重与已有规制的衔接。

8.1.3.2 整体架构

《指引》共8章54条，包括总则，风险治理架构，风险管理策略、风险偏好和风险限额，风险管理政策和程序，管理信息系统和数据质量，内部控制和审计，监督管理及附则，强调银行业金融机构按照匹配性、全覆盖、独立性和有效性的原则，建立健全全面风险管理体系并加强外部监管等。

总则部分明确了全面风险管理涉及各类风险的具体范围，明确了全面风险管理的构成要素及涵盖的内容；强调按照匹配性、全覆盖、独立性和有效性原则，建立健全全面风险管理体系，将风险管理由条块管理上升为体系建设。

《指引》明晰了全面风险管理治理结构的具体要求；厘清了董事会、监事会、高级管理层、业务部门、风险管理部门和内审部门在风险管理中的职责分工；要求银行业金融机构确定业务条线承担风险管理的直接责任，风险管理条线承担政策和流程、日常监测和管理风险的责任，内审部门承担业务部门和风险管理部门履职情况的审计责任。

《指引》强调规模较大的机构应设立风险总监（首席风险官），第一次在银行业金融机构的监管指引中明确了风险总监（首席风险官）在风险治理架构中的定位；在资源保障方面，提出应当给予全面风险管理职能部门和各类风险管理部门充足的资源、独立性和授权，有效解决了风险管理部门定位不清、履职不到位的问题。

《指引》强调了全行性风险管理策略、风险偏好和风险限额管理的重要性。《指引》从顶层设计的角度突出了风险偏好和风险限额管理的要求，明确银行业金融机构应制定书面的风险偏好，对风险偏好的设定应当与战略目标、经营计划、资本规划、绩效考评和薪酬机制相衔接，在全行传达并执行，对风险偏好的内容、执行、调整及限额管理的政策程序等也提出了具体管理要求；通过董事会风险偏好管理和高级管理层风险限额的落地执行，真正将各类风险管理提升到全行战略层面。

《指引》突出了信息系统管理和数据质量管理的新要求。《指引》以单独章节阐述了风险信息系统建设的目标、功能定位及相配套的信息科技基础设施建设要求，对银行业金融机构提升系统建设、加强数据质量管理具有重要作用。

8.1.3.3 全面风险管理建设的难点

以下将以《指引》为蓝本，对银行业金融机构进行全面风险管理建设的难点进行介绍，对其他金融机构也有一定借鉴意义。

1. 风险文化

风险文化是风险管理体系的灵魂，同时也是企业文化的重要组成部分，是企业文化的理念体系和行为规范在企业风险管理过程中的具体体现，是企业风险管理活动中各个层面员工认同并自觉遵守的风险管理理念、风险价值观念和风险管理行为规范。风险管理文化是风险管理体系所有其他构成要素的基础，为其他要素提供了约束和结构。

2. 风险治理架构

根据《指引》要求，银行业金融机构需要建立组织架构健全、职责边界清晰的风险治理架构，明确董事会、监事会、高级管理层、业务部门、风险管理部门和内审部门在风险管理中的职责分工。明确清晰的风险治理架构是有效开展风险管理工作的必备前提。目前主流的企业风险治理架构是由四个层级和三道防线组成的，是一个立体的风险管控架构。其中，四个层级包括董事会及其下设的风险管理委员会、高级管理层及其下设的风险管理委员会、各风险管理中台部门（如风险管理部、法律合规部等）、各业务部门。各业务部门、各风险管理中台部门、审计部门构成企业风险管理的三道防线，共同发挥事前识别与防范、事中监测与控制、事后监督与评价职能，相互协作，分层次、多方面、持续性地监控和管理企业面临的各类风险。

3. 风险偏好、风险限额和风险调整绩效指标（RAPM）

完整、有效、清晰的风险治理框架能为企业建立多层次、相互衔接、有效制衡的风险管理运行机制，保障企业能够根据自身的经营策略制定风险管理策略，在风险管理策略制定时，需要反映企业的风险偏好，并保证其在各部门之间得到充分传导。

4. 风险管理政策和程序

风险管理政策和程序的制定是帮助企业开展日常风险管理工作的载体，《指引》强调，"银行业金融机构应当制定每项业务对应的风险管理政策和程序。未制定的，不得开展该项业务"。

（1）政策制度体系

完善健全的政策制度体系是全面风险管理体系发挥作用的重要保障。建立风险管理政策制度体系的目标是建立一个与企业复杂性、企业文化、组织架构、业务活动相适应且能够及时随市场环境变化而更新的制度环境体系。这就需要企业在建立不同层级政策制度的同时，建立相应的政策制度更新与重检制度。

（2）风险管理程序

第一，风险识别。

风险识别是指对影响企业实现目标的潜在事项或因素予以全面识别，进行系统分类并查找出风险原因的过程。风险识别主要包括：

- 初始风险识别：在进行重大投资，开发新业务和发行新产品之前，风险管理部须经过风险识别并按规定向企业管理层报告；
- 持续风险识别：当宏观经济、市场环境、内部风险环境发生重大变化时，风险管理部须研究该变化将对本企业产生的各种影响，必要时应提交风险管理委员会审议；
- 定期风险识别：风险管理部须定期（至少每年）识别本企业是否面临新的实质性风险，并向企业管理层报告。

第二，风险计量。

风险计量是用模型和评估的手段使得各类风险可以通过各类指标的方式进行量化。风险计量应全面涵盖经营中涉及的可量化风险，如信用风险、市场风险与流动性风险。其中，信用风险的计量范围包括信用增进业务和投资业务所涉及的交易对手、发行体及业务相关的信用风险；市场风险的计量范围包括交易性市场风险和非交易性市场风险，可从单笔和组合层面计量敏感性、在险价值、公允价值、集中度等多维度的风险指标；流动性风险的计量范围包括融资流动性风险和资产流动性风险，可结合资产负债表识别信用增进业务和投资业务可能存在的流动性缺口，并结合信用风险的计量分析不同流动性资产与信用增进所产生的不同期限的或有负债的匹配程度。

第三，风险监控与报告。

风险监控是指企业应对业务及整体风险进行有效监控，并建立前、中、后台部门风险监控分工协作机制。业务部门作为风险管理第一责任组织，应秉持全员风险管理理念，并指定专人对本部门业务开展过程中的各类风险进行有效监控，将风险限额监控情况及相关风险异常情况及时报告业务部门负责人、风险管理部及相关控制与支持部门。

风险报告是指在日常风险监控的基础上，针对具体风险事件向上级组织、相关控制和支持部门乃至监管机构进行报告。由风险管理部负责监控企业整体及各业务部门风险限额执行情况，并以日报、月报、季报、年报及风险管理专项报告的形式，向企业高级管理层提交相关报告，并按监管机构要求填报风险报告。企业高级管理层定期向董事会报告企业风险状况，及时汇报重大风险。

第四，风险应对与处置。

风险应对与处置是指企业根据风险识别、计量、监控及预警等情况，针对不同类别、不同发生可能性及不同损失程度的风险，建立合理、有效的风险应对与缓释机制，包括但不限于流动性储备管理、风险对冲、规模调整、资产减值、资本补足等应对机制，积极使用抵质押品、外部担保、衍生金融工具等进行风险缓释和对冲，制定适当的风险控制措施进行管理，并且将已发生的风险事件对企业所造成或可能造成的影响降至最低程度。同时，针对经营管理活动中发生的重大、突发、异常风险事件，设立临时风险应急处理小组，在遵循及时、有效、迅速及依法披露等原则的前提下，负责进行评估、制定应急处置方案并组织相关部门迅速、有效地完成应急处理及恢复计划，以保障企业持续运营和符合监管要求。在此过程中，必须认识到风险缓释工具或方法可能引发的其他风险，应予以高度重视并加以妥善应对。

第五，经济资本管理。

经济资本是随着现代金融机构风险管理的发展而出现的新概念，它并不一定等同于真实的账面资本，而是金融机构风险管理的一种工具。经济资本又称为风险资本，是指金融机构管理层内部评估的、在一定置信水平下用来缓冲资产和业务非预期损失的资本。

经济资本管理至少应包括经济资本计量、经济资本配置和绩效考核等内容。在实践中，经济资本主要针对信用风险、市场风险和操作风险进行计量。

第六，整合压力测试。

压力测试是一种风险管理和监管分析工具，用于分析假定的、可能发生的极端不利情景对企业整体或资产组合的冲击程度，进而评估其对企业资产质量、盈利能力、资本水平和流动性的负面影响。压力测试有助于对企业脆弱性做出评估判断，并采取必要措施。企业定期进行压力测试，计量各种压力情景下企业各项风险指标和财务指标的变化情况，评估企业整体风险承受能力，确保企业在压力情景下的风险可测、可控、可承受。同时，针对压力情景下企业可能承担的风险，制定风险应急措施，保障企业在压力情景下的可持续经营。

5. 风险管理信息系统和数据质量控制机制

《指引》对风险管理信息系统提出的要求是"能够帮助金融机构在集团和法人层面计量、评估、展示、报告所有风险类别、产品、交易对手风险暴露的规模和构成"。同时，风险管理系统的建设及管理过程需要有稳健的数据质量控制机制予以辅助。

（1）风险管理信息系统

风险管理信息系统是全面风险管理体系中的重要构成，为进行风险评估、实施风险管理解决方案、执行风险管理的基本流程、运行内部控制系统提供必需的技术基础。企业应根据业务发展和风险管理的需要，持续建设、维护与完善风险管理信息系统，以便有效计量、监控和报告企业整体风险及各类风险。

（2）风险数据管理

风险数据管理是为满足企业内部信息需求，提升企业信息服务水准而制定的相关流程、政策、标准及相关技术手段，用于保证信息的可用性、可获取性、高质量、一致性及安全性。企业建立风险数据治理机制，对风险管理所需的数据进行全面质量管理，持续提升风险数据的完整性、准确性、合法性、及时性及一致性，并维护风险数据的完全性。各业务部门、控制和支持部门应对所提供的业务数据的及时性、准确性和完整性负责。

6. 风险管理环境

风险管理环境包括内部环境与外部环境，内部环境与外部环境共同作用于企业建立的风险管理体系。

从广义角度来说，内部环境包括但不限于治理、组织结构、角色和责任，政策、目标、实现这些目标的战略，能力、资源和知识（如资本、时间、人、流程、系统和技术），内部利益相关者的价值观与组织文化之间的关系，信息系统、信息流（正式的和非正式的）和决策流程，标准、指引和组织采用的模式等；外部环境包括但不限于社会和文化、政治、法律、监管、金融、技术、经济、自然环境及竞争环境。

从狭义角度来说，影响一个企业风险管理体系建立的最直接的内部及外部环境要素分别为内部的业务模式与外部环境中的监管要求，前者决定了企业面临的风险及风险管理体系的复杂程度，后者则对企业风险管理体系提出了直接要求。

8.2 金融市场风险管理与全面风险管理的关系

金融市场业务是银行、保险公司、证券公司等经营整体业务的一部分,因此金融市场风险管理自然也是企业全面风险管理中不可或缺的一部分,两者既有联系,又各有特点。本节通过一个情景模拟的虚拟案例对两者的分工及特点进行描述。

【案例8-1】

金融市场风险管理与全面风险管理情景模拟

某商业银行总部设在北京,该行在中国内地设有分支机构数千家,在中国香港、中国台湾地区,以及纽约、伦敦、法兰克福、新加坡、东京、悉尼、墨尔本等地设有分行或代表处,并拥有涉及基金、保险、信托及租赁、消费金融等多家控股与参股子公司,为客户提供全面的金融服务。

该行金融市场部属于该行全面风险管理体系的第一道防线,在金融市场业务中,主要负责根据风险管理政策和程序开展各类交易业务,重点关注市场风险,尤其是交易产品日间以及交易层次的市场风险。其中,部门内部还分为前、中、后台三个小组。其中,前台小组由交易员组成,负责提出交易组合的交易策略并在交易组合内部分配和监控限额;中台小组由风控人员组成,一方面按照风险管理部的要求,负责日间限额的监控,包括止损限额、敏感性限额和敞口限额等,同时核对交易数据字段信息,检查交易价格合理性,确保市场基准价与实际交易价格的偏离度在合理范围内,另一方面按照法律合规部要求,做好金融市场业务操作风险、合规风险和法律风险的管理;后台小组由运营及簿记人员组成,负责维护日常交易产生的数据和信息。

该行风险管理部和法律合规部是该行全面风险管理体系的第二道防线。在金融市场业务中,风险管理部主要负责通过模型独立计量金融市场部所面临的风险,尤其是市场风险、信用风险等,监控金融市场部的风险限额,并通过预警函等方式进行提醒。风险管理部还要对金融市场部的产品创新出具风险评估意见。法律合规部主要负责指导金融市场部开展合规管理及法律事务工作,重点把控操作风险、合规风险和法律风险,督促金融市场部在业务中实现监管合规,并在全行内部控制体系内跟踪检查内外部审计及监管检查所发现问题的改进措施的实施情况。

审计部是该行全面风险管理体系的第三道防线,在金融市场业务中,负责监督评价金融市场部中前两道防线的工作职能在全行范围内是否能得到有效执行。

基于上述分工,假设交易小组在部门总经理张某的安排下,对交易风险设定如下风险偏好:

交易风险	个人风险
头寸	指标值
同类持仓总计	1 000 000 万元
Delta	100 万元
Gamma	80 万元

（续表）

交易风险	个人风险
Vega	25%
Rho	30%
VaR	10 000 万元

金融市场部的交易员宋某负责行内的所有与黄金有关的交易。某一个交易日当前黄金价格为每盎司 1 800 元。下表是他当天临近结束时所持有的交易组合：

头寸	价格
黄金即期价	180 000 元
远期合约	−60 000 元
期货	2 000 元
互换	80 000 元
期权	−110 000 元
奇异型产品	25 000 元
总计	117 000 元

在每个交易日结束时，宋某都需要评估持仓组合的不同类型希腊值字母风险（Greek letter/Greeks）。宋某发现他所持有的交易组合的当前价值为 117 000 元，他做了一个测算发现目前持仓的 Delta 为 −1 000（假设），即对应于每一元黄金价格的上涨，交易组合会损失 1 000 元。而中台小组对每个交易员设定的最高持仓 Delta 必须为 0。因此，宋某为了满足中台小组的要求，需要将 Delta 风险降为 0，便在交易平台进行询价，并向交易对手某商业银行购买了 1 000 盎司的黄金。这是因为当黄金价格每盎司增加 1 元时，持有 1 000 盎司黄金会产生 1 000 元的收益，使原持仓交易组合与买入的黄金叠加后 Delta 为 0，符合了中台小组的要求，实现了 Delta 中性（Delta neutral）。在完成这笔交易后，宋某发现，虽然当日的持仓交易组合已经实现了 Delta 中性，但是其他的希腊值字母风险增加了，例如，Gamma 到了 −95 万元，Vega 为 45%。由于交易员宋某没有发现合适的对冲产品，同时风险指标也没有超过中台小组设定的限额，因此决定暂时保持，并根据未来的持续交易进行调整。

这一决定被部门中台小组的风控人员李某及时监控到。李某将宋某的持仓风险与部门整体交易风险偏好进行对比，确认其交易风险暂时可控，但是发现宋某持仓组合中的 Gamma 较大，会导致其交易组合的 Delta 变化较快，且绝对值已经接近部门设定的阈值，因此向宋某发出预警，提示他注意自己的持仓风险，尽快进行有效的对冲。李某同时汇总了前台小组其他交易员的持仓交易组合情况，形成部门当日市场风险监控信息并向部门总经理张某进行了汇报，并同时将结果反馈至该行风险管理部。

风险管理部的郑某在收到金融市场部的风险信息后，结合该行其他业务部门的各类风险信息进行汇总分析，并对该行本月的监管资本进行调整。同时考虑各业务部门反馈的风险信息是否会对企业的声誉、战略产生影响，为监管报表的填写及风险管理报告的撰写准备素材。

之后的几个交易日，由于一系列的政治及经济事件影响，全球的金融市场受到较大打击，导致黄金的避险作用增加，黄金价格大涨，市场对黄金的需求加大，宋某作为交易员，收到了大量的单一方向交易需求。为了满足各方的交易需求，宋某在完成了各种交易后，持有的黄金交易组合风险呈现单方向的增加。受到部门风险管理偏好的约束，交易员宋某必须在交易市场上寻找各类交易对手，尝试通过不同的金融产品或其他交易渠道进行风险对冲。但是由于市场对黄金的预期过度趋同，市场上风险趋向的逆势投机者不足，导致宋某发现自己现有持仓交易组合的对冲难度快速增加。

为了保证自己持仓交易组合的风险不超过部门风险偏好限制，宋某开始投资一些未获得部门交易授权的场外金融产品。他与交易对手黄某串通，伪造了一系列虚假文件，以确保交易过程不会在短期内被发现。宋某进行这笔违规交易的原因一方面是受中台小组的控制压力，另一方面判断黄金的单边上涨会在短期内结束，因此可以在短期内把违规交易终止。

由于宋某和黄某伪造的文件表面上看来完全合规，同时这些文件所代表的"交易"使得宋某的持仓交易组合风险貌似降低了，部门中台小组的李某没有对文件和交易内容进行进一步核实，也没有发现该笔违规交易的真正内核，依然按照原管理策略对部门的交易风险进行日常监控。但是黄金市场的情况并未如宋某预料的一样很快归于平静，相反在短期内黄金市场活跃趋势继续保持，黄金价格继续上涨。

某日，交易所披露，宋某的交易对手黄某所在的企业因涉及大额违规交易而被监管机构监察，并要求各市场参与机构彻查自己的交易合规情况。该行风险管理部获得此监管信息后，联合法律合规部组织金融市场部检查交易合规情况，发现了宋某的大额违规交易情况，并发现这已严重违反该行合规交易准则。在评估违规操作对该行风险监管影响（如遭受现金处罚或降级）的同时，风险管理部对可能发生的声誉风险进行了评估，联合法律合规部、金融市场部共同制定了应急措施，对现有的交易对手进行了清查，并准备了相关的说明资料，及时对外进行事件情况、面临的影响及解决措施等方面的披露。同时，法律合规部中的内控条线负责人马某组织金融市场部中台小组李某及其他相关人员，对本次交易存在的操作流程重新梳理，对交易对手授权、交易执行等环境进行优化，以保证在未来交易过程中，杜绝此类事件的再次发生。

如该行风险管理部的预期，该行违规交易事件不胫而走，银行声誉受到极大影响，在交易市场中的合规交易能力受到质疑，导致大量用户提出平仓需求，最后甚至影响到了银行的整体运营能力。但由于该行在处置风险时妥善做好了风险应急方案的准备，保证了其重要客户在事件造成严重影响前已经得到安抚，对该行交易业务的影响被控制在了可承受的范围之内。

最后，该行审计部对本次违规事件的部门及个人责任进行认定，评估损失并将此事件作为全年重大影响事件进行整理归档。

8.2.1 与全面风险管理的一致性

无论是全面风险管理、金融市场风险管理，还是其他的风险管理模式，在根本上只是针对不同环境、不同业务条线、不同表象的风险采用相似的方法论进行更好管理的过程。因此，全面风险管理与金融市场风险管理，在管理的理论框架及基本架构上具有显著的一致性。

8.2.1.1 风险定义一致

不论对于金融市场风险管理还是全面风险管理，我们评估及管理的"风险"均为实现某一目标的不确定性，而非直接损失。

从案例 8-1 中可以发现，对于金融市场风险管理来说，金融市场部的宋某、李某主要通过希腊字母这一风险指标体系来评估持仓交易组合的不确定性（如投资标的价格、波动率、相关性等），他们现有的持仓交易组合无论是已形成了损失，还是本来处于盈利的状态，管理者都需要对交易组合中的风险充分认知。同时，由于不同管理者的风险偏好不同，所以即便针对同样的市场，实际的交易策略及持仓比例也会有很大差异。

对于全面风险管理来说，风险管理部的郑某不仅会考虑现有交易持仓交易组合的希腊字母风险，同时会根据银监会的监管要求计算该业务中所包含的市场风险、信用风险耗用的监管资本及对应的资本充足率，并考虑持仓交易组合变动给监管资本带来的不确定性。另外，郑某还会根据持仓交易组合的流动性情况，评估全行流动性覆盖率等核心流动性指标的监管要求。

8.2.1.2 风险管理框架一致

从 COSO 全面风险管理到《巴塞尔协议Ⅲ》，再从国资委的《中央企业全面风险管理指引》到银监会的《银行业金融机构全面风险管理指引》，不难发现，国内外机构对全面风险管理框架及金融市场风险管理框架的构成是一致的。两者仅是总体与局部、一般与特殊的关系。

无论具体哪一种业务中的风险管理，均是在企业既定的风险管理偏好下，在全员参与的风险管理组织体系中，遵从一致且相互协同的风险管理流程，对该业务或条线中的风险进行识别、评估、监控、应对及报告的。

8.2.2 金融市场风险管理的特殊性

虽然金融市场风险管理与全面风险管理在基础理论和管理框架上基本一致，但仍具有自身明显的特殊性。一方面，金融市场中的风险几乎是可量化风险，对于该条线风险管理者的数学建模能力的要求明显高于其他条线，另一方面，由于金融市场业务自身的风险较高，也使各金融机构管理者有强烈的意愿加强对金融市场风险的管理力度。上述特殊性导致金融市场风险管理在管理视角、范围、可量化难易度上存在一定的特殊性。

8.2.2.1 风险管理的视角不同

全面风险管理和金融市场风险管理由于管理者所处的位置及职责不同，在看待风险传导路径及管理侧重点上存在不同。

一方面，可以把全面风险管理看作金融机构"横向"的风险管理手段。金融机构实施全面风险管理的重点不仅是对某一类风险有清晰认知，还需要考虑各风险之间的相互联系、风险的相互转化和传导。对银行经济资本的评估就是考虑各类风险间的相关性，对其进行整合并管理金融机构整体风险大小的典型应用。对于案例 8-1 的情景模拟来说，风险管理部的关注点是金融市场部的整体风险，以及发生风险事件后对全行的影响。例如，宋某的违规交易在交易对手被披露违规后，可能会面临大额处罚，郑某不禁要评估可能出现的直接经济损失，还要考虑事件对全行其他业务的影响，评估企业的整体声誉风险、流动性风险的变化并制定应急策略。

另一方面，从金融市场部中台小组的角度看，金融市场风险管理类似于一种"竖井"式管理。金融市场部需要深入评估外部各类事件对自己持仓的影响，包括价值波动、持仓流动性影响及交易对手违约等，但不会评估自身风险对银行其他业务的影响情况。案例 8-1 中，金融市场部的中台小组更多关注的是持仓交易组合、在险价值及希腊字母风险的范围。在该部门中台小组看来，只要这些指标在外部市场动荡时期仍能保持稳定，该部门的金融市场风险管理就是有效的。

8.2.2.2 风险管理的范围不同

由于风险管理的视角不同，可以简单地发现，两者管理的范围不同。

金融市场风险的管理范围主要包括市场风险、交易对手信用风险、市场流动性风险、操作风险。案例 8-1 中，金融市场部的李某主要关注持仓的价格波动及持仓的希腊字母变动等（市场风险）、持仓市场的规模及流动性（市场流动性风险）、交易对手的声望及前十大交易对手的持仓比例（交易对手信用风险），并确保各交易员的交易过程符合部门的管理流程要求（操作风险）。

但是全面风险管理的工作范围要更加广泛，不仅要包含上述风险，还要涵盖银行的其他风险，如战略风险、声誉风险、合规风险等。例如，郑某在监控到违规交易后，不仅要考虑上述各类风险，还需要将这一事件作为一个触发事件，联合法律合规部及相关部门评估对该行其他各业务条线的连带影响（声誉风险）、是否会受到监管处罚及处罚的类别和程度（合规风险）等。

8.2.2.3 风险管理的可量化难易度不同

用标准统一、数字化的结果管理风险是各企业经营的一大目标，因金融市场业务中数据及管理经验积累丰富、信息系统完备程度较高，故金融市场风险的可量化建模难度要低于全面风险管理的其他对象。

伴随着科技的进步，金融市场信息化、自动化的快速发展帮助金融市场产生并积累了大量的管理数据。长期累积的优质数据为金融市场风险管理提供了坚实的建模基础，这使金融市场风险的管理过程能够获得大量的数据支撑,也使风险量化管理成为金融市场风险管理的一大优势,同时也是帮助金融机构提升风险管理有效性的重要保障(这里我们暂不考虑大规模风险量化可能带来的模型风险)。例如案例 8-1 中,宋某之所以能够通过评估 Delta、Gamma 等希腊字母风险,对持仓风险进行管理,正是源于交易市场大规模、同质性的交易信息,在经过多年的数据源梳理、系统开发、模型准确性验证及实践后形成的体系化管理模式。

然而,并非所有属于全面风险管理范畴的风险都具备建模能力。例如,案例 8-1 中因违规操作而造成的声誉风险,相信在其真正发生之前,很难通过一个可靠的模型去评估可能出现的损失金额,因此在郑某的日常工作中,他通常会联合办公室采用调查问卷、集体打分等定性为主的方式进行风险评估及管理。尽管这种风险非常难以量化,但基于管理者对市场的认知及丰富的管理经验,采用定性的方式评价并快速应对,仍然可以有效地降低这类风险的负面影响。

8.3 全面风险管理视角下的金融市场风险管理

8.3.1 资本框架下的全面风险管理

通过案例 8-1 的情景模拟,我们初步介绍了全面风险管理与金融市场风险间的关系,同时,也对实际金融市场交易过程的风险管理工作做了初步描述。但是,在资本框架下的全面风险管理工作要远多于上述案例的内容。因此本节将尝试在资本框架下,对案例 8-1 中风险管理部郑某的工作进行拓展,对郑某所在风险管理部开展的全面风险管理工作进行说明,讨论的内容主要围绕信用风险、市场风险、操作风险及流动性风险展开,但是本节不对具体用到的管理工具、模型进行扩展,各类风险的具体定义及计量手段详见各对应章节。为了方便理解,以下表述均以郑某为例,而在实际工作之中,可能是由风险管理部多个岗位乃至多个小组进行管理的,请读者予以注意。

8.3.1.1 信用风险

针对信用风险,由于金融市场风险管理只涉及银行自营、代客买卖和做市交易等业务,因此案例 8-1 中,风险管理部的郑某对金融市场信用风险的管理范围限定为金融市场交易过程中的交易对手信用风险。

1. 风险识别

为了防止像黄某这样的高风险交易对手出现,风险管理部联合授信管理部,与金融市场部一同对本行的交易对手进行信用风险评估,并安排授信额度,在制度流程中进行明确授权,并明确要求金融市场部包括宋某在内的交易员们只能与已授权的交易对手开展产品交易。

2. 风险计量

在每位交易员完成当日交易后，郑某会收集、确定各交易对手的持仓集中度情况，以判断各交易对手的潜在信用风险，评估的范围根据需要而定，既可以是简单的只评估个体交易对手或单个法人实体，也可以对多个交易对手进行整合，例如，所有相关实体整合，行业层面或其他债务人组合层面整合，甚至是在区域层面或是国家层面整合。因为工作难度及数据分析过程的资源占用不同，所以风险管理部会对不同层面的交易对手信用风险评估工作安排计划。

风险管理部的郑某与金融市场部的中台小组李某一般会采用风险敞口控制的方式，针对不同业务特性，对不同层级汇总交易对手的风险敞口，不仅要考虑法人实体、管理机构、抵质押品等，还需要考虑在行业、区域、产品等维度的风险敞口集中度。例如，案例8-1中，李某会根据黄金市场、不同交易对手等维度，对宋某的交易对手信用风险进行评估，将宋某的交易敞口分布在各授权交易对手风险敞口限额的约束内。

除上述工作外，郑某还会进行信用风险资本计量，以确保银行有足够的资本去抵御交易对手违约带来的损失。根据银监会规定，郑某可采用权重法与内部评级法评估交易对手信用风险资本。

另外，郑某在每日的敞口与集中度管理中，会对交易对手信用风险开展压力测试，主要目的是确保当出现上述违规交易或更加极端的情况时，企业能够有一定的资本缓冲来争取应对时间，并尽最大限度降低损失。

3. 风险监测与报告

首先，为了确保该银行交易对手信用风险被限制在可控的范围内，风险管理部的郑某会协同金融市场部设定交易对手限额，限额的评估过程将充分考虑交易对手潜在的违约风险、保证金及抵质押品的质量及流动性等，并共同对这些限额进行监控。

其次，对于超过限额或某些交易对手信用风险突然发生恶化时，风险管理部郑某会发出预警，要求金融市场部采取平仓等方式降低风险敞口。平仓策略的制定及执行过程需要考虑金融市场部是否具备足够的速度与精确度对企业复杂的交易对手敞口数据与净现金流进行处理。案例8-1中，即便不考虑违规交易中的重大风险，仅是没有及时有效地评估黄金市场的波动性，以及交易对手黄某的平仓可能性，就能导致宋某的交易给银行带来严重的负面影响。

8.3.1.2 市场风险

针对市场风险，风险管理部郑某需要对包括宋某在内的各交易员的持仓计算市场风险经济资本。

1. 风险识别

风险管理部郑某的风险识别范围同样是其对市场风险的计量范围，主要包括交易账户中的利率风险和股票风险，交易账户与非交易账户中的汇率风险和商品风险。值得注意的是，汇率风险分为结构性外汇敞口和非结构性外汇敞口，可以不对结构性汇率风险暴露计提市场风险资本。

巴塞尔银行监管委员会在2016年1月新发布的监管要求中，扩大了市场风险监管资本计量范围，交易账户中不仅包括利率、汇率、股票及商品风险，同时应包括违约风险和信用利差风险。这些都是郑某应该进行风险识别的范围。

2. 风险计量

（1）市场风险资本计量

郑某在对市场风险资本进行计量时会考虑一般 VaR 和压力 VaR 两部分，同时需要根据回溯测试情况对资本情况进行调整。VaR 的计量过程不作为本节的讨论内容。需要强调的是，郑某在进行压力 VaR 的测算过程中，根据银监会要求，一般选用给该银行造成重大损失的连续的 12 个月期间作为显著金融压力情景，并评估潜在影响。①

（2）估值

风险管理部郑某对交易产品进行估值的目的是从独立于交易员的角度，对交易员实际交易价格的合理性进行判断，判断内容包括模型、数据源等的选取，例如，宋某对其交易产品的价格评估，就需要金融市场部中台小组李某及风险管理部郑某的共同评估。同时，郑某需要定期对模型、参数、数据源等进行验证及调整。

（3）市场风险压力测试

与交易对手信用风险的管理过程一样，郑某也会将市场风险压力测试作为 VaR 模型资本计量的有效补充，会包含定性测试和定量测试，并结合市场风险和流动性风险。在进行压力测试情景设置时，一般会包括三类情景：监管要求情景、历史情景、金融机构自行定义情景。

（4）回溯测试

为了确保模型的有效性，郑某会定期开展对于 VaR 模型的回溯测试，根据回溯测试突破次数对资本附加因子进行调整，这项工作对于管理模型风险极其重要。

3. 风险监测与报告

为了确保该银行在金融市场业务中的市场风险处于可控的范围，风险管理部的郑某会协同金融市场部依据关键的风险计量结果设定市场风险限额，并共同对这些限额进行监控及报告。

郑某需要对其模型的估值结果准确度进行监控，确保其中立的估值始终有效。同时，郑某会每月对各交易员、各产品成交价格进行独立评估及汇报。郑某还会根据监管机构要求定期填报风险报表及报告。

8.3.1.3 操作风险

针对操作风险，风险管理部郑某会联合法律合规部对金融交易过程中，由于不完善或有问题的内部程序、员工和信息科技系统，以及外部事件所造成损失的风险进行评估。评估范围包括法律风险，但不包括合规风险和声誉风险，这部分内容详见下文合规、声誉等其他风险管理部分的描述。

---

① 《商业银行资本管理办法（试行）》（银监会令〔2012〕1号）中附件11"市场风险内部模型法监管要求"。

1. 风险识别

与市场风险、交易对手信用风险不同，操作风险的识别主要是对银行内部风险的识别。郑某会联合法律合规部采用梳理并搭建业务流程、制定关键风险点和核心控制点的方式，协同金融市场部，共同完成金融市场存量业务及新增业务的操作风险识别工作。

2. 风险计量

根据巴塞尔银行监管委员会及银监会相关规定，操作风险的资本计量可以使用基本指标法、标准法（或代替标准法）和高级计量法。根据不同业务的数据积累及实际需求，郑某会采用不同的方法评估各业务的操作风险。

3. 风险监测与报告

风险管理部郑某主要通过政策制度、流程和系统，内部控制及适当的风险缓释与转移措施来对操作风险进行控制与缓释，需要注意的是，金融机构不应以风险转移工具取代对业务操作风险的内部管控。金融市场部中台小组李某会定期收集金融市场业务的日常操作及控制情况，反馈至风险管理部并协助完成操作风险的例行报告。针对案例中的重大违规事项，郑某还会要求李某完成专项整治报告，并安排对现有流程进行梳理及完善。

8.3.1.4 流动性风险

针对流动性风险，郑某会针对金融市场部持仓市场的流动性情况、现金流预期进行管理。

1. 风险识别

郑某会对交易员的各类交易产品的每一项主要头寸流动性情况进行识别，并评估新增交易对现有头寸流动性的影响。

2. 风险计量

针对现有持仓，郑某一般会联合资产负债部建立现金流缺口模型，根据交易产品的交割计划及对冲计划，评估企业流动性水平。由于企业流动性情况不仅受到金融市场交易的影响，所以郑某流动性风险的评估范围还要包含银行表内资产、负债和表外业务的每一项重要头寸。

同时，郑某还会设定不同的情景进行流动性压力测试，制订相应的应急计划，组织各部门定期进行演练。金融市场业务中可能涉及的流动性压力情景一般包括自身传出负面消息，信贷评级被下调，股价下跌，信贷违约掉期或优先级与劣后级债项的息差扩大，交易对手开始就其承担的信贷风险要求提供额外的抵押品或拒绝就提供无抵押或较长期的贷款达成新交易，代理银行的可用信贷额度减少，以及在获取长期融资或配售短期负债（如商业票据）方面遇到困难等。[①]

3. 风险监测与报告

为了确保银行流动性风险处于可控的范围，风险管理部的郑某会协同金融市场部、资产负债部设定流动性预警指标并进行定期（如每日）监控及报告。

---

① 《商业银行流动性风险管理办法（试行）》（银监会令〔2015〕9号）。

8.3.2 合规、声誉等其他风险管理

银行风险的第二道防线在进行全面风险管理工作时,不仅需要关注金融市场业务中的上述四类风险,还需要对一些难以量化,但对金融机构健康发展至关重要的其他风险,如合规风险、声誉风险等进行管理。

8.3.2.1 合规风险

本节讨论的合规风险是指金融机构因没有遵循法律、规则和准则而可能遭受法律制裁、监管处罚、重大财务损失和声誉损失的风险。[①]

法律合规部应定期采用现场审核的方式对各项政策和程序的合规性进行测试,询问政策和程序上存在的缺陷。在案例8-1中,针对宋某违规交易、李某中台小组风险管理疏忽等行为进行责任认定与追究,并采取有效的纠正措施,及时改进经营管理流程,适时修订相关政策、程序和操作指南。

8.3.2.2 声誉风险

本节讨论的声誉风险是指由金融机构经营、管理及其他行为或外部事件导致利益相关方对商业银行负面评价的风险。声誉事件是指引发金融机构声誉风险的相关行为或事件。重大声誉事件是指造成银行业重大损失、市场大幅波动、引发系统性风险或影响社会经济秩序稳定的声誉事件。[②]

声誉风险的管理部门(如总行办公室)会建立一整套识别声誉风险的流程和程序,明确主要声誉风险的来源及可能的潜在后果,确保识别出的风险能够得到审查,同时建立声誉风险应急处理机制,确保声誉风险事件发生后能够得到有效处置。在类似案例8-1的情况出现时,郑某会根据实际影响情况触发相应的响应机制,并通知办公室及各业务部门开展应急响应,将声誉损失降至最低。

8.3.2.3 模型风险

本节讨论的模型风险是指因模型设计有本质性错误,或者缺乏模型使用目的、模型使用过程、模型管理和控制方面的知识(错误数据及错误假设等原因),导致金融机构因使用模型结论而给企业经营目标带来不确定性的风险。

金融机构风险管理工作中存在大量的量化模型,例如,案例8-1中,金融市场部所制定的各项风险偏好、风险管理部进行的各类风险资本计算及估值等,均涉及计算模型,而计算结果将直接用于业务决策和报告等核心环节,因此模型风险管理是保证各类信息能够正确使用的前提。为了保证模型风险能够得到有效监控,案例8-1中风险管理部的郑某可以采用的管理措施主要包括模型验证及文档管理。通过模型验证,郑某可以保证

---

① 《商业银行合规风险管理指引》(银监发〔2006〕76号)。
② 《商业银行声誉风险管理指引》(银监发〔2009〕82号)。

其提供的估值结果及风险监控结果准确并支持报告结论;通过文档管理,能够帮助郑某及时回看模型的开发与实施理论、模型验证过程、模型使用效果等。这些都是模型风险管理的核心保障。

本章小结

本章第 1 节主要介绍全面风险管理的基本框架,从国内外代表机构出台的全面风险管理指引、办法出发,说明全球对风险管理的重要性及管理框架的主要构成已形成统一意见;同时,分别介绍国资委《中央企业全面风险管理指引》及银监会《银行业金融机构全面风险管理指引》所包含的全面风险管理要求。第 2 节介绍全面风险管理与金融市场风险管理的关系。金融市场业务是银行、保险公司、证券公司等经营整体业务的一部分,金融市场风险管理自然也是企业全面风险管理中不可或缺的一部分,两者既有联系,又各有特点。一方面,无论是全面风险管理、金融市场风险管理还是其他的风险管理模式,在根本上只是针对不同环境、不同业务条线、不同表象的风险采用相似的方法论进行更好管理的过程,两者的理论框架及基本架构具有显著的一致性;另一方面,由于金融市场中的数据累积程度、业务发展程度及企业管理者对金融市场风险偏好体现了较强的业务特点,导致金融市场风险管理在管理视角、范围、工具上存在一定的特殊性。第 3 节主要介绍全面风险管理视角下如何进行金融市场风险管理。在全面风险管理框架下,金融市场风险的管理范围除包含市场风险、交易对手风险、流动风险及利率风险外,还应包含合规风险、声誉风险等其他风险,同时各类风险的管理框架应基本保持一致。特别地,为了帮助读者了解本章的阐述内容,本章从第 2 节开始尝试引入一个虚拟案例,并通过情景模拟与案例分析的形式对本章第 2 节、第 3 节的内容进行介绍。但需要注意,情景模拟存在片面性及虚拟性,在实际业务操作过程中,风险管理内容应尊重各企业的实际管理文化差异,真实情况可能会与情景模拟出现偏离,请读者以实际业务逻辑出发开展日常风险管理工作。

本章重要术语

全面风险管理　内部控制　COSO 委员会　合规风险　声誉风险　模型风险

思考练习题

一、不定项选择

1. 单选:(　　)不是全面风险管理的要素。
A. 内部环境　　　　B. 目标设定
C. 风险偏好　　　　D. 信息交流

2. 多选:企业全面风险管理基本流程包括(　　)。
A. 风险管理评价与改进
B. 风险应对　　　　C. 内部环境
D. 监控预警　　　　E. 风险评估

3. 多选:目前企业风险偏好体系由(　　)几大核心要素构成。
A. 风险计量　　　　B. 风险偏好
C. 风险评估　　　　D. 风险容忍度

E.业务风险限额

4. 多选：风险计量的定量分析方法有（   ）。
A. 在险价值　　　　　B. 信用分析
C. 压力测试　　　　　D. 损失数据收集
E. 内部评级等模型

5. 多选：信用风险的计量方法有（   ）。
A. 结构化模型法　　　B. 风险价值
C. 历史统计模型法　　D. 相关性度量
E. 缺口分析

6. 多选：市场风险的计量方法有（   ）。
A. 外汇敞口分析　　　B. 简约化模型法
C. 敏感性分析　　　　D. 情景分析
E. 压力测试

7. 多选：流动性风险的计量方法有（   ）。
A. 相关性度量
B. 资产负债表分析（静态方法）
C. 结构化模型法
D. 现金流方法（动态分析）
E. 缺口分析

8. 多选：信用风险主要考虑（   ）。
A. 违约概率　　　　　B. 违约损失率
C. 风险集中度　　　　D. 风险敞口
E. 期限

9. 单选：（   ）是计量市场风险最常用的技术。
A. 外汇敞口分析　　　B. 在险价值（VaR）
C. 敏感性分析　　　　D. 结构化模型法

10. 多选：风险管理的内部环境包括（   ）。
A. 法律　　　　　　　B. 治理、组织结构
C. 监管　　　　　　　D. 战略
E. 组织采用的模式

11. 多选：风险管理的外部环境包括（   ）。
A. 政治　　　　　　　B. 金融
C. 目标　　　　　　　D. 经济
E. 信息系统

12. 多选：监管对于市场风险的计量范围进行了明确界定，包括（   ）。
A. 交易账户中的利率风险
B. 交易账户中的汇率风险
C. 交易账户中的股票风险
D. 交易账户中的商品风险
E. 非交易账户中的汇率风险

13. 单选：巴塞尔银行监管委员会在2016年1月新发布的监管要求中，扩大了市场风险监管资本计量范围，交易账户中增加了（   ）。
A. 利率　　　　　　　B. 股票风险
C. 商品风险　　　　　D. 违约风险

14. 多选：计量利率风险的常用方法包括（   ）。
A. 久期分析　　　　　B. 压力测试
C. 缺口分析　　　　　D. 敏感性分析
E. 情景模拟

15. 多选：操作风险高级计量方法包括（   ）。
A. 损失分布法　　　　B. 情景分析法
C. 内部衡量法　　　　D. 敏感性分析
E. 打分卡法

二、判断

1. 相对于操作风险和市场风险，信用风险的量化更为困难。（   ）

2. 风险管理信息系统是全面风险管理体系中的重要构成，为全面风险管理体系中进行风险评估、实施风险管理解决方案、执行风险管理的基本流程、履行内部控制系统提供必需的技术基础。（   ）

3. 交易对手信用风险资本有两种计量方法，分别为权重法与内部评级法。（   ）

4. 特定市场风险资本在计量时包括一般VaR和压力VaR两部分，同时需要根据回溯测试情况对资本情况进行调整。（   ）

5. 对于合规风险的监控方式主要为收集、筛选可能预示潜在合规问题的数据，如消费者投诉的增长数、异常交易等，建立合规风险监测指标，按照风险矩阵衡量合规风险发生的可能性和影响，确定合规风险的优先考虑序列。（   ）

6. 风险管理治理架构包含两个核心要素，即风险管理组织架构和政策制度体系。（   ）

三、简答

1. 2004年9月COSO委员会正式提出了《全面风险

管理——整合框架》,明确指出风险管理包含内部控制,内部控制是组织风险管理不可分割的一部分,内部控制是管理风险的一种方式,风险管理比内部控制范围广得多。试述风险管理相较内部控制在哪些方面做出了创新。

2. 简述全面风险管理和内部控制的关系。

3. 简述企业全面风险管理体系框架。

4. 如何看待金融市场风险管理与全面风险管理的一致性?

5. 相对于全面风险管理,金融市场风险管理具有哪些特殊性?

参考文献

[1]《保险公司偿付能力管理规定》(保监发〔2008〕1号).

[2]《保险公司风险管理指引(试行)》(保监发〔2010〕89号).

[3]《人身保险公司全面风险管理实施指引》(保监发〔2007〕23号).

[4]《商业银行合规风险管理指引》(银监发〔2006〕76号).

[5]《商业银行流动性风险管理办法(试行)》(银监会令〔2015〕9号).

[6]《商业银行声誉风险管理指引》(银监发〔2009〕82号).

[7]《商业银行资本充足率管理办法》(银监会令〔2004〕2号).

[8]《商业银行资本管理办法(试行)》(银监会令〔2012〕1号)附件11"市场风险内部模型法监管要求".

[9]《商业银行资本管理办法(试行)》(银监会令〔2012〕1号).

[10]《银行业金融机构全面风险管理指引》(银监发〔2016〕44号).

[11]《证券公司风险控制指标管理办法》(证监会令第125号).

[12]《证券公司全面风险管理规范》(证券业协会第五届理事会第二十次会议审议通过,2016年12月30日发布).

[13]《中央企业全面风险管理指引》(国资发改革〔2006〕108号).

相关网络链接

ISO 31000 的官方网址:https://www.iso.org/obp/ui/#iso:std:iso:31000:ed-1:v1:en

银监会网站:http://www.cbrc.gov.cn/chinese/home/docView/2811.html

第 9 章
中国的金融监管框架

谢大强　孙颢文（天风证券）

本章知识与技能目标

通过本章学习，读者应能够：
◎ 了解国内监管框架的历史脉络及各阶段的基本特征；
◎ 掌握国内主要金融监管机构的职责和分工；
◎ 了解宏观审慎的概念和形成背景；
◎ 理解国内宏观审慎框架的要求及加强风险评估和监管的重要性。

■ 9.1　国内金融监管体制的历史沿革

中国金融监管体制的形成和发展是与国内经济发展和金融体制改革紧密联系在一起的。自改革开放以来，中国金融监管体系改革大致经历了三个发展阶段：第一阶段，1978—1992 年，中国人民银行的统一监管时期；第二阶段，1993—2003 年，分业监管体系的形成与发展时期；第三阶段，2004 年至今，混业经营下分业监管体系的发展与转型时期。

9.1.1 中国人民银行的统一监管时期（1978—1992年）

从金融监管体系发展的历程来看，这一阶段又可以分为两个阶段：1978—1984年，改革开放后金融监管体系发展的萌芽时期；1984—1992年，中国人民银行统一监管体系的初步建立时期。1978年，党的十一届三中全会确立了以经济建设为核心的发展思路，自此以家庭联产承包责任制为首的经济体制改革正式拉开序幕。而刚刚从"文化大革命"中走出来的中国急需可以服务于经济体制改革的金融体系。因此，这一阶段（1978—1984年）的金融改革主要体现在以银行为首的金融机构的逐步建立和发展之上。

1979年2月，党中央、国务院印发了《关于恢复中国农业银行的通知》，中国农业银行总行正式恢复建立。同年3月，国务院印发了《国务院批转中国人民银行关于改革中国银行体制的请示报告》，明确了中国银行作为外汇专业银行的性质，并规定了其承办国际结算和外贸信贷业务的任务。[①] 同年8月，中国人民建设银行从财政部脱离。1980年初，经历了20余年的"停摆"，中国人民保险公司恢复了其国内保险业务。快速发展的金融业推动了中国人民银行的统一金融监管体系的建立。1978年1月，中国人民银行脱离财政部，成为独立机构。1982年，中国人民银行设立了金融机构管理司，后又从该金融机构管理司设出条法司、非银行金融机构管理司和保险司，原金融机构管理司改称银行司，另外成立了外资金融机构管理司。[②] 同年7月，国务院批转中国人民银行的报告，进一步强调"中国人民银行是我国的中央银行，是国务院领导下统一管理全国金融的国家机关"，以此为起点开始了组建专门的中央银行体制的准备工作。1983年9月17日，国务院下发了《关于中国人民银行专门行使中央银行职能的决定》，指出由中国人民银行专门行使中央银行的职能，不对企业和个人办理信贷业务，集中力量研究和做好全国金融的宏观决策，加强信贷资金管理，保持货币稳定，并具体规定了人民银行的其他九项职责。[③] 1984年，中央将人民银行商业银行业务正式剥离，成立中国工商银行，这标志着中国人民银行正式成为中国的中央银行。[④]

1984—1992年，中国人民银行作为唯一的金融监管机构，主要通过行政手段实现其货币政策目标。1986年1月，国务院发布了《中华人民共和国银行管理暂行条例》，该条例是我国第一部金融监管政策文件。以该文件为依据，人民银行主要采取报告、年检、评级、核发经营许可等金融监管制度和措施，建立了现场检查和非现场检查相结合的制度。此外人民银行还完善了商业银行报表专收、资产负债比例管理等一系列监管制度，通过定期、不定期考核和检查，及时发现问题。[⑤] 这一阶段，人民银行在改进计划调控手段的基础上，逐步运用利率、存款准备金率、中央银行贷款等手段来控制信贷和货币

[①] 《国务院批转中国人民银行关于改革中国银行体制的请示报告》（国发〔1979〕72号）。
[②] 任碧云. 重建我国金融监管体制之探讨［J］. 经济问题，2002，6：47—50.
[③] 《关于中国人民银行专门形式中央银行职能的决定》（国发〔1983〕146号）。
[④] 中国人民银行网站"中国人民银行历史沿革"。
[⑤] 《中华人民共和国银行管理暂行条例》（国发〔1986〕1号）。

的供给,在制止"信贷膨胀""经济过热",促进经济结构调整的过程中起到了积极作用。[①]

9.1.2 分业监管体系的形成与发展时期(1993—2003年)

20世纪90年代初期至中期,金融改革发展的主要特征为建立符合市场经济的金融市场和组织结构的基本框架。[②] 随着改革开放进入深水区,金融市场开放度不断增加,机构业务范围及规模迅速扩大。90年代初,上海证券交易所和深圳证券交易所正式成立,外资银行、股份制银行纷纷进入中国市场,保险市场发展迅速,标志着我国多层次资本市场的初步建立。面对日趋复杂的金融系统,人民银行的单一金融监管体系已是独木难支。在这种情况下,国务院于1992年10月成立国务院证券委员会和证券监督管理委员会,负责股票发行上市的监管工作,迈出了我国建立分业监管体系的第一步。1993年年底,国务院印发了《关于金融体制改革的决定》,再次明确人民银行作为货币政策制定和实施者的主要职能,并要求加强金融监管,对银行业、证券业、保险业实施分业监管,为我国实行金融分业监管奠定了政策基础。[③] 1995年3月,国务院正式批准《中国证券监督管理委员会机构编制方案》,确定中国证监会为国务院直属副部级事业单位,是国务院证券委的监管执行机构,依照法律、法规的规定,对证券期货市场进行监管。[④] 1995—1997年,全国人民代表大会陆续通过了《中华人民共和国中国人民银行法》《商业银行法》《保险法》《中华人民共和国票据法》《全国人大常委会关于惩治金融犯罪的决定》,为金融体系分业监管体系的建立提供了法理依据。1997年东南亚金融危机暴露了我国金融领域的诸多混乱情况,引起了高层对金融监管和风险控制的重视。我国于同年召开了第一次全国金融工作会议,会议确定了"一行三会"的分业监管格局。1998年11月,国务院批准成立保监会,自此,我国基本实现了宏观调控与金融监管的分离。同年,在实现了与商业银行、证券公司、保险公司、信托公司等经济实体彻底脱钩后,人民银行按照中央金融工作会议的部署撤销省级分行,设立跨省区分行,实行垂直管理。2003年4月,根据第十届全国人民代表大会第一次会议批准的《国务院机构改革方案》和《国务院关于机构设置的通知》,银监会正式成立,"一行三会"监管格局正式确立。[⑤] 同年12月,全国人大修订了《中国人民银行法》,中国银行业监督管理委员会正式成立并接管了人民银行的银行监管职能,标志着我国金融监管体系迈入分业监管的新时期。[⑥]

9.1.3 混业经营下分业监管体系的发展与转型时期(2004年至今)

2003年以来,海外金融混业经营拉开序幕,国内金融混业经营、金融深化、金融创

---

① 中国人民银行网站。
② 周小川.金融改革发展及其内在逻辑[J].中国金融,2015,19:11—17.
③ 《国务院关于金融体制改革的决定》(国发〔1993〕91号)。
④ 《中国证券监督管理委员会机构编制方案》(国办发〔1995〕12号)。
⑤ 《国务院关于机构设置的通知》(国发〔2003〕8号)。
⑥ 《关于修改〈中华人民共和国中国人民银行法〉的决定》(主席令〔2003〕12号)。

新趋势也日渐明朗。为了避免分业监管体系在执行中出现"真空"或资源浪费等问题，2003年9月，银监会、证监会、保监会召开了第一次监管联席会议，讨论并通过了《中国银行业监督管理委员会、中国证券监督管理委员会、中国保险监督管理委员会在金融监管方面分工合作的备忘录》以加强三家金融监管机构协调配合，提高监管效率。随着金融领域综合经营在我国的进一步发展，在2007年1月召开的全国金融工作会议上，时任国务院总理温家宝提出"完善金融分业监管体制机制，加强监管协调配合"。2008年1月，银监会和保监会正式签署了《关于加强银保深层次合作和跨业监管合作谅解备忘录》。同年7月、8月，国务院转发国家发展和改革委员会《关于2008年深化经济体制改革工作的意见》并印发《中国人民银行主要职责、内设机构和人员编制规定》，明确提出了在国务院领导下，央行会同银监会、证监会、保监会建立金融监管协调机制，以部际联席会议制度的形式，加强货币政策与监管政策之间及监管政策与法规之间的协调。① 同年9月，以雷曼兄弟倒闭为标志的全球金融危机爆发，为应对其给宏观调控和金融体系带来的重大挑战，我国加强了对金融体系中交易部门杠杆率的监管，对于导致金融危机发生的问题，比如资本不充足、杠杆率过高、衍生产品市场混乱等加以纠正。2009年，人民银行发布第三季度中国货币政策执行报告，指出下一阶段主要政策思路之一是逐步建立起宏观审慎管理的制度并纳入宏观调控政策框架，发挥其跨周期的逆风向调节功能，保持金融体系稳健，增强金融持续支持经济发展的能力。在全球金融危机被解除后，国际社会对宏观审慎政策框架的必要性达成共识，在国内，其已被写进了党的"十八大"以及十八届三中全会的文件，并连续几年被写进政府工作报告，足见宏观审慎政策框架的重要性。2013年8月，国务院批准《中国人民银行关于金融监管协调机制工作方案的请示》，同意建立由中国人民银行牵头的金融监管协调部际联席会议制度，成员单位包括银监会、证监会、保监会、外汇局，必要时可邀请发展改革委、财政部等有关部门参加。② 虽然我国一直在致力于完善金融监管体系的各项工作，但仍存在诸多不足，尤其在金融危机、股灾等爆发之时缺陷异常明显。2015年的股灾就是个鲜活的案例，它再次暴露了我国金融监管体系的缺陷及应急措施的缺乏，反映出市场监管转型严重滞后于经济社会发展的现实需求与简政放权改革的实际进程及市场监管转型的复杂性、现实性、迫切性，引发了对金融监管体系改革的新一轮讨论。③ 现实问题是"一行三会"的金融监管体系并不能将防范系统性风险贯穿于金融创新全过程。④ 部际联席会议制度对各监管主体缺乏有效约束力、缺少有效争端解决机制及外部监督机制等问题，在运作中难以解决金融监管与发展中的实际问题，甚至还会出现利益冲突外部化的现象。⑤ 2016年2月，央行货政司司长李波在《第一财经日报》上发表文章称"目前我国的'一行三会'模式显然不符合现代宏观审慎政策框架的要求，也不符合国际金融监管改革的大潮

---

① 《关于2008年深化经济体制改革工作的意见》（国办发〔2008〕103号）；《中国人民银行主要职责、内设机构和人员编制规定》（国办发〔2008〕83号）。
② 《国务院关于同意建立金融监管协调部际联席会议制度的批复》（国函〔2013〕91号）。
③ 迟福林于"第六届中国行政改革论坛"上的讲话。
④ 潘功胜.完善金融监管体制 维护宏观金融稳定［N］.第一财经日报，2013-12-09(A05).
⑤ 巴曙松.从近期股市动荡看中国金融监管体制改革［N］.第一财经日报，2015-09-10(A16).

流"①。他认为将"三会"的审慎监管职能并入中央银行,同时成立独立的行为监管局的模式,或在此基础上将"三会"合并组建新的监管机构负责系统重要性金融机构以外的微观审慎监管的模式是符合现代宏观审慎政策框架的要求的,并且兼顾了综合监管和"双峰监管",也符合国际上"三个统筹"的趋势。尽管业内对金融监管体系改革的具体措施仍没有达成共识,但强化央行在金融监管中的主导作用,建立整合一体、密切协调的监管框架已是大势所趋。②

我国在建立更加完善协调的监管框架上也在不断做出努力。2017年7月,在全国金融工作会议上决定设立国务院金融稳定发展委员会,旨在加强金融监管协调、补齐监管短板。设立国务院金融稳定发展委员会,是为了强化金融监管的统筹协调,防止系统性风险的发生,更好地引导金融为实体经济服务。

2017年11月8日,国务院金融稳定发展委员会正式成立,并召开了第一次全体会议。国务院金融稳定发展委员会作为国务院统筹协调金融稳定和改革发展重大问题的议事协调机构,其主要职责是落实党中央、国务院关于金融工作的决策部署;审议金融业改革发展重大规划;统筹金融改革发展与监管,协调货币政策与金融监管相关事项,统筹协调金融监管重大事项,协调金融政策与相关财政政策、产业政策等;分析研判国际国内金融形势,做好国际金融风险应对,研究系统性金融风险防范处置和维护金融稳定重大政策;指导地方金融改革发展与监管,对金融管理部门和地方政府进行业务监督和履职问责等。

国务院金融稳定发展委员会主任马凯在第一次会议上强调,金融系统要把认真学习和全面贯彻党的十九大精神作为当前和今后一个时期的首要政治任务,有力推动党的路线方针政策在金融领域得到不折不扣贯彻落实,全面落实党中央、国务院的决策部署。会议讨论通过了国务院金融稳定发展委员会的近期工作要点,强调要继续坚持稳中求进的工作总基调,坚持稳健货币政策,强化金融监管协调,提高统筹防范风险能力,更好地促进金融服务实体经济,更好地保障国家金融安全,更好地维护金融消费者的合法权益。

2018年3月,《国务院机构改革方案》提出,将中国银行业监督管理委员会和中国保险监督管理委员会的职责整合,组建中国银行保险监督管理委员会,作为国务院直属事业单位。其主要职责是,依照法律法规统一监督管理银行业和保险业,维护银行业和保险业合法、稳健运行,防范和化解金融风险,保护金融消费者合法权益,维护金融稳定。将中国银行业监督管理委员会和中国保险监督管理委员会拟定银行业、保险业重要法律法规草案和审慎监管基本制度的职责划入中国人民银行。

改革方案的说明指出,合并银监会与保监会,旨在深化金融监管体制改革,解决现行体制存在的监管职责不清晰、交叉监管和监管空白等问题,强化综合监管,优化监管管理配置,更好统筹系统重要性金融机构监管,逐步建立符合现代金融特点、统筹协调监管、有力有效的现代金融监管框架,守住不发生系统性金融风险的底线。

---

① 李波.以宏观审慎为核心,推进金融监管体制改革[N].第一财经日报,2016-02-05(A10).
② 巴曙松于"第六届财新峰会:中国新规划"上的讲话。

9.2 国内主要金融监管机构的分工与协调

在专司监管银行、证券、保险的监管机构成立后，我国陆续颁布和修订了一些金融领域的重要法律，如《中华人民共和国银行业监督管理法》《中华人民共和国证券法》《中华人民共和国证券投资基金法》及《中华人民共和国保险法》等。作为金融监管体系的基础和重要组成部分，这些法律的通过为监管机构依法行政创造了有利条件。[①]

9.2.1 监管机构的职责与分工

9.2.1.1 国务院金融稳定发展委员会

为贯彻党的十九大精神，落实全国金融工作会议要求，党中央、国务院决定设立国务院金融稳定发展委员会，作为国务院统筹协调金融稳定和改革发展重大问题的议事协调机构。2017年11月8日，国务院金融稳定发展委员会成立。其主要职责是落实党中央、国务院关于金融工作的决策部署；审议金融业改革发展重大规划；统筹金融改革发展与监管，协调货币政策与金融监管相关事项，统筹协调金融监管重大事项，协调金融政策与相关财政政策、产业政策等；分析研判国际国内金融形势，做好国际金融风险应对，研究系统性金融风险防范处置和维护金融稳定重大政策；指导地方金融改革发展与监管，对金融管理部门和地方政府进行业务监督和履职问责等。

国务院金融稳定发展委员会的第二次会议强调，做好当前金融工作，进一步打通货币政策传导机制，必须按照党中央、国务院的有关部署，重点把握好以下几个方面：一是处理好稳增长与防风险的关系。在坚持推进供给侧结构性改革的前提下，注意支持形成最终需求，为实体经济创造新的动力和方向。二是处理好宏观总量与微观信贷的关系。在把握好货币总闸门的前提下，要在信贷考核和内部激励上下更大功夫，增强金融机构服务实体经济特别是小微企业的内生动力。三是发挥好财政政策的积极作用，用好国债、减税等政策工具，用好担保机制。四是深化金融改革，完善大中小金融机构健康发展的格局。五是健全正向激励机制，充分调动金融领域中人的积极性，有成绩的要表扬，知错就改的要鼓励。六是持续开展打击非法金融活动和非法金融机构专项行动，依法保护投资者权益，维护金融和社会稳定。

国务院金融稳定发展委员会的第三次会议强调，做好当前金融工作，必须保持战略定力，按照党中央、国务院总体要求，坚持稳中求进总基调，遵循既定方针，抓住关键问题推进工作。一是在宏观大局的变化中把握好稳健中性的货币政策，充分考虑经济金融形势和外部环境的新变化，做好预调微调，但也要把握好度。二是加大政策支持和部门协调，特别要加强金融部门与财政、发展改革部门的协调配合，加大政策精准支持力度，更好促进实体经济发展。三是继续有效化解各类金融风险，既要防范化解存量风险，

[①] 曹凤岐.金融市场全球化下的中国金融监管体系改革［M］.北京：经济科学出版社，2012.

也要防范各种"黑天鹅"事件，保持股市、债市、汇市平稳健康发展。四是务实推进金融领域改革开放，确保已出台措施的具体落地，及早研究改革开放新举措。资本市场改革要持续推进，成熟一项推出一项。五是更加注重加强产权和知识产权保护，创造公平竞争的市场环境，激发各类市场主体特别是民营经济和企业家的活力。六是更加注重激励机制的有效性，强化正向激励机制，营造鼓励担当、宽容失败、积极进取的氛围，充分调动各方面积极性，共同做好各项工作。

9.2.1.2 中国人民银行[①]

中国人民银行是 1948 年 12 月 1 日在华北银行、北海银行、西北农民银行的基础上合并组成的。1983 年 9 月，国务院决定中国人民银行专门行使国家中央银行职能。中国人民银行的主要职责如下：

- 拟订金融业改革和发展战略规划，承担综合研究并协调解决金融运行中的重大问题、促进金融业协调健康发展的责任，参与评估重大金融并购活动对国家金融安全的影响并提出政策建议，促进金融业有序开放；
- 起草有关法律和行政法规草案，完善有关金融机构运行规则，发布与履行职责有关的命令和规章；
- 依法制定和执行货币政策，制定和实施宏观信贷指导政策；
- 完善金融宏观调控体系，负责防范、化解系统性金融风险，维护国家金融稳定与安全；
- 负责制定和实施人民币汇率政策，不断完善汇率形成机制，维护国际收支平衡，实施外汇管理，负责对国际金融市场的跟踪监测和风险预警，监测和管理跨境资本流动，持有、管理和经营国家外汇储备和黄金储备；
- 监督管理银行间同业拆借市场、银行间债券市场、银行间票据市场、银行间外汇市场和黄金市场及上述市场的有关衍生产品交易；
- 负责会同金融监管部门制定金融控股公司的监管规则和交叉性金融业务的标准、规范，负责金融控股公司和交叉性金融工具的监测；
- 承担最后贷款人的责任，负责对因化解金融风险而使用中央银行资金机构的行为进行监督检查；
- 制定和组织实施金融业综合统计制度，负责数据汇总和宏观经济分析与预测，统一编制全国金融统计数据、报表，并按国家有关规定予以公布；
- 组织制定金融业信息化发展规划，负责金融标准化的组织管理协调工作，指导金融业信息安全工作；
- 发行人民币，管理人民币流通；
- 制定全国支付体系发展规划，统筹协调全国支付体系建设，会同有关部门制定支付结算规则，负责全国支付、清算系统的正常运行；
- 经理国库；

[①] 参见中华人民共和国中央人民政府网站。

- 承担全国反洗钱工作的组织协调和监督管理的责任，负责涉嫌洗钱及恐怖活动的资金监测；
- 管理征信业，推动建立社会信用体系；
- 从事与中国人民银行业务有关的国际金融活动；
- 按照有关规定从事金融业务活动；
- 承办国务院交办的其他事项。

9.2.1.3 银保监会[①]

党的十九届三中全会通过了《中共中央关于深化党和国家机构改革的决定》和《深化党和国家机构改革方案》。这次深化党和国家机构改革的总体要求是，全面贯彻党的十九大精神，坚持以马克思列宁主义、毛泽东思想、邓小平理论、"三个代表"重要思想、科学发展观、习近平新时代中国特色社会主义思想为指导，适应新时代中国特色社会主义发展要求，坚持稳中求进工作总基调，坚持正确改革方向，坚持以人民为中心，坚持全面依法治国，以加强党的全面领导为统领，以国家治理体系和治理能力现代化为导向，以推进党和国家机构职能优化协同高效为着力点，改革机构设置，优化职能配置，深化转职能、转方式、转作风，提高效率效能，为决胜全面建成小康社会、开启全面建设社会主义现代化国家新征程、实现中华民族伟大复兴的中国梦提供有力制度保障。

2018年3月13日在第十三届全国人民代表大会第一次会议上，关于国务院机构改革方案的说明中申明组建中国银行保险监督管理委员会。

金融是现代经济的核心，必须高度重视防控金融风险、保障国家金融安全。为深化金融监管体制改革，解决现行体制存在的监管职责不清晰、交叉监管和监管空白等问题，强化综合监管，优化监管资源配置，更好统筹系统重要性金融机构监管，逐步建立符合现代金融特点、统筹协调监管、有力有效的现代金融监管框架，守住不发生系统性金融风险的底线，方案提出，将中国银行业监督管理委员会和中国保险监督管理委员会的职责整合，组建中国银行保险监督管理委员会，作为国务院直属事业单位。其主要职责是，依照法律法规统一监督管理银行业和保险业，维护银行业和保险业合法、稳健运行，防范和化解金融风险，保护金融消费者合法权益，维护金融稳定。

将中国银行业监督管理委员会和中国保险监督管理委员会拟订银行业、保险业重要法律法规草案和审慎监管基本制度的职责划入中国人民银行。不再保留中国银行业监督管理委员会、中国保险监督管理委员会。

原银监会、保监会信息如下：

中国银行业监督管理委员会通过审慎有效的监管，保护广大存款人和消费者的利益；通过审慎有效的监管，增进市场信心；通过宣传教育工作和相关信息披露，增进公众对现代金融的了解；努力减少金融犯罪。银监会的主要职责如下：

[①] 参见中华人民共和国中央人民政府网站。

- 依照法律、行政法规制定并发布对银行业金融机构及其业务活动监督管理的规章、规则；
- 依照法律、行政法规规定的条件和程序，审查批准银行业金融机构的设立、变更、终止以及业务范围；
- 对银行业金融机构的董事和高级管理人员实行任职资格管理；
- 依照法律、行政法规制定银行业金融机构的审慎经营规则；
- 对银行业金融机构的业务活动及其风险状况进行非现场监管，建立银行业金融机构监督管理信息系统，分析、评价银行业金融机构的风险状况；
- 对银行业金融机构的业务活动及其风险状况进行现场检查，制定现场检查程序，规范现场检查行为；
- 对银行业金融机构实行并表监督管理；
- 会同有关部门建立银行业突发事件处置制度，制定银行业突发事件处置预案，明确处置机构和人员及其职责、处置措施和处置程序，及时、有效地处置银行业突发事件；
- 负责统一编制全国银行业金融机构的统计数据、报表，并按照国家有关规定予以公布，对银行业自律组织的活动进行指导和监督；
- 开展与银行业监督管理有关的国际交流、合作活动；
- 对已经或可能发生信用危机，严重影响存款人和其他客户合法权益的银行业金融机构实行接管或促成机构重组；
- 对有违法经营、经营管理不善等情形的银行业金融机构予以撤销；
- 对涉嫌金融违法的银行业金融机构及其工作人员及关联行为人的账户予以查询，对涉嫌转移或者隐匿违法资金的申请司法机关予以冻结；
- 对擅自设立银行业金融机构或非法从事银行业金融机构业务活动予以取缔；
- 负责国有重点银行业金融机构监事会的日常管理工作；
- 承办国务院交办的其他事项。

银监会监管工作所遵循的主要工作经验如下：

- 必须坚持法人监管，重视对每个金融机构总体风险的把握、防范和化解；
- 必须坚持以风险为主的监管内容，努力提高金融监管的水平，改进监管的方法和手段；
- 必须注意促进金融机构风险内控机制形成和内控效果的不断提高；
- 必须按照国际准则和要求，逐步提高监管的透明度。

银监会监管工作目的如下：

- 通过审慎有效的监管，保护广大存款人和消费者的利益；
- 通过审慎有效的监管，增进市场信心；
- 通过宣传教育工作和相关信息披露，增进公众对现代金融的了解；
- 努力减少金融犯罪。

银监会监管工作标准如下：

- 良好监管要促进金融稳定和金融创新共同发展；
- 要努力提升我国金融业在国际金融服务中的竞争力；
- 对各类监管设限要科学、合理，有所为，有所不为，减少一切不必要的限制；
- 鼓励公平竞争、反对无序竞争；
- 对监管者和被监管者都要实施严格、明确的问责制；
- 要高效、节约地使用一切监管资源。

中国保险监督管理委员会于1998年11月18日成立，是全国商业保险的主管部门，为国务院直属正部级事业单位，根据国务院授权履行行政管理职能，依照法律、法规统一监督管理全国保险市场，维护保险业的合法、稳健运行。保监会的主要职责如下：

- 拟定保险业发展的方针政策，制定行业发展战略和规划；起草保险业监管的法律、法规；制定业内规章。
- 审批保险公司及其分支机构、保险集团公司、保险控股公司的设立；会同有关部门审批保险资产管理公司的设立；审批境外保险机构代表处的设立；审批保险代理公司、保险经纪公司、保险公估公司等保险中介机构及其分支机构的设立；审批境内保险机构和非保险机构在境外设立保险机构；审批保险机构的合并、分立、变更、解散，决定接管和指定接受；参与、组织保险公司的破产、清算。
- 审查、认定各类保险机构高级管理人员的任职资格；制定保险从业人员的基本资格标准。
- 审批关系社会公众利益的保险险种、依法实行强制保险的险种和新开发的人寿保险险种等的保险条款和保险费率，对其他保险险种的保险条款和保险费率实施备案管理。
- 依法监管保险公司的偿付能力和市场行为；负责保险保障基金的管理，监管保险保证金；根据法律和国家对保险资金的运用政策，制定有关规章制度，依法对保险公司的资金运用进行监管。
- 对政策性保险和强制保险进行业务监管；对专属自保、相互保险等组织形式和业务活动进行监管。归口管理保险行业协会、保险学会等行业社团组织。
- 依法对保险机构和保险从业人员的不正当竞争等违法、违规行为以及对非保险机构经营或变相经营保险业务进行调查、处罚。
- 依法对境内保险及非保险机构在境外设立的保险机构进行监管。
- 制定保险行业信息化标准；建立保险风险评价、预警和监控体系，跟踪分析、监测、预测保险市场运行状况，负责统一编制全国保险业的数据、报表，并按照国家有关规定予以发布。
- 承办国务院交办的其他事项。

9.2.1.4 证监会[①]

1992年10月，中国证监会成立。经国务院授权，中国证监会依法对全国证券期货市场进行集中统一监管。

中国证监会设在北京，现设主席1人，副主席级5人；主席助理3人；内设16个职能部门，3个中心；根据《证券法》第14条的规定，中国证监会还设有股票发行审核委员会，委员由中国证监会专业人员和所聘请的会外有关专家担任。中国证监会在省、自治区、直辖市和计划单列市设立了36个证券监管局，以及上海、深圳证券监管专员办事处。目前，全系统监管人员共有1 812人，平均年龄35岁；其中拥有博士、硕士学位的占40.3%。

依据有关法律法规，中国证监会在对证券市场实施监督管理中履行下列职责：

- 研究和拟订证券期货市场的方针政策、发展规划，起草证券期货市场的有关法律、法规，制定证券期货市场的有关规章、规则和办法；
- 垂直领导全国证券监管机构，对证券期货市场实行集中统一监管，管理有关证券公司的领导班子和领导成员，负责有关证券公司监事会的日常管理工作；
- 监管股票、可转换债券、证券公司债券和国务院确定由证监会负责的债券和其他证券的发行、上市、交易、托管和结算，监管证券投资基金活动，批准企业债券的上市，监管上市国债和企业债券的交易活动；
- 监管境内期货合约的上市、交易和清算，按规定监督境内机构从事境外期货业务；
- 监管上市公司及其按法律法规必须履行有关义务的股东的证券市场行为；
- 管理证券期货交易所，按规定管理证券期货交易所的高级管理人员，归口管理证券业协会和期货业协会；
- 监管证券期货经营机构、证券投资基金管理公司、证券登记清算公司、期货清算机构、证券期货投资咨询机构、证券资信评级机构，与中国人民银行共同审批基金托管机构的资格并监管其基金托管业务，制定上述机构高级管理人员任职资格的管理办法并组织实施，指导中国证券业、期货业协会开展证券期货从业人员的资格管理；
- 监管境内企业直接或间接到境外发行股票、上市，监管境内机构到境外设立证券机构，监管境外机构到境内设立证券机构、从事证券业务；
- 监管证券期货信息传播活动，负责证券期货市场的统计与信息资源管理；
- 会同有关部门审批会计师事务所、资产评估机构及其成员从事证券期货中介业务的资格并监管其相关的业务活动，监管律师事务所、律师从事证券期货相关业务的活动；
- 依法对证券期货违法违规行为进行调查、处罚；
- 归口管理证券期货行业的对外交往和国际合作事务；
- 国务院交办的其他事项。

---

① 参见中华人民共和国中央人民政府网站。

9.2.2 金融监管机构的协调

为明确金融监管职责,实现协调配合,避免监管真空和重复监管,提高监管效率,鼓励金融创新,使得所有金融机构及其从事的金融业务都能得到持续有效的监管,保障金融业稳健运行和健康发展,银监会、证监会、保监会于2004年共同签署了金融监管分工合作备忘录。

1. 备忘录的监管指导原则[①]

第一,分业监管。按照有关法规加强监管,各司其职,提高监管资源的有效使用。第二,职责明确。各监管机构明确职责范围,依法监管,监管行为符合规范的要求。第三,合作有序。各机构按一定程序交流合作,有利于加强协调、增强合力,符合运转协调的要求。第四,规则透明。让社会和公众了解各机构的运作规则,有利于增强信心,加强监督,符合公正透明的要求。第五,讲求实效。提高办事效率,提高服务质量,有利于降低行政成本,符合廉洁高效的要求。

2. 备忘录的主要内容[②]

第一,银监会、证监会、保监会任何一方需要对他方的监管对象收集必要的信息,可委托他方进行。第二,对金融控股公司的监管应坚持分业经营、分业监管的原则,对金融控股公司的集团公司依据其主要业务性质,归属相应的监管机构,对金融控股公司内相关机构、业务的监管,按照业务性质实施分业监管;对产业资本投资形成的金融控股集团,在监管政策、标准和方式等方面认真研究、协调配合、加强管理。第三,银监会、证监会、保监会应与财政部、中国人民银行密切合作,共同维护金融体系的稳定和金融市场的信心。第四,银监会、证监会的被监管对象在境外的,由其监管机构负责对外联系,并与当地监管机构建立工作关系。银监会、证监会、保监会积极支持金融创新,促进金融发展,加强对创新产品监管的研究与合作。银监会、证监会、保监会应与财政部、中国人民银行密切合作,共同维护金融体系的稳定和金融市场的信心。

根据授权,银监会、证监会、保监会分别向其监管对象收集信息和数据,并负责统一汇总、编制各类金融机构的数据和报表,按照国家有关规定予以公布。银监会、证监会、保监会应密切合作,就重大监管事项和跨行业、跨境监管中的复杂问题进行磋商,并建立定期信息交流制度,需定期交流的信息由三方协商确定。接受信息的一方应严格遵循客户保密原则,保证该信息使用仅限于其履行职责,除非法律规定,否则不得将信息提供给第三方。银监会、证监会、保监会应互相通报对其监管对象高级管理人员和金融机构的处罚信息。

银监会、证监会、保监会应建立对外开放政策的交流、协调机制,并互相通报在有关银行、证券、保险国际组织和国际会议中的活动信息和观点。

建立银监会、证监会、保监会"监管联席会议"机制。监管联席会议成员由三方机

---

① 曹凤岐. 金融市场全球化下的中国金融监管体系改革[M]. 北京:经济科学出版社,2012.
② 同上。

构的主席组成，每季度召开一次例会，由主席或其授权的副主席参加，讨论和协调有关金融监管的重要事项、已出台政策的市场反映和效果评估及其他需要协商、通报和交流的事项。监管联席会议仅协调有关三方监管的重要事宜，原三方监管机构的职责分工和日常工作机制不变。联席会议成员每半年轮流担任会议召集人。任何一方认为有必要讨论应对紧急情况时，均可随时提出召开会议，由召集人负责召集。监管联席会议三方分别设立"联席会议秘书处"作为日常联络机构，并指定专门联系人。在正常情况下，联席会议召开前五个工作日，三方日常联络机构应将拟议事项和各方意见建议等书面材料送达联席会议成员。会后由召集方负责拟定会议纪要，在征求参会方意见后发送各方。监管联席会议纪要报国务院领导审批后执行。

银监会、证监会、保监会任何一方与金融业监管相关的重要政策、事项发生变化，或其监管机构行为的重大变化将会对他方监管机构的业务活动产生重大影响时，应及时通告他方。若政策变化涉及他方的监管职责和监管机构，应在政策调整前通过"会签"方式征询他方意见。对监管活动中出现的不同意见，三方应及时协调解决。

建立银监会、证监会、保监会"经常联系机制"，由三方各指定一个综合部门负责人参加，综合相关职能部门的意见，为具体专业监管问题的讨论、协商提供联系渠道。银监会、证监会、保监会召开"联席会议机制"和"经常联系机制"会议时，可邀请中国人民银行、财政部或其他部委参加。银监会、证监会、保监会可邀请其他方工作人员参加本机构组织的相关培训和研讨活动。

2013年8月15日，国务院对《中国人民银行关于金融监管协调机制工作方案的请示》（银发〔2013〕185号）进行了批复，即《国务院关于同意建立金融监管协调部际联席会议制度的批复》（以下简称"《批复》"），《批复》该同意建立由中国人民银行牵头的金融监管协调部际联席会议制度，联席会议不刻制印章，不正式行文，按照国务院有关要求认真组织开展工作。该联席会议的职责和任务：货币政策与金融监管政策之间的协调；金融监管政策、法律法规之间的协调；维护金融稳定和防范化解区域性系统性金融风险的协调；交叉性金融产品、跨市场金融创新的协调；金融信息共享和金融业综合统计体系的协调；国务院交办的其他事项。该联席会议由中国人民银行牵头，成员单位包括银监会、证监会、保监会、外汇管理局，必要时可邀请发展改革委员会、财政部等有关部门参加。联席会议办公室设在中国人民银行，承担金融监管协调日常工作。

2015年，金融监管协调部际联席会议深入开展金融领域重大问题和苗头性、倾向性问题的研究，着力加强监管政策、措施、执行的统筹协调。截至2015年年末，金融监管协调部际联席会议共召开11次会议，研究讨论50余项议题，其中2015年召开3次会议，研究讨论13项议题。一是着力加强宏观调控与金融监管的协调配合，推动做好金融服务实体经济工作。研究提出金融领域更好地落实"微观政策要活"的要求，进一步扩展实体经济融资渠道的系列政策措施；研究构建我国绿色金融体系，推动绿色金融加快发展；规范发展新型农村合作金融。二是研究改革和完善金融监管体制，以适应现代金融市场的发展。推动改革和完善金融监管体制；研究完善我国债券市场管理体制，加强债券市场基础设施建设与管理；规范资本市场重大政策发布流程，提高重大政策制定全过程的透明度和新闻发布及应对的时效性；进一步推进金融业综合统计工作协调。三是明确跨市场、交叉性金融创新监管原则，促进新兴金融业态规范发展。推动落实《关于促进互联网金融健康发展的指导意见》，统筹规划出台互联网金融分类监管规则及配套政策措施；研究集合性投资计划份额的法律属性，推动完善对集合性投资计划的监管；进一步推动资产证券化业务发展，选择部分国有大型商业银行探索开展不良资产证券化。四是研究加强重点领域金融风险防范，确保不发生系统性区域性金融风险。研究规范利用 HOMS 系统，清理利用信息技术非法从事证券业务的活动；研究缓解银行业不良贷款上升的政策建议，逐步建立市场化、常态化的不良贷款处置机制；完善新股发行制度安排，缓解新股集中发行对货币市场造成的周期性冲击。

9.3 当前金融市场的监管重点

9.3.1 宏观审慎概念的形成背景 [①]

建立宏观审慎监管框架已成为危机后国际社会的重要共识。"宏观审慎"一词是相对于"微观审慎"而言的。对每一家金融机构要进行审慎监管，防止这家机构出问题，这是微观审慎的范畴。如果把对单一机构的监管与宏观经济金融问题联系起来看待和处理，这就是宏观审慎监管。2008 年金融危机后，各国正在加快推进宏观审慎监管框架的建立。

"宏观审慎"的概念在 20 世纪 70 年代末由库克委员会（巴塞尔银行监管委员会的前身）首次提出。该委员会认为，对单个银行稳健运营的微观审慎监管，需要与宏观经济金融问题配套考虑，因为金融市场整体承受的问题与单个机构所反映的问题有所不同。

20 世纪 80 年代，巴塞尔银行监管委员会进一步明确宏观审慎监管是要提高整个金融体系和支付体系的安全稳健性。同时指出，金融创新可能对金融体系风险有放大作用，要特别防范金融创新可能给宏观金融稳定带来的损害。1992 年，进一步把宏观审慎的关注点放在金融机构与金融市场之间的联系上，提出衍生品市场缺乏透明度，可能损害市场流动性。

1997 年，亚洲金融危机爆发后，国际社会广泛意识到宏观审慎监管的重要性。由于在亚洲金融危机中，风险呈现跨市场、跨国家的高度传染性，国际货币基金组织认为，宏观审慎监管要重视资本市场、金融中介机构、宏观经济发展和潜在失衡现象，并提出金融稳定评估规划，通过分析宏观审慎指标（MPIs），帮助成员国分析其金融体系的脆弱性，以实现对系统性风险的早期预警。但上述方法对金融体系顺周期的严重性认识不足，对系统性风险的认识也相当有限。

2008 年，全球金融危机爆发后，宏观审慎监管的重要性得到高度关注。危机表明，全球经济金融的一体化使金融系统各组成部分的内在关联性大大加强，系统性风险呈现"跨行业、跨市场、跨国界"传染等新特征；银行信贷投放的增加或减少，与经济增长

---

① 肖钢. 国际金融热点精述［M］. 北京：中信出版社，2013.

率的上升或下降呈正向相关作用，金融体系的这种顺周期波动对经济周期的冲击效应比预想的要更强。因此，以防范系统性风险、降低顺周期效应为主要内容的宏观审慎监管成为改革焦点。

2009年，G20匹兹堡峰会正式引用宏观审慎管理或宏观审慎政策的提法。2010年，在G20首尔峰会上，正式形成了宏观审慎监督的基础性框架，并要求G20成员国执行。目前，多个国家都在加快推进宏观审慎监管框架的建立。

9.3.2 宏观审慎监管框架

宏观审慎性政策框架是一个动态发展的框架，其主要目标是维护金融稳定、防范系统性金融风险，其主要特征是建立更强的、体现逆周期性的政策体系，主要内容包括：对银行的资本要求、流动性要求、杠杆率要求、拨备规则，对系统重要性机构的特别要求，会计标准，衍生产品交易的集中清算等。[①]

按照一般通行的理解，宏观审慎政策旨在减缓由金融体系顺周期波动和跨市场的风险传播对宏观经济和金融稳定造成的冲击，2008年国际金融危机爆发后，大家在反思金融危机教训时认识到，由于缺乏从宏观的、逆周期的视角采取有效措施，忽视了风险的跨市场传播，导致金融体系和市场剧烈波动，成为触发金融危机的重要原因。

宏观审慎政策之所以重要，在于其能够弥补原有金融管理体制上的重大缺陷。从宏观角度看，传统货币政策主要是盯物价稳定，但即使CPI（居民消费价格指数）基本稳定，金融市场、资产价格的波动也可能很大。价格稳定并不等于金融稳定。从微观角度看，传统金融监管的核心是保持个体机构的稳健，但个体稳健不等于整体稳健，金融规则的顺周期性、个体风险的传染性还可能加剧整体的不稳定，从而产生系统性风险。这实际上就是所谓的"合成谬误"问题。可见，在宏观货币政策和微观审慎监管之间，有一块防范系统性风险的空白，亟须从宏观和整体的角度来观察和评估，防范系统性风险，弥补金融管理制度的不足，维护金融体系的整体稳定。

系统性风险主要来自跨时间和跨空间两个维度，相应地，宏观审慎政策工具也分别针对时间轴和空间轴来设计。从时间轴上看，经济金融体系中宏观和微观层面上有太多的正反馈环，而负反馈环不多，由此系统呈现非常明显的顺周期性。从空间轴上看，相关联的机构和市场间由于风险传染会导致系统性破坏。为应对系统性风险，宏观审慎政策主要包括两类工具：针对时间轴问题，主要通过对资本水平、杠杆率等提出动态的逆周期要求，以实现"以丰补歉"，平滑金融体系的顺周期波动。针对空间轴问题，主要通过识别和提高系统重要性金融机构（SIFI）的流动性和资本要求、适当限制机构规模和业务范围、降低杠杆率和风险敞口等，防范风险在不同机构和市场之间的传染。

从全球看，已初步形成可操作性强的政策工具体系。《巴塞尔协议Ⅲ》在最低监管资本要求之上增加了逆周期资本缓冲、系统重要性附加资本等新的要求，并对金融机构流动性提出了更高要求，体现出加强宏观审慎管理、增强逆风向调节的改革理念。针对

---

① 参见中国人民银行网站。

特定金融市场,各国也在尝试一些可逆周期调节的宏观审慎工具,例如,针对房地产市场的贷款价值比(LTV),针对股市和债市的杠杆率/折扣率规则等。针对资本流动,新兴市场经济体也在研究引入宏观审慎措施,例如,对外债实施宏观审慎管理等。

值得注意的是,宏观审慎政策框架包含了政策目标、评估、工具、实施、传导、治理架构等,其内涵要远大于所谓"宏观审慎监管"。目前,国际上普遍使用"Macro Prudential Policy"这一表述,这是一个包括宏观审慎管理的政策目标、评估、工具、传导机制与治理架构等一系列组合的总称,与货币政策是并列的,而监管只是这一框架中涉及具体执行的一个环节,因此宏观审慎政策的内涵要远大于一般意义上的监管,"宏观审慎监管"的表述不准确也不全面,应更广泛地使用"宏观审慎政策"这一概念。

9.3.2.1 宏观审慎政策框架的资本要求[①]

这次危机表明,资本充足率低,抗风险与吸收损失的能力就不足,因此需要进一步提高资本充足率。同时,还强调提高资本质量。具体来看,G20审议批准的《巴塞尔协议Ⅲ》中的新资本要求分为以下五个层次。

一是最低资本要求。最低标准仍为8%,但其中普通股充足率最低要求从2%提高到4.5%,一级资本充足率最低要求(包括普通股和其他满足一级资本定义的金融工具)由4%提高到6%。

二是资本留存缓冲。在最低资本要求的基础上,银行应保留2.5%的普通股资本留存缓冲(capital conservation buffer),使普通股资本加上留存资本缓冲后达到7%,以更好地应对经济和金融冲击。

三是逆周期资本缓冲。各国可依据自身情况要求银行增加0—2.5%的逆周期资本缓冲(由普通股或其他能充分吸收损失的资本构成)。主要是根据信用(贷)/GDP偏离其趋势值的程度进行测算。逆周期资本缓冲主要在信贷急剧扩张从而可能引发系统性风险时使用,以保护银行体系免受信贷激增所带来的冲击。在实际操作中,可将逆周期资本缓冲作为资本留存缓冲的延伸。《巴塞尔协议Ⅲ》专门提出,信贷过度增长的国家应加快执行资本留存缓冲和逆周期资本缓冲要求,可根据情况设置更短的过渡期。

四是系统重要性金融机构(SIFIs)额外资本要求。SIFIs应在上述最低资本要求的基础上具备更强的吸收损失能力,方式之一是增加额外资本要求。这样,可以使系统重要性金融机构更多地积累资本,增强应对系统性金融风险和危机的能力,防止道德风险。

五是应急资本机制。为增强系统重要性银行的损失吸收能力,还可采取应急资本和自救债券(bail in debt)等措施。应急资本要求银行在无法持续经营时,普通股之外的资本都应具有冲销或转化为普通股的能力。在银行陷入经营困境或无法持续经营时,自救债券可部分或全部按事先约定条款自动削债或直接转换为普通股,以减少银行的债务负担或增强资本实力,帮助其恢复正常经营。

[①] 周小川于2010年12月15日在北京大学的题为"金融政策对金融危机的响应——宏观审慎政策框架的形成背景、内在逻辑和主要内容"的演讲。

9.3.2.2 宏观审慎政策框架中的若干其他内容[①]

1. 流动性

宏观审慎政策框架对流动性要求做出了相对简单的规定；《巴塞尔协议Ⅲ》引入了最低流动性标准，以推动银行改进流动性风险管理，提高银行防范流动性风险的能力。在考虑资金的可获得性和需求的基础上，巴塞尔银行监管委员会采取慎重的办法来确定流动性标准，设计了流动性覆盖率（LCR）和净稳定资金比例（NSFR）作为流动性的国际标准。流动性覆盖率主要用来衡量银行短期流动性水平，其核心是测算各项负债的净现金流出与各项资产的净现金流入之间的差额，要求银行拥有更充足的高质量流动性资产以应对短期内可能出现的资金流压力。净稳定资金比例作为LCR的补充，其目的是测算银行负债和权益类业务提供的资金是否能满足资产类业务的长期资金需要，用以解决更长期的流动性错配问题，它覆盖了整个资产负债表，鼓励银行使用更加稳定、持久和结构化的资金来源。

2. 杠杆率

巴塞尔银行监管委员会还引入了全球一致的杠杆率要求，作为资本充足率要求的补充。杠杆率被定义为银行一级资本占其表内资产、表外风险敞口和衍生品总风险暴露的比率。使用补充性杠杆率要求，有助于控制金融体系中杠杆率过高问题，弥补内部评级法下风险权重的顺周期问题，有助于形成更有效的资本约束。巴塞尔银行监管委员会管理层建议将杠杆率最低标准初步定为3%。对于参与资本市场业务（特别是表外和衍生产品）较多的全球性银行而言，上述标准较传统杠杆率更为审慎。采用新的资本定义和将表外项目纳入杠杆率的计算是重要举措。

3. 拨备

对拨备的规则还未正式出台，但围绕动态拨备、前瞻性拨备开展了大量的国际经验交流，并明确了原则上应采取"向前看"的预期损失型拨备制度。2009年11月，国际会计准则理事会（IASB）发布关于金融资产减值准备计算方法的征求意见稿，要求会计主体研究和预测金融资产在整个生命周期内的信贷损失，通过运用有效利率方法计算未来损失的净现值，据此在整个贷款周期内建立拨备。美国财务会计准则理事会（FASB）要求每个期末估计未来预期不可收回的现金流，将其现值计入减值损失。FASB成员称其为"短期预期损失方法"。2010年5月，FASB发布征求意见稿，要求公司通过运用未来预期现金流现值来计量金融资产的减值，但是有抵押品的资产减值则通过抵押品的公允价值来计量。

4. 评级

目前国际社会达成了初步意见，即"要减少对评级公司的依赖"，具体包括减少监管标准和法律法规对信用评级机构（CRA）评级的依赖；减少市场对CRA评级的依赖；人民银行应对在公开市场操作中获取的证券资产做出自己的信用判断，银行不能机械地依赖CRA评级来评估资产的信用状况，投资经理和机构投资者在评估资产的信用时不

[①] 周小川于2010年12月15日在北京大学的题为"金融政策对金融危机的响应——宏观审慎政策框架的形成背景、内在逻辑和主要内容"的演讲。

能机械依靠 CRA 评级；市场参与者和中央对手方不应把对手方或抵押品资产的 CRA 评级变化作为自动触发器，大幅、任意地要求调整衍生品和证券融资交易的保证协议中的抵押品；证券发行人应全面、及时披露有关信息，使投资者能独立做出投资判断并评估证券的信用风险。

5. 银行业务模式

一是在发起配售模式中，银行要把证券化产品保留一部分在自己的资产负债表上，从而表明能够承担一定的风险。二是提高对交易账户的资本要求。在西方的大银行中，交易部门创造的利润非常大，但风险也大。过去对交易账户的资本要求非常少，现在提高了这个标准。

6. 衍生品交易与集中清算

当前各国普遍意识到，当场外衍生品市场发展到一定规模以至于能够深刻影响整个金融市场时，有必要通过建立中央清算机制来整合所有未平仓交易及风险敞口信息。这一机制可分为三种不同层次：对交易进行登记的机制（中央登记）、通过清算机构作为中央对手方对交易进行清算的机制（不集中交易，仅集中清算）、交易所机制（集中交易并集中清算）。目前，G20 场外衍生品改革目标中的"中央清算"是指"清算机构作为中央对手方对交易进行清算"，即上述第二个层次，清算机构即成为中央清算对手方。这种中央对手方清算模式在有效防止违约的条件下，能够大大减少交易的对手方风险。但同时也应该认识到，场外衍生品交易纳入交易所及其清算通过中央交易对手方清算平台进行，并不是降低衍生品交易对手风险的唯一方式，关键在于提升场外衍生产品透明度，降低包括交易对手风险在内的全部交易风险。在场外衍生品交易规则制定过程中还应充分考虑各国国情，由各国金融管理当局自由裁量。

在建立 CCP 方面，美国要求大部分标准化的金融衍生品通过交易所交易并通过清算所清算，美国证券交易委员会（SEC）正在推进通过中央对手方对客户的信用违约互换（CDS）交易进行清算。日本于 2010 年 5 月通过《金融商品交易法修正案》，对场外衍生品交易采取集中清算及交易信息的保存和报告制度。2010 年 1 月 21 日，日本金融厅公布了《金融与资本市场机构框架发展》，要求一些场外衍生品交易必须通过中央对手方清算，并提高场外衍生品交易的透明度。英国赞同提高场外衍生品标准化的动议，但不认同需要通过中央对手方进行交易。我国在市场建立之初就建立了集中清算制，目前在扩展集中清算方式，并于 2009 年 11 月成立了上海清算所，将逐步推出场外衍生品中央清算对手方服务。

7. 会计准则

会计准则是非常重要的问题，会计准则中公允价值法的顺周期性是焦点。会计问题技术性很强，争议也比较大，所以进展可能会稍微慢一点，初步计划于 2011 年年底推出初步收敛意见。

2018 年 9 月，财政部与中国香港会计准则制定机构——香港会计师公会充分沟通协调，认可近年来中国内地进行的企业会计准则修订工作与香港会计准则（直接采用国际财务报告准则）和国际财务报告准则原则上趋同。自 2007 年中国内地与中国香港地区实现企业会计准则的等效互认以来，双方每年及时互通会计准则建设及与国际趋同进展情况，保持两地会计准则的持续趋同。2018年，双方不仅对两地会计准则最新进展进行了务实细致的技术探讨，还进一步完善了两地会计准则持续趋同工作机制，针对主要准则项目的日常交流趋于常态化，技术沟通更加及时、联系更为紧密。

两地会计准则的持续趋同，有利于降低企业到对方资本市场融资的报表编制成本，为我国内地企业"走出去"、沪港通和深港通的顺利运作以及两地债券市场的互联互通营造良好的会计环境，促进两地资本市场的共同发展。根据2017年6月28日生效的《CEPA经济技术合作协议》，财政部将与中国香港会计准则制定机构保持密切合作，为确保两地会计准则持续趋同积极开展工作，进一步在国际会计标准制定机构中发挥作用。

8. 影子银行

"影子银行"是指行使商业银行功能但却基本不受监管或仅受较少监管的非银行金融机构，如对冲基金、私募股权基金、特殊目的实体公司（SPV）等。金融危机以后，国际组织和各国政府都加强了对影子银行的监管。一方面是将监管边界扩展至私募股权基金、对冲基金等影子银行，把这些机构"管起来"。另一方面，针对影子银行与传统银行间存在交叉感染风险的问题，有效隔离风险。例如，美国通过"沃尔克规则"，限制商业银行运用自有资金进行自营交易，将商业银行投资对冲基金和私募股权基金的规模限制在基金资本和银行一级资本的3%以内。此外，美国还试图构建覆盖面更广的风险处置和清算安排，以有序处置影子银行可能产生的风险。

在我国，影子银行的构成与发达市场国家存在较大区别。我国对冲基金和SPV尚未发展起来，影子银行主体主要是近几年发展起来的私募股权基金、私募投资基金，以及开展银信理财合作的投资公司、民间借贷机构等，规模较小，产品结构也相对简单，风险尚没有凸显。但我国应吸取危机的教训，及时采取措施，加强对影子银行风险的监测、评估，并将其逐步纳入监管框架。

9.3.2.3 以MPA为核心的宏观审慎要点

当前，中国经济正处于"三期叠加"阶段，防范金融风险的形势更加复杂。随着金融创新快速发展，资产负债类型更为多样，仅盯住狭义贷款越来越难以有效实现宏观审慎政策目标。此外，继续推进利率市场化改革、人民币汇率形成机制改革等也对宏观审慎管理能力提出了更高要求。需要进一步完善宏观审慎政策框架，使之更有弹性、更加全面、更有效地发挥逆周期调节作用和防范系统性风险。基于此背景，中国人民银行研究构建了金融机构宏观审慎评估体系（macroprudential assessment，MPA）。本书第6章第5节详细介绍了MPA的具体评估标准，本节将重点探讨MPA体系的重要意义。

MPA体系既保持了宏观审慎政策框架的连续性、稳定性，又有改进。[1]

一是MPA体系更为全面、系统，重点考虑资本和杠杆情况、资产负债情况、流动性、定价行为、资产质量、外债风险、信贷政策执行等七大方面，通过综合评估加强逆周期调节和系统性金融风险防范。

二是宏观审慎资本充足率是评估体系的核心，资本水平是金融机构增强损失吸收能

---

[1] 参见中国人民银行网站。

力的重要途径，资产扩张受资本约束的要求必须坚持，这是对原有合意贷款管理模式的继承。

三是从以往的关注狭义贷款转向广义信贷，将债券投资、股权及其他投资、买入返售资产等纳入其中，有利于引导金融机构减少各类腾挪资产、规避信贷调控的做法。

四是利率定价行为是重要考察方面，以促进金融机构提高自主定价能力和风险管理水平，约束非理性定价行为，避免恶性竞争，维护良好的市场竞争环境，有利于降低融资成本。

五是MPA体系更加灵活、有弹性，按每季度的数据进行事后评估，同时按月进行事中事后监测和引导，在操作上更多地发挥了金融机构自身和自律机制的自我约束作用。

六是MPA体系既借鉴国际经验，又考虑了我国利率市场化进程、结构调整任务重等现实情况，有利于促进金融改革和结构调整。

MPA并不是一个全新的工具，而是对原有差别准备金动态调整机制的进一步完善，是其"升级版"。MPA继承了对宏观审慎资本充足率的核心关注，保持了逆周期调控的宏观审慎政策理念，在此基础上适应经济金融形势变化，借鉴国际经验，将单一指标拓展为七个方面的十多项指标，将对狭义贷款的关注拓展为对广义信贷的关注，兼顾量和价、兼顾间接融资和直接融资，由事前引导转为事中监测和事后评估，建立了更为全面、更有弹性的宏观审慎政策框架，引导金融机构加强自我约束和自律管理。

MPA从七大方面对金融机构的行为进行多维度的引导。

一是资本和杠杆情况，主要通过资本约束金融机构的资产扩张行为，加强风险防范。重点关注宏观审慎资本充足率与杠杆率，其中宏观审慎资本充足率指标主要取决于广义信贷增速和目标GDP、CPI增幅，体现了《巴塞尔协议Ⅲ》资本框架中逆周期资本缓冲、系统重要性机构附加资本等宏观审慎要素，杠杆率指标参照监管要求不得低于4%。未来待相关管理标准明确后，还将考虑纳入总损失吸收能力（TLAC）等指标。

二是资产负债情况，适应金融发展和资产多元化的趋势，从以往盯住狭义贷款转为考察广义信贷（包括贷款、证券及投资、回购等），既关注表内外资产的变化，又纳入了对金融机构负债结构的稳健性要求。

三是流动性情况，鼓励金融机构加强流动性管理，使用稳定的资金来源发展资产业务，提高准备金管理水平，并参照监管标准提出了流动性覆盖率的要求。

四是定价行为，评估机构利率定价行为是否符合市场竞争秩序的要求，以及对非理性利率定价行为做出甄别，体现了放开存款利率上限初期对利率市场竞争秩序和商业银行定价行为的高度重视。

五是资产质量情况，鼓励金融机构提升资产质量，加强风险防范。其中包括对同地区、同类型机构不良贷款率的考察。

六是跨境融资风险情况，从跨境融资风险加权余额、跨境融资的币种结构和期限结构等方面综合评估，以适应资金跨境流动频繁和跨境借贷增长的趋势，未雨绸缪，加强风险监测和防范。

七是信贷政策执行情况，坚持有扶有控的原则，鼓励金融机构支持国民经济的重点领域和薄弱环节，不断优化信贷结构。根据宏观调控需要和评估实施情况，中国人民银行将对评估方法、指标体系等适时改进和完善,以更好地对金融机构的经营行为进行评估,引导金融机构加强审慎经营。

1. 表外理财纳入宏观审慎评估[①]

2016年起中国人民银行将差别准备金动态调整机制"升级"为MPA。MPA已成为"货币政策+宏观审慎政策"双支柱的金融调控政策框架的重要组成部分。与差别准备金动态调整机制相比,MPA将对狭义贷款的关注拓展为对广义信贷的关注。在2016年的MPA评估中,银行广义信贷的范围包括贷款、债券投资、股权及其他投资、买入返售资产及存放非存款类金融机构款项等资金运用类别(不含存款类金融机构之间的买入返售)。银行表内资金运用绝大部分已经纳入广义信贷范围。

从MPA的理论发展和国际实践看,随着金融创新和金融市场的发展,影子银行体系扩张往往快于传统信贷增长,在中国主要表现为表外业务的快速增长,其顺周期加杠杆、跨市场传播风险、羊群效应等现象也较为突出。将更广泛的金融资产、金融机构、金融市场纳入宏观审慎管理,防范系统性风险是大势所趋。近年来,我国银行表外理财业务增长较快。根据中国人民银行统计,2016年年末银行业表外理财资产超过26万亿元,同比增长超过30%,比同期贷款增速高约20个百分点,但对表外理财业务的风险还缺乏有效识别与控制。一是表外理财底层资产的投向与表内广义信贷无太大差异,主要包括类信贷、债券等资产,同样发挥着信用扩张作用,若增长过快也会积累宏观风险,不符合"去杠杆"的要求。二是目前表外理财业务虽名为"表外",但交易的法律关系还不够明确,业务界定尚不够清晰,一定程度上存在刚性兑付,出现风险时银行往往表内解决,未真正实现风险隔离,存在监管套利等问题。因此,将表外理财纳入广义信贷范围有利于更全面地反映银行体系信用扩张状况,更全面地对银行体系实施宏观审慎管理。

基于上述考虑,自2016年第三季度起,中国人民银行开始就表外理财纳入MPA广义信贷指标开展模拟测算,并加强与市场和金融机构的沟通及预期引导,相关工作进展总体顺利,市场对此已有充分预期,实施条件已经具备。中国人民银行将于2017年第一季度MPA评估时正式将表外理财纳入广义信贷范围,以合理引导金融机构加强对表外业务风险的管理。在具体操作上,将表外理财资产在扣除现金和存款之后纳入广义信贷范围,纳入后仍主要对新的广义信贷余额同比增速进行考核和评估。将表外理财纳入广义信贷之后,部分机构的广义信贷同比增速将会提高,与之对应的宏观审慎要求也会相应提高,由此引导金融机构稳健经营。需要指出的是,表外理财本质上属资产管理业务,应具有"受人之托、代客理财、投资者风险自担"的属性。要从根本上解决真实资本计量、风险隔离、刚性兑付、监管套利等问题,还需进一步理顺资产管理业务的法律关系和监管安排。

2. 强化针对外汇流动性和跨境资金流动的宏观审慎政策

在立足国内市场现状、汲取国际经验的基础上,2015年中国人民银行将外汇流动性和跨境资金流动纳入了宏观审慎管理范畴,进一步完善了宏观审慎政策框架。

一是完善外汇流动性宏观审慎政策。2015年8月,银行代客远期售汇和人民币购

[①] 参考《2016年第四季度中国货币政策执行报告》。

售业务量大幅增长，明显超出了正常水平，存在一定投机套利和顺周期行为。为了对外汇流动性进行逆周期调节，抑制非理性预期发散，促进金融机构稳健经营，防范宏观金融风险，中国人民银行分别从2015年8月底到9月中旬对银行远期售汇及人民币购售业务采取了宏观审慎管理措施，要求金融机构按其远期售汇（含期权和掉期）签约额的20%交存外汇风险准备金，并提高了跨境人民币购售业务存在异常的个别银行购售平盘手续费率，旨在通过价格手段抑制部分企业及境外主体汇率方面的投机行为。相关政策实施后成效明显，金融机构远期售汇签约额和人民币购售净购买人民币金额回归至正常水平，抑制了短期套利活动，银行和企业的实需性需求也得到了保障。之前上调的部分银行人民币购售平盘手续费率已恢复至正常水平。

二是扩大全口径跨境融资宏观审慎管理试点。2015年中国人民银行建立了对上海自贸区经济主体跨境融资的宏观审慎管理模式，将金融机构和企业跨境融资与其资本金挂钩，并设置杠杆率和宏观审慎调节参数予以调控。根据党中央、国务院关于把自贸区可复制、可推广的经验尽快向其他地方推广的精神，中国人民银行在上海自贸区试点取得有益经验的基础上，于2016年1月25日面向27家银行类金融机构和在上海、广东、天津、福建四个自贸区注册的企业扩大本外币一体化的全口径跨境融资宏观审慎管理试点，将市场主体借债空间与其资本实力和偿债能力挂钩，通过调节宏观审慎参数使跨境融资水平与宏观经济热度、整体偿债能力和国际收支状况相适应，以控制杠杆率和货币错配风险。

三是加强对人民币跨境资本流动的宏观审慎管理。2016年1月25日起，中国人民银行对境外金融机构在境内金融机构存放执行正常存款准备金率。这既是对现有存款准备金制度的进一步完善，也建立了对跨境人民币资金流动进行逆周期调节的长效机制，有助于抑制跨境人民币资金流动的顺周期行为，引导境外金融机构加强人民币流动性管理，促进境外金融机构稳健经营，防范宏观金融风险，维护金融稳定。

完善跨境资本流动宏观审慎框架。一是将全口径跨境融资宏观审慎管理政策推广至全国，并逐步完善。自2016年5月3日起，对金融机构和企业，中国人民银行和国家外汇管理局不再实行外债事前审批制度，而是由金融机构和企业在与其资本或净资产挂钩的跨境融资上限内，自主开展本外币跨境融资，充分体现了"简政放权"的改革理念和国务院"放管服"的总体要求。之后，中国人民银行对实施情况进行了全面评估，于2017年年初进一步完善了政策框架，适当扩大了企业和金融机构的跨境融资空间，有利于境内机构充分利用境外低成本资金，支持实体经济发展。二是根据宏观调控需要和宏观审慎评估的结果设置并调节相关参数，对金融机构和企业的跨境融资进行逆周期调节，使跨境融资水平与宏观经济热度、整体偿债能力和国际收支状况相适应，控制杠杆率和货币错配风险，有效防范系统性金融风险。三是自2016年1月起，对境外金融机构在境内金融机构存放执行正常存款准备金率，以防范宏观金融风险，促进金融机构稳健经营。

根据资金跨境流动和跨境业务的新形势，中国人民银行已于2016年第三季度开始将MPA考核中原有"外债风险情况"指标扩充为"跨境业务风险"，以更好地引导跨境资金双向平衡流动。

为进一步提高跨境融资便利化水平，降低实体经济融资成本，中国人民银行积极完善和推广全口径跨境融资宏观审慎管理政策，于2017年1月13日发布《中国人民银行关于全口径跨境融资宏观审慎管理有关事宜的通知》（银发〔2017〕9号），对政策框架予以进一步完善。此次调整进一步完善了人民银行和外汇局原有的外债管理政策，在当前形势下适当扩大了企业和金融机构的跨境融资空间，有利于境内机构充分利用境外低成本资金，支持实体经济发展。同时，人民银行可根据宏观调控需要和宏观审慎评估的结果设置并调节相关参数，对金融机构和企业的跨境融资进行逆周期调节，使跨境融资水平与宏观经济热度、整体偿债能力和国际收支状况相适应，控制杠杆率和货币错配风险，防范系统性金融风险。[①]

3. 宏观审慎视角下保险资金运用[②]

近年来，随着保险资金投资范围的逐步放开，其受市场间风险传递的影响不断加剧，资金运用风险日益凸显。对于保险资金运用风险的防范已经不仅仅局限于单个公司的偿付和风险蔓延，而是必须解决保险公司越来越受金融体系内其他领域的风险影响这一实际问题。因此，从宏观审慎的角度对保险资金运用风险进行分析，并建立适合我国现状同时又与国际接轨的系统性风险监管框架十分必要。

2006—2015年，我国保险资金运用余额由1.78万亿元增长至11.18万亿元，平均增速为23.36%。在这十年中，我国保险资金运用结构配置不断变化。变化之一为传统固定收益类资产占比不断下降，其中，银行存款占比由33.67%降至21.78%，债券类资产占比由47.92%降至34.39%；变化之二为权益类资产及非标资产比例明显上升，股票和基金占比由5.13%上升至15.18%，其他投资占比由13.28%上升至28.65%。值得注意的是，在行业竞争日益加剧、各家保险公司承保利润不断降低甚至亏损的情况下，投资收益逐渐成为保险公司的主要盈利点。其中，权益类资产对投资收益贡献显著，是拉高投资收益率的主要因素。

在宏观审慎视角下，对于保险资金运用风险的考量主要基于两个维度：一是从横截面即行业维度上考察风险在金融系统中如何分布，重点关注金融系统内各市场间、各机构间的风险关联程度及风险传递情况。二是从纵截面即时间维度考察风险如何随时间变化而变化，特别是考虑经济周期内，风险如何在实体经济和金融系统的共同作用之下不断被放大。

基于行业维度分析，我国保险资金运用面临四大风险。

一是债券市场信用违约风险的影响程度加大。近年来，保险公司虽然逐步降低了债券投资比重，但总体来看，债券投资仍是保险业第一大投资品种。2015年，保险公司债券投资占比为34.39%，四大上市险企债券投资比重也均在35%以上，且集中在"两高一剩"行业。在当前经济形势下，该类行业经营压力不断加大，一旦违约，风险将向保险行业传递。2016年1月至8月，全国已有41家企业的价值254亿元人民币的债券出现违约，在"10中钢债"违约事件中，6家保险机构共投资6.1亿元，预计未来保险投资面临的市场信用风险问题将更加突出。

---

① 参考《2017年第一季度中国货币政策执行报告》。
② 参考中国人民银行网站。

二是资本市场波动风险的关联度提高。我国保险公司已成为基金市场、股票市场的第一和第二大机构投资者。从2006—2015年保险资金的投资收益率与上证综合指数来看，两者波动具有明显的一致性。2007年股市暴涨，保险资金的投资收益率上涨至12.17%，2008年金融危机爆发后，保险资金的投资收益率猛跌至1.91%。

三是另类投资风险传递渠道增加。与权益类投资类似，传统的不动产、非上市股权等另类投资也具有高风险和高收益的特征。2015年，另类投资在保险资金投资组合中占比约为28.65%，比2014年提高了3个百分点，必须警惕其可能带来的高风险。首先，在基础设施和不动产投资计划中，地方政府融资平台投资占比较大。部分地方政府通过融资平台举借巨额债务，无稳定的现金流作为偿债保证，使得融资平台投资风险加大。其次，银行理财产品、信托产品违约风险上升，刚性兑付逐渐打破。据统计，截至2016年第二季度末，信托行业风险项目达605个，规模达到1 381.23亿元，较去年同期增长33.58%。保险公司投资信托产品存在投资集中度高、基础资产不明确、信用评级机制不完善等问题，使保险公司面临的信用风险增加。最后，保险资产管理公司通道业务突破万亿元，其中85%以上为银行存款通道业务。由于此类业务大多为商业银行规避监管采取的投资行为，在债务人违约或监管机构管制的情况下，保险资产管理公司可能承担较大的连带损失。

四是境外投资不确定风险因素较多。2012年，我国大幅放开了保险资金境外投资品种，加速了保险资金境外投资步伐。截至2015年年末，保险资金境外投资规模超过360亿美元，占总资产的2%，投资形式主要集中于不动产投资和公司股权收购。境外投资面临的风险更加复杂化、多元化，投资项目直接受所在地区经济和地缘政治影响，业务发展和经营效益面临诸多不确定性，风险管控难度加大。2007年，中国平安以181亿欧元购买比利时富通集团股票，2008年金融危机后，中国平安对富通集团的投资缩水在95%以上。

基于时间维度分析，我国保险资金运用也存在两大风险。

一是资产负债期限错配压力较大。从资产与负债匹配的角度来看，由于我国缺乏具有稳定回报的中长期投资项目，使保险资金的很大比重用于短期投资。而保险负债的期限一般较长，从而导致保险资产与负债不匹配的问题较为突出。一般来说，资产或负债的期限越长，其利率敏感性越强，而资产负债缺口越大，利率波动对于机构经营影响也就越明显。2013—2015年，我国保险业15年以上的资产负债缺口分别为2.45万亿元、2.97万亿元和5.4万亿元，缺口逐步扩大，且增速逐年加快。从当前利率情况来看，负债增长将不断超过资产增长，保险公司再投资难度也将越来越大。

二是保险投资存在顺周期性。保险投资的顺周期性主要体现在三个方面：首先是保险资金规模的顺周期性。经济繁荣时期，保费收入和募集资本金的增长会提高保险公司的可投资资金；经济萧条时期则反之。其次是保险资金运用形式的顺周期性。以投资资本市场为例，保险公司在资产价格上涨时可能增加投资，而在资产价格下跌时由于其内部风险控制的要求或金融监管的限制而增加出售，由此增加资产价格暴涨暴跌的可能性。最后是保险投资信用风险的顺周期性。比如在经济上行期，债券等投资产品的违约率下降，使保险投资面临的信用风险降低，投资收益增加。

9.3.2.4 加强系统性风险监测评估[①]

中国人民银行会同监管部门切实加强金融风险的监测、评估和预警，牢牢守住不发生系统性区域性金融风险的底线。《证券公司全面风险管理规范》《银行业金融机构全面风险管理规范》和《保险公司风险管理指引》等相关法规从建立金融机构风险管理体系到金融机构日常监测方面都进行了规定。具体来看主要分为以下四方面：一是加强银行业、证券期货业、保险业、具有融资功能的非金融机构及民间借贷的信息搜集及分析，建立对整个非银行信贷中介体系的监测和分析系统，进一步完善金融机构重大事项报告制度，强化金融风险应急管理。二是加强对重点领域的风险监测和排查，密切关注地方政府性债务、房地产、产能过剩行业，跨部门、跨行业、跨市场的潜在风险等。三是深入推进金融机构稳健性现场评估，提升评估的广度与深度，积极运用压力测试等手段，提高风险评估的前瞻性和科学性。四是健全系统性风险早期预警体系，从非金融部门和金融体系两个方面梳理可能的风险隐患，重点关注非金融部门偿债能力及金融体系的风险抵御能力、流动性状况等早期预警指标，构建具有内在联系的系统性金融风险早期预警分析框架。

中国人民银行会同监管部门切实加强金融风险的监测、评估和预警，牢牢守住不发生系统性区域性金融风险的底线。《证券公司全面风险管理规范》《银行业金融机构全面风险管理规范》和《保险公司风险管理指引》等相关法规从建立金融机构风险管理体系到金融机构日常监测方面都做出了相关规定。具体来看主要分为以下四方面：一是全面加强对银行业、证券业、保险业、金融控股公司和具有融资功能的非金融机构的日常监测，开展金融机构现场评估，组织商业银行和证券公司开展年度金融稳定压力测试和应急演练；二是继续完善大型有问题企业、高风险上市公司及地方各类交易场所的风险监测机制，加强对宏观经济形势、区域金融风险及特定行业趋势的研究预判；三是组织开展金融风险排查，加强对银行业资产质量、产能过剩行业、保险业满期给付和退保、资产管理行业等重点领域风险的监测分析；四是全面总结评估金融业综合经营试点。

9.3.2.5 中国金融部门评估规划更新评估正式启动

金融部门评估规划（financial sector assessment program，FSAP）由国际货币基金组织和世界银行于1999年5月联合推出，旨在加强对国际货币基金组织成员经济体金融脆弱性的评估与监测，减少金融危机发生的可能性，同时推动金融改革和发展。经过逐步发展和完善，FSAP已成为国际广泛接受的金融稳定评估框架。

为落实我国在二十国集团（G20）峰会上的承诺，从国际视角审视我国金融体系稳健性，2009年8月，我国正式接受国际货币基金组织和世界银行进行中国首次FSAP。中国人民银行会同11个部门成立了中国FSAP部际领导小组和工作小组，建立了相应的工作机制和工作原则。经过中外双方历时两年多的精心组织和努力工作，评估于2011年11月圆满完成并取得了丰硕成果。总体来看，中国FSAP作为国际组织首次对中国金

[①] 参考《中国金融稳定报告2015》和《中国金融稳定报告2016》。

融体系开展的全面、系统评估，帮助中国金融管理部门对金融体系和制度框架进行了全面梳理，并就中国金融改革和发展提出了很多值得借鉴的建议。其中大部分建议，例如，推进利率市场化改革、加强金融监管协调、构建逆周期宏观审慎制度框架等，在"十二五"规划中已有明确表述。这说明，中外双方关于推进中国金融改革、维护金融稳定的很多观点是基本一致的。

根据国际货币基金组织和世界银行的要求，具有全球系统重要性的国家（地区）每五年接受一次 FSAP 更新评估。经请示国务院同意，中国 FSAP 更新评估于 2015 年 10 月正式启动，国际货币基金组织和世界银行联合组成的评估团与中方相关部门召开了中国 FSAP 更新评估启动大会。评估团访华期间，与相关部门就近年来中国金融体系的发展情况、评估范围、评估时间框架等进行了充分的交流和沟通。之后，经多轮磋商，双方就中国 FSAP 更新评估范围和评估时间框架等达成一致意见。

《证券公司全面风险管理规范》（以下简称"《规范》"）对于证券公司风险管理系统、风险管理组织架构、风险管理政策和机制、信息技术系统和数据及自律管理进行了规定，要求证券公司的董事会、经理层及全体员工共同参与，对于公司经营中的流动性风险、市场风险、信用风险、操作风险、声誉风险等各类风险，进行准确识别、审慎评估、动态监控、及时应对及全程管理。

风险管理组织架构方面，《规范》要求证券公司明确各管理层级的全面风险管理的职责分工，建立多层次、相互衔接、有效制衡的运行机制，对从事风险管理的人员的职责和相关专业背景、工作经验也制定了具体的规定。公司的风险管理中还将子公司的风险管理纳入统一体系，对其风险管理工作实行垂直管理。

政策和机制方面，《规范》要求证券公司制定并完善风险管理制度，包括风险容忍度和风险限额等的风险指标体系，针对新业务的风险管理制度和流程，针对流动性危机、交易系统事故等重大风险和突发事件的风险应急机制及与风险管理效果挂钩的绩效考核及责任追究机制。日常监管方面，证券公司应当建立逐日盯市、压力测试等机制，建立畅通的风险信息沟通机制。

在信息技术系统和数据方面，《规范》要求证券公司建立与业务复杂程度和风险指标体系相适应的风险管理信息技术系统，覆盖各风险类型、业务条线、各个部门、分支机构及子公司，对风险进行计量、汇总、预警和监控，并实现同一业务、同一客户相关风险信息的集中管理，以符合公司整体风险管理的需要。[①]

为提升银行业金融机构全面风险管理水平，引导银行业金融机构更好地服务实体经济，银监会发布了《银行业金融机构全面风险管理指引》（以下简称"《指引》"）。

《指引》对银行业金融机构全面风险管理提出四点管理原则：一是匹配性原则。全面风险管理体系应当与风险状况和系统重要性等相适应，并根据环境变化进行调整。二是全覆盖原则。全面风险管理应当覆盖各个业务条线，包括本外币、表内外、境内外业务；覆盖所有分支机构、附属机构，部门、岗位和人员；覆盖所有风险种类和不同风险之间的相互影响；贯穿决策、执行和监督全部管理环节。三是独立性原则。银行业金融

---

① 参考《证券公司全面风险管理规范》。

机构应当建立独立的全面风险管理组织架构，赋予风险管理条线足够的授权、人力资源及其他资源配置，建立科学合理的报告渠道，与业务条线之间形成相互制衡的运行机制。四是有效性原则。银行业金融机构应当将全面风险管理的结果应用于经营管理，根据风险状况、市场和宏观经济情况评估资本和流动性的充足性，有效抵御所承担的总体风险和各类风险。

《指引》提出了银行业金融机构全面风险管理体系的五个主要要素，包括风险治理架构，风险管理策略、风险偏好和风险限额，风险管理政策和程序，管理信息系统和数据质量控制，以及内部控制和审计体系。《指引》对以上要素的具体内容也进行了规定。

其中，关于风险偏好，《指引》规定，银行业金融机构应当制定书面的风险偏好，做到定性指标和定量指标并重，并提出了风险偏好应包括的七项具体内容。关于风险限额，《指引》提出，银行业金融机构应当制定风险限额管理的政策和程序，建立风险限额设定、限额调整、超限额报告和处理制度。同时，在风险限额临近监管指标限额时，银行业金融机构应当启动相应的纠正措施和报告程序，采取必要的风险分散措施，并向银行业监督管理机构报告。

《指引》采用了风险管理"三道防线"的理念，强调银行业金融机构董事会承担全面风险管理的最终责任；银行业金融机构监事会承担全面风险管理的监督责任，负责监督检查董事会和高级管理层在风险管理方面的履职尽责情况并督促整改；银行业金融机构应当设立或指定部门负责全面风险管理，牵头履行全面风险的日常管理；银行业金融机构各业务经营条线承担风险管理的直接责任。①

9.3.2.6 加强系统重要性金融机构监管②

中国银行资本监测工作组（CMG）指导并讨论通过了中国银行按年度更新的恢复和处置计划（RRP）。

2014年，中国银行和中国工商银行CMG审议通过了中国银行和中国工商银行按年度更新的RRP。2015年8月，中国银行和中国工商银行完成了第一轮可处置性评估，并向金融稳定委员会（FSB）报告了评估结果。

为落实FSB对全球系统重要性金融机构（G-SIFIs）的相关要求，推动我国G-SIFI有效处置机制建设，2015年8月，银监会、人民银行、财政部、香港金融监管局和澳门金融监管局五家CMG成员单位联合组成评估组，对工商银行、中国银行开展了可处置性评估。评估工作主要依据《金融机构有效处置机制的核心要素》中提出的可处置性评估相关要求，对工商银行和中国银行RRP的可行性、可靠性及系统性影响进行全面评估。评估涵盖了"银行组织架构及经营情况""内部关联性""金融市场基础设施会员关系""管理信息系统""恢复和处置计划充足性""处置机制及权力""处置资金来源""跨境处置""处置的系统性影响"九个方面。

在现场评估、银行高管层沟通确认及CMG成员单位讨论后，评估组得出以下评估

---

① 参考《银行业金融机构全面风险管理指引》。
② 参考《中国金融稳定报告2015》和《中国金融稳定报告2016》。

结论：两家银行的处置计划内容基本能够满足《金融机构有效处置机制的核心要素》要求；处置机制、权力和资金来源所需的法律依据框架已基本具备；银行组织结构清晰，各实体间关联依赖程度较低，内部交易公允性和复杂性基本满足可处置性要求；处置资金安排能为处置策略实施提供支撑；信息管理系统能够在日常及极端情况下提供相关信息；在危机情形下能够满足接入各类金融基础设施（FMI）的准入条件；跨境监管合作方面具备良好的沟通和信息共享环境，CMG成员拟正式签署《全球系统重要性银行恢复处置工作跨境合作协议》。总体而言，评估尚未发现对可处置性产生显著影响的障碍因素，两家银行的处置计划能够维持原有银行的关键功能持续运转，有利于在危机下实现有效处置，减轻对国内外金融市场和经济体系的冲击。

但评估认为尚需在以下方面进一步完善：一是还需继续探讨集团处置的详细触发机制，并对触发条件、危机情形等加强分析与评估。二是需进一步细化对母公司的总损失吸收能力评估、具有可操作性的自救措施、救助资金下传机制等工作。三是银行管理信息系统为处置机构决策提供数据汇总和集团风险报告的能力有待进一步加强。四是针对FMI会员资格及权利的转移和服务持续性如何操作，尚需做出进一步安排。五是实际处置中，母国和东道国监管当局的合作意愿和合作效果有待检验。

为此，中国将积极采取以下措施提升系统重要性银行的可处置性：一是根据《金融机构有效处置机制的核心要素》要求，完善现有法律框架，出台配套制度，细化系统重要性银行各项处置性制度安排。二是继续推进可减记、可转换债券等具有损失吸收能力的债务工具市场发展。三是进一步明确各部门职责分工和工作流程，丰富处置计划中关于触发机制的参数设置，提高恢复和处置计划可操作性。四是着手研究在危机中对银行FMI会员资格及权利转移的安排。五是推动银行完善管理信息系统相关功能，尽快建立存款保险相关系统，提升风险数据汇总时效性。六是修订并签署跨境合作协议文本，同时加强与非CMG东道国的合作。

9.4 第五次全国金融工作会议

2008年金融危机发生前，货币政策为主要央行政策框架的核心。但金融危机的不期发生，促使各国当局反思单核心政策，难以实施逆周期调控以实现金融稳定。正是在危机后不断反思的基础上，逐渐发展成型了宏观审慎逆周期调控政策。中国政策当局，也在次贷危机发生十年之后，在第五次全国金融工作会议上，正式确认了货币政策和宏观审慎政策的"双支柱"调控框架。

第五次全国金融工作会议于2017年7月14日至15日在北京召开。中共中央总书记、国家主席、中央军委主席习近平出席会议并发表重要讲话。他强调，金融是国家重要的核心竞争力，金融安全是国家安全的重要组成部分，金融制度是经济社会发展中重要的基础性制度。必须加强党对金融工作的领导，坚持稳中求进工作总基调，遵循金融发展规律，紧紧围绕服务实体经济、防控金融风险、深化金融改革三项任务，创新和完善金融调控，健全现代金融企业制度，完善金融市场体系，推进构建现代金融监管框架，加快转变金融发展方式,健全金融法治,保障国家金融安全,促进经济和金融良性循环、健康发展。

做好金融工作要把握好以下重要原则:第一,回归本源,服从服务于经济社会发展。金融要把为实体经济服务作为出发点和落脚点,全面提升服务效率和水平,把更多金融资源配置到经济社会发展的重点领域和薄弱环节,更好地满足人民群众和实体经济多样化的金融需求。第二,优化结构,完善金融市场、金融机构、金融产品体系。要坚持质量优先,引导金融业发展同经济社会发展相协调,促进融资便利化、降低实体经济成本、提高资源配置效率、保障风险可控。第三,强化监管,提高防范化解金融风险能力。要以强化金融监管为重点,以防范系统性融风险为底线,加快相关法律法规建设,完善金融机构法人治理结构,加强宏观审慎管理制度建设,加强功能监管,更加重视行为监管。第四,市场导向,发挥市场在金融资源配置中的决定性作用。坚持社会主义市场经济改革方向,处理好政府和市场的关系,完善市场约束机制,提高金融资源配置效率。加强和改善政府宏观调控,健全市场规则,强化纪律性。

金融是实体经济的血脉,为实体经济服务是金融的天职,是金融的宗旨,也是防范金融风险的根本举措。要贯彻新发展理念,树立质量优先、效率至上的理念,更加注重供给侧的存量重组、增量优化、动能转换。要把发展直接融资放在重要位置,形成融资功能完备、基础制度扎实、市场监管有效、投资者合法权益得到有效保护的多层次资本市场体系。要改善间接融资结构,推动国有大银行战略转型,发展中小银行和民营金融机构。要促进保险业发挥长期稳健风险管理和保障的功能。要建设普惠金融体系,加强对小微企业、"三农"和偏远地区的金融服务,推进金融精准扶贫,鼓励发展绿色金融。要促进金融机构降低经营成本,清理规范中间业务环节,避免变相抬高实体经济融资成本。

防止发生系统性金融风险是金融工作的永恒主题。要把主动防范化解系统性金融风险放在更加重要的位置,科学防范,早识别、早预警、早发现、早处置,着力防范化解重点领域风险,着力完善金融安全防线和风险应急处置机制。要推动经济去杠杆,坚定执行稳健的货币政策,处理好稳增长、调结构、控总量的关系。要把国有企业降杠杆作为重中之重,抓好处置"僵尸企业"工作。各级地方党委和政府要树立正确政绩观,严控地方政府债务增量,终身问责,倒查责任。要坚决整治严重干扰金融市场秩序的行为,严格规范金融市场交易行为,规范金融综合经营和产融结合,加强互联网金融监管,强化金融机构防范风险主体责任。要加强社会信用体系建设,建立健全符合我国国情的金融法治体系。

要坚定深化金融改革。要优化金融机构体系,完善国有金融资本管理,完善外汇市场体制机制。要完善现代金融企业制度,完善公司法人治理结构,优化股权结构。建立有效的激励约束机制,避免短视化行为。完善风险管理框架,强化风险内控机制建设,推动金融机构真实披露和及时处置风险资产。加强外部市场约束,增强会计、审计等机构自律性、公正性和专业化水平。

要加强金融监管协调、补齐监管短板。设立国务院金融稳定发展委员会,强化人民银行宏观审慎管理和系统性风险防范职责,落实金融监管部门监管职责,并强化监管问责。坚持问题导向，针对突出问题加强协调，强化综合监管，突出功能监管和行为监管。地方政府要在坚持金融管理主要是中央事权的前提下，按照中央统一规则，强化属地风险处置责任。金融管理部门要努力培育恪尽职守、敢于监管、精于监管、严格问责的监管精神，形成"有风险没有及时发现就是失职、发现风险没有及时提示和处置就是渎职"的严肃监管氛围。健全风险监测预警和早期干预机制，加强金融基础设施的统筹监管和互联互通，推进金融业综合统计和监管信息共享。对深化金融改革的一些重大问题，要加强系统研究，完善实施方案。

要扩大金融对外开放。深化人民币汇率形成机制改革，稳步推进人民币国际化，稳步实现资本项目可兑换。积极稳妥推动金融业对外开放，合理安排开放顺序，加快建立完善有利于保护金融消费者权益、有利于增强金融有序竞争、有利于防范金融风险的机制。推进"一带一路"建设金融创新，搞好相关制度设计。

做好新形势下金融工作，必须加强党对金融工作的领导。要坚持党中央对金融工作集中统一领导，确保金融改革发展正确方向。要加强金融系统党的建设，国有金融机构领导人必须增强党的意识，党的领导要与国有金融机构公司法人治理相结合，促进形成良好的现代公司治理机制。要增强党领导金融工作能力，各级领导干部特别是高级干部要加强金融知识学习，努力建设一支宏大的德才兼备的高素质金融人才队伍。

要从实现"两个一百年"奋斗目标、实现中华民族伟大复兴中国梦的历史高度，从推进国家治理体系和治理能力现代化的战略高度，以高度的责任心、使命感、紧迫感，齐心协力，勤勉尽责，坚定不移推进金融改革发展，以优异成绩迎接党的十九大胜利召开。

■ 9.5 主要监管机构贯彻党的十九大精神主要内容[①]

十九大中央金融系统代表团进行讨论，一行三会等金融系统代表表示，要继续探索货币政策和宏观审慎政策"双支柱"调控框架，并进一步强化金融业监管，坚决抵御和化解金融风险，维护系统性金融稳定。

时任中国人民银行副行长易纲表示，中国较早探索和实践货币政策和宏观审慎政策相结合的方式，一方面积极稳妥推动货币政策调控框架从数量型向价格型转变，创新多种货币政策工具，不断增强利率调控能力，另一方面着力建立金融宏观审慎框架。

易纲称，具体而言，宏观审慎框架主要包含三个方面内容：一是在 2011 年正式引入差别准备金动态调整机制，要求金融机构"有多大本钱做多大生意"，扩张速度要与经济发展、资本金相适应；2016 年将差别准备金动态调整机制升级为宏观审慎评估体系（MPA），将更多金融活动和金融行为纳入管理，从七个方面约束金融机构，实施逆周期调节。二是将跨境资本流动纳入 MPA，使得跨境资本流动趋于稳定。三是继续加强房地产市场的宏观审慎管理，其核心是形成以因城施策、差别化住房信贷政策为主要内容的住房金融宏观审慎管理框架。

---

① 参见新华网十九大金融媒体专题：http://news.xinhuanet.com/politics/19cpcnc/2017-10/20/c_1121828498.htm。

实际上，货币政策和宏观审慎政策"双支柱"调控框架正是在当前防控金融风险、维护金融稳定的大背景下应运而生。易纲表示，金融危机前主流央行的政策框架以货币政策为核心，稳定物价是政策目标，对防止高通货膨胀起到了很好的作用。但本轮国际金融危机说明，价格稳定并不代表金融稳定，危机前美国的物价稳定，金融资产价格大幅上涨，市场行为具有明显的顺周期性，跨市场风险传染性较强。因此，大家反思认为，维持金融系统稳定，只有货币政策还不够，金融系统风险的主要来源是金融顺周期性和跨市场风险传染，宏观审慎就是对金融顺周期行为和跨市场风险传染对症下药。易纲表示，建立"双支柱"调控框架可以起到两方面作用：一是保持币值稳定，二是维护金融系统的稳定。

中国银监会主席郭树清表示，五年来银行业改革发展已经取得历史性成就，下一步要加大不良贷款处置力度，金融监管将趋严，银行业改革开放将进一步深化。他透露，还可以继续加大力度，有效支持去产能、去库存和去杠杆。

郭树清说，银行业要坚决抵御和化解金融风险。2017年以来，党中央多次提出要把防范系统性风险放在更加重要的位置。截至目前已经做了大量工作，具体包括深入整治银行业市场乱象、规范房地产融资行为、严防银行业资金进入房地产、坚决遏制政府隐形债务风险、进一步规范同业理财、继续清理整治网贷及非法贷款、注重加强监管协调等。

他说，目前来看，银行业防范风险进展符合预期，坚持了问题导向原则，主要是针对银行理财业务、同业业务、表外业务等方面，选择这些领域主要是因为其覆盖了比较突出的风险点，如影子银行、交叉金融、房地产泡沫、地方政府债务等。今后，金融监管总体趋势会越来越严。

不过，他也表示，在公司治理层面，仍然存在一些银行股东履职不到位不规范，还存在隐瞒股权、代持股权等突出问题。下一步要进一步深化银行业改革，健全公司治理和法人治理结构。此外，还要有序引导民间资本进入银行业，扩大银行对外开放。

中国证监会主席刘士余表示，中国资本市场要补齐短板，打好防范重大风险的攻坚战。

刘士余表示，按照中央精神，要把发展直接融资放在重要位置，形成融资功能完备、基础制度扎实、市场监管有效、投资者合法权益得到有效保护的多层次资本市场体系。证监会系统严格贯彻中央关于资本市场的重要指示精神，牢固树立服务实体经济的基本方向，牢记保护投资者合法权益的使命，坚持稳中求进的总基调，坚持依法监管，在党中央国务院的正确领导下，在各方面的支持下，资本市场发展较快而且比较稳定。

他表示，十九大再次明确指出，要提高金融服务实体经济的能力，提高直接融资比重，促进多层次资本市场健康发展。中国资本市场是中国金融体系的短板，中国资本市场要打好防范化解重大风险的攻坚战，要补短板，不能制约去杠杆的进程，要为融资结构的优化做出应有贡献。

2017年10月26日上午，银监会主席郭树清主持召开银监会党委（扩大）会议，传达和学习贯彻党的十九大和十九届一中全会精神。要按照中央统一部署，在国务院金融稳定发展委员会领导下，把主动防范化解系统性金融风险放在更加重要的位置，继续深入整治银行业市场乱象，积极稳妥处置重点风险，抓紧补齐监管制度短板，防止单体局部风险演化为系统性全局性风险，牢牢守住不发生系统性金融风险的底线。深入推进新时代银行业改革开放。以完善银行治理结构为重点，理清股权关系，在保护投资者合法权益的同时，严肃整治部分股东"乱作为"行为，从体制机制上防止不正当关联交易和利益输送。坚持一视同仁、平等对待，稳步推进新时代中国特色社会主义背景下的银行业改革开放，持续释放银行业发展创新的潜能和活力。

2017年10月26日，中国保监会召开党委理论学习中心组学习扩大会议，传达学习党的十九大精神。保监会副主席陈文辉主持会议，会党委理论学习中心组成员参加。会议要求充分认识党的十九大精神对于保险业改革发展的重大指导意义，坚决防范化解保险领域重大风险，推动行业发展回归本源，切实保护保险消费者的利益，全面落实服务实体经济、防控风险、深化改革三项重点任务，让保险业发展成果惠及更广大人民群众。坚持"监管姓监"，为民监管，在健全监管制度、改进监管方式、提高监管效能上下功夫，弥补监管短板，加强监管问责，切实增强监管的专业性、穿透性和权威性，牢牢守住不发生系统性风险的底线。坚决纠正监管定位偏差，加强分析研判，把握当前和未来行业发展中潜在的各种风险，认真查找保险监管中存在的差距和不足，主动研究和谋划2018年的监管工作，不断增强保险监管工作的前瞻性和针对性，以高度的责任感和使命感，切实履行好党和人民赋予的监管职责。

2017年10月26日，中国证监会召开党委扩大会议，传达学习和贯彻党的十九大会议精神；扩大会议前召开了党委会议，传达学习和贯彻党的十九届一中全会精神。证监会主席刘士余主持会议并讲话。会议要求在深入学习贯彻党的十九大精神的基础上，落实好全国金融工作会议的各项部署，抓好资本市场服务实体经济、防控风险和深化改革三项任务，全面扎实地完成好全年的工作任务，谋划好2018年资本市场各项重点工作。

本章小结

本章首先对国内金融监管体系的历史进行了回顾，中国金融监管体系的形成和发展是与国内经济发展和金融体制改革紧密联系在一起的。自1978年实施改革开放战略方针以来，中国金融监管体系改革大致经历了三个发展阶段：统一监管时期；分业监管体系的形成与发展时期；混业经营下的分业监管体系的发展与转型时期。

在此基础上对金融监管体系中所涉及的监管机构的分工与协调的发展情况进行说明。在专司监管银行、证券、保险的监管机构成立后，我国陆续颁布和修订了一些金融领域的重要法律，如《中华人民共和国银行业监督管理法》《中华人民共和国证券法》《中华人民共和国证券投资基金法》及《中华人民共和国保险法》等。作为金融监管体系的基础和重要组成部分，这些法律的通过为监管机构依法行政创造了有利条件。为明确金融监管职责，实现协调配合，避免监管真空和重复监管，提高监管效率，鼓励金融创新，以达到所有金融机构及其从事的金融业务都能得到持续有效的监管，保障金融业稳健运行和健康发展，银监会、证监会、保监会建立了相应的机制来保证监管机构之间的合作。

最后讲述了当前金融市场的监管重点——宏观审慎的相关知识，并阐述了当下要做好金融市场监管要注意的问题。建立宏观审慎监管框架已成为危机后国际社会的重要共识。"宏观审慎"一词是相对"微观审慎"而言的。对每一家金融机构要进行审慎监管,防止这家机构出问题,这是微观审慎的范畴。"微观审慎"已难以维持金融系统的稳定性,迫切需要新的监管标准,"宏观审慎"因此出现,宏观审慎监管强调的是把对单一机构的监管与宏观经济金融问题联系起来看待和处理。2008年金融危机后,各国正在加快推进宏观审慎监管框架的建立。我国在建立符合我国国情的宏观审慎政策框架上也做了大量的积极探索和实践。

本章重要术语

宏观审慎政策框架　宏观审慎评估体系　微观审慎　顺周期效应　逆周期效应　杠杆率　系统重要性金融机构　资本留存缓冲　应急资本　自救债　流动性覆盖率　净稳定资金比例　影子银行　总损失吸收能力

思考练习题

1. 试讨论以下观点:
（1）在混业经营背景下,"一行三会"的分业监管体系已不合时宜。
（2）价格稳定就是金融稳定,个体金融机构的强健能保证宏观金融体系稳定。
（3）限制了影子银行的发展就能有效防控金融风险。
2. 为什么说"宏观审慎政策框架"比"宏观审慎监管"更能反映出宏观审慎的内涵?
3. 宏观审慎监管和微观审慎的区别是什么?
4. 人民银行构建的金融机构宏观审慎评估体系在"宏观审慎政策框架"的基础上做出了哪些改进?

参考文献

[1] 巴曙松.从近期股市动荡看中国金融监管体制改革[N].第一财经日报,2015-09-10(A16).
[2] 曹凤岐.金融市场全球化下的中国金融监管体系改革[M].北京:经济科学出版社,2012.
[3]《关于2008年深化经济体制改革工作的意见》（国办发〔2008〕103号）.
[4]《关于修改〈中华人民共和国中国人民银行法〉的决定》（主席令〔2003〕12号）.
[5]《关于中国人民银行专门形式中央银行职能的决定》（国发〔1983〕146号）.
[6]《国务院关于机构设置的通知》（国发〔2003〕8号）.
[7]《国务院关于金融体制改革的决定》（国发〔1993〕91号）.
[8]《国务院关于同意建立金融监管协调部际联席会议制度的批复》（国函〔2013〕91号）.
[9]《国务院批转中国人民银行关于改革中国银行体制的请示报告》（国发〔1979〕72号）.
[10] 李波.以宏观审慎为核心,推进金融监管体制改革[N].第一财经日报,2016-02-05(A10).
[11] 潘功胜.完善金融监管体制　维护宏观金

融稳定[N].第一财经日报,2013-12-09(A05).

[12] 任碧云.重建我国金融监管体制之探讨[J].经济问题,2002,6:47—50.

[13] 肖钢.国际金融热点精述[M].北京:中信出版社,2013.

[14] 《中国人民银行主要职责、内设机构和人员编制规定》(国办发〔2008〕83号).

[15] 《中国证券监督管理委员会机构编制方案》(国办发〔1995〕12号).

[16] 《中华人民共和国银行管理暂行条例》(国发〔1986〕1号).

[17] 周小川.金融改革发展及其内在逻辑[J].中国金融,2015,19:11—17.

第 10 章
巴塞尔新资本协议体系

王 勇（光大证券）

本章知识与技能目标

通过本章学习，读者应能够：
◎ 了解巴塞尔协议的历史；
◎ 了解巴塞尔协议体系是在什么情况下推出的；
◎ 掌握《巴塞尔协议Ⅰ》到《巴塞尔协议Ⅳ》都包含哪些内容及相应的计算公式；
◎ 知道每个版本的意义及其局限性；
◎ 在了解巴塞尔协议体系后，能够结合中国国情理解中国的金融监管体系。

10.1 引言

银行作为社会资金的中介机构，其资金的来源和运用非常广泛，银行出于对自身经营业绩的考虑，很容易过度膨胀，一旦银行出现问题，会对整个网络、各行各业造成冲击。历次金融危机都再一次说明了这个问题，银行经营本身变成了一个非常严肃的社会问题。由于银行倒闭存在巨大的负外部性，所以需要政府来进行监管。

20世纪 70 年代以来，全球经济一体化和金融国际化的趋势不断增强，跨国银行在全球经济中扮演的作用越来越重要，但是母国和东道国对跨国银行的监管并没有有效地实施，而且容易形成监管漏洞。1974 年，德国赫斯塔特银行和美国富兰克林国民银行的相继倒闭，给国际金融市场造成了巨大的影响，也加速了全球银行监管标准的出台。1974年年底，十国集团（美国、英国、法国、德国、意大利、日本、荷兰、加拿大、比利时、瑞典）中央银行行长们在瑞士巴塞尔成立巴塞尔银行监管委员会。1988年7月，巴塞尔银行监管委员会公布了《关于统一国际银行资本衡量和资本标准的协议》（*International Convergence of Capital Measurement and Capital Standards*），这个协议称为《巴塞尔协议Ⅰ》（Basel Ⅰ），该协议基于相关的规则建立了抵御信用风险的资本要求。1996年1月，巴塞尔银行监管委员会公布了《资本协议市场风险补充规定》，加强了对银行市场风险的监管。

由于国际银行业的运行环境在20世纪90年代发生了巨大的变化，《巴塞尔协议Ⅰ》未覆盖到的操作风险、流动性风险等破坏力日趋明显。2004年6月，巴塞尔银行监管委员会一致通过了《资本计量和资本标准的国际协议：修订框架》，称之为《巴塞尔协议Ⅱ》（Basel Ⅱ），《巴塞尔协议Ⅱ》建立了对风险更为敏感的资本要求并增加了抵御操作风险的资本要求。同时《巴塞尔协议Ⅱ》增加了外部监管和市场披露两大支柱的内容，夯实了资本约束的有效性。

2008年的金融危机使监管机构认识到《巴塞尔协议Ⅱ》没有很好地关注系统性风险，并且具有很强的顺周期性等，这些原因又很快地将《巴塞尔协议Ⅱ》推向了《巴塞尔协议Ⅲ》（Basel Ⅲ）。巴塞尔银行监管委员会于2009年7月讨论了关于资本要求扩充的协议，该协议重新定义了资本，并提出了微观审慎监管和宏观审慎监管框架，最终于2010年9月达成一致。

另外，对于几乎相似的风险水平，不同的银行计算出来的风险加权资产水平相差巨大，同时，还存在对外部评级依赖过大等问题。《巴塞尔协议Ⅳ》试图解决这些问题，新的监管框架建立在对风险资本权重的重新审阅下，其试图在简单性（simplicity）、可比性（comparability）和风险敏感性（risk-sensitivity）之间取得很好的平衡。

2009年6月，巴塞尔银行监管委员会成员扩展至27个国家和地区，巴塞尔银行监管委员会虽然规定了广泛的监管标准，但巴塞尔协议并不具备法律效力。鉴于其合理性、科学性和可操作性，成员国以及其他非成员国监管部门承认并自愿遵守巴塞尔银行监管委员会制定的协议和协定，特别是那些国际金融参与度比较高的国家和银行组织。

10.2 《巴塞尔协议Ⅰ》

10.2.1 巴塞尔协议之前的银行资本监管

资本监管的兴起伴随着人们对银行风险认识的不断深入，它的发展过程解释了创新、风险、监管之间的关系，也推动着整个风险管理进程的发展。从20世纪初到20世纪70年代末，全球银行业的发展处于一个相对平稳的发展阶段，对银行业的监管也主要集中在市场结构、资产分配规则和利率方面，对银行资本的监管并不充分，处于萌芽阶段的资本监管规则也略显粗糙。此时，对银行的监管主要放在其他监管方式上，包括市场准入监管、存款保险制度、规定储蓄存款和定期存款的利率上限、严格分离商业银行和投资银行业务，以及限制银行持有的资产种类等。

在1988年之前，许多国家通过设定资本金占资产的最低比例来对银行进行监管，但是对资本的定义以及最低比例的要求不尽相同。比如，美国政府货币监管当局曾要求美国国民银行的资本与存款的比例不低于10%，这种做法曾被广泛应用，后来监管当局认识到资本的作用应当是吸收损失、保证银行避免倒闭，所以资本充足率应该定义为资本与有关资产的关系。美国监管当局又采用资本与总资产的比例不低于7%的标准，但这一做法并没有体现出不同资产之间风险的不同。比如，一家银行具有大量的政府债券，另外一家银行具有同量的个人住房贷款，两家银行面临的风险显然不一样。另外，有些国家通过限制银行规模来进行监管；还有些国家通过限制银行的业务领域来进行监管。

从历史的角度来看，随着跨国银行的发展，其在各个国家的业务迅速扩大，由于不同国家的监管规则的差异，容易导致一些国际性银行在监管条件较为宽松的国家的运作要比在监管条件严格的国家的运作更具有得天独厚的优势，从而造成监管套利，增加了监管当局对跨国银行的监管难度。此举引起了人们对跨国银行的经营稳健状况和不平等竞争加剧的担忧。同时，这一时期银行场外衍生品业务的快速发展，比如利率互换、外汇互换、汇率期权等，使得银行对信用风险暴露的计算难度增加。另外，由于这些衍生品大多属于表外业务，对银行报告中的资产量没有影响，所以总资产量并不能准确地反映银行面临的整体风险的大小。于是，建立适应新国际环境的、客观统一的国际银行资本监管原则被提上了日程。

10.2.2 《巴塞尔协议Ⅰ》

10.2.2.1 《巴塞尔协议Ⅰ》的主要内容

1974年，德国赫斯塔特银行和美国富兰克林国民银行的相继倒闭，给国际金融市场造成了巨大的影响，也加速了全球银行监管标准的出台。1988年7月，《巴塞尔协议Ⅰ》的出现意味着一部简洁的全世界可以通用的资本监管框架的诞生。《巴塞尔协议Ⅰ》由《关于统一国际银行资本衡量和资本标准的协议》（*International Convergence of Capital Measurement and Capital Standards*）和《资本协议市场风险补充规定》两份文件构成，其中前者覆盖了信用风险资本充足率的计算方法，后者也称"1996年修正案"，提出了针对市场风险的资本准本金要求。《巴塞尔协议Ⅰ》的资本监管核心内容主要有四个方面。

第一，确定了资本的构成。

《巴塞尔协议Ⅰ》将商业银行的资本分为核心资本和附属资本两大类。其中核心资本也称一类资本（tier 1 capital），这类资本主要包括实收资本（或普通股，除去商誉价值）和公开储备（股票发行溢价、资本公积、盈余公积、留存利润），这些大部分是税后的留存收益，这样的资本被认为是最好的风险缓释。附属资本也称二类资本（tier 2 capital），主要包括未公开储备、资产重估储备（物业和股票的重估增值，计入资本时要打折扣）、普通呆账准备金、混合债务工具、长期次级债务。具体包含内容如下。

- 股权资本（equity capital），包括公开发行的完全支付的普通股及不可赎回的非累积优先股。
- 公开储备（disclosed reserves），包括股本溢价、留存收益及一般储备。
- 未公开储备（undisclosed reserves），是指那些没有公开公布但是已经反映在银行利润表中的储备。因为缺乏透明度，有些国家不予认可，因此不被作为核心资本。
- 资产重估储备（asset revaluation reserves），是指银行长期持有的股票证券，按照市场价格重新估价后公允价值与账面价值之间的正差额部分，能够吸收损失。考虑到市场的波动性，以及证券升值后的收益需要缴税，一般作为储备时会有一定的折扣比例。
- 普通呆账准备金（general provision），是指用来吸收银行非预期损失的资金。它们一定程度上降低了核心资本中的留存收益，因此可以被认为是附属资本。
- 混合债务工具（hybrid debt capital instruments），它们结合了权益资产和债务的某些特征，当它们是无担保的、次级的和完全支付的证券时，可以作为补充资本，其中包括累计优先股。
- 长期次级债务（subordinated term debt），它们是指最初期限大于五年，并在最后五年里折扣率为20%的债务。发生清算时，次级债务的等级比其他债务的等级要低。

资本金非常重要，它的关键作用是用来吸收损失，以保护债权人和存款人的利益。因此，资本金的等级必须次于存款，以保证在银行破产时，优先为存款人提供保护。资本的构成及范围的确定，不仅有利于计算资本充足率，而且有助于体现指标的公平性。

第二，提出了风险加权资产的计算。

《巴塞尔协议Ⅰ》首次提出根据资产风险的不同计算资本充足率，能够有效地体现出资本吸收损失的价值所在，具有更高的效率，相对于传统的资本占资产的比例监控来说，无疑是一个巨大的进步。《巴塞尔协议Ⅰ》将银行的风险资产分为表内资产和表外资产。其中表内资产根据资产类别、性质及债务主体的不同，分为0%、20%、50%、100%四个风险权重档次，表内资产的账面价值与其对应的权重相乘即得到表内资产的风险加权后的资产。表外资产要首先要乘以相应的转换因子转换为等价的表内风险资产，然后再乘以与对手有关的风险加权因子得到表外资产的风险加权资产。最后，两者相加即得到银行的风险加权资产总额。

第三，将表外项目纳入资本监管框架。

20世纪80年代中期，许多大银行的或有负债达到了股东权益的好几十倍，这些或有负债多为表外业务，对于当时的资本充足率没有影响，但会对银行体系的稳健运行造成了很大的冲击。资本监管政策的制定者们也意识到了表外业务的潜在风险，在《巴塞尔协议Ⅰ》制定的时候，对表外业务提出了明确的资本要求。

第四，确定了最低资本充足率的要求。

《巴塞尔协议Ⅰ》规定，银行持有的资本金至少是风险加权资产的 8%，即

$$(核心资本 + 附属资本) / 风险加权资产 \geq 8\%$$

其中协议还要求普通股应占风险加权资产的 2%，另外，银行的核心资本充足率不得低于 4%，即

$$核心资本 / 风险加权资产 \geq 4\%$$

这一最低资本充足率要求，一定程度上反映了当时发达国家银行业的风险状况，有利于银行体系的健康发展。

10.2.2.2 库克比率

《巴塞尔协议Ⅰ》引入了"库克比率"，用来计算风险加权资产总量。库克比率在计算时将表内和表外所有资产项目都纳入了考虑范围，以测定银行的整体风险暴露程度。

1. 表内项目的风险加权资产

《巴塞尔协议Ⅰ》将表内项目的资产分为四大类，对应四类权重，以达到对不同质量的资产设置不同的风险权重的目的。如表 10-1 所示，现金对应的风险权重为 0。

表 10-1　表内资产风险加权权重

风险权重（%）	资产类型
0	现金、金块、OECD（经济合作与发展组织）政府债券、有保险的按揭贷款
20	OECD 银行债券、OECD 政府管理部门发行的证券、市政债券
50	无保险的按揭贷款
100	企业债券、非发达国家发行的债券、非 OECD 国家银行债券

表内资产的风险加权总和为

$$\sum_{i=1}^{N} w_i L_i \qquad (10\text{-}1)$$

其中，L_i 为资产面值数额，w_i 为风险权重。

2. 表外项目的风险加权资产

表外风险加权资产的计算是通过风险转换系数将表外资产转换为等价的贷款名义金额的信用风险暴露，称为"等价信用量"。协议又将表外资产分为非衍生性产品和衍生性产品，分别对应两种不同的计算方法，因为衍生产品的头寸暴露比较复杂，应当进行特殊处理。

对于非衍生性产品，其等价信用量的计算方式很简单，资产面值与转换因子相乘即可得到。例如，银行承兑票据的转换因子为 100%。转换因子如表 10-2 所示。

表 10-2　表外资产非衍生性产品转换因子

转换因子（%）	资产类型
100	贷款的代替工具，如担保、银行承兑汇票及贷款和有价证券担保的备用信用证、金融信用凭证等
50	与交易相关的或有项目，如与特定交易相联系的履约保证或商业信用凭证等
20	与交易相关的短期自偿性负债，如以基础货物为担保的跟单信用凭证

贷款的替代工具的权重为100%，这是因为这些头寸暴露和贷款的性质一样。以金融信用凭证为例，它是银行为开证申请人设立的不可撤销的一笔资金，而当开证申请人违约时，持有信用凭证的人一定会申请提取资金，此时银行就面对类似贷款违约的情况。与交易有关的或有项目往往以一定的现金流入作为保证，因此，它们的风险一般低于通常的金融信用凭证。

对于场外衍生性金融产品，例如利率互换或远期合约等，它们的价值不能准确反映它们所面临的风险，其等价信用量的计算方式为

$$\max(V,0)+aL \qquad (10\text{-}2)$$

其中，V 为衍生品当前的价值，a 为附加因子，L 为衍生品面值。$\max(V,0)$ 是银行当前的风险暴露，因为当 V 对银行来说是资产时（$V>0$），如果对方违约，银行损失价值 V；当 V 对银行来说是负债时（$V<0$），如果对方违约，对银行来说则没什么损失，不需要提取相应的准备金，因此取 0 即可。aL 是为了补充风险暴露随着时间的变化而增加的可能。表 10-3 列出了场外衍生产品的附加因子 a 的数值，正如我们看到的，附加因子取决于衍生品的波动率和成熟期。我们知道，商品的波动率最高，其次是贵金属、股票、外汇及黄金、固定收益工具。这就解释了为什么商品互换的附加因子最高，其他依次降低，而且附加因子也随着衍生品剩余期限的增加而增加。

表 10-3　表外资产衍生性产品信用风险暴露的附加因子

剩余期限（年）	利率(%)	外汇及黄金	股票	贵重金属（不含黄金）	其他商品
<1	0.0	1.0	6.0	7.0	10.0
1—5	0.5	5.0	8.0	7.0	12.0
>5	1.5	7.5	10.0	8.0	15.0

对于表外资产，不论是衍生性产品还是非衍生性产品，算出其等价信用量后，还要乘以与对手有关的风险加权因子才能得到表外资产的风险加权资产。

综上所述，一家具有 N 项表内资产和 M 项表外资产的银行，其风险加权资产的总和为

$$\sum_{i=1}^{N} w_i L_i + \sum_{j=1}^{M} w_j^* C_j \qquad (10\text{-}3)$$

其中，第一项求和公式为表内资产的风险加权资产总和，第二项求和公式为表外资产的风险加权资产总和。其中 w_i 为第 i 项表内资产的风险权重，L_i 为第 i 项表内资产的面值数额，w_j^* 为第 j 项表外资产与交易对手有关的风险加权因子，C_j 为第 j 项表外资产的等价信用量。

【案例 10-1】

假设某银行的资产包括 100 亿美元的现金、80 亿美元的 OECD 银行债券、30 亿美元的企业债券、120 亿美元的住房贷款，另外有 85 亿美元的银行承兑汇票（转换因子为 100%）、16 亿美元的履约备用信用凭证（转换因子为 50%），最后，还与某个交易对手甲有 3 笔衍生产品合约，如下表所示。假设按照 8% 的最低资本充足率要求，表外项目交易对手的风险加权因子为 0.5，则该银行应当持有的最低资本是多少？

银行与交易对手甲进行的衍生品交易组合　　　　（单位：百万美元）

交易	面值	当前价值
2 年利率互换	800	−50
6 个月股票期权	800	58
7 年汇率远期	1 000	70

第一，表内项目的风险加权资产：$100 \times 0\% + 80 \times 20\% + 30 \times 100\% + 120 \times 100\% = 166$（亿美元）。

第二，表外项目非衍生产品的等价信用量：$85 \times 100\% + 16 \times 50\% = 93$（亿美元）。

第三，表外项目衍生产品的等价信用量：$[\max(-50, 0) + 0.5 \times 8] + [\max(58, 0) + 6.0 \times 8] + [\max(70, 0) + 7.5 \times 10] = 255$（亿美元）。

第四，表外资产的风险加权资产：$(93 + 255) \times 0.5 = 174$（亿美元）。

因此，银行最低资本金为 $174 \times 8\% = 13.92$（亿美元）。

10.2.2.3　净额结算

为了更好地提高金融市场的效率、维护金融市场的稳定，现代金融市场引入了净额结算制度。而场外衍生品的参与人传统上都会签署一个国际互换和衍生品协会（International Swaps and Derivatives Association，ISDA）的主协议。其中净额结算制度就是 ISDA 主协议中的一个条款，其内容是，如果违约发生，则所有的交易都被当作一笔交易。这意味着如果交易的一方在签署了主协议的一笔交易中违约，则该交易对手所有签署了主协议的交易都被认为是违约的。

1995年，净额结算在许多国家得到了认可。因此，1988年的《巴塞尔协议Ⅰ》也得以修改，当交易可能实施双边净额结算时，银行可以采用净额结算来降低银行面临的信用风险。

一般地，假设某个银行与某个交易对手有N笔衍生品交易，第i笔衍生品当前价值为V_i，如果该交易对手违约，则在没有净额结算的情况下，银行的损失为

$$\sum_{i=1}^{N}\max(V_i,0) \qquad (10\text{-}4)$$

在有净额结算的情况下，银行的损失为

$$\max\left(\sum_{i=1}^{N}V_i,0\right) \qquad (10\text{-}5)$$

在库克比率小节中，式（10-2）是在没有净额结算的情况下计算场外衍生品等价信用量，然而，在净额结算的情况下，衍生品等价信用量的计算将被修改为

$$\max\left(\sum_{i=1}^{N}V_i,0\right)+(0.4+0.6\times \text{NRR})\times \sum_{i=1}^{N}a_iL_i \qquad (10\text{-}6)$$

其中NRR为净替换比率（net replacement ratio，NRR）。NRR是当前净衍生品市场价值与总衍生品市场价值的比，这个值在0和1之间。设置这个因子的目的是降低那些附加法定净额结算协议的合约的资本要求。如果不进行净额结算，那么NRR=1，同时$(0.4+0.6\times \text{NRR})=1$，于是附加值没有任何降低。NRR的计算公式为

$$\text{NRR}=\frac{\max\left(\sum_{i=1}^{N}V_i,0\right)}{\sum_{i=1}^{N}\max(V_i,0)} \qquad (10\text{-}7)$$

【案例10-2】

假设某银行的资产包括100亿美元的现金、80亿美元的OECD银行债券、30亿美元的企业债券、120亿美元的住房贷款，另外有85亿美元的银行承兑汇票（转换因子为100%）、16亿美元的履约备用信用凭证（转换因子为50%），最后，还与某个交易对手甲有3笔衍生产品合约，如下表所示。假设按照8%的最低资本充足率要求，表外项目交易对手的风险加权因子为0.5，在有净额结算的情况下该银行应当持有的最低资本是多少？

银行与交易对手甲进行的衍生品交易组合

（单位：百万美元）

交易	面值	当前价值
2年利率互换	800	−50

（续表）

交易	面值	当前价值
6个月股票期权	800	58
7年汇率远期	1 000	70

第一，表内项目的风险加权资产：$100 \times 0\% + 80 \times 20\% + 30 \times 100\% + 120 \times 100\% = 166$（亿美元）。

第二，表外项目非衍生产品的等价信用量：$85 \times 100\% + 16 \times 50\% = 93$（亿美元）。

第三，净额结算下，表外项目衍生产品的等价信用量：$NRR = (-50 + 58 + 70) / (0 + 58 + 70) = 61\%$，$\max(-50 + 58 + 70, 0) + (0.4 + 0.6 \times 61\%) \times (0.5 \times 8 + 6.0 \times 8 + 7.5 \times 10) = 175$（亿美元），比没有净额结算时的 255 亿美元少了许多。

第四，表外资产的风险加权资产：$(93 + 175) \times 0.5 = 134$（亿美元）。

因此，在有净额结算的情况下，银行最低资本金为 $134 \times 8\% = 10.72$（亿美元）。

10.2.2.4　1996年修正案

1995年，英国老牌贵族银行巴林银行的倒闭，以及日本大和银行的破产，使得监管当局认识到即使在银行满足最低资本充足率要求的情况下，以金融衍生品为主的市场风险依然威胁着银行业的稳定。于是，1996年巴塞尔银行监管委员会公布了《资本协议市场风险补充规定》（以下简称"《补充规定》"），《补充规定》增加了对市场风险的监控，并要求银行提取与市场风险对应的准备金，这一规定是对1988年协议的补充，完善了《巴塞尔协议Ⅰ》对风险的覆盖范围，这一修正案在后来被称为"1996年修正案"。

修正案将银行的资产分为两类：交易账户和银行账户。交易账户是指那些银行有意短期持有并准备再出售的金融工具组合，通常包括大部分衍生产品、可变卖股票证券、外汇和商品，交易账户采用盯市结算制度。银行账户则包括其他金融工具，主要是那些一直会被持有到满期的投资资产，包括贷款、某些债券等，银行账户通常采用历史成本结算制度。1996年修正案为交易账户中表内或表外资产、银行账户中货币和商品资产都设定了市场风险资本金的要求，因此，信用风险资本金对以下产品不再适用：债券、股票、大宗商品及外汇。

修正案主要包括风险测量框架和资本要求两部分内容。在资本要求部分，增加了三级资本的概念，三级资本是指到期日大于两年的短期次级债务，它们只能抵御市场风险，加上1988年协议提出的一类资本、二类资本，则计算资本充足率的资本就包括三种类型的资本。（三类资本在《巴塞尔协议Ⅲ》中被取消了。）在风险测量框架方面，修正案要求商业银行必须以量化的方法准确计量出自己所面临的市场风险，而量化市场风险所采用的模型有标准法（SA）和内部模型法（IRBA）。标准法只是对不同种类的债券、股票、外汇、商品及期权等产品设定了不同的资本金要求，但对不同产品之间的相关性没有特殊处理。较为发达并且具有完善风险管理功能的银行可以采用内部模型法，内部模型法能够充分体现风险投资多元化的好处，并且其所产生的市场资本金量往往低于标准法所产生的市场资本金量。

市场风险资本金要求为

$$\max(VaR_{t-1}, m_c \times VaR_{avg}) + SRC \tag{10-8}$$

其中，VaR_{t-1} 是前一天的风险价值度，VaR_{avg} 是过去60天风险价值度的平均值，m_c 是乘积因子，m_c 最小值为3，如果监管部门发现银行内部模型有缺陷，该值可能会更大，SRC（specific risk charge，特定风险资本），是与特定企业有关的风险，如某企业股票价格的变动。VaR 和 SRC 的计算要求10天展望期和99%的置信度，其含义是10天内有1%的可能性损失超出这个数字。VaR值的计算能反映出很多市场变量的变动，如利率、汇率、股票指数和大宗商品价格。

在完成1996年修正案后，《巴塞尔协议Ⅰ》规定的资本金由两部分组成：第一，信用风险资本金，由式（10-1）计算出来的风险加权资产乘以8%得到；第二，市场风险资本金，由式（10-8）得到。为了方便起见，假设市场风险加权资产由式（10-8）乘以12.5得到。因此，整体资本金为

$$\text{整体资本金} = 0.08 \times (\text{信用风险加权资产} + \text{市场风险加权资产}) \tag{10-9}$$

10.2.3 《巴塞尔协议Ⅰ》的意义

《巴塞尔协议Ⅰ》是监管部门第一次尝试以风险为基础定义资本充足率的国际性条约，强化了银行风险管理的意识和能力，有效地提升了银行业的安全性和稳定性。同时，《巴塞尔协议Ⅰ》制定了统一的国际银行监管标准和方法，为国际银行间的竞争创造了一个公平的外部环境，在整个金融史中具有划时代的意义。

1. 提出了基于风险的资本监管机制

与之前的资本资产比率、资本存款比率等监管措施相比，基于风险的资本监管机制的建设是《巴塞尔协议Ⅰ》的巨大创新之处。这表明监管层真正认识到资本是用来防范风险、吸收损失的。为了将资本与银行面临的真正的风险联系在一起，《巴塞尔协议Ⅰ》对不同风险的资产加以区分，分为一类资本、二类资本和三类资本，并对不同的资本设置不同的风险权重，并对应不同的资本量。资本的保障能力随着风险权重的不同而异，体现出协议动态监管的思想。基于风险的资本监管的生命力在于它突破了单纯追求资本金数量规模的限制，建立了资本与风险挂钩的资本充足率监管机制。

2. 建立了统一的国际监管标准

《巴塞尔协议Ⅰ》创建了银行监管的统一标准，提倡各国根据国内实际情况对其管辖区域内的银行实施最低资本充足率的要求，以保障银行运行的安全和稳健。同时，过渡期及各国当局的自由度的安排也考虑到了银行的国别差异。《巴塞尔协议Ⅰ》不仅有助于消除银行间竞争的不公平性，而且有助于监管层建立统一的监管措施。由于协议的

简单易行，它不仅被巴塞尔银行监管委员会成员国所采纳，还被许多非成员国作为国内银行业监管的标准。

3. 监管视角从银行体外转向银行体内

1988年之前的银行业监管主要体现在包括市场准入监管、存款保险制度、利率监管、银行业务监管、政府间的分工协作，以及为银行制造良好的国际、国内环境等，这些大都属于银行体外监管措施，这些措施虽然一定程度上能够保证银行的稳健运行，但对于银行本身尤其是对银行自身防范风险的资本没有做出有实质意义和可行标准的要求。但《巴塞尔协议Ⅰ》提出了从银行自身出发抵御风险的资本充足率的概念，直指风险的主要矛盾方面，抓住了事物的本质，将监管的视角从银行体外转向银行体内。同时，监管中心也转移到对资本充足率的监控之上。

《巴塞尔协议Ⅰ》的推出意味着银行开始从资本负债管理时代向风险管理时代过渡。尽管巴塞尔银行监管委员会不是一个超越成员国政府的监督机构，发布的协议也不具有法律效力，但各国的监管当局也都愿意以其原则来约束本国的商业银行。自从《巴塞尔协议Ⅰ》颁布以来，发达国家基于风险的资本比例确实显著提高，十国集团大银行的资本充足率从1988年的平均9.3%上升到1966年的11.2%，抵御风险的能力得到增强。

10.2.4 《巴塞尔协议Ⅰ》的局限

《巴塞尔协议Ⅰ》的发布在有效化解银行风险、维护银行体系稳定等方面发挥了积极的作用。然而，随着时间推移，资本市场不断变化，《巴塞尔协议Ⅰ》也越来越显现出其滞后的缺陷。

第一，风险权重的灵活度问题。《巴塞尔协议Ⅰ》过于简单地将风险权重划分为0%、20%、50%、100%四个等级，而没有考虑同类资产之间的不同信用等级的差别。例如，银行对所有企业的贷款权重均为100%，只要是贷款金额相同，所需要的资本金就相同。也就是说，对于一家信用等级为AAA的企业的贷款和一家信用等级为CCC的企业的贷款，在同等贷款金额下，其需要的资本金相同。由于等级为CCC的企业，其扣除费用后的收益率会高一些，就会诱使银行将贷款放给信用等级较差的企业，这样就会出现监管套利现象，增加系统性风险，与协议的初衷相悖。又例如，协议对于非OECD成员国设置较高的风险权重，这样就会出现对非OECD成员国的歧视问题，并且会使银行对OECD成员国的不良资产放松警惕，从而增加银行的经营风险。

第二，覆盖的风险种类较少。1988年《巴塞尔协议Ⅰ》发布的时候，只覆盖了信用风险，虽然1996年的修正案中增加了对市场风险资本金的要求，但仍然不足以囊括银行面临的所有风险。例如，由于银行内部控制制度的缺失，日本大和银行的操作风险不断积聚，最终导致其在1995年倒闭。《巴塞尔协议Ⅰ》对于包括操作风险、法律风险、声誉风险等风险没有涉及，而随着银行业务自动化程度的提高、银行经营范围的扩大，这些风险日渐影响银行体系的稳定。

第三，对金融形势的适应性问题。《巴塞尔协议Ⅰ》从一开始就注意到表外业务的潜在风险，也提出了对照表内项目确定表外资产风险权重的做法，但随着金融业务的创新和银行组织形式的更新,《巴塞尔协议 I》的风险覆盖范围和监管效果都难以让人满意。另外，8% 的最低资本充足率是巴塞尔银行监管委员会基于各国当时的政治环境和经济金融发展水平确定的，不具有动态适应资本市场变化的能力。

10.3 《巴塞尔协议 II》

1988 年的《巴塞尔协议 I》的提出显著地提高了银行的资本充足率，增强了金融机构抵御风险的能力。然而，由于国际银行业的运行环境在 20 世纪 90 年代发生了巨大的变化，《巴塞尔协议 I》未覆盖的操作风险、流动性风险等破坏力日趋增加。巴塞尔银行监管委员会于 1999 年提出了"新巴塞尔资本协议"，这一提案被称为《巴塞尔协议 II》。在全球征求了三次意见之后，该协议在 2004 年 6 月得到了所有参与成员的同意并最终发布。

本文在 10.3.1 节介绍《巴塞尔协议 II》的主要内容，以使读者对《巴塞尔协议 II》有个整体的认识。同时，《巴塞尔协议 II》在信用风险资本金的计算方面有了较大的改变，本文在 10.3.2 节重点介绍此部分。另外，《巴塞尔协议 II》增加了对操作风险资本金的计算，本文在 10.3.4 节介绍操作风险资本金的计算方法。由于《巴塞尔协议 II》中对 1996 年的修正案中关于市场风险部分没有任何改变，因此我们对市场风险资本金部分不做介绍；最后，在 10.3.5 节和 10.3.6 节对《巴塞尔协议 II》的影响做出评价。

10.3.1 《巴塞尔协议 II》的主要内容

《巴塞尔协议 II》确立了资本与风险的动态联系机制，构建了以三大支柱（资本充足率、外部监管、市场纪律）为核心的资本监管体系，如图 10-1 所示。

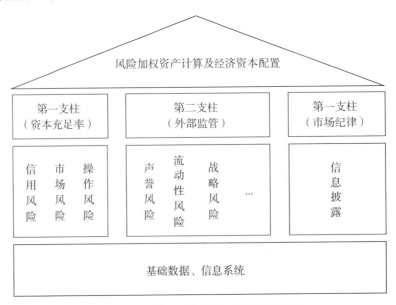

图 10-1 《巴塞尔协议 II》整体框架

10.3.1.1 第一支柱：资本充足率

巴塞尔银行监管委员会坚持和发展了《巴塞尔协议Ⅰ》中以资本充足率为核心的监管思路。我们在这一部分论述如何计算信用风险、市场风险和操作风险总的最低资本要求。最低资本要求包括三个基本要素：监管资本的定义、风险加权资产和资本对风险加权资产的最低比率。对于信用风险，《巴塞尔协议Ⅱ》提出了标准法、内部评级初级法和内部评级高级法三种不同的计算资本充足率方法，风险管理能力有待提高的银行可以继续使用标准法，巴塞尔银行监管委员会鼓励风险管理能力较高的银行采用内部评级法。对于市场风险资本金的计算，仍然采用1996年修正案中的规定，有标准法和内部模型法两种计算方法。《巴塞尔协议Ⅱ》增加了操作风险资本金的内容，并提供了基本指标法、标准法和高级计量法以计算监管资本。《巴塞尔协议Ⅱ》仍然保持了《巴塞尔协议Ⅰ》中8%的资本充足率的规定，即银行持有的资本金至少为风险加权资产（RWA）的8%，风险加权资产则覆盖信用风险、市场风险和操作风险。因此，我们得出以下公式

$$\text{最低资本金} = 8\% \times (\text{信用风险 RWA} + \text{市场风险 RWA} + \text{操作风险 RWA}) \quad (10\text{-}10)$$

10.3.1.2 第二支柱：外部监管

外部监管作为巴塞尔协议的第二支柱，明确要求各国监管当局根据各国的银行业风险状况对银行进行灵活监管，强化了各国金融监管当局的职责。第二支柱要求监管当局对银行业中第一支柱中没有涉及的风险，比如银行账户利率风险、声誉风险、流动性风险、战略风险等进行评估，在出现问题时积极与银行开展对话。

协议确定了外部监管的四项原则：一是银行必须从自身的风险特征出发，建立严格的风险评估程序和管理过程，使其满足资本充足率的要求；二是监管机构必须检验银行内部的资本充足率评估系统，监测银行的资本金管理策略，以确保每家银行都有合理的内部评估程序；三是监管当局应当根据银行的风险状况和内外部监管环境，监测银行资本金充足率，并使得充足率符合监管规定，监管部门在发现问题时应采取适当的措施；四是监管部门在发现问题初期应当及时介入，以保证银行持有的资本金不低于最低资本要求，监管部门应督促银行在资本金水平不足时及时采取措施促使资本金达到监管要求。巴塞尔银行监管委员会要求监管机构的管理过程要透明、可靠，以引入监管机构的力量来减少由信息不对称引起的银行业违规问题的发生。

10.3.1.3 第三支柱：市场纪律

市场纪律是指巴塞尔银行监管委员会鼓励银行加大对自身风险测量程序、资本状况、资本充足率水平等信息披露的力度。《巴塞尔协议Ⅱ》认为，加强市场纪律能够使银行合理有效地配置资本金，使自己的资本金与风险承担水平相适应，制定合理的风险管理程序，同时满足监管要求。一般来讲，稳健的、经营良好的、满足监管要求的银行能够以更为有利的价格在市场上获得资金，而风险管理水平较差的银行则需要支付额外的风险溢价，从而在市场中处于不利地位。同时，《巴塞尔协议Ⅱ》列出了风险披露的要求

及参考标准,如果银行不能满足这些风险披露的要求,那么就不具有使用内部模型法的资格。因为内部模型法一般能够降低资本要求,这就激励了银行遵守风险披露的规定。市场纪律与第二支柱一起作为第一支柱的补充,共同强化资本监管的有效性。

10.3.2 信用风险资本金要求

信用风险资本金的计算和《巴塞尔协议Ⅰ》一样,是单个风险资产的加权汇总:

$$\text{CRC}=8\%\times\left(\sum_{i=1}^{N}w_i L_i\right) \tag{10-11}$$

其中,CRC(credit risk charge)是信用风险资本要求,w_i 是风险权重,L_i 是风险暴露。对于信用风险,《巴塞尔协议Ⅱ》提供了标准法、内部评级初级法和内部评级高级法,银行可以根据自身的风险状况选择使用,三种方法的区别如表10-4所示。

表10-4 《巴塞尔协议Ⅱ》提供的三种信用风险加权资产计算方法

风险参数	标准法	内部评级初级法	内部评级高级法
违约概率(PD)	不涉及	由银行确定	由银行确定
违约损失率(LGD)	不涉及	由监管机构确定	由银行确定
违约风险暴露(EAD)	不涉及	由监管机构确定	由银行确定
有效期限 M	不涉及	由监管机构确定	由银行确定
相关性 R	不涉及	由监管机构确定	需要在《巴塞尔协议Ⅲ》中明确

10.3.2.1 标准化方法

对于某些风险管理体系还不太完善的银行,因其没有达到使用内部评级法标准,故可以采用标准法。标准法是根据本国监管当局认定的合格的外部评级结果来对不同的债权分配权重,是对1988年资本协议中有关银行账户风险暴露的风险权重计算方法的修改。从表10-5中我们看到主权债务中的OECD国家不再享受优惠,一个主权国家的风险权重范围为0—150%,而一家银行或企业的风险权重范围为20%—150%。我们发现如果一个国家或银行的信用评级较低,其在贷款中受到的待遇比没有信用评级的客户受到的待遇还差。

表10-5 标准化方法风险权重 (单位:%)

信用评级 债权	AAA至AA-	A+至A-	BBB+至BBB-	BB+至B-	B-以下	未评级
主权国家债权	0	20	50	100	150	100
银行债权-方案一	20	50	100	100	150	100
银行债权-方案二	20	50	50	100	150	50
银行债权-短期债权	20	20	20	50	150	20

（续表）

信用评级 债权	AAA 至 AA-	A+ 至 A-	BBB+ 至 BB-	BB- 以下	未评级
公司债权	20	50	100	150	100

如表 10-5 所示，对于主权国家的风险权重从 0 到 150% 不等。在确定对主权债权的风险权重时，监管当局可以采用出口信贷机构 (export credit agencies) 做出的国别风险评级。为满足资本监管的要求，出口信贷机构必须公开其风险等级，并且遵循 OECD 规定的评级方法。对于非中央政府公共部门实体的债权的风险权重由各国自行决定，可以从对银行债权风险权重的两个方案中选择一个，选择第二个方案时，不能对短期债权给予优惠待遇。一般而言，对多边开发银行债权的风险权重建立在外部评级的基础上，采用的是处理银行债权的第二个方案，但是不能对短期债权给予优惠待遇。对银行的债权有两个方案，各国监管当局可以在本国内对所有银行采用其中任何一个方案，无论是第一个方案还是第二个方案，对银行的原始期限不超过 3 个月的短期债权，或者以本币计值并以本币作为资金来源的债权，可以享受比对主权债权还好一个档次的优惠风险权重，但不能低于 20%。对于证券公司的债权，如果与新协议规定的监管要求一致，则按照对银行的债权来处理，否则按照对公司的债权来处理。对于公司债权，分为五个等级。零售贷款的标准权重为 75%（《巴塞尔协议 I》规定的权重为 100%）。如果贷款有房屋作为抵押，风险权重为 35%（《巴塞尔协议 I》规定的权重为 50%）。历史数据表明，商业地产贷款损失较为严重，所以以商业地产作为抵押的贷款的权重为 100%。

10.3.2.2 内部评级法

在满足某些最低要求和披露要求的前提下，采用内部评级法的银行可以根据自己对风险要素的评估来决定特定的资本要求。这些最低要求包括银行以始终如一的、可靠的、正确的方式对风险进行排序和量化的能力，完成风险评级体系建设的能力，等等。这些风险要素包括表 10-4 中对违约概率（PD）、违约损失率（LGD）、违约风险暴露（EAD）及有效期限（M）的度量。

《巴塞尔协议 II》的核心思想是资本要覆盖意外损失，否则金融机构在账面上就已经破产。由于银行在产品定价时已经考虑了预期损失，因此资本金就应该等于 VaR 减去预期损失。按照《巴塞尔协议 II》的规定，风险价值度 VaR 应当选取一年的展望期和 99.9% 的置信区间。因此，我们定义 P_i 为银行有 99.9% 的把握，下一年中第 i 个交易对手在"最坏情况下的违约概率"也不会超过该数。研究表明，对于一个大的资产组合（由贷款、贷款承诺、衍生产品组成），如果相关性 ρ 相同，则一年展望期 99.9% 置信度的 VaR 近似于

$$\sum_i \text{EAD}_i \times \text{LGD}_i \times P_i \qquad (10\text{-}12)$$

其中，EAD_i 为第 i 个交易对手在违约时的风险敞口，是一个货币量（风险敞口的大小，按照《巴塞尔协议 I》来计算，如果是衍生产品则须求出其等价信用量，如果跟一个交

易对手有多笔交易，则在计算的时候需要采用净额结算）；LGD_i 为第 i 个交易对手的违约损失率，即风险敞口中损失的比例。例如，如果对手 i 违约时，银行收回 60% 的款项，则 $LGD_i = 0.7$。

违约时造成的预期损失为

$$\sum_i EAD_i \times LGD_i \times PD_i \tag{10-13}$$

其中 PD_i 为第 i 个交易对手一年内违约的概率。

式（10-12）为银行在一年期内 99.9% 的置信区间上最糟糕的损失，式（10-13）为银行在一年期内的预期损失，两者相减即可得到银行的资本金：

$$\sum_i EAD_i \times LGD_i \times (P_i - PD_i) \tag{10-14}$$

式（10-14）中，P_i 公式如下

$$P_i = N\left(\frac{N^{-1}(PD) + \sqrt{\rho} \times N^{-1}(0.999)}{\sqrt{1-\rho}}\right) \tag{10-15}$$

式（10-15）中，$N(\cdot)$ 表示标准正态函数，$N^{-1}(\cdot)$ 表示标准正态函数的反函数，ρ 为借款人之间的 Copula 相关系数。

【案例 10-3】

为了估计意外损失，巴塞尔协议采纳了单因素模型。假设企业的价值取决于两个因素：企业自身的因素 y 和企业外部环境因素 x。

假设一：借款人资产价值 $z = a \times x + b \times y$。其中 z、x、y 服从标准正态分布，即均值为 0，方差为 1。

假设二：$Cov(x, y_i) = 0$ 和 $Cov(y_i, y_j) = 0$，$i \neq j$。根据这个假设得 $VaR(z) = a^2 + b^2 = 1$。

假设三：借款人之间的资产价值相关系数相同，即对于借款人 z_i 和 z_j 有 $\rho_{ij} = a_i a_j = a^2 = \rho$。

由以上三个假设，借款人资产价值模型可简化为 $z = \sqrt{\rho} \times x + \sqrt{1-\rho} \times y$。假设当借款人资产价值 z 低于一个违约门槛（假设为 c，且 $c = N^{-1}(\alpha)$，α 为借款人无条件违约概率）时，借款人就会违约。因此，在一定的外部经济环境因素 x 下，一个借款人的违约概率为

$$P(X) = P(z_i < N^{-1}(\alpha) \mid x = X)$$
$$= P(\sqrt{\rho} \times x + \sqrt{1-\rho} \times y_i < N^{-1}(\alpha))$$
$$= P\left(y_i < \frac{N^{-1}(\alpha) - \sqrt{\rho} \times X}{\sqrt{1-\rho}}\right)$$
$$= N\left(y_i < \frac{N^{-1}(\alpha) - \sqrt{\rho} \times X}{\sqrt{1-\rho}}\right)$$

> 由于 x 代表的是经济环境，且 x 服从标准正态分布，x 越大代表经济越景气，违约概率越低。经济环境有 99.9% 的概率好于某一个情景，这个情景在坐标轴的左边，其对应的坐标轴点为 $-N^{-1}(0.999)$，则有
>
> $$P(X) = N\left(\frac{N^{-1}(\alpha) - \sqrt{\rho} \times X}{\sqrt{1-\rho}}\right) = N\left(\frac{N^{-1}(\alpha) + N^{-1}(0.999) \times \sqrt{\rho}}{\sqrt{1-\rho}}\right)$$
>
> 将借款人无条件违约概率 α 替换为借款人的预期违约概率 PD，即可得到式（10-15）。

《巴塞尔协议Ⅱ》将资产的风险暴露分为七大类：公司暴露、主权暴露、银行暴露、零售暴露、合格的循环零售暴露、股权暴露及合格的购入应收账款。一旦银行对部分所持股权采用了内部评级法（internal ratings-based approach，IRB 法），就期望该行在整个银行集团内都采用。然而，巴塞尔银行监管委员会认识到出于各种原因，对许多银行在所有重要的资产类别和业务单位同时采用 IRB 法是不现实的。因此，监管机构允许银行分阶段分类别实施 IRB 法。式（10-14）中给出了所有资产类别的资本金计算公式，然而不同资产的借款人之间的 Copula 相关系数 ρ 不一样，同时有些资产的风险暴露头寸会随着时间的变动而变动，因此也需要进行期限调整。

1. 公司、主权及银行的风险暴露

对于公司、主权及银行面临的风险暴露，《巴塞尔协议Ⅱ》根据实证研究结果，假定相关系数 ρ 与违约概率 PD 之间存在如下关系：

$$\rho = 0.12 \times \frac{1-\exp(-50 \times PD)}{1-\exp(-50)} + 0.24 \times \left[1 - \frac{1-\exp(-50 \times PD)}{1-\exp(-50)}\right] \quad (10\text{-}16)$$

因为 $\exp(-50)$ 非常小，这一公式可以近似为

$$\rho = 0.12 \times (1 + e^{-50PD}) \quad (10\text{-}17)$$

当 PD 增加时，ρ 会减小。

对于一个交易对手，资本金的计算公式为

$$EAD \times LGD \times (P - PD) \times MA \quad (10\text{-}18)$$

EAD、LGD、P、PD 与式（10-12）中一样，MA 是对期限的调节。是因为当产品的期限大于一年时，对手信用级别的降低或破产会增加在一年内的风险暴露头寸。式（10-18）中 MA 公式为

$$MA = \frac{1+(M-2.5) \times b}{1-1.5 \times b} \quad (10\text{-}19)$$

其中

$$b = [0.11852 - 0.05478 \times \ln(PD)]^2$$

将式（10-15）、式（10-17）、式（10-19）代入式（10-18），即可求出公司、主权及银行类资产风险资本金的最低要求。

在计算公司、主权及银行的风险资本金时，内部评级初级法和内部评级高级法对风险暴露的参数处理有所不同。在内部评级初级法中，银行提供参数 PD，而其他参数 LGD、EAD 以及 M 是由巴塞尔银行监管委员会设定的。在内部评级高级法中，银行对于企业、国家及其他银行的头寸提供自己关于 PD、LGD、EAD 及 M 的估计。

2. 零售贷款的风险暴露

零售贷款资本金的计算方法与式（10-14）所示的计算方法一样，并没有对期限进行调整，同时内部评级初级法和高级法合并成了一个方法，每家银行都可以对参数 PD、EAD、LGD 进行评估。

对于住房贷款，ρ 为 0.15；对于合格循环贷款，ρ 为 0.04；计算其他零售头寸的最坏情况下的违约概率 P 时，所采用的 ρ 由下面公式得出：

$$\rho = 0.03 \times \frac{1-\exp(-35\times PD)}{1-\exp(-35)} + 0.16 \times \left[1 - \frac{1-\exp(-35\times PD)}{1-\exp(-35)}\right] \quad (10\text{-}20)$$

因为 $\exp(-35)$ 的数量很小，式（10-20）可以近似为

$$\rho = 0.03 + 0.13 \times e^{-35 \times PD} \quad (10\text{-}21)$$

将式（10-21）代入式（10-15），再将（10-15）代入式（10-14），即可得到零售贷款的资本金要求。

10.3.3　信用风险缓释

《巴塞尔协议Ⅱ》考虑了信用风险缓释（credit risk mitigation, CRM）技术，如抵押品、第三方担保、信用衍生品及净值结算。被监管部门承认的抵押品包括现金、黄金、上市公司股权、BB 级别以上的主权债券及投资于相同资产的共同基金。

关于抵押品的风险权重，有两种调整办法。第一种被称为简单方法，对于抵押品能够覆盖的风险暴露，则用抵押品的风险权重代替交易对手的风险权重，抵押品不能覆盖的风险暴露，则仍然采用交易对手的风险权重。抵押品所对应的最小权重为 20%。第二种被称为综合方法，这种方法更为精确，会得到更低的资本要求。即使抵押品能够精确地匹配风险暴露，也有可能在市场变化时出现资产价值的波动。最坏的情况下，交易对手违约时，会出现风险暴露不断增加，但抵押品价值不断下降的现象。这种资产价值波动性风险可以用折扣参数 H 来调节，对于不同的资产具有不同的调节系数，大约等于 10 天的 99% 的 VaR 值。

在综合方法中，经过风险缓释后的风险暴露价值为

$$E^* = E \times (1 + H_e) - C \times (1 - H_c - H_{fx}) \quad (10\text{-}22)$$

从式（10-22）可以推出，有效违约损失（LGD*）公式为

$$\text{LGD}^* = \text{LGD}\left(\frac{E^*}{E}\right) \quad (10\text{-}23)$$

其中，E 为未抵押风险暴露的价值，C 为抵押物当前的市场价值，H_e 为风险暴露的折扣，H_c 为抵押物的折扣，H_{fx} 为两者之间货币不匹配的折扣。

其他形式的信用风险缓释，诸如担保和信用衍生品，是第三方担保人对债务人的违约风险提供担保的一种方式。传统上巴塞尔协议对于这类产品采用信用替换方法。银行用担保人的信用等级替换债务人的信用等级（担保人的信用等级一般比债务人信用等级高），然而这种方法仍然夸大了资本金的数量，因为只有担保方和债务方同时破产时才会造成贷款损失。《巴塞尔协议 II》对于这种双重破产做了特殊处理，新的资本金数量调整为

$$\text{RW}_0 \times (0.15 + 160 \times \text{PD}_g) \quad (10\text{-}24)$$

其中，RW_0 为在没有任何担保下的资本金的要求，PD_g 为担保人一年期发生违约的概率。

10.3.4 操作风险资本金要求

2004 年的《巴塞尔协议 II》首次增加了对操作风险资本金的要求，它建立了银行需要持有用来覆盖操作风险的最低资本数量。操作风险的来源有多个方面：内部欺诈，外部欺诈，雇员活动和工作场所安全性，实物资产损坏、营业中断和信息技术系统瘫痪，执行、交割和流程管理中出现的操作性问题，等等。监管机构对于操作风险资本金的计算允许银行采用三种方法：基本指标法（basic indicator approach，BIA）、标准化方法（standardized approach，TSA）、高级计量法（advanced measurement approach，AMA），详见第 7 章第 5 节的介绍。

10.3.5 《巴塞尔协议 II》的意义

随着 2004 年《巴塞尔协议 II》的定稿，全球进入了金融监管的新时代，《巴塞尔协议 II》较 1988 年的《巴塞尔协议 I》更加全面、更加复杂，主要表现在以下几个方面。

第一，从信用风险监管转向全面风险监管。

1988 年的《巴塞尔协议 I》只考虑了信用风险，注重单一风险度量。但从 20 世纪 90 年代开始，国际监管机构开始对金融创新产品及其风险给了高度关注，一些大银行的倒闭和巨额亏损，也使得信用风险之外的其他风险逐渐凸显。因此，巴塞尔银行监管委员会在 1996 年的修正案中增加了对市场风险资本金的要求，并强调内部模型法在衡量市场风险中的重要性。此外，巴塞尔协议首次将操作风险纳入监管框架，并要求商业银行配备相应的资本金。《巴塞尔协议 II》还考虑了流动性风险、声誉风险、战略风险等绝大多数风险，标志着银行从单一风险监管走向全面风险监管时代，对国际银行体系

的安全和稳健做出了巨大的贡献。

第二，监管手段更加多样化。

《巴塞尔协议Ⅰ》中主要以最低资本充足率为监管手段。在《巴塞尔协议Ⅱ》中有三大支柱，除了之前的最低资本充足率的要求，还增加了外部监管和市场纪律这两大支柱。外部监管作为《巴塞尔协议Ⅱ》的第二支柱，明确要求各国的监管当局对根据银行业的实际情况灵活进行监管，同时对于出现问题的银行及时介入，强调了监管当局的职责。市场纪律的引入，可以让投资者选择风险管理较好的银行，而规避风险管理较差的银行。这种"用脚投票"的原则，可以促使银行合理分配资金和控制风险，并且能够增加银行透明度。

第三，外部监管与内部激励相结合。

《巴塞尔协议Ⅱ》中不仅有外部监管，还有多种多样的风险衡量方法，其创新之一就是提出了内部评级法，使用内部评级法或高级法的银行，其所需要配置的资本金一般也较少，这样能够提升其在市场中的竞争力。因此，能够激励银行建立自己的风险评级体系，并鼓励有条件的银行建立和开发自己的内部评级模型。

第四，监管角度更加多元化。

《巴塞尔协议Ⅰ》的监管只是监管银行是否满足最低资本充足率即可，其实是一种合规监管。而《巴塞尔协议Ⅱ》不仅监管资本充足率，还要监管银行的风险管理体系是否完善、内部模型是否合理。另外，《巴塞尔协议Ⅱ》一改之前的只对单个金融机构的监管的做法，增加了对金融集团的监管。

10.3.6 《巴塞尔协议Ⅱ》的局限

2007年次贷危机的爆发使全球银行业遭受到了巨大的冲击，同时也暴露出了《巴塞尔协议Ⅱ》的诸多不足，引发了人们对《巴塞尔协议Ⅱ》这个屏障对于抵御危机的有效性的质疑。

第一，尚未关注系统性风险。

《巴塞尔协议Ⅱ》的资本监管体系是以单个金融机构为监管单位，并自下而上实行监管的方法，强调微观的单个银行的稳健性及其风险的转移。但是它对于金融机构的外部环境缺乏监管，同时对于风险本身的化解及转移后实际承担者的稳健性缺乏指导，对于宏观层面上的整个金融市场系统性风险的关注和研究有所不足。因此，引起了包括银行业在内的整个金融系统风险的爆发。

在目前的监管理念下，监管当局不仅要关注单个金融机构的稳健与否，而且要查看其是否会引起风险的传染和系统风险的爆发。

第二，加剧了顺周期性。

无论是1988年出台并实施的《巴塞尔协议Ⅰ》还是2004年最终发布的《巴塞尔协议Ⅱ》，其核心要求是资本充足率，而资本的计提又随着经济周期而波动，因此具有很强的顺周期性。尤其是"公允价值"会计准则的引入，更强调了顺周期性。

具体来讲，在经济上行时期，借款人的资产价值较高，银行对于借款人的违约率、违约损失率判断较低，因此监管资本要求也较低。于是，银行就可以用更多的资金进行新贷款的投放，从而刺激经济。而经济下行时期，由于资产价值的降低导致银行可用资金的减少，相应地就减少了房贷量，加剧了经济的紧缩效应。资本充足率的顺周期性特点，进一步放大了银行体系的风险。

第三，未对杠杆率进行一致监管。

表外业务的发展能够使得银行在不改变资本充足率和经营成本的前提下增加盈利，对商业银行具有巨大的吸引力。由于资本计提对于表外业务设置较低的风险权重，次级债等表外业务的大量发展，使得银行的杠杆率较高，金融危机爆发时，大量次级债券贬值，商业银行没有足够的资本弥补巨额的亏损而导致破产。

另外，金融工具的日益复杂，也使得其资本定价和风险评估更加困难，尤其是复杂的证券化产品，造成交易账户中的违约风险较高，市场风险较大。

第四，资本定义复杂，资本充足率过低。

《巴塞尔协议Ⅱ》中对资本的定义较为宽泛和复杂，在金融危机发生时，许多银行一级资本比率合格，但普通股比率很低。另外，日益复杂的、在金融体系中相互融资的二级资本，以及更低级的抵御市场风险的三级资本却占据了大部分的资本份额。特别是充当三级资本的次级债务造成了资本充足率虚高的假象。当次级债券大幅贬值时，并没有足够的资本金来吸收损失，其并不能真正起到抵御风险的作用。

10.4 《巴塞尔协议 Ⅲ》

2007—2009 年的金融危机暴露了《巴塞尔协议Ⅱ》的诸多不足，如现行监管体系对系统性风险、顺周期效应考虑不足，对表外业务或复杂证券化资产资本要求不足，等等，巴塞尔银行监管委员会认识到必须对《巴塞尔协议Ⅱ》进行改进。巴塞尔银行监管委员会于 2009 年 12 月提出了一个提案，在经过一年的广泛沟通和征求意见之后，这些作为《巴塞尔协议Ⅲ》的核心内容最终在巴塞尔银行监管委员会中的监督机构——中央银行主管和监督首脑理事会（Croup of Governors and Heads of Supervision，GHOS）于 2010 年 7 月和 9 月召开的会议上得到确认并通过。其后在 2010 年 11 月召开的 G20 首尔峰会上，各国首脑都对巴塞尔银行监管委员会提出的这些监管措施表示肯定。由此，2010 年 12 月随着《巴塞尔协议Ⅲ》文本终稿的发表，一个新的国际金融监管标准正式成立，并在全球范围内得到了认可。

《巴塞尔协议Ⅲ》继续以资本充足率、外部监管、市场纪律三大支柱为支撑，主要强化了第一支柱的改革，继续以资本监管为主，并引入流动性监管标准；继续以微观监管为主，引入宏观审慎监管的概念。《巴塞尔协议Ⅲ》是对《巴塞尔协议Ⅱ》的完善而非替代。《巴塞尔协议Ⅲ》旨在从银行个体（微观审慎）和金融系统（宏观审慎）两个层面加强全球金融风险监管。在银行个体方面，意图提高银行及其他金融机构在市场波动时期的恢复能力，使银行能够更好地抵挡经济金融风险的压力，主要通过资本框架的改革、引入杠杆率以强化资本基础、建立流动性监管框架等来保障；在金融系统方面，力求减少具有潜在系统性风险的银行对整个金融业的影响,以对全球长期金融稳定和经济增长起到支持作用,主要通过引入宏观审慎因素来实现。

10.4.1 《巴塞尔协议Ⅲ》的主要内容

10.4.1.1 微观审慎监管

1988年《巴塞尔协议Ⅰ》发布以来,对银行的资本要求称为监管的核心,要求每家银行的资本必须达到一定的要求。从1996年修正案到2004年的《巴塞尔协议Ⅱ》,对资本监管的指标设置、质量要求、计量方法等都有了更为精细的完善。无论是对资本的监管,还是《巴塞尔协议Ⅱ》中的外部监管、市场纪律,都是从单个金融机构的视角来对机构进行监管,以保证每家金融机构能够持续稳健的运行,而这些都属于微观审慎监管的范畴。《巴塞尔协议Ⅲ》仍然以微观审慎监管为基础,主要包括以下三个方面。

1. 资本的重定义及最低资本要求

《巴塞尔协议Ⅲ》中将资本重新划分为核心二类资本、附加一类资本和二类资本,去掉了《巴塞尔协议Ⅱ》中的三类资本。

核心一类资本被称为持续经营资本金,是指在银行持续经营的情况下,该类资本用于吸收损失。核心一类资本由普通股和留存收益组成,具有最强的损失吸收能力,为了保证其质量和一致性,《巴塞尔协议Ⅲ》还设置了严格的排除条款,使得资本的定义更加透明、可靠。例如,核心一类资本不包括商誉、延迟税务资产、金融创新工具(如证券化)交易对留存收益的影响、金融机构自身信用等级变化对留存收益的影响、类似债券的资本工具等,其扣减项是全球统一标准。核心一类资本的提出强化了普通股权益的重要性,减轻了创新工具和优先股对一类资本可能造成的高估影响,能够较好地反映银行的真实风险状况。

附加一类资本是原先被计入一类资本,但不包括普通股的部分,必须是银行发行并实缴的,受偿顺序在存款人、一般债务人和次级债务之后,不得由发行人及其关联方提供保证。附加一类资本主要包括非累积优先股、其他无限期的损失吸收工具等。

二类资本又被称为破产清算资本,是指银行不能持续经营时,用于破产清算时承担损失的资本。二类资本的优先权低于存款人。如果在银行破产时,二类资本为正,则从理论上讲,存款人可以收回全部存款。

总体而言,《巴塞尔协议Ⅲ》中资本结构更加简单,强化了一类资本无条件吸收损失的功能,按照不同资本工具的目标,限制了一类资本和二类资本包含的资本工具的范围和标准。

《巴塞尔协议Ⅲ》中对资本金的要求如下:

- 核心一类资本在任何情况下不得低于风险加权资产的4.5%。
- 整体一类资本(包括核心一类资本和附加一类资本)在任何情况下不得低于风险加权资产的6%。

- 整体资本金（整体一类资本加上二类资本）在任何情况下不得低于风险加权资产的 8%。

《巴塞尔协议Ⅲ》中核心一类资本和整体一类资本占风险加权资产的比率更高些，但是整体资本金充足率与《巴塞尔协议Ⅰ》和《巴塞尔协议Ⅱ》所要求的相同。可以说，核心一类资本充足率的提出主要体现银行资本对损失的吸收能力上，一类资本充足率则更多地体现在保障银行债权人的利益上，而资本充足率则用于判断银行在短期内是否有破产的可能。巴塞尔协议中的监管资本构成和风险资产如表 10-6 所示。

表 10-6 巴塞尔协议中的监管资本构成和风险资产

	分子项	分子项资本扣减比例	分母项
《巴塞尔协议Ⅰ》	一类资本、附属资本	50∶50	信用风险加权资产总额
《巴塞尔协议Ⅱ》	一类资本、附属资本、三类资本	50∶50	信用风险加权资产+（市场风险资本+操作风险资本）×12.5
《巴塞尔协议Ⅲ》	核心一类资本、附加一类资本、二类资本	全部从普通股中扣减	信用风险加权资产+（市场风险资本+操作风险资本）×12.5

2. 引入杠杆比率

2009 年 12 月，在《增强银行业抗风险能力（征求意见稿）》中，巴塞尔银行监管委员会将杠杆比率定义为资本金占整体风险暴露（总的表内资产加上特定的表外资产）的比率，并在《巴塞尔协议Ⅲ：一个更稳健的银行及银行体系的全球监管框架》中就细节做进一步规定，并将最小杠杆比率设定为 3%。此外，巴塞尔银行监管委员会要求银行披露杠杆率的计算要素及计算结果，以提高杠杆率的可靠性和市场接受程度。《巴塞尔协议Ⅲ》规定，杠杆比率的实施时间为 2018 年 1 月 1 日。

杠杆率监管不仅可以作为微观审慎工具减少金融机构的风险，同时也可以作为宏观审慎监管工具缓解《巴塞尔协议Ⅱ》的顺周期效应。首先，杠杆率与风险独立，计算简单，不需要复杂的风险计量模型，实施成本低。其次，杠杆率监管可以减少银行的监管套利，因杠杆率监管覆盖了表外资产，能够有效防止在《巴塞尔协议Ⅱ》中由于表外资产风险计提不足，银行将大量表内资产转移到表外资产而进行套利的行为。再次，杠杆率监管限制了银行的资产负债规模，促使银行合理的配置资源，并可以降低由于模型偏差带来的模型风险，确保银行具有最低的资本缓冲来吸收风险。最后，杠杆率监管可以作为逆周期的宏观审慎监管工具，防止金融体系在经济繁荣期过度扩张资产负债。

杠杆率和资本充足率对银行具有双重约束、相互补充的作用，反映了银行风险的不同来源。银行的风险来源于两个方面：一是资产规模过度扩张带来的风险，即高杠杆；二是高风险资产带来的风险。资本充足率反映的是银行资产的风险状况，并不能反映银行资产规模和杠杆程度。本次金融危机中，虽然许多金融机构能够满足资本充足率，但仍然由于过高的杠杆在危机中破产或遭受巨大损失。杠杆率则不需要复杂的模型，反映的是银行总资产规模带来的风险。因此，杠杆率和资本充足率在反映银行风险状况方面是互补的。

3. 建立流动性监管框架

商业银行自身的期限转换功能以及其高杠杆经营的特点，使得商业银行的流动性风险直接决定了其能否稳定经营。国际清算银行（BIS）下设的全球金融体系委员会（CGFS）曾在1999年公布的报告中指出，20世纪90年代以来金融领域中数次局部性银行危机爆发和蔓延最初的诱因均是公众对未来流动性的担忧所引发的抛售行为。由于流动性风险与其他风险具有密切关系，并且具有不确定性，以及较强的传染性和系统性，所以流动性风险对商业银行具有巨大的破坏力。英国北岩银行及美国雷曼兄弟就是因为期限错配引起的流动性危机而倒闭的。

巴塞尔银行监管委员会于2008年9月公布了《流动性风险管理和监督的原则》，文稿系统地提出了银行业流动性风险管理和监督的17项原则，并在2009年12月公布的《流动性风险计量、标准和监测的国际框架（征求意见稿）》中首次引入了两个流动性比率：流动性覆盖率（liquidity coverage ratio，LCR）和净稳定资金比例（net stable funding ratio，NSFR），并在吸取各国反馈意见的基础上于2010年12月确定正式文稿《巴塞尔协议Ⅲ：流动性风险计量、标准和监测的国际框架》。

（1）短期监管指标：流动性覆盖率

流动性覆盖率用于衡量银行在流动性受困的情况下，30天内的生存能力。为了保证银行能够从为期一个月的压力环境中恢复，巴塞尔银行监管委员会要求流动性覆盖率至少为100%。其定义为

$$\text{LCR} = \frac{\text{优质流动性资产}}{\text{未来30天内的资金净流出量}} \geqslant 100\% \qquad (10\text{-}25)$$

巴塞尔设置的流动性压力场景包括：部分零售存款流失，无担保批发融资能力下降，特定抵押品和交易对手的短期担保融资能力下降，银行的公共信用等级下降至少三个等级（如从AA-下调到A-），市场波动增加造成的抵押物追加要求或其他流动性需求，信用额度被提取等。次贷危机中流动性的迅速枯竭使得各国的监管当局充分意识到，流动性资产很大程度上依赖于市场条件。因此，在压力场景下的无变现障碍的优质资产才能真正应对流动性风险。

《巴塞尔协议Ⅲ：流动性风险计量、标准和监测的国际框架》还要求，在压力条件下的优质流动性资产能够随时变现以填补资金缺口。该资产不能作为交易的抵押品，或被用于在结构性交易中信用增级，只能单一用于应急资金的来源。另外，不同层次的资产具有不同的变现能力。巴塞尔银行监管委员会将资产分为一级流动性资产和二级流动性资产，并赋予一级流动性资产100%的转换系数，二级流动性资产根据信用评级或价差的不同被赋予不同的转换系数。评级越高，转换系数越高；价差越小，转换系数越高。例如，现金、压力情景下能被提取的央行准备金、风险权重不为0的主权实体中，由银行所在国的政府或中央银行以本币发行的、风险由该国承担的债务性证券等为一级流动性资产；公司债权、有担保债权等在一定条件下为二级流动性资产，转换系数最多为85%。

资金净流出量是指压力场景下，银行未来30天预期累积现金流出与预期累积现金

流入的差额，表明的是银行在压力场景下的期限错配的情况。预期现金流出总量是各类负债项目和表外承诺的余额与其预计流失比例的乘积，预期现金流入总量是各类应收款项的余额与流入比例的乘积。为了保证 30 天内净现金流出为正，《巴塞尔协议Ⅲ：流动性风险计量、标准和监测的国际框架》规定预期累积现金流入总额不超过预期现金流出总额的 75%，这就要求银行必须保持至少 25% 现金流出数额的流动性资产。

30 天内的净现金流出量 = 现金流出量 –min(现金流入，现金流出量 ×75%)　　（10-26）

不同的负债具有不同的流失比例，例如，巴塞尔银行监管委员会将零售存款的流失分为稳定的零售存款流失和不稳定的零售存款流失，流失比例分别为"≥ 5%"和"≥ 10%"，无担保批发存款的流失比例在 5% 和 100% 之间。巴塞尔银行监管委员会规定，银行在预测压力场景下 30 天内的现金流入时，只能包含那些运营正常、没有任何违约理由的现金流入，例如，零售和小企业客户的现金流入可获得 50% 的契约性现金流入，交易对手为金融机构的批发现金流入可获得 100% 的契约性批发现金流入。

（2）长期监管指标：净稳定资金比例

作为流动性覆盖率指标的一个补充，净稳定资金比例衡量的是，在持续压力场景下，银行仍然有稳定的资金来源用来持续经营一年以上，侧重于一年期流动性管理。《巴塞尔协议Ⅲ》要求净稳定资金比例的下限为 100%，其定义为

$$\text{NSFR} = \frac{\text{可获得的稳定资金供应量}}{\text{必需的稳定资金需求量}} \geq 100\% \qquad (10\text{-}27)$$

净稳定资金比例的分子等于可获得资金（资本金、机构存款、零售存款等）乘以一个可获得稳定资金（available stable fund，ASF）因子，再求和。这里的 ASF 因子反映了资金的稳定性，如表 10-7 所示。

表 10-7　ASF 因子

ASF 因子（%）	类　　别
100	一类资本和二类资本金 优先股，以及到期期限超过一年的借贷
90	零售及小型商业客户提供的"稳定"活期存款和一年内到期的定期存款
80	零售及小型商业客户提供的"亚稳定"活期存款和一年内到期的定期存款
50	非金融企业、国家、央行、多边开发银行和公营机构提供的活期存款和一年内到期的定期存款
0	其他负债和股权

净稳定资金比例的分母计算与需要资金支持的表内资产和表外资产有关。每一项资金均需要乘以稳定资金（required stable funding，RSF）因子，该因子反映了资产所需资金支持的持久性，如表 10-8 所示。

表 10-8 RSF 因子

RSF 因子（%）	类 别
0	现金 短期金融工具和债券，以及剩余期限小于一年的对金融机构的贷款
5	风险权重为 0、剩余期限大于一年的针对主权国家或类似实体的可变卖证券
20	剩余期限大于一年、评级高于 AA- 的企业债券 风险权重为 20% 的主权国家或类似实体的证券
50	黄金、股票和评级为 A+ 到 A- 的债券
65	私人住房按揭贷款
85	对个人或小型商业客户提供的剩余期限小于一年的贷款
100	所有其他资产

为了实现监管指标的平稳推进，《巴塞尔协议Ⅲ》为流动性风险监管规则制定了过渡期，并做出了过渡期的阶段性安排，如表 10-9 所示。

表 10-9 监管指标过渡期安排

年份	2011	2012	2013	2014	2015	2016	2017	2018	2019
LCR	开始观察期				引入最低标准				
NSFR	开始观察期							引入最低标准	

10.4.1.2 宏观审慎监管

《巴塞尔协议Ⅱ》中的资本充足率监管放大了经济周期的波动幅度，在经济上行时期，对资产风险评估较低，风险准备金也偏低，由此引起的信贷扩张加大了经济周期的波动性；经济下行时期，则加深了经济衰退的程度，顺周期性加强。另一方面，《巴塞尔协议Ⅱ》要求每个银行都达到监管要求，达到最好的状态，但是，却没有度量机构之间交易往来造成的风险溢出，对于所有金融机构形成的整体却并未达到最好的状态，也即对于"共同谬误"问题束手无策。

针对《巴塞尔协议Ⅱ》中微观审慎监管框架的不足，巴塞尔银行监管委员会发布了《巴塞尔协议Ⅲ：一个更稳健的银行及银行体系的全球监管框架》，提出了保护经济体的宏观审慎框架。宏观审慎监管是微观审慎监管的补充，是通过对风险相关性的分析、系统重要性机构的监管，来防范和化解系统性风险，保障整个金融体系良好运作，避免经济危机的一种审慎监管模式。《巴塞尔协议Ⅲ》中提出了资本留存缓冲、逆周期缓冲资本金，并且对系统重要性银行要求更高的资本金持有率。

1. 资本金留存缓冲

《巴塞尔协议Ⅲ》规定金融机构在正常的资本金之外，持有数量等于风险加权资产 2.5% 的资本金留存缓冲，该部分资本金由核心一类资本构成。《巴塞尔协议Ⅲ》的这一规定，是为了让银行在危机中用这些缓冲来吸收损失。

资本留存缓冲金的规定，意味着金融机构在正常的市场条件下，持有的核心一类资本至少为风险加权资产的 7%；整体一类资本（包括核心一类资本和附加一类资本）至少是风险加权资产的 8.5%；整体资本金（整体一类资本加上二类资本金）至少是风险加权资产的 10.5%。如果银行的资本留存缓冲被全部或部分消耗，则在留存缓冲补充前，银行的股息发放是要受到限制的，如表 10-10 所示。

表 10-10 资本留存缓冲造成的股息限制

（单位：%）

核心一类资本比率	最小留存收益率
4.000—5.125	100
5.125—5.750	80
5.750—6.375	60
6.375—7.000	40
>7.000	0

2. 逆周期缓冲资本金

除以上提到的资本金留存缓冲外，《巴塞尔协议Ⅲ》还提出了逆周期缓冲资本金的要求。2010 年 12 月，巴塞尔银行监管委员会公布了《各主权国家实施逆周期资本缓冲的指引》，在 2.5% 的资本金留存缓冲的基础上，提出了 0—2.5% 的逆周期资本金要求，但其实施与否取决于金融机构所在国家的监管当局的规定。

逆周期缓冲资本金的提出，不仅仅是确保单个银行在压力情况下具有偿付能力，更重要的是确保整个银行业在经济恶化时期仍有充足的资金来保证信贷供给，其偿付能力不受质疑，并且弱化顺周期性带来的影响。

《巴塞尔协议Ⅲ》规定逆周期缓冲资本金的提取与否及提取比例的多寡取决于各国的监管当局，这就要求各国的监管当局在本国范围内制定统一的实施细则。首先，需要考虑协调资本留存缓冲和逆周期缓冲资本金，由于资本金的补充需要一定的时间，监管当局必须提前 12 个月告知银行。其次，要明确母国与东道国的权责。银行首先要满足其母国的监管要求，但同时东道国也有权利对在其境内开展业务的所有银行制定与其信贷水平相对应的逆周期资本要求，如果东道国认为在其境内的外资银行不满足本国资本监管要求，可以要求银行增加资本金。这种情况下，跨国银行的资本金要求将不低于其本国的资本监管要求。最后，对经济状况的判断需要遵循一定的原则，不能机械地依靠指标，还需要依靠监管当局基于其他信息对经济形势的判断，以尽量减小监管失误的可能性。

3. 系统重要性银行增加资本要求

巴塞尔银行监管委员会对于系统重要性银行要求额外的 1% 的资本金。在不包含逆周期缓冲资本金的情况下，系统重要性银行整体资本金（整体一类资本加上二类资本金）将至少是风险加权资产的 11.5%，非系统重要性银行整体资本金将至少是风险加权资产的 10.5%。

所谓系统重要性金融机构（SIFIs）即是"大而不倒"金融机构。目前对于"大而不倒"金融机构的界定标准较为认可的一种是，识别系统重要性金融机构的规模、关联性和不可替代性三个因素。其中，规模指标包括提供清算、支付、结算服务、信用中介服务、风险控制和管理服务的指标；关联性指标包括与其他金融机构、金融市场、国内外市场之间的资产关系，持有的CDS头寸等指标；不可替代指标主要是行业集中度。

系统重要性银行容易引发系统性风险，由于"大而不倒"金融机构与其他金融机构之间、与实体经济之间、与国外市场之间都有着紧密的联系，一家机构的倒闭容易产生连锁式的反应，容易导致部分或整个金融市场信心崩溃，最终引发系统性风险。另一方面，"大而不倒"金融机构存在道德风险，一旦确定了政府会在金融机构危机期间对其进行救助，便会使其放松对自身的监管，承担过多的风险，道德风险将更加严重。因此，巴塞尔银行监管委员会对"大而不倒"金融机构更为关注，增加了额外的资本金持有率。

10.4.1.3 风险覆盖全面化

《巴塞尔协议Ⅱ》资本监管框架没有全面捕获表内外风险、衍生品交易相关风险，另外，对于外部信用评级过度依赖是导致银行在金融危机中不稳定的重要因素。扩大资本监管框架的风险覆盖范围也是《巴塞尔协议Ⅲ》的重要举措。《巴塞尔协议Ⅲ》中对风险覆盖范围的修改如表10-11所示。

表10-11 《巴塞尔协议Ⅲ》框架中对风险覆盖范围的扩大

风险覆盖	具体措施
交易账户资本要求	制定防止在银行账户和交易账户之间进行监管套利的措施 资本要求同时覆盖正常市场条件之下的风险价值和压力条件之下的风险价值 对于交易业务新增风险提出明确的资本要求，包括违约风险和信用迁徙风险
资产证券化风险暴露	提高再证券化风险暴露的风险权重 减少新资本协议框架中对外部评级的依赖，降低标准法中外部评级的悬崖效应
交易对手信用风险	审慎计量有效预期正暴露 计提资本因信用估计调整（CVA）导致的损失 将大型金融机构的资产相关系数提高 提高双边结算衍生品交易的资本要求 建立合格的中央交易对手标准 提高交易对手信用风险管理要求

10.4.1.4 过渡期安排

根据2010年9月12日达成的《巴塞尔协议Ⅲ》的要求，所有成员国将从2013年1月1日开始逐步执行该协议。为了《巴塞尔协议Ⅲ》能在各国银行业稳步实施，巴塞尔银行监管委员会设置了一系列不同的过渡期，并要求分阶段执行。虽然最终达成一致的落实期各项规则有所不同，但最晚至2019年1月1日实施完毕。具体时间安排如表10-12所示。

表 10-12 《巴塞尔协议 III》各项规则分阶段实施时间

指标＼时间	2011	2012	2013	2014	2015	2016	2017	2018	2019
杠杆率	监管监测期		过渡期为 2013 年 1 月 1 日—2017 年 1 月 1 日，从 2015 年 1 月 1 日开始披露					纳入第一支柱	
核心一类资本充足率			3.5%	4.0%	4.5%	4.5%	4.5%	4.5%	4.5%
资本留存缓冲最低要求						0.625%	1.25%	1.875%	2.5%
核心一类资本加资本留存缓冲			3.5%	4.0%	4.5%	5.125%	5.75%	6.375%	7.0%
扣减项的过渡期				20%	40%	60%	80%	100%	100%
整体一类资本充足率			4.5%	5.5%	6.0%	6.0%	6.0%	6.0%	6.0%
总资本充足率			8.0%	8.0%	8.0%	8.0%	8.0%	8.0%	8.0%
总资本充足率加资本留存缓冲			8.0%	8.0%	8.0%	8.625%	9.125%	9.875%	10.5%
不符合新资本定义的资本工具的过渡期			从 2013 年 1 月 1 日起分 10 年逐步剔除						
流动性覆盖率			开始监测			开始实施			
净稳定资金比例					开始监测			开始实施	

10.4.2 《巴塞尔协议 III》的意义

《巴塞尔协议 III》是对《巴塞尔协议 II》的完善和补充，其继续以资本充足率、外部监管、市场纪律三大支柱为支撑。

第一，建立了多层次资本监管框架。

《巴塞尔协议 III》强化了资本监管框架，增强了银行系统自身吸收损失的能力。首先，将资本重新修改为核心一类资本、附属一类资本和二类资本，并去掉了三类资本，突出了股东必须对银行直接承担风险的原则。其次，引入了资本留存缓冲，突出以丰补歉作用。再次，引入逆周期资本缓冲，减轻银行的顺周期性影响。最后，对于系统重要性银行还要求额外的资本金。

第二，建立了流动性监管框架。

金融危机中许多金融机构在满足资本充足率的情况下仍然遭受巨大损失甚至破产，这使得流动性风险进入了监管层的视野。为了最大限度地保证银行在各种压力下均能够稳定地经营，《巴塞尔协议 III》引入了两个定量监管指标：流动性覆盖率和净稳定资金比例来加强流动性风险管理，并分阶段做了渐进安排。流动性覆盖率和净稳定资金比例互相补充，既可以减少因短期融资带来的期限错配，又可以增加长期稳定的资金来源。

第三，强化了对系统性风险的关注。

《巴塞尔协议 III》引入了对系统重要性银行的监管，降低其因发生重大风险事件或者经营失败而给整个金融体系带来系统性风险的概率，对这些"大而不倒"金融机构提出额外的资本要求，使其具备超出一般金融机构的吸收损失的能力。另外，《巴塞尔协议Ⅲ》引入的宏观审慎监管与《巴塞尔协议Ⅱ》中的微观审慎监管相互配合，有利于降低系统性风险。

第四，扩大了风险覆盖的范围。

《巴塞尔协议Ⅲ》弥补了监管漏洞，更全面地覆盖了各类风险，诸如对交易账户风险的监管，防止银行在银行账户和交易账户之间进行监管套利的措施；对资产证券化风险暴露的监管，提高了再证券化风险暴露的风险权重；覆盖了交易对手信用风险等。

10.4.3 《巴塞尔协议Ⅲ》的争议

关于《巴塞尔协议Ⅲ》，存在以下争议：

第一，《巴塞尔协议Ⅲ》追求的资本充足率是否一定能达到银行稳健的目的。

《巴塞尔协议Ⅲ》中制定了许多增加资本充足率的要求，以保证银行在危机时能够吸收损失、稳健运营。但是，仅仅从资本角度着手，对于夯实整体银行业的运营状况，是远远不够的。对于银行和监管部门而言，监管重点应更多地放在风险资产即分母上，即通过完善内部治理，提升风险管理技术和能力，控制风险资产的非理性扩张。

第二，《巴塞尔协议Ⅲ》是否依然存在监管资本套利。

监管资本套利是巴塞尔协议一直无法回避的缺陷，《巴塞尔协议Ⅲ》也回避不了。例如，《巴塞尔协议Ⅲ》中引入的逆周期资本监管为0—2.5%，允许各国监管当局采用不同的标准。可以预想资本出于逐利的动机，会发生基于风险度量、主题类别、资产类别和种类的监管资本套利行为，这样就会降低资本监管的有效性。

第三，《巴塞尔协议Ⅲ》"非强制性"和各国"政策搭配"是否会稀释其监管功效。

巴塞尔银行监管委员会是一个缺乏行政效力和法律效力的国际机构，其发布的《巴塞尔协议Ⅲ》也只是一个指导性文件，其实施与否取决于各国的监管当局。各国监管当局会根据自己国内的情况酌情采用，不排除有些国家为了不给本国经济造成冲击，而对巴塞尔协议的实施打一些折扣的情况。同时，《巴塞尔协议Ⅲ》主要是针对银行业，代表银行业的改革方向。而证券业、保险业等行业也需要同步改革，否则《巴塞尔协议Ⅲ》的实施效果就会被削减。

10.5 《巴塞尔协议Ⅳ》

10.5.1 巴塞尔协议的监管趋势

1988年，《巴塞尔协议Ⅰ》被首次提出，是为了解决三个问题：第一，确保银行的资本能够覆盖其面对的风险；第二，为了测量跨国银行的资本覆盖情况（1988年之前，不同管辖区域内的资本测量方法和标准差异很大）；第三，为了对不同银行的资本头寸情况进行比较。《巴塞尔协议Ⅰ》对资本进行了分类并简单地定义了其风险权重。1996年的修正案的提出，是巴塞尔协议首次允许使用内部模型。《巴塞尔协议Ⅰ》的监管特点是简单（simplicity）地度量风险，以及可比性（comparability），但是缺乏风险敏感性（risk-sensitivity）。

由于统计和数学模型技术的大量出现，2004年，《巴塞尔协议Ⅱ》提出了对操作风险的资本金要求、监管当局的监管和市场纪律，同时使得更加复杂的、风险敏感的内部模型成为可能。对于更加复杂的内部模型的依赖，能够使银行精确地估计出其所需要的资本。另一方面，内部模型的使用能够使银行使用比标准法要求更低的资本充足率。

金融危机的出现，使得监管层对银行资本的数量和质量产生怀疑。因此，《巴塞尔协议Ⅲ》对资本进行了重新定义，并引入了更高的资本比率，同时还引入了流动性风险管理和杠杆比率。

如果把注意力集中在1988年（提出《巴塞尔协议Ⅰ》）至2013年（完成《巴塞尔协议Ⅲ》）这段时间，就会发现《巴塞尔协议Ⅰ》是简单且透明的，《巴塞尔协议Ⅲ》却是复杂且不透明的。从《巴塞尔协议Ⅰ》到《巴塞尔协议Ⅲ》，监管趋势从简单到风险敏感，但是可比性却在降低。我们发现：一方面，在计算资本充足率的时候对内部模型的过度依赖，总是会伴随着不透明及其他一些明显的缺点（比如，市场纪律被阻，银行管理层很难管理上百个模型）；另一方面，对于简单的测量方法的依赖，却缺乏风险敏感性。因此，理想的情况下，新的监管协议不仅应该具备《巴塞尔协议Ⅱ》和《巴塞尔协议Ⅲ》的风险敏感性，而且应该像《巴塞尔协议Ⅰ》那样简单可测量。

《巴塞尔协议Ⅳ》——新的正在提出中的监管框架，建立在对风险资本权重的重新审视的基础上，其应该能在简单性、可比性和风险敏感性之间取得很好的平衡。这些监管措施大致可以被分成三大类：

- 提高标准法的风险敏感性和稳健性；
- 改变内部模型法在资本框架中的角色；
- 完成杠杆比率和资本最低标准的设计和校准。

10.5.2　《巴塞尔协议 Ⅳ》的监管框架

巴塞尔银行监管委员会近期发表的许多文章都集中在这样一个现象上：对于几乎相似的风险水平，不同的银行计算出来的风险加权资产水平相差巨大。这些文章试图回答两个问题：第一，给定两个风险偏好相似的银行，它们在用高级内部评级法计算风险加权资产的时候，会有多大的差异？第二，对于相似的银行，是什么原因导致其计算出的风险加权资产水平不同？

由于信用风险引起的资本金需求占风险加权资产的大多数（一半以上），巴塞尔银行监管委员会认为以下几点原因可以回答上述两个问题。第一，使用不同的信用风险计算方法；第二，对于违约的定义不同；第三，由于风险偏好不同，在风险参数上额外添加的额度不同;第四,对于经济周期的调整不同;第五,对于低违约投资组合的风险参数评估不同;第六,对于外部评级转换为内部评级的方法不同。

巴塞尔银行监管委员会针对相似的银行计算出不同水平的风险加权资产这一现象,拟出台几项措施。其中的两项措施非常关键:第一,调查让银行更加及时、准确地披露风险报告,以便能够让外部市场参与者精确评估出银行面临的风险;第二,在计算资本水平时,限制银行在使用内部评级法的自由度,在计算风险权重的时候设置一个最低的风险加权水平。

巴塞尔银行监管委员会指出了现行的标准法的一系列弱点:第一,过度依赖外部信用评级,导致对市场参与者的评估不精确;第二,缺乏精度和风险敏感性,对于不同的风险差异缺乏回应;第三,风险权重需要重新校准,因为金融市场是不断改变和发展的;第四,标准法和内部评级法对相似的风险计算出的风险加权资产水平差异很大;第五,标准法和内部评价法交叉调用,使得风险暴露不清晰。

针对这些问题,巴塞尔银行监管委员会提出了一系列对标准法的修订文件。《巴塞尔协议Ⅳ》将会根本地改变银行中风险加权资产和资本比率的计算方式,这些计算方式将独立于银行的规模和银行内部模型的复杂性。

10.5.2.1 资本最低要求

巴塞尔银行监管委员会在 2014 年 12 月 22 日,发布了一个咨询性文件,文件在修订的标准法中,在计算信用风险、市场风险和操作风险时,设置一个最低的资本标准。新的最低资本标准有以下几个目标:第一,确保银行系统的资本标准不低于一个特定的水平;第二,缓和由内部模型法带来的模型误差和测量误差;第三,增加不同银行之间的可比性;第四,降低由于银行特定的模型假设而造成的资本比率的差异;第五,降低开发内部模型的激励。

新的标准法下的资本需求等于银行的风险加权资产乘以一个风险因子(floor factor,f),这个风险因子将在以后被巴塞尔银行监管委员会确认,公式为

$$CR_{SA} = f \times RWA_{SA} \tag{10-28}$$

最低资本标准可以被应用到每个主要的风险类别上,比如信用风险、市场风险和操作风险。对于每一个类别的风险而言,其最低资本是标准法下计算的资本需求和内部模型法计算出的资本需求中的较大者。总的最低资本是所有类别的最低资本的总和。

$$\text{Floor} = \sum_j \max(CR_{SA}^j, CR_{IM}^j) \tag{10-29}$$

其中,j 为不同类别的风险,CR_{SA}^j 为第 j 种风险在标准法下的资本需求,CR_{IM}^j 为第 j 种风险在内部模型法下的资本需求。

另外,最低资本需求也可以被应用到总的风险加权资产中,其值为内部模型法计算出的风险加权资产和修订的标准法计算出的风险加权资产的较大者。

10.5.2.2 信用风险，对标准法和内部模型法的修改

2015年12月10日，巴塞尔银行监管委员会发布了关于计算信用风险的修订的标准法的第二个咨询文件。文件主要的差异是在计算风险暴露时外部信用评级的重新定位。但这次对信用风险权重的修订范围不包括国家主权、中央银行以及公共部门实体。对于其他实体，计算其风险权重的差异如表10-13所示。

表10-13 《巴塞尔协议IV》前后标准法中风险权重的计算对比

	《巴塞尔协议IV》之前信用评级标准法	根据《巴塞尔协议IV》修订后的标准法
机构	评级：外部评级 风险权重：20%—150%	评级：①外部评级；②没有评级的风险暴露 风险权重：① 20%—150%；② 50%—150%，三个评级A、B、C
公司	评级：外部评级 风险权重：20%—150%，没有评级则100%	评级：管辖区域内：①允许外部评级；②不允许外部评级 风险权重：① 20%—150%，如果未评级则100%，如果是中小企业则85%；② 100%，如果是投资级别则75%，如果是中小企业则85%
专业贷款	无	评级：①允许外部评级；②不允许外部评级 风险权重：①跟公司一样；②如果未评级或商品融资被允许则120%，如果是经营性项目融资则100%，如果是项目前融资则150%
零售	风险权重：75%，如果是中小企业则乘以0.7619（只在欧洲）	风险权重：①满足一定标准则75%；②不满足一定标准则100%
多边发展银行	评级：外部评级 风险权重：0 或跟"机构"一样	评级：外部评级 风险权重：①满足一定的标准则0；②如果有评级则20%—150%，如果没有评级则50%

2016年3月24日，巴塞尔银行监管委员会发布了《减少信用风险加权资产的差异——对内部模型法使用的限制》（Reducing Variation in Credit Risk-Weighted Assets: Constraints on the Use of Internal Model Approaches）。该建议的目标在于降低监管框架的复杂性，提高可比性，同时解决计算信用风险时资本差异巨大的问题。对于内部模型法的改变主要有三点：第一，减少使用内部模型法的范围；第二，对于模型参数引入最低标准；第三，改变参数估计过程。

10.5.2.3 对资产证券化的修改

为了解决诸如对外部信用评级的过度依赖、缺乏风险敏感性、悬崖效应以及特定的风险暴露资本金不充足等问题，巴塞尔银行监管委员会于2014年12月11日，完善了资产证券化框架，该框架在2018年1月实施。资产证券化新的计算方法如表10-14所示。

表 10-14 资产证券化新的计算方法

对于资产证券化产品,监管资本的通用修改	如果是资产证券化,最低风险权重为 15%,如果是再证券化则为 100%; 多层级的模型,RW 从最低级的向上逐渐增加; 如果银行不能使用上面的模型,则使用一级资本扣减或 RW=1.25%
资产证券化(内部评级法)	用监管公式来计算; 在计算内部模型法参数的时候,投资组合中至少 95% 应该能够使用 IRB 法
资产证券化(外部评级法)	根据资产证券化产品风险暴露的外部评级、清算顺序以及到期日的不同安排风险权重
资产证券化(标准法)	用监管公式来计算
隐含的修改	在大多数投资组合中,资本需求增加了; 在计算风险权重的时候增加了对数据的需求

10.5.2.4 标准法中对交易对手信用风险暴露的测量

2014 年 3 月 31 日,巴塞尔银行监管委员会发布了标准法中对交易对手信用风险违约敞口的新的测量方法,称为 SA-CCR。SA-CCR 将会取代现有的非内部模型法、风险暴露方法(current exposure method,CEM)及标准法(standardised approach,SA),并计划在 2017 年 1 月 1 日生效。SA-CCR 的主要目标有以下几个方面:第一,能够很好地被应用到各种衍生品交易中;第二,能够简单、容易地被补充完善;第三,能够解决风险暴露方法和标准法现有的缺陷;第四,在现有的巴塞尔框架下的方法的基础上修改;第五,能最大限度地减小所在国当局者和银行的自由量裁权;第六,能在不增加不必要的复杂度的情况下,提高资本框架的风险敏感性。

10.5.2.5 交易账户的根本性重审

2016 年 1 月 16 日,巴塞尔银行监管委员会发布了市场风险最低基本需求的标准,而修订的市场风险标准将于 2019 年 1 月完成。关于交易账户的根本性重审,其监管理念和措施,如表 10-15 所示。

表 10-15 交易账户的根本性重审监管理念和措施

领域	当前	理念	措施
分水岭	主观	更客观	银行账户与交易账户的分水岭
模型法	VaR 点估计自主相关性	更合理	尾部风险的预期损失; 流动性风险展期; 受限制的相关性参数
标准法	简单	更敏感	基于敏感度
信息披露	累计交易账户	更详细	基于交易平台的披露; 标准法强制披露; 模型法披露并对比
监管审批	基于产品	更精细	基于交易业务; 注重损益分析; 要求标模切换

10.5.2.6 操作风险的标准测量方法

新的对操作风险的测量方法（standardised measurement approach for operational risk，SMA）于2014年12月作为一个咨询性文件由巴塞尔银行监管委员会发布，又于2016年3月4日被重新引入。SMA的主要目标是替换三个现有的标准法及高级测量法（AMA），从而简化操作风险资本金的计算方式。新的方法建立两个指标的基础上：对操作风险进行测量的商业指标（business indicator，BI）以及公司过去的平均操作损失。SMA提高了风险敏感性，同时增加了不同银行和管辖区域内监管资本的可比性。同时利息收入也被考虑在内，以防止对BI的乱用。另外，一个新的不调整的商业指标（unadjusted business indicator，uBI）被引入，用于解决那些通过权重计算出来的具有高净利差的机构反而需要更高的资本需求的问题。SMA计算操作风险的资本金主要通过不同BI等级和平均年损失加权计算来实现。

BI作为一个新的代理指标，主要包含三部分：第一，利息、经营租赁和分红部分（interest，operating lease and dividend component，ILDC），考虑利息的收入和支出、租赁的收入和支出，以及分红收入。第二，服务业务（services component），考虑其他经营性收入和支出、费用收入和支出，以及uBI。第三，金融业务，考虑交易账户和银行账户的净利润和损失。

10.5.2.7 关于交易对手信用价值调整的框架

巴塞尔银行监管委员会于2015年7月1日发布了关于交易对手信用价值调整（CVA）的咨询性文件，具体实施日期有待决定。该文件的目标有三个：第一，捕获监管资本标准中关于信用价值调整的风险和对冲的所有关键因素；第二，与交易账户的根本性重审的修改保持一致；第三，在不同的会计制度下，与CVA的公允价值测量保持一致。

10.5.2.8 银行账户中的利率风险

巴塞尔银行监管委员会于2016年4月21日发布了银行账户中利率风险（interest rate risk in the banking book，IRRBB）的标准，这些标准基于2015年6月发布的咨询性文件。但这次的标准只在第二支柱里面解决IRRBB问题，对于压力测试、模型验证、信息披露方面需要监管层给予更多的监管，同时需要监管层对IRRBB进行周期性审阅。

10.5.2.9 测量和控制重大风险的监管框架

为了在一个或一组相互联系的交易对手突然倒闭的情况下，限制银行能够承受的最大损失，帮助银行持续经营，巴塞尔银行监管委员会提出了对重大风险暴露进行测量和控制的监管框架。这个新的标准在2014年4月15日被发布，同时将在2019年1月1日生效。

修订的框架将会帮助确定一个测量、汇总及控制不同管辖区域内风险聚集的通用的最低标准。特别地，当一个银行的交易对手是另外一个银行时，重大风险暴露的限制，将会直接减弱系统性风险的传播。

对重大风险暴露的建议有以下几个方面：

- 可用的资本仅限于一级资本，二级资本不在范围内；
- 定义和报告的阈值是可用的资本的 10%；
- 一个交易对手（或一组相互联系的交易对手）的风险暴露应该限制在一级资本的 25% 以内；
- 被设置为全球系统性重要银行的风险暴露，应该控制在一级资本的 15% 以内；
- 对于潜在风险等于或大于银行资本的 0.25% 的情况，应该穿透查找特定的资产；
- 确立能够识别出一些特殊点的担保债券的一种处理方法。

巴塞尔银行监管委员会于 2016 年 3 月 11 日发布了《第三支柱披露要求——一个统一的增强的框架》(*Pillar 3 Disclosure Requirements: Consolidated and Enhanced Framework*)，新的建议包括对全球系统性重要银行吸收损失能力的披露要求、操作风险框架的披露要求以及市场风险的披露要求。巴塞尔协议第三支柱同时还包括对杠杆比率、流动性比例的披露要求。

10.5.3 《巴塞尔协议Ⅳ》的监管理念

《巴塞尔协议Ⅳ》的提出力求在简单性、可比性及风险敏感性之间找到平衡。其主要有以下几个监管理念。

10.5.3.1 降低对复杂的内部模型的依赖

不同的银行通常管理着不同的模型，有些大银行具有几百个模型，这种情况下，巴塞尔银行监管委员会发现对于相似的风险，不同银行算出来的风险加权资本差异巨大。因此，《巴塞尔协议Ⅳ》建议降低对内部模型的依赖，增加透明性和可比性。更谨慎的方法是在内部模型法中设置最低标准。

10.5.3.2 更加标准化、更多的数据搜集、更详细的风险报告

在实践中，银行给予外部参与者的报告五花八门，异质性很高。首先，银行对相同的概念具有不同的定义；其次，风险的等级被以不同的方式展现；最后，风险报告的详细程度差异巨大。所有这些因素，导致很难对银行面临的风险进行评估。因此，巴塞尔银行监管委员会倾向于让银行提供更加标准的、更加详细的风险报告，并且使其具备很好的数据管理能力。

10.5.3.3 更改客户选择标准

巴塞尔银行监管委员会提出将会在高级内部模型法的输出上增加限制，这样，银行的客户选择标准就会改变。例如，如果一个银行评估一个潜在客户的风险加权资产低于由标准法计算出来的风险加权资产阈值，银行就可能不会跟这个客户做生意，因为期望收益不能覆盖风险增加可能带来的损失。

10.5.3.4 更加透明和详细的风险报告

在《巴塞尔协议Ⅳ》中一个重要的变化是，银行需要提供关于交易对手的额外的财务信息，如果交易对手没有这些信息，银行将会被赋予惩罚性的风险权重。例如，在之前的框架中，如果一个公司没有信用评级将会被赋予100%的风险权重，相反，在《巴塞尔协议Ⅳ》中，一个没有提供相应的财务信息的公司，将会被赋予300%的风险权重。因此，如果缺乏交易对手的信息，银行将会受到惩罚。

10.5.3.5 改变外部信用评级机构的角色

在现行的计算交易对手的风险权重中，外部信用评级是一个很重要的角色。然而，大部分的交易对手是没有被评级的，这样就使得对这些未评级的交易对手进行风险区别变得很困难。在《巴塞尔协议Ⅳ》中，外部信用评级不再是一个决定性的计算风险权重的因素。外部信用评级将会被用来进行客户选择和定价，只占监管框架的一部分。这种情况下，还是需要银行能够自己对交易对手进行信用评级。

10.5.3.6 增加银行的资本金

巴塞尔银行监管委员会对高级内部模型法设置了一个最低标准，这就在无形中增加了银行的资本金需求。例如，假设银行用高级内部模型法计算出一个投资组合的违约概率为4%，然而用《巴塞尔协议Ⅳ》中新的标准法计算出来的违约概率为10%，那么银行在计算风险加权资产的时候就应该用10%的违约概率，而非4%的违约概率，这样就增加了额外的资本需求。

本章小结

历次金融危机的发生都暴露了金融体系中的一系列缺陷，同时对金融体系形成显著的冲击，迫于各个方面的压力，巴塞尔协议体系陆续被推出。虽然巴塞尔协议体系从严格意义上讲并不具有法律约束力，但已经在事实上为各国经济体系的监管提供了一个国际范围内共同认可的参考。中国加入巴塞尔银行监管委员会之后，不仅可以利用这个平台更好地维护中国银行业的利益，表达中国银行业对一系列监管框架的看法，同时也可以充分借鉴和吸收国际银行业的风险监管的经验，并积极参与国际监管规则的制定，所以这也是中国积极参与国际经济治理的一个重要的金融平台。

1974年，德国赫斯塔特银行和美国富兰克林国民银行的相继倒闭，给国际金融市场造成了巨大的影响，《巴塞尔协议Ⅰ》和"1996年修正案"相继推出，以用于解决信用风险和市场风险的资本充足率的计算问题。同时由于《巴塞尔协议Ⅰ》覆盖种类较少、风险权重不够灵活等问题，巴塞尔银行监管委员会于1999年提出了《巴塞尔协议Ⅱ》，提出了著名的三大支柱：资本充足率、外部监管、市场纪律。但由于《巴塞尔协议Ⅱ》尚未关注系统性风险，同时加剧了顺周期性等缺陷，《巴塞尔协议Ⅲ》引入了杠杆比率，同时建立了流动性监管框架。《巴塞尔协议Ⅲ》建立之后，由于风险水平几乎相似的不同银行计算出来的风险加权资产水平相差巨大,同时,还存在对外部评级依赖过大等问题,所以《巴塞尔协议Ⅳ》试图解决这些问题,力求在简单性、可比性和风险敏感性之间找到平衡。

本章重要术语

《巴塞尔协议Ⅰ》 《巴塞尔协议Ⅱ》 《巴塞尔协议Ⅲ》 《巴塞尔协议Ⅳ》 准备金 监管资本 经济资本 信用风险缓释 库克比率 净额结算 1996年修正案 资本充足率 外部监管 市场纪律 标准法 内部评级法 信用风险 市场风险 操作风险 流动性风险 系统性风险 微观审慎监管 宏观审慎监管

思考练习题

1. 简述商业银行中准备金的分类及用途。
2. 简述净额结算。
3. 简述《巴塞尔协议Ⅱ》的三大支柱。
4. 简述《巴塞尔协议Ⅱ》中,计算信用风险资本金的标准法和内容评级法的区别。
5. 简述《巴塞尔协议Ⅲ》中的微观审慎监管和宏观审慎监管。
6. 简述巴塞尔协议体系的监管趋势。

参考文献

[1] 巴曙松.巴塞尔资本协议Ⅲ研究[M].北京:中国金融出版社,2011.

[2] 陈伟钢.贷款损失准备金制度的逆周期功能[J].中国金融,2013,16:61—63.

[3] 菲利普·乔瑞.金融风险管理师考试手册(第6版)[M].北京:中国人民大学出版社,2012.

[4] 李宇嘉,陆军.风险溢价、预期损失与预测贷款损失准备金[J].当代财经,2007,12:50—56.

[5] 刘萍.我国商业银行贷款损失准备金管理研究[M].北京:中国海洋大学出版社,2013.

[6] 梅良勇,刘勇.《巴塞尔协议Ⅲ》的资本监管改革及其影响分析[J].金融理论与实践,2010,12:8—1.

[7] 王勇,隋鹏达,关晶奇.金融风险管理[M].北京:机械工业出版社,2014.

[8] 武剑.论商业银行经济资本的配置与管理[J].新金融,2004,4:14—16.

[9] 杨军.风险管理与巴塞尔协议十八讲[M].北京:中国金融出版社,2013.

[10] 约翰·C.赫尔.风险管理与金融机构(原书第3版)[M].北京:机械工业出版社,2013.

[11] 赵纶.我国商业银行贷款损失拨备计提研究[M].上海:复旦大学出版社,2009.

进一步阅读参考文献

[1] Acharya, V. V., Cooley, T. F. Richardson, M.P. and Walter, I. *Regulating Wall Street: The Dodd-Frank Act and the New Architecture of Global Finance*[M]. Hoboken, NJ: John Wiley & Sons, 2011.

[2] Bank for International Settlements. Basel II: International Convergence of Capital Measurement and Capital Standards: A Revised Framework[R]. 2005, 11.

[3] BCBS. International Framework for Liquidity Risk Measurement, Standards and Monitoring – Consultative Document[R]. 2009, 12.

[4] BCBS. The Basel III Capital Framework: A Decisive Breakthrough[R]. 2010, 11.

[5] BCBS. Basel III: A Global Regulatory Framework for More Resilient Banks and Banking Systems. [R]. 2010, 12.

[6] BCBS. Basel III: International Framework for Liquidity Risk Measurement Standards and Monitoring[R]. December 2010, 12.

相关网络链接

https://www.bis.org/
https://www.pwc.com/baseliv

思考练习题答案

第1章

1. **答案**：与一般的风险相比较，金融风险具有其独有的特征：①金融风险是资金借贷和资金经营的风险；②金融风险具有收益与损失双重性；③金融风险有可计量和不可计量之分；④金融风险是调节宏观经济的机制。

2. **答案**：作为风险的一种，金融风险具有客观性、普遍性、偶然性和可变性。同时，作为一种特殊的风险，金融风险还具有隐蔽性、扩散性、加速性和可控性。

3. **答案**：风险因素是指能增加风险事故发生的频率或严重程度的条件，是风险事故发生的潜在原因，也是造成损失的间接原因或内在原因。风险因素又分为有形风险因素和无形风险因素两类。有形风险因素，即物质风险因素，是指导致风险事故发生的物质方面的因素。无形风险因素，是指能够影响事故发生的可能性及损失严重程度的文化、习俗等非物质形态的因素。

4. **答案**：在此事件中，"雪"属于风险因素。

5. **答案**：风险与收益是金融的核心，它们始终是相伴相生的。收益以风险为代价，风险用收益来补偿。通常情况下，风险与收益之间存在着一个替换关系：收益与风险相对应。风险越大，可能实现的收益越高；反之，风险越小，可实现的收益率越低。所以，承担风险是获取收益的前提，而收益是风险的成本和报酬。事实上，这样的替换关系存在于风险和预期收益之间，而非风险和实际收益之间。风险与收益之间的关系可以用公式"预期收益率＝无风险收益率＋风险补偿"来表述。

6. **答案**：①风险管理有利于金融市场的稳定性。风险管理有利于各经济主体在金融市场上的活动，规范其金融交易行为，进而有助于金融秩序的维护，保障金融市场安全运行。②风险管理有助于保持宏观经济稳定并健康发展。随着经济的发展，金融也不断发展、创新，对经济的运行影响重大。风险管理能够有效地降低或消除金融风险带来的损失，进而能够有效地保证社会经济的健康发展。③风险管理有助于增强国家的国际竞争力。风险管理能使国家的金融市场和宏观经济稳定且健康发展，给国家创造良好的投资环境，有助于吸引国外资本。④风险管理能够优化社会资源配置。完善的风险管理体系能够有效地提高社会生产率，优化社会资源配置。

7. **答案**：B

8. **答案**：B

9. **答案**：A

10. **答案**：D

第2章

一、不定项选择

1. 答案：C

　　解析：风险管理框架的设计有效性及执行有效性并不能由第一类风险或第三类风险的发生与否来判断。

2. 答案：B

3. 答案：A

4. 答案：B

　　解析：风险承担策略下的风险应对备选方案包括建立风险准备金、足额的资本计提、预期损失在财务上预先摊薄、建立专业自保公司、金融同业授信支持。

5. 答案：D

　　解析：预期损失又称为期望损失，是指一般业务发展占用风险资产的损失均值，其可以通过计提损失准备金（专项准备、资产组合的一般准备）计入损益加以弥补。

6. 答案：C

7. 答案：ABC

　　解析：在风险管理目标这一维度，巴塞尔协议体系为银行业提出了明确要求，且逐代愈加明确。

8. 答案：ABCDE

9. 答案：BD

　　解析：风险承受度的确认方法主要有以下五种：定性分析主要有专家法和德尔菲法两种，定量分析有均值方差法、安全垫法与基于风险资产组合和无风险资产组合的风险承受度测算法三种。我国银行实务中主要采用专家法。

10. 答案：ABCDE

11. 答案：ABCE

12. 答案：ACE

13. 答案：BCE

　　解析：风险管理组织结构应遵循风险分类管理、风险分层管理和风险集中管理的原则。

14. 答案：BDE

　　解析：外部报告须满足外部监管机构包括银监会、证券交易所的合规要求，以及对外部投资者进行信息披露的要求；内部风险报告一般可按报告内容划分为综合风险报告和专项风险报告，也可以按照报告的时间和频率分为定期风险报告和不定期风险报告。

　　管理报告应该能将专业术语和数理形式转变为高管及董事能够理解的形式，因为金融工程和金融数学等专业性很强的知识确实比较难以理解。数据尤其是趋势性数据用图表呈现更容易理解。

15. 答案：ADE

　　解析：在各国银行的实践中，一般在资产项下计提以下三种呆账准备金：普通准备金、专项准备金、特别准备金。

　　负债项下的存款准备金制度则是中央银行用于控制商业银行信贷规模的工具，存款准备金分为法定准备金和超额准备金两部分。

二、判断

1. 答案：√

2. 答案：×

3. 答案：×

　　解析：当前中国的金融机构，尤其是银行都需要定期向监管机构提交非现场监管报表，而各个监管指引当中对监管指标的硬性要求应被视为红线的最低水平。

4. 答案：√

5. 答案：×

　　解析：我国商业银行典型的风险管理组织架构包括地区型、职能型和混合型。

6. 答案：×

　　解析：商业银行所面临的损失分为预期损失、非预期损失及极端损失三类。

7. 答案：√

8. 答案：×

　　解析：经济资本是针对一定置信区间而言的，在该置信区间下的非预期损失由经济资本来吸收。

9. 答案：×

三、简答

1. 答案：第一，风险管理战略和策略符合经营目标的要求；第二，所采取的具体措施符合风险管理战略和策略的要求，并在成本/收益基础上保持有效性；第三，通过对风险诱因的分析，发现管理中存在的问题，以完善风险管理程序。

2. 答案：①明确需要达成的目标；②全面识别风险事件；③全面评估机构面临风险；④制定风险应对策略及改进措施；⑤持续监测重大及重要风险；⑥完善风险管理报告体系；⑦定期检查评估风险管理体系。

3. 答案：①第一道防线即业务经营单元，主要职责是日常风险控制与管理，例如，促进员工形成风险意识和可持续性的风险收益理念；在宏观、微观层面最优化风险资产组合；加大对风险限额管理和风险暴露管理的支持；持续监控风险头寸和内在的风险变化状况。②第二道防线即风险管理等职能部门，主要职责是对风险政策和方法的执行进行监督，例如，发挥"监视者"和"可信赖的顾问"结合的作用，监控风险限额的执行；理解业务活动如何盈利，并积极、适当地提出质疑；高素质的具有业务经验的人员与业务部门地位平等地沟通；设立"风险监督单元"，实现对所有风险类型的全面风险监控；及时、准确地获得风险数据和信息。③第三道防线即审计部门，主要职责是对风险管理的有效性提供独立的保证，例如，对业务类型和风险管理的深入理解；有能力对前台部门和风险管理职能部门提出质疑；独立监督且有执行能力（对发现的问题立即执行）；有能力通过流程、IT专业知识将业务和风险相连接。

4. 答案：建立风险管理策略、方法及与整体风险管理策略相一致的程序；检查和改进用于定价和度量风险的模型；从全局的角度评估风险、控制风险敞口和风险因子的变动情况；加强对交易员风险限额的管理；与董事会、高级管理层沟通风险管理的结果；担任董事会管理委员会的高级成员并定期出席董事会。

5. 答案：风险分类管理：在整体战略层面对风险进行分类管理，银行类金融机构的风险按照《银行业金融机构全面风险管理指引》分为信用风险、市场风险、流动性风险、操作风险、国别风险、银行账户利率风险、声誉风险、战略风险、信息科技风险及其他风险；人身保险公司的风险分类按照《人身保险公司全面风险管理实施指引》分为市场风险、信用风险、保险风险、业务风险、操作风险、战略风险、声誉风险和流动性风险。

风险分层管理：战略层面由董事会、风险管理和审计委员会、总经理、首席风险官组成，负责重大风险管理、风险管理制度性文件决策；执行层由风险管理部、各职能部门和业务部门组成，负责具体风险应对措施的制定和监控；操作层面由风险管理相关岗位人员组成，负责风险管理制度和流程的执行、数据的提供。

风险集中管理：风险管理部门承担着风险集中管理的职责，负责公司全部风险信息的汇总、加工、分析、报告等工作。

6. 答案： ①考虑了市场风险和信用风险等多项风险因素。RAPM 计算出来的是经风险调整后的资本回报率，能够将绩效与业务面临的市场风险和信用风险挂钩，本质上反映的是一种非预期损失。同时，RAPM 指标还将预期损失纳入计算框架，反映了商业银行对不同业务历史平均损失的估计。

②考虑了商业银行经营所面临的各项成本因素。RAPM 指标包括 FTP、税收、营运成本等各项成本因素，商业银行可以根据自身经营管理需要，设置合理的成本率，并将成本传导至资产端，确保业务的收益覆盖成本，保证持续的盈利能力。

③具有较大的包容性和延展性。《商业银行资本管理办法》规定了商业银行不同资产业务的经济资本要求。例如，对于银行账户，需要计量信用风险资本；对于交易账户，需要计量市场风险资本；对于衍生产品和表外业务，需要计量交易对手信用风险资本。因此，RAPM 不但可以评价债券交易业务的绩效，还可以被广泛地运用于信贷资产、债券投资、外汇及衍生品交易、大宗商品交易等各类商业银行资产业务。甚至债券交易中常用到的杠杆交易，也可以纳入 RAPM 计算。

④可以作为资源配置的决策工具。RAPM 不仅可以评价各类业务绩效，还可以评价不同部门、分行、产品及客户的绩效，对多种绩效评价对象进行横向比较，成为商业银行经营管理者配置资源的决策工具。

第 3 章

1. 答案： 它们是有区别的。不相关指的是随机变量之间没有线性相关关系，也就是其中一方能否表示成另一方的一次函数，而独立性要求则更强，两个随机变量相互独立时，它们的联合概率密度可以写成各自边缘概率密度函数的乘积。可以理解成：不相关指的是"没有线性关系"，而独立指的是"完全没有任何关系"。如果两个随机变量独立，那么它们一定是不相关的，但是反过来，不相关未必独立，如满足 $Y=X^2$ 关系的随机变量。

2. 答案： VaR 指的是有一定的把握，认为损失不超过某个值，也就是对应的分位数如 95%、99% 分位数上的值（一个点）；而预期亏损指的是在这个分位数下的期望损失，相当于最坏情况 5% 或 1% 区间内的平均情况。可以用本章第 3 节中的例子加以理解。

3. 答案： 对于需要评价 VaR 的某个资产或交易组合，如果知道其价格或收益率变化满足的随机过程（例如一般假设收益率正态分布，股票价格满足对数正态分布），可以根据其变化的原理进行蒙特卡洛模拟。蒙特卡洛模拟每次都能生成价格的一个实现，将模拟重复很多次后，就可以得到价格的分布，可以用这个分布代替历史数据，从中找出 VaR 对应的分位数，进而得到 VaR。

4. 答案：波动率衡量了一段时间内资产价格的不确定性，用于反映金融资产的风险水平。对于风险厌恶的情形而言，波动率大的资产，其价格往往越低。它是收益率的标准差，通常用 σ 表示。计算波动率，可以直接使用样本标准差 $s=\sqrt{\dfrac{1}{T-1}\sum_{t=1}^{T}(u_t-\bar{u})^2}$ 进行估计，也可以使用 GARCH 等计量模型。

5. （1）答案：√

   解析：参考第 1 题的解答。

   （2）答案：×

   解析：判断单个系数的显著性，应该使用 t 检验。

   （3）答案：×

   解析：OLS 是 BLEU 需要满足一些假设条件：误差与自变量 x 独立，误差的方差为常数，观测值的误差之间不相关，误差服从正态分布。如果某些假设不满足，例如残差在观测过程中出现不同的方差，就会出现异方差性问题，此时估计仍然无偏，但是估计的效率就会受到影响，表现在估计值的方差上，BLEU 就不再满足。

   （4）答案：×

   解析：在时间序列计量中，波动率等高频序列通常使用 ARCH、GARCH 进行计量。

6. 答案：最终期望收益就是两个资产的加权平均收益，$\mu=w_X\mu_X+w_Y\mu_Y=0.065$。组合的方差公式为：$\sigma=w_X^2\sigma_X^2+w_Y^2\sigma_Y^2+2w_Xw_Y\sigma_{XY}$，其中 $\sigma_{XY}=\rho\sigma_X\sigma_Y$，计算得到方差 $\sigma=0.000\,985$。

7. 答案：根据正态分布的性质，在 VaR 对应的损失分位数上，该产品的价格为 $5\,000-2.33\times300\approx4\,300$ 万元，则亏损为 $4\,800-4\,300=500$ 万元。500 万元就是此时的 VaR。

8. 答案：根据估计得到的系数，可以首先求得长期平均方差

$$\sigma^2=\dfrac{0.000\,01}{1-(0.1+0.8)}=0.000\,1$$

所以

$$\sigma_1^2=0.000\,01+0.1u_0^2+0.8\sigma_0^2=0.000\,09$$

由于 $y_1=0.000\,8$，根据第一个等式

$$y_1=0.000\,1=0.2y_0+u_1$$

可以算得 $u_1=0.000\,7$，于是

$$\sigma_2^2=0.000\,01+0.1u_1^2+0.8\sigma_1^2=0.000\,082\,05$$

第 4 章

一、不定项选择

1. 答案：AC
2. 答案：B
3. 答案：B
4. 答案：ABCD

二、简答与计算

1. 答案：边际 VaR 是指交易组合中的资产 i 的头寸变化而导致的组合 VaR 的变化；增量 VaR 是指含有第 i 个资产 VaR 与不含有第 i 个资产 VaR 的差；成分 VaR 是指整体 VaR 对于第 i 个资产的分配。

2. 答案：经计算统计量 LR=4.09>3.84，因此在 95% 置信水平下我们应该拒绝这一模型。

3. 答案：（1）200 万美元；（2）预期损失为 $0.9×20+0.1×2=18.2$（百万美元）；（3）有 $0.009^2=0.000\,081$ 的概率会损失 4 000 万美元，$2×0.009×0.991=0.017\,838$ 的概率会损失 2 200 万美元，有 $0.991^2=0.982\,081$ 的概率会损失 400 万美元。置信度为 99% 时的 VaR 为 2 200 万美元；（4）预期损失为 $(0.000\,081×40+0.009\,919×22)/0.01=22.145\,8$（百万美元）；（5）因为 2+2<22，所以 VaR 不满足次可加性条件。但是 18.2+18.2>22.145 8，所以预期损失满足该条件。

4. 答案：$\Delta y=+0.001\,5$，$\Delta P=-96.354×3.845×0.001\,5=-0.556$，因此久期公式预计债券价格会下降到 $96.354-0.556=95.798$。

5. 答案：根据夏普比率计算公式，Sharp=(56%-2%)/35%=1.54。

6. 答案：根据信息比率计算公式，IR=(1.488%-1.415%)/0.344%=0.212。

7. 答案：由于每张上证 50ETF 期权合约对应 10 000 份 "50ETF" 基金份额，在买卖上证 50ETF 之前，王先生的初始组合 Delta 头寸为 $(-0.8×20+0.6×20)×10\,000=-40\,000$，因此为保证组合的 Delta 值为 0，王先生必须再买入 40 000 份上证 50ETF。

8. 答案：初始组合的 Gamma 值为 $10×0.3=3$，Vega 值为 $10×0.2=2$，为使组合的 Gamma 值、Vega 值为中性，引入 X 份认购期权 B，Y 份认沽期权 C，得到方程

$$0.2X+0.3Y=-3$$
$$0.1X+0.1Y=-2$$

解得 $X=-30$，$Y=10$。此时组合的 Delta 值为 $10×0.8-30×0.4-0.6×10=-10$。因此投资者先卖出 30 手认购期权 B，买入 10 手认沽期权 C，其后买入 1 000 份标的现货。

第 5 章

一、简答

1. 答案：信用风险是因为交易对手在交易过程中不能履行义务而造成损失的风险，包括贷款或债券的违约风险、债券市场价格风险（价差风险），以及在衍生品交易中对手方无法履行必须支付的风险。

2. 答案：违约风险是债券发行者因为各种原因不能按时兑付债券契约规定的利息和本金，发生违约，由此带给企业债券投资者的风险。价差风险，即市场价格风险，指由于债务人信用评级下降而导致价格下降的风险。在二级市场，企业债券的价格会随着债务人的信用状况和履约能力的变化而变化，这种由于发债企业信用等级下降、盈利能力降低而使债权人信用资产价值变化而蒙受损失的风险就是价差风险。

3. 答案：期望信用损失（ECL）为"名义本金 × 违约概率 × 违约损失"：
$$50\,000\,000 × 5\% × (1-70\%) = 750\,000（元）$$

4. 答案：评级展望和评级观察名单是信用评级体系的有效补充。一般来说，评级公司对于每个获得长期信用评级的发行主体均会有一个评级展望，分为"正面""稳定"和"负面"。评级展望与评

级结果不同的是，展望更加关注可能引起评级变化的趋势和风险，但这些趋势与风险尚不能明确评估。评级观察名单则是表明发行人发生了或预计将要发生某些事件，这些新的信息偏离了评级公司对发行人评级时的长期趋势，评级公司需要更多信息来决定是否应调整评级。

5. **答案**：评级机构的评级结果是对受评对象风险水平的一种意见，但未必可以准确反映评级对象的信用风险。①先从评级结果本身来看，信用评级是带有预测性质的，是对评级对象未来偿债能力和违约风险水平的判断。②同时，评级结果的可靠性与信息能否充分获取相关。③由于信用评级主要为投资者提供了"贯穿经济周期的评级"的信息，尤其是很多监管机构和金融机构用信用评级作为债券投资的范围和约束，评级公司只有确认影响评级对象长期信用基本面的因素发生了持续变化时才会对评级进行调整。

6. **答案**：单一信用衍生品包括信用违约互换、总收益互换和信用差价期权三类。

7. **答案**：证券化工具包括资产抵押证券、住房抵押证券和（传统）抵押债务债券三类。主要是根据基础资产池进行划分的。

二、选择

1. **答案**：D

解析：信用基本面是对企业全方位的分析，股票分析更注重企业未来盈利。

2. **答案**：A

解析：现金流是核心，是企业偿债能力的一个最重要的指标，通过分析影响现金流的各种因素，来判断和预测企业未来现金流的状况。

3. **答案**：C

解析：选项A是不正确的，财务分析的各个要素之间并非相互独立，而是相互影响的。财务报表之间具有严谨的逻辑勾稽关系。选项B是不正确的，财务信息质量很重要，比如信息披露是否及时，报表间的各项勾稽关系是否合理，历史年度重要财务指标的变化是否能够得到合理解释等方面。选项D是不正确的，高资产负债率企业的违约风险未必就高于低资产负债率企业，反而有可能意味着前者的外部融资能力较强。

4. **答案**：A

解析：违约距离是一个标准正态变量，它是公司资产超过负债多少的度量。

5. **答案**：C

解析：KMV是根据默顿模型基于公司股票价格来估计违约概率的。

6. **答案**：A

解析：这些模型都没有考虑无风险利率和信用价差的变动，因此选项A是正确的。选项B是不正确的，因为KMV模型基于股票价格对PD的估计，这表明了连续性。选项C是不正确的，因为这些模型的主要目的就是估计信用VaR。选项D是不正确的，例如Credit Metrics是基于信用评级的转移。

第6章

1. **答案**：流动性的第一个层次是整个宏观经济的流动性，即货币总量。从长期来看，一国的货币投放量是随着其经济增长而同步变化的；但短期存在一些波动。

流动性的第二个层次是金融市场的流动性，它有两个方面的内涵：一是银行间市场的流动性，即"资金面"，强调市场提供短期负债的能力；二是交易某一类别资产的市场的流动性，强调市场为资产变现提供便利的能力。

流动性的第三个层次是金融机构的流动性，指的是金融机构以合理成本获得充足资金的能力以及在负债到期时偿还的能力。一家金融机构的流动性状况的"好"与"坏"，基本上可以通过这两种能力来衡量。

以上三个层次流动性之间的关系主要体现在两个方面：首先，宏观经济的流动性状况会影响到金融市场及金融机构的流动性；其次，金融市场的流动性对金融机构的流动性有着很强的约束作用。

2. 答案： 这一观点是不正确的。

资产类和负债类流动性风险并不是相互隔离的，通常是由其中一方首先爆发，然后形成二者的正反馈。

当金融机构面临一笔资金需求时（无论是计划之中还是意料之外），若机构无法借入足够资金，通常就不得不增加资产抛售；当市场出现较大规模的资产抛售时，资产价格便会快速下跌，此时作为抵押品的价值也会下降，带来融资难度的进一步上升。最终，形成负债类和资产类流动性风险的螺旋式上升。

同样地，当某些外生因素导致资产价格下跌时，一方面会使得金融机构将原本打算变现的资产继续持有（因不愿将损失即刻兑现），融资需求上升，另一方面会直接带来抵押品价值的下降，从而使得金融机构借入资金的难度上升。那么，上面所讲到的正反馈过程会再度发生。

因此，当负债接续出现困难时，机构并不一定能够在合理的价格上将资产变现，极端情况下甚至无法获得充足资金。

3. 答案： 零售存款一般而言相对分散、成本低廉、黏性大，因而在商业银行负债中占比越高，对其负债稳定性越有利。

批发性存款：在银行间整体流动性宽松、利率较低时，同业存放是一种较好的弥补融资需求的方式，且能带来较高收益。但在货币政策收紧时，则易引发流动性风险，在危机来临之时，同业存放难以新增融资，更有可能出现存量资金大量流出，造成流动性问题。

4. 答案： 以核心客户存款作为非流动性资产的资金来源。

在没有核心客户存款作为资金来源的情况下，以长期限的批发性资金作为融资来源。

不过分依赖批发性资金。在以批发性资金作为资金来源的情况下，需要尽可能多地吸收长期的批发性资金，以便将批发性资金所面临的短期内频发风险最小化。

保持一定"流动性缓冲"以应对来自各方的压力，包括来自客户层面和市场层面的压力。

建立流动性应急预案。完善的流动性管理认为，银行应该从多渠道筹措资金，避免出现融资来源过于集中于某一特定领域和某一特定借款人的集中度风险。

5. 答案： 流动性是所有资产价格的锚。

第一，资产价格会伴随着货币流动性增长，而货币流动性也会伴随着资产价格增长。但是货币流动性变动与资产价格的作用在不同国家是有所不同的。在经济及金融体系成熟开放、政府掌控有效货币政策的国家，资产价格与货币流动性之间的相互作用效果较强，而在经济及金融体系正在转型、货币政策失效的国家则较弱。第二，一项资产价格会伴随着另一项资产价格的增长而增长，但是股证、房地产及债券之间的相互影响在不同国家是有所不同的，在经济及金融体系成熟开放的国家，资产价格之间的影响是单向的,而在经济及金融体系封闭的国家,资产价格之间的影响是双向的,这可能是因为资产价格所带来的财富效应没有溢出到国外,滞留国内的货币流动性会投向其他资产,从而导致资产价格出现互动的情况。第三,跨国货币流动性存在相互影响,特别是在金融机构跨国投融资交易的影响下,跨国货币流动性短期价格水平及广义货币流动量更出现一定程度的联动现象。第四,货币流动速度是货币流动性的一个部分,并能对资产价格造成一定影响。

总结各国货币流动性变动对不同资产产生影响的顺序与相对幅度,可以发现货币流动性影响资产价格的先后顺序为大宗商品、股证、债券、房地产,而货币流动性影响幅度的大小顺序为大宗商品、房地产、债券、股证。值得注意的是,因为各国本身的经济结构及情况不一,各国影响的先后顺序及幅度会有所差异,而且不同资产的价格对不同的货币政策工具的反映也不尽相同。

6. **答案:** 流动性覆盖率 = 合格优质流动性资产 / 未来30天内的现金净流出 ×100%

流动性覆盖率必须不低于100%,这意味着,银行拥有的流动性资产必须满足至少30天内的流动性需求,以确保在发生短期危机时,银行有足够资金渡过难关。

第7章

一、不定项选择

1. 答案:C
2. 答案:ABCD
3. 答案:ABC
4. 答案:ACD
5. 答案:C
6. 答案:C
7. 答案:AB
8. 答案:ABCD
9. 答案:AB
10. 答案:BD
11. 答案:D
12. 答案:ABCD

二、案例分析

1. **答案:** 本案例中,巴林银行事件是操作风险、市场风险综合导致的,其中操作风险是根本性因素。该事件背后操作风险因素:①人员因素。该事件中尼克·里森多次隐瞒失败交易,存在内部欺诈情况。②内部程序因素。尼克·里森同时负责交易、清算流程,为其隐瞒失败交易提供了方便;总部每月审查及其后多次检查均未能发现花旗银行虚假存款。③信息系统因素。1993年巴林清算系统故障致使交易无法及时入账,无法满足客户交易要求,导致尼克·里森用"88888"账户卖出该部分期权,开始一步步陷入亏损。

2. **答案:** ①对交易流程进行全方位梳理,揭示内部控制缺陷并进行优化整改,确保所有交易处于可监控状态。②合理运用操作风险管理三大工具:一是加强损失数据收集工作,鼓励分支机构及时上报损失事件；二是对重要交易指标进行实时监控，对突破限额业务进行及时止损，避免损失进一步扩大；三是定期开展风险与控制自我评估工作，及时发现存在的问题并进行整改优化。

第8章

一、不定项选择

1. 答案：C

解析：COSO 定义的全面风险管理是在董事会制定的企业战略指导下，始终贯穿于企业的各项经营管理，用于识别、分析对企业可能产生不利影响的各类潜在风险，并将其控制在企业的风险偏好之内，确保企业目标的实现。其主要要素有八个，即内部环境、目标设定、事件识别、风险评估、风险对策、控制活动、信息交流和监控。

2. 答案：ABDE

解析：企业全面风险管理基本流程包括信息收集、风险评估、风险应对、监控预警、监督评价与改进等五个环节。

3. 答案：BDE

解析：目前企业风险偏好体系由风险偏好、风险容忍度及业务风险限额三大核心要素构成。

4. 答案：ACE

解析：风险计量应根据业务风险类型与特征，选取适宜的定性评估方法和量化模型以有效计量与评估风险，如采用信用分析、自我评估、损失数据收集等定性分析方法评估难以量化的风险，如操作风险、战略风险、声誉风险等；采用在险价值、敏感性分析、压力测试、非预期损失、内部评级等模型计量可量化的风险，如信用风险、市场风险和流动性风险。

5. 答案：ACD

解析：信用风险计量方法：历史统计模型法、结构化模型法、简约化模型法（包括基于信用评级转移矩阵的转移强度方法和基于信用利差的违约强度方法）及相关性度量等。

6. 答案：ACDE

解析：市场风险计量方法：在险价值、缺口分析、久期分析、外汇敞口分析、敏感性分析、情景分析、压力测试等。

7. 答案：BD

解析：流动性风险计量方法：资产负债表分析（静态方法）、现金流方法（动态分析）、压力测试等。

8. 答案：ABCDE

解析：信用风险主要考虑违约概率、违约损失率、风险敞口和期限等风险因子。此外，还应考虑信用资产的相关性及风险集中度。

9. 答案：B

解析：市场风险：主要通过 VaR（在险价值）来计算。

10. 答案：BDE

解析：从广义角度来说，内部环境包括但不限于治理、组织结构、角色和责任，政策、目标、实现这些目标的战略，能力、资源和知识（如资本、时间、人、流程、系统和技术），内部利益相关者的价值观与组织文化之间的关系，信息系统、信息流（正式的和非正式的）和决策流程，标准、指引和组织采用的模式等。

11. 答案：ABD

    解析：外部环境包括但不限于社会和文化、政治、法律、监管、金融、技术、经济、自然环境和竞争环境。

12. 答案：ABCDE

    解析：风险管理部郑某的风险识别范围同样是其对市场风险的计量范围，主要包括交易账户中的利率风险和股票风险；交易账户与非交易账户中的汇率风险和商品风险。值得注意的是，汇率风险分为结构性外汇敞口和非结构性外汇敞口，可以不对结构性汇率风险暴露计提市场风险资本。

13. 答案：D

    解析：巴塞尔银行监管委员会在2016年1月新发布的监管要求中，扩大了市场风险监管资本计量范围，交易账户中不仅包括利率、汇率、股票及商品风险，同时应包括违约风险和信用利差风险。

14. 答案：ABCDE

    解析：针对利率风险，郑某对单个交易员持仓所采用的评估方式较多，并设定多个监控指标，常用方法包括缺口分析、久期分析、敏感性分析、情景模拟及压力测试等。

15. 答案：ABCE

    解析：操作风险高级计量法模型包括损失分布法、内部衡量法、打分卡法和情景分析法。

二、判断

1. 答案：×

    解析：相对于信用风险和市场风险，操作风险的量化更为困难。

2. 答案：√

3. 答案：√

4. 答案：×

    解析：一般市场风险资本在计量时包括一般 VaR 和压力 VaR 两部分，同时需要根据回溯测试情况对资本情况进行调整。

5. 答案：√

6. 答案：√

三、简答

1. 答案：①承受可接受的风险：COSO 指出，不确定性既包含风险也包括机会，是毁灭价值或提升价值的潜在因素。公司通过风险管理能够有效地处理与不确定性有关的风险和机会，提升企业的价值。②战略目标：增加了基于公司风险偏好而制定战略目标的概念，并指出风险偏好统驭着公司所有的重要经营决策，强调集团公司整体战略目标的重要性。③风险组合观：COSO 要求企业管理者以风险组合的观点看待风险。对企业内每个单位而言，其风险可能落在该单位的风险容忍度范围内，但从企业总体来看，总风险可能超过企业总体的风险偏好范围。④公司概念纳入：COSO 不仅保留了原内控框架中的业务单元和业务活动，进而细分到各个流程以及作业层次，而且拓展到公司层面、分部以及下属子公司，不难看出，框架的制定者已经意识到集团内控与风险管理在为利益相关者创造价值中的重要性。

2. 答案：

全面风险管理包含内部控制。全面风险管理与内部控制二者在本质上并无冲突，都是以更好地保障和促进组织目标实现为出发点。具体而言，从历史沿革来看，全面风险管理包含内部控制；从管理对象来看，内部控制仅重点涉及内部风险、可控风险、非决策性风险的管理，而全面风险管理还包括外部风险、不可控风险、决策性风险的管理；从工作关系来看，内部控制是全面风险管理的基础和子系统，全面风险管理是内部控制的一种扩展。由于内控和全面风险管理不同的出台背景及其监管背景，故而二者各自工作的立足点和侧重点有所差异，需要合理统筹，明确工作分工并密切配合。

3. 答案： 企业全面风险管理体系框架包括四个部分：①全面风险管理的目标和策略；②实现风险管理目标和策略的保障体系，包括组织体系、制度体系和信息系统；③全面风险管理的基本流程，包括风险信息收集、风险评估、风险应对、监控预警、监督评价与改进等五个环节；④风险管理文化。

4. 答案： 无论是全面风险管理、金融市场风险管理，还是其他的风险管理模式，在根本上只是针对不同环境、不同业务条线、不同表象的风险采用相似的方法论进行更好管理的过程。因此，全面风险管理与金融市场风险管理，在管理的理论框架以及基本架构上具有显著的一致性。

①风险定义一致

不论是金融市场风险管理还是全面风险管理，我们评估及管理的"风险"均为实现某一目标的不确定性，而非直接损失。

从案例8-1中可以发现，对于金融市场风险管理来说，金融市场部的宋某、李某主要通过希腊字母这一风险指标体系来评估持仓交易组合的不确定性（如投资标的价格、波动率、相关性等），他们现有的持仓交易组合无论是已形成了损失，还是本来处于盈利的状态，管理者都需要对交易组合中的风险充分认知。同时，由于不同管理者的风险偏好不同，所以即便针对同样的市场，实际的交易策略及持仓比例也会有很大差异。

对于全面风险管理来说，风险管理部的郑某不仅会考虑现有交易持仓交易组合的希腊字母风险，同时会根据银监会的监管要求计算该业务中所包含的市场风险、信用风险耗用的监管资本及对应的资本充足率，并考虑持仓交易组合变动给监管资本带来的不确定性。另外，郑某还会根据持仓交易组合的流动性情况，评估全行流动性覆盖率等核心流动性指标的监管要求。

②风险管理框架一致

从COSO全面风险管理到《巴塞尔协议Ⅲ》，再从国资委的《中央企业全面风险管理指引》到银监会的《银行业金融机构全面风险管理指引》，不难发现，国内外机构对全面风险管理框架及金融市场风险管理框架的构成是一致的。两者仅是总体与局部、一般与特殊的关系。

无论具体哪一种业务中的风险管理，均是在企业既定的风险管理偏好下，在全员参与的风险管理组织体系中，遵从一致且相互协同的风险管理流程，对该业务或条线中的风险进行识别、评估、监控、应对及报告的。

5. 答案： 虽然金融市场风险管理与全面风险管理在基础理论和管理框架上基本一致，但仍具有自身明显的特殊性。一方面，金融市场中的风险几乎是可量化风险，对于该条线风险管理者的数学建模能力要求明显高于其他条线；另一方面，由于金融市场业务自身的风险较高，也使各金融机构管理者有强烈的意愿加强对金融市场风险的管理力度。上述特殊性导致金融市场风险管理在管理视角、范围、工具上存在一定的特殊性。

①风险管理的视角不同

全面风险管理和金融市场风险管理由于管理者所处的位置及职责不同，在看待风险传导路径及管理侧重点上存在不同。

一方面，可以把全面风险管理看作金融机构"横向"的风险管理手段。金融机构实施全面风险管理的重点不仅是对某一类风险有清晰认知，还需要考虑各风险之间的相互联系、风险的相互转化和传导，例如，对银行经济资本的评估就是考虑各类风险间的相关性，对其进行整合并管理金融机构整体风险大小的典型应用。对于案例8-1的情景模拟来说，风险管理部的关注点是金融市场部的整体风险，以及发生风险事件后对全行的影响。例如，宋某的违规交易在交易对手被披露违规后，可能会面临大额处罚，郑某不禁要评估可能出现的直接经济损失，还要考虑事件对全行其他业务的影响，评估企业的整体声誉风险、流动性风险的变化并制定应急策略。

另一方面，从金融市场部中台小组的角度看，金融市场风险管理类似于一种"竖井"式管理。金融市场部需要深入评估外部各类事件对自己持仓的影响，包括价值波动、持仓流动性影响及交易对手违约等，但不会评估自身风险对银行其他业务的影响情况。案例8-1中，金融市场部的中台小组更多关注的是持仓交易组合、在险价值及希腊字母风险的范围。在该部门中台小组看来，只要这些指标在外部市场动荡时期仍能保持稳定，该部门的金融市场风险管理就是有效的。

②风险管理的范围不同

由于风险管理的视角不同，可以简单地发现，两者管理的范围不同。

金融市场风险的管理范围主要包括市场风险、交易对手风险、市场流动性风险、操作风险。案例8-1中，金融市场部的李某主要关注持仓的价格波动及持仓的希腊字母变动等（市场风险）、持仓市场的规模及流动性（市场流动性风险）、交易对手的声望及前十大交易对手的持仓比例（交易对手信用风险），并确保各交易员的交易过程符合部门的管理流程要求（操作风险）。

但是全面风险管理的工作范围要更加广泛，不仅要包含上述风险，还要涵盖银行的其他风险，如战略风险、声誉风险、合规风险等。例如，郑某在监控到违规交易后，不仅要考虑上述各类风险，还需要将这一事件作为一个触发事件，评估对银行其他各业务条线的连带影响（声誉风险）、是否会受到监管处罚（合规风险）等。

③风险管理的可量化难易度不同

用标准统一、数字化的结果管理风险是各企业经营的一大目标，因金融市场业务中数据及管理经验积累丰富、信息系统完备程度较高，故金融市场风险的可量化建模难度要低于全面风险管理的其他对象的可量化建模难度。

伴随着科技的进步，金融市场信息化、自动化的快速发展帮助金融市场产生并积累了大量的管理数据。长期累积的优质数据为金融市场风险管理提供了坚实的建模基础，这使金融市场风险的管理过程能够获得大量的数据支撑，也使风险量化管理成为金融市场风险管理的一大优势，同时也是帮助金融机构提升风险管理有效性的重要保障（这里我们暂不考虑大规模风险量化可能带来的模型风险）。例如，案例8-1中，宋某之所以能够通过评估Delta、Gamma等希腊字母风险，对持仓风险进行管理，正是源于交易市场大规模、同质性的交易信息，以及在经过多年的数据源梳理、系统开发、模型准确性验证以及实践后形成的体系化管理模式。

然而，并非所有属于全面风险管理范畴的风险都具备建模能力。例如，案例中因违规操作而造成的声誉风险，相信在其真正发生之前，很难通过一个可靠的模型去评估可能出现的损失金额，例如，在郑某的日常工作中，他通常会联合办公室采用调查问卷、集体打分等定性为主的方式进行风险评估及管理。尽管这种风险非常难以量化，但基于管理者对市场的认知及丰富的管理经验，采用定性的方式评价并快速应对，仍然可以有效地减弱这类风险的影响。

第9章

1.（1）**答案**：分业监管的模式是与一定时期内中国社会经济发展水平及金融机构、金融市场和金融制度发展程度相适应的。然而，随着国内经济金融体制改革的深化，"一行三会"模式显然已不符合现代宏观审慎政策框架的要求。建立以央行为中心，整合一体、密切协调的监管框架已是大势所趋。

（2）**答案**：价格稳定并不等于金融稳定，即使CPI基本稳定，金融市场、资产价格的波动也可能很大。从微观角度看，个体稳健不等于整体稳健，金融规则的顺周期性、个体风险的传染性还可能加剧整体的不稳定，从而产生系统性风险。

（3）**答案**：影子银行的主要风险来源于其游离于银行监管体系之外、缺乏有效监管的特性。其作为一种跨越直接融资和间接融资的新型金融运作方式，本身是中性的，有促进实体经济和金融体系发展的正面积极作用。轻易否定和排斥并非正确选择。

2. **答案**：宏观审慎政策框架是包含了政策目标、评估、工具、实施、传导、治理架构等一系列组合的总称，与货币政策是并列的，而监管只是这一框架中涉及具体执行的一个环节，因此宏观审慎政策的内涵要远大于一般意义上的监管。

3. **答案**："宏观审慎"一词是相对"微观审慎"而言的。对每一家金融机构要进行审慎监管，防止这家机构出问题，这是微观审慎的范畴。如果把对单一机构的监管与宏观经济金融问题联系起来看待和处理，这就是宏观审慎监管。宏观审慎监管与微观审慎监管的区别主要体现在不同的监管目标及由此而采取的不同监管措施上。宏观审慎监管的目标是防范系统性风险，维护金融体系的整体稳定，防止经济增长（如GDP）受影响；而微观审慎监管的目的在于控制个体金融机构或行业的风险，保护投资者利益。

4. **答案**：一是MPA体系更为全面、系统，重点考虑资本和杠杆情况、资产负债情况、流动性、定价行为、资产质量、外债风险、信贷政策执行等七大方面，通过综合评估加强逆周期调节和系统性金融风险防范。二是宏观审慎资本充足率是评估体系的核心，资本水平是金融机构增强损失吸收能力的重要途径，资产扩张受资本约束的要求必须坚持，这是对原有合意贷款管理模式的继承。三是从以往的关注狭义贷款转向关注广义信贷，将债券投资、股权及其他投资、买入返售资产等纳入其中，有利于引导金融机构减少各类腾挪资产、规避信贷调控的做法。四是利率定价行为是重要考察方面，以促进金融机构提高自主定价能力和风险管理水平，约束非理性定价行为，避免恶性竞争，维护良好的市场竞争环境，有利于降低融资成本。五是MPA体系更加灵活、有弹性，按每季度的数据进行事后评估，同时按月进行事中、事后监测和引导，在操作上更多地发挥了金融机构自身和自律机制的自我约束作用。六是MPA体系既借鉴国际经验，又考虑了我国利率市场化进程、结构调整任务重等现实情况，有利于促进金融改革和结构调整。

第 10 章

1. 答案： 在各国商业银行的实践中，准备金一般分为三类：一般准备金、专项准备金、特别准备金。

一般准备金是商业银行按照贷款余额的一定比例提取的贷款损失准备金，是商业银行为了弥补可能发生的贷款损失而计提的准备金；一般从商业银行当期的净利润中提取，因此具有资本的性质。专项准备金是商业银行根据已有的客观证据表明可能发生的损失而计提的准备金，并且根据不同风险级别的贷款计提不同比例的准备金。专项准备金能准确地反映出银行内在的损失程度，能够反映贷款的真实质量，而与贷款的数量无关。特别准备金是商业银行针对投资组合的特种风险和损失比例而提取一定比例的准备金。特别准备金与一般准备金和专项准备金不同，不是商业银行经常提取的准备金，只有遇到特殊情况下才计提，具有非常态的特点。

2. 答案： 净额结算制度，是指当发生主协议规定下的违约事件或终止事件时，交易双方所有未到期的交易都提前终止，并对此交易项下的盈亏轧差结算净额，以该净额的价值作为交易双方权利义务的最终确定金额，以替代或更新之前存在于双方之间的权利义务。净额结算是指当事人之间的所有应收应付款项，首先进行抵充计算，最后得出应收或应付金额，再将该金额由应付方给应收方，省去了逐笔交付的过程。特别是随着金融衍生品类型及交易量的增长，交易会越来越频繁，如果还逐笔进行结算，将会给交易双方带来许多不便。

3. 答案： 第一支柱：资本充足率。这一部分论述如何计算信用风险、市场风险和操作风险总的最低资本要求。最低资本要求包括三个基本要素：监管资本的定义、风险加权资产和资本对风险加权资产的最低比率。最低资本金 = 8% ×（信用风险 RWA + 市场风险 RWA + 操作风险 RWA）。

第二支柱：外部监管。外部监管作为巴塞尔协议的第二支柱，明确要求各国监管当局根据各国的银行业风险状况对银行进行灵活监管，强化了各国金融监管当局的职责。第二支柱要求监管当局对银行业中第一支柱中没有涉及的风险（比如银行账户利率风险、声誉风险、流动性风险、战略风险等）进行评估，在出现问题时积极与银行开展对话。

第三支柱：市场纪律。市场纪律是指巴塞尔银行监管委员会鼓励银行加大对自身风险测量程序、资本状况、资本充足率水平等信息披露的力度。《巴塞尔协议Ⅱ》认为加强市场纪律能够使银行合理有效地配置资本金，使自己的资本金与风险承担水平相适应，制定合理的风险管理程序，同时满足监管要求。

4. 答案： 在《巴塞尔协议Ⅱ》中，信用风险的计算是单个风险资产的加权汇总。对于信用风险的计算，《巴塞尔协议Ⅱ》提供了标准法、内部评级初级法和内部评级高级法，银行可以根据自身的风险状况选择使用。对于某些风险管理体系还不太完善的银行，在没有达到使用内部评级法标准的时候，可以采用标准法。标准法根据本国监管当局认定的合格的外部评级结果来对不同的债权分配权重，是对 1988 年资本协议有关银行账户风险暴露的风险权重计算的方法的修改。在满足某些最低要求和披露要求的前提下，采用内部评级法的银行可以自己对风险要素进行评估以决定特定的资本要求。

5. 答案： 微观审慎监管主要从单个金融机构的视角来对机构进行监管，以使每家金融机构能够持续稳健地运行，主要包含三个方面：资本的重定义及最低资本要求、杠杆比率的引入、流动性监管框架。

宏观审慎监管是通过对风险相关性的分析、对系统重要性机构的监管，来防范和化解系统性风险，保障整个金融体系良好运作,避免经济危机的一种审慎监管模式。包括资本留存缓冲的制定、逆周期缓冲资本金的制定、系统重要性银行增加额外要求等。

6. 答案:《巴塞尔协议Ⅰ》对资本进行了分类并简单地定义了其风险权重。1996年巴塞尔协议修正案提出,首次允许使用内部模型。《巴塞尔协议Ⅰ》的监管特点是简单地度量风险,以及可比性,但是缺乏风险敏感性。

由于统计和数学模型技术的大量出现,2004年,《巴塞尔协议Ⅱ》提出了对操作风险的资本金要求、监管当局的监管和市场纪律,同时使得更加复杂的、风险敏感的内部模型成为可能。对于更加复杂的内部模型的依赖,能够使银行精确地估计出其所需要的资本。另一方面,内部模型的使用能够使得银行使用比标准法要求更低的资本充足率。

金融危机的出现,使得监管层对银行资本的数量和质量产生怀疑。因此,《巴塞尔协议Ⅲ》对资本进行了重新定义,并引入了更高的资本比率,同时还引入了流动性风险管理和杠杆比率。

我们发现《巴塞尔协议Ⅰ》是简单且透明的,《巴塞尔协议Ⅲ》却是复杂且不透明的。从《巴塞尔协议Ⅰ》到《巴塞尔协议Ⅲ》,监管趋势从简单到风险敏感,但是可比性却在降低。因此,理想的情况下,新的监管协议不仅应该具备《巴塞尔协议Ⅱ》和《巴塞尔协议Ⅲ》的风险敏感性,而且应该像《巴塞尔协议Ⅰ》那样简单可测量。《巴塞尔协议Ⅳ》——新的正在提出中的监管框架,建立在对风险资本权重的重新审视的基础上,其应该能在简单性、可比性和风险敏感性之间取得很好的平衡。

教辅申请说明

北京大学出版社本着"教材优先、学术为本"的出版宗旨,竭诚为广大高等院校师生服务。为更有针对性地提供服务,请您按照以下步骤通过微信提交教辅申请,我们会在 1～2 个工作日内将配套教辅资料发送到您的邮箱。

◎扫描下方二维码,或直接微信搜索公众号"北京大学经管书苑",进行关注;

◎点击菜单栏"在线申请"—"教辅申请",出现如右下界面:

◎将表格上的信息填写准确、完整后,点击提交;

◎信息核对无误后,教辅资源会及时发送给您;如果填写有问题,工作人员会同您联系。

温馨提示: 如果您不使用微信,则可以通过以下联系方式(任选其一),将您的姓名、院校、邮箱及教材使用信息反馈给我们,工作人员会同您进一步联系。

联系方式:

北京大学出版社经济与管理图书事业部

通信地址:北京市海淀区成府路 205 号,100871

电子邮箱:em@pup.cn

电　　话:010-62767312 / 62757146

微　　信:北京大学经管书苑(pupembook)

网　　址:www.pup.cn